从爵本位到官本位

秦汉官僚品位结构研究

增补本

阎步克 著

生活·讀書·新知三联书店

Copyright © 2017 by SDX Joint Publishing Company.
All Rights Reserved.
本作品版权由生活・读书・新知三联书店所有。
未经许可,不得翻印。

图书在版编目（CIP）数据

从爵本位到官本位：秦汉官僚品位结构研究：
增补本/阎步克著. —北京：生活・读书・新知三联书店，
2017.5 (2025.7 重印)
(当代学术)
ISBN 978 - 7 - 108 - 05904 - 8

Ⅰ.①从…　Ⅱ.①阎…　Ⅲ.①官制-研究-中国-秦汉时代
Ⅳ.① D691.42

中国版本图书馆 CIP 数据核字（2017）第 043499 号

特邀编辑	孙晓林
责任编辑	冯金红
装帧设计	宁成春
责任印制	董　欢
出版发行	生活・讀書・新知三联书店
	（北京市东城区美术馆东街 22 号 100010）
网　　址	www.sdxjpc.com
经　　销	新华书店
印　　刷	天津裕同印刷有限公司
版　　次	2017 年 5 月北京第 1 版
	2025 年 7 月北京第 8 次印刷
开　　本	635 毫米 × 965 毫米　1/16　印张 33.5
字　　数	466 千字
印　　数	22,001 - 24,000 册
定　　价	78.00 元

（印装查询：01064002715；邮购查询：01084010542）

当代学术

总　序

　　生活·读书·新知三联书店从1986年恢复独立建制以来，就与当代中国知识界同感共生，全力参与当代学术思想传统的重建和发展。三十年来，我们一方面整理出版了陈寅恪、钱锺书等重要学者的代表性学术论著，强调学术传统的积累与传承；另一方面也积极出版当代中青年学人的原创、新锐之作，力求推动中国学术思想的创造发展。在知识界的大力支持下，通过多年的努力，我们已出版众多引领学术前沿、对知识界影响广泛的论著，形成了三联书店特有的当代学术出版风貌。

　　为了较为系统地呈现中国当代学术的发展和成果，我们以上世纪八十年代以来刊行的学术成果为主，遴选其中若干著作重予刊行，其中以人文学科为主，兼及社会科学；以国内学人的作品为主，兼及海外学人的论著。

　　我们相信，随着当代中国社会的繁荣发展，中国学术传统正逐渐走向成熟，从而为百余年来中国学人共同的目标——文化自主与学术独立，奠定坚实的基础。三联书店愿为此竭尽绵薄。谨序。

生活·读书·新知三联书店
2017年3月

新版说明

11月中旬，三联书店的孙晓林先生跟我商议《从爵本位到官本位》的再版之事。我很高兴此书有了再版的机会。随后是修订与否的问题。因三联书店计划此书在明年春季面世，若有修订，希望我在12月15日左右完成。因时间无多，我考虑只对两个地方略做加工。一是序言部分，一是讨论公府掾属比秩原因的部分。

第一部分比较简单，只是在"序言"中增加了一个段落三百多字，对何为"爵本位"、何为"官本位"，做了清晰一些的界定："爵本位"是封闭性的、凝固性的、贵族化的，而"官本位"是功绩制的、流动性的、行政化的。

第二部分随即发现比较麻烦。这部分之所以要修订，是因为2015年青年学者张欣有一篇文章，不赞成此书对公府掾属之所以为比秩的解释。对张文曾大致浏览，觉得他的批评确有道理，自己的论点确有问题，此时便想借再版的机会调整订正。

然而甫一接触相关史料、论著，就看到了一些新现象，由此牵引出了若干新问题，涉及了正任职吏与散吏、备吏的品位安排与等级关系，值得详论。这时候就感到，若对原书原文进行修改，颇不便利。于是改变主意，打算维持原书的样子，对新的想法另行作文、另行发表。随即向孙晓林汇报了这个打算，她希望我把这篇文章附于原书之后,作为增补。我觉得这样处理也蛮合适。首先是所增补的第一节内容,是我对公府掾属比秩原因的新解释,附于新版将便于读者对照、参阅。进而所增补的其余各节内容,大部分是从掾属秩级问题衍生出来的,转而围绕若干种散吏,通过"职吏—散吏"、"无秩—比秩—正秩"、"员内—编外"几个维度,论述官署人员的"品位—编任结构"。这些讨论与原书的主题是一致的,算是同一研究的继续延伸,置于新版之中是合理的。

最初估计,增补的篇幅将在七八千字左右。实际写作中,随时都有此前未知的各种新细节浮现,主题、结构与论点不断变化、调整,篇幅也在不断扩充。这同时还要应付课程和杂务,一个月的时间过于紧迫了。无论史料检索还是论著参阅,都只能浮光掠影,一带而过。幸好此时得到了学生们的帮助。半个月左右我拉出了一个类似长编的草稿,通过电子邮件发出,并拿到研究生讨论班上。随后叶炜、徐冲、孙正军,以及研究生熊昕童、黄承炳、杨鑫、柴芃、黄桢、单敏捷、张辞修等,从宏观论述到具体阐述,直到文字标点错讹,提出了很多宝贵意见。藉此,我向他们深致谢意。随后我继续突击,得以在一月之内如期草成。

完成的篇幅,超过最初预想的若干倍,约 4 万字,给原书增加了一章。这就是下编第七章"'品位—编任结构'视角中的散吏与比秩"的那一部分。需提请读者注意,这一章修订了原书第五章第四节与第六章第二节的观点,但第五章第四节与第六章第二节的原文并未改动。当然潜藏的各种错讹,依然在所难免——毕竟写作、思辨能力都已衰退,又是匆匆赶出的急就章,大量史料、论著未及参阅。甚至在已将交稿的前一天,又对章节安排做了大幅度调整,以使前后逻辑关系更好一点儿。此时只是期望,其对公府掾属之所以为"比秩"的新解释,尚能成为一家之言;从散吏探讨官署"品位—编任"结构的思路,尚有一定参考价值,仅此而已。

2016 年 12 月 15 日

目 录

新版说明 *1*

序　言 *1*

上　编

第一章　品位结构的研究框架 *3*
一　品位结构：分等与分类 *4*
二　品秩五要素与品位性官职 *12*
三　品位结构变迁的四线索 *18*
四　品位结构的三层面 *25*

第二章　叠压与并立：从"爵—食体制"到"爵—秩体制" *33*
一　周朝"爵本位"体制和"等级君主制" *34*
二　战国秦汉间禄秩序列的伸展 *45*
三　功绩制和身份制之间：二十等爵 *57*
四　秦汉"爵—秩体制"及其"二元性" *70*

第三章　分等分类三题之一："比秩"与"宦皇帝者" *88*
一　"比秩"与"宦皇帝者"问题的提出 *89*

二 "宦于王"溯源：周朝的士庶子体制　　　　　　　　　　93
三 汉代的"宦皇帝者"与"比秩"的扩张　　　　　　　　　106
四 "宦皇帝"制度的流衍及异族政权的类似制度　　　　　115

第四章 分等分类三题之二：秦汉冠服体制的特点　　124
一 "冠服体制"概念与冠服的分等分类　　　　　　　　124
二 周代冠服体制：自然分类与级别分等　　　　　　　　128
三 秦汉冠服体制：自然分类与职事分类　　　　　　　　132
四 汉唐间冠服体制的变化趋势：场合分等和级别分等　　144
五 从"由服及人"到"由人及服"　　　　　　　　　　154
六 附论《旧唐志》所见隋朝冠服"四等之制"　　　　　160

第五章 分等分类三题之三：品位结构中的士阶层　　178
一 选官与资格视角中的士人　　　　　　　　　　　　　180
二 阶层的标志：士子免役　　　　　　　　　　　　　　194
三 服饰等级中的士子礼遇　　　　　　　　　　　　　　203

第六章 从爵—秩体制到官品体制：官本位与一元化　　218
一 "一元化"与"官本位"的推进　　　　　　　　　　218
二 从"爵—秩体制"到"官品体制"　　　　　　　　　226
三 一元化多序列的复式品位结构　　　　　　　　　　　235

第七章 若干礼制与王朝品位结构的一元化　　242
一 公卿大夫士爵与品位结构一元化　　　　　　　　　　243
二 周礼九命与品位结构一元化　　　　　　　　　　　　254
三 朝位与品位结构一元化　　　　　　　　　　　　　　262
四 一元化和连续性　　　　　　　　　　　　　　　　　273

下 编

第一章 战国秦汉间禄秩序列的变迁　　285

一	战国秦汉的禄秩序列变迁	285
二	今见《秩律》的中二千石秩级阙如问题	293
三	"中二千石"秩级的形成	301
四	"真二千石"问题	305
五	丞相与御史大夫的秩级	313
六	略谈将军的秩级与位次	317

第二章 禄秩的伸展与"吏"群体之上升 323
一	禄秩的伸展与"吏"群体之上升	324
二	早期采用禄秩的官、吏、令试析	327
三	"以吏职为公卿大夫士"与"以秩级为公卿大夫士"	332

第三章 西汉郡国官的秩级相对下降 342
一	王国官的秩级下降	343
二	王国丞相的秩级下降	348
三	王国内官的秩级下降	352
四	列郡秩级的相对下降附论郡县秩级简繁	355
五	郡县诸官属和诸县的秩级下降	364

第四章 《二年律令》中的"宦皇帝者" 370
一	"宦皇帝者"所涉官职	370
二	论"宦皇帝者"之无秩级	379
三	《二年律令》中的"吏"与"宦":两大职类	392
四	《津关令》所见中大夫及相关问题	400

第五章 若干"比秩"官职考述 408
一	期门郎、羽林郎	409
二	文学之官:博士与掌故	412
三	御史之比秩	418

| 四 中央官署掾属的"比秩"问题 | 421 |
| 五 国官之"比秩" | 429 |

第六章 "比秩"的性格、功能与意义　　433
一 "比秩"诸官的性格——非吏职　　434
二 "比秩"诸官的性格——"自辟除"　　443
三 "比秩"诸官的性格——军吏之自成系统　　451
四 "比秩"的扩张及其与正秩的配合　　460

第七章 "品位—编任"结构视角中的散吏与比秩　　469
一 公府掾属的比秩原因　　469
二 "职吏—散吏"结构与"品位—编任"视角　　472
三 学徒吏学事、守学事、小史与散吏假佐　　477
四 正任职吏的"预备役":从掾位、从史位　　485
五 曹魏的司徒从掾位、司徒史从掾、司徒吏、散属　　493
六 两种备吏:脩行与私学　　500
七 文学类的属吏与备吏:文学、处士、好学　　507
八 小结:"品位—编任"结构与属吏比秩现象　　513

序　言

若干年前，我的研究兴趣被中国古代官阶制占用了。初步的思考结果，曾结集为《品位与职位：秦汉魏晋南北朝官阶制度研究》（中华书局2002年版）。在此书中，我尝试运用"品位分等"和"职位分等"概念，构建了一个分析框架。把传统王朝使用的各种等级序列，如周代爵制、二十等爵、秦汉禄秩、魏晋南北朝的官品、中正品、勋品、将军号、文散官和文武散阶制等，编织到一条连贯的变迁线索之中；在此基础上，对传统官阶制度的三千年演变，提出了一个五阶段的分期模式。

此后我一度想结束官阶制研究，另觅课题，但张家山汉简《秩律》又把我拉回来了。张家山汉简的公布出版，为战国秦汉的官阶研究提供了新鲜资料。《二年律令》中的《秩律》，加上其他相关律文，透露了秦汉间秩级变迁的许多前所未知的细节。我的《品位与职位》一书，还未及利用那些材料。后来阅读《二年律令》时，很偶然地注意到了"宦皇帝者"的问题，它展示了一种特别的官员职类管理方式，具有明显的早期社会色彩。以"宦皇帝者"为线索，还可以揭示汉代"比秩"的起源，从而发掘出汉代官阶的一些微妙之处。进而《秩律》所提供的秩级结构成为一个新的参考点，把它跟先秦秩级、汉初秩级以及其后的秩级变动联系起来观察，则战国秦汉间禄秩序列不断伸展扩张，并与爵级并立的进程，就将更清晰地呈现在人们的面前。

禄秩变迁过程的清晰化，只是个细部的推进而已。怎样由此深化对秦汉帝国等级结构的认识呢？这就得扩大视野了。《品位与职位》

一书出版后，朋友们提出了一些宝贵意见，我也在进一步思考传统官阶制的结构与变迁。这时候就强烈感受到，各个细部的考察，应在更系统的理论背景下展开，才有利于确定其宏观意义。像"结构"指的是什么？"变迁"应着眼于哪些线索？传统官阶制的研究对象是什么？它应如何界定，才有利于研究的进一步深化？甚至一些基本的理论前提，都有待澄清。比如说，如何理解皇权、官僚和贵族的关系，就遇到过若干很不相同的认识。好比建一座楼，即便你只承担某一部分的修建，或只搞水暖、电气、装潢什么的，那也得在着手之前，对那座楼的样子心中有数。而在眼下，我感到了一套"话语"的缺乏，一套可资描述传统官僚等级管理制的概念的缺乏。

于是我来尝试描绘搭建。首先"官阶研究"只是一个粗泛说法，若将之具体化，则它应包括历朝各色等级和品位序列，甚至包括一切具有等级或品位意义的制度安排。相应的研究任务，可以确定为二：官员的分等与分类，及官职的分等与分类。官职的分等与分类，主要是个官制史的问题，我是在其与官员分等分类的关系上，加以考虑的。就是说，着眼点置于品位与职位之间的关系之上。进一步说，传统官阶制的一个重大特点，就是职位结构与人员结构之不对称，后者远远大于前者。许多重大问题，就是由此而生发出来的。统治者制定官阶的基本出发点有二：身份考虑与运作考虑，由此将导致不同意义的位阶安排。在结构样式上，传统官阶可称为"一元化多序列的复式官阶体制"，它由多种功能不同的位阶彼此搭配链接而成。而位阶的不同功能，可以通过其构成要素来表示。那些要素可以概括为五：权责、俸禄、资格、特权、礼遇；对"五要素"的配置方式加以解析，有助于更精细地辨析各朝代对分等和分类的不同处理。从职位分等与品位分等的关系看，传统官阶发展可以分为先秦、秦汉、魏晋南北朝、唐宋、明清五大阶段。其间具有重大政治意义的变迁有"四线索"，即，那些事涉贵贱之分、士吏之分、文武之分和胡汉之分的品位安排。官员地位处君、民之间，其官阶是在君、民之间被规划的，所以官阶的整体意义，涉及了君与臣、官与官、官与民三个层面。应从等级金字塔的三层面架构中，考察传统官阶的社会整合与调控功能。

对《秩律》进行若干具体考察、推敲作为前提的理论概念的同时，还在思考秦汉官僚品位结构的问题。所谓"品位结构"，就是官员与官职分等分类的特定样式。某王朝品位结构的特点，是与前后时代的差异中比较而言的。倘作最简单表述，我想可以用"爵—秩体制"，来概括秦汉帝国品位结构的特点；它是在与周代的"爵本位"体制和后代"官本位"体制的比较之中，显示出来的。

之所以把周代的品位结构称为"爵本位"体制，首先是由于周代的等级样式——五等爵与公卿大夫士爵，本来就是称为"爵"的。更重要的，是周爵体制与帝制时代、官僚政治时代由品秩勋阶等构成的品位结构，存在着性质上的不同。"爵本位"与"官本位"的不同之点，简略概括如下：

爵本位：封闭性的，凝固性的，贵族性的；
官本位：功绩制的，流动化的，行政性的。

周代"爵本位"体制下的爵号，面向特定集团、阶层，很少变动升降，通常世代传袭，维系着爵号拥有者的高贵身份地位，而且是"先赋性"的社会地位（ascribed status）。"官本位"下的各种品级位阶，则具有维系官僚行政体制的功能与意义，按劳依功晋升，频繁变动升降。虽然"官"也是一种显赫地位，但更多地属于那种"自致性"的身份地位（achieved status）了。

在秦汉的各种等级安排中，"爵"与"秩"是两个支柱。"爵"即封爵和二十等爵，它们主要用以安排身份，而且是用一种富有传统色彩的方式安排身份的；"秩"即"若干石"秩级构成的禄秩，它用以保障行政，而且是用一种"以事为中心"的、具有浓厚"职位分等"色彩的方式来保障行政的。当时这两个等级序列是彼此疏离的，就此而言，秦汉的等级管理手段呈现了一种"二元性"。"爵—秩体制"既体现了早期"爵本位"传统的深刻影响，又显示了秦汉间官僚政治发展的巨大动量。秦汉帝国的蓬勃政治活力，不能说与此无干。

当然，"二元性"并不是说秦汉的统治阶级分裂了，"二元性"只是就等级管理手段的新旧杂陈而言的。而且，"爵—秩二元体制"的提法只是简而言之，秦汉等级秩序还有更多松散粗疏之处。在管理高低不同、职事不同、身份不同的各色官职与人员时，各种等级安排疏离错杂，缺乏一元性、整体性和精致性。好比刚刚结合起来的一伙创业者，虽已采用了公司的职称头衔，但亲朋旧友同学战友之类关系又掺杂其中，谁大谁小、什么事谁说了算，还不是很确定的；还不像历时悠久的大公司那样，等级清晰而秩序井然。但随"帝国公司"的不断发展，随新式行政吏员的逐渐"官僚化"，并向一个"官僚阶级"演化，"爵—秩体制"的"二元性"，还有各种位阶间的散漫关系，就逐渐发生变化。以魏晋官品的出现为标志，传统官阶制初步进化为一种多序列组成的、充分一元化了的"官本位"体制。简言之，周代的"爵本位"体制，经由秦汉具有二元性的"爵—秩体制"，再逐渐进化为一元性的"官本位"体制。在这个过程中，权责、俸禄、资格、特权、礼遇的配置方式，"贵—贱"、"士—吏"、"文—武"方面的相关安排，"君—臣"、"官—官"、"官—民"的等级关系，也发生了相应的变动。

综上所述，这份研究将包括三部分的内容：第一是由《秩律》引发的若干秩级考证，第二是对中国官阶研究框架的理论思考，第三对秦汉帝国品位结构及其变化的阐述。第一项内容相当琐屑，我想不会有很多读者关心那些繁杂的细节，为了阅读方便，我把本书分成了两大部分：后两项内容放在"上编"部分，对《秩律》的细节考证置于"下编"，由《秩律》考证所引发的较重大论题，则置于上编阐述。也就是说，有些论题将同时出现于"上编"与"下编"，如战国秦汉禄秩序列的伸展问题，"比秩"问题，"宦皇帝者"问题；但"上编"重在阐述分析，"下编"则为"上编"的阐述提供细节考证作为基础。这样，无须了解细节的读者，就可以免去阅读"下编"时的琐细之感了。最后还须说明，本书的叙述有时会有一些跳跃性。因为本书相当于《品位与职位》一书的续篇，《品位与职位》中业已阐明的论点，本书往往予以简化。由此造成的跳跃感，只要读者同时参考《品位与职位》，问题就不大了。

本书的写作拖得比较久。下编部分完成较早。曾以此申请了一个科研项目，题为"秦汉官阶制与早期帝国官僚等级结构研究"。但中间一度被冕服问题吸引，停了很长一段时间。承担项目的不好之处，是把人套住了，与学术兴趣的随时转移相冲突；好的地方是有压力，到期就得"交货"。眼看不"交货"不成了，赶紧回到原项目上，把上编完成，鸣锣收兵结项。但服饰方面的兴趣对本书也有帮助，使本书充实了一些，由此有了第四章"冠服体制"的内容。但因赶进度，近年学界在《二年律令》上的新成果，不及一一参考。视野之外，肯定有很多论著该看没看。年龄增加伴随着精力衰减，"流光容易把人抛"，体力、精力和写作能力的下降，是无可如何的事情。幸好电子资源带来了一些便利，节省了不少跑图书馆的时间。编辑孙晓林先生仔细审读书稿，纠正了我的疏误错漏，特此衷心致谢。

2007 年 9 月 10 日
2016 年 12 月 15 日补

上编

第一章　品位结构的研究框架

本书的阐述，以秦汉帝国的官僚品位结构及其变迁为对象，那么什么是"品位结构"，就应先予以阐明。虽有句话说是"细节决定成败"，但那只在特定意义上才有效吧；《孟子·告子上》则云："先立乎其大者，则其小者不能夺也。"细节考察是在整体考虑中获得意义的，而整体考虑要以一些基本概念为前提，它们应能互相支撑、形成系统。本章的目的，就是对"品位结构"研究的那些前提性概念进行阐述，以期为本书其余各章的讨论，提供一个较具系统性的框架；让随后对秦汉官僚品位结构的性质、特点与变迁的阐述，得以在其中展开。也许有人认为，构建理论不是历史学的任务。但这问题其实不大。只须这么想：我们的目的是为了更好地理解，而不是为了符合"历史学"，就成了，不必画地为牢。也许又有人认为，使用模式是简单化，是主观剪裁历史。其实那是个思想方法的误区。理解历史与社会不止一种手段。正如彼得伯克所说："模式的功能就是简单化，从而使真实的世界更易于理解。"[1]使用模式肯定会发生简化，会忽略一些东西，但它也能提供其他手段（如叙述）所看不到的新东西。制度史的研究是一种结构功能研究，而结构性分析需要借助模式。模式以简化的方式使史实易于理解，但那并不等于说由此而来的论述和证明也是简单粗糙的。相反，可以通过努力，而使之充实、丰满和精致起来，而那就是我们的尝试方向。

---

[1]　彼得伯克：《历史学与社会理论》，上海人民出版社2001年版，第72页。

一　品位结构：分等与分类

中国官阶制经历了三千年的连续发展。早在周朝，官员组织就颇具规模了，相应也出现了最初的官员等级制，如公、卿、大夫、士那样的等级。此后帝制的两千年中，王朝使用过的位阶序列，形形色色而蔚为大观。像周代爵命，秦汉禄秩，二十等爵和封爵，魏晋以下的九品官品，九品官人法的中正品，将军号，散官，唐朝文武阶官，勋官，宋朝的寄禄官，科举功名或学历，以及各种分等授予的加官、衔号，等等。"官阶研究"的提法只是为了便利，是简化了的。禄秩、官品等可称"官阶"，而把"爵"或"勋官"之类说成是"官阶"，其实不尽妥当。"官僚等级管理制度研究"的表述，可以涵盖更多等级序列，甚至把各种具有品位意义的安排都容纳其中，例如朝班、舆服及各种礼制等级。不过"官僚等级管理制度研究"的表述也略失"技术化"了，给人一种只在管理技术层面上讨论问题的感觉，其实传统位阶品级向人们展示了更广阔的政治、社会甚至文化意义。

前所列举的各种等级序列，以往的学者已提供了大量研究，但大多是分别考察的，例如封爵研究、官品研究、阶官研究，等等。这里想尝试的则是一个综合性观照，不但分别考察各种等级序列，尤其要考察它们之间的关系，即，立足于不同位阶的特定功能，进而观察它们是如何互相组合搭配在一起的，组成了一个什么东西。那个东西，就是所谓"品位结构"。扫描历朝位阶，能看到各种序列的各种组合样式，例如周有爵命，秦汉有禄秩、二十等爵与封爵，魏晋南北朝有官品、中正品、散官、军号，唐代则是品、阶、勋、爵相互配合。这就提示人们，历朝的"品位结构"是不断变迁的。毋庸赘言，揭示这种结构及其变迁，对认识中国官僚政治与制度，是有意义的。

为什么要把官阶结构表述为"品位结构"呢？还得回到官阶研究的对象上来。面对各种位阶品级之时，我们想弄清什么？在这时候，我把官阶研究对象概括为两点：官职的分等和分类，官员的分等和分类。下面加以阐释。

也许有人认为，官阶主要是用于"分等"的。但那看法并不全面。"分等"是官阶的主要功能，但官阶也用于"分类"。"分等"和"分类"问题的产生，来自官僚组织的结构特征。官僚制是一种"科层制"，其结构特点就是分科分层。"分层"就是"分等"，"分科"就是分类。各种职位，是被配置于不同的"科"、"层"之上的。"事"必须由"人"来承担。行政事务之所以用"职位"做最小单位，是因为"职位"对应着一个人，是分配给一位官员的一份权力、责任和资源。所以等级管理的对象，除了"事"之外还有"人"。"人"的等级管理，显然构成了官僚组织的又一个子系统，如其考核、任命、薪俸、待遇、奖惩、培训等等。简言之，官僚组织除了职位结构之外，还有一个人员结构，二者都要分等分类。

官员不仅是一个行政工具，也是一个身份主体和利益主体。他的职业动力在于寻求更高地位和更高报酬。为保障其身份与利益，有时候就要在职位的等级与类别之外，另行安排官员的等级与类别，为之制定相应的位阶，以体现其资格、地位与薪俸，保障其升降调动，并以此实施激励奖惩。那种独立于职位结构的官阶，就是"品位"。"品位"是官员的个人级别，是其待遇、资格和地位的等级，而不是职位的等级。现代文官等级制被分为两大类型，一类是"职位分类"，一类是"品位分类"。若简单说来，只给职位分等分类，不为官员个人设置级别的等级制，就是"职位分类"。在这时候，官员居于什么职位，就是什么等级，其地位依职而定。若在职位分类之外，另行为官员个人设置级别的，就是"品位分类"。这时官员的实际地位，是由职位等级和个人级别综合决定的；职位等级与个人级别未必一一对应，有较高级别任较低职位的，也有级别较低但职位较高的。"职位"必须被纳入不同的等级和职系，"品位"则是"可有可无"的，有时设置，有时候就不设置。很容易看到，两种分类，就是对职位结构与人员结构二者关系的不同处理。

发达的文官组织总会有一些基本的共性，中国传统文官制度并不例外。有学者这么说：中国传统官阶只管分等，不管分类[1]。其实不是那样的。古代很多官阶安排与"分类"相关。战国以下，官分文武。汉代文官与武官即有清晰区分，而且体现在官阶上了：武官都被列在"比秩"上，使用比二千石、比千石、比六百石等带"比"字的秩级。战国秦汉还有一种"宦皇帝者"，就是一种非常特别的职类概念，这个职类也用"比秩"[2]。唐代阶官，有文散阶与武散阶之分。宋朝的医官有专用位阶，与今天所谓"职称"无大区别。到了金朝，天文官、医官、内侍和乐师，都有了专用"职称"了，它们各分25阶。可见中国传统官阶并非只管分等，不管分类。然则"分等"和"分类"二者，都是传统官阶研究的基本问题。

美国经济学家曼昆引用过一句俗话："甚至一只鹦鹉只要学会说'供给与需求'，就可以成为一个经济学家。"[3]而官阶研究的关键词，恰好也有这么两个：品位与职位。它们就是我们建构官阶研究框架的出发之点。参考现代文官体制的"职位分类"和"品位分类"概念，我们将使用"职位分等"和"品位分等"二词，指称存在或不存在官员个人级别的两种等级安排。随后的官阶考察，就将围绕职位与人员的分等和分类而展开。单纯的职位结构研究，在很大程度上与一般官制研究相重合，不是官阶研究的特殊任务；官阶研究中的职位

---

[1] 例如黄达强先生认为，中国古代"品秩制度"与西方公务员分类制度中的品位分类是两码事。品秩解决官员的地位和身份问题，以及由此产生的俸禄问题，但它不涉及官职的划分。用现代术语表示，中国的品秩制度只解决分等问题，不管职位的区分。西方的品位分类在功能上则二者兼有，即不但要解决公务员的地位高低与待遇问题，同时要解决公务职位的分类管理问题。见其《各国公务员制度比较研究》，中国人民大学出版社1990年版，第170页。黄先生说中国古代品秩不等于现代的"品位分类"，是不错的；但说中国古代品秩"不涉及官职的划分"，则是对古代品秩缺乏了解了。
[2] 参看拙作：《由"比秩"论战国秦汉间禄秩序列的横向扩张》，北京大学传统文化研究中心编《国学研究》第12卷，2003年12月；《论张家山汉简〈二年律令〉中的"宦皇帝"》，《中国史研究》2003年第3期。
[3] 曼昆：《经济学原理》（第3版），机械工业出版社2003年版，上册第94页。曼昆说"这种说法还是相当正确的"。很多人将此说成是萨缪尔森引用的，但萨缪尔森的引法并不相同："你无法靠教会鹦鹉说'供给'和'需求'就能使它成为经济学家。"参看萨缪尔森、诺德豪斯：《经济学》（第17版），人民邮电出版社2004年版，第51页。

分等分类，是在其与官员品位的关系之中，被观察、被讨论的。这样，该把什么事项纳入官阶研究的论域，就明确多了；诸多重大问题和线索，将由此而生发出来。

现代文官理论的基本前提之一，就是根据职位结构来考虑人员结构。即，根据行政需要把职位划分为不同等级和职类，再把适当的人员任命到相应职位上去。不妨说那是一种"填充"的视角：用"人"来填充职位，用中国古语说就是"为官择人"。在那个视角中，人员结构与职位结构在相当程度上是同构的。尤其是实行"职位分类"的政府，可以根据职位的等级和类别来实施人员管理，包括等级管理。在这时候，职位管理是"主体建筑"，人员管理属"配套设施"。

倘若中国古代也像现代政府那样，传统官阶研究就简单多了，因为那样一来，"人"的等级与类别就将等同于或近似于"职"的等级与类别，弄清某"官"属于某品、某阶、某职类，就成了。但传统中国的情况大多不是那样的。中国官阶所面临的重大问题，就是人员结构远大于职位结构。"官人"和"官职"不是一回事儿。"官人"的数量，或说拥有朝廷位阶名号者的数量，远远多于行政职位之数；而那些"官人"，都在王朝人事管理的范围之内，需要用各色位阶衔号来标识区分。

随手举几个例子。秦汉官制虽很简练，但仍有"散官"存在着。如郎官、大夫等等，他们多的时候可达数千人。而且他们不算行政吏员，或说散官不算行政职位。汉朝经常向民众赐爵，拥有爵位的男子数量极其庞大，也许上百万、上千万。那些爵号都得由有司来颁授。魏晋南北朝时，没多少甚至根本没有行政事务的府官、属吏、国官、东宫官和东西省散官，大量充斥着。魏晋还有一种叫"王官司徒吏"的官僚候选人，其等级资格主要是中正品，在曹魏西晋其数量约在两万以上，东晋初一度还达到了二十余万人[1]。北魏道武帝时，仅一

---

[1] 拙作：《北魏北齐"职人"初探——附论魏晋的"王官司徒吏"》，《文史》第48辑，中华书局1999年版。

次向"诸部子孙失业"者赐爵就达二千余人。北魏还曾向民间的老者版授军号和郡县长官衔,那么只要够年龄就能成为"官人"了。北齐、隋和唐初有一种"视品官",据李锦绣先生研究,其数量在万人以上[1],而唐初的职事官数不过两千多员。唐宋朝廷想方设法解决官人的"就业"问题,例如设置员外官、添差官等。宋明清时排队候选者是一支浩浩荡荡的队伍,很多人十数年轮不到官做。选人资格的"等"与"类",与职门职系、与职位所需专业能力也不完全对称。

类似事例还有很多,暂不赘举。大量的类似事实告诉人们:传统王朝的人员结构、传统王朝的位阶名号的适用范围,远远大于职位结构。简言之,中国传统政府的职位结构和人员结构,在颇大程度上是不同构的。官阶不仅要覆盖官职,还要覆盖所有"官人"。

而那就将影响到品位和等级的结构上。第一,拥有"官人"身份者,在多数情况下远远多于行政职位(通称"职事官"),那么其身份和类别都需要某种品位来确认。第二,朝廷大量颁授衔号名位,将造成大量"一人数衔"情况,从而大大增加了品位结构的复杂性。第三,特定的人员结构,往往会导致特别的职类概念。例如汉代曾用"正秩"标识行政官职,用"比秩"标识非行政官职,后者包括所谓的"宦皇帝者","宦皇帝者"是帝国前期散官制度的一部分。早期散官的特殊性,在于其有很强的品位意义,例如构成选官资格;但又不是全无职事,文职散官往往是随机事务的承担者,武职散官有宿卫之责。第四,人员结构还可能反作用于职位结构,从而导致"职事官的品位化"。就是说,有时优待官员和安排人员的压力是如此之大,迫使朝廷把职位用如品位,把职事官当名号用了。官员有其位而无其事,反过来令职位结构膨胀、扭曲了。魏晋南北朝时散官虚位的畸形膨胀,就十分明显。在唐宋间,"职事官的品位化"的巨大冲击,甚至令昔日的省部寺监之官大批量地转变为"寄禄官",变成了官僚个

---

[1] 参看李锦绣:《唐代视品官制初探》,《中国史研究》1998年第3期;《唐代制度史略论稿》,中国政法大学出版社1998年版,第150页。

人的资位尺度,王朝另用"差遣"寄托权责,原先作为职位架构的六部寺监整个被架空,官品近乎失效了。那是中国官阶史的一大变故,不妨说是很"骇人听闻"的。继续观察还有第五,衔号名位的拥有者往往不限于正式在任官员,王朝品位的涵盖面经常超越行政边界,而向民间和社会延伸和渗透。这包括三种情况:一是向民众中的某些分子颁授名号用作褒奖,那做法构成了调控整合社会的重要手段。二是给特殊群体提供入仕机会,如士人、学子或官僚子弟。"入仕预备队"的存在,进一步扩大了人员结构的外缘。"官僚预备役"经常变成了正式的品位安排。魏晋南北朝的"中正品"就是如此,只拥有中正品并不等于入仕,但已在朝廷人事管理范围之列了。三是官贵家属,如其父母妻子,因"子贵父荣"、"夫贵妻荣"而被给予名号。

人员结构和名号管理的范围大于王朝职位结构的情况,不妨以下图显示之:

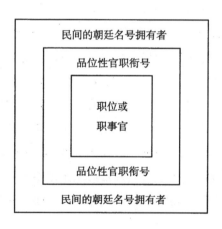

在上图中,"职位或职事官"对应的是职位结构;"品位性官职衔号"的拥有者也是官员,然而其官职衔号溢出职位结构了。进而"民间的朝廷名号拥有者"连官员都不是,但其名位也由朝廷人事部门颁授。

中国传统官阶制和现代文官等级制的差异,开始显露出来了。现代文官等级管理的重心在于"事"、在于职位,是一种"职位管理"的手段;相形之下,中国官阶除了用于管理职位,在更大程度上还是

9

一种"身份管理"的手段。现代人事管理采用"为官择人"原则；而传统人事管理则经常"因人设官"，即，先有了一支"官人"的队伍，再考虑如何安排他们，让他们各得其所。因而绝大多数情况下，这里的人员结构与职位结构不对称，"官"不等于"职"，"官"多于"职"；王朝统治者不仅是在管理职位，还是在管理身份。这是传统官阶区别于现代文官制的最大特点之一，从而也是传统官阶研究最引人入胜的课题之一。对这个课题，现代文官理论为我们提供的分析手段，是很不充分的，因为传统官阶面对的那些问题，在现代民主国家不成问题，所以学者也措意无多。

以色列学者艾森斯塔得曾指出："罗马、拜占庭和中国，各自都有双重的衔号制度。一种衔号确认其拥有者具有从属于某一特定阶级的一般标志，……另一类衔号则确认其拥有者的职能和官位"，统治者为了他的个人权力，将力图"创置新的衔号与官位，对世袭性称号和职能性官位加以区分。"[1] 艾森斯塔得也看到了，不同位阶具有不同的性质和功能，有用于确认身份的，也有用来配置职能的。"职位管理手段"和"身份管理手段"的区分提示我们，在统治者规划品级位阶时，他至少将有两种考虑："运作考虑"和"身份考虑"。

"运作考虑"着眼于行政运作和政治运作，可以说是以"事"为本的，即按政务需要来安排行政层级、官署等级和职位等级，其目的可以归纳为三：第一，标示职位的类别与统属，确认其间的指挥与协作关系；第二，标示各职位在行政或政治上的重要程度，把较重要的职位置于较高品级；第三，为人员的录用、酬报、激励和奖惩提供等级尺度。

"身份考虑"则以"人"为本，其目的也可归纳为三：第一，安排地位与身份，用官爵去适应或去调整社会等级秩序。第二，分配权势利益，在这时候，官爵是作为一种"权益"甚至"福利"而被授赐的，封官授爵是一种分配机制。如葛承雍先生的概括："这套金字塔

---

[1] 艾森斯塔得：《帝国的政治体系》，贵州人民出版社 1992 年版，第 136–137 页。

式的官僚等级权力结构，使得各级官吏享有与其官品相应的政治经济特权，是社会财富的合法瓜分者。"[1]第三，维持政治效忠，比如通过特定衔号等级来维系"拥戴集团"，由此强化"效忠机制"。

就"运作考虑"而言，传统中国王朝与现代文官制还是有很多相通之处的。当然在职位结构上，传统行政组织与现代行政组织的差异也昭然可见。现代法制国家的行政部门只是三权分立下的一个子系统，而传统中国政府却是一个一元化体制，司法、立法与行政不分立；现代政府的复杂程度适应了现代社会的高度分化，传统政府则相对简单得多了，而且还存在着一些较原始的、或现代社会所没有的职类，例如皇帝侍从、后宫女官等等。

从"身份考虑"看，现代政府与传统王朝的差异就更大了：中国官阶是一种安排社会身份的手段，是一种分配权势利益的手段，是一种维系政治效忠的手段。那虽然也将体现于职位结构，例如为安排人员的特殊需要而设置职位，但主要发生在人员结构方面，是通过品位安排体现出来的。中国品位体制的繁复精巧，在前现代社会中少有匹敌。

在"国家—社会"的二元对立视角中，"国家"往往被视作一个施加政治调节的功能组织；然而换一个角度，中国国家也是一个身份组织、"生活组织"，即一群人赖以谋生牟利的组织，它的内部就是一个"社会"。除行政效率的最大化之外，安排身份的尊卑贵贱，也是国家的重要组织目标。进一步说，国家的外缘是弥散的，还与社会交织纠缠在一起，这从名号向民间颁授一点上，也能看得出来。那个所谓"国家"是一个"大共同体"——古人所谓"天下"——的一部分，是其核心、主干部分；由此看过去，"社会"反而成了国家的外围、枝叶和根基了。因而"国家"的生活结构与身份结构，与外部社会构成了连续体，王朝等级管理范围的普泛化即其体现。

等级管理的"普泛化"，除了体现在管理范围之上，还体现

---

[1] 葛承雍：《中国古代等级社会》，陕西人民出版社1992年版，第4—5页。

在"品秩构成要素"上。位阶是由"形式"与"内容"两方面构成的。"形式"就是品秩的样式，如级名、级差等等；"内容"则是品秩所规定的权责大小、资格深浅、薪俸丰薄之类。那些构成品秩"内容"的事项，我们称为"品秩的要素"。在现代法制国家中，品秩要素一般只包括权责、资格、薪俸三项。但传统中国就不是那样了。还有多种特权，如经济特权、法律特权、选官特权等等，也构成了品秩的"含金量"。甚至各种生活细节，都通过所谓"礼"而被纳入了等级管理，广及于车马、服饰、用具、住宅甚至墓地，几乎无所不包。而且还能看到，中国等级礼制广泛使用数列手段，体现为十二、九、七、五、三、一或八、六、四、二之类"礼数"。中国礼制是高度"数字化"的。从无所不包和繁密精细上说，中国无愧于一个"礼仪之邦"，并使我们不得不把"礼遇"也列于品秩要素之中。关于品秩要素，下一节还要具体阐述。这又一次告诉人们，仅从技术角度或管理角度观察中国官阶，是远远不够的。中国国家不仅是一个功能组织，还是一个"生活组织"；中国官阶不仅是一种行政制度，还是一种社会制度；中国官阶的特点，除了"管理范围的普泛化"之外，还包括"品秩要素的普泛化"。

总之，基于中国传统等级管理的基本特点，我们把研究对象"官职和官员的分等与分类"，进一步具体化为"品位结构"。"品位结构"的考察包括两点：品位自身的样式与特点，品位高下与职位等级的关系。至于单纯的职位结构，不是我们考察的重点。因为单纯的职位分等与分类，在相当程度上跟一般官制史的研究重合了，不能看成官阶史的特别任务。对王朝的职位结构，这里只考虑其所采取的官阶形式，及其与品位结构的关系。也就是说，本书所将进行的，是一种"品位视角的官制研究"。

二　品秩五要素与品位性官职

我们所面对的那些品秩位阶，是为哪些东西分等分类呢？在它们的各个级别之上，配置着不同的东西。学者在分析各种位阶时，常常要分门别类地罗列相关待遇，例如政治待遇、经济待遇、法律特权、文化特权等。"品位结构"视角强调各种位阶的分工配合样式，那就包括不同等级要素在各种位阶上的配置样式。构成品秩的要素，我们概括为五：权责、薪俸、资格、特权及礼遇。简称"品秩五要素"。

下面对"品秩五要素"略加阐释。第一是权责。权责是配置于职位之上的。品秩被用作权责的尺度，传统文官制亦然。若一个官号上配置有权责要素，那么这官号就是一个职位。俗话说"官大一级压死人"，说的就是官阶较高，则权势较重。权责配置之基本原则是：权力较大、责任较重之职，其品秩应安排得较高；权力较小、责任较轻的职位，其品秩应安排得较低。第二是薪俸。品秩也是向官员付酬的依据，包括俸禄及其他待遇，品秩高则薪俸厚，品秩低则俸薄。在这一点上，古今官阶也无大不同。第三是资格。品秩经常用作资格的尺度。资格是从属于个人的，是个人的任官条件，它标示着某人可以升入的职级和可以进入的职类，如文资、武资，以及其他专业资格。年资也是一种基本资格。汉代的察举科目、魏晋南北朝的中正品、唐宋明清的科举学历，都构成了资格。文资与武资之别在宋以后日趋严格，文武职类间不容易流动了。第四是特权。传统品阶勋爵上总是附丽着各种特权，涉及政治、经济、法律、文教等方面的特殊待遇，如任子特权、占田特权、官当特权、入学特权。第五是礼遇，例如舆服等级之类。应承认某些礼制也有维系行政秩序的意义，如印绶等级礼制、致敬礼制等。同时礼制等级保障了官贵的特殊生活方式，是安排官场尊卑身份的重要手段。当然也可以把礼遇划入"特权"，但考虑到"礼"在中国政治文化中的特殊重要性，我们将之单列一项。传统国家具有浓厚"仪式组织"[1]意味，则等级礼制这个要素更需独立考

---

[1] 任何组织都有两个性质，技术性质和仪式性质。前一性质较强的组织，其生存能力取决于技术效率；后一性质的组织，其生存能力则取决于制度本身。中国的"单位制度"，被认为是技术性最差而仪式性最强的组织。参看周翼虎、杨晓民：《中国单位制度》，中国经济出版社1999年版，第81页。传统王朝亦然，等级礼仪本身就是它的一种日常运作方式。

虑了。

"品秩五要素"的概念，可以协助我们进一步解析位阶，具体观察权责、资格、薪俸、特权与礼遇诸要素，是如何配置于不同品位或职位之上的。不妨想象：某王朝使用Ａ、Ｂ、Ｃ三种等级序列，在这时候，有可能Ａ序列配置了权责和报酬，Ｂ序列主要用于确定入仕迁转资格，Ｃ序列则更多地附丽着特权与礼遇。它们各有分工，并由此链接组合起来。

秦汉的二十等爵，是不能依爵叙官的，就是说爵级不构成资格；可到了北朝隋唐，五等爵级可以叙阶了，那么资格要素转而被配置在爵级上了。由此"品秩要素"的分析，就使一个问题凸现出来了：通过资格要素在爵级上的配置变化，去探讨汉唐封爵的性质变化。

魏晋时中正品高下构成了任官资格，但不涉薪俸。官品在魏晋时诞生时只有9级。北朝对九品官品进行析分，先是分正从品、再分上中下阶，这样官品就有了54阶；旋改正从上下30阶之制，加流外九品，共39级。隋唐承袭了北朝制度。明清官品，就只用正从18等，无上阶下阶了。就是说历代品级的疏密程度，是发生过变化的。那是为什么呢？我们可以从"五要素"的角度去观察。从行政层级说，宰相、六部以下不过四五个层级；从官署和职位说，考虑到长官、副职和属员有别，设十多级一般也就够用了。汉代禄秩有十八九级，若不考虑"比秩"，也就十级上下。唐朝俸禄分18等，上下阶无别。若从薪俸要素说，官品设正从18等就够了；那么唐官品的30阶（合流外则为39阶）是干什么用的呢？显然是用来处理"资格"要素的。唐官品的阶之繁密，表明此期的官僚等级管理特别重"资"。明清官品只18等，则说明王朝对"资"的重视程度相对下降了。清朝的俸银俸米大致只依九品，除了正九品、从九品略有区别外，其余各品的俸额都不分正从，总计止10等而已，更为简化了。

又如南朝萧梁实行十八班制度，但九品官品不废。表面上看，十八班似乎只是九品官品的继续析分，班、品两套序列叠床架屋了。但实际不是那样。分析十八班中的官职就能看到，列在其中的主要是文武职事官与散官，却没有爵级、也没有军号，爵级和军号是另成序列的。再把十八班与九品官品加以比较，后者就把爵级和军号都涵盖在内了。这就告诉我们，十八班上配置的是资格，主要用于标示任官资格的高下。

"权责"是职位的核心构成。不含权责要素，却配置有薪俸、资格、特权及礼遇要素的官号，就是品位。成熟的品位是序列化的，有整齐的阶次。此外王朝还经常使用品位性官号。这种官号尚未序列化，或序列化程度不高。经常能看到一些官职，它们在形式上仍是职位，同时又有强烈的品位功能，例如维系身份和计算官资的功能。那类官职，我们称之为"品位性官职"。还有一些官号不大单独使用，主要用做加号，往往通过"兼"、"加"等形式授给职事官员。它们在形式上也不是职位，是为"品位性衔号"。二者合称"品位性官号"，其特殊作用，包括提供一个起家之位，一个升迁之阶，增添一分荣耀，使之享有一分俸禄，甚至只是给人一个朝廷名号，使之成为"官人"而已。

我们所说的"品位安排"，既包括"品位序列"，也包括"品位性官号"。二者的区别是相对的，品位序列成序列，品位性官职和衔号则还处于零散不成序列的状态。"品位性官号"概念的建立，将大大拓宽传统官阶的研究范围。因为它们在各王朝被普遍使用，花样繁多，极大丰富了品位管理手段，堪称"中国特色"。

品位序列与品位性官号通常变动不居，其变动会呈现出一些规律性来。我们以"职阶转化律"、"品位趋滥律"和"品位价值变化律"三律，来描述那些较具规律性的现象。首先是"职阶转化律"。中国古代的很多品位序列与衔号，本来是职事官，因统治者将之用如品位，结果其"职事"含量下降，日益"品位化"或"阶官化"了，有时为此还要另设职事官以资弥补。秦汉二十等爵的爵称，很多来自军职，魏人刘劭即以军职来解释二十等爵称的来源。汉朝的将军是军职，而魏晋以下，将军号大批演变为军阶，军中另外形成了都督、军主、幢主、队主的军职体制[1]。唐朝勋官发源于西魏的府兵军职，如柱国、大将军、开府、仪同及大都督、帅都督、都督、子都督，因其越授越滥、有官号而无职事，最终演变为勋官序列，府兵系统中另用大将军、将军、鹰扬郎将、鹰扬副郎将、校尉、旅帅、队正等为军职。北宋初的"寄禄官"，使用唐代省部寺监的职事官称，那些职事官的原有职事另以"差遣"委寄。宋初的武阶，来自唐五代的内诸使职的阶官化。清朝的民世爵最初也是爵、职不分的，后来逐渐变成了世爵，然而仍经常称为"世职"。所以职事官的品位化，在中国古代是经常性现象。

其次是"品位趋滥律"。在中国古代，品位趋滥是经常性现象。品位趋滥的原因，在于品位授受的刚性：若官僚们消受某种品位的权益荣望已成习惯，要想取消它们就很困难，只能继续授下去，越授越滥。分配利益时做加法容易，做减法难。历史上的品位趋滥，有时会滥到惊人的地步。就江陵张家山汉简《奏谳书》所见，汉初的求盗、亭校长、发弩、狱史之类走卒胥吏，都拥有了大夫、大庶长的爵位。北魏后期，边外小县所领不过百户，而令长皆以将军居之。东魏北齐的尚书令史，皆加将军之号。唐中后期，战士授勋者动盈万计，论官品则与公卿齐班，论地位只在胥吏之下；州郡胥吏军班校伍，往往一命便带银青光禄大夫阶。

品位趋滥到一定程度，王朝就无力向庞大的位阶拥有者支付相应利益了。于是又有了"品位价值变化律"。它表示某一位阶的"含金量"变化。一般来说，在职事官刚刚发生品位化时，其"含金量"最高，因为职事官的全额待遇没变，但拥有者又是在品位意义上占有它的，这意味着他不必承担多少实际权责，却能消受它的全部好处。但那个官职用如品位的情况越来越多，其特殊荣耀就会因拥有者的增多而降低，"百花齐放"而非"一枝独秀"了。而且这时王朝将着手削减其待遇，使之变成虚衔空名，最后在无可再滥时将之废止。然则所

---

[1] 参看朱大渭、张文强：《两晋南北朝军事史》，军事科学出版社1998年版，第264页。

谓"品位价值",涉及了待遇厚薄、权责轻重和头衔多少(官号设置的多少和拥有者多少)等三个变量。一般说来,"品位价值"与待遇厚薄成正比,与实际职事的轻重和头衔数量成反比。汉代三公在西晋变成"八公",则"公"的品位价值肯定是下降了。当然,品位价值还要结合多种情况具体判定。

观察历代官阶,能看到有些时代品位安排比较发达,有些时代则没那么发达。然而在做出评估之前,"发达"与"不发达"是指什么?这个要先弄清楚。这里提示如下两个评估指标:第一,品位待遇的优厚或微薄程度;第二,品位安排的复杂或简单程度。先说第一项。若某时代官员的品位待遇优厚,则可以说其时品位分等比较发达,若某时代官员的品位待遇微薄,待遇更多地附丽于职位,则可以说其时品位分等不够发达。再看第二项。一般说来,复杂的制度总比简单的制度的发展程度更高。所谓"复杂"至少包括两点:一是序列结构的复杂程度,例如位阶本身的繁密整齐,多种位阶的并存互补;二是运用规则的复杂程度,例如迁降、转改、回授等方面的复杂细密规定。

优厚的品位待遇,在政权比较粗糙原始的情况下,照样能够出现;但复杂的品位安排就不同了,它是精致化的管理手段,只能出现在高度发达的官僚体制之下。品位的结构样式与运用规则的复杂程度,也就是官僚体制的复杂程度。那在政治体制尚很粗糙原始的情况下,是不会有的。在周王朝,以"世袭"和"采邑"为内容的爵级特权是非常优厚的,然而其时爵序却很简单,只是公、卿、大夫、士数级而已。构成对比的是唐宋,其时品、阶、勋、爵繁复多样,品位性官号琳琅满目。那是因为,唐宋官僚政治的发达程度远远超过周朝。当然,品位的复杂性并不总与官僚行政的发达程度成正比。明清官僚品位管理的复杂程度,比唐宋就有所下降;更不必说美国政府组织高度发达,然而却采用职位分等,没给文官提供多少品位保障了。

进而分析品位之时,还要考虑第三个指标:品位的开放与变动程度。它包括品位获得的开放或封闭程度,与品位占有的变动或稳定程度。由军功或考试获得的品位,可以认为是开放的,往往也是可变动的，即可晋升的。另一些品位则一旦拥有就不大变动了，如周朝的公侯伯子男爵，以及卿、大夫爵。其时卿大夫出自少数家族，往往世代执政。魏晋时的中正品还是有升降情况的，东晋南朝则"凡厥衣冠，莫非二品"，社会分层的凝固性，造成了中正品的封闭性与稳定性。

三 品位结构变迁的四线索

"品位—职位"的概念，为观察传统官阶提供了一个新视角。由此视角审视三千年的官阶变迁发展，可以看到变化的不止是级名、级差和待遇而已，官阶制的结构特性也有过重大变化。总的说来，我们能看到一个"五阶段"的历史进程：

1. 周代：公卿大夫士爵级和命数，属品位分等；
2. 秦汉：禄秩具有从属于职位的性格，有强烈职位分等意味；
3. 魏晋南北朝：中正品、散官、军号，显示了这是一个"品位化"的时代；
4. 唐宋：唐朝的文武阶官和宋朝的寄禄官，属品位分等；
5. 明清：阶官制明显淡化，各种待遇向职位靠拢，又向职位分等有所偏转。

这是我几年前提出的论断[1]。时至今日，又可以做若干补充订正了。

较早对"官阶发展五阶段"的阐释，主要是从"官阶"入手的，所以对非官阶性质的品位序列的阐述不够充分。例如秦汉爵级和科举学历的意义，当时就未能充分发掘。现在我们不只是从官阶，而且是

---

[1] 参看拙作：《品位与职位：秦汉魏晋南北朝官阶制度研究》，中华书局 2002 年版，第 1 章。

从"品位结构"视角看问题，就可以做两点修订了。第一，确认秦汉之"爵"在品位结构中的位置。先前因为"爵"不是官阶，所以只用"职位分等"来概括秦汉官阶的特点；但若着眼于品位结构，则"爵"不能置之度外，"职位分等"的概括显示出了一定的局限性。对汉朝品位结构，本书将提出一个"爵—秩体制"的新论断。第二，把科举时代的学历或学位，即生员、举人、进士、翰林之类，视为一种品位。学历决定官僚的任职资格，影响官员的分等分类，维系着一个作为官僚预备队的士人阶层，堪称帝制后期的主干性位阶。对历史前后期加以比较，才能充分展示秦汉品位结构的特殊性。秦汉用二十等军功爵安排身份，宋明清却用科举学历安排身份，相形之下，我们就看到了历史前后期品位结构的一个决定性变化。

进而对各阶段品位结构的变迁线索，本书也打算做出新的归纳。品位研究就是探讨官员与官职的分等分类，这问题有两个层面：技术层面和政治层面。在技术层面上，品位分等和职位分等是两种文官等级，也可以说是两种人力资源管理手段，各有优长。而在政治层面上，不同的分等分类体制还跟每一时代、每一王朝的政治形态、政治结构相关。皇帝之下存在着各种政治势力，王朝官贵也是划分不同类型的，例如贵族、文吏、儒生、寒人、士族、宗室、外戚、宦官、军人、文人、胥吏，异族政权下还有部落贵族，等等。他们的相互关系，及其与皇权的不同关系，影响着帝国的政治结构与形态，也将影响到品位安排上来。那么，在政治层面观察官贵类型与品位结构时，哪些线索特别值得关注呢？我们认为有四："贵—贱"，"士—吏"，"文—武"，"胡—汉"。它们可以简称为"品位结构变迁四线索"。阐释如下。

首先来看"贵—贱"。这是一条与"贵族化"相关的线索。古代某些品位序列，具有区分身份与阶层的意义。在周代，士以上爵的拥有者是一个高贵的阶层。可见周爵区分贵贱，这与贵族政治是相适应的。魏晋南北朝的九品中正制及官位"清浊"制，保障了门阀的身份特权。南朝沈约云："周汉之道，以智役愚，台隶参差，用成等级；魏晋以来,以贵役贱,士庶之科,较然有辨。"[1]秦汉"以智役愚",即选贤任能,品位秩序的流动性强、身份性弱;中古不相同,变成了"以贵役贱",很多品位安排用来维护门阀士族和部落贵族的门第权势。

曾有人强调,不管品位分等还是职位分等,关键在于特权。其实那也正是我们所关注的地方,并在概念框架中给予了充分考虑。传统官阶的发展历程显示,偏重品位分等的等级秩序,与官僚的"自利取向",即身份化、特权化、封闭化以至贵族化倾向,有较大亲和性;偏重职位分等的等级秩序,则与官僚的"服务取向"有较大亲和性,其时多半存在着强大的皇权。若作简化表述,则品位结构的变迁,是在皇权、官僚和贵族三者的关系变迁中展开的。这时要特别强调,"官僚"与"贵族"概念应理解为"连续统"的两极,有如色谱,现实中的官僚可能处于居间的色层。

品位分等是"以人为本"的,或说是以人的身份为本的。所以当官僚发生了身份化、贵族化时,就更容易出现品位化的等级安排。这不但是我们对中国官阶最基本的认识,而且通观古今中外,往往如此。有时能看到品位安排很简单,甚至阙如的情况,有时却看到了发达的品位分等。在这时候,上述论断就提示人们,这时应想到什么。即,当你看到了偏重职位分等的等级秩序,那么那里的官僚身份性可能较弱;而当你看到了较为发达的品位安排,那么那里的官僚的身份性就是比较浓厚的。

以上只是个总体性的观照,进一步的分析又显示,品位发达程度与官僚身份性的关系,还有更复杂的细节。前已设定了三个指标来描述品位的性质:品位获得的开放或封闭程度,品位待遇的简薄或优厚程度,品位序列的简单或繁复程度。若涉及"贵—贱"的政治局面发生变化,则三项指标都会相应变化,而且会出现"错综"的情况。周朝的品位体制高度封闭,待遇优厚稳定,序列结构却相当简单。魏晋南北朝的官僚品位,其稳定优厚不如周代,其复杂繁琐则过之。唐

---

[1] 《通典》卷十六《选举四》,中华书局1984年版,第91页上栏。

宋品位是开放、流动的，官僚的品位待遇比魏晋南北朝的士族门阀少多了，但品位样式和品位运用的复杂繁琐则超过之。如何认识这种差异呢？品位序列的复杂程度是以官僚体制相当发达为条件的。所以繁复的品位安排可能有双重意义：既意味着官僚政治已相当发达，官僚升降频繁，故管理手段繁复；也意味着其时官僚的身份性、自主性较强，"贵族化"程度较高，"自利取向"较浓厚；其时官僚有较大讨价还价能力，从皇权那里争得品位利益。再看明清，此时随专制集权进一步强化，官僚们的讨价还价能力下降了很多，品位待遇和位阶运用也相应简化了一些，等级间的流动性提高了一些。明清"绅士"阶层的身份性，比中古文化士族淡弱多了。

再看"士—吏"问题。中国王朝的行政人员分为"官"与"吏"两大类，前者的主体是科举士大夫、文人，后者是胥吏，这使流内流外的划分具有了特别意义，不止是高级文官与低级文官之分了。以文人或士人居官，是中国王朝品位结构最富特色的地方之一，也是中国"士大夫政治"的直接体现。对"士大夫政治"，我的《士大夫政治演生史稿》一书有专门讨论，兹不详论。

周朝爵命体制中，已孕育着士、吏两分的格局了。其时卿大夫士也可以通称"士"，是一个垄断文化的阶层，拥有"六艺"、"九能"的教育，属"君子"；其下由府史胥徒承担各种细小职役，属"小人"，其分等用"稍食"之法，"稍食"就是主子发放的衣食。周朝士、吏两分的品位结构，可称"爵—食体制"。"爵"系品位分等，既是行政等级又是贵族等级；"食"适用于胥吏层次，它依事发放、依功定等，蕴含着职位分等的种子。"士"不仅是贵族，还是文化贵族、精神贵族，士、吏之别不仅是有爵者与无爵者之别，也是承载文化者与不承载文化者之别。也可以说，二者不仅是分等之别，也是分类之别。

与周相比，秦汉品位结构在分类上士、吏有别——儒生、文吏是两种不同资格，仕途不尽相同；但分等方面则士、吏无别，儒生、文吏兼收并用，官资管理上明经、明法双峰并峙，并无轩轾。不过在两汉的漫长发展中，儒生逐渐赢得了优势。东汉后期的公府征辟、孝廉察举，明显优待名士，由此阻碍了单纯职业吏员的进身之途。实际上，那就是后世流内、流外之分的最初萌芽。

魏晋时出现了九品中正制，中正任以名士，定品依德行才能，而那就意味着，中正品是一种面向士人的品位。非士人者难以获得中正品，只好屈就九品以下的吏职或军职了。"士、吏有别"之制由此强化了。北魏孝文帝把中正二品以上官留在流内，把中正三品以下的7个等级转化为流外官，从而形成流外七品，北齐又增为流外九品。可见流外制度，直接来自九品官人法，与士阶层的上升直接相关。魏晋士族与东汉士人一脉相承，是由士人而形成的"官族"。田余庆先生曾揭示，"由儒入玄"是形成士族的必要条件[1]。士族的形成竟与一种哲学思潮相关，其原因就在于，魏晋士族由文士构成，是文化贵族。唐宋明清的科举制下，学历成为主要官资，"士大夫政治"由此确立。学者往往把科举制与中正制对立起来，不过那做法忽略了如下情况：就品位面向文士而言，科举学历与中正制倒是一脉相承的。此外，所谓"伎术"官（如天文官、医官、画师等）往往近似于吏，对其品位王朝往往做贬抑处理，这也是传统官阶在分等分类上有异于现代文官制的一个特殊之处。

再看"文一武"问题。"文武"首先是一种职类区分，文职、军职各自使用不同位阶，现代社会也是如此。但文官和武官也是两种政治势力，政权中哪种势力占优，可能影响那个政权的形态和倾向性。李开元先生对"军功受益阶层"和"马上天下"做过讨论："这是一个武力的政治优先的社会，武力产生了政权，政治决定着经济、身份、文化等其他方面"，这"暗示了一种极为严重的破坏性和贫乏的创造性"。[2]军事、军政，还有"武装夺取政权"的政权更迭方式，都是塑造王朝政治与制度的重要因素。但"破坏性"的提法略显简单了。在王朝周期性地衰落崩解之时，"马上天下"是一种通过改朝换

---

[1] 田余庆：《东晋门阀政治》，北京大学出版社1996年第3版，第354页。
[2] 李开元：《汉帝国的建立与刘邦集团——军功受益阶层研究》，三联书店2000年版，第256页。

代而再度强化专制集权的有效途径。罗素指出："战争对于王权的加强一定起过很大的作用，因为战争显然需要统一的指挥。"[1]梁启超亦言："专制权稍薄弱，则有分裂，有分裂则有力征，有力征则有兼并，兼并多一次，则专制权高一度，愈积愈进。"[2]军事体制与官僚体制具有重大同构性、亲和性，它们都依赖于严格的等级制、法制、功绩制、集权制，以强制命令和高度服从的关系为基础。亨廷顿看到："在君主集权官僚体制中，军队是最现代和最有内聚力的典型。"[3]所以"军事化"往往有强化等级制、强化法制、强化功绩制和强化集权制之功，这一点学界有普遍共识[4]。作为比较，由"禅让"形式实现的改朝换代，皇权往往相对软弱。

"文—武"关系，是王朝品位规划者必须处理的重大问题。周爵不分文武，因为周代贵族"允文允武"。二十等军功爵来自军职，爵级来自军功。战国变法时，各国都通过军国主义道路，而实现了集权化、官僚制化的历史转型。军爵的主导地位就是这个转型的历史遗产。西嶋定生把这种用于奖励军功的位阶，视为汉代身份体制的主干[5]。这是有鲜明时代性的。南北朝的历史，可以说就是文化士族与军功贵族的竞争史。北朝军功贵族在重建法制、功绩制和复兴官僚政治上，做出了特殊贡献，南朝文化士族起的却是相反的作用，那就决定了南北两方的不同政治前景。从品位制度看，南朝官僚结衔例以文号居前，北朝则以军号居前。我曾揭示，北朝散官的阶官化得力于军号的"拉动"之功，在这背后，就是军功势力对集权官僚政治的"拉动"之功。

当然，军人的权势过大，也可能流为一种粗放的军人政治，并增

---

[1] 罗素：《权力论：新社会分析》，商务印书馆1991年版，第53页。
[2] 梁启超：《中国专制政治进化史论》，收入《梁启超全集》第3卷，北京出版社1999年版，第777页。
[3] 亨廷顿：《变化社会中的政治秩序》，三联书店1989年版，第185页。
[4] 可参看陈明明：《所有的子弹都有归宿：发展中国家军人政治研究》，天津人民出版社2003年版，第308页以下。
[5] 西嶋定生：《二十等爵制》，国际文化出版公司1992年版。

加军阀割据的可能性。从历史结局看，中国官僚政治最终成为"重文轻武"的文官政治，相对于武人，士大夫占绝对优势。唐朝文阶可以换为军阶，宋朝文武阶的互换就极其困难了。余英时先生指出：汉代列侯非军功不能获致，而"宋代进士正式取代汉代侯爵的资格，这是士的政治地位上升的一个显著的象征"[1]。帝国早期品位的军爵主导，在帝国后期变成了学历主导，它维系着"士大夫"或"绅士"阶层的强势地位。那么帝国初期与后期的政治变迁，就在主干性位阶上表现出来了。明清之时，同品的文官与武官实际地位悬殊，可见"文—武"不仅是职类之分，也是身份之分，本身就具有品位意义。但这不意味着王朝对军人品位权益完全漠视。明朝的公、侯、伯三等爵主要用于奖赏军功，文臣得者甚少。而且一旦发生战乱，军功资格就会重要起来。晚清战事频繁，"军功官僚"随即崛起[2]。

除上述三条线索，还有一条"胡—汉"的线索也须考虑。这主要发生在异族政权之下，体现在优待统治部族的品位安排之上。北魏前期的刺史官资，宗室一人、异姓二人。五等诸侯的起家资格，又以同姓、异姓、清修（汉人士族）为别。北魏的虎贲、羽林起家之途，主要就是面向鲜卑武人的。元朝承荫制度，蒙古、诸色目人比汉人优一等叙。对清朝品位制度之优待满贵，邹容的《革命军》有声泪俱下的控诉[3]。官缺被分为宗室缺、满洲缺、蒙古缺、汉军缺、内务府包衣缺和汉缺等。满洲只任六品以上官，旗员不作驿丞、典史等杂职。康熙初年划一满汉官品级，汉大学士仍然班列满大学士之次。满贵还有特殊仕途，例如侍卫、笔帖式。升、转、改、调的俸历计算上，满洲、蒙古官员也较汉官为优。形式上使用着同一品级，实际却因"胡—汉"而发生了隐性的品位之别。而且"胡—汉"问题往往

---

[1] 余英时：《朱熹的历史世界：宋代士大夫政治文化的研究》，三联书店 2004 年版，第 201－202 页。

[2] 参看杨国强：《军功官僚的崛起和轻重之势的消长》，收入《百年嬗蜕：中国近代的士与社会》，上海三联书店 1997 年版，第 50 页以下。

[3] 邹容：《革命军》，《邹容文集》，重庆出版社 1983 年版，第 45－46 页。

又与"文—武"问题相关。清制,汉官文武殊途,但满员却可以文武互迁。"国朝旗员,不拘文武出身,皆可身致宰辅,或文武互仕",汉大学士只用翰林,而满蒙大学士可由武职为之[1]。邹容亦云:"而满人则无论出身如何,均能资兼文武,位兼将相,其中盖有深意存焉!"

钱穆先生指出:元与清以蒙古人和满洲人为其拥护者,而且"任何一个独裁者,都有拥护他独裁的一个特定的集团"[2]。部落贵族的品位特权,特别显示了品位体制的一个重要功能:标示"拥戴群体",构建"效忠机制"。异族政权的结构性特点之一,就是存在特殊效忠集团。部族的自身凝聚力,其尚武传统,以及异族统治下民族压迫造成的政治张力,在与汉制结合之时,都可能转化为专制集权的强化动力。中国历史上的几次异族入主,几乎都造成了类似的政治影响。在此意义上,异族入主是一种特殊类型的"马上天下"。当然,异族政权下的特殊品位有时候是隐性的,亦即,一些实际优待并不体现为正式位阶。张帆先生曾谈及这样的情况:有时候异族统治者对汉式衔号的荣耀不怎么敏感,可能听任汉官占据显赫名号,但那不意味汉官拥有实际权势。

三千年官阶史上出现过的形形色色的品级位阶,还有更多等级安排,都以不同方式卷入了上述"贵—贱"、"士—吏"、"文—武"及"胡—汉"问题。官阶制的五期发展中,上述诸线索也呈现出了清晰的阶段性变化。由此反映出的官僚分等分类变迁,可供观察各时代的政治变迁。

四 品位结构的三层面

发达的农业社会通常都存在着巨大的不平等,并且"权力、特权

---

[1] 福格:《听雨丛谈》卷一《满洲掌院》、《大学士》,中华书局1984年版,第11、13—14页。
[2] 钱穆:《中国历代政治得失》,三联书店2001年版,第150页。

和荣誉的非常不平等的分配是从其政治系统的作用中产生的"[1]。传统中国尤其如此,这里的政治系统在影响社会形态上权重特别大,它使经济变迁所引发的"社会形态变动率"相对减小了很多。历史前期与后期相比较,经济制度已大为不同了,但人们的生活感受却没那么大变动,感觉上照样生活在君、臣、民为主干的等级秩序之中。那感受不是没道理的,道理就是政治体制的连续性,造成了社会生活的较小变动率,两千年一贯制。虽然各个传统社会的森严等级大抵都来源于政治系统,但"中国特色"尤其在于,文官级别变成了社会分层尺度,行政管理体制与社会身份高度重合。"官本位"这个特点给了旁观者强烈印象。早在19世纪黑格尔就曾指出:在中国,"所有的一切差别,都和行政连带发生。"[2]至今这一点仍是"中国特色":多项社会学研究显示,干部级别在决定当代中国的社会分层上,发挥了重大作用。而帝制中国,也以"品级、等级和阶级的更大一致性"为特点,由此而不同于其他由贵族、军人、财阀或僧侣主导的社会。

韩愈有段很著名的话:"是故君者,出令者也;臣者,行君之令而致之民者也;民者,出粟米麻丝,作器皿,通货财,以事其上者也。"中国传统等级体制的基本结构是君、官、民。这是个一元三层的金字塔。所谓"金字塔"是相对于多元等级结构而言的,后者的等级样式是"林立式"的,即在不同领域,例如在政治、经济、文化、社会等不同领域中,存在着不同的分等形式和声望尺度,它们"各自为政",人们并不在其间寻求可比性、对应性与可转换性;而一元化体制是"金字塔式"的,各种等级间存在着重大的可比性、对应性、关联性和可转换性,彼此重合而相互渗透。这种关系,是用王朝品位构建出来的,而且是用行政手段管理的。也可以用"弥散型分配"和"一体化分配"两个概念,从分配角度来观察二者的区别:"所谓

---

[1] 伦斯基:《权力与特权:社会分层的理论》,浙江人民出版社1988年版,第235页。
[2] 黑格尔:《历史哲学》,上海书店2001年版,第125页。

弥散型分配,指分配不同种类资源时实行的是不同原则。在这样的社会中,拥有某种资源较多的人或群体不一定也拥有较多其他种类的资源。而另一种社会中则可能实行一体化的原则。也就是说,各种不同的资源按照一种单一原则进行分配,其结果,往往是各种资源都集中到同一部分人的手中。按照这两种不同原则进行资源分配所产生的结果和社会影响是完全不同的。"[1]

帝制中国的品位结构,实际包含着三个层面,即"君—臣"层面,"官—官"层面,"官—民"层面。假如只从技术角度考察官阶,那么埋头于"官—官"层面就足够了。然而官贵们并非虚悬空中,他们的实际地位,是相对于君主和民众而被确定的。帝国的品位体制,事实上也是参照"三层面"而规划的;品位样式、级差设定等很多细节,都事涉君臣关系、官民关系。若希望理解传统等级制的整体意义,全面考察其政治、社会与文化功能,就不能不把视野拓展到那权力金字塔的另外两个层面之上。

下面对上述"三层面"依次阐述。先看"君—臣"层面。帝王与官贵的身份截然不同,但也不是没有制度联系的。其间的等级关系,多方体现在爵制、礼制等等安排之上。

举几个例子。对周天子之位,古有"天子亦爵"之说[2],天子是高于诸侯的一级"爵"。《周礼》,王畿方千里,公国方五百里,侯国方四百里,伯国方三百里,子国方二百里,男国方百里,这个等级数列,不就是周天子实际权势的一个折射吗?不但天子是"君",诸侯也是"君",甚至卿大夫在自己的领地上也是"君"。先秦礼制,往往以十二、九、七、五、三为差,或以八、六、四、二为差。那便以一种"数字化"方式,显示了君臣间的等级距离。

又,周代祭祀之礼是一种等级祭祀制度,祭祀冕服的等级安排

---

[1] 参看孙立平:《失衡:断裂社会的运作逻辑》,社会科学文献出版社2004年版,第86页。
[2] 《白虎通义·爵》:"天子,爵称也。"陈立认为,这说法来自西汉通行的易说、春秋今文说,古文周礼说、左传说则认为天子非爵。见其《白虎通疏证》,中华书局1994年版,第1页。

具有一种"如王之服"的结构特征,即从天子、诸侯、卿大夫到士,地位高者可祭祀的种类多,相应可穿着的祭服种类多,地位低者可祭祀的种类少,相应可穿着的祭服种类少,但他们有共同的祭祀和祭服[1]。《周礼》"五辂"的运用也遵循类似原则。而至魏晋,舆服运用原则就被另行表述为"上得兼下,下不得僭上",与"如王之服"的原则大不相同了。两晋南北朝时,皇帝的通天冠五梁,官僚的进贤冠三梁、二梁、一梁;而在唐宋,皇帝通天冠变成了二十四梁,官僚进贤冠则变为七梁到一梁。若说那梁数变化是"君尊臣卑"在礼制上的反应,应能成立吧。周朝卿大夫以上都能服冕,然经漫长发展到了明朝,冕服变成皇帝和皇族的禁脔,官僚不能问津。明清时的宗室皇族封爵,变成了单独的爵列,与文武官僚的封爵一分为二了。这都是君臣关系变化在品位安排上的反应。这类例子都告诉我们,君臣关系的变化,确实影响到了品位的结构与形式。

顺便说,皇帝之上还有天地与诸神。《左传》昭公七年:"天有十日,人有十等。下所以事上,上所以共神也。故王臣公,公臣大夫,大夫臣士……""下"要事"上",但"上"也要事"神"。由人类社会进入宇宙又能看到,人间秩序是被镶嵌于一个更大的天地秩序之中的。天地人等级虽然属宗教虚拟,但也关乎中国皇帝的合法性;而且天地神灵的等级,也是借助名号、礼数而精心安排的,就是说与王朝位阶相关。看一看唐制吧:"王者父天母地,兄日姊月,星辰视昆弟","五岳视三公,四渎视诸侯,其余山川视伯子男。"若尊君的需要抬头,天地人神的位阶关系就可能被调整。武德二年(619年)唐高祖祭祀华岳,还肯"北面再拜";但后来皇帝就不肯拜五岳了。武后证圣元年(695年)有司议云:"谨按五岳视三公,四渎视诸侯。天子无拜诸侯之礼,臣愚以为失尊卑之序。其日月以上,请依旧仪;五岳以下,署而不拜。"皇帝随即"制可之"。[2]唐朝祭祀的天

---

[1] 拙作:《君臣通用与如王之服:周礼六冕的再考察》,《国学研究》第19卷,北京大学出版社2007年版。
[2] 王溥:《唐会要》卷二二《岳渎》,中华书局1955年版,第427-429页。

帝，除"昊天上帝"外还有五方帝、五人帝。起初五方帝也是称"天"的，与"昊天上帝"合称"六天"。但武则天下令，五方帝不得称"天"而改称"帝"，降了一格；唐德宗又下令，祭祀五人帝的祝文中皇帝不再称"臣"，因为"统天御极，则朕位攸同"，皇帝与五方帝是平起平坐的[1]。那么王朝的位阶礼数还事涉诸神，具有调整天地神灵与皇帝关系的功能。

"官—官"层面发生的主要品位问题，前论"贵—贱"、"士—吏"、"文—武"及"胡—汉"诸线索，即在其中。观察皇权的形态及强弱，既要看正式制度，也要看皇帝与各种官贵势力的关系。比如，文吏政治往往对应着一个刚性的皇权，儒生参政能促成一个弹性的皇权；王朝初年的军功受益阶层，异族政权下部落的军功显贵，则往往是客观上促成皇权强化的力量；等等。而如前述，诸势力的消长，都可能在品位安排上反映出来。

官僚"自利取向"与品位分等的关系，直接涉及了皇权、贵族与官僚的关系。虽然在概念上"专制"不必然与"官僚制"相关，但典型的专制集权，一般都伴随着复杂的行政组织和一大群官僚。就此而言，官僚与皇权是一致的。但那只是问题的一个方面。官僚组织的常规行政，也会对皇权的任意行使形成一定限制。孔飞力的《叫魂》一书，就向读者展示了专制君权与官僚的"常规权力"间所存在的矛盾[2]。士人官僚所承载的"道统"，也是对皇权的一种制衡与调节力量[3]。中国相权有时会与皇权发生矛盾，而相权的根据，就

---

[1] 参看任爽：《唐代礼制研究》，东北师范大学出版社1999年版，第25页。
[2] 孔飞力：《叫魂：1768年中国妖术大恐慌》，上海三联书店1999年版。书中还引述了罗森伯格"王朝专制主义"和"官僚专制主义"两个概念。"王朝专制主义"的特点是君主个人对社会及"王家仆从"的支配，官僚"出于恐惧而屈从于权威"；而"官僚专制主义"，如后拿破仑时代的普鲁士，是由职业官僚统治的国家，君主本人则成了"最高行政长官"。第248页以下。
[3] 狄百瑞认为："儒家思想一方面透过他们的道德说教，不断地给专制权力种种限制，一方面又不断地从事于政府组织的改革，这些对中国专制政治似乎有调和与软化的作用。" W. T. de Bary：《中国的专制政治与儒家理想》，《中国思想与制度论集》，台湾联经出版事业公司1976年版，第215页。

在于他同时是官僚常规行政和士人阶层的代表。

在官僚帝国演生之初，刻意强化个人权势的统治者往往从打击贵族开始[1]；若君主面对着一群大贵族，那君主是否还能专制，就有疑问了。然则贵族较强，则专制集权程度下降[2]。面对着众多大贵族的周天王，显然就不能算专制集权君主。田余庆先生把东晋门阀政治的特征概括为门阀当权、皇帝垂拱[3]；而士族门阀，就是一种具有贵族性质的身份性官僚。可见官僚若发生了"贵族化"，就可能削弱皇权。在这一意义上，官权与皇权间又存在此消彼长的关系，而并不总是"高度一致"的。若官僚家族任官特权过大、身份性过强，皇帝操纵名位、予取予夺的权力，官僚政治的选贤任能、按劳取酬的原则，就可能同时遭遇侵蚀。强悍的皇权则有能力无视官僚权益，强迫他们接受较苛刻的待遇，服从于选贤任能、能上能下，干活就给钱、不干活就不给钱，由此促成位阶品级制度的变迁，例如使用偏重职位分等的制度安排；反之亦然。谷川道雄先生曾说，中古贵族的身份依据，就是"品位"。对"自利取向"与"贵族化"我们将之理解为一个连续的色谱，就是说，官僚的特权化、身份化、封闭化、贵族化，要从"程度"角度来观察。唐宋间的品位安排特别繁复，明清有所化

---

[1] 艾森斯塔得指出：君主在谋求集权之时，首先要摆脱传统的贵族、部族和显贵群体的束缚。见其《帝国的政治体系》，第15页以下。又如，普鲁士的绝对主义王权之所以任用官僚，就与打击贵族的意图相关。弗里德里希·威廉一世为打击抗命的地方贵族，保证中央权力的集中，曾任命一批中产阶级出身的官员担任高级职务，"因为这些人比贵族更听话"。参看徐健：《近代普鲁士官僚制度研究》，北京大学出版社2005年版，第38—39页。

[2] 有人认为，"专制"是就政府对人民的关系而言的，亦即，是相对于"民主"而言的。这看法是片面的。"专制"也是相对于贵族政治而言的，亦即，"专制"问题不仅发生于"君—民"层面，也发生于"君—臣"层面。培根说："一个完全没有贵族的君主国总是一个纯粹而极端的专制国：土耳其是也。因为贵族是调剂君权，贵族把人民底眼光引开，使其多少离开皇室。但是说到民主国家，它们是不需要贵族的。"《培根论说文集》，商务印书馆1998年版，第51页。孟德斯鸠说："在没有贵族的君主国，君主将成为暴君。"《论法的精神》，商务印书馆1993年版，上册第16页。梁启超也看到了这一点："贵族政治，为专制一大障碍。其国苟有贵族者，则完全圆满之君主专制终不可得而行"；"贵族政治者，虽平民政治之蠹贼，然亦君主专制之悍敌也。试征诸西史，国民议会之制度殆无不由贵族起。"见其《中国专制政治进化史论》，收入《梁启超全集》第3卷，第777、782页。

[3] 田余庆：《东晋门阀政治》，"后记"部分。

简，我们认为是唐宋官僚"自利取向"强于明清的反映。

"官—民"层面考察，则可以从帝国金字塔的下端和底层提取出若干有价值的信息，用以展示中国等级社会的另一些重要特点。"官"，或说王朝的品阶勋爵，在颇大程度上决定着权力、地位、声望与资源的社会分配。秦汉二十等爵和魏晋南北朝隋唐的官品，都曾与传统农业社会最基本的生产资料——土地的占有额度相关。在整个帝国历史上，"官僚地主"都是最有权势的社会阶层。瞿同祖先生论传统中国的阶级特权，其所涉等级几乎都是王朝品爵。他还指出，那些规定无所不包，广及于各种生活的细节；特权不仅授予了在位的官贵，甚至旁及于退休者和官贵的家族[1]。

王朝的位阶名号管理和颁授范围，是超出职业文官队伍的，这已阐述于前了。二十等爵就是如此，拥有爵号的民众数量巨大。北朝向乡里耆老授军号、授地方官号，宋朝制定了赐予道士和隐士的名号，明朝赐民爵用里士、乡士、社士之号。封赠制度，使朝廷名号旁及于官僚家属。民间的有道有德者，渴望着王朝的赠谥。王朝名号还为民间所模拟，例如宗教的神谱，起事者的名号，以及日常生活中的称谓，往往会借用官称。甚至劝善书中的"功过格"，也采取了类似官僚考课进阶的形式。

进而，传统中国是一个"四民社会"，一个"士阶层"的存在是其最有特色的地方；"士阶层"的等级位置，则被安排在官、民之间。先秦就萌生了私学免役的习惯法。汉代亦然。九品官人法之下，被认定了德才出众的士人，初次以"王官司徒吏"的形式，纳入了王朝人事管理。科举时代，学生和学历拥有者系法定身份，居官、民之间。据顾炎武、张仲礼等学者估算，明清生员约五十万余。秀才、举人的特权及礼遇等级（如顶戴等），王朝有正式规定，而且跟官员的品级形成了连续的级差。总之，把品阶勋爵置于"三层面"的架构之中，就更能看清那是一个高度行政化的社会，其特点是"品级、等级

---

[1] 瞿同祖：《中国法律与中国社会》，中华书局1981年版，第三、四章有关部分。

与阶级的更大一致性"。

　　初看上去，官阶研究只是一个很小很冷僻的领域，不大容易成为显学；但在我们通过"品位结构"概念，把各种具有品位意义的制度安排都考虑在内之后，这个领域就会变得重要一些了。至于后文的讨论，将重点围绕秦汉帝国的品位结构而展开。

第二章　叠压与并立：从"爵—食体制"到"爵—秩体制"

前面一章，阐述了我们品位研究的若干基本概念，下面就转到周秦汉的品位结构变迁上来。周朝品位结构的特点，我们表述为"爵—食体制"。"爵"即公、卿、大夫、士爵，它是贵族官员的身份尺度；"食"指无爵胥吏的报酬方式"稍食"，它是秦汉禄秩的来源之一。汉代品位结构的特点，我们表述为"爵—秩体制"。"爵"指封爵及二十等爵，"秩"就是"若干石"级差构成的禄秩。

在周代"爵—食"体制下，公卿大夫士爵与胥吏的"稍食"等级，是上下叠压关系。这个结构适应了贵族等级秩序。"稍食"是胥吏们的酬报和叙秩之法，这种等级管理办法中，蕴藏着官僚等级管理制度的萌芽。战国秦汉间，随着贵族的衰落和"吏"即新式吏员的崛起，源于"稍食"、富于"职位分等"色彩的禄秩萌生了。禄秩的管理范围沿等级体制不断向上伸展着，就是说更高的官职，逐渐也用禄秩来定等领俸了。张家山汉简《秩律》的发现，为战国到秦汉禄秩序列的伸展和扩张进程，提供了新鲜史料。它强化了我们的以往论断："禄秩"的性质是"吏禄"，禄秩的伸展就意味着"吏"的上升。

战国发展起来的二十等爵，具有变革与传统的二重性：爵级通过军功获致，具有功绩制的性质，为平民提供了改变身份的通道，这具有变革意义；同时"爵"又不是官阶，而是一种身份体制，它保证了特权的世代承袭，富有浓厚的传统色彩。汉帝国的品位体制，用"爵"安排身份，用"秩"保障行政。周爵与稍食本来是"叠压"

关系，汉爵与禄秩则变成了"并立"关系。从周到汉两大阶段的品位结构变迁主线，就是从"爵—食体制"到"爵—秩体制"。"爵—秩体制"体现了早期帝国的"二元性"，即周代贵族政治的传统影响与新兴官僚政治制度的并存两立。

一 周朝"爵本位"体制和"等级君主制"

中国早期国家的政治制度，至周而灿然大备，其时的品位结构以"爵"为中心。"爵"是中国最古老的品位等级，拥有两千数百年的历史，对后代的影响非常深远，绝大多数王朝都存在着爵制。如顾江龙君所指出："爵位作为一种古老的位阶，其超常稳定性是任何官阶都不能比拟的。"[1]直到近年，还有专家主张恢复"爵位制"以激励公民的荣誉感呢[2]，当然网上随即一片哗然。

周爵包含两个基本的序列，一是公侯伯子男五等爵，一是公卿大夫士爵。公卿大夫士在朝廷之内，属于"内爵称"。《白虎通义·爵》："公、卿、大夫者，何谓也？内爵称也。"对天子而言，公侯伯子男在外，就不妨说是"外爵称"了。贾谊《新书·阶级》："古者圣王制为列等，内有公、卿、大夫、士，外有公、侯、伯、子、男。"对两个爵列也是以"内"、"外"为别的。五等爵的拥有者是诸侯、君主，不算官阶；"内爵称"公、卿、大夫、士，则是中国最早的官员等级。

周王朝品位结构的基本特点，就是"爵本位"。各种礼遇都依爵而定，而不是依职位而定。这在礼制上表现得特别清晰：各种礼遇，都依天子如何如何、诸侯如何如何、大夫如何如何、士如何如何而定，而不用官职来定。孟子说"朝廷莫如爵"，却没说"朝廷莫如职"。前人对周爵的论述已有很多了，下面从"爵"的社会身份意

---

[1] 顾江龙：《汉唐间的爵位、勋官与散官：品位结构与等级特权视角的研究》，北京大学2007年博士论文，第174页。

[2] 互联网新闻，http://news.sina.com.cn/c/2006-02-21/11018264644s.shtml。

义,从其与"等级君主制"的配合,及其与胥吏稍食的组合样式三个方面,对周爵的性质和特点做一些补充叙述。

周爵是"品位分等"的,而且是一种社会身份尺度。人类史上较早出现的官阶制,一般都是品位分等。越传统的社会越重身份,而"品位"与身份具有明显的亲和性。贵族最主要的品位待遇,是土地(及人民)的直接占有。卿大夫有采邑,士有禄田。采邑几乎就是卿大夫的世袭领地。"爵"虽由君主授予,但那更多的是对贵族既得权势的一种形式认定,不能简单认为其权势完全来自君主[1]。学者指出:"职事、官位、食禄与爵等的具体联系在于策命。"[2]学者把周代册命仪式与西欧中世纪的 investiture(封建册命礼)相比,且云:"盖古者有爵者必有位,有位者必有禄,有禄者必有土,故封建、命官,其实一也。"[3]不过"内爵"的产生可能较晚。段志洪先生说周初还没有大夫之称,"西周晚期出现了大夫这一等级称谓","周初之'士'作为贵族称呼没有等级意义。"[4]晁福林先生认为,"爵"变成等级之称,可能是西周后期的事情[5]。那么暂不考虑封爵,至少"内爵"卿、大夫、士的爵列形成之前,在策命的时候,职事、官位、食禄与"内爵"的爵等,尚不会有形式上的"具体联系"了。再看周代册命金文,贵族官员被册命时,所领受的往往只有官职,附有服章车马銮旗之赐,但一般不涉及卿、大夫、士的爵位高下的。如何看待这一问题呢?

---

[1] 胡厚宣先生这样评论殷代之封建:"知殷代已有封建之制,则其土地之所有形态,即可得而言。盖殷代既有封建之制,则其土地或本为国家所有,经王之分封,乃属于封建侯白(伯);或土地本为诸部落国族所有,经王之封而承认其为自有之土地。"见其《甲骨学商史论丛初集》,台湾大通书局1972年版,第88页。对周代封国和采邑,也不妨作如是观,即,有因君主封授而得到的,也有本来就是其所有,而由君主的封授册命正式承认的。

[2] 杜正胜:《编户齐民——传统政治社会结构之形成》,台湾联经出版公司1990年版,第325页。

[3] 齐思和:《周代锡命礼考》,收入《中国史探研》,中华书局1981年版,第50页;又河北教育出版社2000年版,第99页。

[4] 段志洪:《周卿大夫研究》,台湾文津出版社1994年版,第9-14页。

[5] 晁福林:《先秦时期爵制的起源与发展》,《河北学刊》1997年第3期。

35

职位的产生先于品位。公共管理甫产生，职位就产生了；官阶或品位则是较高级的管理手段，其出现一般比"分官设职"晚很多。但最早的官职，往往与氏族首领的身份纠缠不清。《尚书·舜典》记载，舜任命禹作司空，后稷作农官，契作司徒，皋陶作士，共工作工官，益作虞，伯夷作秩宗，夔作乐官，龙作纳言。他们既是承担专职的官员，又是某一氏族的首领。禹、契、稷的后代，还分别开创了夏、商、周朝。这种制度不妨称为"族官制"，即氏族首领在高一层的部落共同体中担任职官。有人把那些记载只看成"创造神话"[1]，恐怕未必。因为类似的事情史料中还有，比如有穷氏为帝喾和虞、夏担任射正[2]，薛国的祖先奚仲为夏后氏担任车正，滕国的祖先在周担任卜正，陈国的祖先虞阏父在周担任陶正[3]，等等。而那明明都是史实，并不是"创造神话"。随国家制度继续发展，"族官制"就演变为世卿制、世官制了[4]。锺氏在楚，世为泠官；公孙黑在郑，世为行人；观氏在楚，世为卜官；董氏在晋，世为史官[5]；司马迁的祖先"世典周史"[6]，微氏从周武王到周夷王七代为史官[7]；以上都是"世官"的例子。"世官"往往是专业性较强的职类。

---

[1] 丁山先生说："禹为后土，弃为后稷，皋陶作士，垂作共工，伯益为虞，伯夷作秩宗，夔为典乐，这都不过说明中国文物的创造者，也就是文物制度之神，拿初年社会学和史前神话学来解剖这类创造神话，都可作合理的解释。"见其《商周史料考证》，中华书局1988年版，第2页。

[2] 《史记》卷二《夏本纪》正义引《帝王纪》。

[3] 《左传》哀公元年、隐公十一年、襄公二十五年。

[4] 对"世官"概念，学界用法不一。杜正胜先生云："由贵族世代执政，谓之世官。"见其《周代城邦》，台湾联经出版公司1979年版，第93页。杜先生所用"世官"，跟"世卿"是一个意思。按《左传》隐公八年："官有世功，则有官族。"《国语·楚语下》："王公之子弟之质能言能听彻其官者，而物赐之姓，以监其官，是为百姓。"韦昭注："能言，能言其官职也。物，事也，以功事赐之姓。官有世功，则有官族，若太史、司马之属。"可见"官"特指具体官守，如太史、司马之类，其官名还可以用为姓氏。所以世官制与世卿制应有区别，后者指世代执政的制度，前者指世代承担特定官职。铜器铭文中所习见的"司乃祖考事"，就是"世官"。

[5] 《左传》成公九年、定公五年、襄公二十九年、昭公十三年、昭公十五年。

[6] 《史记》卷一三〇《太史公自序》。

[7] 陕西周原考古队：《西周微氏家族青铜器群研究》，文物出版社1992年版，第58页以下；杨宽：《西周史》，上海人民出版社1999年版，第367页以下。

王国维先生说"天子诸侯世，而天子诸侯之卿、大夫、士皆不世"[1]，其说似不可从。在世卿制、世官制下，官职与家族紧密联系在一起。官职的高低既跟权责大小相关、也跟家族贵贱相关，所以也是社会性的，而不只是行政性的，即，不全是一种依其功过而即时升降的东西。家族地位是历史形成的，做什么官出自传统，君臣习以为常，即使没有正式等级——如爵级——也照样运行。礼书所记载"命服"，在西周册命金文中是有痕迹的，册命时的赐服，约略存在着公、卿、大夫、上士、中士、下士的等差[2]。可见被册命的官职高下，与任官者的身份地位，存在着对应关系；虽然没提到被册命者是卿、是大夫还是士，但官职与身份的对应关系是不言自明的。虽然卿、大夫、士在春秋才呈现为明确的爵列，但官职与家族传统地位的那种对应关系，就是卿、大夫、士之爵列的产生基础。总之，周爵是作为一种品位而出现的，它不仅是行政官阶，也是社会等级。爵的高低既反映官职高下，也反映官员的家族地位高下，以及官员个人在家族中之宗法地位的高下。

我们说周代品位结构是"爵本位"的。这个提法，是相对于"官本位"而言的。"官本位"用来概括集权官僚政治时代的等级秩序，它是以官僚制的等级管理为主干的。比之周朝的"爵本位"，"官本位"下的位阶名号具有更大的流动性，人员升降频繁；发展出了复杂精致的各种位阶，位阶的重心在"官"，有官方有位。周爵则形式简单、等级凝固。若用前章所揭"品位待遇的优厚或微薄程度"和"品位结构的复杂或简单程度"来衡量的话，那么周爵属于"品位待遇优厚"和"品位结构简单"的情况。

从结构样式看，"爵本位"是"一元化"的，即呈单列纵向结构。与魏晋以下的九品官品相比较，官品体制也呈现为一个纵向的框

---

[1] 王国维：《观堂集林》卷十《史林二·殷周制度论》，《观堂集林（外二种）》，河北教育出版社2003年版，第240页。
[2] 陈汉平：《西周册命制度研究》，学林出版社1986年版，第295–304页；黄盛璋：《西周铜器中服饰赏赐与职官及册命制度关系》，《传统文化与现代化》1997年第1期。

架，把其他多种位、阶、勋、爵纳入其中品级框架之中，由此各种位阶之间具有了可比性、对应性与可转换性。这种结构样式，我们称为"一元化多序列的复式体制"。周爵与官品之间，则是秦汉的"爵——秩体制"，其结构特点是"爵、秩两立"、"爵、秩疏离"，具有某种"二元性"，因而既不同于周爵，也不同于魏晋以下的王朝品位结构。对"爵——秩体制"，本章第三节将加论述。读者已看到了，结构分析，就是我们官阶研究的主要方法。

进一步观察，则对周代等级结构有两种说法。一种是天子、诸侯、卿、大夫、士，见于《左传》、《国语》、《礼记》等书。在此表述之中，天子、诸侯为君，卿大夫、士为臣。此外还有一种说法，即《周礼》"九命"。《周礼·春官·典命》："上公九命为伯，其国家、宫室、车旗、衣服、礼仪，皆以九为节。侯伯七命，其国家、宫室、车旗、衣服、礼仪皆以七为节。子男五命，其国家、宫室、车旗、衣服、礼仪皆以五为节。王之三公八命，其卿六命，其大夫四命。"在这种说法中，公侯伯子男是"诸侯"，公卿大夫士是"诸臣"。前一种"天子、诸侯、卿大夫、士"的表述中，诸侯居诸臣之上；而"九命"结构与之不同，诸侯与诸臣做交错排列，而且天子诸臣与公侯伯子男国的诸臣，地位也不相同。参看下表：

	诸侯	诸臣			
		王廷	公国	侯伯国	子男国
九命	公				
八命		三公			
七命	侯伯				
六命		卿			
五命	子男				
四命		大夫	孤		
三命		（上士）	卿	卿	
二命		（中士）	大夫	大夫	卿
一命		（下士）	士	士	大夫
不命					士

从此表观察，"九命"发挥了一种整合作用，即把诸侯、诸臣两个序列，以及天子与列国之臣整合在一起了，已略具"一元化多序列复式体制"之意。可以认为"九命"设想有"继往开来"的意义，它预示了未来帝国等级秩序的发展趋势。

但就周朝真实制度而言，"九命"似乎就只是《周礼》作者的编排了，只是一家之言，于史无征。在《左传》中，最多只能看到三命。至于列国卿大夫地位高下有别一点，则还不全是《周礼》的构拟，而是于史有征的。《左传》成公三年："次国之上卿当大国之中，中当其下，下当其上大夫。小国之上卿当大国之下卿，中当其上大夫，下当其下大夫。"据此可以制成下表：

大 国	次 国	小 国
上卿		
中卿	上卿	
下卿	中卿	上卿
上大夫	下卿	中卿
下大夫	上大夫	下卿
	下大夫	上大夫
		下大夫

可见大国、次国、小国的诸臣，确实高下有别，当然这种等级关系主要在外交场合发挥效力，是一种有限的"场合效力"。

周朝"爵本位"体制虽是一元性的，但与"官本位"仍不相同。周朝政治结构还不好说是"集权"的。天子有时会被认为是一级爵。《白虎通义·爵》："天子者，爵称也。"在孟子眼中，周天子只是一级爵，一级高于公侯的爵而已。《孟子·万章下》："天子一位，公一位，侯一位，伯一位，子、男同一位，凡五等也。君一位，卿一位，大夫一位，上士一位，中士一位，下士一位，凡六等。"那恐怕不是孟子的空想，而是有历史根据的。列国各自为政，卿大夫的采邑也像是"国中之国"，具有相对独立性。诸侯、卿、大夫，都可以称"君"。《仪礼·丧服》："君，谓有地者也。"又郑玄注："天子诸侯及卿大夫有地者，皆曰君。"溥天之下莫非王土，故天子为"君"；诸侯有封国，也算是"君"；卿大夫虽称"家"，然而他们有采邑，也算是"君"。顾炎武很赞赏"天子一位"之说，认为它可以令天子"不敢肆于民上以自尊"，三代以下就不是如此了[1]。也就是说，"天子一位"之说具有限制王权的意义。

一些学者用"等级君主制"来定义周代君权[2]，我们也乐于采用这个概念，来跟战国以下的"专制集权君主制"相区分。"等级君主制"下的君臣关系具有相对性：诸侯对天子是"臣"，在国内是"君"；卿大夫对天子、国君是"臣"，在自己领地上是"君"。战国的封君，孟尝君、信陵君、平原君、春申君以及商君之类，都称"君"。只要你领有一块地，管着一群人，就是"君"。战国有位龙阳君说过"今臣爵至人君"的话，汉初刘邦诏书中还有"爵或人君"之言[3]，这样的"君"称，其义甚古。那么称周代政体为"等级君主制"，不是空穴来风。后世"皇"与"帝"不能用做日常敬称，不能说"张皇"、"李帝"，却可以说"张君"、"李君"，那也是"等级君主制"的流风遗韵吧。

这种"等级君主制"在礼制上有很鲜明的体现。中国礼制习惯用数列安排等级，具有"一望而知"的明快性。考先秦"礼数"，有以

---

[1] 顾炎武：《日知录》卷七《周室班爵禄》："为民而立之君，故班爵之意，天子与公、侯、伯、子、男一也，而非绝世之贵。代耕而赋之禄，故班禄之意，君、卿、大夫、士与庶人在官一也，而非无事之食。是故天子一位之义，则不敢肆于民上以自尊；知禄以代耕之义，则不敢厚取于民以自奉。不明乎此，而侮夺人之君，常多于三代之下矣！"《日知录集释》，上海古籍出版社1985年版，第572页；花山文艺1991年版，第332页；岳麓书社1994年版，第257页。

[2] 如白钢先生主编的《中国政治制度通史》第一卷（总论卷），就采用了"等级君主制"概念。人民出版社1996年版，第31页。又晁荣明先生称："周代国家具有双重特征：一方面具有方国联盟的性质，另一方面具有贵族等级君主制色彩。"见其《商周的国家结构与国家宗教》，《社会科学战线》2000年第2期；《殷周政治与宗教》，台湾五南图书出版公司1997年版，第5章。徐中舒先生称周朝为"君主等级制"，以与战国秦汉以下的"君主集权制"相区分，见其《孔子的政治思想》，收入《徐中舒历史论文选辑》，中华书局1998年版，下册第1172页。

[3] 分见《战国策·魏策》，及《汉书》卷一《高帝纪》汉高祖诏："爵或人君，上所尊礼。"颜师古注："爵高有国邑者，则自君其人，故云或人君也。"

七、五、三、一排列的，如天子七庙、诸侯五庙、卿大夫三庙、士一庙；有以八、六、四、二排列的，如万舞羽数天子八、诸侯六、大夫四、士二；有以九、七、五、三、一排列的，如天子九鼎、诸侯七鼎、大夫五鼎、元士三鼎。透过这样的"数理逻辑"，王夫之看到："古之天子虽极尊也，而与公侯卿大夫士受秩于天者均。故车服礼秩有所增加，而无所殊异。天子之独备者，大裘、玉辂、八佾、宫县而已；其余且下而与大夫士同，昭其为一体也。"[1]王夫之所谓"一体"，可以理解为级差的设置具有连续性，各级的礼数具有同质性。

《周礼》规划了君臣冠冕之礼，即"九服"之制，其等级结构很有特点，值得讨论。"九服"就是"六冕"与"三弁"：大裘冕、衮冕、鷩冕、毳冕、絺冕、玄冕，及韦弁、皮弁、冠弁。《周礼·春官·司服》："公之服，自衮冕而下，如王之服。侯伯之服，自鷩冕而下，如公之服。子男之服，自毳冕而下，如侯伯之服；孤之服，自絺冕而下，如子男之服。卿大夫之服，自玄冕而下，如孤之服……士之服，自皮弁而下，如大夫之服。"由此可将君臣冕服等级排为下表：

	大裘冕	衮冕	鷩冕	毳冕	絺冕	玄冕	韦弁、皮弁、冠弁
天子	大裘冕	衮冕	鷩冕	毳冕	絺冕	玄冕	韦弁、皮弁、冠弁
公		衮冕	鷩冕	毳冕	絺冕	玄冕	韦弁、皮弁、冠弁
侯伯			鷩冕	毳冕	絺冕	玄冕	韦弁、皮弁、冠弁
子男				毳冕	絺冕	玄冕	韦弁、皮弁、冠弁
孤					絺冕	玄冕	韦弁、皮弁、冠弁
卿大夫						玄冕	韦弁、皮弁、冠弁
士							韦弁、皮弁、冠弁

面对此表，除了等级严明之外，我们还能看到"九服"有一种"君臣通用"性格：地位高则冕服种类多，地位低则冕服种类少，然而君臣有共通的冕服。公有八服同于天子，是所谓"如王之服"，侯伯也有七服同于天子，余类推。类似"如王之服"的"数理逻辑"，还可以在其他一些礼制中，如用鼎等级、祭祀等级中看到。

---

[1] 王夫之：《读通鉴论》卷八《桓帝》，中华书局1975年版，上册第210页。

九服或六冕之制，虽然只是《周礼》作者的编排，但其编排也有某种历史根据，可以理解为"等级君主制"的一种"折射"。据《国语》、《礼记》等书记载，先秦存在着一种"等级祭祀制"。天地、山川、社稷、五祀、祖先等等祭祀，被分为若干等，天子可祭天地以下，诸侯可祭山川以下，大夫可祭五祀以下，士祭其祖先[1]。主祭者等级较高，则可以祭祀的对象较多；主祭者等级较低，则可以祭祀的对象较少。不同祭祀要穿不同的祭服。《周礼·春官·司服》："王之吉服：祀昊天上帝，则服大裘而冕，祀五帝亦如之。享先王，则衮冕。享先公，飨、射，则鷩冕。祀四望山川，则毳冕。祭社稷、五祀，则希冕。祭群小祀，则玄冕。"现将几种记载中的各级祭祀、各级祭服列表如下，以便比较：

	《国语》	《礼记》	《周礼》		
天子	群神百物	天地、山川、社稷、五祀、(其先)	天子	昊天上帝、五帝	大裘冕
诸侯	三辰、山川	山川、社稷、五祀、(其先)	公	先王	衮冕
			侯伯	先公、飨、射	鷩冕
			子男	四望山川	毳冕
大夫	五祀及祖	五祀、(其先)	孤	社稷、五祀	希冕
			卿大夫	群小祀	玄冕
士	祖	其先	士		爵弁

可见《周礼》祭祀等级，与《国语》、《礼记》所记祭祀等级是同构的。由此我们猜测：《周礼》六冕等级，其实是取材于先秦等级祭祀

---

[1]《国语·晋语八》："是故天子祀上帝，公侯祀百辟，自卿以下不过其族。"《国语·楚语下》："天子遍祀群神品物，诸侯祀天地、三辰及其土之山川，卿大夫祀其礼，士、庶人不过其祖。"《礼记·曲礼》："天子祭天地，祭四方，祭山川，祭五祀，岁遍。诸侯方祀，祭山川，祭五祀，岁遍。大夫祭五祀，岁遍。士祭其先。"《礼记·王制》："天子祭天地，诸侯祭社稷，大夫祭五祀。天子祭天下名山大川：五岳视三公，四渎视诸侯。诸侯祭名山大川之在其地者。"《礼记·祭法》："有天下者祭百神，诸侯在其地则祭之，亡其地则不祭。"《荀子·礼论》："郊止乎天子，而社止于诸侯，襢及士大夫。"（"襢"原作"道"，据钱大昕说改，参看王先谦《荀子集解》，中华书局1988年版，下册第350—351页。）《公羊传》僖公三十一年："天子祭天，诸侯祭土。天子有方望之事，无所不通。诸侯山川有不在其封内者，则不祭也。……三望者何？望祭也。然则曷祭？祭泰山、河、海。"

制度，进而利用"某级祭祀用某级冕服"原则，而编排出来的。也就是说，《周礼》安排天子用大裘冕以下，是因为天子可祭昊天上帝以下；诸公用衮冕以下，是因为诸公可祭先王以下；诸侯用鷩冕以下，是因为诸侯可祭先公以下；子男用毳冕以下，是因为子男可祭四望山川以下；余类推。

结构分析表明，《周礼》六冕等级制，其实是以周代等级祭祀制为基础的。"如王之服"来自"如王之祭"。周人有言："国之大事，在祀与戎。"[1]祭祀权力和军事权力，是早期政权的两种最重要的权力。"政由宁氏，祭则寡人"[2]之类说法，表明祭祀是政权的最高象征，是国君不能放弃的最后底线。所以等级祭祀制，是等级君主制的重要内容。《周礼》九服或六冕具有"如王之服"特征，天子与诸侯、诸臣有共同的祭祀和共同的祭服，那就是周代"等级君主制"的一个折射。可见王夫之"故车服礼秩有所增加，而无所殊异……昭其为一体也"的论断，独具慧眼而富有卓识。简单看上去，周爵只是一个纵向单列，但《周礼》各级爵位的祭服规划所呈现的"如王之服"特征，透露了更多微妙信息，提示我们周朝的"爵本位"体制，是以"等级君主制"为基础的。

周朝的品位安排中，还包含一个"爵—食"的结构。官吏等级分上下两大段：上段是公卿大夫士爵，其下段是胥吏的"稍食"等级。

周代胥吏的生存状况虽很暧昧，但古籍所罗列的等级中，还是有其位置的。《周礼》中称之为府、史、胥、徒。《左传》昭公七年："天有十日，人有十等。下所以事上，上所以共神也。故王臣公，公臣大夫，大夫臣士，士臣皁，皁臣舆，舆臣隶，隶臣僚，僚臣仆，仆臣台；马有圉，牛有牧，以待百事。"在公、卿、大夫、士之下，是皁、舆、隶、僚、仆、台、圉、牧，这些称呼应系职名，由此可以察知他们

---

[1]《左传》成公十三年。
[2]《左传》襄公二十六年。

的大致职事。胥吏与庶人地位相近,是所谓"庶人在官者"[1]。贾谊称为"官师小吏",其《新书·阶级》:"古者圣王制为列等,内有公、卿、大夫、士,外有公、侯、伯、子、男,然后有官师小吏。"把"吏"纳入视野,周代等级制就完整了。

周代胥吏的酬报和定等方式是"稍食"。"稍食"就是发给胥吏的口粮及衣装。《周礼·天官·宫伯》中有段话,简练概括了"稍食"的特点:"月终则均秩,岁终则均叙,以时颁其衣裘,掌其诛赏。"所谓"月终则均秩",是说在每月月终,按等级和劳绩发放口粮;所谓"岁终则均叙",是说年终考课时,根据能力来确定其等级与职事。"掌其诛赏"则显示,月底和年底都有考课赏罚之举。《周礼·天官·小宰》:"以官府之六叙正群吏:……四曰以叙制其食。……月终,则以官府之叙受群吏之要。"孙诒让云:"此云'以叙制其食',当专属不命之小吏言之,以其在官前后之叙,制其稍食。"也就是说,不命无爵的群吏,根据等级和业绩来领取稍食。

"稍食"使用"均秩"、"均叙"之法,这与贵族"爵禄"大不相同。其特点,第一是考课定等,第二是以口粮为酬报,第三是按月发放。那意味着什么呢?意味着"稍食"是一种以"职"或"事"为中心的酬报和定等方式,胥吏的口粮数额,是根据职事、能力和业绩而确定的。所以我们认为,"稍食"之制含有官僚等级管理制度的萌芽。可想而知,那些胥吏的口粮数额,就是他们的等级尺度;而汉代官吏的禄秩,恰好也须考课,恰好也是月俸,恰好也用粮食数额做等级尺度。无疑,"稍食"就是秦汉禄秩的历史来源之一。

据此,周代品位结构又可以概括为"爵—食体制",由"爵"、"食"叠压而成。"爵"的段落,是贵族政治与等级君主制的集中体现;而"食"的段落,则蕴涵着稍多官僚政治的因素,或说官僚等级管理手段的因素,从而有可能成为一个新变化的起点。

---

[1] "庶人在官者"的概念,参看《孟子·万章下》:"下士与庶人在官者同禄";《礼记·王制》:"上农夫食九人,其次食八人,其次食七人,其次食六人;下农夫食五人。庶人在官者,其禄以是为差也。"

总之，周爵是贵族身份和阶层尺度，它是"等级君主制"的一个体现；进而着眼胥吏层次，"爵"、"食"在纵向上分为两大段落。

二 战国秦汉间禄秩序列的伸展

下面把视线转向战国秦汉的禄秩。我们首先将比较周爵、禄秩的不同命名原则，以此凸显禄秩的特点和性质；进而叙述作为新式官阶的禄秩，在战国秦汉间不断伸展，从而成为官阶主干的过程。

禄秩以"若干石"的俸禄额度为级名，这一点既跟官品不同，又跟周爵不同。也许有人觉得级名问题太琐细了，但我们不这么看。级别的命名方式，有时可以反映出级别的来源，进而反映出级别的性质与意义。

先来看周爵的爵名。公、侯、伯、子、男、卿、大夫、士这些爵称，古人已有阐释。《白虎通义·爵》："公者，通也，公正无私之意也。侯者，候也，候逆顺也"，"伯者，百也。子者，孳也，孳孳无已也。男者，任也"；"公之为言公正无私也；卿之为言章，善明理也，大夫之为言大，扶进人者也"，"士者，事也，任事之称也。"然而这些说法，有的是后起之义，有的是望文生义，并不完全可信。从其最初的含义看，周爵的爵号大多采自人之尊称。

"公"之构字，可能有平分的意思[1]，作为称谓则是老人之称。《汉书·眭弘传》注："公，长老之号。"《方言》六："凡尊老……周、晋、秦、陇谓之公，或谓之翁。"王献唐认为，"公"就是"翁"："公为尊称。用于祖宗，用于长老"，后来"尊贵的人也称为公"，"一国君主是最尊贵的，也称国君为公，不论老幼。"[2]"公"似由老人之尊称，引申为尊贵者之称，进而为君主、权贵之称

---

[1]《说文解字》："平分也。从八从厶，八犹背也。韩非曰背厶为公。"高鸿缙认为："按八为八，乃分之初文，口为物之通像。"以此来解释"平分"之义。参看周法高等：《金文诂林》，香港中文大学1975年版，第479页。

[2] 王献唐：《黄县㠱器》，127－128页；转引自周法高等：《金文诂林》，第482－483页。

的。《尔雅·释诂》:"公,君也。"《仪礼·既夕礼》注:"公,国君也。"顾炎武通过晋文公亦称文君、鲁昭公称昭君等事例,显示"君"、"公"两名通用;对周秦汉间以"公"为尊称的情况,顾炎武也提供了不少例证[1]。用作五等爵的最高爵号和内爵称的最高爵号,只是"公"之众多用法中的两种。我们说"公"是爵号,但历史早期官、爵不分,若把它看成官号,也没问题。当然"三公"的提法就不能太拘泥了。彭林先生指出:"三公之说,在《诗》、《书》等典籍及金文中无可印证。"[2]周成王、康王之时,一度六公并列。总的说来,如杨宽先生所说:"太保、太师、太史等西周执政大臣称'公'。"[3]

"伯",郭沫若先生释为大拇指的象形字[4],由此引申为兄长,即伯、仲、叔、季之伯。诸侯之长称"伯"。周文王称"西伯",即殷商间的西方诸侯之长。

"子"是成年男子之尊称,如孔子、老子之例。甲骨卜辞中有很多"多子"、"多子族",这里的"子"特指王子。长子是"太子","多子"则是由长子分派出去的族群。朱凤瀚先生还把"子"解释为族长[5]。"男"字从田从力,"田"是土田,"力"是农具耒耜之类。"男"本是从事耕作的成年男子,进而被用为爵号。甲骨卜辞中可能已有男爵了[6]。甲骨卜辞有"多田于(与)多白(伯)",胡厚宣先生认为侯与伯相近,男与田通,因此"多田"与"多伯",实际就是侯、伯、子、男[7]。

裘锡圭先生认为,商朝的爵称侯、甸、男、卫等,本来都是职官

---

[1] 顾炎武:《日知录》卷二十《非三公不得称公》,卷二三《称王公为君》,《日知录集释》,岳麓书社1994年版,第697页以下、第835页以下。
[2] 彭林:《〈周礼〉主体思想与成书年代研究》,中国社会科学出版社1991年版,第195页。
[3] 杨宽:《西周史》,上海人民出版社1999年版,第339—341页。
[4] 郭沫若:《金文余释·释白》,收入《金文丛考》,人民出版社1954年版,第194页。
[5] 朱凤瀚:《商周家族形态研究》,天津古籍出版社1990年版,第63页。
[6] 参看董作宾:《五等爵在殷商》,收入《董作宾先生全集·甲编》,台湾艺文印书馆1978年版,第901页;杨升南:《甲骨文中的"男"为爵称说》,《中原文物》1999年第2期。
[7] 胡厚宣:《殷代封建制度考》,收入《甲骨学商史论丛初集》,台湾大通书局1972年版,第95页。

名称，它们经历了一个由职官演变为诸侯的过程[1]。按，职官逐渐演化为位阶，在帝国时代也是普遍现象，可称为"职阶转化律"。早期权力拥有者的衔号，有来自家族之称的，也有来自职事之称的。商爵也用人称，伯、子、男即是。看来，商爵中的家族之称与职事之称，平分秋色。有的学者还认为，商爵没有等级之分，各种爵称看不出谁高谁低来[2]。到了周代，五等爵称中除"侯"之外，公、伯、子、男四号，都属人称或人之尊称，占到了五分之四。"妇"为妇人之称，而"妇好"之"妇"，学者认为也是一个爵号[3]。商爵来自职称的稍多一些，周朝的爵号则明显以人称居多，这跟周族更浓厚的宗法精神，应直接相关。正如学者所言："五等爵，除侯以外，公、伯、子、男原来都是家族称谓。这样，等级起源于血缘关系亦可证明。"[4]

除了五等爵，公、卿、大夫、士爵也是如此，多为人称。"公"兼为内爵称和外爵称，都来自长老尊称。内爵中的"卿"字，被认为是二人对食之形。卿与飨、鄉（乡）同为一字，是在小篆中才分化为三形的[5]。杨宽先生认为："'乡'的本义是乡人共食，所以乡人的酒会也称为'乡'了"，而"六卿"之名就来自"六乡"："一乡的长官'乡大夫'即是六卿之一。""乡大夫"又作"卿大夫"，"卿"实际就是"乡老"之称谓，他们是乡饮酒礼上氏族和国君所尊礼的对

---

[1] 裘锡圭：《甲骨卜辞中所见的"田"、"牧"、"卫"等职官的研究——兼论"侯"、"甸"、"男"、"卫"等几种诸侯的起源》，《文史》第19辑，中华书局1983年版，第11－12页。裘先生认为，侯的本职是为王斥候，甸的本职是为王治田，卫的本职是为王捍卫，男的本职是为王任事。"后来，这些称号好像就只有区分等级的作用了"。

[2] 李雪山先生说："商王分封的诸侯爵称，尚无等级的划分。卜辞中还未发现哪一种爵称级别较高，哪一种级别较低。"见其《商代分封制度研究》，中国社会科学出版社2004年版，第36页。对周代的五等爵，潘英先生认为："虽有尊卑之分，但无等级阶次，虽有大小之别，但无主属之分。"见其《中国上古史新探》，台湾明文书局1985年版，第325页。

[3] 李雪山先生云，商代爵称有侯、伯、子、男、任、田、亚、妇8种，见其《商代分封制度研究》，第36页。

[4] 白寿彝总主编，徐喜辰、斯维至、杨钊主编：《中国通史》第3卷，上海人民出版社1994年版，第837－838页。

[5] 参看周法高主编：《金文诂林》，第5608页，第1213号"卿"。

象[1]。"卿"既然是"乡老"的称谓，那么"卿"也是人称，而且是人之尊称。后世犹然，"卿"仍是人称，还有"卿卿我我"的成语。"夫"意为男子，是鱼部字，与表示成年男子的"父"、"甫"等同在一部，读音亦同。"夫"既指男子，则"大夫"的意思就是"大人"。所以"大夫"也是人称。"士"字本是斧形。在原始时代，石斧是成年男子的身份标志物，所以"士"指男子，"士女"可以并称。

那么在内外爵称中，除了"侯"有职事的意思外，其余的本来都是人称，或兼有人称之意。它们通行于家族、氏族或部落之内，用以标示人的身份地位，后来演化为爵号了。周爵是中国最早的品位序列。品位分等的特点就是"以人为中心"，用以标志人的地位、身份，从而与"以事为中心"的职位分等不同。周爵的起源是"以人为本"的，周爵的性质也是"以人为本"的，二者密切相关。《白虎通义·爵》说，"爵者，尽也，各量其职尽其才也"，那只是后世的说法而已，非周爵本意。周朝的爵号，除"侯"之外并无"量职尽才"之意，多数爵称不是来自职名。周朝政治具有浓厚的亲缘色彩。《春秋》、《左传》记事255年，官爵名号出现10年次以上的，有30种；而"公子"一词出现了140年次，"公孙"出现了70年次，"太子"出现了72年次，"天子"及"天王"出现了66年次，"夫人"出现了52年次，"王子"出现了30年次，"王孙"出现了11年次，"可见王、后、太子、王子、王孙及诸侯、夫人、公子、公孙这一贵族的大家庭系统活跃于整个春秋时代，构成周封建及宗法制度下的一大特色。"[2]周朝政治，本来就是"人重于职"的。

相比之下，秦汉禄秩的级别命名，就与周爵判然不同了。禄秩以"若干石"为等级，它源于周代"稍食"的定等和酬报之法。"稍食"的特点是"以食定秩"，胥吏们的口粮之数，事实上就构成了胥

---

[1] 杨宽：《西周史》，第749—751页。
[2] 潘英：《中国上古史新探》，台湾明文书局1985年版，第330页。

吏的等级。因胥吏地位卑微，其口粮之数也比较微小，所以在禄秩序列的低端曾有过一些细小的级别，保留着禄秩脱胎于"稍食"的胎记。"斗食"一秩即是。《汉官名秩簿》云："斗食月奉十一斛，佐史月奉八斛也。一说，斗食者，岁奉不满百石，计日而食一斗二升，故云斗食也。"[1]"斗食"和"佐史"是汉代秩级的最低两等。斗食月俸 11 斛，则年俸约 133 石；佐史月俸 8 斛，则年俸约 96 石。另说，斗食每日仅一斗二升，则每月不过三石六斗，年俸约 43.2 石。这数字更小了，也许是较早的情况。

顾名思义，斗食显然是"以食定秩"的，其渊源应该就是"稍食"。《史记》卷六《秦始皇本纪》记有"军归斗食以下，什推二人从军"；同书卷七九《范雎列传》记有"今自有秩以上至诸大吏"(《战国策·秦策》中作"其令邑中自斗食以上，至尉、内史及王左右")。可见在战国与秦，"斗食"就是"秩"的起点。又《左传》昭公七年称"皂臣舆，舆臣隶"，"隶"是一种服役者。秦国有一种刑徒叫"隶臣妾"，秦简《仓律》载有其"月禾"标准，成年男性每年 24 石，成年女性 18 石[2]。那么隶臣妾的口粮，约为"斗食"之半；反过来说，"斗食"的口粮约比隶臣妾的多一倍。秦国除了向官吏发俸钱外，还发放口粮，称"月食"。裘锡圭先生说："(秦)无秩的啬夫所受的月食，当然不可能仅仅是口粮，而应该相当于汉代的斗食之俸。"[3]裘先生的推测很有道理。低等吏员的月俸，应直接来自月食。

我们觉得，以收入多少做等级之名，是一种很轻贱的做法，是"非人化"(impersonal)的、"以事为中心"的。以收入做等级之名，意味着这是一种干得多挣得多、干得少挣得少的等级，主子没怎么把你当"人"看，你的价值是"若干石"，你只相当于一份劳务和一份报酬。什么情况下，人的等级会用他的报酬为名呢？旧

---

[1]《汉书》卷十九《百官公卿表》颜师古注引。
[2]《秦律十八种·仓律》，《睡虎地秦墓竹简》，文物出版社 1990 年版，第 32 页。
[3] 裘锡圭：《啬夫初探》，《古代文史研究新探》，江苏古籍出版社 1992 年版，第 446 页。

上海的妓女有"长三"、"么二"两等，源于夜间收费三元和收费二元之别[1]，那来自收费多少的等级之名，就透露了以出卖肉体为生的姐妹们的悲惨境遇。主家根据工作量把佣工或家奴分为大工、小工，当不在意料之外；如果廪食对应着工作量大小，那么以廪食多寡名其等差，也在情理之中。可以想象，劳工的工钱等级，就是劳工的等级[2]。与此相类，以"若干石"定吏员等级，意味着"吏"不过是出卖心力换取报偿者，是一种"卖"。《韩非子·外储说右下》就是那么说的："主卖官爵，臣卖智力。"所以对"吏"的尊严与荣誉，君主无须经心关怀，尽可漠然视之。

秦汉禄秩以"若干石"为级差，这种级别命名方式，在历代官阶中很另类；然而对其所含深意，两千年来没什么人留心措意。我们认为，从由人称构成的爵称，到由"若干石"俸额构成的秩级，其背后是一个政治转型和统治阶级大换血的进程，即官僚制取代贵族制的进程，新式吏员取代传统贵族的进程。禄秩的基本性格，可以用"吏禄"二字概括，它是针对"吏"的等级管理办法。周代胥吏本是个卑微的层次，而战国秦汉禄秩也保持了"重人不重事"的特色。随着作为新式吏员"吏"群体的崛起，禄秩应用范围的开始向上扩展，向上侵蚀贵族官员的等级段落了。

春秋以上的胥吏是个很黯淡的层次，战国之时，其面貌就清晰得多了。我们注意到，若干史料中出现了"士大夫"和"官人百吏"的

---

[1] 平襟亚：《旧上海的娼妓》，收入《旧上海的烟赌娼》，百家出版社1988年版，第160–161页；武舟：《中国妓女文化史》，东方出版中心2006年版，第320页。

[2] 以报酬为级名，要跟另一种财富分等区分开来。古罗马王政时期，塞尔维·图里阿打乱贵族平民界限，按财产标准，即10万、7.5万、5万、2.5万、1.1万阿司以上，把罗马人分5等，分别组成为百人团，以此为表决单位。参看周一良、吴于廑主编：《世界通史》（上古部分），人民出版社1962年版，第14章第4节，及第15章第3节；于贵信：《古代罗马史》，吉林大学出版社1988年版，第28页；顾准：《希腊城邦制度》，中国社会科学出版社1986年版，第121–123页。顾准先生称之为"金权政治"。孟德斯鸠评论说："与其说是人在选举，毋宁说是资产与财富在选举。"《论法的精神》，商务印书馆1961年版，第10页。那种财富的级称，所显示的就是富有者的社会权势了，正像"百万富翁"、"亿万富翁"的含义一样。

两分表述，二者分别对应着"爵"与"秩"。《韩非子·和氏》："不如使封君之子孙三世而收爵禄，绝灭百吏之禄秩。"韩非所叙述的是吴起的改革措施，"封君"有爵，故收其爵禄；百吏无爵，另以禄秩为等级，故减其禄秩。又《荀子·强国》说打仗胜利之后，就会有"士大夫益爵，官人益秩"的事情。那么"士大夫"与"爵"相涉，而"官人"与"秩"相涉。孙诒让解释"官人"："庶人在官则无爵，而受职役，其秩卑而员众，故称'官人'以通包之。"[1]《荀子·荣辱》又说："志行修，临官治，上则能顺上，下则能保其职，是士大夫之所以取田邑也。循法则、度量、刑辟、图籍，不知其义，谨守其数，慎不敢损益也；父子相传，以持王公，是三代虽亡，治法犹存，是官人百吏之所以取禄秩也。""士大夫"所取为"田邑"，这是"封君"的待遇；"官人百吏"所取为"禄秩"，禄秩是针对"官人百吏"的等级管理手段。

春秋以上，胥吏是被"爵位"那座大山压在位阶最底层的，跟庶人的地位差不多少；战国"官人百吏"们开始直起了腰，带着他们的身份标志"禄秩"向上伸展。战国等级管理，对"士大夫"主要用"爵"，对"官人百吏"主要用"秩"；此后随时间流逝，越来越高的官员变成了领俸官员。至汉代，禄秩向上覆盖到了官僚等级的顶端。这显示，帝国统治者已用"吏"的形象为百官定性定位，用管理"吏"的办法来管理公卿大夫了。

若干年前，张家山汉简《二年律令》出版了，其中的《秩律》向人们展示了汉初禄秩的基本面貌。这就为考察战国秦汉禄秩的序列变迁，提供了一个新的坐标点。结合其前其后禄秩序列的变动，上述禄秩序列的向上伸展过程，就更清晰地展现出来了。兹述如下。

在战国史料中，我们考得了千石、八百石、七百石、六百石、五百石、三百石、二百石、百石、五十石共9个秩级。其中的五十石一

---

[1] 孙诒让：《籀庼述林》卷二《官人解》，《续修四库全书》，上海古籍出版社，第1164册第174页上栏。

秩，推测就是汉代"斗食"的前身。最高的是千石。《商君书》记有"千石之令"，"千石"是"令"的秩级。按，秦汉的诸署令，约在千石至六百石的层次；那么先秦使用禄秩的，主要是"令"和"令"以下的官吏。因禄秩从胥吏"稍食"发端，所以其最初针对的吏员层次，是比较偏下的。

再看《二年律令·秩律》。其中记有汉初到吕后二年为止王朝所使用的 11 个秩级：二千石、千石、八百石、六百石、五百石、四百石、三百石、二百五十石、二百石、一百六十石、一百二十石。序列上端是"二千石"。使用这个秩级的，是御史大夫、廷尉、内史、典客、中尉、车骑尉、大仆、长信詹事、少府令、备塞都尉、郡守、郡尉、卫将军、卫尉、汉中大夫令、汉郎中令、奉常。那么丞相以下的诸卿、将军，及地方长官郡守、郡尉，都使用"若干石"禄秩为官阶了。战国最高秩级还只是"千石之令"，相当"县团级干部"或"司局级干部"；到了《秩律》时代，诸卿、郡守等"省部级干部"，也用禄秩了。此前的秦朝也应如此。

再由《秩律》看汉初秩级的下端。这个段落还存在着一百二十石、一百六十石、二百五十石等带零头儿的秩级。这样的秩级，景、武之后就看不到了。可见在《秩律》时代，禄秩序列的低端比后来细密得多。斗食、佐史等秩级过于细小，《秩律》未列，但当时肯定有。先秦还有"五十石"的秩级，就更细碎了。那些带零头儿的细小秩级，告诉了人们什么呢？我们认为，在禄秩的形成期，序列的哪一段落相对细密，这禄秩就是面向哪个官员层次的。从行政学原理说，细密的等级将耗费更多的管理精力。而其时统治者听任禄秩下端的等级细密，是因为"若干石"的官阶本来就是用于中低级吏员的。

从景、武到元、成，一个多世纪中，随帝国体制的发展完善，禄秩序列的高端和低端都发生了变化。先看高端。首先中央诸卿由二千石上升为"中二千石"了，"中"就是中都官、中央的意思，以此与地方的郡守二千石区别开来，从而形成一个新秩级。其次，这时还形成了真二千石、比二千石，加上中二千石、二千石，"二千石"一秩繁衍为4个秩级。第三，御史大夫超越中二千石列卿而自成一级，丞相事实上也变成了一个秩级。御史大夫、丞相的俸禄，与其下的秩级形成了成比例、有规律的级差。至此，"百官皆吏"全面实现。周秦汉禄秩序列的变化大势，不妨用下图示意：

在这时候，禄秩的高端变得更细密了。而禄秩的低端呢？低端的变化看上去与高端相反：一百二十石、一百六十石、二百五十石之类细小秩级，逐渐销声匿迹了。就是说，在高端秩级分化繁衍的同一时候，低端的秩级却在化简。级差的密度，由重心偏下即下端细密，变得上下匀称了。这期间还逐渐形成了"比秩"。"比秩"将在第三章专门讨论。到汉成帝阳朔二年（前23年）之前，百石以上约有21个秩级。

《秩律》的新鲜信息补足了一个前所未知的缺环，先秦到西汉中期的禄秩变化，有两点大为清晰了：第一是整个序列由下而向上伸展，第二是高端低端的密度趋于匀称。秩级的升降增减，在有些人看来也许不算大事，但不会是偶然的。汉代以来秩级的最剧烈变化，发生在禄秩高端。我们认为，用禄秩去安排高级官职的地位，就是此一变化的最大动力。高级官职也用禄秩加以管理了，禄秩成了最基本的行政等级尺度，周朝的公卿大夫士体制至此全面更新。

当然，汉代依然把公、卿、大夫用作等级概念，不过这时的卿、大夫、士与周朝意义迥异。经战国秦汉，这些概念已充分地"吏职

53

化"了。周朝世卿世禄世官制下,周爵是连接家族地位与官守权责的纽带。它不完全是行政性的,也是社会性的;不仅标志官位高下,也标志身份高下,具有个人属性。所以周爵是一种"品位",是"人"的等级。但汉代行政概念中,公、卿、大夫、士都是"职"的等级,不具个人属性。

战国有"士大夫"与"官人百吏"的两分法。春秋以上无"士大夫"之称,只说"大夫、士"。战国的"士大夫"一词,是"士"与"大夫"的合称吗？我想不是。据《荀子·荣辱》,"士大夫"是"取田邑"的,而这与《韩非子·和氏》所云封君子孙收爵禄、百吏绝减禄秩是一致的,那么"士大夫"是有田邑的封君,不是"士";"士"字是修饰"大夫"的,我想它与"子大夫"一词中的"子"意思相近[1],系美称。"士大夫"为他称,"子大夫"为对称而已。"士大夫"主要就"大夫"而言,"官人百吏"则对应着原先的"士"等级。昔日"士"所承担的事务,已被"吏"接任了。《战国策·燕策一》:"(燕)王因收印自三百石吏而效之子之。""吏"是吏职,不是个人。三百石吏职,在汉代属"士"。

秦国商鞅变法后出现了千石之令、八百石之令、七百石之令、六百石之令。这个层次相当于昔日的大夫。战国称"令"之官大量涌现。"令"即命令,表示长官的指挥权力。"令"的官名都由"职事+令"的形式构成,显示了浓厚的"以事为中心"意味。称"令"、并用"若干石"定等的官职大量涌现,说明"大夫"这个官职层次,也被"吏职"取代了。

在汉初《秩律》中,御史大夫、廷尉、内史、典客、大仆、长信

---

[1] 汉高祖十一年（前196年）求贤诏:"贤士大夫有肯从我游者,吾能尊显之。"汉武帝元朔三年（前126年）诏:"朕嘉与士大夫日新厥业,祗而不解,其赦天下。"见《汉书》卷一下《高帝纪下》及卷六《武帝纪》。语中"士大夫"为他称。汉武帝元光元年（前134年）策贤良制:"今子大夫褎然为举首,朕甚嘉之。子大夫其精心致思,朕垂听而问焉。"元光五年策贤良制:"子大夫修先圣之术,明君臣之义,讲论洽闻,有声乎当世。敢问子大夫:天人之道,何所本始？"见《汉书》卷五八《公孙弘传》。语中"子大夫"为对称。可见他称时用"士大夫",对称时用"子大夫"。

詹事、少府令、卫尉、中大夫令、郎中令、奉常等官，秩二千石。这些官职由于其行政重要性，在秦及汉初被置于二千石之秩，进而又被名之为"卿"。后来它们又上升到中二千石了。由《汉书·百官公卿表》可知，西汉是"以中二千石为卿"的，禄秩成了确定"卿"的标准。具体说就是由职而秩、由秩而"卿"，"以吏职为卿"，"以若干石为卿"。"以吏为卿"，是说在官僚制发展中，若干"吏职"显示了更大重要性，形成了一个新的"卿"的队伍；"以若干石为卿"，是说这批新兴的称"卿"的官职，以二千石、后来是中二千石做等级。

"公"也与之类似。周代以执政大臣为"公"，"公"由家族世袭。秦汉间丞相、太尉、御史大夫三官号称"三公"。这三公非周之旧，全是战国以来的新兴官职，以职能命名，并因其权责之重而被称为"公"的。《秩律》中御史大夫只是二千石，后来秩级为中二千石，再后又被安排于"上卿"，其实不是"公"。可见"三公"只是对周爵的一种比附，与周爵并无沿袭关系。与之同理，秦与西汉所谓"九卿"，最初也只是一种比附，"卿"并不止九位，而是取决于秩级的。周朝的公卿是品位等级，秦汉的公卿却是职位等级，名同实异。

简言之，禄秩体制全面取代周爵公卿大夫体制的过程中，包含着一个"以吏职为公卿大夫士"和"以秩级定公卿大夫士"的演变。示意如下：

公				丞相　太尉　御史大夫
卿			二千石诸卿	中二千石诸卿
大夫		千石至六百石令	千石至六百石令	千石至六百石令
士	官人百吏	百石以上吏	百石以上吏	百石以上吏
稍食		斗食、佐史	斗食、佐史	斗食、佐史

"职"与"秩"，成为公卿体制变迁的支配因素。由此周代的"品位分等"的等级秩序，向汉代的"职位分等"转变了，由"以人为中心"向"以事为中心"转变了。

从《汉书·百官公卿表》看，西汉末到东汉初，禄秩又变成了

16级。比汉成帝阳朔二年之前的21级减少了。所减少的是五百石、比八百石、八百石、真二千石和御史大夫5秩。御史大夫一秩的消失，是由于此官改名为大司空，升入"三公"行列了。至于其余4秩之废，则属简化秩级的措施。西汉前中期的秩级变化趋势是高端趋密，然而制度发展往往会"矫枉过正"。在由汉初《秩律》11级繁衍为汉成帝时的21级后，朝廷又嫌其繁密了，所以着手裁并。那么战国秦汉间禄秩变迁，经历了一个由简而繁、又由繁趋简的变化。

前述秩级的"纵向伸展"，主要发生于中央朝官，与此同时，还存在着一个郡国官秩级相对下降的变化。就是说中央官和郡国官的秩级，其变化方向是相反的，一上一下。简述如下。

《秩律》所见，郡守、郡尉二千石，跟御史大夫、诸卿平起平坐。后来诸卿升到了中二千石、御史大夫升到了"上卿"，郡守、郡尉依然故我，仍是二千石，相形失色了。再看县级长官的秩级。《秩律》中县级长官有千石、八百石、六百石、五百石和三百石共5等；二百五六十个县中，六百石以上县令有240多个，可见汉初县级长官的等级，整体偏高。后来就不同了，五百石至三百石的县长大量设置。汉成帝把八百石、比八百石、五百石合于六百石、四百石，那么八百石县令、五百石县长的秩级又降低了。东汉的县级长官大多是六百石令、四百石及三百石长。此外，郡县与中央的同名（或同类）官职，在秩级上也拉开了差距。例如中央的掾属高者三百石，郡县掾属则通例为百石（京畿除外），同是掾属，秩级却矮了一块。

对郡县长官的秩级下降或相对下降，学者认为与人口增多、郡县普设、同级行政单位大大增加相关。但这时候，王朝本有另一选择：增设郡县，但不降其秩。王朝没那么做，非压低其整体秩级不可，那就不是没有意义的了，意义就是强化中央集权。

再看国官。汉初的王国"宫室百官同制京师"、"群卿大夫都官如汉朝"，其时与中央官同名的王国官职，其秩级也同于中央官。但景帝、武帝之后，皇帝着手削夺王国选官权、裁撤王国官额，同时压低王国官秩级。汉景帝时，王国丞相变成了中二千石，改名曰"相"，不再用金印而是改用银印了。武、宣时王国丞相秩真二千石，汉元帝时又降为二千石，而且"诸侯相位在郡守下"了。王国郎中令和仆的秩级，由二千石降到千石，王国郎中令一度还降到了六百石。中央的尚书六百石，而王国的"治书"被改置于"比秩"，即比六百石，低了一头。中央的中大夫大约比八百石，王国中大夫比六百石；中央的谒者比六百石，王国的谒者比四百石；中央的太乐令、祠祀令、太医令、卫士令、永巷令皆六百石令，而王国的礼乐长、祠祀长、医工长、卫士长、永巷长比四百石；中央的郎中比三百石，而王国郎只二百石。

西汉中央集权的强化，在中央与郡国官秩级的相对变化中，鲜明反映出来了。中央朝廷对郡国的强势政治地位，进一步得到了巩固。

三 功绩制和身份制之间：二十等爵

叙述至此，就可以把战国秦汉间的位阶体制变化线索，概括为三了：第一，周代贵族官员的身份尺度——公、卿、大夫、士爵，由于"以吏职为公卿大夫士"和"以秩级定公卿大夫士"两个变动，而在不断淡化。第二，源于"稍食"、作为"吏"之定酬定等之法的禄秩，从品位结构下端不断向上伸展。这两点见前节所述。此外还有第三个变化，就是二十等爵向一种身份体制的变迁。

以往论述秦汉官阶时，我采用"品位—职位"视角，把秦汉禄秩的特点归结为"职位分等"，视之为传统官阶发展五大阶段的第二阶段。这个论述没有充分考虑军功爵。从"官阶"概念说，"职位分等"的判断是可以成立的，因为秦汉军功爵不是官阶。但若不仅立足官阶，而是从"秦汉帝国的品位结构"来考虑问题，则二十等爵及封爵必须纳入视野，因为"爵"是一种重要的品位。为此，我们揭举"爵—秩体制"概念。

"爵—秩体制"概念的要点是：秦汉品位的基本结构，是爵、秩两立；与周代"爵本位"和魏晋以下"官本位"比较，这个结构呈现出一种"二元性",具有"爵、秩疏离"的特点。这些概括的论据有四。首先是基于"结构",即两个序列在形式上的分立;其次是"功能",即爵与秩在政治社会中的不同作用;第三是"要素配置",即"品秩五要素"——权责、薪俸、资格、特权和礼遇——在爵、秩两方的分配;第四是"等级关联",即爵级与秩级间对应与链接关系的紧密或松散。下文将讨论这么一些问题:首先从爵称的来源入手,阐述军功爵之功绩制性质的来源;进而探讨军功爵是如何变成一个身份性品位序列的,由此观察爵与秩的不同功能和性质。随后进入"爵—秩疏离"问题,从二十等爵上没有配置"资格"要素一点,看其非官阶的性质;从爵上所附丽的优厚待遇,看汉爵的特殊性;从爵、秩"比视"关系的多样性和散漫性,观察爵、秩相互疏离的情况。在此基础上,进而对"爵—秩体制"的历史地位与意义做出评述。

首先,从二十等爵的爵称开始讨论。如前节所论,周爵公、卿、大夫、士以人之尊称为爵名,秦汉禄秩以"若干石"的俸额为秩名,那么二十等爵呢?它们与周爵、与秦汉禄秩都不相同,二十等爵的爵称大多来自军职之名。

卫宏《汉旧仪》就是拿军职来解释军功爵号的。上造:"乘兵车也";不更:"主一车四马";大夫:"主一车,属三十六人";官大夫:"领车马";公大夫:"领行伍兵"[1]。无独有偶,魏人刘劭《爵制》也这么理解爵号——公士:"步卒之有爵为公士者";上造:"皆步卒也";簪褭:"御驷马者";不更:"为车右,不复与凡更卒同也";大夫:"在车左者也";官大夫、公大夫、公乘、五大夫:"皆军吏也";左庶长、右庶长、左更、中更、右更、少上造、大上造、驷车庶长、大庶长:"皆军将也。所将皆庶人、更卒也,故以庶、更为名。"[2]由此看来,许多爵称最初曾是军士、军吏、军将之名。

《商君书·境内篇》约在商鞅变法后不久写成,其中不但记录了

---

[1] 周天游点校:《汉官六种》,中华书局1990年版,第84页以下。
[2] 《续汉书》卷二八《百官志五》注引。

早期军爵，而且还让人们看到军爵之外另有军职，那些军职有操徒、校士、卒、屯长、五百主、二五百主、百将、国尉、大将等名。《左传》、《史记》等史料又显示，商鞅变法前、甚至春秋后期，秦国就有庶长、不更之名了[1]。有学者认为，商鞅变法前的那些庶长、不更，说明商鞅变法之前就有军功爵了[2]。不过还有另一种可能：当时的庶长、大庶长只是职名，尚非爵称。马非百先生云，庶长一爵最初似为官名，后来分化为左庶长、右庶长、驷车庶长及大庶长四爵[3]。我想那是个更合理的解释。

若军爵是由军职发展而来的，则二者间就可能有一个职、爵不分的过渡阶段。西嶋定生说："在某种场合，我们也看到了爵称与官职之未分离状态"，这是一种"不即不离状态"[4]。大良造和庶长后来

---

[1] 《左传》成公十三年（前578年）："晋师以诸侯之师及秦师战于麻隧。秦师败绩，获秦成差及不更女父。"《左传》襄公十一年（前562年）："秦庶长鲍、庶长武帅师伐晋以救郑。"《史记》卷五《秦本纪》：（宁公十二年，前704年）"宁公卒，大庶长弗忌、威垒、三父废太子而立出子为君"；怀公四年（前425年）"庶长晁与大臣围怀公"；出子二年（前385年）"庶长改迎灵公之子献公于河西而立之"；卷四三《赵世家》：献公十三年（前372年）"秦献公使庶长国伐魏少梁"。又同书卷十五《六国年表》：秦厉共公十年（前467年）"庶长将兵拔魏城"，秦厉共公二十六年（前451年）"左庶长城南郑"。

[2] 陈直先生说："秦爵二十级……一般人认为商鞅创法，证以本文，秦当春秋初年，即有此制度。"见其《史记新证》，中华书局2006年版，第11页。朱绍侯先生说："秦国在春秋时期已建立了军功爵制度。……从春秋直到商鞅变法前，在秦国都有实行军功爵制的记录。"见其《军功爵制研究》，上海人民出版社1990年版，第11页。高敏先生说："这里的'不更'与'庶长'，都是不同于旧的封爵制的新爵名。"见其《秦的赐爵制度试探》，收入《秦汉史论集》，中州书画社1982年版，第4页。又《墨子·号令》："封城将三十里地为关内侯，辅将如令赐上卿，丞及吏比于丞者，赐爵五大夫，官吏、豪杰与计坚守者，十人及城上吏比五官者，皆赐公乘。"高敏先生于是又说："墨子是稍晚于孔子的春秋末期人，在他的著作中出现了不同于旧的封爵制的'公乘'及'五大夫'两个新爵名，而且恰恰也是后来的赐爵制的两个爵名。由此可见，春秋后期不同于旧封爵制的新爵名的出现，已成为带有普遍性的情况，不独秦国为然。"按，《墨子·号令》篇非墨子所作，而是秦惠文王以后一批活动于秦的墨家人物——所谓"秦墨"——的作品。可参钱穆：《先秦诸子系年考辨》卷三，"田鸠考"，中华书局1985年版，上册第353-355页；蒙文通：《墨学源流与儒墨汇合》，《古学甄微》，巴蜀书社1987年版，第215页；李学勤：《秦简与〈墨子〉城守各篇》，《云梦秦简研究》，中华书局1981年。所以，《号令》篇不足以证明春秋末年之秦爵。

[3] 马非百：《秦集史》，中华书局1982年版，第876页，"封爵表"序。

[4] 西嶋定生：《中国古代帝国的形成与结构：二十等爵制研究》，中华书局2004年版，第77页。

都是爵称，但一些器铭显示这二者曾为一人兼有。《秦右庶长歜封邑陶券》记，秦惠文王四年"大良造、庶长游出命"[1]，这位"游"就是一人而兼大良造、庶长两号的。其大良造、庶长两号，可以推想或者是两官而一人兼之，或者一个是官、一个是爵，却不可能两号同时为爵。打比方说，你不可能既是上校又是少校，或既是局级又是处级。郭子直先生把这份陶券称为《秦封宗邑瓦书》，指出，"大良造、庶长游"就是《四年相邦戟》中的"相邦樛斿"，"以'大良造'称代'相邦'，这是以爵号代官名；瓦书的庶长，则为官名"。《瓦书》中还有一位"司御、不更顜"，郭先生说，司御是管车辆的职名，不更则是爵名[2]。这就是一人拥有一官一爵的情况了。《瓦书》中还有位右庶长歜，"右庶长"后来也是军功爵号。

"大良造、庶长"由一人兼有的情况，还有商鞅的例子：若干兵器上出现了"大良造、庶长鞅"铭文[3]。这跟《史记》的商鞅初为左庶长、后为大良造的记载不同。《史记》给人的印象，好像是两衔先后晋升；而兵器铭文显示的，却是两衔同时兼有。郭先生认为，

---

[1] 陈直：《史记新证》，天津人民出版社 1979 年版，第 14 页；或中华书局 2006 年版，第 13 页。

[2] 参看郭子直：《战国秦封宗邑瓦书铭文新释》，《古文字研究》第 14 辑，中华书局 1986 年版，第 177 页以下，又收入党怀兴等主编：《中国古典文献论丛》，中国社会科学出版社 2005 年版，第 39 页以下。李学勤：《战国时代的秦国铜器》，《文物参考资料》1957 年第 8 期，第 39 页以下。

[3] 《大良造庶长鞅造殳》："□□□□□造庶长之造殳雕骄□。"见《双剑誃古器物图录》49，图一三〇，2。高明先生称"造字之前有五字不清，复原当为'大良造庶长鞅'"。见其《中国古文字学通论》，北京大学出版社 1996 年版，第 446 页。《大良造庶长鞅戟》："十六年大良造庶长鞅之造雕矛。"见罗振玉：《三代吉金文存》，中华书局 1983 年版，第 2149 页。释文参看罗福颐：《三代吉金文存释文》，香港华风书局 1983 年版，卷二十"杂兵"部分。又见《殷周金文集成》第 11911 号，第 18 册 283 页；释文参看中国社会科学院考古研究所编：《殷周金文集成释文》，香港中文大学中国文化研究所 2001 年版，第 6 册第 731 页；或张亚初：《殷周金文集成引得》，中华书局 2001 年版，第 752 页。《大良造庶长鞅造殳鐓》："十九年大良造庶长鞅之造殳斄郑。"咸阳塔儿坡 M27063 墓 1995 年出土。参看咸阳市文物考古研究所编：《塔儿坡秦墓》，三秦出版社 1998 年版，第 133－134 页。王辉先生考定为秦孝公十九年（前 343 年）商鞅监造的秦孝公仪仗器，见其《十九年大良造鞅殳考》，《考古与文物》1996 年第 5 期。相关图片又见张涛、王齐秀：《秦汉寻梦：咸阳出土文物精华》，《荣宝斋》2004 年第 6 期。

大良造是爵，庶长是官。虽然也可以设想相反的情况，即大良造为官、庶长为爵，但仍可以认为郭先生所说较优，因为"庶长"以"长"为称，更像是官名，意思可能是众兵之长。如前所述，马非百先生也认为"庶长"最初是官名。曾有一枚战国"右庶长之玺"被发现[1]，玺印是职权的象征。也许商鞅初任左庶长，后因变法有功，加爵大良造了。

后来大良造、左庶长都成了爵级，而在此前的某个阶段，军职和军爵就不大容易分清了。我认为，那就是军职向军爵演变留下的痕迹。帝制时代的官阶也存在着"职阶转化律"，很多品位是由职位变来的，来自"职事官的品位化"。以西魏北周为例，柱国、大将军、开府、仪同等本是府兵军职，但不久就被大量颁授，用如品位了。由此就出现了这种情况：那些府兵官号，有一些仍是领兵的军职，有一些却成了赏功酬勋、提升品位的位阶了，两种用法并存。此外，在汉末魏晋的将军号的散阶化进程中，也有过类似的情况。魏晋将军号、北周府兵官号在阶官化进程中，都曾表现了双重性，亦职亦阶或亦职亦勋。由此反观秦国，在商鞅变法后，仍屡有大良造、右更、中更、左更、左庶长、庶长、五大夫领兵打仗之事。可见这时的爵号，仍有浓厚的军职意味。

二十等爵称最初是军职之名，这一点与周爵之得名，显然相当不同。周爵是标志身份的品位，除了"侯"之一号外，其爵称都来自人之尊称，有浓厚的"以人为中心"色彩；而二十等爵称来自军职，则有明显的"以事为中心"的意味。二十等爵以"军功"为授爵条件，具有功绩制的性质。如杜正胜所说："封建制度的君子小人分野取消了，万民同站在一条起跑线上，凭藉个人在战场上的表现缔造自己的

---

[1] 赖非主编：《山东新出土古玺印》，齐鲁书社1998年版，第3页，编号007。这部书有可能不恰当地收录了一些伪印，参看陈根远：《山东新出土玺印献疑》，收入王人聪、游学华编：《中国古玺印学国际研讨会论文集》，香港中文大学文物馆2000年，第103页以下。但对这枚"右庶长之玺"没见人质疑。这枚战国"右庶长之玺"若不伪，似以理解为官印而非二十等爵印为好。

身份地位",他甚至断言"军爵塑造新社会"。[1]二十等爵以其"功绩制"性质,造成了一场社会革命。

有先生认为,秦爵是从周爵蜕变而来的。因为秦爵之中,"士"、"大夫"、"侯"字样仍按贵贱次第在二十级中循序出现;秦爵二十级大体可分4段,即第一至第四级、第五级到第九级、第十到第十八级、第十九和二十级,4级分别对应周制的士、大夫、卿、诸侯。"所以,秦爵是在周爵的基础上发展而来的,它的特点是同军制结合更紧。"[2]这问题怎么看呢?从宏观上说,可以说二十等爵从周爵蜕变而来。因为二十等爵承袭了"爵"的形式,用作个人品位,其上辐辏着优厚权益,具有确定社会身份的功能,显示了浓厚的传统色彩和贵族气息,甚至爵名也采用了周爵所用字眼儿,并借用士、大夫、卿、侯的概念来标示几个大的层次。这些都是上承周爵的。但从具体演进历程看,我们认为军爵来自秦国的军职,就是说它另有来源,并不是由周爵直接蜕变而来的。

进一步细审二十等爵号,其中含有士、大夫、侯字样的,是公士、大夫、官大夫、公大夫、五大夫、关内侯、彻侯,共7号;不含这些字样的,是上造、簪褭、不更、公乘、左庶长、右庶长、左更、中更、右更、少上造、大上造、驷车庶长、大庶长,共13号。首先,二十等爵号中,不含士、大夫、侯字样的爵号明显居多。而公士、大夫、官大夫、公大夫、五大夫等名目,不过是借爵名而为职名罢了。在秦国,周爵体制因军职的冲击而解体,进而围绕"军职的品

---

[1] 杜正胜:《编户齐民——传统政治社会结构之形成》,第334、358页。按,在《商君书·境内》中,"军爵"与"公爵"是有区别的。高亨认为公爵对军爵而言,是文官或无官者的爵位。见其《商君书注译》,中华书局1974年版,第147页。安作璋、熊铁基认为军爵是军队中的爵制,包括公爵的最低几级,其下还分若干段。见其《秦汉官制史稿》,齐鲁书社1985年版,下册第433页。高敏认为军爵面向将士,属于军功赐爵;公爵面向军队以外的人,属于事功赐爵。见其《秦的赐爵制度试探》,《秦汉史论集》,中州书画社1982年版,第12页。其中安作璋、熊铁基的解释较为深入,如依其说,则《商君书》的"军爵"与二十等爵并不相同。当然,睡虎地秦简《军爵律》的"军爵"所指,就是二十等爵。参看《睡虎地秦墓竹简》,文物出版社1978年版,第92~93页。
[2] 李学勤:《东周与秦代文明》,文物出版社1984年版,第209页。

位化",另行形成了新的秦爵体制;在此之后,人们才重新拿周爵士、大夫、卿、侯与之比附。这样,才能更好地理解军功爵作为一种功绩制的变革性质,及其"塑造新社会"的革命意义。"军职"在构造新式爵列上的重大作用,显示了这是一个"军事化"的时代,显示了军事活动、军事组织和军功阶层在塑造品位结构上的重大历史作用。

二十等爵来自新兴军职,由此获得了功绩制性质;但二十等爵在秦汉又再度发展为一种身份性品位,这个事实,我们同样要给予充分重视。这说明,当时依然存在着一种深厚的社会需要,呼唤着以"爵"这种古老的品位形式维系身份。

从具体演进说,周爵与二十等爵间存在着明显断裂;但从宏观看,周爵与秦汉二十等爵又确实存在着密切关系。周爵是一种身份体制,而在秦汉之间,二十等爵也变成了整个社会的身份尺度。日人西嶋定生论述说:"自天子以至于庶人都含摄于爵制中,所以爵制不只是形成民间秩序的原理,以皇帝为顶点的国家结构也利用爵制组成为一个秩序体。"[1]爵制秩序就是国家秩序,就是"与人民的直接的支配、被支配关系",这是一种"个别的人身支配"[2]。西嶋把二十等爵,视为国家权力建构身份体制的一种手段;面对爵制所体现的公权力,豪强地主也是"民"。这个阐述是很精彩的。

经常性地向吏民赐爵,是汉代政治社会生活最有特色的现象之一。"赐民爵"的做法,无疑是二十等爵之身份功能的鲜明体现,也是西嶋定生"国家结构利用爵制组成为秩序体"的论点最有力证据。秦惠王吞并巴中后,曾给了所有巴氏之民以第四等爵"不更"的待遇[3],

---

[1] 西嶋定生:《中国古代统一国家的特质——皇帝统治之出现》,《中国上古史论文选集》(下),台北华世出版社1979年版。
[2] 西嶋定生:《中国古代帝国的形成与结构:二十等爵制研究》,第447页。
[3] 《后汉书》卷八六《南蛮西南夷列传》:"及秦惠王并巴中,以巴氏为蛮夷君长,世尚秦女,其民爵比不更,有罪得以爵除。"刘攽认为"其民爵比不更"句衍"民"字:"巴氏之君可有爵耳,民何故辄得之。"徐复先生认为"民"字不误:"此当在'其民'二字处一逗,直冒下'爵比不更'二句,不更,秦官爵名,言不豫更卒之事。"见其《后读书杂志》,上海古籍出版社1996年版,第50—51页。因有爵级,巴民就可以"不豫更卒"、可以"有罪得以爵除"了。

也是"爵"为身份手段之一证。

二十等爵在社会生活中所发挥的身份作用,西嶋氏已多所举证。那甚至包括这类情况:几个人合伙打猎,分猎物以爵级高下为准,跟出力多少没关系。"爵"的影响力可见一斑。晋人庾峻这样评述秦爵:"时不知德,惟爵是闻。故闾阎以公乘侮其乡人,郎中以上爵傲其父兄。"[1]秦爵如此,汉代也应有类似现象,闾阎中的高爵可以傲视低爵。《二年律令》:"其毋伤也,下爵殴上爵,罚金四两。殴同列以下,罚金二两。"[2]在未造成伤害的情况下,低爵殴打高爵,要加二两罚金呢。

除了向民众赐爵,汉廷还经常向官吏赐爵。向官吏赐爵的意义是什么呢?学者也有过很多阐述。楼劲、刘光华先生认为:"大部分爵级明确充当了奖励官僚功劳的手段,因而其虽并无行政职事,也不反映官僚的级别,却不失为当时官僚管理制度中一个引人注目的内容。"[3]好并隆司还把汉惠帝一份诏书中的中郎、郎中依据服务年限而晋升爵级的规定,解释为"代替了依军功而授爵的文官的年功序列方式"[4]。西嶋定生提出:"对一般高官授爵的场合,虽然如《汉书》百官公卿表所称是'以赏功劳',我们却可以说这是对官吏通常勤务之功劳的报酬,而不能认为这是对特别功绩的报酬。"[5]学者众口一词,都认为向官吏赐爵是一种"褒功酬勤"之方。我们当然不否定这一点,但还要从"身份制"方面做更多分析。

向官吏普赐爵级的制度,可以分为两类:一类面向六百石以上官,采用"某秩级以上的官赐爵若干级"的办法;另一类面向不到六百石的吏员,其形式是"赐勤事吏爵若干级"。借用西嶋定生的用

---

[1] 《晋书》卷五十《庾峻传》。
[2] 《二年律令·贼律》。张家山汉墓竹简整理小组:《张家山汉墓竹简247号墓》(释文修订本),文物出版社2006年版,第12页。
[3] 楼劲、刘光华:《中国古代文官制度》,甘肃人民出版社1992年版,第467—468页。
[4] 好并隆司:《秦汉帝国史研究》,未来社1978年版,第250页。
[5] 西嶋定生:《中国古代帝国的形成与结构:二十等爵制研究》,第89页。

语，可以把前一类向六百石以上官赐爵称为"赐官爵"，把后一类向低级吏员赐爵称为"赐吏爵"；至于向平民赐爵，可称"赐民爵"。"赐官爵"使用五大夫以上爵，"赐吏爵"和"赐民爵"则使用公士至公乘的8个爵级。那么，考察向官吏赐爵之制，就是考察"赐官爵"和"赐吏爵"二者了。

"赐吏爵"时，经常采用向"勤事吏"赐爵的提法。那"勤事吏"三字很容易让人用"回报勤务"来解释。我想还是辨析"赐官爵"完毕，再回头看"赐吏爵"比较好。"赐官爵"的做法，若把丞相或三公封侯也考虑在内，那么其大致情况是这样的：

丞相（或三公）：封列侯；
御史大夫：赐爵关内侯；
中二千石、诸侯相：赐爵右庶长（或左更，可能还有中更）；
六百石以上吏：赐爵五大夫。

顾江龙君把这种固定赐以某一级高爵的做法，称为"赐满"，它的特点是："不论你六百石之官原来是有爵还是只有低爵，一下子让你晋爵五大夫；如果你在赐爵五大夫之后又因军功等原因晋升爵级，那自按律令办理，否则，在你升任更高秩级的职位可以为朝廷做出更大的贡献之前，就别想晋爵。"他进而分析说："这是因为直到西汉中晚期仍有许多权益附丽于爵，王朝认为有必要让中高级管理也得以按秩级享受这些权益，故通过赐官爵的形式将这一点落实。换言之，王朝认为或预期六百石官员对朝廷的贡献可以与将校军士赐爵五大夫所需的军功相比，故赐他们五大夫之爵；以下依次类比，以至丞相封侯。"[1]

顾江龙君使用了"贡献"一词，并将之与军功相比，那么他还是

---

[1] 顾江龙：《汉唐间的爵位、勋官与散官：品位结构与等级特权视角的研究》，北京大学历史学系2007年博士论文，第58页。

偏重从"褒功酬勤"角度看待"赐官爵"的意义。我过去也接受"褒功酬勤"之说，不过后来看法变了。只要做官做到了某个秩级层次，就升入某个爵级的层次，这不但跟依功授爵或考课进阶不同，跟汉代"功劳"制度不同，甚至跟后世的"泛阶"也不相同。依功授爵，其基本形式是"斩一甲首者爵一级"，即，因捕虏斩首的数量而定爵级。官品制度下的考课进阶，是通过年度考课与若干年的"大考"结果，依次进阶的，考级高则进阶高。汉代"功劳"制度对勤务有周密的计算办法，有时用"若干算"计量，干多少活（或多少天活）就记多少工作量，据此给予奖励。后代还有"泛阶"之法，每人在原有品阶上再普进若干阶。而西汉的"赐满"与之都不相同，已进入相应的爵级层次就不能再晋爵了。譬如你是位六百石官，曾因某次赐爵而获得五大夫之爵，那么这次"赐吏六百石以上吏爵五大夫"就跟你无关了，因为你已在"五大夫"层次里面了。

从相关史料看，"赐官爵"制度有一个值得注意的特点：即，"六百石以上"作为一个赐爵层次，这个层次似乎只赐五大夫；在此之上，直到中二千石才又形成一个赏赐层次。从秩级方面看，第一个层次包括比八百石、八百石、比千石、千石、比二千石、二千石诸秩，但这些秩级的高下却不影响赐爵，看上去是通赐五大夫的[1]。比如说，你从六百石官又迁到了千石或二千石官，权责与贡献比从前大多了，勤务又累积了不少，然而你的爵级仍原地不动，更准确地说，不会因"赐满"而变动，除非另靠别的功劳被个别赐爵。但只要你升入

---

[1] 从中二千石的赐爵看，赐右庶长的有 3 例，赐左更的有 1 例。还有 1 例，是汉宣帝元康元年"次赐勤事吏中二千石以下至六百石爵，自中郎吏至五大夫"，有学者推测，这"中郎吏"可能是"中更"之讹，当然也可能是左更之讹。以通赐右庶长推论，其下到五大夫，只隔"左庶长"一级而已。而这就意味着，即令在"赐中二千石至六百石爵各有差"的情况下，其"各有差"的"差"，所可以使用的只有左庶长一级而已。我们推测，左庶长这个居间的"差"其实是没有的。只有中二千石才能进入"卿爵"，二千石以下到六百石通赐五大夫，所谓"差"就是这两个"差"。其例又如汉元帝初元元年（前 48 年）赐御史大夫关内侯、中二千石右庶长，同时列侯给钱 20 万，五大夫 10 万。可见就"赐官爵"而言，右庶长之下就是五大夫。二千石在汉人观念中属于"上大夫"，不是"卿"，所以不会被授予"卿爵"，"赐满"时只能是赐五大夫。

了中二千石的层次，就可以"赐满"为"中二千石爵右庶长"了。

再从爵级方面说，五大夫以上、关内侯以下，有左庶长、右庶长、左更、中更、右更、少上造、大上造、驷车庶长、大庶长9级，它们是被通视为"卿爵"的。在依秩赐爵时，这么多的爵级，又只对应着中二千石一秩。这说明什么呢？说明这么多爵级，本不是用于赐官吏，而是用来奖赏军功的。这段爵级有9级之密，是为了细致区分功绩大小，如斩首俘获的数量等等，进而是赐田宅的数量。其被用于赐中二千石，属于"借用"以明身份，而"身份"体现为大的层次，没有必要也不可能那么精细。朝廷认为，中二千石的社会地位，大体与这9级爵的拥有者相当，所以就从中挑出一级来赐给中二千石，如此而已。当然，这个爵级也不是随随便便挑的。据研究，至少在汉武帝时，第15级爵少上造仍有食邑特权[1]，以后一段时间中大约依然如此。那么朝廷"赐满"时只给中二千石以第11级爵右庶长、第12级爵左更，看来是不打算让中二千石食邑的。

六百石到二千石的众多秩级只赐五大夫，左庶长到大庶长的众多"卿爵"又只对应着中二千石，这是军功爵被进而用于官吏的身份管理，而爵、秩二者本不匹配造成的。如此，二十等军爵由功绩管理制向身份管理制演变的轨迹，就看得更清楚了。那么，还能说"赐官爵"是单纯的"褒功酬勤手段"么？最简单的表现，就是丞相封侯了。人们都知道，汉代有拜相封侯之制。只要居于相位就封侯，就被认为应该拥有"侯爵"身份，不管什么功不功的。

二十等爵确实有"赏功劳"的功能，但其中的"赐满"不是。以"赐满"为特征的"赐官爵"，并不直接与文官"功劳"、"贡献"挂钩，它应从"身份"方面加以理解。顾江龙君指出了"赐满"的特别之处，但还是稍多拘泥于"贡献"了。他说到了"如果你在赐爵五大夫之后又因军功等原因晋升爵级"，而这恰好说明，若是排除了"军功"，再找不到文官依功晋爵的例行制度，除非特封特赐。先

---

[1] 此处食邑问题的相关史料与探讨，可参顾江龙的引述和评议，前引文第59页。

秦战争期间，会为官吏加爵以为激励，犯了过错会夺爵若干级[1]，但那也是军事性的，而非行政性的。好並隆司把中郎、郎中依年限赐爵，说成是文官的年功序列，其实中郎、郎中并不是文官，他们属于一个称为"宦皇帝者"或"从官"的特殊职类。中郎、郎中要执戟宿卫，头戴鹖冠，而不是文官的进贤冠，他们是基于军功或军事勤务而赐爵的，与文官不同。汉代文职官吏的日常奖惩，主要使用"增秩"和"贬秩"做法。对"赐满"的更好解释是这样的：朝廷认为，某一秩级段落的官僚理应处于爵级的某一层次，那就是他在社会上的身份和在人群中的地位。质言之，"赐官爵"首先是一种社会身份的管理手段，其次才是吏员功劳或勤务的管理手段。

那么，就可以回头反观"赐吏爵"问题了。"赐吏爵"和"赐民爵"都使用公士至公乘的 8 个爵级，这说明这个段落的"吏"与"民"身份相近，说明依传统观念，这个层次的"吏"就是"庶人在官者"。兹将《汉书·帝纪》中的相关材料征引如下，以供分析：

1. 汉宣帝元康元年（前65年）三月：赐勤事吏中二千石以下至六百石爵，自中更至五大夫，佐史以上二级，民一级。

2. 汉元帝永光元年（前43年）三月：赐吏六百石以上爵五大夫，勤事吏二级。

3. 汉元帝永光二年（前42年）二月：（赐）吏六百石以上爵五大夫，勤事吏各二级。

4. 汉平帝元始元年（1年）正月：赐帝征即位前所过县邑吏二千石以下至佐史爵，各有差。

前面我们已论证了"赐官爵"的直接目的是安排身份，现在可以判

---

[1]《墨子·号令》："而胜围，城周里以上，封城将三十里地为关内侯，辅将如令赐上卿，丞及吏比于丞者赐爵五大夫；官吏、豪杰与计坚守者，十人及城上吏比五官者，皆赐公乘；男子有守者，爵人二级。""城外令任，城内守任，令、丞、尉亡得入当，满十人以上，令、丞、尉夺爵各二级。"孙诒让：《墨子间诂》，第 594-595、600 页。

定,"赐吏爵"与之类似,其直接目的也是安排身份。首先,"赐吏爵"同样不计勤务、不记功绩,而是"平白"地赐。进而第1条汉宣帝元康元年的"佐史以上二级,民一级"一句,还透露了一个消息:尽管"赐吏爵"和"赐民爵"都使用公士至公乘的8个爵级,但前者高后者一倍,赐两级而不是赐一级。而这样做的目的,应是保证"吏高于民"。打比方说,某乡有很多人都拥有第二级爵上造,其中有一人做了佐史,但这时候其爵位跟同乡分不出尊卑贵贱来。不过,没几年就赶上了皇帝赐爵,那位佐史喜从天降,由此升了两级,爵在第四级不更了;其余没做吏的上造们则只得一级,升至第三级爵簪褭而已。那么,那位佐史再跟老朋友休闲打猎,就可以多分些猎物了;打架时心里也踏实了不少:我打你只罚金二两,你打我要罚金四两!"吏高于民",由此得到了王朝品位的保障。

我们是这样理解爵级普赐制度的:普赐民爵时,具备晋爵条件的人数量巨大,但这时官吏的特殊身份显不出来,于是进而"赐吏爵",以提高"吏"的社会身份。而这就意味着,"赐吏爵"是以"赐民爵"为基础的。相应地就还要"赐官爵",因为低级官吏已通过"赐吏爵"而获得了更高爵级,那么中级官吏也当如法炮制,以令身份不到五大夫者,得以进入五大夫以上层次。换言之,"赐吏爵"、"赐官爵"以"赐民爵"为基础,或说是相辅相成的,其目的相同、效果相同,都是身份管理手段。

总之,皇帝认为,王朝官僚以爵级标志身份这事情,应更为制度化。三公应拥有侯爵,可以通过丞相封列侯、御史大夫封关内侯来实现;中二千石官应拥有卿爵,可以通过赐右庶长或左更之爵来实现;二千石至六百石官应拥有大夫爵,可以通过赐五大夫爵来实现。"赐满"制度就是这样出现的。王朝经常性地"赐官爵",以使相应段落的官僚拥有相应爵级,进而获得相应的社会身份。

无疑,只有在整个社会依然弥漫着"重爵"风气的时候,"赐满"制度才会出现。在汉初,朝廷向起义将士授爵,并依爵级授予田宅,这时的"爵"可以说是重中之重。景、武之时,"重爵"之风还没太淡薄,既然民众普遍以"爵"标志身份,则官僚也就有了必要,以更高爵级显示他们高人一等,标示出各级官僚在身份结构中所处地位。当然,"赐满"之制在景、武之时出现,并不说明此前爵位就没构成官僚的身份尺度。汉初政治掌握在军功集团手中,他们的身份尺度本来就是军爵。景、武之时,军功集团之外的吏员与日俱增,地位上升,在这时候,就有必要用"赐满"之法,来维系吏员的社会身份了。

由此,汉代二十等爵的功能复杂性,就显示出来了:既是功绩制,又是身份制。它是一种功绩制,体现军事领域中仍依军功授爵上,体现在对行政业绩的非"赐满"性的封侯赐爵做法上;但也是一种身份制,体现在"赐民爵"、"赐吏爵"和以"赐满"为特点的"赐官爵"措施之上。这三种爵级普赐之举,在汉廷看来是一个构建社会身份之举,而不止是褒功之举。其功绩制性质,体现了二十等爵突破周爵的变革方面;其身份制性质,体现了二十等爵承袭周爵的传统方面。周爵作为一种社会身份制,留下了一个以"爵"来标志社会身份的深厚传统,那就影响了军功爵制的变迁方向。军功爵来自军职,而军职通过"爵"的形式发生了品位化,本身就反映了当时的社会中存在着促使其品位化的强大驱力;进而军功爵又由一种军功管理手段变成了一套身份尺度,并在相当一段时间中发挥着超越行政意义的社会功能,同样显示了周爵的历史影响。

四 秦汉"爵—秩体制"及其"二元性"

前面两节,我们讨论了禄秩和二十等爵的序列变迁和政治社会功能。在周爵公卿大夫体制被突破后,取而代之的主要就是禄秩和二十等爵。秦汉帝国的品位结构,就是以禄秩和二十等爵为主干的,是为"爵—秩体制"。

"爵"是一种古老的位阶形式,浸透了传统色彩,散发着贵族气味。对于周爵,二十等军功爵既是突破,也有承袭;既是一种推动了社会流动的功绩制,也是一种保障权益世袭的身份制。二十等爵承袭了"爵"的形式,被用作荣耀、身份和特权的尺度,采用世袭方式父子相承。汉人重封爵、重封侯。得到了封爵就好比进入了贵族行列,实现了人生理想,找到了人生归宿。那在画像石上都有反映。画像石中有一种《射雀射猴图》,"雀"、"猴"就是谐音"爵"、"侯"的[1]。简言之,在秦汉时,周朝的贵族品位传统依然残留了强大历史影响,秦汉王朝为适应或利用那种影响,通过二十等爵,用一种"拟贵族"的方式,实施功绩激励和身份管理。

那么禄秩呢?源于胥吏"稍食"的禄秩与"爵"不同,显示了鲜明的"吏禄"性格。在禄秩这种管理手段下,吏员"居其职方有其秩,居其职则从其秩",有职才有级别,没职就没级别;在"若干石"的禄秩之外,不存在一种位阶足以维系官僚的官资。所以汉代吏员,官可大可小,人能上能下;官员若调职或离职,原有官资随即丧失。例如,在官员因病、因丧而一度离职之后,在其再仕之时,其原曾达到的秩级,朝廷可以考虑也可以不考虑;官僚为此在官资上吃了亏,秩级变低了,王朝可以管也完全可以不管。汉代附丽于秩级的特权待遇,远较二十等爵为少,也远较后代官品为少。所以我们判断,禄秩属"职位分等",是"以事为中心"的。禄秩以"吏"的形象为百官定性定位,从而显示了新兴官僚政治蓬勃推进的深度与力度[2]。"爵"与"禄",是早期帝国统治者的左右两手,禄秩发挥着科层等级功能,二十等爵发挥着功绩制和身份制功能,二者相得益彰。如《傅子·重爵禄》所云:"爵禄者,国柄之本,而富贵之所由。……夫爵者位之级,而禄者官之实也。级有等而称其位,实足利而周其官,此立爵禄之分也。"

若从结构样式看,"爵—秩体制"也颇有特殊之点。这是在其与

---

[1] 邢义田:《汉代画像中的"射爵射侯图"》,《中央研究院历史语言研究所集刊》第71本第1分,2000年3月。
[2] 关于禄秩的"职位分等"性质及其意义,仍请参看拙作:《品位与职位:秦汉魏晋南北朝官阶制度研究》,第4章。

前朝后代的比较中显示出来的。周代品位结构我们名为"爵—食体制",它是"爵本位"的,而且是"一元性"的,因为公卿大夫士爵与稍食上下承接,形成一个纵向单列,最低级的士与作为"庶人在官者"的"吏"身份相近,等级相邻;而秦汉"爵—秩体制"下"爵"与"秩"的结构,却是两列并立的。简示如下:

周朝爵—食体制

秦汉爵—秩体制

魏晋以下出现了九品官品。"官品体制"的性质,我们认为是"官本位"的,详见本书上编第六章。"官品体制"也是"一元性"的,因为其他各种位阶序列,都被纳入了官品架构之中,或通过与官品挂钩而获得了关联性和可比性。与"官品体制"不同,秦汉"爵—秩体制"下,二十等爵与禄秩呈疏离之势;无论从序列间的链接、搭配看,还是从品秩要素的配置看,都没形成严密的一元化整合。"爵—秩体制"由此显示了某种"二元性"。下面,就对这一点进行讨论。

上节论及:在"赐满"制度下,二十等爵并不跟所有秩级一一挂钩,而是只跟秩级的几大层次挂钩;挂钩的中介是公、卿、大夫、士概念——爵有公、卿、大夫、士几大段落,秩级也有公、卿、大夫、士几大层次。"赐满"以"层次"为单位而沟通爵、秩,意味着它主要用于处理官僚身份,官僚身份分为几大层次,礼制待遇和法律特权依此层次而定。如福井重雅所论:"汉代上级官吏所被给予的礼制上的荣誉和刑法上的特典,必须作如下的理解:他们也许并不来自于六百石的官秩，而是实际上根本存在于五大夫的爵位。"[1]

若换个角度看爵、秩关系，不以"层次"为单位，而是以"级别"为单位，即从爵级和秩级是否"级级对应"来观察问题，在二者间又能看到什么呢？

首先讨论"爵、秩相比"现象。在确定薪俸、特权、待遇、资格等"品秩构成要素"时，当局面对着爵、秩两个序列，往往有必要以这个"比"那个，从而把二者联系起来。通过那些爵、秩相"比"的"点"，就可以看清两个序列是如何链接起来的。可供分析的有四种"比"法：第一是《二年律令》传食规定中的爵、秩相比，第二是《二年律令》赏赐规定中的爵、秩相比[2]，第三是汉元帝时十四等嫔妃的视若干石、比某某爵的规定[3]，第四是汉成帝对出资者赐爵补吏的规定。下将四者一并列表，并列入"赐满"制度以便比较：

二十等爵	比周爵	"赐满"	《二年律令》		《汉书》外戚传、成帝纪	
			传食	赏赐	元帝嫔妃十四等	成帝赐爵补吏
诸侯王					昭仪，视丞相	
20. 彻侯	公	丞相	比千石	比二千石	婕妤，视上卿	
19. 关内侯	上卿	御史大夫			娙娥，视中二千石	
18. 大庶长	卿	中二千石		比千石		
17. 驷车庶长						
16. 大上造					傛华，视真二千石	

---

[1] 福井重雅：《汉代官吏登用制度の研究》，创文社1988年版，第352页。
[2] 《二年律令·传食律》："食从者，二千石毋过十人，千石到六百石毋过五人，五百石以下到二百石毋过二人，二百石以下一人。使非吏，食从者，卿以上比千石，五大夫以下到官大夫比五百石，大夫以下比二百石"；《赐律》："赐不为吏及宦皇帝者，关内侯以上比二千石，卿比千石，五大夫比八百石，公乘比六百石，公大夫、官大夫比五百石，大夫比三百石，不更比有秩，簪袅比斗食，上造、公士比佐史。……吏官卑而爵高，以宦皇帝者爵比赐之。"分见《张家山汉墓竹简247号墓》（释文修订本），第40、49页。
[3] 《汉书》卷九十七上《外戚传》："元帝加昭仪之号，凡十四等云。昭仪位视丞相，爵比诸侯王。婕妤视上卿，比列侯。娙娥视中二千石，比关内侯。傛华视真二千石，比大上造。美人视二千石，比少上造。八子视千石，比中更。充依视千石，比左更。七子视八百石，比右庶长。良人视八百石，比左庶长。长使视六百石，比五大夫。少使视四百石，比公乘。五官视三百石。顺常视二百石。无涓、共和、娱灵、保林、良使、夜者皆视百石。上家人子、中家人子视有秩斗食云。"

续表

二十等爵	比周爵	"赐满"	《二年律令》		《汉书》外戚传、成帝纪	
			传食	赏赐	元帝嫔妃十四等	成帝赐爵补吏
15. 少上造	卿	中二千石	比千石	比千石	美人，视二千石	
14. 右更						补三百石
13. 中更					八子，视千石	
12. 左更					充依，视千石	
11. 右庶长					七子，视八百石	
10. 左庶长					良人，视八百石	
9. 五大夫	大夫	二千石至六百石	比五百石	比八百石	长使，视六百石	补郎（比三百石）
8. 公乘				比六百石	少使，视四百石	
7. 公大夫				比五百石	五官，视三百石	
6. 官大夫					顺常，视二百石	
5. 大夫	士		比二百石	比三百石	无涓等，视百石	
4. 不更				有秩（百石）	上家人子，视有秩	
3. 簪褭				斗食	中家人子，视斗食	
2. 上造				佐史		
1. 公士						

第 1 种传食和第 2 种赏赐，都是先就"秩"做出规定，然后用"爵"去"比"的。观其"比"法，明显与"赐满"制度不符。按照"赐满"制度，"卿爵"是中二千石之爵，五大夫是六百石以上官之爵；而《二年律令》的传食待遇却是"卿以上比千石"，"五大夫以下到官大夫比五百石"。赏赐时的以爵比秩，比传食的"比"法更细密，关内侯以上比二千石，卿比千石，五大夫比八百石，公乘比六百石，公大夫、官大夫比五百石，大夫比三百石，不更比有秩，簪褭比斗食，上造、公士比佐史。李均明先生说："二十等爵中，'五大夫'属划等中的临界性爵级，涉及具体权益时，大多属下，……有时亦上挂。"[1]"临界"时的忽上忽下主要在以爵比秩时发生，爵级本身并没有忽上忽下。以爵比秩时的忽上忽下，表明爵、秩之间本无定"比"。

汉元帝为嫔妃确定了十四个等级，形成了第 3 种"比"法：昭仪

---

[1] 李均明：《张家山汉简所反映的二十等爵制》，《中国史研究》2002 年第 2 期。

位视丞相，爵比诸侯王；婕妤视上卿，比列侯……直到少使视四百石，比公乘；更低的五官以下的段落，就不比爵了，只"视若干石"而已。那么在"卿爵"即左庶长至关内侯的段落，最低的是"良人视八百石，比左庶长"。中二千石列卿赐爵左庶长，良人视八百石，却也"比左庶长"。那么左庶长是对应中二千石，还是对应八百石呢？显然没有固定的对应，而是依场合做个案处理的。

最后第4种也许不算是"比"，但可以反映在"官资"要素的配置一点上爵与秩是什么关系。对向朝廷入谷者，汉成帝加以褒奖，其办法是赐爵和补吏，赐爵右更的只补三百石吏；赐爵五大夫的补郎。那么我们来看，郎官的自身秩级是比三百石。右更与五大夫差5级，而且一属卿爵、一属大夫爵，而三百石与比三百石却只差一秩。

在以上四个爵、秩相比的例子中，我们看到的爵、秩关系是错综不一的，这表明爵、秩间并不存在级级对应的关系，而是因时因事而变的。"爵"与"秩"之间的错综不一的状态，有什么特别的地方吗？有。它既不同于周朝品位秩序，又不同于魏晋以下的"官本位"秩序。魏晋的爵级已被列于官品里面了，爵、品间存在着明确清晰的对应关系。据《魏官品》，公、侯、伯、子、男五等爵在第一品，县侯在第三品，乡侯在第四品，亭侯在第五品，诸关内侯、名号侯在第六品[1]。李唐封爵之制，王正一品，嗣王、郡王、国公从一品，郡公正二品，县公从二品，侯从三品，伯正四品上，子正五品上，男从五品上[2]。这时各种礼遇都可以根据官品推算，即便对爵级的相关待遇有特殊规定，在级差上也有比例可循。

方才已涉及到了依爵补吏问题。"爵"是否构成官资，凭爵级能否做官，或说作为"品秩要素"之一的"资格"是否配置在爵列之上，是判断爵、秩是否"疏离"的重要尺度，有必要做更深入的讨论。

在军功爵创建之初，"爵"好像曾被用作官资。《韩非子·定

---

[1] 《通典》卷三六《职官十八》，第205–206页。
[2] 《旧唐书》卷四二《职官志一》。

法》云:"商君之法曰:斩一首者爵一级,欲为官者为五十石之官;斩二首者爵二级,欲为官者为百石之官。官、爵之迁,与斩首之功相称也。"一般认为,这就是有爵就可以做官的证据[1]。过去我也是那么看的,但现在看法变了。细审"商君之法"的意思,是说"斩一首"或"斩二首"就能获得两个机会:第一是获得爵一级或爵二级;第二是做五十石之官或百石之官。那么"为五十石之官"或"为百石之官",其实是与"斩首"直接挂钩的,不必理解为跟"爵一级"或"爵二级"挂钩。《定法》又云:"今有法曰:斩首者令为医匠,则屋不成而病不已。夫匠者,手巧也;而医者,齐药也;而以斩首之功为之,则不当其能。今治官者,智能也;今斩首者,勇力之所加也。以勇力之所加、而治智能之官,是以斩首之功为医匠也。"这里说的也是"治智能之官"跟"斩首"的关系,而不是"治智能之官"跟"爵"的关系。概而言之,照某些学者的解释,是"以斩首得爵、以爵级为官";而我们的解释,则是"以斩首而得爵、以斩首而为官"。把二者图示如下:

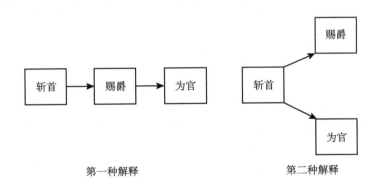

第一种解释　　　　　　　　第二种解释

---

[1] 例如高敏先生说:"于此可见,商鞅之制,确系爵与官合一,每一级爵,相当于一个五十石俸禄的官职。……这样获得爵位,就等于获得职官。"见其《秦的赐爵制度试探》,收入《秦汉史论集》,第16页。柳春藩先生说:"士兵得爵即可取得在军队或政府中作官吏的资格。……反映爵与官是紧密相关的。"见其《秦汉封国食邑赐爵制度》,辽宁人民出版社1984年版,第16-17页。朱绍侯先生说:"按此原则规定,凡立有军功的人,不仅能得到爵位,而且还可以得到与爵位相适应的官职。"见其《军功爵制研究》,第181页。等等。

下面，为第二种解释提供进一步论证。《商君书·去强》："兴兵而伐，则武爵武任，必胜；按兵而农，粟爵粟任，则国富。"在这段话中，"武爵"是一事，"武任"又是一事。"武爵武任"是说凭军功授爵、凭军功授官，而不是先凭军功授爵、再凭爵级授官；"粟爵粟任"是说凭出粟授爵、凭出粟授官，而不是先凭出粟授爵、再凭爵级授官。也就是说，得爵与授官，是二中择一的"可选项"。又同书《靳令》："民有余粮，使民以粟出官、爵。官、爵必以其力，则农不怠。四寸之管无当，必不满也。授官予爵出禄不以功，是无当也。"这"使民以粟出官、爵"，也是官、爵各自与"功"相联系。同书《境内》篇的"能得甲首一者，赏爵一级……乃得入兵官之吏"一句，也应作同样理解，把"赏爵一级"和"入兵官之吏"视为两个"可选项"。

又《墨子·号令》："又用其贾贵贱多少赐爵。欲为吏者许之；其不欲为吏，而欲以受赐赏、爵禄，若赎出亲戚、所知罪人者，以令许之。"在战争中曾向官府贡献了财物的居民，在战后官府将依其贡献大小投桃报李，进行赐赏、赐爵；若肯放弃赐赏、赐爵，还可以为吏；所得赐赏、爵禄，可以用来赎罪。总之，赐赏、赐爵、为吏，都直接与贡献挂钩[1]；不是"爵"而是贡献，构成了"为吏"的直接

---

[1]《墨子·号令》又云："不欲受赐而欲为吏者，许之二百石之吏，守珮授之印；其不欲为吏、而欲受构赏禄，皆如前。有能入深至主国者，问之审信，赏之倍他候；其不欲受赏、而欲为吏者，许之三百石之吏。""其不欲为吏、而欲受构赏禄"一句，孙诒让认为"禄"前夺一"爵"字，即作"构赏、爵禄"。见其《墨子间诂》，第611页。张纯一先生赞成其说，据补"爵"字，见其《墨子集解》，成都古籍出版社1988年版，第541页。若依此说，则"为吏"与"受构赏、爵禄"，是二中取一的可选项，要了这个就不能要那个。孙波先生也认为夺一"爵"字，但他的标点是"其不欲为吏、而欲受构赏，爵禄皆如前"。见其《墨子》（全文注释本），华夏出版社2000年版，第264页。若是，则"受赐"与"为吏"二者变成了可选项，二者取一；要么"为吏"，要么"受赐"，但两种情况下都有"爵禄"，"爵禄"不在可选项中。我们认为，从《号令》前文"欲为吏者许之；其不欲为吏，而欲以受赐赏、爵禄，若赎出亲戚、所知罪人者，以令许之"看，以"其不欲为吏，而欲以受赐赏、爵禄"，是说"不为吏"才给"赐赏、爵禄"，然则"为吏"与"赐赏、爵禄"鱼与熊掌不能兼得，选择了"为吏"就不能选择"赐赏、爵禄"。若是，则"爵不构成官资"的论点，就得以强化了。

条件。朱绍侯先生这样解释《号令》篇中的相关文词："按其支援的物资的多少贵贱而赐爵，愿意为吏者，按爵位的高低授予不等的吏职。"[1]可是在《号令》原文中，并没有"按爵位的高低授予不等的吏职"的意思，朱说属于过度诠释。《号令》所云，相当于《商君书》所说的"粟爵粟任"；而《商君书》所说的"武爵武任"，也当作此理解。裘锡圭先生指出："爵和官是两个系统，但是有功劳应受奖励的人，往往可以在受爵和为官吏这两条道路里任选一条。"[2]裘先生辨析毫发，其"任选一条"之说堪称的论。那么《商君书》、《韩非子》、《墨子》三书，都不能证明秦国的爵级构成了官资，而是相反。

张家山汉简《二年律令·傅律》中有这样一条律文："当士为上造以上者，以适子；毋适子，以扁妻子、孽子，皆先以长者若次其父所以，所以未傅，须其傅，各以其傅时父定爵士之。父前死者，以死时爵。当为父爵后而傅者，士之如不为后者。"[3]高敏先生认为："这条法律条文十分宝贵，……说明高爵者之子在继承其父爵位以后，有为官的权利，即秦时爵与官的合一的状况还在继续。《二年律令》止于高后二年，则至少在此年之前，仍实行官爵合一的制度。"[4]若"高爵之子"真的"有为官的权利"，那么我想这是一条十分重要的律文。然而"当士为上造以上者"这句话中的"士"，以及"各以其傅时父定爵士之"、"士之如不为后者"中的"士"，含有"为官"的意思吗？朱绍侯先生就认为，从上下文分析，这个"士"只能作"继承"解[5]。张荣强君也是以"继承爵位"来解释这个"士"字的[6]。那么《二年律令·傅律》上述条文，还不能证明高先生"继承爵位后就有为官的权利"的判断。

---

[1] 朱绍侯：《军功爵制研究》，第24页，第361、362简。
[2] 裘锡圭：《古代文史研究新探》，江苏古籍出版社1992年版，第422页。
[3] 张家山汉墓竹简整理小组：《张家山汉墓竹简247号墓》（释文修订本），第58页。
[4] 高敏：《从〈二年律令〉看西汉前期的赐爵制度》，《文物》2002年第9期。
[5] 朱绍侯：《从〈二年律令〉看汉初二十级军功爵的价值——〈二年律令〉与军功爵制研究之四》，《河南大学学报》2003年第2期。
[6] 张荣强：《〈二年律令〉与汉代课役身份》，《中国史研究》2005年第2期。

由此看来，依爵补吏的制度其实相当暧昧。在二十等爵产生后的一段时间里，有爵者的做官机会可能较大，但那恐怕只是一时之事，而且所任应该主要是军吏，军爵本来就是从军职来的。张金光先生说得很公允："一般说来，在军内，军功爵与军吏往往是比较一致的。获得一定级数军功爵者，入军中可任相应军官。……然而在政治舞台上，官、爵关系就表现得比较疏阔。"[1] 无论如何，"以爵为官"的制度在秦汉并没有发展起来。秦国有爵的士兵数量大概不少，秦汉间赐爵更为猥滥，汉廷进而普赐民爵，满天下都是有爵的人，若让他们全做官的话，就剩不下多少种地当兵的人了。

汉武帝曾采用过一些措施，给了人们"依爵补吏"的感觉：

1. 《史记》卷三十《平准书》：有司言："天子曰'……议令民得买爵及赎禁锢、免减罪'。请置赏官，命曰武功爵。级十七万，凡直三十余万金。诸买武功爵官首者试补吏，先除；千夫如五大夫；其有罪又减二等；爵得至乐卿：以显军功。"军功多用越等，大者封侯卿大夫，小者郎吏。吏道杂而多端，则官职耗废。（《索隐》：官首，武功爵第五也，位稍高，故得试为吏，先除用也。千夫，武功爵第七；五大夫，二十爵第九也。言千夫爵秩比于五大夫、二十爵第九，故杨仆以千夫为吏是也。）

2. 《史记》卷三十《平准书》：法既益严，吏多废免。兵革数动，民多买复及五大夫，征发之士益鲜。于是除千夫、五大夫为吏，不欲者出马；故吏皆适令伐棘上林，作昆明池。

3. 《史记》卷一二二《酷吏列传》：杨仆者，宜阳人也。以千夫为吏。河南守案举以为能，迁为御史。（《集解》：《汉书音义》曰："千夫若五大夫。武帝军用不足，令民出钱谷为之。"）

上述史料显示，汉武帝时有"诸买武功爵官首者试补吏"、"军功多用

---

[1] 张金光：《秦制研究》，上海古籍出版社2004年版，第769页。

越等,大者封侯卿大夫,小者郎吏"、"除千夫、五大夫为吏"的做法。程大昌也看到:"自秦及汉初,凡有爵者皆得除罪,然不得为吏也",而汉武帝时"则遂得以买爵入官矣"![1]

这不就是依爵做官吗?如何认识这些做法呢?细审其事,我们仍能发现:第一,以爵入官只发生在出资出马的"买爵"场合;而这种"买爵"被认为与军功相若,民众出资被看成是对国防的贡献,国家所以要用爵级来酬报。第二,汉武帝为此另行制定了"武功爵",专供买卖。如朱绍侯先生所说,另设武功爵"是想使军功爵制借尸还魂,以提高军队的士气。"[2]西汉的二十等爵变成了一个身份系统,其褒奖军功的特定性淡多了,所以要另外专设武功爵。那也显示,"补吏"其实是与军功或与出资、出马相关的,出资出马被认为与军功相若。第三,"于是除千夫、五大夫为吏,不欲者出马"的记载还表明,当时还有强迫"千夫及五大夫为吏"的做法,不想为吏就得出马。西汉马价有5454钱的,有5380钱的,有5884钱的,最贵有15万的[3]。可见"为吏"的好处未必很大。这也跟历史早期的观念有关:"为吏"虽是个跻身政坛、建功立业的机会;然而也可以看成一个差使、一种服役,甚至一份额外负担的。《傅子》云:"入粟补吏,是卖官也。"[4]可那是后人的观念,在先秦至汉初那不被认为是"卖官","入钱谷"乃是对国防的贡献,与军功相若,理应酬以爵号吏职,不是卖。

类似的赐爵与补吏(或吏增秩)做法,汉代还有若干次。如:

1.《汉书》卷十《成帝纪》永始二年(前15年)二月诏:
关东比岁不登,吏民以义收食贫民、入谷物助县官振赡者,已赐直,其百万以上,加赐爵右更(14级爵),欲为吏补三百石,其

---

[1] 程大昌:《演繁露》,中华书局1991年版,第93—94页。
[2] 朱绍侯:《军功爵制研究》,第81页。
[3] 王仲荦:《金泥玉屑丛考》,中华书局1998年版,第28页。
[4] 马总《意林》卷五引,《指海》本,第12页;又崇文书局丛书本,卷五第12页。

吏也迁二等；三十万以上，赐爵五大夫，吏亦迁二等，民补郎。

2.《汉书》卷九九下《王莽传下》地皇元年（21年）七月：是月，大雨六十余日。令民入米六百斛为郎，其郎吏增秩、赐爵至附城。

由此人们再次看到，赐爵、补郎、补吏、增秩，是与"入谷"、"入米"相关的。对此类贡献的奖励，第一是"赐直"，第二是"赐爵"，第三是"补郎"或"补吏"（已为吏者则"迁等"）；而这跟《墨子·号令》提到的"赐赏"、"赐爵"、"欲为吏者许之"三项，显有渊源关系，系战国秦汉以来的习惯做法。上引第1条永始二年的材料中，"民补郎"似与"五大夫"相关；第2条地皇元年的材料中，民"为郎"与郎吏"赐爵"无关[1]。到了东汉，入钱入谷补吏赐爵逐渐被视为卖官鬻爵了[2]，反映了随官僚政治的发展，观念发生了变化。无论如何，汉代依爵补吏之事，几乎都发生在卖爵的场合，这足以否定如是论断：二十等爵本身是居官的条件，爵构成了官资。

朱绍侯先生看到："研究汉代爵级与官级的对比关系，很难找到具体的标准根据"[3]；于振波君分析燧长、候长和戍卒的爵位之后，认为不存在"什么级别的官吏与哪一级爵位相配"的制度[4]。

---

[1] 我曾在"中国古代官阶制度"课上讲过这一观点。我的学生顾江龙这样分析："赐爵与补吏（吏迁秩）是二选一还是可以二者兼得，目前难以断定。不过，感觉这里的'补吏三百石'、'补郎'还是理解为直接用官作为奖励内容为妥。……与其说这条材料可以证明爵位仍有候补官吏的资格，倒不如说它是爵位与职事基本丧失联系的例证。"见其2007年博士论文《汉唐间的爵位、勋官与散官：品位结构与等级特权视角》，第53页。这是个很好的阐释，与我的意见相近。

[2]《后汉书》卷五《安帝纪》："三公以国用不足，奏令吏人入钱谷，得为关内侯、虎贲羽林郎、五大夫、官府吏、缇骑、营士各有差。"《后汉书》卷八《灵帝纪》光和元年（178年）："初开西邸卖官，自关内侯、虎贲、羽林，入钱各有差。私令左右卖公卿，公千万，卿五百万。"《后汉书》卷八《灵帝纪》中平四年（187年）："是岁，卖关内侯，假金印紫绶，传世，入钱五百万。"在这时候，"入钱谷"逐渐变成卖官卖爵了。

[3] 朱绍侯：《从〈奏谳书〉看汉初军功爵制的几个问题》，《简帛研究》第2辑，法律出版社1996年版，第81页。

[4] 于振波：《居延汉简中的燧长与候长》，《史学集刊》2000年第5期。

西嶋定生也认为，"不可能按照爵级赐与来显示官爵的授与及其晋升。"[1]。唐人杜佑已经指出："二汉并有秦二十等爵，然以为功劳之赏，非恒秩也。"[2]清人钱大昕亦云："爵虽高，初无职事，非有治民之责也。官有定员，而爵无定员，故云：'爵者上之所擅，出于口而无穷。'盖假以虚名，未尝列于仕籍。"[3]因爵非官资，所以爵级与秩级间在官资上并无对应关系。高敏先生也这样说："官与爵是互不相干的两码事了。"[4]

跟后代加以比较，情况就更清楚了。首先，在魏晋官品体制下，各级爵号置于各级官品之中，与职事官、散官、军号等同列，从而一体化了。进而，两晋以下以爵位起家之制逐渐发展起来："晋世名家身有国封者，起家多拜员外散骑侍郎"[5]；北魏宣武帝为五等爵拥有者制订了起家"选式"[6]；唐制，"凡叙阶之法，有以封爵"[7]。简言之，晋以下"资格"要素被配置于爵级之上，可以依爵起家了。在这时候"资格"就作为纽带，把爵级和品级联结在一起了。反观秦汉，爵级与秩级间并无这样一条纽带，爵级与秩级是"疏离"的。这种"二元性"，我们看成是秦汉帝国品位结构的重要特征之一。

沿着"品秩要素配置"的思路，继续比较爵、秩两方的待遇配置。这时人们还能看到，秦汉辐辏在爵级上的特权与待遇，明显优于后代。首先是秦爵与汉爵的经济待遇比后代优厚，对此我以往曾有阐

---

[1] 西嶋定生：《二十等爵制》，第89–95页。
[2] 《通典》卷三六《职官十八·汉官秩差次》本注。
[3] 钱大昕：《廿二史考异》卷三《平准书》，《嘉定钱大昕全集》，江苏古籍出版社1997年版，第2册第54页。
[4] 高敏：《秦汉史论集》，第40页。
[5] 《宋书》卷五八《谢弘微传》。
[6] 《魏书》卷八《世宗宣武帝纪》。其具体内容是："其同姓者出身：公正六下，侯从六上，伯从六下，子正七上，男正七下。异族出身：公从七上，侯从七下，伯正八上，子正八下，男从八上。清修出身：公从八下，侯正九上，伯正九下，子从九上，男从九下。"
[7] 《唐六典》卷二《吏部郎中员外郎》："谓嗣王郡王，初出身从四品下叙，亲王诸子封郡王者从五品上，国公正六品上，县公从六品上，侯及伯子男，并通降一等。若两应叙者，从高叙也。"

述[1]。此外后代很多附丽于官品的待遇，在秦汉时是附丽于爵的。为此再略举两端。

第一，依官阶授田还是依爵级授田。西晋占田制，"其官品第一至于第九，各以贵贱占田"[2]；唐朝均田制下，官僚占有永业田的特权依官品而定，封爵的永业田与官品不过略有参差，而且授田时爵与官不并给，只能取其多者。秦汉的授田或名田则与秩级无关，而是以爵为准的。其具体规定，可参张家山汉简《二年律令·户律》[3]。而且，汉初第7级爵七大夫（即公大夫）以上即有食邑[4]。汉武帝时，除列侯、关内侯食邑之外，至少第15级爵少上造以上仍可食邑[5]。依爵级授田或占田，应视作周制的历史影响，周朝的"爵禄"是体现在土地人民的直接占有之上的。

第二，用官阶减刑还是用爵级减刑。南北朝唐宋实行"官当"制度，就是用官阶减刑。秦汉的官贵则不能用秩级赎罪，而是用爵级赎罪的。《商君书·境内》："爵自二级以上，有刑罪则贬；爵自一级以下，有刑罪则已。"《汉旧仪》："秦制二十爵。男子赐爵一级以上，有罪以减，年五十六免。无爵为士伍，年六十乃免者，有罪，各尽其刑。"《汉书》卷二四上《食货志上》晁错："今募天下入粟县官，得以拜爵，得以除罪。"《史记》卷三十《平准书》："议令民得买爵及赎禁锢、免减罪。……千夫如五大夫，其有罪又减二等。"此外，秦爵可以用来赎出隶臣妾，见云梦睡虎地秦《军爵律》。由《二年律令·

---

[1] 拙作《品位与职位——秦汉魏晋南北朝官阶制度研究》，第116页。
[2] 《晋书》卷二六《食货志》。
[3] 《张家山汉墓竹简247号墓》（释文修订本），第52页以下。
[4] 《汉书》卷一下《高帝纪下》高帝五年诏："其七大夫以上，皆令食邑。"
[5] 敦煌酥油烽燧遗址出土汉简《击匈奴降者赏令》："□者众八千人以上封列侯邑二千石赐黄金五百"（按，"石"似当作"户"）；"二百户；五百骑以上，赐爵少上造，黄金五十斤，食邑百户。百骑"；"二百户；五百骑以上，赐爵少上造，黄金五十斤，食邑五百卌八卌八"。参看敦煌县文化馆《敦煌酥油汉代烽燧遗址出土的木简》，《汉简研究文集》，甘肃人民出版社1984年版，第7、9页以下。又，上孙家寨汉简有文"长以上食邑二百户"，朱绍侯先生认为"长"是左庶长，故左庶长享有食邑特权。但顾江龙不赞成这个说法："其结论似不可信从。即使'某某长'确实指爵称，也应该指17、18级之驷车庶长、大庶长。"见其《汉唐间的爵位、勋官与散官：品位结构与等级特权视角的研究》，第59页。

钱律》等所见，汉初也可以用军功爵减刑免罪，一级爵位可免死罪一人，或免除城旦舂、鬼薪、白粲二人，隶臣妾、收人、司空三人为庶人。朱绍侯先生因云："一级爵位竟有这么大的作用，显示出军功爵在当时确有非凡的价值。"[1] 爵可以免赎刑徒，其实也跟周制相关，周朝"凡有爵者，与七十者，与未龀者，皆不为奴"[2]。

占田和减刑，是官僚的两种最重要的经济特权和法律特权；而在秦汉之间，它们配置在爵级而非秩级之上。各种特权待遇在爵、秩两方的配置及变化，顾江龙君也有不少考察，兹不详论。之所以配置在爵级上的特权相对较重、配置在禄秩上的特权相对较轻，也要从二者的来源上加以理解。禄秩源于胥吏"稍食"，而在周朝，有爵就有贵族特权，无爵的胥吏则是一个很卑微的层次。在那时候，占有一块土地、管着若干人，才是地位和身份的标志；而做吏、做家臣，等于是自己没地可食、没人可管，只好到别人家当差混饭，跟臣妾差不多少。直到汉代，那种观念仍然残留着，所以官僚"因功封爵"没什么问题，但"以爵为吏"就不合古义了，等于让贵族去做臣妾了；所以依爵占田、依爵免罪没什么问题，但依秩占田、依秩免罪就本末倒置了，等于拿臣妾当贵族了。

至于平民拥有"公士"以上爵，其实也与周代政治传统有关。周代"士"还有另一个意思，就是军士。"士"本指成年男子，故"士女"可以并称。部族时代全民皆兵，成年男子作为"国人"都要执干戈而卫社稷，因而称"士"，当军士；非统治部族的男子则另为"野人"，只承担农耕但不能成为正式战士。《国语》中的"士乡"、"农乡"，也就是"国"、"野"之别，"士乡"之"士"就是国人、军士[3]。又十六

---

[1] 朱绍侯：《从〈二年律令〉看汉初二十级军功爵的价值——〈二年律令〉与军功爵研究之四》，《河南大学学报》2003 年第 2 期。

[2] 《汉书》卷二三《刑法志》。按，高敏先生因称汉代"有爵者犯罪后可以不没为奴"，见其《论两汉赐爵制度的历史演变》，收入《秦汉史论集》，第 46 页。不过那段文字不是叙述汉代的，而是"昔周之法"。

[3] 《国语·齐语》叙士农工商"四民不杂处"，有"制国以为二十一乡……士乡十五"，"君有此士也三万人"等语，韦昭注："此士，军士也。"上海古籍出版社 1978 年版，第 226 页以下。

国的若干政权,以统治部族的成员为"国人",组成国人武装,专事战射,而以其他民族成员从事农耕[1],与周代国人制度也是很相似的。在国野制度下,"士"是高于野人的一个身份。而二十等爵的"公士"爵号,我们认为来自国人做军士的制度。"军士"虽非爵号,却是高于野人、高于未服军役者的正式身份,后来就在二十等爵制中化为爵号了。卫宏《汉旧仪》释"公士":"赐一爵为公士,谓为国君列士也。""国君列士"即军士。魏人刘劭《爵制》释公士:"步卒之有爵为公士者";又不更:"不复与凡更卒同也。""不更"的爵号,既是一种军士等级,也是相对于"凡更卒"而言的。颜师古释"不更":"言不豫更卒之事也。"[2]"不豫更卒之事"是说只任军士,不承担其他更卒义务了。那么秦汉赐民爵,其实也与周朝身份传统有关。汉代不计功勋的赐民爵,很像是一种赋予国人身份的做法。

总之,二十等爵的直接来源是军职,其功绩制性质是对周爵的重大突破;但军职经"品位化"而变成了"爵",并一度成为一种确认身份的手段,又在宏观上显示了周朝"爵本位"传统的历史惯性。在战国秦汉,王朝依然习惯于用"爵"来确认社会身份,官僚吏民对把待遇配置于"爵"做法依然喜闻乐见,认为理所当然。依爵占田、依爵赎罪,把众多礼遇配置于"爵"上,以及把"爵"视为最大荣耀的社会观念,都是周爵的余绪。以"爵"安排身份,就是以一种"拟贵族"的方式安排身份。甚至在整个传统中国,"爵"的荣耀都是一种贵族式的荣耀,秦汉去周未远,那种荣耀就特别夺目。

就品位结构而言,汉帝国的等级秩序就可以分成两块儿。第一块儿是"爵",即二十等爵和封爵发挥作用的范围。对官僚来说,无论因功封侯晋爵,或通过"赐官爵"而晋爵,都等于拿到了贵族俱乐部

---

[1] 如石勒政权,明确规定汉人称"赵人"、羯人为"国人",羯人也称"羯士"。段部、后秦、北凉、南凉、西秦、北魏等政权也有"国人"概念。《资治通鉴》晋安帝隆安五年(401年)南凉鍮勿仑曰:"不如处晋民于城郭,劝课农桑以供资储,帅国人以习战射。"同书晋安帝义熙十年(414年)南凉尉肃曰:"殿下不若聚国人守内城,肃等率晋人拒战于外。"

[2] 《汉书》卷十九上《百官公卿表上》颜注。

的会员卡，成了帝国公司的股东了，享有多种特权礼遇，拥有了比拟贵族的荣耀，祭祀时还可以戴刘家的竹皮冠[1]。而对编户来说，赐民爵则是调整身份的良机，得爵就得到了与"国人"类似的身份；因若干年一次的赐爵而提高爵位，意味着成为国人的年头越久身份就越高、可享有的权益就越多。

第二块儿则是禄秩支配的行政秩序。这个范围中以"事"为中心，贯彻"职位分等"原则。禄秩之下，官员的品位保障不但远少于先秦贵族，甚至少于后代官僚。如果无"爵"而只有"职"、只有"秩"，就只是个给皇帝打工的，皇帝以"吏"视之，用干得多吃得多、干得少吃得少的方式管理之。汉廷不为个人官资设置品位序列，官吏能上能下，官职可大可小，失去了职位就不再是官儿，无级别可言了。这种"重事不重人"的等级手段，减少了在官僚官资上耗费的行政资源，进而提高了行政效率。

与后代相比，秦汉官僚组织很简练，秦汉官僚的"服务取向"也很突出。秦汉官僚头衔相当简练，大致是一人一官，与后代官贵结衔的叠床架屋相比，是很不一样的。"公"、"卿"都由职能性官职组成，而不是品位性虚号。虽然有"任子"制度，给了官僚子弟一定优待，但秩至二千石方能任子弟一人，那比魏晋南北朝和唐宋的官贵荫叙范围，小得多了；而且"任子"只是让子弟去做郎，郎是要服役的，承担宫廷宿卫；服役之后才能获得候选资格，并不是直接给官做。不许依爵起家，就阻断了官贵及其子弟仅凭爵位占有官职的渠道，从而保证了"选贤任能"。

爵、秩疏离，依爵不能起家，爵、秩间缺乏一体性和可比性，附丽于爵的待遇较优厚，附丽于秩的待遇较简薄——由这种种情况，我们论定"爵—秩体制"含有一种"二元性"。"二元性"并不是说统

---

[1]《汉书》卷一《高帝纪》："高祖为亭长，乃以竹皮为冠，令求盗之薛治，时时冠之，及贵常冠，所谓刘氏冠也。"汉高帝八年诏："爵非公乘以上，毋得冠刘氏冠。"又名"长冠"。《续汉书·舆服志下》：长冠"祀宗庙诸祀则冠之"，"此冠高祖所造，故以为祭服，尊敬之至也。"

治集团分裂了,也不是就社会结构来说的,它仅就爵、秩疏离而言。两种等级面对的是同一批人,大多数官吏既有"秩"又有"爵"。爵、秩疏离,意味着帝国等级制中的身份制因素和官僚制因素,是以一种特殊的样式两存并立的。"爵—秩体制"既显示了秦汉官僚政治的强劲势头和巨大动能,它催生了一种富有"职位分等"特色的、"重事不重人"的禄秩等级手段,也显示秦汉帝国去古未远,周朝以"爵"安排社会身份的传统,依然残留在人们的脑海之中。无论人或制度都不能超越时代,制度优劣和效力只能在具体历史条件下讨论。当周爵依然拥有浓厚传统影响力的情况下,利用它"旧瓶装新酒",让它发挥"余热",对帝国的制度规划者来说是顺理成章的。某种意义上还可以说,那种同时融合了传统因素与变革因素的"爵—秩体制",就是秦汉官僚制蓬勃活力的来源之一。

最后要说明的是,没有一种制度是一成不变的。汉代的禄秩、尤其是爵制,也处于变迁之中。上面"爵—秩体制"的讨论,只是就其典型形态而论的。两汉二十等爵在逐渐衰落,帝国的品位结构也在缓慢演化着,向"官本位"演化。详见上编第六章。

第三章　分等分类三题之一："比秩"与"宦皇帝者"

我们把官阶研究的对象，确定为"官职的分等与分类"和"官员的分等与分类"两点。这个定义，对本书叙述的展开具有指导作用。随后三章，计划从三个侧面，考察秦汉品位结构的分等分类特征，它们分别是"比秩"与"宦皇帝者"问题，汉唐间的冠服体制变迁问题，以及"士阶层"的品位安排。

秦汉帝国以"若干石"的禄秩为官阶，禄秩由正秩和"比秩"交错构成。正秩即如"二千石"、"六百石"之类，"比秩"即如"比二千石"、"比六百石"之类。"比秩"不是起初就有的，就目前史料看，大约是汉景帝、汉武帝前后形成的。后代的九品官品有"正品"与"从品"之别，然而汉代"正秩"与"比秩"之间的关系，并不同于正品与从品的关系。考察显示，汉代"正秩"是用于管理吏职的，"比秩"是用于管理非吏职的。就是说"比秩"除"分等"功能外，还有区分吏与非吏的"分类"功能。那么"比秩"问题，就成了探讨汉代品位结构的一条线索。我们特别关注的是，有一种被称为"宦皇帝者"的职官被列于"比秩"，他们与"比秩"的起源密切相关。"宦皇帝者"是一个专门奉侍皇帝的侍从、近卫和内官系统。这个系统的构成、功能及其在王朝职类中的特殊地位，特别能反映汉代品位结构的特殊性，也能为观察中国传统官僚政治，提供一个特别的侧面。

舆服礼制是王朝等级制的重要部分，各色官贵都以官服标示等级和类别。所以通过冠服之分等分类，反观官职和官员之分等分类，就可能为后者提供若干新鲜认识。为此我们揭举"冠服体制"概念，以指称历朝冠服在分等分类方面的结构特征。在可资探讨的众多线索中，我们选择从等级性和一体化的问题入手，并将预设"自然差异"、"职事差异"、"场合差异"和"级别差异"四个指标，来观察秦汉与其前朝后代的冠服体制变迁，由此展示如下变迁轨迹：周代冠服以"自然分类"和"级别分等"为主；秦汉时"自然分类"和"职事分类"变成了冠服体制的重要特点；南北朝到隋唐的冠服体制变化，则是"级别分等"和"场合分等"的不断强化。相对前朝后代而言，汉代冠服体制的特点，是其"分类"功能强于前朝后代，其"分等"功能弱于前朝后代。这就可以从一个侧面，显示秦汉帝国品位结构尚较松散、还没有充分一体化和高度等级化的情况。

中国传统官僚政治是"士大夫政治"。尤其在历史后期，官僚的主体来自士人，所以科举学历成了帝国品位结构的重要支柱，还有若干等级设置保障"士人"作为"四民之首"的特殊地位。那么在帝国前期，也就是秦汉，情况是怎样的呢？我们通过选官与资格、免役资格和服饰礼制三点，考察历代士人在政治、经济及礼制等级中的地位，由此观察秦汉帝国品位结构中"士"的安排，与历史后期有什么不同。

本章讨论"比秩"与"宦皇帝者"问题。下面分四节叙述。

一 "比秩"与"宦皇帝者"问题的提出

张家山汉简《二年律令·秩律》，提供了到吕后二年（前186年）为止的汉初禄秩原貌，从而为研讨秦汉官阶制度，提供了新鲜材料。《秩律》所见秩级有二千石、千石、八百石、六百石、五百石、四百石、三百石、二百五十石、二百石、一百六十石、一百二十石，总共只11级。而在汉武帝之后，即使不计丞相、御史大夫两个没有秩名的秩级，禄秩也有十八九级。据我们的了解，西汉阳朔年间的秩级应是这样的：中二千石、真二千石、二千石、比二千石、千石、比千石、八百石、比八百石、六百石、比六百石、五百石、四百石、比四百石、三百石、比三百石、二百石、比二百石、百石、比百石。

比较即知，汉初秩级还相当疏简，到西汉中期就繁密多了。由简而繁是事物发展的常情，不过问题不止如此。吕后二年以前的秩级少了什么呢？稍加浏览就能看出，《秩律》中没有"比秩"，即"比二千石"、"比千石"之类系以"比"字的秩级。而西汉阳朔年间的秩级中，"比秩"与正秩呈交错排列：有正秩二千石，就有比二千石；有正秩千石，就有比千石；有正秩六百石，就有比六百石；余类推。几乎所有正秩都有对应的"比秩"，有近半数秩级是"比秩"。然而《秩律》有11个秩级，却没有一个是"比秩"。这就提示我们，比秩是较晚时候才产生的，至少在《秩律》时代，也就是吕后二年前后，"比秩"还没问世人间呢。

总之《秩律》的面世，使"比秩"问题凸显出来了。也许有人认为，正秩与"比秩"的关系，就像官品正从品的关系，跟正一品与从一品、正二品与从二品的关系类似。清朝的福申就那么看[1]。官品是魏晋出现的。考察列在《魏官品》和《晋官品》的官职，没发现正品、从品的官职性质有什么区别。那么从品的设置，只是为了增加级数和维持级差罢了。繁密官阶可以精细区分级别，但也使管理变复杂了。汉廷设置"比秩"，只是为了增加级数吗？我们认为不止如此，"比秩"具有区分职类的意义；除"分等"功能外，它还有"分类"功能。所以，"比秩"跟后代的正从品并不相同。

在这时候，就要提出"宦皇帝者"的问题了。在张家山汉简《二年律令》之中，多次出现一种叫作"宦皇帝者"的人，有时简称为"宦"。"宦皇帝者"在汉代史籍中也能看到。而且在秦国的睡虎地秦简中，就有了"宦及知于王"的提法，而这与"宦皇帝者"应是类似概念。进一步考察显示，《二年律令》中的帝国臣民，经常被分为三大类：第一是"宦"，第二是"吏"，第三类是"徭使有事"。比

---

[1] 福申云："《通典》以从品官始于宇文。按《汉志》有二千石、比二千石之文，所云比者，即从品之义。"《俚俗集》卷十六《官称·从品官》，书目文献出版社1993年版，第464—465页。

如《津关令》中的"关外人宦、为吏若徭使有事关中"一句，就表明"宦"、"吏"和"徭使有事"是三分概念。睡虎地秦简《秦律十八种·仓律》中，恰好也看到了"宦者"、"都官吏"、"都官人有事"的三分概念。那么这种"三分法"，先秦已经有了。

"吏"是行政官员。"徭使有事"者是平民服役者。从《二年律令》看，"徭使有事"属"非吏"一类。汉代史籍中有"吏、徒"并称的提法，"徭使有事"相当于"吏、徒"中的"徒"。"吏"是王朝官吏，承担着帝国的行政；"徒"是服役的平民，承担着帝国的徭役。然则上述"三分法"的依据，是其职事性质的不同。那么"宦皇帝者"是些什么人，又承担什么职事呢？据我们考察，"宦皇帝者"包括宦官，但此外还包括大夫、郎官、谒者，以及皇帝与太子的各种侍从，如侍中、常侍、给事中，太子先马、太子庶子、太子舍人等。这些官职的共同特征，是直接奉侍皇帝（及皇族）。他们构成了一个侍臣、从官或说是内官系统。"宦皇帝者"是较早的称呼，从汉史看，后来他们改以"大夫、郎从官"为称了。"从官"就是皇帝的各色侍从[1]。

由此我们就看到了一种特殊的职类观念：担任"吏"即担任行政官吏，是为"仕"；不承担国家行政、直接奉侍皇帝，是为"宦"。后代仕、宦通用，先秦到汉初则不尽然，"宦"有时候是特指，是担任从官，不一定特指阉人。

"宦皇帝者"的概念或"仕、宦有别"的观念，与"比秩"有什么关系呢？请看以下两点：第一，审视《二年律令·秩律》，可发现几乎所有属于"宦皇帝者"的官职，都没有列入《秩律》[2]。第二，从《汉书·百官公卿表》及《汉书》《汉旧仪》等材料看，西汉中期以后"宦皇帝者"诸官有秩级了，然而它们大抵都在"比秩"。例

---

[1]《汉书》卷九《元帝纪》颜师古注："从官，亲近天子常侍从者皆是也。"
[2] 当然，"宦皇帝者"的管理者，即其长官，是有秩级的。例如中大夫不见于《秩律》，说明中大夫无秩级，但其长官"中大夫令"有秩级，为二千石时；郎官也不见于《秩律》，说明郎官无秩级，但其长官"郎中令"有秩级，为二千石，谒者不见于《秩律》，说明谒者无秩级，但其长官"谒者令"，乃六百石官。

如，中大夫更名为光禄大夫，秩比二千石；谒者秩比六百石，中郎秩比六百石，侍郎秩比四百石，郎中秩比三百石或比二百石，太子洗马比六百石，太子舍人秩比二百石。

根据第一点，我们判断"宦皇帝者"最初是无秩级的，所以在《秩律》中看不见那些官职。若其有秩级，不会碰巧在《秩律》中一个也看不到吧。没列入《秩律》，我们认为就没有秩级。第二点强化了前一判断。"宦皇帝者"诸官后来恰好都在"比秩"，这同样表明它们本无秩级。它们是在较晚时候，通过"比"的方式，即将其待遇和俸禄"比"于某秩，逐渐与秩级建立起了联系；这种"比"的方式后来固定化了，从而形成了"比秩"。"宦皇帝者"的存在，《秩律》无"比秩"，"宦皇帝者"后来为"比秩"——当我们把这三个事实联系起来的时候，忽然就看到了问题的微妙之处。我们察觉到："比秩"是后来才有的，"宦皇帝者"就是滋生"比秩"的温床之一。

汉初"吏"有秩级而"宦皇帝者"无秩级，强化了"吏与宦皇帝者是两个职官系统"这个判断。前者是国家行政官员，用秩级手段加以管理；后者不属国家行政吏员，而是君主私属，故不用秩级手段去管理。那么是否用秩级加以管理，就是行政吏员区别于非行政吏员的重要标志。简言之，在秦与汉初，秩级是"吏"的身份标志，"吏"有秩级，"非吏"没有秩级。那么两大职类的区分，就通过秩级体现出来了。这就深化了我们对秦汉秩级之等级管理功能的认识。我们认定禄秩的性质是"吏禄"，是针对新式吏员的管理手段；战国秦汉间秩级的萌生及其向上伸展，反映的是"吏"群体的政治崛起。现在这一论断被再次印证了："吏"有秩级而"非吏"则无秩级，岂不恰好证明，禄秩就是"吏"的身份标志么？

进一步说，"比秩"的起源与功能提示人们，对战国秦汉的禄秩变迁，要从两方面比较观察。第一，要与"爵"综合比较观察。"爵"是一种具有浓厚贵族色彩的古老品位形式，爵、秩关系构成了一条变迁线索，这就是前面一章的论题。第二，要与"宦皇帝者"比较观察，即在吏、宦二者的关系中观察。"宦皇帝者"具有浓厚的"私属"意味,它之成为一种特定的职类,有其古老的来源。详下。

二 "宦于王"溯源:周朝的士庶子体制

秦汉都有一个"宦于王"或"宦皇帝者"的侍从系统。在汉代,他们用"比秩"标志身份,仍然与"吏"有异。下游的江水是从上游来的。那种"宦、吏有别"的体制,在周朝就有先声了。

周朝君主为官职分等分类时,他至少面对着三大类人:

1. 贵族卿大夫,担任朝官及地方官;
2. 胥吏,无爵,相当于"庶人在官者";
3. 从官、内官或中官,即君王的私属、侍从。

三者虽非截然三分,可以有若干交错重合之处,但大致上的三分应无疑问。其中的最后一类,就与此时的讨论相关。

下面为上述的"三分"之制提供证据。无论商周,其职官系统都有朝官与内廷官之别[1]。春秋依然如此。《国语·晋语四》:"胥、籍、狐、箕、栾、郤、柏、先、羊舌、董、韩,实掌近官。诸姬之良,掌其中官。异姓之能,掌其远官。"这是鲁僖公二十四年(前637年)的事情,其年晋文公入晋掌权并整饬国政,那时他分别从近官、中官、远官着手;而那近官、中官、远官的分类概念,应是此前就有的。据韦昭的意见,"近官"系朝廷要职,由十一族旧姓担任;"中官"即"内官",是内廷之官,由"诸姬之良"充任;"远官"大约是县鄙的地方官,主要由较疏远的异姓担任[2]。内廷有"中官",外廷有"近官"及"远官",这就显示了一个"中官"系统的存在。

---

[1] 商朝的内廷官,可参看王宇信、杨升南:《中国政治制度通史》第2卷先秦卷,人民出版社1996年版,第234页以下;周朝的内廷官,可参同书第334页以下。

[2]《国语·晋语四》韦昭注:"十一族,晋之旧姓,近官,朝廷者。诸姬,同姓;中官,内官。远官,县鄙。"第373页。

有人把"中官"说成是"内务官"[1]，约略近之。"中官"是直接奉侍君主的，其官名往往标有"中"、"内"字样。"中"就是中朝，"内"就是内廷。他们又包括两类人，一类有日常职事，掌管君王的起居衣食，犹如后代的宦官、太监之所任。还有一类人无职事，但承担着侍从、侍卫之责，这类人往往以被编制的卿大夫子弟担任。说到贵族卿大夫子弟的被编制，就得去考察贵族弟子的管理教育制度与出仕制度了。

《左传》宣公十二年叙晋楚邲之战，楚军分左右二广，此外还有"内官序当其夜，以待不虞"[2]。这里的"内官"，显然是近卫士官。他们由贵族子弟组成。据《周礼》所记，尚未出仕的卿大夫子弟称"士庶子"，他们被编制起来，承担"八次八舍"的值宿之责，由"宫伯"等掌管其"版"即名籍[3]。《左传》及《国语》中的"公族"或"公族大夫"，也是掌管国君及卿大夫子弟的官。《周礼》中有一种官叫"诸子"，《礼记》中有一种官叫"庶子"[4]，战国有一种官叫"冢子"[5]，想来其职责都类似于"公族"。士庶子要承担各种职役，包括宿卫，战争来临时还得组军出征。《晋语四》的"诸姬之良，掌其中官"制度，就涉及了士庶子的编制制度。

为君王承担侍从、侍卫和职役，就是"宦"。《左传》宣公二

---

[1] 邬国义等：《国语译注》，上海古籍出版社1994年版，第328页。
[2] 杨伯峻先生释云："内官，左右亲近之臣。序，依次序也。白昼则有左右二广轮流驾车一位备战，入夜则有亲近之臣依次值班以为保卫。"《春秋左传注》，中华书局1990年版，第732页。竹添光鸿所释更精："内官，若中射、郎尹之属。见《韩非》、《淮南》书。序当其夜，若后世宿直递持更也。"《左氏会笺》上册，富山房昭和五十三年版，宣公十二年第13页。其说是。"内官"就是中射、郎尹的下属。
[3]《周礼·天官·宫伯》："掌王宫之士庶子，凡在版者。掌其政令，行其秩叙，作其徒役之事，授八次八舍之职事。"
[4]《礼记·燕义》："古者周天子之官，有庶子官。庶子官职诸侯、卿、大夫、士之庶子之卒，掌其戒令，与其教治，别其等，正其位。国有大事，则率国子而致于大子，唯所用之。若有甲兵之事，则授之以车甲，合其卒伍，置其有司，以军法治之，司马弗正。凡国之政事，国子存游卒，使之修德学道，春合诸学，秋合诸射，以考其艺而进退之。"《周礼》"诸子"之职，与之相近，详后。
[5] 李家浩：《战国时代的"冢"字》，《语言学论丛》第7辑，商务印书馆1981年版；李学勤：《马王堆帛书〈刑德〉中的军吏》，《简帛研究》第2辑，法律出版社1996年版，第156页。

年:"丽姬之乱,诅无畜群公子,自是晋无公族。及(晋)成公即位,乃宦卿之适而为之田,以为公族。又宦其余子,亦为余子;其庶子为公行。晋于是有公族、余子、公行。"这"宦卿之适"、"宦其余子",用的都是"宦"字。"宦"是指什么?"公族"由"群公子"组成,晋成公将之推广到卿大夫之子,而且其编制复杂化了,依宗法亲疏而有了公族、余子、公行之分[1]。编入公族、余子、公行,就是"宦"。"宦"构成了士庶子未来的出仕资格,士庶子们先"宦"而后"仕","宦"与"仕"是他们仕途的两个阶段。

《国语·越语上》:"卑事夫差,宦士三百人于吴,其身亲为夫差前马";《越语下》:越王"令大夫种守于国,与范蠡入宦于吴"。这里"宦"字用得非常精确。其事又可参《韩非子·喻老》:"勾践入宦于吴,身执干戈为吴王洗马。"也就是说,勾践和范蠡二人是给吴王做了前马或洗马,而汉朝的"先马",恰好就在"宦皇帝者"之列。"宦"就是做国君的从官。勾践卧薪尝胆、励精图治之时,还曾有这样的政策:"令孤子、寡妇、疾疹、贫病者,纳宦其子。"见《国语·越语上》。注云:"宦,仕也,仕其子而教,以廪食之也。"[2]释"宦"为"仕",虽然易致误解;但"仕其子而教,以廪食之也"的解释,也是非常精当的。高振铎、刘乾先先生把"纳宦其子"译为"由官府养活教育"[3],可从;邬国义先生只译为"由公家供给其子女生活费用"[4],那些孩子被官府集中管教的情况,就被忽略了。勾践实际是用士庶子的待遇,来安排孤寡贫病者的子弟的。

这种士庶子制度,在战国仍有流衍。"庶子"之官依然存在着,

---

[1] 对"乃宦卿之适而为之田,以为公族",杨伯峻释云:"宦,仕也,授卿之嫡子以官职。"见其《春秋左传注》,中华书局 1990 年版,第 665 页。此说过于粗疏。竹添光鸿把"宦卿之适"等都释为卫士,显然就精细得多了:"公族、余子、公行,盖后世卫士之属,其员必众。初以公族为之,其将领之者曰公族大夫。今既无公族,故以卿之嫡易之。为之田,一位公族,但与之田,以列仕籍而已,未以为大夫也。"见其《左氏会笺上》,冨山房昭和五十三年版,宣公二年第 16 页。
[2] 《国语》,第 636 页。
[3] 高振铎、刘乾先:《国语选译》,巴蜀书社 1990 年版,第 272 页。
[4] 邬国义等:《国语译注》,上海古籍出版社 1994 年版,第 594 页。

而且又发展出了郎官制度。《战国策·赵策四》:"左师公曰:老臣贱息舒祺,最少,不肖。而臣衰,窃爱怜之。愿令得补黑衣之数,以卫王宫。"[1] "黑衣之数",史家释为侍卫、释为保卫王宫的卿大夫子弟,甚至释为郎中[2]。左师公(即触龙)请求让儿子做郎,是想为儿子谋求一个入仕机会。除了赵国,秦国、韩国、楚国也都有郎官。楚国还有"郎尹",应是郎官之长,与秦汉郎中令相似。荆轲刺秦王时,"诸郎中执兵,皆陈殿下"[3]。战国的郎中既是近卫、也是侍从。郎官身在廊门之内、侍于君王左右,所以颇能弄权[4]。

一些古书的旧注,把"宦"释之为"仕"。考虑到"宦"是仕途的一个起点,求宦大抵也是为了求仕,所以这么解释也是可以的。但我们也得知道,那只是广义的"宦"。要是说精确了,"宦"就只是仕途中的第一阶段了,即做中官、侍从、郎卫或做家臣的阶段。

贵族子弟想做官,就得先侍奉国君。如何看待这个制度呢?下面提

---

[1]《战国策》,上海古籍出版社1985年版,第769页。
[2] 顾炎武以"黑衣"为侍卫之服:"白衣但官府之役耳,若侍卫则不然。《史记·赵世家》:'愿得补黑衣之缺,以卫王宫。'"《日知录集释》,岳麓书社1994年版,第862页。又惠士奇云:"战国时卫王宫,皆卿大夫之庶子";俞正燮云:"《赵策》所云补黑衣之队,卫士无爵而有员额者";诸祖耿云:"左师盖为少子求郎,黑衣即侍卫之服。"见其《战国策集注会考》,江苏古籍出版社1985年版,第1126页。又缪文远释"黑衣"为"侍卫之服",见其《战国策新校注》,巴蜀书社1987年版,第771页;何建章释为"宫廷卫士穿的衣服",见其《战国策注释》,中华书局1990年版,第803页;王守谦等释为"当时赵国王宫卫士的制服",见其《战国策全译》,贵州人民出版社1992年版,第655页;张清常、王延栋先生亦释"黑衣之数"为"卫士",见其《战国策笺注》,南开大学出版社1993年版,第549页。按,汉代的"卫士"来自各郡,是平民之服役者,与郎官不同。诸祖耿释"黑衣之数"为郎官,最确。
[3]《战国策·燕策三》。
[4] 如《战国策·赵策四》:"春平侯者,赵王之所甚爱也,而郎中甚妒之,故相与谋曰:'春平侯入秦,秦必留之。'"同书《韩策三》:"今臣处郎中,能无议君于王,而不能令人毋议臣于君。愿君察之也。"《韩非子》一书多次提到郎中,并指出了郎中操纵权势的情况。如《有度》:"远在千里外,不敢易其辞;势在郎中,不敢蔽善饰非";又《孤愤》:"郎中不因则不得近主,故左右为之匿";又《三守》:"国无臣矣,岂郎中虚而朝臣少哉?"又《外储说左上》:齐桓公称"恶紫之臭","于是日郎中莫衣紫,其明日国中莫衣紫,三日境内莫衣紫也";《外储说右上》:"于是日也郎中尽知之,于是月也境内尽知之","文公曰:吾民之有丧资者,寡人亲使郎中视事";《说疑》:"然使郎中日闻道于郎门之外,以至于境内日见法,又非其难者也";"称道往古、使良事沮,善禅其主、以集精微,乱之以其所好,此夫郎中左右之类者也";《八经》:"县令约其辟吏,郎中约其左右"。

供四点分析。第一，近卫士官以亲贵子弟担任，可以提高近卫军的可靠性与忠诚度。在专制与法制高度成熟时，帝王们用不着靠亲贵子弟来保障安全；所以士庶子做近卫士官的制度，在早期社会相对发达，其时政治的法理化程度不高，统治者要更多地依赖亲信，而不是依赖法制。

第二，贵族子弟被编制起来承担职役，也是早期社会充分利用人力资源的一种方式。在历史早期的小型社会中，不容许贵族子弟像后代纨绔膏粱那样无所事事，寄生虫般地消耗社会资源。贵族青年即使没出仕，也不能家里呆着闲着，有很多事情要由他们来做。商鞅变法的时候，就曾把"余子"编制起来让其服役[1]。那并不是商鞅心狠，按照传统，"余子"们本来就该承担职事的。《逸周书·籴匡篇》中的"余子务艺"、"余子务稿"、"余子倅运"，大概都与余子的劳役相关[2]。战国晋系玺印中有二枚"左邑余子啬夫"印，一枚"余子啬夫"印[3]。这种啬夫，大约就是专管"余子"的官儿。"左邑余子啬夫"所管，大概是魏国河东郡左邑的余子[4]。那么春秋时编制"余子"的制度，战国犹存，甚至成了一种特定身份之称了。成语"邯郸学步"的主角，就是一位"寿陵余子"[5]。

第三，"宦于王"的制度，构成了贵族与君王相结合的一种特殊纽带。周代政体是一种"等级君主制"，有地有民者就可以称"君"，卿大

---

[1]《商君书·垦令》："均出余子之使令，以世使之，又高其解舍，令有甬官食氵贷。"高亨先生解释说："朝廷对于贵族大家无职业的子弟，平均地给以徭役，按照名册役使他们，提高解除徭役的条件，设立管理徭役的官吏，供给当役者的粮食。"《商君书注译》，中华书局1974年版，第26页。

[2] 黄怀信先生释"余子"为"庶子"。见其《逸周书校补注译》，西北大学出版社1996年版，第38、39、41页。相关诸家注解，参看黄怀信、张懋镕、田旭东：《逸周书汇校集注》所引，上海古籍出版社1995年版，第79、82、86页。

[3] 庄新兴：《战国鈢印分域编》，上海书店2001年版，第247页，编号1391、1392；第256页，编号1443；或来一石编：《古印集萃》战国卷，荣宝斋出版社2000年版，第7页。

[4] 裘锡圭：《啬夫初探》，收入《古代文史研究新探》，第451页。

[5]《庄子·秋水》："且子独不闻夫寿陵余子之学行于邯郸与？未得国能，又失其故行矣，直匍匐而归耳。"这个"余子"，司马彪释为"未应丁夫"，成玄英释为"少年"，参看王先谦《庄子集解》所引，中华书局1987年版，第147页。郭庆藩释为"民之子弟"，见其《庄子集释》，中华书局1961年版，第603页。孙继民、郝良真先生认为是庶子之官，见其《先秦两汉赵文化研究》，方志出版社2003年版，第21页。

夫们在自家领地上都算是"君",他们的实力经常足以抗衡君王。不过现在有了这样一个制度:卿大夫的子弟要离开家族和领地,而去宫廷奉侍君主。那也是一种"委质",把儿子"委"给了国君做人质。正如学者所指出,贵族子弟给君主做侍卫,具有"质子"的意义。爱子在君王的手里捏着,想造反就得留神骨肉给君王宰了。想到自己"不朽而自私的基因"[1]无法延续,家族血脉将戛然而止,领主们一定不寒而栗;其离心倾向由此大为削弱,君权则得到了强化。"宦于王"是贵族与君王间的一种政治交易,交易中君王是强势的一方。

进而第四,贵族出任朝官前要先做侍卫,先行与君王建立个人依属关系。"仕于朝"之前必须"宦于王",即令是王朝显贵,当年也可能做过君王的臣隶,是在君王的哺育下茁壮成长起来的;执虎子、掌唾壶的事没准儿都干过,遇到了事变还得效命送死。在"宦于王"时,他们必须旁置了对家族的忠诚,转而把一颗颗红心献给国君。借用曹魏嵇康的说法:"此犹禽鹿,少见训育,则服从教制;长而见羁,则狂顾顿缨。"[2]贵族们在少年时代,就通过"宦于王"而"少见训育"了,长大后就不致于跟国君"狂顾顿缨"了吧。所以"宦于王"又构成了一种"驯化"机制,强化了贵族对君王的向心力。

"宦于王"就是给君王做臣隶。我们这么说是于史有征的。首先在历史早期,余子、庶子本身就是一种供驱使的人。《公羊传》襄公二十七年:"夫负羁絷、执鈇锧,从君东西南北,则是臣仆庶孽之事也。"何休注:"庶孽,众贱子。"裘锡圭先生因谓:"在古人眼里子弟的地位与臣仆相近",作为子弟的庶子、余子,"实际上也是受到家长剥削的。"[3]《左传》桓公二年:"士有隶子弟。"吴荣曾先生指

---

[1] "不朽而自私的基因"出威尔逊:《新的综合:社会生物学》,四川人民出版社1985年版,第39页以下。
[2] 嵇康:《与山巨源绝交书》,《鲁迅辑录古籍丛编》,人民文学出版社1999年版,第4册第37-38页;戴明扬:《嵇康集校注》,人民文学出版社1962年版,第118页。
[3] 裘锡圭:《战国时代社会性质试探》,收入《古代文史研究新探》,第389页以下;或《社会科学战线》编辑部编:《中国古史论集》,吉林人民出版社1981年版,第3页以下;或复旦大学历史系编:《切问集》,复旦大学出版社2005年版,第210页以下。

出:"所谓隶子弟,即以子弟担任仆役。"而且"战国时贵族家中的庶孽子弟还承袭执贱役的传统。"[1]在家族中庶子、余子也可能是役使对象;在其奉侍君主、"从君东西南北"时,其地位没有很大改变。不能认为他们是贵族子弟,就不会有臣仆身份。

进而,"宦"作为一种依附、私属形式,在先秦是普遍存在的。"宦"字由表示家内的"宀"和表示臣隶的"臣"构成。裘锡圭先生说:"'宦'本是为人臣仆的意思。郎官、谒者之流本是门廊近侍,有类家臣,故以'宦'称。"[2]《国语·越语》中的"宦",注谓:"若宦竖然","为臣隶也"[3]。《左传》宣公三年:"宦三年矣,未知母之存否。"俞樾云:"所谓宦者,殆亦为人臣隶。"[4]俞樾以"为人臣隶"释"宦",我们认为是可信的。"宦皇帝者"包括谒者,谒者之官在先秦也叫"典谒",是由庶子弟们承担的贱役[5]。从江陵凤凰山出土的木俑及竹简看,汉代官吏经常用男奴来当谒者[6]。还有,君王的嫔妃也属"内官"[7],给人做妾也称为"宦",这也能帮助理

---

[1] 吴荣曾:《对春秋战国家长制奴隶制残余的考察》,《北京大学学报》1987年第2期,收入《先秦两汉史研究》,中华书局1995年版,第75、77页。

[2] 裘锡圭:《说"宦皇帝"》,《文史》第6辑,中华书局1979年版,第64页;收入《古代文史研究新探》,第152页。

[3] 《国语》,第635、644页。

[4] 俞樾:《茶香室经说》卷十四《左传上》,《续修四库全书》,上海古籍出版社,第177册第580页。

[5] 《礼记·曲礼下》:"问士之子:长,曰能典谒矣;幼,曰未能典谒也。"孔颖达疏:"士贱无臣,但以子自典告也。"《十三经注疏》,第1268页上栏。

[6] 江陵凤凰山有执戟谒者木俑,简文有"大奴息谒"、"大奴美谒"字样。参看金立:《江陵凤凰山八号汉墓竹简试释》,《文物》1976年第6期,第70页;凤凰山一六七号汉墓发掘整理小组:《江陵凤凰山一六七号汉墓发掘简报》,《文物》1976年第10期,第32-33页。

[7] 如《左传》昭公元年:"内官不及同姓,其生不殖。"这里"内官"指的就是能生孩子的嫔妃。杜预注:"内官,嫔御。"《春秋经传集解》,上海古籍出版社1978年版,第1197页。杨伯峻先生云:"内官谓国君之姬妾。"《春秋左传注》,第1220页。《国语·周语中》:"内官不过九御,外官不过九品。""九御"就是嫔妃,"九品"即朝廷上的卿大夫。韦昭注:"九御,九嫔也";"九品,九卿";《周礼》:'内有九室,九嫔居之;外有九室,九卿朝焉。'"《国语》,第54页。按《周礼》之书按"六官"体制叙官,"六官"即"六卿"。依郑玄说,三孤加六卿为九卿。参看董增龄:《国语正义》,巴蜀书社1985年版,第154-155页。君王的嫔妃与女官明确区分开来,始于北魏孝文帝。孝文帝"改定内官",置"女职"以典内事,官品二品至五品(参看《北史》卷十三《后妃传序》),由此嫔妃就不算"内官"了。

解"宦"的性质。《左传》僖公十七年:"及子圉西质,妾为宦女焉。"杜预注:"事秦为妾。"男的"宦"就是做臣隶,女的"宦"就是做婢妾。给大夫做家臣,也称"宦"。《礼记·杂记下》:"宦于大夫者之为之服也。"[1]给老师做学生,也称"宦"。《礼记·曲礼》:"宦御事师,非礼不亲。"先秦秦汉的私学师徒,有如一个个"知识基尔特"[2],学生奉侍老师有如私属臣妾,所以会有"宦御"的行为[3]。今天的学生用不着给老师做家务、驾车了,但历史早期的师生像一家人似的[4],服侍老师是普遍现象。师生间也用"宦"字,再度表明"宦"就是以私属身份事人。

[1] 这句话的背景如下:管仲遇盗,从盗里选了两个人做家臣,后来又把二人推荐给齐桓公做了"公臣"。管仲死时,齐桓公命二人为管仲服丧,由此就形成了一个制度:虽是"公臣",但若曾"宦于大夫",则仍需为故主服丧。可见"宦"是私属,与"公臣"有别。

[2] 侯外庐先生论汉代私学:"这种师弟关系的密切,与经学家法的笃守,乃是封建制度在中国特有的一种知识基尔特所表现出来的现象。"见其《中国思想通史》第2卷,人民出版社1957年版,第354页。

[3] 《礼记·曲礼》:"宦学事师,非礼不亲。"郑玄注云:"学或为御。"《十三经注疏》,第1231页中栏。"宦学事师",别本也做"宦御事师"。我们认为,"宦"是照料老师起居,"御"是给老师驾车。依礼如此这般地奉侍老师,师生关系就亲密起来了,即"非礼不亲"。章太炎云:"宦于大夫,谓之宦御事师。"见其《检论·订孔》,收入《章太炎全集》第3册,上海人民出版社1984年版,第423页。章先生这个说法,似不可信。"宦于大夫"怎么能称"事师"呢,大夫是大夫,师是师;以大夫为师,史无其据。家臣与"大夫"之间的关系,也不能拿"亲"来描述,"亲"只发生在师生之间。郑玄注"宦学"云:"宦,仕也。"因"仕"有"事人"的意思,郑玄的解释倒也不能算错。《战国策·楚策四》:"君先仕臣为郎中。"这里的"仕",严格说其实是"宦"。但若不知"宦"、"仕"之别,简单地释"宦"为"仕",有可能造成误解,把"宦"理解为做官或学习做官。像熊安生注《礼记·曲礼》云:"宦谓学仕之事,学谓习学六艺。"(孔颖达疏引)王梦鸥先生据此而解释《曲礼》:"宦,练习行政事务,学,研究书本知识。见其《礼记今注今译》,台湾商务印书馆1992年版,上册第4页。可我觉得,以"学仕"或"行政"释"宦",跟"事师"二字是矛盾的。老师又不是官儿,读书又不是治国;原文又只说"事师",没说"事君"。"宦御"二字,本来就是先秦秦汉的成语。《淮南子·修务》:"官御不厉,心意不精";《论衡·命禄》:"故官御同才,其贵殊命。"这两处"官御",吴承仕、黄晖、刘盼遂等都认为是"宦御"之讹。参看黄晖:《论衡校释》,中华书局1990年版,第21页;刘盼遂:《论衡集解》,古籍出版社1957年版,第12页;张双棣:《淮南子校释》,北京大学出版社1997年版,第2007页。其说甚是。

[4] 例如著名的"希波克拉底誓词"中就有这样的话:"吾将尊敬授业之师如同父母,祸福与共。视其子代如同兄弟……"波特:《剑桥医学史》,吉林人民出版社2000年版,第92页。医师的学生要拿老师当父母,拿老师的孩子当兄弟。可见历史早期师徒如父子一点,中外有类似之处。

"宦于王"是一种很原始的制度,首先是以"依附"和"信托"为基础的,但同时也具有维系和强化王权的功能,所以颇有"发扬光大"的潜力。传统社会里面,贵族是普遍存在着的。亚里士多德、孟德斯鸠着眼于是单主统治、少数人统治还是多数人统治,区分出了一种名为"贵族政治"的政体[1]。然而不同社会的贵族政治又是有差别的。西欧中世纪的贵族属于军人阶层,以封臣制度和骑士制度为基础;而中国春秋时代,若干大贵族世卿世禄、操持国政,国君废立常出其手。前一情况中,国君与贵族相对而言是各守本分的;后一情况下,斗争却经常围绕国家政权和君权而展开。中国早期的贵族政治,蕴藏着走向专制集权的历史趋势,"宦于王"制度就是在这个趋势的支配下演化的。欧洲中世纪的骑士,在少年时代也有给领主做臣仆的经历[2]。也正是为此,他们有了机会跟心仪的贵妇发展浪漫的"骑士之爱"[3]。这种做骑士要先做臣仆的制度,不妨称为"宦于主","主"就是封建领主。那么"宦"的制度,还不只是中国才有。当然"宦于主"与"宦于王"还是有区别的。中国的"宦于王"制度,显然与专制集权配合得更为紧密,与选官制度也配合得更为紧密。贵族与君主的权势往往此消彼长,贵族强大了,君权就会相形见绌。"宦于王"的制度有利于王权,不利于贵族。所以在贵族政治瓦解后的战

---

[1] 亚里士多德:《政治学》,商务印书馆1965年版,第132页以下;孟德斯鸠:《论法的精神》上册,商务印书馆1995年版,第8页以下。

[2] 欧洲中世纪的骑士教育,包括这样一个阶段:把儿子送进贵主(或著名牧师)的宫馆之中,以修得骑士教养。贵主一般是父亲的主人,即上级封主。在这时候,这位少年就成为一名"侍者"和"随从",而列于下级家人之列了,直到他21岁被授予骑士爵号为止。这种制度,也与君主取其臣仆之子为"质押"的做法,存在着渊源关系。参看格莱夫斯:《中世教育史》,商务印书馆1922年版,第95-98页;R. F. Butts:《西洋教育史》,台湾黎明文化事业公司1982年版,第262-263页;王天一、夏之莲等:《外国教育史》,北京师范大学出版社1984年版,第81-82页;滕大春主编:《外国教育通史》,山东教育出版社1989年版,第29页以下;李淑华:《外国教育简史》,江西高校出版社2000年版,第48-49页;阎照祥:《英国贵族史》,人民出版社2000年版,第58页以下;倪世光:《西欧中世纪骑士的生活》,河北大学出版社2004年版,第27页以下;倪世光:《中世纪骑士制度探究》,商务印书馆2007年版,第90页以下。

[3] 参看赵立行、于伟:《中世纪西欧骑士的典雅爱情》,《世界历史》2001年第4期;朱伟奇:《中世纪骑士精神》,陕西人民出版社2004年版,第206页以下。

国秦汉，"宦皇帝"制度并未随贵族政治衰微而衰微下去，居然在一段时间中，继续发挥着余热。臣民对君王的人身依附，君王对臣民的人身支配，是专制政治的基础，但不是贵族政治的基础。什么是"专制"？"专制"是"一种统治者与被统治者的关系是主奴关系的统治形式"[1]。"宦于王"就是给君王做臣隶、做奴才。人近天子而尊，给君王做"臣隶"并非不能引以为荣的。在清朝，满官与侍卫对皇帝自称"奴才"[2]，汉人官僚是被征服者，只能称"臣"，还没资格享受称"奴才"的光荣呢。总之，我们是在"人身依附"和"强化王权"两方面，观察中国的"宦于王"与"宦皇帝"制度的。

本章第四节还将提到北魏的侍从、虎贲、羽林，辽朝的祗候郎君，元朝的怯薛，清朝的侍卫，它们与"宦于王"制度，都有类似之处。但周代士庶子制度，与这些制度，以及与战国以下的"宦于王"制度，还是存在若干差异的。承担侍从、侍卫，只是周朝士庶子制度的一个方面，它还与其时的文教制度紧密相关。就此而言，它比北方异族政权的类似制度，"文"的色彩浓厚得多。进一步说，战国的"宦于王"是为君主做侍从侍卫，具有强烈"私"的意味；但此前周代士庶子体制，还不是没有"公"的意义，即"公共管理"意义的。对这"文"与"公"两点，下面予以阐述。

首先看士庶子体制的"文"的方面。华夏族在很古老的时候，就有部落子弟集中教育的制度了。到了周朝，就形成了国子学制

---

[1]《布莱克维尔政治学百科全书》，中国政法大学出版社1992年版，第194页。
[2] 参看徐珂：《清稗类钞·称谓类·奴才》，中华书局1984年版，第5册第2171–2172页；陈垣：《释奴才》，收入《陈垣史学论著选》，上海人民出版社1981年版，第603页以下。按，满语中的"臣"（amban）本为"大人"之意，指村中重要之人，参看江桥：《满文"君"、"臣"、"人"类词汇初释》，收入朱诚如主编：《庆贺王锺翰教授九十华诞：清史论集》，紫禁城出版社2003年版，第527页。华夏早期的"臣"本来也是"臣妾"之"臣"，与奴才相当，后来逐渐变尊贵了；满语或清朝的"臣"与华夏王朝后来的"臣"相当，而与"奴才"一词的色彩相当不同。又，欧洲中世纪的"封臣"（vassal）一词，最初指地位低下的男仆，后来作为主人的武装随从，成了一个尊贵的称呼了，"一个从奴隶制底层社会产生的名词竟逐步上升到一个荣耀的地位。"参看布洛克：《封建社会》，台湾桂冠图书公司1995年版，第238页；商务印书馆2004年版，上册第245–246页。

度，士庶子由国学中的学官管理教育。学校又称"辟雍"、"泮宫"，三面环水，是个半封闭场所。周代金文，能看到辟雍、学宫、射庐、小学、大池的存在[1]。国子生要接受军事教育。刘师培云，周代国子学教干戚之舞，选拔人才用射礼，由军官司马负责，其时学校、礼乐、选举、进士，都有浓厚的军事色彩[2]；但同时国子生也接受文化教育，学习礼乐诗书，由礼官系统的大司乐、乐正、乐师等任教[3]。那么周代士庶子体制，也是周朝文教体制的一部分。"周礼"作为人文遗产，灿然可观，孔子赞其"郁郁乎文哉"；而作为国家学生的士庶子，乃是礼乐文化的传承者之一。贵族们赋诗断章，彬彬有礼，其文化教养，是早年做国子生时习得的。比较而言，北魏的侍从、虎贲、羽林，辽朝的祗候郎君，元朝的怯薛，清朝的侍卫，其"武"的色彩就浓厚多了。欧洲中世纪"宦于王"的骑士，其教育内容中"武"的分量也大得多，所以骑士们认为打仗"是一种乐趣，也是要求骑士去追求的一种荣誉"，"和平时期找不到乐趣可言"[4]。

再看士庶子体制的"公"的方面。对子弟实行集中管理，是很多民族的历史早期都有过的制度。例如古希腊的斯巴达人，从七八岁就开始过集体生活，接受军事教育，直到30岁获得公民权为止[5]；雅

---

[1] 参看杨宽：《我国古代大学的特点及其起源》，收入《古史新探》，中华书局1965年版，第197页；朱启新：《从铜器铭文看西周教育》，《教育研究》1984年第3期；毛礼锐、沈灌群：《中国教育通史》第1卷，山东教育出版社1985年版，第71页以下。

[2] 刘师培：《论古代人民以尚武立国》，收入《刘师培辛亥前文选》，三联书店1998年版，第357页以下。

[3] 参看邱明正、于文杰：《中国文化通志·教化与礼仪·美育志》，上海人民出版社1998年版，第24页以下；郭齐家：《中国古代学校》，商务印书馆1998年版，第28页以下；俞启定、施克灿：《中国教育制度通史》第1卷，山东教育出版社2000年版，第76页以下；黄仁贤：《中国教育管理史》，福建人民出版社2003年版，第13页以下。

[4] 布洛克：《封建社会》，台湾桂冠图书公司1995年版，第431页；商务印书馆2004年版，下册第489页。当然，骑士们在13世纪也开始学习文学与礼仪，绅士化了。参看朱孝远：《中世纪欧洲贵族》，广东人民出版社、华夏出版社1996年版，第90-93页。

[5] 王天一、夏之莲等：《外国教育史》，北京师范大学出版社1984年版，上册第26-27页；博伊德·金：《西方教育史》，人民教育出版社1985年版，第12页以下；滕大春主编：《外国教育通史》，山东教育出版社1989年版，第1册148页以下；李淑华：《外国教育简史》，江西高校出版社2000年版，第17页。

典的教育制度虽较宽松，但学童的老师与学校仍由国家指定，个人无权选择[1]。士庶子制度具有一定"公共性"，并不完全是君王私属，其管理也是多头的。下将《周礼》中涉及士庶子、国子、诸子、群子的材料，摘引若干以供参考：

> 《天官·宫正》：掌王宫之戒令、纠禁，以时比宫中之官府、次舍之众寡。（按，"次舍"即下文士庶子的"八次八舍"。）
>
> 《天官·宫伯》：掌王宫之士庶子，凡在版者。掌其政令，行其秩叙，作其徒役之事，授八次八舍之职事。若邦有大事，作宫众，则令之。月终则均秩，岁终则均叙。以时颁其衣裘，掌其诛赏。
>
> 《地官·师氏》：以三德教国子；又《保氏》：而养国子以道，乃教之六艺。
>
> 《春官·大司乐》：掌成均之法，以治建国之学政，而合国之子弟焉。
>
> 《春官·乐师》：掌国学之政，以教国子小舞。
>
> 《春官·大胥》：掌学士之版，以待致诸子；又《小胥》：掌学士之征令而比之。
>
> 《夏官·大司马》：大会同，则帅士庶子而掌其政令。
>
> 《夏官·掌固》：掌修城郭、沟池、树渠之固，颁其士庶子及其众庶之守，设其饰器，分其财用，均其稍食。
>
> 《夏官·司士》：掌群臣之版……周知……卿、大夫、士庶子之数。
>
> 《夏官·都司马》：掌都之士庶子及其众庶、车马、兵甲之戒令。以国法掌其政学，以听国司马。

---

[1] 库朗热：《古代城邦：古希腊罗马祭祀、权利和政制研究》，华东师范大学出版社2005年版，第212-213页。正如柏拉图所说："教育对每个母亲的儿子都是强制性的。"《柏拉图全集》，人民出版社2002年版，第3卷第562页。

《夏官·诸子》：掌国子之倅，掌其戒令与其教治，辨其等，正其位，国有大事，则帅国子而致于大子，惟所用之。若有兵甲之事，则授之车甲，合其卒伍，置其有司，以军法治之。司马弗正。凡国正，弗及。大祭祀，正六牲之体。凡乐事，正舞位，授舞器。大丧，正群子之服位。会同、宾客，作群子从。凡国之政事，国子存游倅，使之修德学道，春合诸学，秋合诸射，以考其艺而进退之。

我们来看，天官系统有宫伯掌"王宫士庶子"，掌其侍卫与徒役。这跟战国的"宦于王"很相似。但地官系统另有师氏和保氏掌管国子的教育，尤其是春官系统，更明确地显示了一个教育体制的存在，多种乐官承担着国子的教育及管理。夏官是个军政系统，在这部分，能看到士庶子的各种职任，如修城守城，披甲组军，参与祭祀，参与典礼等。《周礼》的春官部分，主要把他们称为"国子"，夏官部分则多称"士庶子"，但二者实是同一伙人。除了司士总管"群臣之版"、掌"卿、大夫、士庶子之数"外，王宫士庶子的"版"即名籍，由宫伯掌管；其余的士庶子，春官系统的大胥"掌学士之版，以待致诸子"，而夏官系统的诸子"掌国子之倅"，"倅"即"卒"，是编组服役的意思[1]。"司马弗正。凡国正，弗及"，"正"即"征"，即"征发"之义，国子不承担平民的兵役力役，是一个特殊人群。

《周礼》所记士庶子，即使不能完全看成史实，但必定是以历史上的类似制度为基础的。它非后人所能悬拟，其中包含众多历史真实。多头管理、多种职能的王朝士庶子体制，已有了一定的复杂性。

---

[1] 《礼记·燕义》："庶子官职诸侯、卿、大夫、士之庶子之卒，掌其戒令，与其教治，别其等，正其位。"庶子所掌"诸侯、卿、大夫、士之庶子之卒"之"卒"，应即《周礼·诸子》"掌国子之倅"之"倅"。《逸周书·籴匡解》"余子倅运"句，黄怀信先生释"倅"为"副"。见其《逸周书校补注译》，西北大学出版社1996年版，第41页。所据当为孔晁、朱右曾说，参看黄怀信、张懋镕、田旭东：《逸周书汇校集注》所引，上海古籍出版社1995年版，第86页。似非。"余子倅运"，即编制起来而承担运役。

以及一定的"公共性",大于领主家族内部的士庶子制度,也大于宫廷内部的"宦于王"制度。因为,它也是一个贵族子弟的公共管理与公共教育制度,除了"私"的方面,还有"公"的方面;除了"武"的方面,还有"文"的方面,构成了一个文化教育和礼乐传承系统。"宦于王"制度,只是士庶子体制的一个部分,一个侧面。

战国以降,"礼崩乐坏"。在列国史料中,已看不到多少国之子弟集体受教于国学、学习礼乐的迹象,"宦于王"制度却大行其道了。换言之,士庶子体制在战国衰微,变成了"宦于王"制度,其"武"和"私"方面凸显出来了。"私"是指"私于王",而不是"私于家"。这是其时军国主义倾向和专制集权倾向所造成的。

三 汉代的"宦皇帝者"与"比秩"的扩张

战国之时,郎官、谒者、庶子、舍人构成了一支官僚候选人队伍,同时在政治上也颇为活跃。在刘邦的创业集团中,就有大量的郎、客、中涓、舍人、卒活动其中。那些名为客、中涓、舍人、卒者,曾引起了西嶋定生的特殊关注。由此他认为,刘邦的初期集团仍有"家长的家内奴隶制"的性质,并将之上升到"国家权力的核心结构形态"[1]。后来这个观点受到了批评,守屋美都雄认为,客、中涓、舍人、卒是在平等关系上与刘邦结合起来的,他们组成的是一个政治军事集团,而非生活集团。

确实,由于周朝政治传统的历史惯性,也由于"宦皇帝"制度在特定历史条件下的强化王权之功,在相当一段时间中,"宦皇帝"诸官依然作为一个特殊职类,在汉代职官体系中存在着,并发挥着特殊作用。

---

[1] 西嶋定生的文章题为《中国古代帝国形成的一考察:汉高祖及其功臣》,见《历史学研究》第141号,1949年。参看其《关于中国社会结构特质的问题所在》一文,收入《日本学者研究中国史论著选译》第2册,中华书局1993年版,第18页以下。

王克奇先生把战国郎官的职能,概括为近侍左右、执兵宿卫和奉命出使三点[1]。不妨就此三点加以观察。首先看近侍左右。"宦皇帝者"的郎官有侍郎、黄门侍郎。顾名思义,"侍"即侍从之意。此外汉廷的侍中、给事中、常侍,也属于"宦皇帝者",他们都是皇帝侍从。只不过汉代的侍中、给事中、常侍既有专职的,也有外廷官僚因"加官"而居其位的。又《秩律》中有"中大夫",后来的诸大夫都是由"中大夫"繁殖出来的。中大夫之"中"并非上大夫、中大夫、下大夫之"中",而是"中官"之"中"、"中外"之"中",即居于内廷的意思[2]。汉代大夫参与议政。郎官中还有一种"议郎",也是以皇帝侍从而非朝官的身份,参与议政的。这就意味着,"宦皇帝者"虽非朝官,但在决策与行政上却发挥着特殊作用。

第二,"宦皇帝者"承担近卫,汉代依然如此。楚汉之间,刘邦的麾下就有一支"郎中骑",是精锐的近卫军。由尹湾汉简所见,西汉依然有"郎中骑"编制。一般郎官也要更直执戟、出充车骑。东汉郎官分化为两部分,一部分是五官中郎将、左中郎将、右中郎将所辖三署郎,这部分的郎官闲散化、文职化了;另一部分是虎贲郎、羽林郎及羽林左右骑三署,作为士官而承担着近卫职能。又,侍中、中常侍及郎官都戴武弁大冠,侍中、中常侍加金蝉貂尾,郎官则加鹖尾。戴武弁而不是戴文官的进贤冠,也说明他们近于武官,有军事职能。

第三,奉命出使。汉代的大夫、郎官经常奉命出使,承担随机或临时事务。这包括临时治狱,封爵拜官,征召名士,赏赐慰劳,使护

---

[1] 参看王克奇:《论秦汉郎官制度》,收入安作璋、熊铁基《秦汉官制史稿》,齐鲁书社1984年版,上册第345页。
[2] 《汉书》卷六四上《严助传》:"严助……郡举贤良,对策百余人,武帝善助对,繇是独擢助为中大夫。后得朱买臣、吾丘寿王、司马相如、主父偃、徐乐、严安、东方朔、枚皋、胶仓、终军、严葱奇等,并在左右。是时……上令助等与大臣辩论,中外相应以义理之文,大臣数诎。"严助为中大夫,还有朱买臣等在皇帝左右,并在皇帝支持下与外廷大臣辩论。"中外相应以义理之文"之"中外",就是"中大夫"之"中"与"外朝"之"外"。

丧事,游说招降,循行救灾,发兵监军,出使外国,等等[1]。在帝制早期,除按部就班的例行行政外,王朝还有大量的随机或临时事务,是由散官承担的。到了历史后期,官僚行政高度制度化了,那些随机或临时事务大多都有了固定的职掌者,从而不再是随机、临时事务,也不借助"奉命出使"形式来处理了。但历史前期还不是如此,所以朝廷需要一批散官的存在,可以从中随时抽调人员,奉使处理。先秦如此,秦汉也是如此,甚至魏晋南北朝依然如此(详后)。在先秦和秦汉,随机使命的承担者,就是"宦皇帝者"。

从帝国选官的结构看,秦汉"宦皇帝者"依然是朝官的重要来源,构成了一个内侍起家之途和一个郎署起家之途。侍中、给事中、侍郎,太子的先马、舍人、庶子等,往往任用皇亲国戚、高官之子[2]。郎官有一部分来自官僚子弟。任子令:"吏二千石以上视事满三年,得任同产若子一人为郎。"[3]董仲舒说:"夫长吏多出于郎中、中郎,吏二千石子弟选郎吏。"[4]西汉的郎署是一个选官的枢纽,后来向各色人等开放了。在东汉,士人举孝廉而为三署郎官,与三公辟而为公府掾,是并列的两大仕途,是士人、郡吏成为朝官的渠道,通向高官的坦途[5]。郡吏本是行政人员,进入郎署就变成散官了,由此获得了新的迁升资格。就此而言,郎署是一个储官之所。至

---

[1] 关于大夫承担临时使命,可参廖伯源:《汉代大夫制度考论》,收入《秦汉史论丛》,台湾五南图书出版公司2003年版,第218页以下;又其《使者与官制演变:秦汉皇帝使者考论》,台湾文津出版公司2006年版。后书所论使者,即大夫和郎官在内。大夫与郎官是临时使命的主要承担者,也可参看拙作:《品位与职位:秦汉魏晋南北朝官阶制度研究》,第4章第5节"散官问题"。

[2] 例如侍中:"贵游子弟及倖臣荣其官,至襁褓受宠位。……张辟强年十五,霍去病年十八,并为侍中。"见《初学记》卷十二,中华书局1962年版,第279页。又如太子庶子:汉代"国家故事,选公卿、列侯子孙卫太子家,为中庶子"。见《北堂书钞》卷六六引班彪笺,学苑出版社1998年版。又如中常侍、黄门侍郎:"汉家旧典,置侍中、中常侍各一人,省尚书事。黄门侍郎一人,传发书奏。皆用姓族。"见《后汉书》卷四三《朱穆传》。又如给事中:"给事中常侍从左右,无员,位次侍中、中常侍。或名儒,或国亲。"见《北堂书钞》卷五八。

[3] 《汉书》卷十一《哀帝纪》注引应劭。

[4] 《汉书》卷五六《董仲舒传》。

[5] 参看严耕望《秦汉郎吏制度考》,《中央研究院历史语言研究所集刊》第23本,1951年;黄留珠:《秦汉仕进制度》,西北大学出版社1985年版。

于大夫之官，也是一种"储官"。行政官吏可以入为大夫，大夫可以出为行政官员。若把行政部门比做农田、把官僚比做水的话，那么"宦皇帝"系统就像一座大蓄水池。什么时候农田缺水了，就开闸放一些水出去。

我们看到，先秦的士庶子、"宦于王"制度，在帝国时期依然生气勃勃，当然那也是以自身的与时俱进、调整发展为条件的。

入汉之后，虽然官贵子弟仍是"宦皇帝者"的重要来源，但毕竟时代已变，"宦"者的来源也发生了很大变化。而且在战国变化就开始了，游士制度和养客制度发达起来，各种各样的"客"也成了"宦"者的来源，他们以个人才能争取"宦"的资格。列国有"客卿"，秦王曾发布"逐客令"。幸运的"客"仕至"客卿"，就成为朝臣，超越了"宦"的阶段了；做中大夫、列大夫，以备君王的侍从顾问，则仍有浓厚的"宦"的意味；再低一点儿的是做国君的郎官；更低的就去投奔大臣，做其客、庶子、舍人。最后一类人的存在，意味着除了"宦于王"之外，还有"宦于贵臣"的。做贵臣的舍人也有望为官，李斯就是先做了吕不韦的舍人，而后被推荐为郎的。大将军卫青家的舍人有一百多，汉武帝派人到其家去，挑中了两个舍人做郎。从秦到汉，由贵臣舍人而为君王郎官，仍是了一种常规性的仕途——当然舍人、郎官都是"宦"，严格说应是"宦途"。给太子做舍人，也有类似意义。太子先马、庶子、舍人之职，都是比于皇帝郎官的。汉朝还有若干通过上书进说和特殊技艺而被皇帝任命为郎的，也可以看成先秦之游士为郎制度的继续。

汉代"宦"者的新来源，还有"赀选"。即：家资达到了一定丰厚程度，就有望"宦皇帝"，钱不充裕的就不行。郎官的家资条件起初是十万钱，汉景帝开恩降到四万[1]。又"谒者、常侍、侍郎，以赀进"[2]，"訾五百万得为常侍郎"[3]。西汉张释之、司马相如、黄霸

---

[1] 见《汉书》卷五《景帝纪》后元二年（前142年）诏。
[2] 卫宏：《汉旧仪》卷上，周天游点校：《汉官六种》，第65页。
[3] 《史记》卷一〇二《张释之列传》集解引《汉仪注》。

等，就是通过"赀选"而做了郎官或谒者的[1]。汉代乐府诗："长子饰青紫，中子任以赀。"[2]"任以赀"的意思，就是凭着家里有钱，通过"赀选"之途做了郎官。汉成帝一次就把五千户家资五百万的人家迁到了昌陵[3]，则天下家资五百万的肯定在五千户以上，从理论上说，他们家的子弟都有做常侍郎的资格。不难判断，"赀选"为地主子弟由"宦"而"仕"打开了大门。董仲舒说："吏二千石子弟选郎吏，又以富訾。"[4]"赀选"与"任子"并称，可见"赀选"也是郎官的重要来源。新兴地主阶级的财富洪流，冲破了贵族身份制的堤坝。

随着文教复兴、士人群体崛起，郎官来源又发生了新的变化。士人除了靠个人才能而成为侍从、担任郎官之外，更制度化的途径就是太学跟察举了。汉武帝兴太学，"一岁皆辄课，能通一艺以上，补文学掌故缺；其高第可以为郎中，太常籍奏"；汉平帝时太学课试之制，是甲科取40人为郎中，乙科取20人为太子舍人[5]。汉武帝又创孝廉察举之科，郡国举孝廉为郎宿卫，以此候选迁升。黄留珠先生把"富于尚武精神"视为汉代选官特点之一，其根据之一就是孝廉所拜的官儿是郎卫[6]。然而士人由察举而入郎署，逐渐改变了郎署面貌，为之增添了"文"的浓郁气息。到了东汉中后期，任子郎的地位已明显低于孝廉郎了[7]。左右中郎将及五官中郎将所辖的三个郎署，其郎官主要来自士人；虎贲郎、羽林郎两个郎署仍以"武"为

---

[1] 汉文帝时张释之"以赀为骑郎"，见《汉书》卷五十《张释之传》。汉景帝时司马相如"以訾为郎"，见《汉书》卷五七上《司马相如传上》，颜师古云："以家财多得拜为郎也。"此外还有一种通过纳赀，即输纳财物而为"宦"者的，但这不是"赀选"的典型形态。如黄霸"武帝末以待诏入钱为官，补侍郎、谒者。"见《汉书》卷八九《黄霸传》。

[2] 郭茂倩编：《乐府诗集》卷三四《相和歌辞·相逢狭路间·之二》，中华书局1979年版，第511页。此诗虽题为"梁昭明太子"即萧统作，但我认为它来自汉代乐府，萧统顶多做了一些润色而已，却非其原创。参看拙作：《汉代乐府〈陌上桑〉中的官制问题》，《北京大学学报》2004年第2期。

[3] 《汉书》卷十《成帝纪》鸿嘉二年（前19年）夏："徙郡国豪杰赀五百万以上五千户于昌陵。"

[4] 《汉书》卷五六《董仲舒传》。

[5] 《汉书》卷八八《儒林传序》。

[6] 黄留珠：《秦汉仕进制度》，第234页以下。

[7] 拙作：《察举制度变迁史稿》，辽宁大学出版社1991年版，第23页以下。

主，然其地位就比不上三署孝廉郎了。太学试郎与孝廉为郎，促成了郎署的"士人化"和"公共化"，其"武"和"私"的性质淡化了。在某种意义上，那倒可以看成是向周代士庶子体制的"文"与"公"的特点的回归。

"宦皇帝者"在两汉发生了很大变化。文景以降，"宦皇帝"那个称呼就销声匿迹了。当然那个职类还在，仍是帝国体制的重要组成部分，本身并没消失，朝廷另以"郎从官"等为称了。太子与侯王的身边，也有类似郎、从官的侍臣。对这个特殊职类，王朝有特殊的管理办法，并让其发挥特殊的品位功能。例如针对"宦皇帝者"的专门法律。贾谊云："诸侯王所在之宫，卫织履蹲夷，以皇帝在所宫法论之。郎中、谒者受谒取告，以官皇帝之法予之。事诸侯王或不廉洁平端，以事皇帝之法罪之。"[1]所谓"皇帝在所宫法"是针对卫士的，所谓"事皇帝之法"是针对官吏的，而所谓"官（宦）皇帝之法"，就是针对郎官、谒者们的。又如，汉惠帝下令"宦皇帝者"犯罪可以不戴械具[2]，汉元帝废除了大夫、郎中对家属的连坐责任，还给他们家人以入宫资格[3]，不拿他们当外人。"宦皇帝者"是特殊职类一

---

[1] 贾谊：《新书·等齐》，阎益振、钟夏：《新书校注》，中华书局2000年版，第46页。
[2] 《汉书》卷二《惠帝纪》惠帝诏："爵五大夫、吏六百石以上及宦皇帝而知名者有罪当盗械者，皆颂系。"
[3] 《汉书》卷九《元帝纪》初元五年（前44年）夏四月："除光禄大夫以下至郎中保父母同产之令。令从官给事宫司马中者，得为大父母父母兄弟通籍。"应劭云："旧时相保，一人有过，皆当坐之。"颜师古曰："特为郎中以上除此令者，所以优之也。同产，谓兄弟也。"于振波云："元帝取消了这些侍卫官员因父母兄弟犯罪而从坐的法令，无疑对他们是一种优待。"见其《秦汉法律与社会》，湖南人民出版社2000年版，第124页。又"通籍"应劭注："籍者，为二尺竹牒，记其年纪名字物色，县之宫门，案省相应，乃得入也。"做了从官侍，连其大父母、父母、兄弟都有资格"通籍"入宫了。这制度并不奇怪。先秦有保质制度。战争期间，官吏及重要人物的家小要入居"葆宫"，有人质的意思。因战国战事频仍，"葆宫"往往长期存在。《墨子·杂守》："吏侍守所者才（财）足，廉信，父母昆弟妻子又在葆宫中者，乃得为侍吏。诸吏必有质，乃得任事。""守"即郡守，在郡守身边做"侍吏"，其家属要进入葆宫做人质。参看岑仲勉：《墨子城守各篇简注》，中华书局1959年版，第148页。又可参张政烺先生：《秦律葆子释义》，《文史》第9辑，中华书局1980年版，第1页以下；收入《张政烺文史论集》，中华书局2004年版，第550页以下。曹旅宁先生也认为，秦代的"葆子"与汉代郎吏制度存在着联系，见其《秦律新探》，中国社会科学出版社2002年版，第38页。郎官等于是皇帝的"侍吏"，其实也有"质子"之意，依先秦旧俗，他们是可以与家属保持联系的。

点，也体现在赏赐上。在随机或定期的赏赐中，将、大夫、郎与从官（"将"即诸中郎将，郎官的长官），通常都单列为一类，而与行政官员不同，由此显示了那是一个"非吏"的特殊系统。

"比秩"是"宦皇帝"等级管理的最有特色之处，是"非吏"职类的等级标志。"宦皇帝"最初没俸禄，所以也没有秩级。他们不算朝臣的，只是"左右"[1]。后来"宦皇帝"制度的"公"的色彩浓厚起来了，逐渐与官僚体制建立了密切联系，成为官僚主要来源，不止是皇帝私人了。于是，皇帝让他们"比吏食俸"。"比吏食俸"做法的固定化，就形成了"比秩"。史书所见，最早的"比秩"出现在汉景帝、汉武帝时。

"比秩"与"正秩"是交错配合的。求"宦"就是为了求"仕"。在制度上也是这么安排的。"比秩"与"正秩"的交错排列，就构成了"宦"与"仕"之间、散官与职事官之间一种特别的调节手段。以郎官为例：

比三百石的郎中，外补三百石县长，恰升一阶；
比四百石的侍郎，外补比四百石县长，恰升一阶；
比六百石的中郎，外补六百石县令，恰升一阶。

比三百石之秩与三百石秩处于同一层次，比四百石之秩与四百石秩处于同一层次，比六百石之秩与六百石秩处于同一层次。而其间正、比之别，首先可以显示"非吏"、没有行政职能的郎官，比同一层次的吏略低；进而可使"比秩"的郎官在"补吏"之时，恰升一阶。又，汉代官制，"正任"与"试守"有别。官僚任职的第一年属于"试

---

[1] 《韩非子·八经》："县令约其辟吏，郎中约其左右。"语中的"郎中"当指郎中令，即郎中的长官。又同书《孤愤》："当涂之人擅事要，则外内为之用矣。是以诸侯不因则事不应，故敌国为之讼。百官不因则业不进，故群臣为之用。郎中不因则不得近主，故左右为之匿。学士不因则养禄薄礼卑，故学士为之谈也。"其中"郎中不因则不得近主，故左右为之匿"一句中，"郎中"与"左右"为互文，正如前两句中"诸侯"与"敌国"、"百官"与"群臣"为互文一样。郎中系君王的"左右"，不在百官群臣之列。

守",或说处于试用期,其时不能拿全俸。而试守时官僚的官阶与俸禄,就是"比秩"。那么汉代选官的一个微妙之处:"比秩"既保证了由"宦"而"吏"时迁升一阶,又把"试守"与正任区分开来,从而使升迁成为一个连贯有序的仕途。此外,列在"比秩"的诸大夫及掾属们在迁任为"吏",其官阶变化遵循同样规律,即保证其恰升一阶。

当然,列在"比秩"的不止是"宦皇帝者"。对汉代采用"比秩"的各色官职加以搜罗排比,可以发现文学之官、军官和掾属,也属"比秩"。从而进一步印证我们的论断:"比秩与职类相关"或"比秩有区分职类的功能"的论断。

文学之官指的是博士、文学、掌故等等,其所以列在"比秩",显然也是因为他们的"非吏"性质。学者说博士制度与先秦"稷下学宫"的"列大夫"有渊源关系。而稷下"列大夫"的特点是"不治而议论","不治"就是不在行政系统之内。

军官之为"比秩",在于军队组织与行政组织各成系统,军官不是行政官员,或说是"军吏"而不是"文吏"。可以借助印绶制度来观察这个问题。汉制,有职事者有印绶,无职事者无印绶。大夫、博士、谒者、郎官、文学无日常行政职事,所以没有印绶。然而军官却是有印绶的。战国以降文武分途,军官、军吏自成系统了。军官本以军职与军爵确认身份级别,但文武官之间的待遇和级别的比较,以及文武间的迁转,王朝逐渐觉得有必要在一元化的秩级框架下加以处理,出于这种需要,王朝把军官安排于"比秩"之上。可见汉代的"比秩"确实很特别,它确有区分职类的功能,从而与后代的正品、从品不同了。既有印绶、又用"比秩",就成了汉代军官等级管理的重要特色。请看下表:

职 类	秩 类	印 绶
行政官	正秩	有
军官	比秩	有
"宦皇帝者"文学之官	比秩	无

113

将印绶与"比秩"综合考虑，则汉代官吏是分成三大部分的：行政官吏用"正秩"、有印绶；军官用"比秩"、有印绶；"宦皇帝者"及文学之官用"比秩"、无印绶。

战国秦汉间行政体制之最大进步，就是官僚政治的发展和新式吏员的崛起。这在等级管理上的最突出表现，就是针对新式吏员的、作为"吏禄"的禄秩，变成了百官的等级尺度。对"比秩"的揭示，进一步强化了上述结论。我们看到，一段时间中官员是分为"吏"和"非吏"两大块的。前一块属于官僚行政的范畴，展示了"公"的明亮光彩；后一块却是"非吏"的传统巢穴，其中名为"宦皇帝"的人群保留了浓重的"私"的气味，那是个人忠诚和人身依附的空间。前一块用禄秩手段管理，后一块不用禄秩手段管理。随着秦汉政治体制发展，早先不被视为"吏"，而是君主私属的"宦皇帝者"，逐渐地"比吏食俸"了，并通过"比秩"，而被纳入了新式等级管理的范畴。"吏禄"的亮光，照进了那个私人化的领地。新式吏员的管理手段，在向"非吏"职类渗透扩张，扩张到了"宦皇帝者"，扩张到了文学之官，扩张到了军官。那么战国秦汉间禄秩的发展，除了表现在其"纵向伸展"之外，还表现在其"横向扩张"之上。禄秩的发展历程，是一个"纵向伸展"和"横向扩张"交织的历程。

汉代还有若干官署的掾属被安排于"比秩"之上，这问题就比较复杂了。有一部分"比秩"的掾属原先是长官私吏，他们采用"比秩"后，其身份正式化了。也有一部分"比秩"的掾属本来是"吏"，但又由长官"自辟除"，由此与长官建立了个人依附关系。所以掾属在"比秩"不在"正秩"，又反映了王朝对那种私属性的宽容。东汉时掾属的"私属化"更明显了，地方的掾属们以郡府、县廷为"本朝"[1]，视长官为"君"，即令迁至他职，依然要把曾经辟除他的府主视为"故主"，向其称"故吏"。所以掾属（或部分掾属）采

---

[1] 顾炎武:《日知录》卷二四《上下通称》,《日知录集释》,花山文艺出版社1991年版,下册第1086页。"汉人以郡守之尊称为本朝者"。

用"比秩",对私吏来说具有公职化的意义,对公职来说具有私属化的意义。

汉代哪类官是"比秩",都有其特定的形成原因,详见下编第五、六章。王朝不一定总是严格维持正秩、比秩之别,但整体看上去,"比秩"相当集中地出现在某几个职类之中,是非常有规律的。然而这个明显的事实,古今学者一直无人寓目留神,笔者也是从《二年律令》中某些细微处,才察觉汉代"比秩"中竟然潜藏着重要线索,而且与"宦皇帝者"相关呢。属于"宦皇帝者"的大夫、郎官、谒者等等,学者已有很多研究了;但在"比秩"问题和"宦皇帝者"概念被揭示和澄清之后,我们对之的认识就更深入了。

四 "宦皇帝"制度的流衍及异族政权的类似制度

"宦皇帝"或"郎从官"制度,多方显示了早期帝国品位结构的重大特征,例如先"宦皇帝"、再仕为朝官的制度,获得选官资格前先行提供勤务的制度,以散官为储才之所的制度,及其浓厚的"私"与"武"的性质。

大夫与郎官都属"品位性官职",而且二者占据的秩级上下相接,可以构成序列。这对后世的散官、阶官之制,发生了深远影响。在南北朝,"大夫"逐渐阶官化了。唐、宋、明的阶官或散官,都以某某大夫、某某郎为称。清朝散官变成了封赠之号,仍以某某大夫、某某郎为称。大夫、郎官,在20多个世纪中一直发挥着品位功能,甚至影响到了民间称谓,比如医生亦称"大夫",至今犹然;汉人以做郎为荣,受此风气影响,"郎"逐渐成了青年人的美称。又,北朝称父亲为郎,唐人称主人为郎[1]。

汉代"从官",还是后代更多制度的源头。侍中、常侍、给事中

---

[1] 顾炎武:《日知录》卷二四《郎》,下册第1079-1080页。

等在"从官"职类。"从官"是相当散漫的，凡被召而奉侍于天子左右，就算数。有人本来就是官，所获得的侍从资格就称为"加官"，即如以某官加"侍中"、加"常侍"之类。某些从官的官称逐渐固定化了，甚至有了秩级，如东汉的侍中，比二千石。从官在天子左右，常常得予政事，参与秘书机要等等事宜。这时候他们可能被称为"诸吏"，还被编制为左曹、右曹，但这个"吏"并不是外朝行政吏员。汉代所谓"郎吏"之"吏"，其实也是从官。这样的制度，在如下三点上影响到了后世：第一，魏晋间围绕"侍中"发展出了门下省机构；第二，侍中、常侍作为加官，变成了调整官僚资望、赋予特殊荣耀的手段，但不必真的入宫奉侍于门下；第三，门下省的常侍、侍郎、给事中等，变成了一种起家迁转的阶梯。后两点，都与帝国的品位结构变迁相关。

曹魏皇帝着手提高侍从的地位，在门下设置散骑常侍、散骑侍郎等官，任以名士。魏明帝云："天下之士，欲使皆先历散骑，然后出据州郡，是吾本意也。"[1]门下的侍中、散骑常侍、散骑侍郎、黄门侍郎、给事中等，由此地位大为提高，官数膨胀。魏晋以下侍从系统的膨胀，是很有时代性的。首先是在皇权不稳、政治动荡之际，皇帝企图利用侍从制度，来强化其与官僚、士人的个人关系，以此自我维护。这从魏明帝的话中就看得出来。其次，兴起中的士族门阀阶级期望更多的品位性官位，来满足其占据位望并尸位素餐的政治需要。

作为侍从，这些官职的职责很不确定。据云它们曾有"平尚书事"的职责，但只是一时之事，又云其"掌谏诤"或"从容侍从，承答顾问"，也散漫不定的。侍中、散骑、给事中、奉朝请诸官发挥的主要是品位功能，例如被用作加官，构成入仕起点与迁转阶梯。在南北朝，这些品位性官职构成了"东省"，而另一批禁卫军校之职，由于用于加官（南朝特称为"带帖"），用作起家迁转之位，也具有了

---

[1]《三国志》卷二四《魏书·崔林传》注引《魏名臣奏》。

类似性质,从而组成了所谓"西省"。东西省的官要番上值班,要承担很多随机事务,例如出使,并由此获得选任资格。所以,南朝的东西二省与汉代郎署,是很相似的;就其功能及其在官制中的结构性位置而言,不妨说东省上承汉代的三署郎,西省上承汉代的羽林郎、虎贲郎。北朝也有东西省,二省都是散官充斥之所,其中的西省武职散官,已"文官化"了。除了番上值班之外,大量临时差使,会随时落在两省散官的肩上:"任官外戍,远使绝域,催督逋悬,察检州镇,皆是散官,以充剧使。"[1]

曾属"宦皇帝者"的太子侍从,在魏晋南北朝也膨胀开来了。东宫士人荟萃,其官属的员额、清望,比汉朝有明显提高。太子舍人、太子庶子、洗马等多达36人,都任之以名胜,成为权贵子弟的起家之选。太子师傅增加到了6人,太子太傅、太子少傅还以诸公居之。此后士人便以"振缨承华"、"参务承华"为荣[2],即以任职东宫为荣的意思。晋代还有这样一个制度:先做东宫官属,然后迁尚书台郎[3]。由此形成了以东宫师傅为重臣荣衔、以东宫官属为起家途径的惯例。唐朝的东宫官仍属"清望官"。宋明清的太子师傅如太子太师、太子太傅、太子太保、太子少师、太子少傅、太子少保之类,都是显赫的加衔。明清的太子洗马,则成了翰林官的迁转之阶,满汉各有其员。"加宫衔"不必真的奉侍东宫,那只是一种品位、一个名号而已。

贵臣豢养舍人之制,魏晋犹然。三公、将军等都有舍人。王朝开始为高官的舍人设置定额。大将军府可置舍人10人,诸公及开府位从公加兵者可置舍人4人。一些中央机关中也设有舍人,例如中书省有中书舍人。南朝中书省的舍人颇能弄权,所谓"南朝多以寒人掌机要","机要"即就中书通事舍人而言。至唐,中书舍人居然变成清官

---

[1] 《魏书》卷二一《高阳王元雍传》。
[2] 按,承华门地在东宫,为东宫代称,参看周一良:《魏晋南北朝史札记》"宋书札记·承华门",中华书局1985年。
[3] 参看拙作:《察举制度变迁史稿》,第176–177页。

要职了。郎、从官、舍人本来有浓郁的"私"的色彩，但随帝国体制的发展，这个制度部分被逐渐纳入官僚行政范畴，从而公职化了；同时其"私"的方面，也依然存在着，如大臣置舍人。

唐朝中书省官与门下省的主要官员，特称"供奉官"，被比拟为皇帝侍从。传统政治体制是有两面性的。一方面它是公共制度，皇帝是国家象征，官僚是国家官员；而另一方面，国家又是皇帝私产、官僚又是皇帝臣妾。官僚体制是个理性化机构，若其"公"的方面过于凸显，官僚认为自己只是为国家效力、为组织效力，则其对皇帝的个人性忠顺就可能淡化；所以专制皇帝又采取措施，来给朝臣涂抹上"私"的颜色，以维系其对皇帝的无条件效忠。"供奉"、"侍从"概念，就在那些措施之列。

供奉官包括侍中、中书令、左右散骑常侍、黄门侍郎、中书侍郎、谏议大夫、给事中、中书舍人、起居郎、起居舍人、通事舍人等。任其职者，朝谒时别为一班，以示身份特殊，其他百官则依品秩为班。武则天时，御史、拾遗、补阙加置"内供奉"员。宋朝有"侍从官"。曾敏行云："盖两制两省官皆极天下之选，论思献纳，号为'侍从'。"[1]北宋前期，观文殿大学士、观文殿学士、资政殿大学士、资政殿学士、端明殿学士、龙图阁学士、龙图阁待制、龙图阁直学士、天章阁学士、天章阁待制、宝文阁学士、报恩文阁直学士、宝文阁待制，均为侍从之臣。宋神宗元丰改制后，翰林学士、给事中、六部尚书、六部侍郎亦属侍从，中书舍人、起居郎、起居舍人为"小侍从"，外任官带待制以上职，则称"在外侍从"。

唐宋时上述"供奉"、"侍从"只是一个"概念"，那些官并非真正的内廷官，其实都是朝官。皇帝故意称其为"供奉"、"侍从"，并给予特殊礼遇，是有意显示"人近天子者则贵"；也等于向他们申明：就算你们已是朝廷大臣了，皇帝我照样可以把你们看成私属、看成仆从的。

---

[1] 曾敏行：《独醒杂志》卷二《祖宗官制同是一官而迁转凡数等》，《丛书集成新编》，新文丰出版公司1985年版，第84册第380页下栏。

所谓"侍臣"还有专门的冠帽,以示殊荣。唐、宋、明的高级大臣戴"笼冠",而那"笼冠",源于汉代侍从所戴的武冠。汉朝从官戴的武冠,上面有金珰附蝉,加饰貂尾或鹖羽,唐、宋、明的笼冠依然如此。那种冠式还传到了日本,变成了"武礼冠"。日本的武礼冠,就是在宋明笼冠基础上稍加变化而来的[1]。满清朝廷虽不用笼冠,但也用一些特殊饰物,来强化"以侍从为荣"的观念,如赐花翎、蓝翎。花翎、蓝翎本是宫中侍卫的服饰。内大臣戴花翎,三四五品的侍卫(即一二三等侍卫)可戴花翎,六品侍卫戴蓝翎[2]。后来花翎、蓝翎用作军功和其他业绩的赏赐了[3]。到了清末,花翎又可以捐纳,有钱就能买到,成了朝廷合法集资的手段。

谈到了满清,就可以转向异族政权了。这是说,若干北方异族政权也存在着某种制度,可与华夏早期的"宦于王"、"宦皇帝"制度相比。

北魏早期设有多种侍从、侍卫,大抵都由贵族子弟担任。还有,鲜卑子弟组成了近卫军羽林、虎贲,其宿卫勤务构成了入仕资格。北魏前期还有大量"中散"存在,有的迳称"中散",也有的冠以职事之名,如秘书中散、主文中散、侍御中散、太卜中散等。郑钦仁先生认为,许多中散会被分遣到各机构服务,那与汉代郎官相似,因为汉代郎官也经常被派至中央官署服务[4]。唐代的卫官起家制度,就是

---

[1] 孙机:《进贤冠与武弁大冠》,《中国古舆服论丛》(增订本),文物出版社2001年版,第172页以下。

[2] 《清史稿》卷一〇三《舆服志二》:"凡孔雀翎,翎端三眼者,贝子戴之。二眼者,镇国公、辅国公、和硕额驸戴之。一眼者,内大臣、一、二、三、四等侍卫,前锋、护军各统领、参领,前锋侍卫,诸王府长史,散骑郎,二等护卫,均得戴之。翎根并缀蓝翎。贝勒府司仪长,亲王以下二、三等护卫及前锋、亲军、护军校,均戴染蓝翎。"

[3] 按,据陈登原考证,赐翎制度明朝已有,见其《国史旧闻》,中华书局2000年版,第3册第483页,"花翎"条。

[4] 郑钦仁:《北魏官僚机构研究》,台湾牧童出版社1976年版,第187页。严耕望先生也指出,西汉郎官"颇多给事中都官诸署",见其《秦汉郎吏制度考》,《中研院历史语言研究所集刊》第23本,收入《严耕望史学论文选集》,台湾联经出版事业公司1991年版。"中散"之制,又参张金龙:《北魏"中散"诸职考》,《中国史研究》1993年第2期;收入氏著《北魏政治与制度论稿》,甘肃教育出版社2003年版,第286页以下。

源于北朝的。

辽朝皇帝的护卫,大多选自部落、族帐、宫分的贵族子弟。契丹语称贵族子弟为"舍利",汉译"郎君"。若其被选入御帐,承担御前祗候事务,就成为"祗候郎君";在笔砚、牌印、御盏、车舆等局服事的,被称为笔砚(祗候)郎君、牌印(祗候)郎君等。护卫、祗候郎君具有预备官身份,在服务一段时间之后,就可以选任为御帐或朝廷的重要官职了。《辽史》列传中的契丹、奚人传主,曾任护卫的计12人,曾任祗候郎君的计43人[1]。正如西汉郎官用赀选一样,辽朝郎君也有赀选的[2]。正如西汉郎中组成了"郎中骑"一类特种部队一样,辽朝的郎君也组成部队,称舍利军、舍利拽剌[3]。

元朝有一支特殊的军队叫"怯薛"军。"怯薛"是蒙语"番直宿卫"的意思。成吉思汗时就建立了"万人怯薛",征调千户、百户、十户那颜子弟及其随从为之,称"怯薛歹",复数为"怯薛丹"。他们分四番入值,护卫皇帝,是为"四怯薛"。长官由四功臣博尔忽、博尔术、木华黎、赤老温的后裔世袭,称"四怯薛太官"。诸王亦各有怯薛[4]。可以拿"怯薛"与秦汉郎官比较一下。怯薛要承担杂役,如天子之饮食、衣服、文书、库府、医药等(称"怯薛执事"),秦汉郎官也承担各种差使;怯薛有宿卫与散班之别,秦汉的郎官里面也有散郎;怯薛待遇优厚但无官品,而郎官恰好最初也没有秩级。怯薛可以干政[5],而战国郎官也曾以近侍身份干政;元朝的做官资格称

---

[1] 关树东:《辽朝御帐官考》,原刊《民族研究》1997年第2期,收入中国社会科学院历史研究所编:《古史文存》隋唐宋辽金元卷,社会科学文献出版社2004年版,第365页以下;《辽朝的选官制度与社会结构》,收入《10—13世纪中国文化的碰撞与融合》,上海人民出版社2006年版,第447页以下。

[2] 《辽史·国语解》:"舍利也:契丹豪民要裹头巾者,纳牛驼十头,马百匹,乃给官名曰舍利。后遂为诸帐官。以郎君系之。"

[3] 李桂枝:《契丹郎君考》,收入《民大史学》第1辑,中央民族大学1996年版,第273页以下。

[4] 参看箭内亘:《元代蒙汉色目待遇考》,商务印书馆1931年版,第66页;《元朝怯薛及斡耳朵考》,商务印书馆1934年版,第18页以下;陈得芝、邱树森、丁国范:《元朝史》,人民出版社1986年版,上册第307—309页。

[5] 参看李治安:《怯薛与元代朝政》,《中国史研究》1990年第4期。

"根脚",怯薛属于"好根脚出身",四个怯薛长更是"大根脚",而汉代郎官也是最让人羡慕的仕途。怯薛歹任官,迳由怯薛长向皇帝推荐,不经中书省奏议,叫做"别里哥选"[1]。元朝权要,多出怯薛。

清朝在入关之前就存在着侍卫制度。入关定鼎后,侍卫制度进一步发展起来,并发挥了重要的强化皇权作用。"侍卫,清语曰'辖',分头等、二等、三等、四等及蓝翎。蓝翎无宗室,惟满洲、蒙古及觉罗充之。又有汉侍卫,系由科甲出身。"[2]侍卫的主要职能当然就是侍卫了,但同时还承担着传旨、奏事、出使、任将、拘捕等多种事务[3],并且还是满洲权贵的重要仕途。"满人入官,以门阀进者,多自侍卫、拜唐阿始。故事,内外满大臣子弟,五年一次挑取侍卫、拜唐阿。以是闲散人员、勋旧世族,一经拣选,入侍宿卫,外膺简擢,不数年辄致显职者,比比也。"[4]顺治四年(1647年)三月规定:"在京三品以上,及在外总督、巡抚、总兵等,俱为国宣力,著有勤劳,……各准送亲子一人,入朝侍卫,以习本朝礼仪,朕将察试才能,授以任使。"[5]这通过侍卫而"习本朝礼仪",由此"察试才能,授以任使"的意图,又让人想到了汉代的郎官,汉代的郎官也有因宿卫而"观大臣之能"的意思。清人有时就把侍卫说成是"郎卫"[6]。清朝

---

[1] 姚燧《送李茂卿序》:"大凡今仕唯三途:一宿卫,一由儒,一由吏。由宿卫者,言出中禁,中书奉行制敕而已,十之一。由儒者,则校官及品者,提举、教授,出中书;未及者则正、录而下,出行省宣慰;则十分之一半。由吏者,省、台、院、中外庶司、郡、县,十九有半焉。"《牧庵集》卷四,《丛书集成新编》,新文丰出版公司1985年版,第66册第628页。
[2] 爱新觉罗·奕赓:《佳梦轩丛著·侍卫琐言》,民国刊本,第1页;北京古籍出版社1994年版,第62页。
[3] 参看秦国经:《清代宫廷的警卫制度》,收入清代宫史研究会编:《清代宫史探微》,紫禁城出版社1991年版,第310页以下;陈金陵:《简论清代皇权与侍卫》,收入《清史论丛》,辽宁人民出版社1993年版,第61页以下。
[4] 《清史稿》卷一一〇《选举志》,"荫叙"。
[5] 《清世祖实录》卷三一顺治四年三月庚申,《清实录》,中华书局1985年版,第3册第225-226页。
[6] 《清朝文献通考》卷一八〇《兵二》:"我朝以八旗统兵,不袭古制,而自与古合。侍卫之职……而统以三旗领侍卫大臣,即所谓郎卫也。"商务印书馆1936年版,第6403页上栏。

侍卫的晋升，首先是内部推升。一等侍卫缺，从该旗二等侍卫升用；二等侍卫缺，于三等侍卫升用；三等侍卫缺，由蓝翎侍卫等升用。而汉代郎官也有内部迁升之法[1]。侍卫外转，不但可以迁军职，还可以改文职[2]。侍卫是勋贵子弟飞黄腾达的康庄大道。与侍卫制度相关的，还有上文提到的"拜唐阿"。"拜唐阿"或"柏唐阿"为满语，意为"执事人"，他们无品级而在内外衙门当差管事，其与先秦士庶子也有可比之处。替康熙皇帝扑杀权臣鳌拜的，就是侍卫与拜唐阿[3]。明清科举制度高度发达了，但从高级显贵的来源上说，明清有异，侍卫制度就是其"异"之一。

我们觉得，北魏的侍从、虎贲、羽林，辽朝的祗候郎君，元朝的怯薛，清朝的侍卫、拜唐阿，与汉族历史早期的"宦于王"者，在很多方面是相似的，比如：都是皇帝的侍从与侍卫，承担着各种临时使命或随机职事，并构成选官资格。萧启庆先生认为，怯薛是中世北亚游牧国家普遍存在的特殊组织，有君主私属的身份，既是家产制的遗迹，又是君权的重要支柱[4]。我们很赞成这个看法，并且认为，先秦秦汉的"宦于王"、"宦皇帝者"，同样具有"君主私属"和"君权支柱"的两大特点。由此看来，"宦于王"的制度，在早期社会是比较普遍的现象，同时也发生在部族色彩和贵族势力相对浓厚的地方；但在王权开始发展，甚至在专制皇权确立后，它仍能以某种变化了的形式保存下来。

---

[1] 汉代宿卫郎官，最初是没有服役年限的，但可以由郎中升为侍郎，由侍郎升为中郎。秦与汉初有"宦及知于王"和"宦皇帝而知名者"的概念。就是说郎官若为秦王或汉帝特别赏识，则能得到"显大夫"的身份。
[2] 侍卫补授相应品级的八旗、绿营官职，保送营官者俱加一等。侍卫还可以改文职。乾隆十三年（1748年）制，一等侍卫系三品，以三品京堂用；二等侍卫系四品，以四品京堂用。三等、四等侍卫系五品，以郎中、员外郎用；蓝翎侍卫系六品，以主事用。参看常江、李理：《清宫侍卫》，辽宁大学出版社1993年版，第90页。
[3] 《清史稿》卷六《圣祖纪一》："上久悉鳌拜专横乱政，特虑其多力难制，乃选侍卫、拜唐阿年少有力者为扑击之戏。是日，鳌拜入见，即令侍卫等掊而絷之。于是有善扑营之制，以近臣领之。"
[4] 萧启庆：《元代的宿卫制度》，收入《元代史新探》，新文丰出版公司1983年版，第59页；或《中国史学论文选集》第1辑，幼狮文化事业股份有限公司1983年版，第544页。

纵观周朝以下的三千年历史，侍从侍卫制度是中国政治制度的一个不可忽视的侧面，其功能与意义超出了单纯的侍从与侍卫。它曾是早期王权与贵族的一种特殊结合方式，即贵族让其子弟做君主侍从以为政治交换；它曾是传统选官的一种特殊途径，即由宿卫与勤务换取入仕资格的途径；它曾是早期行政体制的一个特殊部分，是承担随机事务和临时使命的体制。侍从侍卫体制的变迁，处于"私"与"公"、"文"与"武"、"胡"与"汉"等因素的左右之下。在官僚的"公共性"较强、"文治"程度较高的政权中，侍从、侍卫体制的职能就比较单纯，只是侍从、侍卫而已，其扩展性的功能就会淡化，或被"公共化"，即由侍从、侍卫发展为正式职官。异族政权之下，侍从侍卫制度就可能具有特殊地位。

第四章　分等分类三题之二：秦汉冠服体制的特点

一　"冠服体制"概念与冠服的分等分类

本节期望通过一个侧面，探讨秦汉品位结构中的分等分类特点，这个侧面就是冠服体制。

今天人们穿戴何种服饰，主要取决于个人偏好和消费能力；而传统社会的特点之一，却是服饰的等级性。如格罗塞所云："在较高的文明阶段里，身体装饰已经没有它那原始的意义。但另外尽了一个范围较广也较重要的职务：那就是担任区分各种不同的地位和阶级。"[1]傅克斯把性别和等级视为服饰史的两大主题："每个时代的服装总是重新决定并试图解决两性问题以及阶级隔离问题。君主专制主义也必定要考虑解决这两个问题的新路子。"[2]这说法有些片面，服饰的主题还可能包括职业、民族、地域等等差异区分。但无论如何，区分等级是服饰最重要功能之一。在组织之中也是如此，服饰等级可以成为组织制度，以及组织文化的一部分。凯瑟云："当人们充当各种角色并且衍生及维持层级结构时，外观在组织生活方面便占据相当大的比重。在组织中，大部分人都能很快地领悟到可被接受的，以及能够促使个体朝向顶层阶级进军的各种服装款式。"[3]在传

---

[1]　格罗塞：《艺术的起源》，商务印书馆1987年版，第81页。
[2]　傅克斯：《欧洲风化史·风流世纪》，辽宁教育出版社2000年版，第113－114页。
[3]　凯瑟：《服装社会心理学》，中国纺织工业出版社2000年版，下册第447页。

统中国的官场内外，冠服是最耀眼的身份标志。你是什么身份、处于什么地位、承担什么职事、属于什么人员，由服饰一望即知，且不准僭越。

　　传统中国的各个王朝，都实行等级服饰制度，各色官僚贵族用冠服来标示其官阶，即标识其等级和类别。研究官阶，就是研究如何为官职、官员分等分类；而冠服等级是配合官阶品位发挥功能的，二者携手合作、互助互补。冠服体制的背后是帝国品位结构，品位结构的变化将导致冠服体制的变化。反过来说，从王朝冠服反观王朝的品位结构，也就成了研讨传统官阶的一个途径了。当然，服饰与官阶并不是一一对应的简单关系，因为服饰变迁还有自己的规律，还受制于时代与风俗。那么就可以说，中国的王朝冠服体制，是官阶史与服饰史的"叠加"。这一视角中的王朝冠服，与单纯的服饰史研究很不相同了。我们所提出的"冠服体制"概念，其意义如下：各王朝的各色冠服及各种服饰元素（色彩、图案、款式和质料等），在总体上呈现出的分等分类样式，及其与官阶品位的配合方式。

　　历代冠服等级的变迁千头万绪，都可供观察王朝品位结构的特点与变迁，如士与吏、文与武、贵与贱、胡与汉的特点和变迁。以往论著还用过"等级性的强化"之辞，来描述某一时代的冠服演进趋势。我们不可能同时从众多问题入手，只选择"等级性强化"作为论题。历朝历代冠服变迁的总趋势，确实就是"等级性的强化"。但具体说，究竟是"冠服体制"的哪些东西发生了变化？其结构与样式的排列组合，到底发生了什么变化？我们可以尝试新的解析方法，以便更系统地阐释它。

　　分等与分类，必定是通过概念来实现的。"冠服体制"既体现于具体的冠服及服饰元素之中，同时也必然是一套人为的概念。王朝会通过命名来把不同冠服区别开来。我们还能看到，各朝典章及《舆服志》之类文献，对冠服的叙述模式是不相同的。王朝典章对冠服的表述模式的变化，也是探讨"冠服体制"的重要着眼之点。因为叙述冠服时总要分门别类、按部就班，不可能乱炖一锅煮，而不同叙述模式也是一种分等分类。其中也有线索可循。虽有学者讨论过历代《舆服志》的特点了[1]，但尚不精细深入，开掘空间还是很大的。

在各代典章史志叙述冠服时，首先可以在两种办法间做选择。第一种是以"服"为纲。服装本身，会因色彩、图案、款式和质料的不同及用途不同，而形成不同种类，依此叙述就会有一种叙述模式。但也可用另一种办法，以"人"为主。即，不是先罗列各种服装，而是先罗列不同人员，再叙述其各自着装，由此形成另一种叙述模式。这是个以什么为"纲"、以什么为"目"的问题。若先叙服类，再叙穿着之人，是一种"纲举目张"之法；若先叙人员类别，再叙其穿着之服，也是一种"纲举目张"之法。二法虽非截然两分，而是互相渗透的，但两种模式的差异是能看出来的。例如汉朝叙冠服，采用的就是"以冠统服、由服及人"模式；而历史后期典章，则先罗列各色人等，再叙其服。可见两种模式间确实发生过变化，进一步发掘就能发现问题所在。

人员的分等分类是个行政问题，服饰分类的基础则是服饰差异，讨论冠服的分等分类，就是讨论如何利用和制造差异。服饰差异是如何形成的，或如何被制造的呢？那就有很不相同的情况了。因生活方式和环境变迁，各种冠服会"自然"生发出来，从而呈现出特异性来。比如南方人戴斗笠，北方人戴皮帽，诸如此类。由此就形成了"自然差异"。这里所谓"自然"，是就其还没有基于等级需要而被王朝编排改造而言。在生活与工作中，又能看到校服、军服、警服、各色工作服之别，及邮电、工商、城管等部门的制服之别，诸如此类。不止中国如此，不同职业穿着不同服装的做法，在各社会各时代是普遍存在的[2]。传统中国的特点，在于对职业服饰王朝经常用法

---

[1] 华梅：《服饰与中国文化》，人民出版社2001年版，第3章第3节"历代舆服志"，第116页以下。

[2] 例如在美国，"大部分早期的美国职业群体都有其传统的服装"。参看布鲁范德：《美国民俗学》，汕头大学出版社1993年版，第253页。法国17世纪的职业服装，可参看拉米西：《奇异的服装和职业》，上海书店2001年版。

令去规定。此种类型的人为差异，可以叫"职事差异"。你还可能拥有很多种服装，穿哪样因活动的场合与规格而异：隆重的典礼上穿高档礼服，家居场合穿休闲装。妆束打扮依活动场合、依典礼规格而异，姑称"场合差异"。还有一种情况：军人穿着同样风格的军服，但以肩章、领章等徽章区分军衔高下。在同一服装上，进一步利用服饰元素区分尊卑，可名之为"级别差异"。

服饰差异当然还有很多种，服饰社会学的研究者已有系统阐述了[1]。但我们不想照搬服饰社会学的概念。上文所揭差异，是我们量体裁衣，针对这里的特定研究对象而专门设计的。服饰研究者也曾讨论过制服的标志与象征作用，但没把"职事差异"和"级别差异"二者区分开来[2]；然而面对中国冠服时，这却是个有意义的区别。设计得当的概念是锐利的分析工具，将为阐释剖析提供重大便利。

围绕不同差异，可以形成不同的分类分等。基于"自然差异"，就会有"自然分类"；基于"职事差异"，就会有"职事分类"；寻求"场合差异"，可能形成"场合分等"；寻求级别差异，可能形成"级别分等"。当然就一般情况而言，"职事差异"也可能形成分等制度，即若某职事高于或低于某职事，则某职事的服饰高于或低于某职事的服饰。如汉初商人不得衣丝[3]，晋朝市侩一足黑履、一足白履[4]，日本的"非人"不得束发[5]，印度不同种姓各有不同衣饰和

---

[1] 可参看华梅：《服饰社会学》，第三章"社会角色的标志——一般社会角色和特定身份标志"，"标明性别差异"、"标明社会地位"、"标明社会职业"、"标明政治集团"、"标明信仰派系"、"社会活动标志"等节。
[2] 例如王霄兵、张铭远先生的《服饰与文化》，就只讲了制服"以一种图案或颜色，或服装的式样来固定地表示某一对象"。中国商业出版社1992年版，第101-102页。本文则把制服上的服饰元素的区分功能，分为区分职能和区分级别两点。
[3] 《史记》卷三十《平准书》："天下已平，高祖乃令贾人不得衣丝乘车。"
[4] 《广韵》卷四《十四泰》："《晋令》，侩卖者，皆当著巾，白帖额，言所侩卖及姓名，一足白履，一足黑履。"周祖谟编：《广韵校本附校勘记》，中华书局1960年版，上册第383页。又《初学记》卷二六《器物部·履》，中华书局1962年版，第629页。
[5] "非人"，日本江户时代的贱民之一种。他们不能束发，参看竹内理三：《日本历史辞典》，天津人民出版社1988年版，第127页。

着装方式[1]。而"场合差异"也可能只是"分类"而已,各场合所使用的不同服装,不被认为有尊卑高下之别。比方说,不一定婚服高于丧服。我们之所以使用"职事分类"和"场合分等",是基于周秦汉唐冠服体制的实际发展线索的考虑。

在同一个冠服体制中,几种差异往往是同时被利用的,但其重心落在了哪种分类或分等上,却不相同。所谓"重心",是就官僚队伍的主体而言的,这个主体就是品官。品官之外还有各种杂色人等,他们人数众多、且各有其服,但其杂服并不构成王朝冠服体制的主体。"重心"和"主体"的概念是有意义的,因为品官冠服和杂色人员的杂服,其变迁趋势很不一样,二者应加区分。

那么本章思路是这样的:面向官僚队伍的主体,观察历代冠服主要依据或重点突出了哪些差异,用什么方式去表现那种差异,进而探讨其用意、效果和原因。这种分析方法与单纯服饰史的研究不同,打个不甚恰当的比方,可以说是"结构主义"或"形式主义"的,即,旁置了冠服的实际外观或服饰元素的物理形态,而只考虑各种冠服及元素的排列样式,以及它们被叙述的样式,由此分析冠服的分等分类及其变化。后文的讨论,将围绕周朝、汉朝和魏晋几个时段,而陆续展开。

二 周代冠服体制:自然分类与级别分等

首先来看周朝的情况。夏商周属早期国家阶段。经夏商而入周,典章大备而文物灿然,冠服体制也略具形态了。"衣冠",成了这个"礼乐之邦"的重要标志。赵武灵王打算"胡服骑射",随即就遭遇了"莅国者不袭奇辟之服,中国不近蛮夷之行"的抵制[2]。

古人是很重冠的,或说"以首饰为重"。"在身之物,莫大于

---

[1] 尚会鹏:《种姓与印度教社会》,北京大学出版社2001年版,第47页。
[2] 《战国策·赵策二》,第663页。

冠"[1]。冠礼上的三次加冠，都有庄重的象征意义[2]。子路在卫国遇难，被击断了冠缨，说是"君子死而冠不免"，"遂结缨而死"[3]。

各种冠帽之中，"冕"是最重要的礼服与祭服，以致后来"冠冕"都成了仕宦的代称了。礼书说周代大夫以上戴冕，士戴爵弁。《周礼》还描述了一种复杂严整的"六冕"等级制，由大裘冕、衮冕、鷩冕、毳冕、絺冕、玄冕组成。天子服大裘冕以下，公服衮冕以下，侯伯服鷩冕以下，子男服毳冕，孤服絺冕以下，卿大夫服玄冕以下；士不服冕，而服皮弁以下。六冕等级，主要依冕旒之数和服章之数而定，旒章等级则遵循着十二、九、七、五、三、一的级差。这种在同一套服装上，用类似的服饰元素制造等级的做法，在我们看来就属"级别分等"。

当然，冕服的旒章等级是否真像《周礼》说得那么整齐，是可疑的[4]，不能全信。从《左传》"乘轩服冕"的记载看，礼书"大夫服冕"说法不是空穴来风。周代册命官员时的赐物中，往往有命服。就册命金文看，命服有"玄衮齍屯"，也有"玄衣齍屯"。"衮"是龙形纹饰，"玄衮"和"玄衣"的区别，就在于是否绣有龙纹了。是否能用"龙"为服章，看来因地位高下而异。《荀子·富国》："礼者，贵贱有等；长幼有差，贫富轻重皆有称者也。故天子袾裷衣冕，诸侯玄

---

[1] 《论衡·讥日》。后文又云："造冠无禁，裁衣有忌，是于尊者略，卑者详也。"造帽子没吉凶禁忌，裁衣服却有吉凶禁忌，在王充看来，那就是"冠"尊于"衣"的意思。上海人民出版社1974年版，第367页；又刘盼遂：《论衡集解》，古籍出版社1957年版，第480页；黄晖：《论衡校释》，中华书局1990年版，第994页。但这里还要补充指出，造冠虽无禁忌，但举行冠礼的日子，却是有禁忌的。睡虎地秦简《日书甲种》："秀日……冠、制车、制衣裳、服带吉。"见《睡虎地秦墓竹简》，文物出版社1990年版，第181页。

[2] 杨宽先生说："可知初次加冠，无非表示授予贵族'治人'的特权；再次加皮弁，无非表示从此要参与兵役，有参与保护贵族权利的责任；三次加爵弁，无非表示从此有在宗庙中参与祭祀的权利。"见其《古史新探》，中华书局1965年版，第252页；《西周史》，上海人民出版社1999年版，第786页。

[3] 《史记》卷六七《仲尼弟子列传》。

[4] 首先，周朝的冕是否有旒，无法得到考古资料的证明。周以至夏商虽然出土了很多穿孔玉珠，但多用于项链、玉组佩及其他串饰上，并不是冕旒所用的玉珠，看不到冕旒的迹象。其次是服章。周朝冕服上有"火龙黼黻"之类纹章，可以推想等级较高则纹章较多，但严整的十二章制度是否存在，也没多少史料足资证明。

衮衣冕，大夫裨冕，士皮弁服。"[1]"衮"即"袞"。天子、诸侯可以服袞，但大夫不能；大夫可以服冕，但士不能。《荀子》是先秦作品，他说礼服有等级，应有其据。

又，册命金文所见命服中，各种"市"和各种"黄"[2]呈现不同组合，等级现象是很明显的，对之学者已尝试了各种排比[3]。"市"即"芾"、"韨"或"韠"，本来是一幅兽皮蔽膝，后来尊贵起来，成了身份标志。"黄"即"璜"、"珩"，是玉组佩中一块横玉。《诗经·小雅·采芑》："服其命服，朱芾斯皇，有瑲葱珩。"[4]看来，"朱芾"和"葱珩"中是"命服"最夺目耀眼的地方。芾、珩等级，礼书有载。《礼记·玉藻》："一命緼韨幽衡，再命赤韨幽衡，三命赤韨葱衡。"[5]《说文解字》卷七下："天子朱市，诸侯赤市，大夫[赤市]葱衡。"[6]珩或璜的数量和颜色，都是有等级性的。由出土组玉佩看，一璜、三璜、五璜、六璜、七璜、八璜的都有。金文赐物中还有"朱黄"。古人很少用红颜色的玉，但古玉中却有玉器涂朱现象，"朱黄"大概就是涂朱的璜[7]。作为赐璜之一种，将之涂朱，

---

[1] 王先谦：《荀子集解》，中华书局1988年版，第178页。
[2] 郭沫若先生认为"黄"是佩玉："黄、珩、衡为一物"（《金文丛考·金文余释·释黄》，人民出版社1956年版，第163页）；"古金文乃至甲骨文中之黄字或从黄之字所从黄字，为珩之初文，乃玉佩之象形。"（《师克盨铭考释》，《文物》1962年第6期）但唐兰先生认为"黄"是系市之带，见其《毛公鼎朱韨葱衡玉环玉瑹新解》，《光明日报》1961年5月9日，收入《唐兰先生金文论集》，紫禁城出版社1995年版，第88页以下。陈梦家先生也说是衣带，见其《西周铜器断代·赏赐篇·释黄》，《燕京学报》新1期，北京大学出版社1995年版，第277页以下。近年孙机先生详考其事，认为"黄为命服中的玉佩"，至此已无可置疑。见其《周代的组玉佩》，收入《中国古舆服论丛》（增订本），第124页以下。
[3] 参看杨宽：《西周史》，第476页以下；陈汉平：《西周册命制度研究》，学林出版社1986年版，第284页以下；汪中文：《西周册命金文所见官制研究》，台湾国立编译馆1999年版，第324页以下。
[4] 《十三经注疏》，第426页上栏。
[5] 《十三经注疏》，第1481页上栏。
[6] 许慎：《说文解字》卷七下，中华书局1963年版，第160页。"赤市"二字据段玉裁之说补，见其《说文解字注》，上海古籍出版社1981年版，第362页下栏。
[7] 孙机：《周代的组玉佩》，收入《中国古舆服论丛》，第131页。

是为了制造等级差异吧。"市"的颜色,就册命金文看也有等级差异[1]。前面所引的《荀子·富国》篇也说天子穿朱裷、诸侯穿玄裷。后代的"服色"制度,周代已有先声了。"市"、"黄"的组合与命数相应,也属于一种"级别分等"。

西周春秋的制度还比较原始,礼服等级肯定也不像帝制时代那么井然有序[2]。战国以下的礼书作者,把礼服的纹样、色彩、质料和尺寸等等弄得过分整齐了,那未可尽信。不过首先,那种把礼服等级整齐化的努力不是空穴来风,而是渊源有自,乃是早期中华文化的等级精神孕育出来的。进而就今所知的周朝冠服而言,人们毕竟能看到,其时服饰安排主要围绕"分等"而展开,由此强化"级别差异";其具体表现,就是在外观相似的礼服上,通过是否戴冕,以及纹章、佩玉、服色等差异,来区分等级。而"职事差异"即特定的职事群体穿着特定服饰的做法呢?这方面的人为安排,史料所记就少得多了。那并不说明西周春秋冠服不存在"职事差异",只能说,当时仍是一个职能分化简单,而身份分等非常严明的社会。冯尔康先生观察周代社会结构,得到了一个"简单而贫乏的社会群体"的印象[3]。那时候统治者对服饰之区分功能的关注,主要是分等。

从考古材料看,商周的冠与服,其实是形制各异、多姿多态的,其"自然差异"相当之大[4]。但"冠服体制"不完全是自然状态,而是一套人为规划和人为概念,是统治者如何安排和阐述冠服。在面

---

[1] 陈梦家:《西周铜器断代·赏赐篇》,《燕京学报》新1期,北京大学出版社1995年版,第274页以下;陈汉平:《西周册命制度研究》,第286页以下。
[2] 许倬云先生也说:"'礼经'所谓君子庶人之别及封建阶级之间的区分,都未必是如何井然有序的。"《求古编》,联经出版事业公司1982年版,第233页。
[3] 冯尔康:《中国社会结构的演变》,河南人民出版社1994年版,第26页。
[4] 参看石璋如:《殷代头饰举例》,《中研院历史语言研究所集刊》第28本下,1957年;周锡保:《中国古代服饰史》,中国戏剧出版社1984年版,第6页以下;宋镇豪:《夏商社会生活史》,中国社会科学出版社1994年版,第385页以下;宋镇豪:《中国风俗通史》第2卷夏商卷,上海文艺出版社2001年版,第347页以下;陈高华、徐吉军:《中国服饰通史》,宁波出版社2002年版,第61页以下;宋镇豪:《商代玉石人像的服饰形态》,载《中国社会科学院历史研究所学刊》第2集,商务印书馆2004年版,第82页以下;等等。

对"自然差异"时，人们有意识地强化一些东西，同时略去了另一些东西。比如描述冠服吧，是用史学家的眼光尽力客观叙述各色冠服呢，还是站在社会生活支配者的立场来规划冠服呢？二者是不一样的。早期史料中所看到的更多是后者，考古所见繁多冠服在文献中没有充分反映出来，只看到少数有等级性的冠服。富裕的人穿得阔、饰物多，那也算一种自然差异吧；然若人为规定某等级的富人才准使用某服某物，甚至将之安排为数列形式，不准逾等僭用，那就是"冠服体制"了。若暂时排除了"自然"成分，而重点观察冠服上那些人为安排的痕迹，以及周人对冠服的阐述，那么他们最关心的东西，不是如何把不同职事及其承担者区分开来，而是如何把人的尊卑贵贱区分开来，让天子、诸侯、卿大夫、士、庶人各得其所。正如《管子》所云："度爵而制服"；或如《周礼》所云："其宫室、车旗、衣服、礼仪，各视其命之数。"[1]打仗穿军服，祭祀穿祭服，朝廷穿礼服、丧礼穿丧服之类情况，当时当然有，但也不如等级差异那么引人注目。

据此我们判断，周代冠服的"自然分类"仍很浓重，同时冠服体制的重心落在了"级别分等"上，以分等为主。也就是说，可以从"自然分类"和"级别分等"两点，认识周朝冠服。究其原因，前一特点在于周朝还处历史早期，冠服的进化尚未远离"自然"状态，等级礼制还不如后代精密复杂；后一特点则在于周朝是一个贵族社会，身份凝固而等级严明。

三 秦汉冠服体制：自然分类与职事分类

周朝冠服的特点是以"自然分类"和"级别分等"为主，下面再看秦汉。秦汉冠服体制的特点，可以表述为以"自然分类"和"职事分类"为主。所谓"特点"，是比较前朝后代而言的。

---

[1] 分见《管子·立政》："度爵而制服"，赵守正：《管子注译》，广西人民出版社1982年版，第29页；及《周礼·春官·典命》，《十三经注疏》，第781页上栏。

战国社会发生了重大变化，新鲜的服饰在各处不断涌现，异彩纷呈，展示了一个多元化时代的蓬勃活力。"战国以来，人自为礼，家自为俗，岂知古之司服有制哉！"[1]赵武灵王颁《胡服令》，标志着冠服运用上的"实用"精神，已冲破了贵族服饰的礼制传统。"首服中的冠突破了传统礼制的限制，出现了许多新的冠式，如獬豸冠、鸡冠、鹖冠、高山冠、远游冠、巨冠、高冠等。"[2]众多史料显示，战国服饰的变异性，君臣民众穿衣戴帽的随意性，都是相当之大的。一些新兴群体也拥有了特殊服装。例如殷朝留下来的某种服装，变成了"儒服"。那表明"士人"已从贵族等级体制中分化出来了，"儒服"是一种社会角色的标识，但不是一个政治等级的标识。用本书概念，"儒服"具有"职事分类"的意义。

秦汉统治者着手整饬冠服，在这个过程中，新的冠服体制逐渐成形了。《续汉书·舆服志》所叙东汉冠服，就是战国秦汉服制变迁的一个结集；下将《续汉书·舆服志》相关内容摘要于次：

> 长冠：又称斋冠、刘氏冠，祀宗庙诸祀则冠之。据说为刘邦早年所造所服，故为祭服，尊敬之至也。
>
> 委貌冠：行大射礼于辟雍，公卿、诸侯、大夫行礼者冠委貌，衣玄端素裳。
>
> 皮弁：与委貌冠同制，以鹿皮为之。行大射礼于辟雍，执事者冠皮弁。
>
> 爵弁：一名冕。祠天地五郊明堂，云翘舞乐人服之。
>
> 通天冠：乘舆所常服。深衣，有袍，随五时色。

---

[1]《大明集礼》卷三九《冠服》，明嘉靖九年内府刻本。
[2] 戴庞海：《先秦冠礼研究》，中州古籍出版社2006年版，第107页以下。当然也有学者认为，"总的说来，'衣服不贰，从容有常，以齐其民'、'禁异服'、'同衣服'，重共性而限个性发挥，求观念守常而轻款式繁化，是春秋战国时各国统治者安民导俗的通举。"参看宋镇豪：《中国春秋战国习俗史》，人民出版社1994年版，第182页。这个判断也许适合春秋，但不适合战国那个变革时代；既令统治者真的都有"禁异服"的"通举"，也没能限制住新服饰的蓬勃涌现。

远游冠：制如通天冠，有展筩横之于前，无山述，诸王所服也。

高山冠：中外官、谒者、仆射及洗马所冠。

进贤冠：公侯三梁，中二千石以下至大夫、博士两梁，自博士以下至小史、私学弟子，皆一梁。

法冠：侍御史、廷尉正监平服之，又名獬豸冠。

武冠：或称武弁大冠，诸武官冠之。侍中、中常侍则加金珰、附蝉、貂尾。刘昭云其为"骏䴊冠"，不过骏䴊冠系郎官之服，上插鸟尾，非貂尾[1]。

建华冠：据说来自古代的鹬冠。天地、五郊、明堂之礼，育命舞乐人服之。

方山冠：似进贤冠，祠宗朝，大予、八佾、四时、五行乐人服之，冠衣各如五行五方之色。

巧士冠：郊天时宦官黄门四人冠之，乘舆车前以备宦者四星。

却非冠：制似长冠，下促。宫殿门吏仆射冠之。负赤幡，青翅燕尾。

却敌冠：制似进贤，卫士服之。

樊哙冠：汉将樊哙造次所冠，制似冕。司马殿门大难卫士服之。

术氏冠：前圆，吴制，差池逦迤四重。赵武灵王好服之。

鹖冠：武冠加双鹖尾则为鹖冠。五官、左右、虎贲、羽林五中郎将、羽林左右监，及虎贲、武骑皆鹖冠。"羽林"即指鹖尾如林的意思。《后汉书》卷五二《崔烈传》："（崔）钧时为虎贲中郎将，服武弁，戴鹖尾。"

---

[1]《汉书》卷九三《佞幸传》："故孝惠时，郎侍中皆冠骏䴊，贝带，傅脂粉。"《汉书》卷六三《武五子传·燕王刘旦传》记，汉宣帝时燕王刘旦谋反："郎中、侍从者著貂、羽，黄金附蝉，皆号侍中。"按貂、羽似不并插，插貂者是侍中，插羽的为骏䴊冠、鹖冠。这句话应理解做郎中著羽，侍从著貂。

汉廷冠服当然不止这些。比如，还有一种"帻头"，曾是羽林中郎将及羽林孤儿的发式[1]；还有一种"小冠"，曾为县令县长所服[2]。此外儒生官僚往往把官服放在一边而另穿儒服，这问题将在第五章讨论，此处不赘。不同时候，冠服式样也会有变化。

读者也许会说，《续汉志》乃晋人司马彪所作，难以反映汉人的冠服观。不过我想这问题不算很大。像汉末蔡邕《独断》一书叙述冠服的模式，就与《续汉志》类同：依照冠类，一一叙述冕、帻、通天冠、远游冠、高山冠、委貌冠、进贤冠、法冠、武冠、长冠、建华冠、方山冠、术士冠、巧士冠、却非冠、樊哙冠、却敌冠等[3]。这与《续汉志》大同小异。此外由残留史料片段所见，应劭《汉官仪》、阮谌《三礼图》、董巴《大汉舆服志》等书[4]，记述冠服的笔法也差不了多少。

《续汉志》那种叙述模式的特点，可以概括为"以冠统服、由服及人"。即，以冠为纲，先述冠，再述服，再叙使用此冠此服的其人其事。那是一种很"原始"的做法。首先它体现了中国早期服饰"以首饰为尊"的传统。其它民族的服饰史上，也有过"重头"现象，能看到"琳琅满头"的盛况[5]。《续汉志》的叙述给人一种感觉：它是

---

[1] 卫宏《汉旧仪》卷上："中郎将一人，施帻头，属羽林。"《汉官六种》，第34-35页。又《汉书》卷六三《武五子传·燕王刘旦传》："建旌旗鼓车，帻头先驱。"颜师古注："凡此帻头先驱，皆天子之制。"
[2] 《汉旧仪》卷上："选能治剧长安、三辅令，取治剧。皆试守，小冠，满岁为真，以次迁。奉引则大冠。"同书卷下："县户口满万，置六百石令，多者千石。户口不满万，置四百石、三百石长。大县两尉，小县一尉，丞一人。三百石丞、县长黄绶，皆大冠。亡新令长为宰，皆小冠。"均见《汉官六种》，第68、82页。可见"小冠"有非正式或等级稍低的意思，"大冠"则是标准的进贤冠了。《汉书》卷六八《霍光传》"更以（霍）禹为大司马，冠小冠，亡印绶。"霍禹"冠小冠，亡印绶"，都是地位稍低的意思。《续汉书·舆服志下》刘昭注引《古今注》："建武十三年，初令长皆小冠。"这个做法，也许可以同光武帝裁减郡县、精兵简政的措施联系起来。
[3] 蔡邕：《独断》卷下，上海古籍出版社1990年版，第18页以下。
[4] 《续汉书·舆服志》、《隋书·礼仪志》、《太平御览·服章部》等所引。应劭、阮谌是汉末人，董巴是曹魏博士。
[5] 戴平指出："纵观中国少数民族之饰，有一个值得注意的现象，就是：重头轻脚。这一现象古已有之……"见其《中国民族服饰文化研究》，上海人民出版社2000年版，第235页以下。

在展示王朝搜罗到和拥有了多少种冠服，随后才是什么人如何使用这些冠服。而这就表明，汉代冠服体制比较地"原生态"，保留着浓厚的"自然差异"。"自然差异"源于生活。社会生活发生了巨变，新鲜的冠服大量涌现。汉代冠服体制，就是在周朝的礼服传统断裂后，由其他来源另行形成的。

在这个断裂、转折过程中，"秦始皇定冠服"的事件，具有决定意义：

> 《后汉纪》卷九汉明帝永平二年（59年）春正月：自三代服章皆有典礼，周衰而其制渐微。至战国时，各为靡丽之服。秦有天下，收而用之，上以供至尊，下以赐百官。（《两汉纪》，中华书局2002年版，下册第165页）
>
> 《续汉书·舆服志上》：降及战国，奢僭益炽，削灭礼籍，盖恶有害己之语，竞修奇丽之服……及秦并天下，揽其舆服，上选以供御，其次以锡百官。
>
> 《晋书》卷二五《舆服志》：逮礼业雕讹，人情驰爽，诸侯征伐，宪度沦亡，一紫乱于齐饰，长缨混于邹鲁。……若乃豪杰不经，庶人干典，彭鹬冠于郑伯之门，蹑珠履于春申之第。及秦皇并国，揽其余轨，丰貂东至，獬豸南来。……除弃六冕，以袀玄为祭服。

通天冠据说是秦冠，术士冠则是"吴制"，非秦产。獬豸冠据说是楚国的王冠，有獬豸之象，秦灭楚而得之，赐给了御史戴[1]；远

---

[1] 《续汉书·舆服志》："獬豸神羊，能别曲直，楚王尝获之，故以为冠。胡广说曰：《春秋左氏传》有南冠而絷者，则楚冠也。秦灭楚，以其君服赐执法近臣御史服之"。汉代的獬豸冠两角，见《续汉志》注引《异物志》："今冠两角，非象也。"又蔡邕《独断》卷上："今冠两角，以獬豸为名，非也。"《淮南子·主术》："楚文王好服獬豸，楚国效之。"张双棣：《淮南子校释》，北京大学出版社1997年版，第986页。包山楚简有"桂冠"，胡雅丽先生认为就是"觟冠"，亦即獬豸冠，见其《包山楚简服饰资料研究》，收入王光镐主编《文物考古文集》，武汉大学出版社1997年版，第251页。陈荣先生认为，獬豸冠最初来自羌族的羊角帽，楚人来源于西羌，所以楚王好服獬豸冠。见其《论獬豸冠与"西王母"》，《青海社会科学》2004年第5期。

游冠据说也来自楚国的王冠，秦汉统治者给太子诸王戴，改其名称为远游冠[1]；惠文冠据说是赵国王冠，上垂貂尾，秦灭赵而得之，赐给了侍中戴[2]；高山冠据说是齐国王冠，秦灭齐而得之，赐给了谒者戴[3]。在楚汉间，一度连小吏贱民都戴那高山冠了[4]。赵国还有一种骏䴖冠，冠上饰羽，也是王冠[5]，秦汉时却成了侍中、郎中

---

[1]《隋书》卷十二《礼仪志七》："故《淮南子》曰：'楚庄王冠通梁组缨。'注云：'通梁，远游也。'"《通典》卷五七《礼十七·嘉礼二》："远游冠，秦采楚制。楚庄王通梁组缨，似通天冠而无山述。"中华书局1984年版，第328页下栏。

按今检《淮南子》，无"楚庄王冠通梁组缨"之文，仅其《齐俗》篇有"楚庄王裾衣博袍，令行乎天下，遂霸诸侯"一句。然而《太平御览》卷六八五《服章部二·远游冠》引云："《淮南子》曰'楚庄王通梁组缨。'高诱曰：'通梁，远游冠也。'"中华书局1984年版，第3065页下栏。又见《事类赋注》卷十二《服用部·冠》，中华书局1989年版，第261页；《玉海》卷八一《车服·远游冠》，江苏古籍出版社、上海书店1987年版，第1507页下栏等。又王念孙《广雅疏证》卷七下："《淮南子·齐俗训》：'楚庄王通梁组缨。'《太平御览》引高诱注云：'通梁，远游冠也。'"上海古籍出版社1983年版，第899页。王泰岳等《四库全书考证》卷二六《隋书卷十二》："'楚庄王通梁组缨'，刊本'缨'讹'缕'，据毛本及《淮南子》改。"书目文献出版社1991年版，第629页上栏。又《后汉书集解校补》，柳从辰亦云："《淮南子》：'楚庄王通梁组缨。'高注：'通点，远游也。'是此冠亦楚制。"参看王先谦《后汉书集解》，中华书局1984年版，第360页上栏。似乎王念孙、王泰岳、柳从辰都确实在《淮南子》中看到了"通梁组缨"四字。《墨子·公孟》提到了楚庄王"组缨"："昔者，楚庄王鲜冠组缨，缝衣博袍，以治其国。"但其"鲜冠"二字不同于"通梁"。录以存疑。

[2]《续汉书·舆服志下》："武冠，一曰武弁大冠，诸武官冠之。侍中、中常侍加黄珰，附蝉为文，貂尾为饰，谓之'赵惠文冠'。胡广说曰：赵武灵王效胡服，以金珰饰首，前插貂尾，为贵职。秦灭赵，以其君冠赐近臣。"汉代国王仍有用惠文冠的。《汉书》卷六三《武五传》：昌邑王刘贺"衣短衣大绔，冠惠文冠。"但孙机先生认为"惠"是稀疏的缌布，与赵惠文王无关，见其《进贤冠与武弁大冠》，收入《中国古舆服论丛》（增订本），第169页。按，蔡邕《独断》卷下："法冠，楚冠也。一曰柱后惠文。"丛书集成初编，中华书局1985年版，第28页。法冠是楚冠、非赵冠，然而也称"惠文"，可见"惠文"与赵惠文王无关，孙先生所云甚是。但那只是说"貂尾为饰"之冠与赵惠文王无关，却不能说其与赵武灵王无关。赵武灵王"胡服骑射"时，"王遂胡服"，见《战国策·赵策二》，第655页。此冠的特点不在缌布，而在饰貂，帽上饰貂应系胡俗。《续汉志》注引胡广："意谓北方寒凉，本以貂皮暖额，附施于冠，因遂变成首饰。"从汉代画像"二桃杀三士"中的冠上貂尾形象看，是很粗的貂尾从顶部弯曲垂下的，与后世斜插在冠之侧部，似有不同。

[3]《续汉书·舆服志》记高山冠，"胡广说曰：高山冠，盖齐王冠也。秦灭齐，以其君冠赐近臣谒者服之。"徐广说同。

[4]《史记》卷九七《郦生陆贾列传》记，郦生见刘邦时"冠侧注"，"侧注"即高山冠。而当时郦生只是里监门吏，自称为"高阳贱民"。

[5]《淮南子·主术》："赵武灵王贝带、骏䴖而朝，赵国化之。"张双棣：《淮南子校释》，第986页。按《续汉志》"谓之赵惠文冠"之后，刘昭注谓"又名骏䴖冠"。这就把赵武灵王戴骏䴖冠之事，与其在武冠上加貂尾之事，混为一谈了。

之冠[1]，大概也始于秦始皇的"收而用之"。"丰貂东至，獬豸南来"，列国之冠在新的土壤中滋生出来，冲破了周朝礼服传统，又在秦欢聚一堂了。展示罗列被"收而用之"的各国冠服，也就是在展示秦始皇混一六合、天下一家的光辉业绩。

在服饰史研究者看来，秦始皇收六国冠服而用之，表明那些冠服被沿用了，是"连续"；但从"冠服体制"，即从冠服的分等分类与帝国品位结构的配合看，则还能看到"断裂"与"创建"。秦始皇赐冠时，他重新确定了那些冠的用法，昔日的王冠，转给御史、侍中、谒者或郎中戴。列国的王冠，由此割断了其旧日用法，那就造成了"断裂"；它们变成了官员的服饰，以全新方式与王朝等级制配合起来，新的冠服体制被"创建"了。秦始皇把列国王冠戴到自己近臣的脑袋上，其时一定洋洋得意，我们则看到了"断裂"和"创建"的双重意义。还要注意，秦始皇"锡百官"做法，其"职事分类"的色彩特别浓，即，是按官职的类别赐冠的，是让某一职类官僚的戴某冠，而不是让某一等级的官僚戴某冠。

汉初礼制极为简陋："高帝悉去秦苛仪法，为简易。群臣饮酒争功，醉或妄呼，拔剑击柱。"[2]"周礼"传统荡然无存了。此后有叔孙通制礼仪。长冠系楚冠，乃刘邦早年所好，后由平民之冠变成了"尊贵之至"的宗庙礼冠；樊哙冠因樊哙而得名，而樊哙原先只是个杀狗的。长冠、樊哙冠由微而显、平步青云，显示了楚汉间确实是"天地间一大变局"，是个"布衣皇帝"、"布衣将相"的时代。诸冠多系新起，又各有来源，不难想象，它们在相当一段时间中，是保持了其原形原貌的。统治者一时还来不及按等级需要改造之，尚未对冠服细节做精心推敲，以造成后世那种繁密等级。《续汉志》的冠服

---

[1]《说文解字》卷四上："秦汉之初，侍中冠骏䴤。"中华书局1963年版，第82页。《史记》卷一二五《佞幸传》："故孝惠时，郎侍中皆冠骏䴤、贝带。""贝带"应作"具带"，参看王国维《观堂集林》卷二二《史林十四·胡服考》，《王国维先生全集初编》，台湾大通书局1976年版，第3册1069页；河北教育出版社2003年版，第529页。

[2]《史记》卷九九《叔孙通传》。

叙述给人的"原生态"之感，可以拿"自然差异"做部分解释。

汉朝的文官戴进贤冠。进贤冠的来历不怎么清晰。《后汉书·舆服志》说它是"古缁布冠也，文儒者之服也"，似不可信。春秋礼帽、居冠礼"三加之一"的缁布冠是黑麻布做的[1]，其形制与进贤冠并不相类。还是蔡邕《独断》"汉制"的说法比较可靠："进贤冠……汉制，礼无文。"[2]进贤冠跟缁布冠不会有沿承关系，而是新起的。学者指出，河南三门峡与河北平山出土的铜人灯座及若干秦俑所戴之冠，都可以看成是进贤冠的先型[3]。一方面礼书中看不到进贤冠的痕迹，另一方面在汉朝连卑微的小史都戴进贤冠，则其最初不可能是高贵的礼冠，也不会是"文儒者之服"，只能是普通人束发的东西。吏是"庶人之在官者"，也许吏的冠形比庶人大，以示吏民有别；冠形大了，则其梁数就会多起来。汉代进贤冠确实是有小冠、大冠之别的，"小冠"在试用期间使用。其实高山冠、远游冠、通天冠，可能都由进贤冠的冠形加大而来。"进贤冠"那名字也不会是最初就有的，应是在它成为官服之后，汉朝什么人给它新起的嘉名。从小史到丞相都用进贤冠，后来冠下加介帻，仍是"上下群臣贵贱皆服之"[4]。这"贵贱皆服之"告诉我们，汉代官僚政治的身份性较弱，流动性较强。

汉朝的军人和武官戴武弁。这武弁，很容易与礼书中的"皮弁"联系起来。但用作礼帽、居冠礼"三加"之一的皮弁，是白鹿皮做的；秦汉武冠却是漆纱做的，来自实用军帽[5]。王国维说汉代的武弁"疑或用周世之弁"[6]，而我们觉得，武弁与礼书所记载的礼帽"皮弁"，也没有直接的源流关系。总之，进贤冠与武弁都有非常实用

---

[1] 可参看杨宽：《冠礼新探》，收入《古史新探》，第248页；《西周史》，上海人民出版社2003年版，第782页。
[2] 蔡邕：《独断》卷下，上海古籍出版社1990年版，第19页。
[3] 参看孙机：《进贤冠与武弁大冠》，收入《中国古舆服论丛》（增订本），第163页。
[4] 《续汉书·舆服志下》。
[5] 亦参孙机：《进贤冠与武弁大冠》，第169页。
[6] 王国维：《观堂集林》卷二二《史林十四·胡服考》。

的来源，它们分别成为文官与武官之冠，乃是战国秦汉文武分途的直接结果，是文吏和军吏两个新兴群体由微而显、成长壮大的结果。

汉代冠服中的分等元素，主要就是进贤冠的一梁、二梁、三梁了[1]，由此造成了"级别分等"。一梁、二梁、三梁的"三分法"比较粗略。首先是分等粗略，明清补服分为9等，密度就高了3倍。其次用来分等的服饰元素之粗略，只有冠梁而已，而唐宋明清的冠服上，就用众多服饰元素去体现等级差别。秦汉天子服通天冠，诸王服远游冠。高山冠与通天冠、远游冠样子差不了多少，属于一个系列。天子也服高山冠[2]，谒者、仆射、太子洗马也服高山冠，跟天子差不了多少。后来魏明帝把高山冠的样子改了，就是因为它跟通天冠相似，造成了君臣无别。又，巧士冠也很像高山冠，只不过高山冠高九寸，而巧士冠或高七寸、或高五寸而已，七寸的黄门从官服，五寸的扫除从官服[3]。就是说皇帝身边有一群从官，他们的冠服乍看上去跟皇帝很相似。官服上的佩玉、印绶也有等级。但总的说来，在充分利用服饰元素以区分等级上，汉廷"前修未密"，远不像后代王朝"后出转精"。

---

[1] 此外东汉天子可能使用五梁冠。《后汉书》卷三八《法雄传》："永初三年，海贼张伯路……冠五梁冠，佩印绶。"李贤注云："《汉官仪》曰：'诸侯冠进贤三梁，卿大夫、尚书、二千石冠两梁，千石以下至小吏冠一梁。'无五梁制者也。"后汉官僚不用五梁冠，那么张伯路的五梁冠何所取法呢？我们推测是取法天子，因为晋南北朝天子有五梁进贤冠、五梁远游冠，见《晋书》卷二五《舆服志》、《宋书》卷十八《礼志五》、《隋书》卷十一《礼仪志六》；及《太平御览》卷六八五《服章部二》引徐广《舆服杂注》，中华书局1984年版，第3056页。晋南北朝天子所用五梁冠，可能是上承东汉的。又，朱锡禄先生曾说，武梁祠后壁画像上的梁高行、楚昭贞姜及双层楼房中的两人都戴五梁冠。见其《武氏祠汉画像石》，山东美术出版社1986年版，图七、图八，及107－108页说明。这些人都是女性，所谓"五梁"实为花钗。朱先生的《武氏祠汉画像石中的故事》（山东美术出版社1996年版，第32页）一书，已改称"梁高行头戴首饰"、楚昭贞姜"戴花冠"了。

[2] 阮谌《三礼图》："通天冠，一曰高山冠，上之所服。"《太平御览》六八五《服章部二》引，中华书局1984年版，第3册第3056页上栏。又《续汉书·舆服志》注引卫宏《汉旧仪》："乘舆冠高山冠，飞月之缨，帻耳赤，丹纨里衣，带七尺斩蛇剑，履虎尾绚履。"刘昭注："案此则亦通于天子。"

[3] 《续汉书·舆服志下》："巧士冠，[前]高七寸，要后相通，直竖。不常服，唯郊天，黄门从官四人冠之。"蔡邕《独断》卷下："巧士冠，其冠似高山冠而小。……巧士冠高五寸，要后相通，扫除从官服之。"上海古籍出版社1990年版，第18－19页。

秦汉冠服体现了一种"不同冠服用于不同事务或人群"的精神。如宗庙祭祀，用长冠；辟雍大射，公卿、诸侯、大夫用委貌冠，执事者冠皮弁；祠天地五郊明堂，云翘舞乐人服爵弁；天地、五郊、明堂之礼，育命舞乐人服建华冠；宗庙、大予、八佾、四时五行，乐人服方山冠；郊天，宦官黄门四人服巧士冠，等等。"职事分类"的色彩，显然是很浓重的。文官用进贤冠、服黑，武官用武冠、服赤，也是"职事分类"重要体现之一。这是战国以来官制"文武分途"的直接结果。学者有时会为某官是文是武而费神辨析，其实那时不妨看看冠服，就一目了然了。"职事分类"方面的安排，又如法官专有其服，侍御史、廷尉正监平等官员服法冠；又如宫殿门吏仆射服却非冠，卫士服却敌冠，司马殿门大难卫士（大难即大傩）服樊哙冠；等等。秦汉的侍从及郎官属"宦皇帝者"职类，后来叫"郎从官"。侍从如侍中、中常侍，以武冠加金珰、附蝉、貂尾；五官、左右、虎贲、羽林五中郎将、羽林左右监及虎贲、武骑，皆服鹖冠；郎官服骏䴘冠。侍中、郎官的鹖冠、骏䴘冠，本属武冠服类；但武官服赤，郎从官却是服黑的[1]。宿卫郎官服黑，系先秦传统，先秦的宿卫士官被称为"黑衣之数"。那么"宦皇帝者"那个职类的特殊性，在冠服上也体现出来了。

不同职事承担者使用不同冠服，也就是"因职而冠"了。《续汉书·舆服志下》："安帝立皇太子，太子谒高祖庙、世祖庙，门大夫从，冠两梁进贤；洗马冠高山。罢庙，侍御史任方奏请非乘从时，皆冠一梁，不宜以为常服。事下有司。尚书陈忠奏：'门大夫职如谏大夫，洗马职如谒者，故皆服其服，先帝之旧也。方言可寝。'奏可。"任方认为，"非乘从时"即非陪同太子的时候，门大夫、洗马应戴一梁冠，这是从"分等"角度立论的；而陈忠所谓"皆服其

---

[1] 《汉书》卷八八《儒林传》："(任)章为公车丞，亡在渭城界中，夜玄服入庙，居郎间，执戟立庙门，待上至，欲为逆。发觉，伏诛。"颜师古注："郎皆皂衣，故章玄服以厕也。"是说郎官玄服即皂衣。同书卷九九下《王莽传下》："其令郎、从官皆衣绛。"新莽时郎从官改服绛衣，恰好反证郎从官此前是服黑的。

服",却是从"分类"着眼的。从职类上说,"门大夫职如谏大夫",所以让门大夫戴进贤两梁冠;"洗马职如谒者",所以让洗马戴高山冠;而且不管"乘从"与否,各种场合"皆服其服"。皇帝采纳了陈忠的意见,因为依秦汉观念,冠服更多地与职类相关,应依职类而定。

杂色人等各有其服,后世也是如此,甚至更严更繁了;但杂服在冠服体制中的分量,或说冠服主体部分的重心所在,各代却不相同。在《续汉书·舆服志》中,杂色人等的冠服,首先是作为"冠"之一种而与其余诸冠并列的,然后再叙其服,再叙服其冠服之事和服其冠服之人;而那些事、那些人,有些在后世看来是较为微末的。像服却非冠的宫殿门吏仆射,服樊哙冠的司马殿门大难卫士,即是。宫殿门吏仆射、司马殿门大难卫士从地位来说微不足道,没法跟大臣比;但他们的却非冠、樊哙冠作为冠之一种,堂而皇之地跟进贤冠、獬豸冠、高山冠等比肩并列了。又如巧士冠,仅4个宦官在郊天时服用,但因巧士冠也是王朝的冠之一种,所以就与大臣之冠列在一块了。后代典章就不同了,先叙人的类别,再叙其冠其服的类别;杂色人等的冠服,与品官分叙。帝国前期的"以冠为纲"叙述模式,既体现了古老的"重冠"观念,又较多顺应了冠本身的差异,即"自然差异",所以在法典与史志中,有一种冠就列上一种冠;而后代典章则是"以人为本"的,冠服体制全面服从官僚等级,杂色人等之服不与品官并列。

若与前朝后代相比,秦汉冠服体制的特点,就是相对突出的"自然分类"和"职事分类"。其所提供的分类信息,多于分等信息;其分类色彩强于周朝及后世,但分等功能弱于周朝及后世。可以从战国秦汉间贵族传统的断裂、秦汉官僚政治重事不重人、其品位结构相对松散、一体化程度不高等方面,理解这些特点。

拿"秦始皇定冠服"和汉廷的冠服安排,去跟同期儒生所构拟的冠服礼制加以比较,能看出某种差异来。以冕服等级为例。《礼记·礼器》云:"天子龙衮,诸侯黼,大夫黻,士玄衣纁裳。天子之冕,朱绿藻十有二旒,诸侯九,上大夫七,下大夫五,士三"。《周礼》

"六冕"制度更复杂,所用大裘冕、衮冕、鷩冕、毳冕、絺冕、玄冕等名,也算是汇聚了古今冕名,但另按章旒十二或九、七、五、三、一重新分等了。《礼记》、《周礼》都是"度爵而制服"的,依天子、诸侯、卿大夫、士的爵级定等;都采用"级别分等",即在同一套冕服上进而通过服饰元素章旒实现分等。

秦汉新冠服却不是"度爵而制服"的。秦始皇把列国王冠赐给近臣,系依职类而赐,不依爵级而赐;汉廷文官服进贤、武官用武弁,其余职类各有其服。就现有史料看,秦汉的新冠服体制,与二十等爵没有直接的对应关系。刘邦虽规定了"爵非公乘以上毋得冠刘氏冠"[1],但那是一个否定性指令,亦即,公乘以上可以戴刘氏冠,但不是必须戴刘氏冠;你觉得别的冠好看,但戴无妨。

秦始皇定冠服,依"职事分类";儒生传礼制,重"级别分等"。在同一时间,帝王与儒者以不同思路规划冠服,泾渭分途。儒生是"周礼"的传承者,他们规划冠服时,把周朝贵族时代的等级礼制传承下来了。秦始皇却是贵族政治的终结者。纳六国冠服于一廷,显示"六王毕,四海一",中央集权时代到来;依职类而不是依爵级赐王冠,暗示贵族等级制已成明日黄花。

周朝贵族与其传统服饰如冕服、玄冠、皮弁等,退出了政治舞台的中心;一大批新式冠服在战国秦汉涌现;在这背后,就是一大批新兴人员和新兴职事的拔地而起。那些职事,对统治者来说至关重要不容马虎;而对那些人员的个人荣耀与服饰尊卑,统治者一时操心不多。好比黑心矿主雇了一群劳工,随他们穿什么好了,卖力干活就成;若手头贩来了一堆旧衣服,也是随意发、随便穿。秦汉皇帝似乎没有太强的迫切感,觉得必须去精细区分官场尊卑、确保官贵的荣耀体面,对不同职位做纵向大排队,并以繁密等级服饰体现之。只要各项职事都有人在干,皇帝就心满意足了;至于那些人的服饰各异,缺乏一元化的可比性,皇帝的脑袋里还没多想那个事情,用梁数大致把

---

[1]《汉书》卷一《高帝纪》。

官员分为三大段落，就可以了。秦汉政治精神就是"以吏治天下"，其官阶用"职位分等"，给官僚的品位特权远不如前朝后世；汉代冠服体制之所以分类功能较强，分等功能较弱，就生发在这个历史背景之中。

帝国初期的新式吏员刚刚登上政治舞台，还没来得及发展为一个官僚阶级。但随政治演进，官僚在神州大地上逐渐扎下根，官僚等级与官场尊卑越来越严明，越来越精细，冠服体制也越来越严明，越来越精细了。明代的朝服高度"一元化"了，不论文官、武官还是法官，一律梁冠，赤罗衣、赤罗裳，然后再用九等梁冠区分高低；汉朝则是文官、武官、法官、"宦皇帝者"和各色杂职各穿各的。不同职类穿不同冠服，你穿你的、我穿我的，就不利于等级比较；让不同职类穿同一种冠服，就便于进一步用服饰细部来区分尊卑、比较高下，从而强化"级别分等"了。

四　汉唐间冠服体制的变化趋势：场合分等和级别分等

有一个现象很有意思，若拿秦汉王朝的实用冠服跟礼书所见冠服相比，则礼书中冠服的等级细密整齐，经常超过实用冠服。像《周礼》"六冕"的冕旒等级就是如此，它比周秦汉的实际冕制复杂多了。可见早期政治文化之中，就已蕴含着繁密冠服等级的发展动力了。战国秦汉间的冠服体制"断裂"，只是一时之事。魏晋以下，王朝冠服的变化趋势，是渐趋一元化，强化等级性，冠服体制的重心向"级别分等"和"场合分等"偏转，服饰上的等级元素由疏而繁。

魏明帝看到高山冠跟通天冠、远游冠样子太像了，就把高山冠"毁变"为进贤冠的样子，以令君臣有别[1]。他还不准公卿在冕

---

[1] 傅玄《傅子》："高山制似通天、远游，乃毁变先形，令行人、使者服之。"《太平御览》六八五《服章部二》引，中华书局1984年版，第3册第3057页。又《宋书》卷十八《礼志五》："谒者高山冠，本齐服也。一名侧注冠。秦灭齐，以其君冠赐谒者。魏明帝以其形似通天、远游，乃毁变之。"其事又见《隋书》卷十二《礼仪志七》。

服上使用黼黻，以免"拟于至尊"[1]。魏晋南北朝各朝虽然沿用了很多汉式的冠类，但变化也在不断发生着。北齐的五品以上命妇，"以钿数花钗多少为品秩"，一品九钿、二品七钿、三品五钿、四品三钿、五品一钿[2]。可见就连官僚家属的服饰，也严格以官品为准，远比汉代细密了[3]。北周利用《周礼》"六冕"实行冠服大复古，创造了一套极复杂的等级冕服。兹依《隋书》卷十一《礼仪志六》，将北周冕服制表如下：

皇帝十二服	苍衣苍冕象衣象冕十二章	青衣青冕袞冕九章	朱衣朱冕山冕八章	黄衣黄冕鷩冕七章	素衣素冕	玄衣玄冕 韦弁	皮弁	
诸公	方冕	袞冕九章	山冕八章	鷩冕七章	火冕六章	毳冕五章	韦弁	皮弁	玄冠
诸侯	方冕		山冕八章	鷩冕七章	火冕六章	毳冕五章	韦弁	皮弁	玄冠
诸伯	方冕			鷩冕七章	火冕六章	毳冕五章	韦弁	皮弁	玄冠
诸子	方冕				火冕六章	毳冕五章	韦弁	皮弁	玄冠
诸男	方冕					毳冕五章	韦弁	皮弁	玄冠
三公	祀冕	火冕六章	毳冕五章	藻冕四章	绣冕三章	爵弁	皮弁		
三孤	祀冕		毳冕五章	藻冕四章	绣冕三章	爵弁	皮弁		
六卿	祀冕			藻冕四章	绣冕三章	爵弁	皮弁		
上大夫	祀冕				绣冕三章	爵弁	皮弁		
中大夫	祀冕				绣冕三章	爵弁	韦弁	玄冠	
下大夫	祀冕				绣冕三章		韦弁	玄冠	
士	祀弁					爵弁		玄冠	
庶士								玄冠	

---

[1]《宋书》卷十八《礼志五》："魏明帝以公卿衮衣黼黻之文，拟于至尊，复损略之"。其事又见《晋书》卷二五《舆服志》及傅玄《傅子》，《太平御览》卷六八五、六九〇引，中华书局1985年版，第3册第3080页。

[2]《隋书》卷十一《礼仪志六》。

[3] 据沈从文先生研究，汉代妇女一般在发间斜插六花钗。然而就画像砖石所见，这种妆饰一般用于舞女或婢妾，贵族妇女头上却不多见。"贵族妇女除如史志所在流行马皇后四起大髻，此外簪、钗均少使用，而在伎乐或执行一般任务的女性婢仆头上，反而出现满头珠翠。金银六钗更明确在发髻间外露。"见其《中国古代服饰研究》，上海书店出版社2002年版，第185、191-192页。可见汉代妇女首饰，等级限制并不严格。沈先生随后又说汉代妇女钗环使用有极严格的区别，似与前文所论相左。

这个体制的森严繁密，为秦汉冠服望尘莫及。它虽系一时之制，也未必真的实行了，但毕竟反映了一个宏观趋势，即冠服等级性、一元性的强化趋势。北周的公、孤、卿、大夫、士爵称实际就是官品的翻版，它们与五等爵称组成了十多个冕服等级，远过汉朝，汉朝的进贤冠只分三大段落而已。

梁陈、北齐、北周三系制度，在隋唐合而为一，呈"百川归海"局面。学者随即看到："隋朝开始，官职越立越多，仪礼越分越繁，以服饰区别上下的功能也就愈益显著"[1]；隋朝舆服是一系列"等级鲜明的舆服"；唐朝"文武百官之服专在明等级"[2]。黄正建先生特别指出，由于南北朝以来"常服"日益重要了，隋唐统治者就把"常服等级化"作为"一个十分紧迫的课题"[3]。

隋朝开皇时期的冠服承袭了南北朝冠服，也沿用了很多汉朝冠服。隋炀帝的大业服制发生了变化："诸建华、鹫䴉、鹖冠、委貌、长冠、樊哙、却敌、巧士、术氏、却非等，前代所有，皆不采用。"[4]吴玉贵先生评论说："官员依品级各有等差，废除了前代行用的建华、鹫䴉、鹖冠、委貌、长冠、樊哙、却敌、巧士、术氏、却非等许多繁琐的服饰。"[5]服类趋简了。来自汉朝的獬豸冠和高山冠还在，但獬豸冠只是为了标识法职的特殊性，才保留下来的；高山冠的外观已"梁依其品"，向梁冠靠近，变成进贤冠的附庸了。官员依官品而定冠服，与废除若干繁琐冠式，二者系同一进程的两个方面。它们在冠服主体部分造成的变化，就是服类减少，"不同职官穿不同冠服"的做法淡化，"职事分类"分量下降，"级别分等"相应浓厚起来了，以官品为准而在同一套冠服上制造差异，转成冠服规划的主导思想。冠服体制的重心，逐渐由分类向分等偏转。

---

[1] 华梅：《服饰与中国文化》，第29页。
[2] 徐庭云主编：《中国社会通史》第3卷，山西教育出版社1996年版，第305页。
[3] 黄正建：《唐代衣食住行研究》，首都师范大学出版社1998年版，第77页。
[4] 《隋书》卷十二《礼仪志七》。
[5] 吴玉贵：《中国风俗通史》(隋唐五代卷)，上海文艺出版社2001年版，第126页。

《新唐书·车服志》称唐朝"群臣之服二十有一"[1]，服类似乎又趋繁了。不过细考其事，也不尽然。郊庙武舞之平冕、文舞郎之服委貌冠，监察司法官员之法冠，内侍省内谒者、亲王司阁、谒者的高山冠，亭长、门仆的却非冠仍被列入冠类[2]，是受了汉人冠服表述方式的影响，但也只是汉制残留下来的一个小小尾巴而已。杂色人等的冠服，实际已与品官冠服区分开来。分析"趋简"或"趋繁"之时，应把主体冠服和杂服分开来看，两部分的变迁趋势并不一样。官僚主体部分的冠服变化趋势，仍是类别趋简而级别趋繁。进贤冠、高山冠、法冠等都属于"朝服"。朝服部分，谒者另用高山冠、法官另用法冠，类别稍繁；但在"常服"部分，法官、谒者就没有特殊服饰，服类简化了。汉代的法官在各种场合都用法冠，而唐代法官大事用法冠，小事另用常服，同于其他文官[3]。

"级别分等"在唐朝高歌猛进，服饰上的等级元素不断繁衍，分等趋于细密高峻，服饰等级的调整范围不断扩张。南北朝的皇帝通天

---

[1]《新唐书》卷二四《车服志》。即：1. 衮冕、2. 鷩冕、3. 毳冕、4. 絺冕、5. 玄冕、6. 平冕、7. 爵弁、8. 武弁、9. 弁服、10. 进贤冠、11. 远游冠、12. 法冠、13. 高山冠、14. 委貌冠、15. 却非冠、16. 平巾帻、17 黑介帻、18. 介帻、19. 平巾绿帻、20. 具服、21. 从省服。黄能馥、陈娟娟先生说群臣之服 22 种，那是把"婚服"也加上了。见其《中国服装史》，中国旅游出版社 1995 年版，第 148 页；或《中国文化通志·服饰志》，上海人民出版社 1998 年版，第 228 页；或《中国服饰史》，上海人民出版社 2004 年版，第 230 页。朱和平也说是 22 种，见其《中国服饰史稿》，中州古籍出版社 2001 年版，第 198 页。大概是承袭黄、陈之说。但这算法未必稳妥。若婚服要算上，丧服是不是也要算进去呢。而且婚服即冕服、爵弁、公服。《唐六典》卷四《礼部郎中》："若职事官三品已上有公爵者，嫡子婚，听假絺冕；五品已上孙、九品已上子及五等爵婚，皆假以爵弁服；庶人婚，假以绛公服。"中华书局 1992 年版，第 117 页。那么婚服是在"群臣之服二十有一"之内的。

[2] 1—7 种为祭服，除平冕为郊庙武舞郎之服外，其余可以合计。平巾帻与武弁应属一类，武官、卫官以平巾帻为"公事之服"，武官在朝参时再把武弁加于平巾帻上。又黑介帻与进贤冠也应属一类，文官朝参的进贤冠也是加于黑介帻上的。隋朝已是如此。《隋书》卷十二《礼仪志七》："承远游、进贤者，施以簪导，谓之'介帻'；承武弁者，施以笄导，谓之'平巾'。"唐朝黑介帻又是视品官及学生之服。流外官的介帻乃黑介帻之属，炊事人员的平巾绿帻应是平巾帻之属。

[3] 王溥《唐会要》卷六一《御史台中》："大事则豸冠、朱衣纁裳、白纱中单，以弹之；小事常服而已。"中华书局 1955 年版，第 1067 页。大事、小事，是就弹劾之事项重大与否而言的。

冠上面有五梁，官僚的进贤冠则为三梁、两梁、一梁。唐朝官僚的梁数依旧，皇帝的通天冠却变成了二十四梁了，据说那"二十四"是"天之大数"[1]。始于北周的"品色"之制，在唐大行其道。秦汉文官服黑、武官服赤，颜色用以区分职类。唐朝则用颜色区分等级，官僚的弁服、袍服、袴褶等，三品以上紫，五品以上绯，七品以上绿，九品以上青，格外醒目。服饰的各个细部都按官品做出了规定，不能乱用。如隋唐的皮弁以玉琪为饰，一品九琪、二品八琪、三品七琪、四品六琪、五品五琪；如唐朝官僚的腰带，一品二品銙以金，六品以上銙以犀，九品以上銙以银，庶人銙以铁；等等。隋唐以后冠服上的等级元素之多，是大大超过秦汉的。比如说，汉廷只规定了官贵妻子的服饰；而这时对官贵的父母、妻子、儿女的衣帽饰物，朝廷全都要管，不厌其烦地一一条列，甚至规定到了袖子的长度和衣裳的曳地尺寸之上[2]。而秦汉的同类规定，就远没有那么多、那么细了。进而服饰等级的调整范围，也大大超过了秦汉。南北朝隋唐间，也不断有新兴的冠帽被纳入冠服体制，如幞头（折上巾）等，由此带来了新的"自然差异"；但繁密的服饰等级规定，总体说是令唐帝国的礼服远离了"原生态"，大不同于汉朝那种"自然分类"了。

除了冠服的"级别分等"的强化和服类的一元化，其时还存在着另一个演进，就是"场合分等"的强化。所谓"场合分等"，就是依活动的正规程度与典礼的庄重程度，而定冠服等级。官僚品位结构趋

---

[1] 黄能馥、陈娟娟先生说："《旧唐书·舆服志》说通天冠有12首，唐王泾《大唐郊祀录》卷三说十二首是天之大数，大概是应12个月份的数字，也就是通天冠有12根梁。《新唐书·车服志》说通天冠有24梁，这大概是晚唐时的制度。"见其《中国服装史》，第153页，又其《中国文化通志·服饰志》，第246页，又其《中国服饰史》，第248页。朱和平也说12首是12梁，见其《中国服饰史稿》，第203页。大概是承袭黄、陈之说。按《大唐郊祀录》卷三所云原作"通天冠，加金博山，附蝉十二首"，可见"十二首"指的是"附蝉"。只要看看下文皇太子"具服远游三梁冠，加金附蝉九首"，就知道梁数不同于"首"数了（《大唐开元礼附大唐郊祀录》，民族出版社2000年版，第752页）。"首"犹言"头"，"十二首"即十二头金附蝉，"九首"即九头金附蝉，与"梁"无关。
[2] 如《唐会要》卷三一《舆服上·杂录》唐文宗太和六年（832年）六月礼部式："又袍袄衫等曳地不得长二寸已上，衣袖不得广一尺三寸已上。妇人制裙不得阔五幅已上，裙条曳地不得长三寸已上，襦袖等不得广一尺五寸已上。"第573页。

于一元化了，冠服体制趋于一元化了，则不同官职的异质性相应减小，冠服间的差异相应减小，那么，官僚们在何种场合用何冠服的问题，即"场合分等"问题，就相对凸显了。

"场合分等"是以"场合差异"为基础的。不同场合用不同服饰，像婚礼穿婚服、丧礼穿丧服，原是生活的常情，不必定导致"分等"。然而帝国等级制的发展，也体现在政治活动的规格分等上。在与天地神灵相关、与皇帝相关、与大政相关的场合，其礼节就更隆重，其冠服规格就规定得更高。你去祭天地，你去见皇帝，你就不能是衙门里的日常打扮，你就得用最特殊最麻烦的办法穿，不得率易不准偷懒。所以，"场合分等"是帝国等级制的又一侧面。

汉代服制的"场合分等"，大概祭服比较突出一些。此外还有一种"五时朝服"，与五郊祭祀相关[1]，也属祭服。其余各种场合，官僚一般穿着固定的冠服[2]，一成不变。《续汉书·舆服志》："凡冠衣诸服，旒冕、长冠、委貌、皮弁、爵弁、建华、方山、巧士，衣裳文绣，赤舄，服絇履，大佩，皆为祭服，其余悉为常用朝服。"根据"其余悉为常用朝服"一句，就可以认为东汉冠服只分"祭服"、"常服"两大类。在北朝，冠服规格变繁密了，"朝服"、"公服"、"常服"等概念明晰起来。

史家追叙隋朝冠服，引人注目地采用"四等之制"概念，"四等"就是常服、公服、朝服、祭服。（对"四等之制"的考辨，详见本章第六节。）唐朝冠服的"场合分等"，大致说包括5个服等：祭服、朝服（具服）、公服（从省服）、"公事之服"，及燕服（常服）。

---

[1]《续汉书·舆服志下》："迎气五郊，各如其色，从章服也。"说的就是"五时朝服"。又《宋书》卷十八《礼志五》："汉制，祀事五郊，天子与执事所服各如方色；百官不执事者，自服常服以从。"那"各如方色"之服也是"五时朝服"。

[2]《汉书》卷七八《萧望之传》张敞自言："敞备皂衣二十余年。"如淳注："虽有五时服，至朝皆著皂衣。"张敞说这话时官为京兆尹。他此前仕历：以乡有秩补太守卒史，察廉为甘泉仓长，稍迁太仆丞，擢为豫州刺史，宣帝征敞为太中大夫，与于定国并平尚书事。主兵车，复出为函谷关都尉，徙为山阳太守；拜胶东相，守京兆尹。那么他做这些官时都服皂朝服。

祭祀大典，使用冕服；重要典礼如陪祭、朝飨、拜表等场合，文官用梁冠、绛纱单衣等组成的朝服；较低规格的典礼用公服，公服比朝服简化一些，武官则用武弁（此外朝参还用过袴褶之服）；"公事之服"则是日常办公之服，对文官是弁服，对武官是平巾帻；燕居休闲，用燕服。"场合"之分等，为冠服体制增添了一个新的维度。

朝服与公服之别，是服等形成的关键。朝服是为"具服"，以服饰具备而名之；公服是为"从省服"，比朝服省略了若干服饰。"从省"的概念始于北齐，经隋文帝、隋炀帝而到唐大致定形。唐朝的具服由"冠、帻，簪导，绛纱单衣，白纱中单，黑领、袖，黑褾、襈、裾，白裙、襦，革带，金钩𫃤，假带，曲领方心，绛纱蔽膝，白袜，乌皮舄，剑，纷，鞶囊，双佩，双绶"构成；从省服由"冠、帻，缨，簪导，绛纱单衣，白裙、襦，革带，钩𫃤，假带，方心，袜，履，纷，鞶囊，双佩，乌皮履"构成；又因官品不同而有省减[1]。略见下表：

朝 服			公 服	
五品以上	六七品	八九品	五品以上	六至九品
冠、帻	冠、帻	冠、帻	冠、帻、缨	冠、帻、缨
簪导	白笔	×	簪导	簪导
绛纱单衣	绛纱单衣	绛纱单衣	绛纱单衣	绛纱单衣
白纱中单	白纱中单	白纱中单	×	×
黑领、袖	黑领、袖	黑领、袖	×	×
黑褾、襈、裾	黑褾、襈、裾	黑褾、襈、裾	×	×
白裙襦	白裙襦	白裙襦	白裙襦	白裙襦
革带	革带	革带	革带	革带
金钩𫃤	金钩𫃤	金钩𫃤	钩𫃤	钩𫃤
假带	假带	假带	假带	假带
曲领方心	曲领方心	曲领方心	方心	方心
绛纱蔽膝	绛纱蔽膝	绛纱蔽膝	×	×
白袜	白袜	白袜	袜	袜
乌皮舄	乌皮舄	履	履	履
剑	×	×	×	×

---

[1]《新唐书》卷二四《车服志》。

续表

朝　服			公　服	
纷	纷	纷	纷	×
鞶囊	鞶囊	鞶囊	鞶囊	×
双佩	×	×	双佩	×
双绶	×	×	×	×
			乌皮履	乌皮履

与汉相比，等级性服饰元素明显趋繁，各级官僚的衣帽上该有什么、不该有什么，王朝的考虑精细入微，进而由若干服饰的"从省"，形成了"服等"。

下面来看具服和从省服的形成过程。本来在北齐，七品以上用具服，八品至流外四品以上用从省服，就是说其时具服与从省服的区别，只基于"级别分等"的考虑，二者在结构上是纵向衔接的。隋文帝规定，从五品以上，除在陪祭、朝飨、拜表等"大事"场合用朝服外，"自余公事，皆从公服"。这样，"场合分等"明确化了，公服成了从五品以上官的另一套冠服，用于"自余公事"的场合。"服等"初现端倪。隋炀帝时，朝服的使用范围由七品以上扩展到了九品，成了所有品官的具服；从省服依然限于五品以上；同时随朝服向整个品官队伍扩展，流外官被排除在朝服使用者之外了[1]。这样"流内"和"流外"正式分成两大块，前一部分即品官明确表现为冠服体制的主体。到了唐代，从省服的范围也扩大到了九品官。"具服"与"从省服"两个服等，就是这样形成的。图示如下：

---

[1]《隋书》卷十二《礼仪志七》："其朝服，亦名具服。……自一品已下，五品已上，衣服尽同，而绶依其品。陪祭朝飨拜表，凡大事皆服之。六品、七品，绶。八品、九品，去白笔、内单，而用履代舄。其五品已上，一品已下，又有公服，亦名从省服。并乌皮履，去曲领、内单、白笔、蔽膝。"叶炜君分析说："朝服和公服都发生了变化，其中朝服的范围从'七品已上'之服，扩大到了八、九品流内官，'八品、九品去白笔、内单，而用履代舄'，略有简化而已。公服则成为了'五品已上，一品已下'流内官除朝服外的另一套服装。"见其《从冠服制度看南北朝隋唐之际的官吏分途》，中国中古史中日学者联谊会论文，2007年8月25日，第5页。

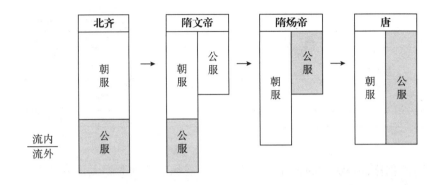

此图表明，具服、公服的形成过程贯穿着三个变化：第一是"级别分等"的强化，第二是"场合分等"的形成，第三是品官成为冠服体制的主体部分而流外官被排斥在外。在朝服与公服分化为二之时，王朝趁热打铁、充实服等，以弁服为"公事之服"，以休闲之服为燕服。燕服并不是随便穿的，它同样有等级区别，要遵从服色。

服等制度以"场合差异"为本，其所强调的是规格不同，而不是职类之异。当官僚的服装依职类而异时，他会有一种观感和体验；而当官僚服装依场合而异时，他又是一种观感和体验。前者强化了不同职类的异类之感，即"你我各自从事不同工作"之感、"各干一行"之感；后一做法，却把感受与注意转到了活动规格上，大家全都是王朝官僚，眼下是"同一批人共同参与同一活动"。"服等"之制，使冠服体制的重心向事务等级和活动规格偏转，那么也就疏远了职类的区分。

两《唐志》叙述群臣冠服，多少还拘泥于前史《舆服志》的"以冠统服"模式，这有时会模糊了观察者的视线；但《唐六典》就不同了。《唐六典》卷四《礼部尚书》叙述冠服之文，分为两大段落，第一段依次叙祭服、朝服、公服、弁服与平巾帻、袴褶，这部分显以服等为纲；第二段转叙诸冠，如远游冠、进览冠、武弁、平巾帻、法冠、高山冠、却非冠、进德冠等，那只相当于对服等的进一步说明。就是说，在"以冠统服"的模式之外，以"服等"为纲而叙群臣冠服的模式，开始萌生、滋长，并占据主导了。

宋朝的冠服体制，上承隋唐的变化趋势，继续趋于"一元化"，继续强化"级别分等"和"场合分等"。宋朝的祭服仍使用冕服，朝服仍使用梁冠、朱衣朱裳。朝服的梁冠在宋初只分五梁、三梁、两梁3等，宋神宗元丰二年（1079）又分为貂蝉笼巾七梁、七梁、六梁、五梁、四梁、三梁、二梁，共达7等，比汉代的三等之分细致得多了。

汉朝文武冠服不同，一用进贤冠、一用武弁大冠。唐朝的朝服仍有文武之分，文官戴进贤冠（即梁冠）、黑介帻，武官戴武弁、平巾帻。唐朝的进贤冠与武弁，虽在概念上继承汉朝，实际形制已非汉旧，二者的外观差异小多了。宋朝文武官索性都用梁冠，只不过武官只用四梁、三梁、二梁冠而已。

宋朝的"常服"概念与唐不同，所谓"常服"相当于唐之"公事之服"，采用幞头，曲领大袖，但也没有文武之分[1]。赘言之，宋朝的朝服、常服，都没有了文武之别。（军人出征打仗穿甲胄，是另一回事。）"职事分类"进一步淡化了，等级区分却清晰而严明，公服依品级而有紫、朱、绿、青之别，各种饰物的等级区别依然细致入微。高山冠、却非冠、委貌冠基本退出了冠服体制[2]。御史台、大理寺、审刑院、刑部的官员仍然戴法冠，然而那法冠也今非昔比了："獬豸冠即进贤冠，其梁上刻木为獬豸角，碧粉涂之，梁数从本品。"[3]本来在唐朝，高山冠已"梁依其品"了，成了梁冠的变体；进而在宋朝，獬豸冠也被"梁冠化"了，被纳入了进贤冠的范畴，只是在梁冠上加装一个"獬豸角"而已。那么法官、军官与文官在服饰一体化的道路上，又迈进了很大一步。

明太祖定制，冕服为皇帝、皇族禁脔，官僚不得染指。一品至九品官的祭服改用梁冠，青罗衣、赤罗裳。朝服也用梁冠，赤罗衣、赤

---

[1] 参《宋史》卷一五二《舆服志四》；卷一五三《舆服志五》。
[2] 按，鼓吹令、丞之冠原称"裤褶冠"，宋徽宗宣和元年（1119年）以礼制局议，"卤簿既除裤褶，冠名不当仍旧，请依旧记如《三礼图》'委貌冠'制。"从之。见《宋史》卷一四八《仪卫志六》。所谓委貌冠，仅鼓吹令丞服之而已。
[3] 《宋史》卷一五二《舆服志四》。

罗裳。梁冠等级,是公冠八梁,侯伯七梁,均加笼巾貂蝉;一品七梁、二品六梁、三品五梁、四品四梁、五品三梁、六七品二梁、八九品一梁;合计 9 等。常朝之公服,则使用乌纱帽与盘领右衽袍,一品至四品官用绯色,五品至七品官用青色,八九品官用绿色。明朝无论祭服、朝服还是公服,都不分文武。所以,《明史·舆服志》采用的是"文武官朝服"、"文武官公服"、"文武官分献陪祀,则服祭服"的措辞,"文武官"一并言之了。文官与武官的冠服已无区别,只是在由乌纱帽、团领衫构成的常服上,用补服分别文武,文官用禽鸟,武官用猛兽。清承其制。此外,都御史、副都御史、给事中、监察御史、按察使的补服上绣獬豸,算是法官用特殊服饰之传统的一个残余罢了。

与此同时,冠服饰物的各种等级规定,依然细致而严明;服饰等级手段的调整范围,旁及官僚的父祖、伯叔、子弟、侄孙、母妻女以至女婿、子妇,下及庶民、工商、僧道。天底下的人穿什么、戴什么,政府都觉得有义务管、有权力管,甚至管到了异族藩邦,对"外国君臣冠服"亦以专门的条文规定之。当然,民众是否严格遵守那些规定,又另当别论了,历代"车服逾制"的现象史不绝于书。传统中国就是如此,法律繁密却不严格遵守,大量的人处于"违法"状态,朝廷只能睁一只眼、闭一只眼。服饰禁令也是如此。然而即使明知禁不过来,在制度上朝廷仍不肯放弃干预权力,对"车服逾制"照样下令禁,这事情本身就足够重要了。

五 从"由服及人"到"由人及服"

本章的基本方法之一,就是探讨《舆服志》与王朝典章的冠服叙述模式。前已指出,冠服叙述模式上,存在着一个"由服及人"到"由人及服"的变化。本节继续讨论这个问题。

明政府对各色人等的服饰施加全面管理,包括各种杂职人员。杂职人员使用特殊冠服,历史前期已然,明朝就更细密了。仍引《明史》为例：

《明史》卷六六《舆服志二》：皇帝冠服，皇后冠服，皇妃、皇嫔及内命妇冠服，九嫔冠服，内命妇冠服，宫人冠服，皇太子冠服，皇太子妃冠服，亲王冠服，亲王妃冠服，公主冠服，亲王世子冠服，世子妃冠服，郡王冠服，郡王妃冠服，郡王长子冠服，郡主冠服，郡王长子夫人冠服，镇国将军冠服，镇国将军夫人冠服，辅国将军冠服，辅国将军夫人冠服，奉国将军冠服，奉国将军淑人冠服，镇国中尉冠服，镇国中尉恭人冠服，辅国中尉冠服，辅国中尉宜人冠服，奉国中尉冠服，奉国中尉安人冠服，县主冠服，郡君冠服，县君冠服，乡君冠服。

《明史》卷六十七《舆服志三》：众臣冠服，仪宾冠服，状元及诸进士冠服，儒士、生员、监生巾服，庶人冠服，士庶妻冠服，协律郎、乐舞生冠服，朝会大乐九奏歌工巾衫，宫中女乐冠服，教坊司冠服，王府乐工冠服，军士服，卫军士、力士服，皂隶公人冠服，外国君臣冠服，僧道服[1]。

比较《续汉书·舆服志》那种叙述模式，我们觉得有两点值得阐述。

第一点，暂不考虑《明史·舆服志二》中的皇帝和皇族，先

---

[1]《明会典》的叙述模式与之类同。如其卷六十《礼部十八·冠服一》子目：皇帝冕服，皇后冠服，皇妃冠服，皇嫔冠服，内命妇冠服，皇太子冠服，皇太子妃冠服，亲王冠服，亲王妃冠服，公主冠服，世子冠服，世子妃冠服，郡王冠服，郡王妃冠服，长子冠服，郡主冠服，长子夫人冠服，镇国将军冠服，镇国将军妃冠服，辅国将军冠服，辅国将军夫人冠服，奉国将军冠服，奉国将军淑人冠服，镇国中尉冠服，镇国中尉恭人冠服，辅国中尉冠服，辅国中尉宜人冠服，奉国中尉冠服，奉国中尉安人冠服，县主冠服，郡君冠服，县君冠服，乡君冠服。其卷六一《冠服二》子目：文武官冠服，仪宾冠服，命妇冠服，进士巾服，状元冠服，生员巾服，吏员巾服，士庶巾服，士庶妻冠服，教坊司巾服。万历《明会典》，上海古籍出版社，第790册第196页以下；又万历《大明会典》，台湾文海出版社1984年版，第3册第1017页以下。《大明集礼》卷三九《冠服》分类较简，分为乘舆冠服、皇太子冠服、诸王冠服、群臣冠服、内使冠服、侍仪舍人冠服、校尉冠服、刻期冠服、士庶冠服，及皇后冠服、皇妃冠服、皇太子妃冠服、王妃冠服、内外命妇冠服、宫人冠服、士庶妻冠服而已。明嘉靖九年内府刻本，早稻田大学藏，第21册，电子扫描版。

看《舆服志三》中所叙各种人员，那种对形形色色人员冠服的一一规定，是否与前文所阐释的"冠服一元化"趋向相悖呢？

这问题仍要从"主体冠服"考虑。"冠服体制"是就官僚主体和冠服体制的重心而言的。官僚主体就是品官，冠服重心就是《舆服志三》中的"众臣冠服"。官僚等级制的一般规律是：级别越高，越倾向品位分等；级别越低，越倾向职位分等。在中国古代，对品官和流外胥吏的管理原则截然不同，前者重分等，后者重分类；进而其冠服规划的原则也不相同，前者重级别分等，后者重职事分类。唐朝及宋前期，流外官也有九品，宋以后流外连"品"也没有了，泛称"流外"而已。百杂职事各有其服，实行"职事分类"的服饰制度，反过来证明了汉代冠服的"职事分类"色彩，是与"以吏治天下"的政治精神相通的。而那种"吏治"精神及服饰安排，在历史后期还残留着，但只残留在"流外"部分，并体现于冠服之上。

冠服体制变迁的背后，是帝国品位结构的变迁。"主体冠服"与杂色人等的冠服区分，因流内流外制度的出现而强化了。汉代官阶没有流内流外，高官与小吏冠服相通。据《续汉志》，进贤冠"公侯三梁，中二千石以下至博士两梁，自博士以下至小史、私学弟子，皆一梁。"可以看到，汉朝的官吏从上到下都用进贤梁冠，从公侯直到小史、私学弟子。"小史"极其卑微，有时由十几岁的孩子担任[1]，然而也能戴进贤冠；私学弟子根本不是官儿，然而也能戴进贤冠。可见进贤冠的使用上，官与吏并无隔绝。南北朝到隋唐发生了"官、吏分途"，出现了流内流外，这随即就反映在冠服体制上了。叶炜君对此有细致考察。首先从"冠"说，唐朝品官之冠"不通于下"，流内文官所用进贤冠、武官所用武冠，流外胥吏不能戴了。其次从"服"

---

[1]《宋书》卷二一《乐志三》载《艳歌罗敷行》："十五府小史。"《汉书》卷八四《翟方进传》："方进年十二三，失父孤学，给事太守府为小史，号迟顿不及事，数为椽史所詈辱。""小史"年幼位卑，时遭大吏呵斥凌侮。严耕望先生称："位次干者有小史，于吏员中最为卑末。"《中国地方行政制度史》甲部《秦汉地方行政制度》，台湾中研院历史语言研究所专刊之四十五A，1990年版，第115页。

说，流内品官的朝服、公服，流外胥吏不能穿了，另穿"绛公服"、"绛褠衣"[1]。主体冠服与"流外"一刀两断，品官、胥吏各服其服、两不相混，给流内外制度投下了身份性的阴影。汉代进贤冠"上下群臣贵贱皆服之"的情况，成为陈迹。

第二点，《明史·舆服志》对杂职人员的冠服叙述，也与《续汉志》不同了。《续汉志》的叙述模式是"以冠统服、由服及人"，《明史·舆服志》则"以人为纲、由人及服"。二者之异，示意如下：

某冠，某服，某人……	某人，某服，某服……
某冠，某服，某人……	某人，某服，某服……
某冠，某服，某人……	某人，某服，某服……
某冠，某服，某人……	某人，某服，某服……

汉：以冠统服、由服及人　　明：以人为纲、由人及服

采用"由人及服"模式，必然造成同类冠服的重复叙述。比如皇帝、皇太子、亲王各有冕服、皮弁、常服等等，这时立法者不避重复，一一叙于其人之下，即如：皇帝，冕服、皮弁、常服；皇太子，冕服、皮弁、常服；亲王，冕服、皮弁、常服之类。

两种叙述模式的转换，是在隋唐后逐渐发生的。两《唐书》叙冠服，仍拘泥于《续汉志》为代表的那种格式，一下子看不出变化来。但请看《开元礼》引唐令：

> 令云：诸流外官行署，三品以上介帻，绛公服……
> 其非行署者，太常寺谒者、祝史、赞引，鸿胪寺司仪，诸典书、学，内侍省典引，太子右春坊掌仪、内坊导客舍人、诸赞，

---

[1] 参看叶炜：《从冠服体制看南北朝隋唐之际的官吏分途》，又其《论南北朝隋唐之际"流外"性质的变迁》，《中国史研究》2004年第3期。

> 王公以下舍人，公主谒者等，各准行署，依品服。
>
> 自外及任杂职掌无官品者，皆平巾帻，绯衫……
>
> 黑介帻，簪导……国子、太学、四门学生、俊士参见则服之。
>
> 律书算学士、州县学生，则黑介帻，白裙襦……
>
> 诸州县仓督、市令，县录事、佐史、里正，岳渎祝史、斋郎，并介帻，绛褠衣。
>
> 平巾帻，绯褶，大口袴，紫褠，尚食局典膳局主食、太官署监膳史，食官署掌膳服之。
>
> 平巾绿帻，青布袴褶，尚食局主膳、典膳局典食、太官署食官署供膳、良酝署奉觯服之。
>
> 五辫，青袴褶，青耳属，羊车小吏服之。
>
> 总角髻，青袴褶，漏刻生、漏童服之[1]。

这段唐令叙述流外杂职之冠服，明显采用"由人及服"模式。有些文句仍用"某服，某人"句式，但那与"某人，某服"表述无实质不同，整体上仍然是"以人为纲"的。

从"由服及人"到"由人及服"，变化意义是什么呢？阅读《明史·舆服志》的"由人及服"叙述，像是阅读机关花名册，其等级结构宛然在目；而阅读蔡邕《独断》、《续汉书·舆服志》的"以冠为纲"叙述，则像阅读服装博览会的说明书，眼帘中净是形形色色的冠与服，至于穿戴那些冠服的人在朝廷中的地位，一下子就看不出来了。我们认为，"由服及人"仅仅依据于冠服的"自然差异"，是一种比较"原生态"的做法，这时候作者和读者的注意力聚焦于"冠"本身的差异；"由人及服"则把视线引向了"人"，"人"就是王朝统治者、各色官贵和各色臣隶，他们的地位、权势和职能，组成了一个等级金字塔。简言之，"人"的背后是帝国品位结构。在"由人及服"

---

[1]《通典》卷一〇八《礼六八·开元礼纂类三·序例下》引，第570页。

模式下,"人"的等级安排鲜明起来了。叙述模式是冠服体制的一个侧面。所以我们说,冠服等级性强化,也体现在"由服及人"到"由人及服"的叙述模式转换上。

叙述至此,可以做一总结了。本章围绕"冠服体制"概念,运用"自然分类"、"职事分类"、"场合分等"、"级别分等"各项指标,以及"以服为纲"抑或"以人为纲"的视角,考察王朝冠服在周朝、汉朝与魏晋以下的变迁轨迹,考察其分等分类功能与官僚等级制的配合。考察结果大致如下:

第一,周朝冠服体制的特点,可以概括为"自然分类"和"级别分等"的结合;汉代冠服体制的特点,则是"自然分类"和"职事分类"相对突出,其时冠服的分类功能强于前朝后世,其分等功能弱于前朝后世;魏晋以降,冠服体制的重心,就向"级别分等"和"场合分等"明显偏转了。

第二,魏晋以降,服饰元素的等级日趋繁密,等级服饰的调整范围不断扩张。就是说越到历史后期,冠服的分等功能越强大。

第三,《续汉志》简单罗列各种冠,再把"服"附之于后,再叙其穿着之人、所务之事。这是一种"以冠统服,由服及人"的叙述模式。在汉以后,冠服叙述模式逐渐向"由人及服"变迁,即先罗列人员的等级类别,再叙其服。这意味着帝国冠服体制,已全面服务于帝国等级体制了。

以往对传统冠服"等级性不断强化"的叙述,是比较笼统的;而本书利用若干概念工具,给出了一个更精细的叙述,并揭示出其间的更多曲折。秦汉冠服体制的"自然分类"和"职事分类"相对突出,服饰元素的等级性相对较弱,叙述冠服时采用"由服而人"的模式,乃是帝国体制尚处草创,其时品位结构还相对松散,其一元性、精巧性和内部整合程度,还不如后世的反映。此后二千年中,中国官僚等级日益森严,纵向的品级之别日趋细密严明,体制内部高度整合,成为一座一元化的金字塔。尽量让官僚的主体部分在同一阶梯上排成纵队,统一分出高下尊卑来,已成为时代的需要。冠服体制的各种变迁,就顺应了那个需要。

最后要补充说明的是,冠服变迁是多重因素的"叠加",官僚品位结构的变迁并非冠服变迁的唯一动因,还有更多因素影响着服饰面貌,例如服饰习俗的自身变迁,特定的政治社会背景,等等。例如蟒龙纹样的使用在明朝限制颇严,在清朝就宽松得多了,那并不意味着清朝冠服的等级性松弛模糊了,而是另有原因,与满洲早期文化风俗有关。满族在较早时候自由使用蟒龙的风俗,叠加在清朝的冠服体制上了[1]。本章所用概念和所揭线索,也不能说涵盖了冠服体制的所有问题。一般说来,衣着习惯可能从社会高层滑向底层,但也可能由底层流向上层[2],传统中国当然也存在着这两种流动。至少我们看到,各代都有一些新起衣帽、饰物和纹样,原系平民所用,但后来被纳入了冠服体制。同时,也有宫廷妆饰普及到民间的事情。其变迁规律需另行讨论。除了协助处理官职和官僚的分等分类之外,冠服制度在标识和构建君臣关系和臣民关系上,也发挥着重大作用。各种服饰元素的文化象征意义,还有很多值得深入推敲之处。就方法论而言,在冠服外还有更多礼制,都可以采用类似"结构主义"或"形式主义"方法,从等级、品位角度加以研究。当然这要俟以来日,以及大方之家了。

六 附论《旧唐志》所见隋朝冠服"四等之制"

前文的阐述涉及了"服等"制度。这个制度前人落墨不多,仍有若干细节需要澄清。

所谓"服等",就是按典礼与场合之庄重正式的程度,把所使用

---

[1]《建州闻见录》:满洲早期"衣服则杂乱无章,虽至下贱,亦有衣龙蟒之绣者。"《建州闻见录校释》,辽宁大学历史系1978年版,第43页。女真对于龙纹,本来缺乏汉人那种高贵感受,所以清廷对官贵服饰使用蟒龙图案的限制,宽松一些了。
[2] 华梅:《服饰社会学》,第102页以下;罗什:《平常事情的历史:消费自传统社会中的诞生,17—19世纪》,百花文艺出版社2005年版,第246页。

的冠服分为若干等。为什么把这个制度称为"服等"呢？是依据《旧唐书》卷四五《舆服志》。此《志》在追述隋朝冠服时，使用了"四等之制"之辞。我们就采用了那个"等"的提法。

但在采用了《旧唐志》"等"的提法之时，也要指出《旧唐志》对隋朝各服等的具体阐述，存在问题。兹将相关文字节略如下：

衣裳有常服、公服、朝服、祭服四等之制。

平巾帻，牛角簪簪，紫衫，白袍，靴，起梁带。五品已上，金玉钿饰，用犀为簪。是为常服，武官尽服之。六品已下，衫以绯。

弁冠，朱衣素裳，革带[1]，乌皮履，是为公服。其弁通用乌漆纱为之，象牙为簪导。五品已上，亦以鹿胎为弁，犀为簪导者。加玉琪之饰，一品九琪，二品八琪，三品七琪，四品六琪。三品兼有纷、鞶囊，佩于革带之后，上加玉佩一。鞶囊，二品以上金缕，三品以上银缕，五品以上彩缕，文官寻常入内及在本司常服之。

三师三公、太子三师三少、尚书秘书二省、九寺、四监、太子三寺、诸郡县关市、亲王文学、藩王嗣王、公侯，进贤冠。三品以上三梁，五品以上两梁，犀簪导。九品以上一梁，牛角簪导。门下、内书、殿内三省，诸卫府，长秋监，太子左右庶子、内坊、诸率，宫门内坊，亲王府都尉，府镇防戍九品以上，散官一品已下，武弁，帻。侍中、中书令，加貂蝉，佩紫绶。散官者，白笔。御史、司隶二台，法冠。一名獬豸冠。谒者、台大夫

---

[1] "朱衣素裳，革带"，中华书局标点本作"朱衣裳，素革带"。孙机先生断做"朱衣、裳素、革带。"见其《两唐书舆（车）服志校释稿》，收入《中国古舆服论丛》（增订本），第348页。按"裳素"当作"素裳"，因为《旧唐志》叙皇帝和皇太子弁服，皆作"绛纱衣素裳，革带"；《新唐书》二四《车服志》叙群臣弁服，亦作"朱衣素裳，革带"。知以"朱衣素裳，革带"为是。又叶炜君告知，"素革带"那东西也是有的，《隋书》卷十一《礼仪志六》叙陈朝皇太子朝服，有"素革带"；叙诸王朝服，有"素带"。

161

以下，高山冠。并绛纱单衣，白纱内单，皂领、襈、襩、裾，白练裙襦，绛蔽膝，革带，金饰钩𦁐，方心曲领，绅带，玉镖金饰剑，亦通用金镖，山玄玉佩，绶，袜，乌皮舄。是为朝服。……玄衣纁裳冕而疏者，是为祭服。

《旧唐志》"四等之制"的概括很简洁明快，直接袭用"四等"叙述隋朝服饰，对学者是很便利的。然而一般性地把常服、公服、朝服、祭服视为"四等"，是一回事；《旧唐志》对隋朝常服、公服、朝服、祭服的具体阐述，又是一回事，未必稳妥无误。有些学者递袭其说，却弄出了混乱。比如王宇清先生论隋朝冠服，先按照《旧唐志》把弁冠称为"公服"、把平巾帻称为"武官常服"；随后叙唐朝服类，仍把皮弁称为"文官九品以上通用之公服"；可在后文王先生又这么说：具服亦名朝服，从省服亦名公服[1]。那么"公服"到底指皮弁，还是指从省服呢？显然自相矛盾了。而且这个矛盾，显由《旧唐志》"四等之制"的提法引起，源于《旧唐志》中的"弁冠……是为公服"那一句话。孙机先生对《旧唐志》"四等之制"的说法有所批评，可孙先生的意见本身，也不无可议之处。

不光是隋朝服等，即便唐朝的服等概念，人们的使用也存在混乱。沈从文先生称，唐朝官贵"平居生活，公服、便服都比较简单，一律穿圆领服。"[2]然而就服等概念而言，"公服"并不是圆领服，而是绛纱单衣、白裙襦。曾慧洁先生说：唐朝"朝臣官吏的常服和朝服基本相同，只是一品至五品在佩带上用纷鞶，不用绶和剑。"[3]他所说的"常服"其实是公服。许南亭、曾晓明先生说："武德令把衣服分为祭服、朝服（也叫具服）、公服（也叫从省服）、常服（也叫燕服）。"[4]然而唐朝冠服不止祭服、朝服、公服、常服四等。我们认

---

[1] 王宇清：《中国服装史纲》，台湾中华大典编印会1967年版，第188–191页。
[2] 沈从文：《中国古代服饰研究》，第294页。
[3] 曾慧洁编：《中国历代服饰图典》，江苏美术出版社2002年版，第67页。
[4] 许南亭、曾晓明：《中国服饰史话》，轻工业出版社1989年版，第68页。

为，弁服也曾构成一个服等。

在隋朝之前，虽已有了祭服、朝服、公服、常服概念，不过还没被明确概括为"四等"，那些概念的含义也比较散漫。例如在南朝，祭服外的官服也被叫做"常服"。相对于祭服，皇帝的通天冠是日常所用的，所以也称"常服"。如《隋书》卷十一《礼仪志六》叙陈制："通天冠……乘舆所常服。""常服"的这种用法，是从东汉来的。《续汉书·舆服志上》："凡冠衣诸服，旒冕、长冠、委貌、皮弁、爵弁、建华、方山、巧士，衣裳文绣，赤舄，服絇履，大佩，皆为祭服，其余悉为常用朝服。唯长冠，诸王国谒者以为常朝服云。""长冠"本是祭服，但王国谒者日常也用，所以此服对王国谒者来说，是其"常朝服"。《续汉志》又说："巧士冠……不常服，唯郊天，黄门从官四人冠之。"这"不常服"，意思是不用做朝服，只用作祭服。这个意义上的"常服"是很散漫的，泛指祭服以外的其他冠服。

北周的冠服概念又有些特殊了，"诸命秩之服，曰公服；其余常服，曰私衣"[1]。王朝冠服只分公服、常服两大类。由于北周搞冠服复古，恢复了《周礼》"六冕"制度，所以其"公服"特指冕服系列，是为"诸命秩之服"；至于北周"常服"，则主要来自胡服的幞头，圆领或交领缺骻袍，及靴[2]，大概也包括其他非公服的服装[3]。

北齐的服等概念，是在汉晋基础上继续发展的，所以与北周明显不同。北齐有朝服，又称具服，是七品以上之服，包括进贤冠、介帻、绛纱单衣及各种饰物；又有公服，亦名从省服，是八品以下至流

---

[1]《隋书》卷十一《礼仪志六》。
[2]《隋书·礼仪志六》叙毕北周冕服，又云："后令文武俱着常服，冠形如魏帢，无簪有缨。"那么其常服的冠应是"帢"一类东西，其形制类似魏晋幅巾，故称"魏帢"，但实为鲜卑突骑帽、乌纱帽、幞头之类。参看孙机：《从幞头到头巾》，收入《中国古舆服论丛》（增订本）。
[3]《周书》卷七《宣帝纪》："诏天台侍卫之官，皆著五色及红紫绿衣，以杂色为缘，名曰品色衣。有大事，与公服间之。"是公服之外还有品色衣，大概也属常服。《隋志》又云："宣帝即位，受禅于路门，初服通天冠，绛纱袍。群臣皆服汉魏衣冠。"群臣所服之汉魏衣冠，应即进贤冠，与皇帝的通天冠用于同一场合。这套服装后来成为朝服了。

163

外四品之服。公服的构成也是进贤冠、介帻、绛单衣，但其饰物比朝服减省了若干[1]，所以低了一等。可见北齐的"公服"与北周"公服"不是一个概念。此外，北齐也有与北周相类的帽、袍、靴。《旧唐书·舆服志》云："至北齐，有长帽短靴，合袴袄子，朱紫玄黄，各任所好。虽谒见君上，出入省寺，若非元正大会，一切通用。高氏诸帝，常服绯袍。"孙机先生指出："高氏诸帝所服之袍，其式样应即上述圆领缺胯袍，它是在旧式鲜卑外衣的基础上参照西域胡服改制而成。"[2]"长帽"就是鲜卑风帽或突骑帽，因为它的后垂部分很长，所以被叫做"长帽"[3]。《旧唐志》是在唐朝"燕服"部分追述北齐的"长帽短靴"之类的，那么北齐的"长帽短靴"及袍，若从唐朝概念看，属于燕服。总的看来，北齐有祭服（冕服），有朝服，有公服，有燕服，已略具"四等"之轮廓了。隋朝的冠服等级结构，就是上承北齐的[4]。

前引《旧唐志》隋朝"四等之制"，可以简略表述如下：常服，平巾帻、紫衫袍（绯衫袍），武官服之；公服，弁冠、朱衣素裳，文官寻常入内及在本司常服之；朝服，文官之进贤冠，武官之武弁及帻（即平巾帻），法官之法冠，谒者、台大夫之高山冠；祭服，冕服。对《旧唐志》使用的"常服"概念，孙机先生提出了批评："本节说平巾帻是'武官尽服之'的'常服'，良有语病。"因为《旧唐志》在"燕服，盖古之亵服也，今亦谓之常服"以下的文字中，叙北齐"长帽短靴"及袍，又叙述了隋朝的帽、袍、靴，所以孙先生认为隋朝"常服"应为帽、袍、靴，而不是武官所服的平巾帻、紫衫袍（绯衫袍）。孙先生还指出，"常服"有时候不是专名。如《隋书·

---

[1] 《隋书》卷十一《礼仪志六》。又，北齐流外五品至流外九品吏员，以绛褠衣为公服。
[2] 孙机：《南北朝时期我国服制的变化》，收入《中国古舆服论丛》（增订本），第201页。
[3] 《梁书》卷五四《诸夷河南王传》叙述慕容鲜卑的风俗，提到了"大头长裙帽"；《隋书·礼仪志七》有"胡帽垂裙覆带"之语。吕一飞先生认为，"裙"是风帽后垂的边沿，见其《胡族习俗与隋唐风韵》，书目文献出版社1994年版，第6页。
[4] 但隋朝祭服的旒章等级，却是上承北周的，不用北齐之法。参看拙作：《北魏北齐的冕旒服章：经学背景与制度源流》，《中国史研究》2007年第3期。

炀帝纪》云"上常服皮弁",孙先生认为那不过是说炀帝"经常"穿着皮弁而已。《隋书·何稠传》记何稠论弁服之语:"此古田猎之服也。今服以入朝,宜变其制。"孙先生因云:"可见这里说的弁服,实为文官入朝的朝服。《炀帝纪》以武官之平巾帻与文官之弁服并列,说明平巾帻应是武官的朝服。"[1]

不过孙机先生的说法,也带来了新的疑惑。他把弁服说成是"朝服",相应把武官的平巾帻也说成"朝服",这跟他后文的说法矛盾了:"公服亦名'从省服',较朝服为简易。朝服亦名'具服',是七品以上官员陪祭、朝、飨、拜表等大事所服,其余公事均着公服。唐代以冠服为朝服,故以下冠服一等的弁服为公服。"[2]在前面孙先生说弁服是朝服,而这地方孙先生又说弁服是公服了;其后一说法,显然也是受了《旧唐志》"四等之制"中"弁冠……是为公服"那句话的影响。可弁服若是朝服(即具服)的话,就不会是较朝服为简的公服(即从省服)了。而且,隋朝的弁服是朝服或公服吗?我认为,弁服就是弁服,自成一等,既非朝服,也不是公服。《旧唐志》"弁冠……是为公服"说法是错误的,孙先生说弁服是"文官入朝的朝服",似不妥当。至于《旧唐志》把隋朝的平巾帻称为"常服",孙先生认为不对,但我觉得《旧唐志》也不是无因而发,并不全误,问题在于"常服"如何定义。

对弁服和平巾帻的服等和属性的误断,可能招致对隋唐服等制度的不当理解。《旧唐志》对隋朝冠服只是简单追述,至于隋朝冠服的整体面貌,还得去看《隋书》卷一二《礼仪志七》。开皇初年隋廷规划冠服,"于是定令,采用东齐之法"。其时所确定的朝服和公服,据载如下:

  朝服,亦名具服。冠,帻,簪导,白笔,绛纱单衣,白纱内

---

[1] 孙机:《两唐书舆(车)服志校释稿》,《中国古舆服论丛》(增订本),第343页。
[2] 孙机:《两唐书舆(车)服志校释稿》,第346页。

单，皂领、袖，皂襈，革带，钩𦚢，假带，曲领方心，绛纱蔽膝，袜，舄，绶，剑，佩。从五品已上，陪祭、朝飨、拜表，凡大事则服之。六品已下，从七品已上，去剑、佩、绶，余并同。

自余公事，皆从公服。亦名从省服。冠，帻，簪导，绛纱单衣，革带，钩𦚢，假带，方心，袜，履，纷，鞶囊。从五品已上服之。绛褠衣公服，褠衣即单衣之不垂胡也。袖狭，形直如褠内。余同从省。流外五品已下、九品已上服之。

那么，隋朝的朝服、公服两个概念就得以明确了：它们仍是"具"与"从省"的区别。前者服饰繁备，故称"具服"，用于陪祭、朝飨、拜表等"大事"；后者服饰较简，省略了若干饰物，故曰"从省服"，用于规格较低的场合。这种"朝服"、"公服"概念上承"东齐之法"，而与北周有异。《隋书·礼仪志七》后文又叙隋炀帝的大业服制，依然是"其朝服，亦名具服"，"其五品已上，一品已下，又有公服，亦名从省服。"可见大业年间的"朝服"、"公服"的概念，同于开皇。

朝服、从省服都用"冠，帻"。所谓"冠"，就是进贤冠；所谓"帻"，就是黑介帻。这一点也是同于北齐的。《隋书·礼仪志七》叙述隋朝的进贤冠："进贤冠，黑介帻，文官服之。从三品已上三梁，从五品已上两梁，流内九品已上一梁。"隋朝的公服既用进贤冠、黑介帻，则《旧唐志》说隋朝"弁冠，朱衣裳素，革带，乌皮履，是为公服"的说法必误。公服既用进贤冠，皮弁就不可能是公服，更不可能是朝服。

那么隋朝的"弁冠"属于什么"服"呢？这就要从其式样及用途来分析了。《旧唐志》说隋朝"弁冠"的用途是"文官寻常入内及在本司常服之"，而唐代的冠服中，恰好就有式样与用途都与之对应的服类。《新唐书》卷二四《车服志》叙述唐朝群臣冠服，说是"群臣之服二十有一"。那21种冠服的前几种是祭服，其余跟此处讨论相关的几种服装，我们摘引如下，并加编号以便称引：

1. 武弁者，武官朝参、殿庭武舞郎、堂下鼓人、鼓吹桉工之服也。有平巾帻，武舞绯丝布大袖，白练襠裆，螣蛇起梁带，豹文大口绔，乌皮靴。

2. 弁服者，文官九品公事之服也。以鹿皮为之，通用乌纱，牙簪导。缨：一品九琪，二品八琪，三品七琪，四品六琪，五品五琪，犀簪导，皆朱衣素裳，革带，鞶囊，小绶，双佩，白袜，乌皮履。六品以下去琪及鞶囊、绶、佩。六品、七品绿衣，八品、九品青衣。

3. 进贤冠者，文官朝参、三老五更之服也。黑介帻，青緌。纷长六尺四寸，广四寸，色如其绶。三品以上三梁，五品以上两梁，九品以上及国官一梁，六品以下私祭皆服之。侍中、中书令、左右散骑常侍有黄金珰，附蝉，貂尾。侍左者左珥，侍右者右珥。

4. 平巾帻者，武官、卫官公事之服也。金饰，五品以上兼用玉，大口绔，乌皮靴，白练裙襦，起梁带。陪大仗，有裲裆、螣蛇。朝集从事、州县佐史、岳渎祝史、外州品子、庶民任掌事者服之，有绯褶、大口绔，紫附褠。文武官骑马服之，则去裲裆、螣蛇。

5. 黑介帻者，国官视品、府佐谒府、国子大学四门生俊士参见之服也。簪导，白纱单衣，青襟、褾、领，革带，乌皮履。未冠者，冠则空顶黑介帻，双童髻，去革带。

6. 具服者，五品以上陪祭、朝飨、拜表、大事之服也，亦曰朝服。冠，帻，簪导，绛纱单衣，白纱中单，黑领、袖，黑褾、襈、裾，白裙、襦，革带金钩䚢，假带，曲领方心，绛纱蔽膝，白袜，乌皮舄，剑，纷，鞶囊，双佩，双绶。六品以下去剑、佩、绶，七品以上以白笔代簪，八品、九品去白笔，白纱中单，以履代舄。

7. 从省服者，五品以上公事、朔望朝谒、见东宫之服也，

> 亦曰公服。冠，帻，缨，簪导，绛纱单衣，白裙、襦，革带钩䚢，假带，方心，袜，履，纷，鞶囊，双佩，乌皮履。六品以下去纷、鞶囊、双佩。

先看最后两种，即第6种具服和第7种从省服。两服的构成、称呼和用法，与隋无异。"冠，帻"仍是具服与从省服所共有的，它们就是第3种"进贤冠"及第5种"黑介帻"。之所以单称"冠"而不特称"进贤冠"，是因为那"冠"除进贤冠外还包括远游冠、獬豸冠、高山冠、却非冠[1]，这五冠处于同一服等。情况是这样的：一般文官穿的具服或从省服，其"冠"为进贤冠；而亲王、法官、谒者或亭长门仆所穿的具服或从省服，其"冠"为远游冠、獬豸冠、高山冠或却非冠。上引第7条说"从省服"为"公事、朔望朝谒"之服，而第3条说"进贤冠"是"文官朝参"之服[2]，也说明进贤冠就是从省服中的"冠"，进而也是具服之冠了。

可见在《新唐志》"群臣之服二十有一"的说法中，具服、从省服与其余的进贤冠、黑介帻等冠，并不是同等概念——进贤冠、黑介帻是具服与从省服的组成部分。它们彼此交叉重叠。王宇清先生把唐朝冠服分为7类，但他未能弄清具服、从省服与进贤冠的关系，结果把远游冠、进贤冠、法冠、高山冠等叙述为第4类，而把具服叙述为第6类，把从省服叙为第7类[3]。看来王先生没弄清楚，进贤冠、

---

[1]《唐六典》卷二二《织染署令》："臣下之冠五，一曰远游冠，二曰进贤冠，三曰獬豸冠，四曰高山冠，五曰却非冠。"中华书局1992年版，第575页。这五种冠，就是朝服、具服的"冠、帻"之"冠"。

[2] 按唐代的朝参，有常朝和朔望朝之别。常朝即常参官的每日朝参，后改为单日朝参。常参官包括文武五品以上职事官，及两省供奉官、监察御史、员外郎、太常博士。朔望朝则在每月的初一、十五举行，这是较隆重的，在京九品以上文武职事官都要参加。参看张国刚：《唐代官制》，三秦出版社1987年版，第14页，李斌城：《唐代上朝礼仪初探》，收入《唐文化研究论文集》，上海人民出版社1994年版，第117页以下。所谓"公事、朔望朝谒"包括"公事朝谒"即常朝和"朔望朝谒"两种朝参。

[3] 王宇清：《中国服饰史纲》，第190-191页。王先生所述缺第5类，第4类后面就是第6类，大概编序号时马虎了。

法冠、高山冠等"冠",就是具服、从省服中的"冠"。可见《新唐志》"群臣之服二十有一"的说法有误导性,因为列在最后的两种——即具服与从省服——是服等概念而非冠类概念,与前面的19种交叉重叠。某些学者叙唐代冠服时,未加辨析而径用"二十有一"之说,那不怎么妥当。

孙机先生说:"唐代以冠服为朝服,故以下冠服一等的弁服为公服。"可我们看到,唐朝公服并不是弁服,而是使用冠、帻的从省服,同隋。这从皇太子的冠服上也看得出来。皇太子的具服,是饰物齐备的远游三梁冠;其公服,是比具服简单一些的远游冠;再下就是乌纱帽、平巾帻和鹿皮弁服等[1]。那么在皇太子那里,弁服也不是公服或朝服。孙先生还把武官的平巾帻说成"朝服",可皇太子的平巾帻被列在朝服、公服之外,不好看成朝服吧。

进贤冠与黑介帻的搭配构成了文官朝服,单用的黑介帻则如前引《新唐志》第5条所示,是"国官视品、府佐谒府、国子大学四门生俊士参见之服"。类似的搭配还有武弁与平巾帻:武弁与平巾帻二者共用,就构成了"武官朝参"之服;单用的平巾帻,则如前引《新唐志》第4条所示,是"武官、卫官公事之服也"。

对"公事之服"的提法,要给予特别注意。从构成、用途和等级看,我们认为,唐朝的"公事之服"应视为一个单独服等。武官以平巾帻为"公事之服",而文官也有其"公事之服"。请看前引《新唐志》第2条:"弁服者,文官九品公事之服也。""弁"即"皮弁",它来自古代礼书中的"皮弁",曾为冠礼"三加"之一,是鹿皮制成的。

唐以弁服为"公事之服",其事在隋已然。《旧唐志》:隋朝"弁冠,朱衣裳素,革带,乌皮履,是为公服。其弁通用乌漆纱为之……文官寻常入内及在本司常服之。"可见这套弁服,在隋朝是"文官寻常入内及在本司常服之",在唐朝是"公事之服",二者显系上承下效

---

[1] 参看《旧唐书》卷四五《舆服志》。

关系。什么是"公事"呢?"公事"包括两种场合:一、朝参之外的因事入见皇帝,即"寻常入内";二、本司的日常办公。换言之,准以唐制,隋朝的弁服其实是"公事之服",而不是《旧唐志》所说的"公服"。"公服"与"公事之服"是两个服等,各有各的用途,"公服"用于朝参,"公事之服"不用于朝参。

进而《旧唐志》叙隋"弁冠",其所使用的"冠"字也有问题。若以"冠"为泛称,当然不妨说弁也是一种冠;若以狭义绳之,则唐制中弁是弁、冠是冠,"冠"特指进贤冠等五冠[1]。《旧唐志》隋朝"弁冠……是为公服"那句话的正确表述,应是"弁服……是为公事之服"。《旧唐志》作者疏忽或误会了,把"公事之服"说成了"公服"。少了"事之"二字,便可能招致误解。

顺便说,《旧唐志》所记隋朝车驾制度,也存在着问题。《旧唐志》云:"隋制,车有四等,有亘幰、通幰、轺车、辂车。"孙机先生指出:"其四等之说,全然与隋制不合,且置辂车于第四等,尤失其序……案《隋志》五通卷皆言车制,叙述甚详。本节仅节取其'犊车'条末后数语,而以之概括隋代车制,殊爽原意。"[2]这就是说,《旧唐志》既用"四等"概括隋朝冠服之制,又用"四等"概括隋朝车舆之制,但二者都不尽准确。

文官的弁服和武官的平巾帻都是"公事之服",在唐朝冠服体制中,它们共同构成了一个单独服等。请看《唐六典》卷四《尚书礼部》对唐朝冠服的概括:

> 凡王公、第一品服衮冕……六品至九品服爵弁……
> 凡百官朝服,陪祭、朝会,大事则服之……
> 公服,朔望朝、谒见皇太子则服之……
> 弁服,〔文官〕寻常公事则服之……

---

[1]《唐六典》卷二二《织染署令》云"臣下之冠五",又云"冕五"、"弁二"、"帻三"。可见"冠"、"弁"有别。第576页。
[2] 孙机:《两唐书舆(车)服志校释稿》,收入《中国古舆服论丛》(增订本),第342页。

> 平巾帻之服，武官及卫官寻常公事则服之……
>
> 袴褶之服，朔望朝会则服之……[1]

《唐六典》的分等叙述，比两《唐志》清晰得多了，它昭示人们，弁服与平巾帻同系"公事之服"，"寻常公事则服之"，自为一等。

《唐六典》上文还列有一种"袴褶之服"，"朔望朝会则服之"。袴褶出现于东汉末，本来是劳动者的服装，后来变成了军服。唐朝有一段时间，百官在多种场合穿袴褶。就其用于"朔望朝会"而言，它与用于"朔望朝"的公服规格相同，大概用了袴褶就不用公服套装中的"绛纱单衣，白裙襦"了。又：

1. 唐睿宗文明元年（684年）七月甲寅诏：……京文官五品已上，六品已下七品清官，每日入朝，常服袴褶。诸州县长官在公衙，亦准此。（《旧唐书》卷四五《舆服志》）

2. 唐玄宗（开元）二十五年（737年）御史大夫李适之建议："冬至、元日大礼，朝参官及六品清官服朱衣，六品以下通服袴褶。"天宝中，御史中丞吉温建议："京官朔望朝参，衣朱袴褶，五品以上有珂伞。"（《新唐书》卷二四《车服志》）

3. 唐德宗贞元十五年（799年）：膳部郎中归崇敬以百官朔望朝服袴褶非古礼，上疏云："按三代典礼、两汉史籍，并无袴褶之制，亦未详所起之由。隋代以来，始有服者，事不师古，请罢之。"奏可。（《文献通考》卷一〇七《王礼考二》，中华书局1986年版，第1017页中栏；又见同书卷一一二《王礼考七》，第1017页上栏。）

---

[1]《唐六典》，第117页以下。又同书卷二二《织染署令》专门讲造冠，所以另用"天子之冠"若干、"太子之冠"若干、"臣下之冠"若干的叙述模式。第575页以下。

第1条说在京五品以上及六七品清官,每日入朝,常服袴褶。这跟用于朝参的弁服是相近的;同时"诸州县长官在公廨,亦准此"穿袴褶,在公廨办公应属"寻常公事"了,而弁服也是"寻常公事之服"。第2条说冬至及元日大礼,朝参官及六品清官服朱衣,六品以下服袴褶。那么对六品以下官,袴褶又用于朝服场合了。由第3条知,唐德宗时罢袴褶,其服不用了。据此我们认为,一度被使用的袴褶,其用途类似公服,某些情况下也相当弁服与朝服。因为袴褶的使用跨越了几个服等,所以不必看成一个独立服等。

燕服则可以构成一个独立服等。燕服有时被称为常服。《旧唐书·舆服志》:"燕服,盖古之亵服也,今亦谓之常服。……隋代帝王贵臣,多服黄文绫袍,乌纱帽,九环带,乌皮六合靴。百官常服,同于匹庶,皆着黄袍,出入殿省。天子朝服亦如之,惟带加十三环以为差异,盖取于便事。其乌纱帽渐废,贵贱通服折上巾,其制周武帝建德年所造也。晋公宇文护始命袍加下襕。……武德初,因隋旧制,天子燕服,亦名常服,唯以黄袍及衫,后渐用赤黄,遂禁士庶不得以赤黄为衣服杂饰。"天子"其常服,赤黄袍衫,折上头巾,九环带,六合靴,皆起自魏、周,便于戎事。自贞观已后,非元日冬至受朝及大祭祀,皆常服而已";皇太子"若燕服,常服紫衫袍,与诸王同"。官僚的燕服也是折上巾、乌皮六合靴和袍衫;袍衫之色是三品以上服紫,五品以上服绯,六七品服绿,八九品服青。

皇帝、太子和官僚的服等,存在着对应关系,可以互证。《唐六典》卷四《礼部尚书》:"乘舆之服则有大裘冕、衮冕、鷩冕、毳冕、絺冕、玄冕、通天冠、武弁、弁服、黑介帻、白纱帽、平巾帻、翼善冠之服。……皇太子之服则有衮冕、具服远游冠、公服远游冠、乌纱帽、弁服、平巾帻、进德冠之服。"由此,把皇帝、太子和官僚的有关冠服简列如下:

皇帝冠服	太子冠服		官僚冠服		官僚冠服用途
冕服	衮冕		冕服		
通天冠 黑介帻	具服	远游冠 黑介帻	具服	进贤冠 黑介帻	陪祭、朝飨、拜表、大事
	公服	远游冠 黑介帻	公服	进贤冠 黑介帻	朔望朝、谒见皇太子
武弁、平巾帻			武弁、平巾帻		武官朝参
弁服	弁服		弁服		文官公事之服
平巾帻	平巾帻		平巾帻		武官公事之服
黑介帻	黑介帻		黑介帻		国官、府佐、学生之服
翼善冠	进德冠		进德冠		
燕服	燕服		燕服		
白纱帽	乌纱帽				

翼善冠、进德冠属什么服等呢？二冠为唐太宗所制，其形制与弁相近。翼善冠为唐太宗自服，进德冠赐给贵臣服，太子也服。李勣墓中出土了三梁进德冠，可供了解那冠的原始样子[1]。在一段时间中，皇帝在元日、冬至、朔望视朝时服翼善冠，那么臣下相应要服进德冠；若皇帝朔望视朝仍用弁服，则臣下应亦步亦趋，弁服如故了[2]。所以，进德冠的用途与弁服、公服、朝服重合，也不构成独立的服等。

下将唐朝服等表示如下：

	文　官	武　官
祭服	冕服	
朝服	进贤冠、黑介帻	武弁，平巾帻
公服	进贤冠、黑介帻（服饰化简）	
公事之服	弁服	平巾帻
燕服	折上巾、袍衫、靴	

---

[1] 参看陕西历史博物馆、昭陵博物馆编：《昭陵文物精华》，陕西人民美术出版社 1991 年版，第 12 页；介眉编著：《昭陵唐人服饰》，三秦出版社 1990 年版，第 41 页。
[2] 《新唐书》卷二四《车服志》："太宗……采古制为翼善冠，自服之。又制进德冠以赐贵臣，玉琪，制如弁服，以金饰梁，花跌，三品以上加金络，五品以上附山云。自是元日、冬至、朔、望视朝，服翼善冠，衣白练裙襦……其后朔望视朝，仍用弁服。"

也就是说，唐朝的文官服等有五，武官则是四等。马端临对唐朝冠服，是这么概括："王公以下冠服，唐制有衮冕九旒……爵弁、朝服、公服、袴褶、弁服。宋朝省八旒、六旒冕、公服、弁服。"[1]在其所叙唐制中，袴褶是一种服装但不构成一个服等；弁服被他单独列为一类，说明他对那种"公事之服"有正确认识。

最后再对"常服"概念略加辨析。《旧唐志》把隋朝的平巾帻、紫衫白袍、靴称为"常服"，对这一点，孙机先生提出了非议，他认为常服是燕服。我们觉得，"常服"概念比较散漫，往往只是"日常之服"的意思。在南北朝，祭服之外的冠服都可称"常服"，皇帝通天冠也可以称常服。然而有时常服又是对朝服而言的。《魏书》卷十四《元丕传》："至于衣冕已行，朱服列位，而丕犹常服列在坐隅。晚乃稍加弁带，而不能修饰容仪。""冕"属祭服，"朱服"属朝服，则其"常服"应在祭服、朝服之外，实为胡服；"晚乃稍加弁带"的服装，大概是弁服。《隋书》卷三《炀帝纪上》："上常服，皮弁十有二琪；文官弁服，佩玉。"隋炀帝所"常服"的皮弁，又是相对于冕服和通天冠而言的。

唐朝"常服"可以专指燕服[2]，但弁服似乎有时也算常服[3]。又《新唐书》卷二四《车服志》说"太宗……常服则有袴褶与平巾帻"，那么平巾帻还真可以说成是"常服"的。但《新唐志》叙述太子之服，先说平巾帻是紫裙白袴，又云"常服则有白裙襦"，那么紫

---

[1]《文献通考》卷一一三《王礼考八·群臣冠冕服章》，中华书局1986年版，第1019页中栏。
[2]《旧唐书》卷九六《姚崇传》记姚崇临死之言："吾身亡后，可殓以常服，四时之衣，各一副而已。吾性甚不爱冠衣，必不得将人棺墓，紫衣玉带，足便于身，念尔等勿复违之。"这"服紫，金玉带"的常服，正是燕服。
[3]《旧唐书》卷四四《职官志三》记侍御史："大事则冠法冠，衣朱衣纁裳、白纱中单以弹之，小事常服而已。"又《唐会要》卷六一《御史台中》："大事则豸冠、朱衣纁裳、白纱中单以弹之，小事常服而已。""法冠，衣朱衣纁裳"与进贤冠、绛纱单衣在同一服等，那么文中"小事常服"的"常服"，就有可能是弁服了。不过《大唐开元礼》卷三叙弁服："文官职事九品以上寻常公事服之。泥雨则通着常服。"民族出版社2000年版，第30页下栏。那么弁服又在"常服"之外了。

裙白裤的平巾帻又不算常服了。又如"其在京诸司文武职事，五品已上清官，并六品七品清官，并每日入朝之时，常服袴褶"[1]，话中以袴褶为"常服"。而在"帝、后俱兴，尚宫引皇帝入东房，释冕服，御常服"[2]、"近日惟郊庙太微宫具祭服，五郊迎气日月诸祠，并祇常服行事"[3]这类记述里面，"常服"明指祭服外的冠服，朝服通天冠、进贤冠都在常服之列。"常服"的各种意义，列为下表：

冕服	祭服	祭服	祭服	
进贤冠、黑介帻	朝服	常服	朝服	非常服
进贤冠、黑介帻	公服			
弁服、平巾帻	公事之服		常服	
折上巾、袍衫、靴	燕服			常服

那么"常服"可指祭服之外的冠服，可指祭服、朝服之外的冠服，也可以特指燕服。看来"常服"概念是比较散漫灵活的，含义不太确定。所以在讨论服等之时，对那套折上巾、袍、靴构成的服饰，我们觉得特称"燕服"为好，称之为"常服"则难免纠缠不清。反过来说，也不能见到"常服"就认定它必定是折上巾、袍、靴。称平巾帻为"常服"，未必就是错误。

唐后期服等发生了一些变化。马端临说，"宋朝省八旒、六旒冕、公服、弁服"。细考《唐六典》、《通典》与两《唐志》，四者对公服、弁服及其用途的记载，其间存在着微妙的差异。《唐六典》说"弁服，[文官]寻常公事则服之"；"公服，朔望朝、谒见皇太子则服之。"《通典》所述与《唐六典》相同[4]。按照《通典》与《唐六典》的叙述，弁服与公服各有其用，并不重合。《新唐志》的说法

---

[1] 武则天：《改元光宅赦文》，《全唐文》卷九六，中华书局1983年版，第994页。
[2] 《新唐书》卷十八《礼乐志八》。
[3] 路航：《申严祀典议》，《全唐文》卷八四八，第8913页下栏。
[4] 参看《通典》卷一〇八《礼六十八·开元礼纂类三·君臣冕服制度》，中华书局1984年版，第569—570页；或中华书局1988年版，王文锦等点校本，第2801页。

就不同了,先称"弁服者,文官九品公事之服也",随后又云"从省服者,五品以上公事、朔望朝谒、见东宫之服也,亦曰公服"。这样一来,弁服用于"公事",从省服也用于"公事",二者的运用场合发生了交叉。《旧唐志》叙述了平巾帻,却根本没记弁服,同时又说唐朝的公服是"谒见东宫及余公事则服之",公服的用途包括了"余公事",似乎把"寻常公事则服之"的弁服的领地兼并了。兹将其间差异列为下表:

	朔望朝	谒见皇太子	寻常公事
《唐六典》《通典》	公服	公服	×
	×	×	弁服

	朔望朝	谒见皇太子	寻常公事
《新唐志》	公服	公服	公服
	×	×	弁服

	朔望朝	谒见皇太子	寻常公事
《旧唐志》	×	公服	公服
	×	×	×

我们暂时推测,《唐六典》与《通典》反映的是较早情况,其时公服和弁服有明确分工,互不相扰,是两个服等。但唐后期弁服的使用场合逐渐缩小,被公服压缩了。在这时候,朝服、公服、弁服3个服等开始简化,开始向宋朝的朝服、常服两等演变,隆重的朝礼用朝服,日常公事用常服而已。

唐后期公服有兼并弁服之势,由此走向宋朝的常服制度。从用途和规格说,宋朝的常服与唐朝公服在服等上相近,具体所指的冠服则不相同。《宋史》卷一五二《舆服志四》:"朝服:一曰进贤冠,二曰貂蝉冠,三曰獬豸冠,皆朱衣朱裳。"朝服即进贤冠加绯罗袍、绯罗裙。至于常服,是幞头与曲领大袖衫,其服色依官品而定。同书卷一五三《舆服志五》:"凡朝服谓之具服,公服从省,今谓之常服。宋因唐制,三品以上服紫,五品以上服朱,七品以上服绿,九品以上服青。其制，曲领大袖，下施横襕，束以革带，幞头，乌皮靴。自王公至一命之士，通服之。"所谓"凡朝服谓之具服，公服从省"一句，说的是唐制而非宋制；"今谓之常服"，并不等于宋朝的常服也是朝服之"从省"。宋朝的朝服是梁冠、朱衣朱裳，常服是幞头、曲领大袖衫，服色依品级而异，二者间并无"从省"关系。

唐宋间服等变化的更多细节，有待另行详考，本文不赘。但要特别说明，我们认为"服等"主要是个规格与场合的概念，至于各服等所对应的具体服饰是什么，则是因时而异的。某种服饰跨越了两个服等的情况，时或出现；各服等的名称未必总那么严格，有时也用得比较随意。所以对服等的结构，要从"场合"、"服饰"、"名称"三方面综合考虑。

至于明朝，以梁冠、青罗衣、赤罗裳为祭服，以梁冠、赤罗衣、赤罗裳为朝服，以乌纱帽、盘领右衽袍、束带为公服，以乌纱帽、团领衫为常服，嘉靖皇帝还为官员制定了燕服。就是说，明朝冠服也有5个服等，与唐朝服等之数相同。

第五章　分等分类三题之三：品位结构中的士阶层

中国官僚政治的典型形态是"士大夫政治"，即由士人或文人充当官僚。这是传统中国最重大的政治特点之一。秦帝国任用专业文法吏的政治形态，并没有维持很久；在汉代，文吏逐渐被士人排挤，士人占据了政坛的中心。

有人不认为儒生与文吏的区别有多大意义，儒生也好、文吏也好，都是"为封建统治阶级服务的"[1]。另一方面，用非专业的士人承担官僚政治，却引起了来自不同文化传统者的重大关注。法国学者白乐日评价说："中国士大夫……坚决反对任何形式的专门化。"[2] 美国学者赖文逊评价说："他们的人文修养中的职业意义，就在于它不具有任何专门化的职业意义。"[3] 社会学家韦伯也看到中国缺少专家政治："士大夫基本上是受过古老文学教育的一个有功名的人；但他丝毫没有受过行政训练。……拥有这样官吏的一个国家和西方国家多少有些两样的。"[4]

进而人们看到，士人政治与军人政治也大相异趣。利玛窦在中国惊讶地发现，中国是由"哲学家"们统治的，"军队的官兵都对他们

---

[1] 林甘泉：《中国古代知识阶层的原型及其早期历史行程》，《中国史研究》2003 年第 3 期。
[2] 参看 E. Balazs：*Chinese Civilization and Bureaucracy*，Translated by H. M. Wright，New Haven，1964，PartⅡ。
[3] 参看 Joseph R. Levenson：*Confucian China and Its Modern Fate：A Trilogy*，University of California Press，Volume One，pp. 16 - 19。
[4] 维贝尔（即韦伯）：《世界经济通史》，姚曾廙译，上海人民出版社 1981 年版，第 287 页。

十分尊敬并极为恭顺和服从"[1]。欧洲中世纪有一个骑士阶层,"于是历史被缩减为君主的荣誉与骑士的美德的展示"[2];而这与中国的"文士"恰好形成对比,中国历史经常被缩减为皇帝仁爱和士人德才的历史,士人拥有崇高的社会地位。日本的"武士"阶层以"刀"为"武士之魂"[3],"刀"成了民族性格的象征物,武士们5岁开始就学习用刀[4];中世的武士教育内容就是习武[5]。罗素有言:"哲人是与武人大不相同的人物,由于哲人的治理而产生的社会也和武人统治下产生的社会截然不同。中国和日本就是这种对比的实例。"[6]雷海宗先生称秦汉以后的中国文化是"无兵的文化"[7],这曾引起若干学者的共鸣,把它视为"劣根性"和"积弱"的根源[8]。

春秋战国之际,社会中演生了一个士人阶层,此后他们对中国历史产生了巨大影响,包括政治社会的等级安排。本书上编第一章第三节阐述了"品位结构变迁的四线索",即"贵—贱"、"士—吏"、"文—武"与"胡—汉"。"士"与"吏"、"文"与"武"的问题,都直接与士人阶层相关。"贵"与"贱"、"胡"与"汉"也与士人阶层相关。第一章第四节还提出了"品位结构三层面"的概念。在这个架构中,"士"之身份资格,是同时在"官—官"和"官—民"两个层面被规定的。在"官—官"层面,他们成了"士大夫",并与军官、胥吏等区分开来;在"官—民"层面,"士为四民之首",在官民间占据了一个结构性位置。

---

[1] 利玛窦、金尼阁:《利玛窦中国札记》,中华书局1993年版,第59—60页。
[2] 赫伊津哈:《中世纪的衰落:对十四和十五世纪法兰西、尼德兰的生活方式、思想及艺术的研究》,中国美术学院出版社1997年版,第62—63页。
[3] 新渡户稻造:《武士道》,商务印书馆1993年版,第76页以下;或企业管理出版社2003年版,第90页以下。
[4] 本尼迪克特:《菊与刀》,商务印书馆1996年版,第2页。日本刀,可参看王剑、唐启佳编著:《日本传统艺术卷八·甲胄、日本刀》,重庆出版社2002年版,第44页以下。
[5] 小原国芳:《日本教育史》,商务印书馆1935年版,第89页。
[6] 罗素:《权力论:新社会分析》,商务印书馆1991年版,第29页。
[7] 雷海宗:《中国的兵》,中华书局2005年版,第89页。
[8] 参看江沛:《战国策派思潮研究》,天津人民出版社2001年版,第136—137页。

在唐宋明清，通过文化考试而来的学历，成为一种正式资格，士人的社会资格和任官资格。由此，中国传统国家与社会的一个特点，即"品级、等级和阶级的更大一致性"，就显露出来了。"士"的基本特征是"学以居位"，帝国统治者因其"学"而予其"位"，士人在王朝等级和社会分层中的地位，由此而定。不过，"士大夫政治"经历过曲折发展历程。在某种意义上，周代政治形态已略有"士大夫政治"的轮廓了。但战国秦汉间发生了历史的断裂，文吏和军吏一度霸占了政治舞台。汉代士人进入政权了，并在魏晋以降，经"门阀化"而获得了特殊显贵地位。在北朝与隋唐，士族门阀开始衰落，"士人的门阀化"的趋势转变为"士族的官僚化"。

我们就是在这个背景之中，从"三层面"和"四线索"出发，通过比较前朝与后代，观察秦汉品位结构中"士"的地位的。下文将讨论三个问题：第一，选官体制和资格管理中的"士"的安排；第二，社会身份结构中"士"的免役特权；第三，王朝礼制中对"士"的特殊礼遇。

一 选官与资格视角中的士人

春秋以上"士"，可以是贵族最低等级之称，也可以是贵族之通称，包含卿大夫在内。公、卿、大夫、士都取决于家族地位和宗法身份。贵族既是行政政治的承担者，又是一个文教深厚的阶层。他们从小接受"六艺"，即诗、书、礼、乐、书、数的教育。据说做大夫得有九种能力——"九能"："建邦能命龟，田能施命，作器能铭，使能造命，升高能赋，师旅能誓，山川能说，丧纪能诔，祭祀能语，君子能此九者，可谓有德音，可以为大夫。"[1]"士"这个称谓，由此就具有了浓厚的"文化人"意味。他们属"君子"阶层，是道德与礼乐的代表者。而"君子"那个词恰好也有双重意味：既指身份高贵的

---

[1]《诗·鄘风·定之方中》毛传，《十三经注疏》，第316页中栏。

人，又指拥有道德才艺的人。

周代政治体制已孕育着士、吏两分的格局了。其时的政务承担者分两大层次：有爵的贵族卿大夫士和无爵的胥吏。有爵者以采邑、禄田的报酬方式，胥吏则以"稍食"为生。古文字中"吏"与"事"原是一个字，"吏"即任事者。所以"吏"这个称呼强调的是职位和任职能力。府、史、胥、徒承担各种细小的职役，属"庶人在官者"，属"小人"。"君子勤礼，小人尽力"[1]。质言之，在周代政治结构中，已蕴藏着后世士、吏两分的制度先声和观念先声了。制度先声就是"爵禄—稍食"体制，前者乃品位分等，后者则蕴含着职位分等的种子；观念先声就是士大夫被视为"君子"，胥吏等于小人。

周代贵族又是文武不分途，"允文允武"的。顾颉刚先生有言："吾国古代之士，皆武士也。士为低级贵族，居于国中（即都城中），有统驭平民之权利，亦有执干戈以卫社稷之义务。"[2]不光是士，卿大夫也往往如此，像晋国六卿，就同时又是三军将帅。贵族教育"六艺"之中，射、御都是军事技能。刘师培《论古代人民以尚武立国》指出，周代"士"乃军士，国子学习干戚之舞，选拔人才用射礼，由军官司马负责[3]。那么学校、礼乐、选举、进士制度，都带有军事色彩。

由此看来，周朝品位结构的特点，就是贵贱不通，士吏有别，文武不分。这些特点，被战国秦汉间的剧烈社会转型打断了。贵族制度衰落后，士人分化为一个独立的社会群体；各国都通过军国主义措施来推动富国强兵；官僚政治日新月异，新式吏员崛起，文武明确分为二途；法治需要和耕战需要，造成了文法吏和军吏的特殊尊贵地位。

这时候"人"与"职"发生了分离，士、吏、文、武等概念发生了交叉。职类、位阶与群体归属不一定对应，文职与武职、文号与武号不等于文人与武人。文人可能出任武职、拥有武号，武人也可能出

---

[1]《左传》成公十三年。
[2] 顾颉刚：《史林杂识初编》，中华书局1963年版，第85页。
[3] 参看《刘师培辛亥前文选》，三联书店1998年版，第357页以下。

任文职、拥有文号。儒生也可能担任文法吏职，这时从群体归属说他是士人，但从所任职务说他也是文法吏。

较之周代的贵贱有别、士吏有别而文武不分，秦汉帝国品位结构，一度"贵贱相通"、"文武有别"、"士吏无别"。当然这是"概而言之"的，具体详下。

首先从"贵—贱"线索看，汉代官僚政治的特点是"布衣将相之局"，选官并不限定于某个特别的高贵阶层，身份性相当淡薄，小吏亦可迁至公卿，是为"贵贱相通"。官秩和爵级都是可变动、可晋升的，入仕者因官而贵、因爵而贵。用做官阶的禄秩来自周代胥吏"稍食"，甚至直接承袭了"稍食"以"若干石"谷物额度为秩名的做法，这是一种面向吏员的管理方式。

再从"文—武"线索看，在职位设置和职类划分上文武分途，吏员有文吏、有武吏、有军吏，各有不同冠服。汉代朝位遵循"文东武西"规则，即文官和武官东西两列对立。在秩级安排上，文官用"正秩"，而武官用"比秩"。就是说汉代品位结构上"文武有别"。但也要指出，秦汉职类上文武有别，但官僚迁转上文武无别，文官可以任武将，武将也可以任文官。而且汉代的品位结构，其"尚武"的色彩比后代浓重得多：二十等军功爵变成了社会的基本身份尺度，这与历史后期科举功名构成了社会身份的情况，形成了明显对比。"大将军"、"将军"被用作辅政者的加衔[1]，而这与后世用"大学士"作为辅政者的加衔，也构成了明显的对比。汉代"校尉"有时被用作儒者的荣衔[2]。郎署是王朝选官的枢纽，郎官具有浓厚品位意义，而郎官本是执戟宿卫的士官，这种晋身之阶也是"尚武"

---

[1] 霍光以后领尚书事者凡22人次，其中有15人次其本官是"将军"，参看廖伯源：《试论西汉诸将军之制度及其政治地位》，《历史与制度——汉代政治制度试释》，第176页。又如汉昭帝时霍光、金日䃅、上官桀辅政，其时"大将军"、"车骑将军"和"左将军"三衔，就分开了三人的位序高下。

[2] 东汉屯骑、越骑、步兵、长水、射声等五校尉"官显职闲"，不但"多以宗室肺腑居之"，而且经常任以名儒，以示对儒者的荣宠。参看上田早苗：《贵族官制の成立》，中国中世史研究会编《中国中世史研究》，东海大学出版会，1970年。

的。"允文允武"的古老理想，依然是官僚形象的典范[1]。

再从"士—吏"线索看，秦帝国"焚书坑儒"，汉帝国也是"以吏治天下"的。文法吏沿行政等级向上伸展，一度弥平了周代品位结构中士大夫与胥吏的鸿沟。秦汉的文法吏没有显示出跟哪个社会阶层有特殊关系，其品位特权比后世少得多。在刚刚登上政治舞台时，文吏还没有马上发展为"官僚阶层"，只是作为"新式吏员"活动着。随汉武帝独尊儒术，"公卿大夫士吏彬彬多文学之士矣"[2]。帝国品位结构中由此出现了新的因素。但儒生加入行政官僚队伍之后，相当一段时间中，其迁转被视之如吏，原则上要经郡县吏职、为"乡部亲民之吏"。南朝沈约、宋人刘邠及徐天麟，都敏锐注意到了汉代仕途士、吏无别、不同于后代的重大特点[3]。冷鹏飞先生的研究显示，西汉之由太学射策入仕者不过寥寥数人，而东汉103名太学生之可考者，无人由太学直接入仕，"这说明东汉时期太学生考试制度虽然存在，但经由考试入仕的太学生是很少的。据文献所示，许多太学生卒业后的出路是'归为郡吏'。"[4]小吏亦能由卑而显，士人亦须由吏而显，若以此两点与后世比，则秦汉官僚等级管理上的"士、吏无别"是相对突出的。

---

[1] 参看邢义田：《允文允武：汉代官吏的一种典型》，《中央研究院历史语言研究所集刊》第75本第2分，2004年6月。

[2]《汉书》卷八八《儒林传》。

[3] 沈约指出："汉代……黉校棋布，传经授受，皆学优而仕。始自乡邑，本于小吏干佐，方至文学功曹。积以岁月，乃得察举；人才秀异，始为公府所辟。迁为牧守，入作台司……"杜佑：《通典》卷十六《选举典四》引，中华书局1984年版，第91页。刘邠指出："夫东西汉之时，贤士长者未尝不仕郡县也。自曹掾、书史、驭吏、亭长、门干、街卒、游徼、啬夫，尽儒生学士为之。才试于事，情见于物，则贤不肖较然"，不似"今时士与吏徒异物，吏徒治文书、给厮役。见其《送焦千之序》，《彭城集》卷三四，《景印文渊阁四库全书》，台湾商务印书馆，第1096册第334页；或《丛书集成新编》，台湾新文丰出版公司1985年版，第61册第459页。徐天麟指出："东汉入仕之途虽不一，然由儒科而进者，其选亦甚难。故才智之士，多由郡吏而入仕。以胡广之贤，而不免仕郡为散吏；袁安世传《易》学，而不免为县功曹；应奉读书五行并下，而为郡决曹吏；王充之始进也，刺史辟为从事，徐之初筮也，太守请补功曹。盖当时仕进之路如此，初不以为屈也。"《东汉会要》卷二七，上海古籍出版社，1978年版，第405页。

[4] 参看冷鹏飞：《两汉太学述论》，北京大学历史系1985年硕士论文，藏北京大学图书馆。

然而儒生与文吏并立朝廷,毕竟带来了最初的士、吏之别。这时候的士、吏区别,我们发现其"分类"意义大于"分等"意义。具有品位意义的相关制度安排,是辟召"四科"与察举诸科。这些科目承载着选官资格,而我们已把"资格"列于"品秩五要素"中。在历史后期,科目和学历变成了最重要的品位安排之一。那么它们在帝制初期,是什么情况呢?

首先看"四科"。汉代选官以"四科"取士,"四科"即德行科、明经科、明法科和治剧科[1]。("剧"是难治的县,能治理这种县的人才称"治剧"。)丞相任用吏员,或三公征辟掾属,都按"四科"分类任用。丞相府的西曹南阁祭酒、侍中,按规定应该用德行科;议曹、谏大夫、议郎、博士及王国傅、仆射、郎中令等,按规定应该用明经科;侍御史、廷尉正监平、市长丞、符玺郎等,按规定应该用明法科;三辅令、贼曹、决曹等,按规定应该用治剧科[2]。德行、明经两科偏重儒生,明法和治剧两科偏重文吏。"四科"资格是并列的,无尊卑优劣之别。

其次看察举诸科。汉文帝举贤良,汉武帝举孝廉,汉代察举制由此而成立[3]。由此各种察举科目,就成了前所未有的官僚资格,从而具有了品位意义。从察举科目看,贤良、文学、方正、明经、有道、至孝之类,以德行和儒学为条件,显然是面向士人的。"明阴阳灾异"科也不妨说是面向士人的,因为汉儒与方士合流,喜欢因灾异

---

[1] 《汉旧仪》:"丞相设四科之辟,以博选异德名士,称才量能,不宜者还故官。第一科曰德行高妙,志节清白;二科曰学通行修,经中博士;三科曰明晓法令,足以决疑,能案章覆问,文中御史;四科曰刚毅多略,遭事不惑,明足以照奸,勇足以决断,才任三辅[剧]令。皆试以能,信,然后官之。第一科补西曹南阁祭酒,二科补议曹,三科补辞八奏,四科补贼决";"刺史举民有茂材,移名丞相,丞相考召,取明经一科,明律令一科,能治剧一科,各一人。诏选谏大夫、议郎、博士、诸侯王傅、仆射、郎中令,取明经;选廷尉正、监、平案章,取明律令;选能治剧长安三辅令,取治剧。"《汉官六种》,第37页。

[2] 以上参看前注,以及《续汉书·百官志三》注引《汉仪》:"侍中常伯,选旧儒高德,博学渊懿";《初学记》卷十二:侍中"汉本用旧儒高德";《续汉书·百官志三》注引《汉官》:"市长一人,秩四百石,丞一人,二百石,明法科";符玺郎中"当得明法律郎"。

[3] 关于察举诸科的成立、标准和程式,可参黄留珠:《秦汉仕进制度》,第11—13章。

以说治道。而如明法、治剧、勇猛知兵法、能治河者之类科目，则以政事为本，士人在这些科目面前处于劣势。秀才科主要面向在职官员，无儒、吏之分。孝廉科则同时面向儒生、文吏。东汉顺帝的孝廉考试制度，就是"诸生试家法，文吏课笺奏"[1]，以儒生、文吏分科的，从制度上两种资格也是比肩并列的。

总观汉代"四科"和察举科目反映出的儒、吏关系，从资格分类说，儒、吏有别；就资格分等说，儒、吏无别。士人参政后，其在品位结构上最初造成的士、吏之别，主要体现在横向的资格分类上，而不是纵向的资格分等上。结构性的分析，向人们展示了汉代察举科目与唐以后科举科目的主要区别之所在。如果说唐代"明法"之科，多少还带有汉代科目体制之余绪的话，宋以下诸科向"进士"一科集中，则无论从分等还是分类看，科目已完全面向士人了。

两汉四百年中，贵、贱、文、武、士、吏各种因素在不断沉浮演变着。汉代儒生与文吏间既有疏离、冲突，二者又在缓慢融合。因朝廷崇儒，文吏开始学习经典而逐渐"儒生化"了；而儒生士人们日益熟悉了文法故事，也趋于"文吏化"了。经两汉几百年发展，士人已是一个文化雄厚、影响巨大的社会阶层了。他们成为官僚队伍的主要来源，即令未仕，也被人称为"处士"。"处士"之称明有待价而沽之意，暗示了朝廷屈尊礼贤的义务。东汉画像石中有一位乘牛车的"处士"，县功曹居然向其跪拜[2]。一旦在士林获得好评、赢得"士名"，则州郡察举、公府辟召纷至沓来。所以时人感叹着"序爵听无证之论，班禄采方国之谣"[3]，"位成乎私门，名定乎横巷"[4]。可见

---

[1] 《后汉书》卷六一《左雄传》。关于孝廉察举同时面向儒生与文吏，参看拙作：《察举制度变迁史稿》，第6页以下。

[2] 参看朱锡禄编：《武氏祠汉画像石》，山东美术出版社1986年版，第15页图四，第16页图五，及第106页的说明。巫鸿先生评论说："它也暗示了一个超越这个事件的一般性的政治思想，即皇帝应该尊敬并任用有德行的儒生。否则，这些儒生应该保持精神的独立，在政治上隐退。"巫鸿：《武梁祠：中国古代画像艺术的思想性》，三联书店2006年版，第228页。

[3] 徐干：《中论·谴交》，辽宁万有图书发行有限公司2001年版，第22页，或《景印文渊阁四库全书》，台湾商务印书馆1986年版，第696册第489页。

[4] 曹丕：《典论》，《意林》卷五引，《指海》本卷五第六页。

汉末士林的人物品题，已在相当程度上支配了朝廷选官。有个著名隐士叫黄叔度，当时的三公陈蕃有言："叔度若在，吾不敢先佩印绶矣！"[1]还有个民间经师郑玄，董卓时公卿们举其为赵相，袁绍征其为大司农[2]。大名士竟被视作公卿之选，可以迳登公卿之位。概而言之，秦汉文吏并不来自某个特定的社会阶层，但汉末选官已明显向一个特定的阶层——士人——倾斜了；士人阶层已推动了一种社会期待，官场也出现了一种选官新例：给予名士或士人以更高起家资格，高于非士人的普通吏员的起家资格。

起家资格上的"士优于吏"，由此而始。秦汉的典型仕途，本是先做郡县小吏，然后再依"功次"逐级升迁。尹湾汉墓出土《东海郡下辖长吏名籍》所记迁、除实例约110多个，其中标明"以功迁"的就有70多例[3]，占到了65%。又据廖伯源先生统计，尹湾汉简中属吏以功次升迁为朝廷命官的，占到45.54%，"则属吏与朝廷命官之间，并无所谓非经传统所知之仕途不得跨越之鸿沟"[4]。当然廖先生这话还不全面，多少忽略了"郎署"这个选官枢纽。自汉初就有"长吏多出于郎中、中郎"[5]的情况。东汉"孝廉察举"与"公府辟召"呈现为两大选官枢纽和渠道。郡县的吏员与士人经察举孝廉或辟召公府掾，方能获得更高资格，由此成为朝官并继续迁升。秦汉的"以功迁"制度本是个连续性的仕途，而今被"拦腰斩断"了，呈现出了阶段性和层次性[6]。进而随士人的影响力上升，这两途逐渐被儒生名士所充斥了。孝廉越来越多地面向儒生，郎官队伍日益"士人化"。

---

[1] 《后汉书》卷五三《黄宪传》。
[2] 《后汉书》卷三五《郑玄传》。
[3] 《东海郡下辖长吏名籍》，见《尹湾汉墓简牍》，中华书局1997年版，第85页以下。
[4] 廖伯源：《汉代仕进制度新考——〈尹湾汉墓简牍〉研究之三》，收入《严耕望先生纪念文集》，台北稻乡出版社1998年版，第385页。
[5] 《汉书》卷五六《董仲舒传》。
[6] 日人纸屋正和也指出："众所周知，汉代在百石以下小吏和二百石以上官吏之间，横有一道非经察举等不能逾越的森严关卡。"见其《前汉时期县长吏任用形态的变迁》，收入《日本中青年学者论中国史》上古秦汉卷，上海古籍出版社1995年版，第512页。这种"森严关卡"，应该说主要是东汉的情况。

许多官职,被特别指定为"孝廉郎作",非孝廉的郎官不得予其选。公府掾也是如此,越来越多地以名士为人选。大量名士直接由州郡察举、公府征辟入仕,非士人的单纯文吏难以晋身了,只能长居小吏干佐。这意味王朝的资格管理,在"分等"上也开始向"士阶层"倾斜了。中国官阶史上的"士、吏有别"以及"流外"制度,由此发端。

东汉王充对儒生、文吏问题曾有专论,他的看法中有两点值得注意。第一是"取儒生者,必轨德立化者也;取文吏者,必优事理乱者也",阐述了儒生与文吏各有不同政治功能。第二,他还指出"儒生犹宾客,文吏犹子弟也"[1]。这说法也大有深意。看不出文吏与哪个特定的社会阶层有特殊关系,朝廷就是他们的"家",统治者也拿他们当"子弟"。儒生可就不一样了,他们居官之后,其背后还有一个士人阶层。文吏是职业吏员,是忠实贯彻指令的行政工具;儒生却有自己所奉之"道",他们经常据"道"抗"势",以其政治理想衡量和改造政治,跟统治者并不完全"同心同德"。"宾客"的比喻,很形象地反映了士人官僚在文化上的相对独立性。在简单化了的"阶级分析"中,"道高于势"被鄙夷为"知识分子的自恋";但从政权类型的角度看,"士大夫政治"确实是各种政治形态中独具特色的一种,对中国史的影响至深至巨,包括等级秩序。

如果说汉末选官的"士、吏有别"还只是初具轮廓的话,魏晋以下那种区别就充分制度化了。从某种意义上说,东汉官僚发生了三个重大变化:第一是吏员的"官僚化",职业吏员群体逐渐演化为一个"官僚阶级"了;第二是官僚的"世家化",先秦一度中断的"世家"传统,在汉代开始再度缓慢积累起来,出现了若干世代居官的门阀;第三就是官僚的"士人化"。三个变化的"叠加",使汉代的"士阶层"在魏晋间发展为"士族阶层",并波及到品位体制上来了。其体现至少有四。

---

[1]《论衡·程材》:"朝廷之人也,幼为干吏,以朝廷为田亩,以刀笔为耒耜,以文书为农业,犹家人子弟,生长宅中,其知曲折,愈为宾客也。宾客暂至,虽孔墨之材,不能分别。儒生犹宾客,文吏犹子弟也。"

第一是察举制的变化。魏文帝时的孝廉察举,"儒通经术,吏达文法,到皆试用",因袭了东汉的儒生、文吏分科;魏明帝则不同,"申敕郡国,贡士以经学为先"[1],这等于取消了单纯文吏的察举资格。西晋秀才科实行了对策,对策逐渐变为一种文学考试,那么秀才科变成文士的晋身之阶了。由此,孝廉和秀才两科都面向士人,成为"士"的资格标志,而把非士人的"吏"排斥在外了。唐代科举进士试诗赋、明经试经学,这种两科并立体制,由此发端。从"资格"角度观察,科目作为重要的品位性安排,开始占据主导了。

第二是魏晋以下实行的九品中正制。这个制度规定,由"中正"之官根据德才,把士人品评为"上上"至"下下"九品。中正通常要任以名士,品评标准也是"士人化"的,而这就意味着,中正品是一种偏向士人、偏向名士的品位安排。非士人者是难以获得中正品的,他们就只好去屈就九品以下的吏职,或者军职了。南朝还有明确的"二品士门"、"吏门"和"役门"概念。"役门"是编户,"吏门"就是中正品太低、只能充任低级吏职的人。"士、吏有别"之制,由此获得了充分的发展。多数学者认为,中正人选用名士、中正品评称"清议",都是受了汉末士林品题的影响;而汉末士林品题对王朝选官的影响,其所造成的"吏"的仕途阻隔,已见前论。中正制维护了门阀选官特权,这一点已是学者共识。也就是说,九品中正制是一个具有阶层针对性的制度,那个阶层就是文化士族。

而且中正制度还以一种特殊形式,强化了对士子的身份管理,那就是"王官司徒吏"制度。对这一点,研究中正制的人很少言及。司徒府负责中正品评,得到其品评的士子由此拥有了选举资格,就成为"司徒吏"。曹魏正始年间,"郎官及司徒领吏二万余人,虽复分布,见在京师者尚且万人"[2]。"王官"是郎官,属散官,他们和"司徒吏"都处在候选状态,并不在职;但因他们已得到中正品评,

---

[1]《三国志·魏书》卷二《文帝纪》,卷三《明帝纪》。
[2]《三国志·魏书》卷一三《王肃传》注引《魏略》。

所以就进入中央人事管理的范畴，不属地方了[1]。司徒吏被免除了编户所负担的征役[2]，但要"应给职使"，即承担某些定期职役和临时差使[3]。西晋拥有中正品的司徒吏，大概也在两三万人以上[4]。可见九品中正制以"司徒吏"的方式，赋予"学以居位"的士子以特殊社会政治地位。汉末士人的居位资格还只是潜在的，或说惯例性质的，中正制则使之更为制度化了。在这个意义上说，"司徒吏"这个人群，与历史后期的举子、生员人群，具有类似的身份。

第三是选官论"清浊"的制度。朝廷的官职被分为"清官"和"浊官"，文化士族只任"清官"，或只从"清官"起家。寒庶之人不能染指"清官"，只能任"浊官"了。清浊制度，可以看成是中正品的进一步发展。"清"这个概念，本是个用以描述与士人相关的事象的用语，如士人的节操称"清节"，士人的才华称"清才"。在中古时代，"清族"、"清华"被用于特指士族门第。所谓"清官"多是文翰性官职，如秘书郎、著作郎之类，这反过来表明中古士族是文化士族，所以他们的特权性起家官偏重于文翰。

第四是南北朝时形成的"流内流外"制度。九品中正制本来有9

---

[1] 《通典》卷一〇一《礼六十一·周丧察举议》，有"今诸王官、司徒吏未尝在职者"的提法，又据"王官、司徒吏皆先由州郡之贡，而后升在王廷，策名委质，列为帝臣，选任唯命。"中华书局1988年版，第2674页。可见王官、司徒吏既不在职，又非"州国之吏"，而是"帝臣"，直属中央等待选任。

[2] 《晋书》卷九八《王敦传》："又徐州流人辛苦经载，家计始立，（刘）隗悉驱逼，以实己府。当陛下践阼之始，投刺王官，本以非常之庆使豫蒙荣分；而更充征役，复依旧名，普取出客。"司徒吏及王官本来没有一般州郡编户的征发充役义务；所以刘隗对已成司徒吏的徐州流人"悉驱逼以实己府"，"更充征役，复依旧名，普取出客"，就构成了他的罪状。

[3] 《太平御览》卷五九八《文部·契券》引《晋书》："诸王官、司徒吏应给职使者，每岁先计偕文书上道五十日，宣敕使役各手书，书定，见破券，诸送迎者所受郡别校数，写朱券为簿集上。"中华书局1984年版，第2693页。可见王官及司徒吏有"应给职使"义务，且以郡为单位来轮换番上。又《三国志·魏书》卷二四《高柔传》："时制，吏遭大丧者，百日后皆给役。有司徒吏解弘遭父丧，后有军事，受敕当行，以疾病为辞。诏怒诏曰：'汝非曾、闵，何言毁邪？'促收考竟。（高）柔见弘信甚羸劣，奏陈其事，宜加宽贷。帝乃诏曰：'孝哉弘也，其原之。'"这反映了司徒吏须承担随机差使。

[4] 参看拙作：《北魏北齐"职人"初探——附论"王官司徒吏"》，《文史》第48辑，中华书局1999年版。东晋初年的司徒吏一度达到了20余万，以作为对投效者的褒奖。

个等级,中正二品以上是士族的品第,中正二品以上官是士族所做的官。而北魏孝文帝很有创意,他把中正品三至九品7个等级,转化为官品中的流外七品了,"流外"制度由此而生。比如,某官原先由中正三品的人担任,那么现将此官降为流外一品;某官原先由中正四品的人担任,那么现将此官降为流外二品……;至于此前二品士人所任之官,则留在官品九品之内。这样,流内九品面向士人,流外七品面向吏员的体制,就正式出现了。孝文帝说得非常清楚:"士人品第有九,九品之外,小人之官,复有七等。"[1]流内流外之别,就是"君子"、"小人"之别。梁武帝稍后也实行官品改革,设十八班和七班,中正二品以上的人和官职置于十八班,七班是"位不登二品"的寒人寒官。北齐把流外七品增加到流外九品,其制为隋唐所沿用。可见,中国官阶史上的流内流外之制,其实是从九品官人法脱胎而来的;流内流外之间的那道鸿沟,发源于中正品二品与中正三品间的那道鸿沟,"士门"与"吏门"之间的鸿沟。

因以上四制,"士、吏之别"大为强化了。魏晋南北朝"士、吏之别"的强化动力,在于东汉以来官僚的阶层化、世家化和士人化。察举科目、中正品制度、清浊选例、流内流外四制,是贵贱(士庶)有别的,重文轻武的,重"士"轻"吏"的。

由北朝进入隋唐,官僚政治重新振兴,中古士族衰落下去了。中正制旋即被废除,科举制从察举制中破土而出。学者对科举制取代中正制的变革意义,给予了充分强调。竞争性的科举考试打破了士族门第特权,为寒门学子开拓了晋身之阶,大大强化了官僚队伍的流动性。在学历主导的资格制度下,再度出现了"贵贱相通"的情况。但另一方面,科举学历面向士人;就"面向士人"一点论,科举功名与魏晋南北朝中正品,其实又是一脉相承的。从"士"的历史发展看,汉代儒生、中古士族和唐宋文人是一脉相承。他们传承的是同一文化传统,并同样以"学以居位"为特征,只不过中古士族阶层具有更大

---

[1]《魏书》卷五九《刘昶传》。

封闭性、特权性和家族性而已。

正是由于士阶层发展的连续性，中古若干制度设置被继承下去了，当然其形态和内容也发生了变化。像"清官"这个概念，就被唐王朝承用了。"清"构成了对职位等级的一种附加评价，是对官品的微调。"清官"和"清资常参官"子孙的起家资格，还因其父祖居于"清官"而提高一品，四品者相当三品，六品者相当五品[1]。礼制待遇上也有区别，例如四五品清官可以立私庙[2]。什么人可以任清官也有资格限制，"凡出身非清流者，不注清资之官"[3]。为什么要优待清官呢？章如愚的说法值得参考："唐之制虽不纯于周，而其亲近儒士之意，则犹古意也。何也？有常参官、有供奉官、有清望官、有清官，皆儒士也。"[4]可见"清"的概念仍与"士"密切相关。当然唐之"清官"与魏晋南朝还是不同了。魏晋南朝是"官因人而清"，士族习居之官就是清官，士族不居其官亦"清"，寒人居之亦不"清"；而唐朝则是"人因官而清"的，某些官职被确定为"清官"后，居其位则"清"，不居则不"清"。宋明清以后"清官"概念淡化，是因为科举士大夫已成为官僚主体，大家皆"清"了。

被沿用的还有流内流外制度，它依然被认为具有区分君子、小人

---

[1] 如卫官起家，"凡千牛备身、备身左右及太子千牛，皆取三品已上职事官子孙、四品清官子"，见《唐六典》卷五《尚书兵部郎中》，第154页；又太庙斋郎起家，"取五品已上子孙、六品清资常参官子补充"，《唐会要》卷五九《太庙斋郎》代宗宝历元年（762年）条，第1027页，又《新唐书》卷四五《选举志下》："太庙以五品以上子孙及六品职事并清官子为之。"

[2] 如唐玄宗天宝十载（751年）正月十日敕："今三品以上，乃许立庙。永言广敬，载感于怀。其京官正员四品清望官，及四品五品清官，并许立私庙。"《唐会要》卷十九《百官家庙》，第387–388页。

[3]《唐六典》卷二《吏部尚书》，第22页。又《全唐文》卷九五武则天《定伎术官进转制》："有从勋官品子、流外、国官参佐视品等出身者，自今以后，不得任京清要等官。若累限应至三品，不须进阶，每一阶酬勋两转。"中华书局1983年版，第983页。

[4] 章如愚：《群书考索·后集》卷二一，《景印文渊阁四库全书》，台湾商务印书馆1986年版，第937册第276–277页。当然"清官"中也有一些卫率郎将，但章如愚的话，从总体上说我想还是成立的。"清官"的特点是"清要"、"清闲"和文翰性质，南朝"清官"更重"清闲"和文翰性质，而北朝"清官"则向"清要"偏转，以台省要职为"清官"，唐朝"清官"上承北朝，若干卫官得以混迹于"清官"之中。

的意义，"吏"被涂抹为一个无道德的卑劣层次。宋朝"吏人皆士大夫子弟不能自立者，忍耻为之"[1]。明朝甚至把"充吏"用作对学子的惩罚[2]。汉代服制，文官一律服黑，小史与丞相皆同；所别仅在于冠梁，一梁或三梁而已。隋唐以下就不同了，礼制上士、吏有别了。隋制"胥吏以青，庶人以白"[3]，胥吏的服饰既有别于官僚，也有别于庶人。唐朝的流外官与庶人同服黄白，仍不同于流内[4]。元代"吏"地位一度颇高，但低级吏员仍有专门服装，即檀合罗窄衫、黑角束带、舒脚幞头，儒官则用襕衫和唐巾[5]。明初一度士子与胥吏同服，但是不久，朱元璋就觉得有必要为士子另制巾服了[6]。

汉代的大夫、郎官和将军、校尉，经魏晋南北朝，在唐发展为文散阶和武散阶，各29阶。从职类管理来说，文武分途的制度更严整了。文武阶的互转尚无大碍。例如千牛备身和备身左右出身属于武资，但有文才者可以由兵部转到吏部，铨为文资[7]。武阶出身者可换为文阶，文阶出身者也可以换为武阶，"出将入相"很常见。不过随"进士集团"崛起，军人地位开始下降。相应地，与"武"相关的资格与品位，往往贬值。北周府兵号称"侍官"，原系尊称，在

---

[1] 王栐：《燕翼诒谋录》卷三《有荫人不得为吏》，中华书局1981年版，第28页。
[2] 洪武二十七年（1394年）制度，廪膳生、增广生在校六年或十年以上学无成效，发附近或本处充吏。《大明会典》卷七八《儒学》，文海出版社1988年版，第3册第1248页下栏。
[3] 《隋书》卷十二《礼仪志七》大业六年（610年）诏。
[4] 《新唐书》卷二四《车服志》："流外官、庶人、部曲、奴婢，则服紬绢絁布，色用黄白。"
[5] 《元典章》卷二九《礼制二》"提控都吏目公服"、"典史公服"、"儒官"等条，中国书店1990年版，第451－452页，或《大元圣政国朝典章》，中国广播电视出版社1998年版，第1112－1113页。又《通制条格》卷九《衣服·服色》："皂隶公使人唯许服紬绢。"法律出版社2000年版，第141页；或浙江古籍出版社1986年版，第136页。又参史卫民：《元代社会生活史》，中国社会科学出版社1996年版，第107－108页。
[6] 《明史》卷六七《舆服志三》："儒士、生员、监生巾服。洪武三年（1370年）令士人戴四方平定巾。二十三年定儒士、生员衣，自领至裳，去地一寸，袖长过手，复回不及肘三寸。二十四年，以士子巾服，无异吏胥，宜甄别之，命工部制式以进。太祖亲视，凡三易乃定。"又同书卷一三八《孙远传附陈逵传》："帝以学校为国储材，而士子巾服无异胥吏，宜更易之。命逵制式以进。凡三易，其制始定。赐监生蓝衫缘各一，以为天下先。明代士子衣冠，盖创自逵云。"
[7] 《新唐书》卷四五《选举志下》："凡千牛备身、备身左右，五考送兵部试，有文者送吏部。"

唐朝却逐渐成了骂人话[1]。用于奖酬军功的勋官，其品位待遇明显低下[2]。唐后期三卫日趋猥滥，唐武宗下令终止卫官的"文简"资格[3]。到了宋朝，"重文轻武"成为时风[4]，文资、武资界限森严，跨越互换异常艰难。明朝同品官员，武职远比文职卑下。清末有位叫樊燮的总兵官去见抚帅，自以为是二三品官了，不肯向举人师爷左宗棠请安；左宗棠遂称"武官见我，无论大小，皆要请安"，大骂"忘八蛋，滚出去"。樊燮大受刺激，从此严课其子，功名务必超过左宗棠[5]。这个历史花絮，也可反映出功名在区分文武上的品位意义。

那么，现在就可以对"士"品位安排变迁，做一概括了。若把周王朝的"士"看成贵族通称，而且是拥有文化教养者之称，则周王朝"士"居"吏"上，即士、吏有别。而且这是一种贵贱之别。不过此时并没有针对文士的特殊品位，因为历史早期贵族是允文允武的，官制上文武不分途，"文士"没有构成一个独立人群。

汉帝国的品位结构，从资格分等上说士、吏无别，"儒吏"亦吏；但从资格分类上说则士、吏有别。辟召"四科"与察举诸科中，

---

[1]《新唐书》卷五〇《兵志》："京师人耻之，至相骂辱必曰侍官。"按《隋书》卷二四《食货志》：周武帝"建德二年（573年），改军士为侍官。""侍官"乃天子侍从之称。王仲荦先生认为，北周府兵称"侍官"，是其身份提高的标志。见其《魏晋南北朝史》，上海人民出版社2003年版，第580页。唐朝的"侍官"之称已完全不同了。

[2] 勋官的官品是正二品到从七品上，但叙阶仅从正六品上叙起，下至从九品上。勋官子弟的做官待遇，也相对低下。《新唐书》卷四五《选举志下》："纳课品子，岁取文武六品以下、勋官三品以下五品以上子"。文武官五品以上子就可以由门荫出仕了，六品以下官的子弟才走"纳课品子"之途；但勋官三品以下子，就得从"纳课品子"出仕勋官。而且他们不能任清要官。《唐会要》卷六七《伎术官》："有从勋官品子、流外国官、参佐亲品等出身者，自今以后，不得任京清要著望等官。"中册1183页。

[3] 唐朝门荫本来只看父祖官品，而不区分其父祖官阶之文武。以门资入仕者，多从卫官如亲卫、勋卫、翊卫起家。在服役期满进入仕途时，才有了文武之分：或从"文简"，即从吏部出仕；或从"武简"，即从兵部出仕。但唐后期因三卫猥滥，唐武宗便下令："入仕之门，此途最弊。自今以后，但令武简，其文简并停。"唐武宗：《加尊号后郊天赦文》，《全唐文》卷七八，第819页上栏。

[4] 宁可：《宋代重文轻武风气的形成》，《学林漫录》第3辑，中华书局1981年版，第59页以下。

[5] 刘禺生：《世载堂杂忆·左宗棠与樊云门》，中华书局1960年版，第44页。

面向士人和面向吏员的科目被明确区分开来了；博士、文学等属文化职类，被列在"比秩"，行政吏员则在"正秩"（参看本书下编第五章第二节）。与此同时，二十等爵用为身份系统，将军、校尉和宿卫郎官发挥着品位功能，这两点给汉帝国的品位结构涂上了浓厚的"尚武"色彩。东汉的情况发生了不小变化，察举、征辟逐渐向名士倾斜。士人往往直接由州郡察举、公府征辟入仕，由此，士人与单纯吏员的仕途起点出现明显区别，那也是流内外制度的最初萌芽。

魏晋以来的中正品、清浊官之制，赋予士人——主要是士族——以特殊身份与资格；在中正品影响下，官品低端与其上段分离开来，由此演化出了流内外制度。科举制由察举制直接发展而来，上承察举科目，科举学历在宋明清进而发展为主干性品位；流外和文武分途，令胥吏和武人相形见绌。由此反观汉朝，其士、吏无别，其文、武平等，就构成了早期帝国品位结构的重要特征。

二 阶层的标志：士子免役

对传统中国的社会等级，古人有一个"士、农、工、商"的经典表述。很多学者也采用"四民社会"的说法，并把这种特别的社会分类，看成是中国社会的重要特点。"学以居位曰士"[1]，以"学以居位"为特征的士人成为"四民之首"，是"四民社会"最富特色的地方。按余英时先生的看法，作为"四民"之一的士阶层在战国就初具规模了[2]。费孝通先生指出："绅士是士，官僚是大夫。士大夫联成了中国传统社会结构中一个重要的层次。"[3]张仲礼先生把"绅士"视为"阶层"，这是一个"以学衔和功名划分的集团"，其最低一级是

---

[1] 《汉书》卷二四上《食货志》。
[2] 余英时：《士与中国文化》，上海人民出版社2003年版，第13页以下。
[3] 吴晗、费孝通等：《皇权与绅权》，上海观察社1948年版，第9页；又天津人民出版社1988年版，第9页。

生员，而"生员"的确切意思是"官办学校的学生"[1]。周荣德的考察也显示，士人是一个阶层群体，有共同的生活方式，形成了一套控制个人活动和相互关系的行为规范[2]。

当然也有青年社会学者，坚决反对把"四民"说成社会分层。社会学一般根据收入、权力和威望等来确定社会分层。但"阶层"、"分层"之类概念，在社会学中的定义也有分歧，而且那些定义未必充分考虑过中国的历史经验。史学的概念运用是经验性的，因而更鲜活，这时抽象概念的过度纠缠就显多余了。毕竟是中国史学家直接面对着中国史，不一定非得对社会学亦步亦趋。

那么传统中国的"士"，是否可以看成一个阶层呢？很有意思的是，当代中国社会分层的研究者，几乎形成了一个共同认识，就是中国国家的若干制度设置，在塑造社会分层上发挥了巨大作用，这一点与西方的社会分层很不相同[3]，也是一种"中国特色"，而且是非常重要的"中国特色"。社会学研究者"可以把行政等级放入社会等级来研究，……中国政治和社会结构基本上是连续的"[4]的意见，完全

---

[1] 张仲礼：《中国绅士：关于其在十九世纪中国社会中作用的研究》，上海社会科学院出版社1991年版，第1页。

[2] 周荣德：《中国社会的阶层与流动：一个社区中士绅身份的研究》，学林出版社2000年版，第112－113页。

[3] 那些设置，包括干部等级制度、单位制度、户口制度、行业制度等等。李强先生指出："干部分层是中国社会分层的本位体系，其他的社会分层是依据干部的垂直分层而划分的"，见其《当代中国社会分层与流动》，中国经济出版社1993年版，第392页。又参北京大学社会分化课题组：《现阶段我国社会结构的分化与整合》，《中国社会科学》1990年第4期；李路路、王奋宇：《当代中国现代化进程中的社会结构及其变迁》，浙江人民出版社1992年版；李培林主编：《中国新时期阶级阶层报告》，辽宁人民出版社1995年版；周翼虎、杨晓民：《中国单位制度》，中国经济出版社2000年版，第85－86页；许欣欣：《当代中国社会结构变迁与流动》，社会科学文献出版社2000年版，第107、131页；陆学艺等：《当代中国社会阶层研究报告》，社会科学文献出版社2002年版，第8页；张静：《阶级政治和单位政治》，收入周晓虹主编：《中国社会与中国研究》，社会科学文献出版社2004年版，第311页；李毅：《中国社会分层的结构与演变》，美国大学出版社2005年版，中译本电子版，第3章第10节；李春玲：《当代中国社会的声望分层：职业声望与经济地位测量》，《社会学研究》2005年第2期；等等。

[4] 翟学伟：《中国社会中的日常权威：关系与权力的历史社会学研究》，社会科学文献出版社2004年版，第107页。

适用于传统中国。在"品位结构三层面"的概念中,我们设定了一个"官—民"层面,用以彰显王朝品级在决定社会等级上的重大作用,即"品级、等级和阶级的高度一致性"。有本于此,这里对士人阶层的关注,也集中在传统国家的制度设置之上。

在认识"士阶层"上,"免役"是个有帮助的线索。我们都知道,编户的赋役义务是"无所逃于天地之间"的,"民不出粟米麻丝、作器皿、通货财以事其上,则诛。"[1]尤其是徭役负担,"天下黔首,不惮征赋而惮力役"[2]。徭役不但重于赋税,而且是适龄人口的身份标志[3]。"官绅等级与庶民等级的差别是多方面的,是否向封建国家承担徭役则是主要标志之一。官绅有免役权,而庶民必须服役当差。"[4]官贵们的田产大抵不能免税,但其本人甚至家庭却能免役,编户就不一样了。明朝是有田必有役,军田出军役,民田当民差,灶田当灶差,匠田当匠差;至于明清生员以上的士人,不但本人可以免役,其家庭还可以免差徭2人[5]。清顺治五年(1648年)制,举人、监生及生员免粮2石、免丁2人[6]。兹将洪武制度及清廷顺治五年免粮免丁制度列表如下:

---

[1] 韩愈:《原道》,《韩昌黎文集校注》,古典文学出版社1957年版,第9页。
[2] 杨夔:《复宫阙后上执政书》,《文苑英华》卷六六九,中华书局1966年版,第3242页上栏;《全唐文》卷八六六,第9075页上栏。
[3] 王毓铨先生指出:"以人身为本的徭役和贡纳重于以土地为本的田租(赋、粮)。不仅重,而且重得多","官与民之不同处很多,其主要之点是看他是否向皇帝当差。"见其《中国历史上农民的身份》,收入《莱芜集》,中华书局1983年版,第368、365页。
[4] 张显清:《明代官绅优免和庶民"中户"的徭役负担》,《历史研究》1986年第2期。
[5] 《大明会典》卷七八《学校》,文海出版社1988年版,第3册第1239页上栏。按明朝官宦生员免役,只免杂役,不免里甲正役。参看唐文基:《明代赋役制度史》,中国社会科学出版社1991年版,第109页。
[6] "在京官员,一品免粮三十石,人三十丁;二品粮二十四石,人二十四丁;三品粮二十石,人二十丁;四品粮十六石,人十六丁;五品粮十四石,人十四丁;六品粮十二石,人十二丁;七品粮十石,人十丁;八品粮八石,人八丁;九品粮六石,人六丁。在外官员,各减一半。教官、举、贡、监生、生员,各免粮二石,人二丁。……以礼致仕者,免十分之七,闲住,免一半。犯赃革职者,不在优免例。"《清世祖实录》卷三七,《清实录》,第3册第303页上栏。

	免粮	免丁
一品	30石	30人
二品	24石	24人
三品	20石	20人
四品	16石	16人
五品	14石	14人
六品	12石	12人
七品	10石	10人
八品	8石	8人
九品	6石	6人
教官、举人、贡生、监生、生员	2石	2人

这个免丁和免粮的级差，以一种"数字化"形式，显示了士人处于品官与平民之间的特殊地位[1]。乾隆元年（1736年）上谕："任土作贡，国有常经。无论士民，均应输纳。至于一切杂色差徭，则绅衿例应优免。乃各省奉行不善，竟有令生员充当总甲图差之类，殊非国家优恤士子之意。嗣后举、贡、生员等，著概免杂差，俾得专心肄业。"[2] 嘉庆十六年（1881年）上谕也这么说："齐民之秀，国家培养人才，身列胶庠者，各宜修洁自爱，岂可承充官役自取侮辱？"[3]那么免役特权，即可看成"士"居"四民之首"并构成阶层的证据之一。

士人拥有特殊身份及免役权利，可能在周代就萌芽了。周朝国子学中的"学士"不服役，即"不征于乡"[4]。由此形成了一个古老传

---

[1] 清廷后来实行"摊丁入亩"，但某些地方仍有丁税，那些地方的绅士依然拥有免役特权。特权扩大到绅士的家族成员，例如贵州黎平府学的一块碑文记"凡生员之家，一应大小差徭概行永免"；某些地方还扩大到童生，例如吴嘉炎治下的广东普宁和儋州，儋州"旧例，儒户悉免徭役，故俗以应试为荣，童卷至数千"。参看张仲礼：《中国绅士——关于其在十九世纪中国社会中作用的研究》，上海社会科学院出版社1991年版，第38页以下。
[2] 《学政全书》卷二五《优恤士子》，《续修四库全书》，上海古籍出版社，第828册第656页下栏。
[3] 《大清会典事例》卷七二〇，嘉庆十六年（1811年）上谕，《续修四库全书》，上海古籍出版社，第808册第941页。
[4] 《礼记·王制》："升于学者，不征于司徒，曰造士。"郑玄注："不征，不给其繇役。"《十三经注疏》，上册第1342页上栏。照这种说法，周代进入国学的青年人——他们当然都是贵族子弟——并不承担平民的徭役。就《周礼》等书看，国子生另有职役，如值宿、当差和从征等，但那与井田农民的兵役、徭役并不相同。

统：学士免役。孔子据说有三千弟子，其中很多一直追随着老师，我们没看到其课役迹象。其余诸家的学士及弟子亦然。商鞅、韩非的叙述也都显示，一旦成为学士，就可以"弃田圃"、"避农战"了[1]。那在先秦似是一种"习惯法"。当然在授田制下，士人不服役，国家就不授田，不得授田就没有家业。所以做学士也是有代价的，选择了作学问，就得"弃田圃"，放弃受田。

汉武帝建太学，太学的博士弟子是免役的[2]。东汉后期京师的太学生曾达三万余人，他们都应免役。地方学官的学子是否免役，由长官自行决定[3]。那么私学呢？秦禁私学，汉初朝廷大概也不许私学者脱役。但随文教兴盛、官学逐渐免役了，王朝就下令"通一经者皆复"，"复"即免役[4]，这应该就包括私学弟子了。很多私学弟子长年在外求学、"事师数十年"，不在原籍服役，朝廷也没拿他们当逃亡人口。长沙走马楼孙吴简牍中能看到很多"私学"和"私学弟

---

[1]《商君书·农战》把士人列在"舍农游食"者之列："故其境内之民，皆化而好辩乐学，事商贾，为技艺，避农战，如此则不远矣。……夫人聚党与说议于国，纷纷焉小民乐之，大人说之。故其民农者寡，而游食者众，众则农者怠，农者怠则土地荒。学者成俗，则民舍农，从事于谈说，高言伪议，舍农游食，而以言相高也"；"农战之民千人，而有诗书辩慧者一人焉，千人者皆怠于农战矣！"《韩非子·外储说左上》："名外于法而誉加焉，则士劝名而不畜之于君。故中章、胥己仕，而中牟之民弃田圃而随文学者，邑之半。"（"不畜"或作"上畜"，见王先慎《韩非子集解》，中华书局1988年版，第263页）。也是说一旦"随文学"，就可以"不畜于君"了。

[2]《汉书》卷八八《儒林传序》："为博士官置弟子五十人，复其身。"

[3] 文翁在蜀郡建立学官，"招下县子弟以为学官弟子，为除更繇。"又《后汉书》卷七六《任延传》记，任延担任武威太守时，"造立校官，自掾史子孙，皆令诣学受业，复其徭役。"

[4]《汉书》卷八八《儒林传序》："元帝好儒，能通一经者皆复。数年，以用度不足，更为设员千人。"俞启定、施克灿先生将之解释为"即都可以享有太学生待遇而免除徭役，不再有名额限制。但这样一来，显然会给政府开支造成负面影响。'数年，以用度不足，更为设员千人'。比宣帝时还是扩大了5倍，见其《中国教育制度通史》（李国钧、王炳照总主编）第一卷，山东教育出版社2000年版，第328页）。按，太学设员与民间通经者免役，是不相干的两件事情。汉元帝初年，太学生超过了千人，太学的待遇和设施都是要花钱的，所以设员千人，限制人数。汉成帝"增弟子员三千人。岁余，复如故"，其"复如故"指太学设员又减至千人，而"能通一经者皆复"的法律不变。民间通经者免役的做法虽然减少了服役者，但对帝国数千万人口来说，只是九牛一毛。汉元帝之后，"能通一经者皆复"作为惯例维持下去了，它是私学的经师及弟子可以免役的根据。

子"[1]，他们可以免役。魏晋南北朝以下，太学或国学生[2]，地方官学生[3]，得到官府认可的私学生，都可免役[4]。平民迁移，汉晋以来即有限制，但诸生四方游学，王朝不禁[5]。顺便说，宗教徒往往也可以免役[6]。我想那也跟学者免役的古老传统相关，佛教、道

---

[1] 王素先生认为，"私学"和"私学弟子"源于地方豪强没人逃亡户口，但需履行正式手续，见其《长沙走马楼三国孙吴简牍三文书新探》，《文物》1999年第9期，第43—50页；《"私学"与"私学弟子"均由逃亡户口产生：长沙走马楼简牍研究辨误之二》，《光明日报》2000年7月21日。胡平生先生认为吴简中的"私学"乃私学生，与没入逃亡者无关，见其《长沙走马楼三国孙吴简牍三文书考证》，《文物》1999年第5期，第45—52页。侯旭东认为，"私学弟子"的本义是官学中的非正式学徒，见其《长沙三国吴简所见"私学"考——兼论孙吴的占募与领客制》，《简帛研究2001》下册，广西师范大学出版社2001年版，下册第514页以下。于振波先生认为，"私学弟子"是与官学相对的，指官学中的非正式成员及私学学生，见其《走马楼吴简初探》，文津出版有限公司2004年版，第211页以下。王子今、张荣强认为，"私学"是民间儒学的受教育者，其身份须经一定手续确认，方可登入籍，见其《走马楼吴简"私学"考议》，收入《吴简研究》第2辑，崇文书局2006年版。

[2] 《三国志》卷十三《王肃传》注引《魏略》："至太和、青龙中，中外多事，人怀避就。虽性非解学，多求诣太学。太学诸生有千数，而诸博士率皆粗疏，无以教弟子。弟子本亦避役，竟无能习学，冬来春去，岁岁如是。"同书卷十五《刘馥传附刘靖传》载刘靖上疏，也提到了太学"诸生避役"而无心向学的问题。《宋书》卷十四《礼志一》晋孝武帝太元九年（384年）谢石上疏："自学建弥年，而功无可名。惮业避役，就存者无几，或假托亲疾，真伪难知，声实浑乱，莫此之甚。""学建弥年"之"学"，指的是晋孝武帝所兴国子学。那么东晋国学弟子照例免役。不过在北齐，郡学生多是贫寒学子，他们反而"多被州郡官人驱使"，见《北齐书》卷四四《儒林传序》。

[3] 东晋穆帝时庾亮在武昌兴学，又听临川、临贺二郡并建学官。其教令云："若非束脩之流，礼教所不及，而欲阶缘免役者，不得为生。明为条例，令法清而人贵。"《宋书》卷十四《礼志一》。

[4] 《三国志》卷十一《魏书·王修传》注引王隐《晋书》记载了经师王裒的学生被安丘令所役之事。其时王裒有言"卿学不足以庇身，吾德薄不足以荫卿"。按司马懿做安东将军时，王裒之父王仪为其司马，且为其所杀，王裒为之终身不仕西晋。地方官肯定知道王裒是罪人之后，也知道他对当局拒不合作的政治态度，故其私学未得县廷认可，或说没给予免役资格。这就是王裒"德薄不足以荫卿"的真意所在。反过来说，若这是个普通私学，不涉政治纠葛，其师长足以"荫"其门人，许其弟子免役，使其弟子得以"学以庇身"了。当然，王裒颇有德名于时，所以他变着法儿抗争了一下，安丘县令随即妥协，"放遣诸生"了。若没有私学弟子免役的旧例，那位县令敢随便任人脱役么？这再度显示，私学是否能得到官方承认、其学生是否可以免役，权在长官。

[5] 例如十六国的后秦就是如此。《晋书》卷一〇七《姚兴载记上》："凉州胡辩，苻坚之末，东徙洛阳，讲授弟子千有余人，关中后进多赴之请业。兴敕关尉曰：'诸生谘访道艺，修己厉身，往来出入，勿拘常限。'"其时洛阳虽毗邻北魏，但仍在后秦境内。

[6] 《抱朴子·内篇·道意》："后有一人姓李名宽，到吴而蜀语，能祝水治病颇愈，于是远近翕然，谓宽为李阿，因共呼之为李八百。……于是避役之吏民，依宽为弟子者恒近千人。"王明：《抱朴子内篇校释》（增订本），中华书局1985年版，第174页。

教被认为也是一种"学"。所以教徒免役,是学者免役古老传统的有力旁证。

唐代国子学、太学、四门学生及俊士[1]等在校生,还有州县学生,本人可以免役,而且还可以免课[2]。寻求科名者"名登科第,即免征役"[3];若进士及第,还可以免除一门课役[4],成为所谓"衣冠户"。韩国磐先生说:"衣冠户是科举特别是进士科出身者的专称",他们是宋代"官户"的前身;"唐代的衣冠户和宋代官户,都是在科举制的形成、发展下而形成发展起来的。"[5]科举制及授予学历获得者的相关特权,使士人继续向一个特殊阶层演进。至于尚未及第的举子,唐朝也很乐意给他们特殊身份,比如让省试不第、滞留京师的士子隶名于四门学,从而拥有了免役权[6];甚至士人尚未省试,只要是有志举业,也可以通过隶名中央和地方的官学,而获

---

[1] 唐制:国子学收纳三品官以上子弟,太学收纳五品官以上子弟;四门学的学生则分两部分:一是七品官以上子弟500人,称四门生;二是八品官以下及庶人子800人,称"俊士生"或"俊士"。参看《新唐书》卷四四《选举志上》。侯力先生认为,俊士既是四门学中的一种学生,又是一个科举科目,俊士科是面向俊士生的。见其《唐代俊士科考论》,《中国史研究》1999年第1期。

[2] 《新唐书》卷五一《食货志一》记载,国子、太学、四门学生、俊士,免课役。按唐代租庸调称"课",力役称"役"。州县学生也免课、免役。李锦绣先生指出州学生属于不课口,"成丁的学生不但免杂徭,还免除了租庸调成为不课口,这样减少了国家财政收入。"她推测当时庶人学生约有70876人,推测因学生不课而减少的国家收入总数可达12.4万贯,参看其《唐代财政史稿》上卷,北京大学出版社1995年版,第3分册第1107页。南北朝以前士人之复除,能确认的大抵只是免役,至唐则课、役全免,比前代更优厚了。

[3] 如唐敬宗宝历元年(825年)《南郊赦》:"名登科第,即免征役。"《唐大诏令集》卷七十,商务印书馆1959年版,第393页;学林出版社1992年版,第359页。

[4] 如唐僖宗乾符二年(875年)《南郊赦》:"准会昌中敕,家有进士及第,方免差役,其余只庇一身。"《唐大诏令集》卷七二,商务印书馆1959年版,第402页;学林出版社1992年版,第366页。又杨夔《复宫阙后上执政书》:"且敕有进士及第,许免一门差徭,其余杂科,止免于一身而已。"《文苑英华》卷六六九,中华书局1966年版,第3242页上栏;《全唐文》卷八六六,第9075页上栏。

[5] 参看韩国磐:《科举制和衣冠户》,《厦门大学学报》1965年第2期,收入《隋唐五代史论集》,三联书店1979年版,第292页。对唐代衣冠户,又可参看张泽咸:《唐代的衣冠户和形势户》,《中华文史论丛》1980年第3辑,上海古籍出版社1980年版。

[6] 唐玄宗开元二十一年(733年)五月敕:"即诸州人省试不第,情愿入(四门)学者听。"见《唐会要》卷三五《学校》,第634页。《新唐书》卷四四《选举志上》作开元七年(719年),当以《唐会要》为准。

得免役权[1]。举子往往要离乡"寄客",王朝对这些"学宦者"不责以"浮浪"之罪[2]。非官学的学子,地方长官也可能格外开恩,免其徭役[3]。当然,私学的法律地位是低于官学的[4]。

宋代的太学生有免役权[5],州县学生也免役。"上户多是衣冠读书赴举仕族"[6]。宋徽宗崇宁年间:"凡州县学生曾经公、私试者复其身,内舍免户役,上舍仍免借借如官户法。"[7]上舍生已可享

---

[1] 唐武宗会昌五年(845年)《加尊号后郊天赦文》:"应公卿百僚子弟及京畿内士人寄客修明经进士业者,并隶名太学。……其外寄居及土著人修进士明经业者,并隶名所在官学。"《全唐文》卷七八,第818页。其文又见《唐会要》卷三五《学校》,第635页,《唐摭言》卷一《会昌五年举格节文》,姜汉椿:《唐摭言校注》,上海社会科学院出版社2003年版,第3页。《加尊号后郊天赦文》又云:"非前进士及登科有名闻者,纵因官罢职,居别州寄住,亦不称衣冠户。其差科色役,并同当处百姓流例处分。"则"前进士及登科有名闻者","其差科色役",是不必"并同当处百姓流例处分"的(《全唐文》第820页)。韩国磐先生指出:"国子监、太学、四门学的学生以及俊士都免课役,投考进士、明经等科的士子呢?……既隶名于官学为学生,当然也有免役特权。"见其《科举制与衣冠户》,《厦门大学学报》1965年第2期;收入《隋唐五代史论集》,三联书店1979年版,第287页。

[2] 《唐律疏议》卷二八《捕亡律》:"诸亡而浮浪他所者,十日笞十,二十日加一等,罪止杖一百;即有官事在他所,事了留住不还者,亦如之。若营求资财及学宦者,各勿论。阙赋役者,各依亡法。"《疏议》:"'及学宦者',或负笈从师,或弃繻求仕,各遂其业。"中华书局1983年版,第536页。"浮浪他所"有笞杖之罪,若阙赋役则属逃亡,罪至徒三年;但有两种人不在其例:商人与"学宦者"。这两种人的羁旅生涯不算"浮浪",古已如此。

[3] 如浚仪人白履忠,曾自云:"往契丹入寇,家取排门夫,吾以读书,县为免",见《新唐书》卷一九六《隐逸白履忠传》,事在开元十年(722年)。《旧唐书》卷一九二《白履忠传》作"特以少读书籍,县司放免"。

[4] 《唐律》中事涉"服膺儒业"的条文均不含私学在内。例如《唐律疏议》卷一《名例律》:"九曰不义。谓杀本属府主、刺史、县令、见受业师,吏、卒杀本部五品以上官长",《疏议》:"'见受业师',谓伏膺儒业,而非私学者。"卷二三《斗讼律》:"即殴伤见受业师,加凡人二等。死者,各斩。谓伏膺儒业,而非私学者。"《疏议》:"儒业,谓经业。非私学者,谓弘文、国子、州县等学。私学者,即《礼》云'家有塾,遂有序'之类。如有相犯,并同凡人。"分见中华书局1983年版,第15、420页。杀官学业师属"十恶"中的"不义",殴伤官学业师加凡人二等;而对私学业师的同样侵害,其惩罚同于侵害凡人。

[5] 参看李伟国:《略论北宋末太学生的免役特权》,《学术月刊》1981年第9期。南宋太学生一度可能有差役,不过可以募人代役。参看朱瑞熙:《嚘城集》,华东师范大学出版社2001年版,第118-119页。

[6] 《开庆四明续志》卷七《行移始末》,台湾大化书局1980年版,第2-3页。曾琼碧:《宋代的下户》,收入《宋史论集》,中州书画社1983年版,第64页。

[7] 《宋史》卷一五七《选举志三》。又《文献通考》卷四六《学校考七》政和七年(1117年):"给事中毛友言:'比守郡,见诉役者言:富家子弟初不知书,第捐数百缗钱求入试补入学,遂免身役。比其岁升不中,更数年而始除籍,则其幸免已多矣。请初试补入县学人,并帘试以别伪冒。'从之。"中华书局1986年版,第433页下栏。其事亦略见《宋史·选举志三》。表明县学学生在学期间是可以免除本人差役的。

受"官户"的待遇了。大观三年（1109年）据朝廷统计，全国24路学舍95298楹，学生达167622人[1]。学者云，其经费之大、学舍之广，实为旷古未有[2]。

元代科举很不发达，由科举入仕者人数寥寥。但王朝特设了一种"儒户"，儒户必须送一人入学就读，除纳税粮外，可免科差。儒户不能世代承袭。北方儒户经两次考试确定，元太宗九年（1237年）取中4030人，元世祖至元十三年（1276年）再经考试、分拣，定为3890户。南方的儒户不须经考试，由地方官奏报。至元二十七年的江南户口登记表明，儒户约为总户数的1%左右[3]。

明代把儒户并入民籍，但户籍上注明为儒籍。士子从童子试起，即应登录为"儒籍"[4]。《明进士题名碑录》中每名进士籍贯之下，都注明"儒籍"等特殊身份。据顾炎武估计，天下生员不下50万人，"一得为此，则免于编氓之役，不受侵于里胥"，因其优免特权，"杂泛之差乃尽归于小民"，"故生员于其邑人无秋毫之益，而有丘山之累"[5]。宋代的地方学校生员，可达20万，约占总人口的0.45%；明末的生员之数，陈宝良先生估计约在60万以上，占人口的0.46%[6]。（东汉后期的学生数量，我们推测也能接近这个比例。）

至于清代，据张仲礼先生统计，太平天国之前的生员与监生的总

---

[1] 葛胜仲：《丹阳集》卷一《乞以学书上御府并藏辟雍札子》，《丛书集成续编》，台湾新文丰出版公司1989年版，第126册第417页下栏。

[2] 乔卫平：《中国教育制度通史》第三卷，山东教育出版社2000年版，第85页。

[3] 萧启庆：《元代的儒户：儒士地位演进史上的一章》，《元代史新探》，新文丰出版公司1983年版，第1页以下。

[4] "明制设科之法，士自起家应童子试必有籍，籍有儒、官、民、军、医、匠之属，分别流品。以试于郡，即不得就他郡试。"许承尧：《歙事闲谭》卷二九《吴宪》，黄山书社2001年版，第1041页。

[5] 顾炎武：《生员论》，《亭林文集》卷一，《续修四库全书》，上海古籍出版社，第1402册第77页。

[6] 陈宝良：《明代地方儒学生员数蠡测》，收入《顾诚先生纪念暨明清史研究文集》，中州古籍出版社2005年版，第130页。又其《明代儒学生员与地方社会》，中国社会科学出版社2005年版，第195页以下。

数为109.4万[1]。这时候，这个人群依然享有法律、经济和文化上的种种特权。朝廷经常申说生员不同于平民。学宫前的卧碑上镌刻着顺治皇帝的谕旨："朝廷建立学校，选取生员，免其丁粮，厚以廪膳，设学院学道学官以教之。各衙门官以礼相待，全要养成贤才，以供朝廷之用。"[2]康熙九年（1670年）上谕："生员关系取士大典，若有司视同齐民挞责，殊非恤士之意。今后如果犯事情重，地方官先报学政。俟黜革后，治以应得之罪。若词讼小事，发学责惩。"[3]王朝给予了学子以法律特权。雍正四年（1726年）上谕："士为四民之首，一方之望。凡属编氓，皆尊者奉之，以为读圣贤之书，列胶庠之选，其所言、所行，俱可以为乡人法则也。"[4]这"士为四民之首，一方之望"之言，被官僚士大夫视为"最高指示"而不断地引述申说。

免役特权显示士人处于臣、民之间，士人把"居位"作为政治期望，而朝廷也视之为一个官僚后备队伍，一群"准官僚"，他们处于朝廷品官的下端，在等级管理上被置于一个特定层次。由此士人拥有了经济特权、法律特权，以及更高的社会地位与威望。

三 服饰等级中的士子礼遇

学校的学生穿校服或学生装，校服、学生装当然不是"阶层"的标志，但在现代社会如此，传统社会却不一样。鲁迅先生的小说《孔乙己》，区分了"长衫主顾"和"短衣主顾"两种人；"穿长衫而又站着喝酒"[5]，就是孔乙己所属阶层及其个人沦落的象征。著名油

---

[1] 张仲礼：《中国绅士：关于其在十九世纪中国社会中作用的研究》，上海社会科学院出版社1991年版，第122页。
[2] 《学政全书》卷二《学校规条》，《续修四库全书》，上海古籍出版社，第828册第552页下栏。
[3] 《学政全书》卷二五《优恤士子》，《续修四库全书》，第828册第656页上栏。
[4] 《大清十朝圣训》，北京燕山出版社1998年版，第873页。
[5] 鲁迅：《孔乙己》，《鲁迅全集》第1卷，人民文学出版社2005年版，第457页。

画《毛主席去安源》，把前去安源号召劳工的毛泽东画成了穿长衫的形象。毛泽东本人对此不甚满意，他说："我在安源不是穿长袍，是穿短衣。"[1]学生与有身份的人都穿长衫，短衣是劳动者的装束。毛泽东似是强调学生出身的他，那会儿已同工人阶级打成一片了；现在画成了穿长衫，看着就像没打成一片似的。

　　传统社会中的服饰是职业与身份的直观标志，特定人群穿着特定服饰，一望即知，王朝往往以法规规范之。士子也是如此，他们有特殊冠服，那往往还是朝廷正式规定的。"贤贤"本是中国"礼乐"的基本精神之一，士子们就是被培训的贤者，是未来国家政治的承担者。换言之，王朝是在其与政权的关系之中，处理这个人群的身份与地位的，包括他们的礼遇。冠服属"礼"，"礼"是国家的制度安排，其基本精神就是区分尊卑贵贱，因而也是塑造"阶层"的能动力量。透过士子冠服的变化，来旁证不同时期"士"的身份变化与品位安排，就是本节下文的目的。

　　学人有特定服装，先秦典籍中已有若干迹象了。《诗·郑风·子衿》，据小序说是"刺学校废也，乱世则学校不修焉"。其中有句："青青子衿，悠悠我心。"《毛传》："青衿，青领，学子之所服。"这说法应有某种历史根据。孔颖达疏云："《释器》云：'衣皆谓之襟。'李巡曰：'衣皆，衣领之襟。'孙炎曰：'襟，交领也。'衿与襟音义同。衿是领之别名，故云'青衿，青领也。'衿、领一物。色虽一青，而重言青青者，古人之复言也。……《深衣》云：'具父母衣纯以青，孤子衣纯以素。'是无父母者用素。"[2]那么周朝的国子学生，可能穿着一种交领的青色服装。《子衿》又云"青青子佩，悠悠我思"，那青年既有佩玉，应为贵族子弟。

　　战国时代，国家对"士"的服装似有专门规定。《管子·立政》："天子服文有章，而夫人不敢以燕以飨庙，将军、大夫以朝，官

---

[1] 黄式国、黄爱国：《〈毛主席去安源〉的幕后风波与历史真实》，《南方周末》2006年4月20日。
[2] 《十三经注疏》，第345页上栏。

吏以命，士止于带缘，散民不敢服杂采。"这里的"士"，张佩纶释为"不命之士"[1]。因上文云"官吏以命"，即官吏穿命服，则后文的"士"应指未命无官者，张说是。"带缘"指带子上的缘边，那是平民所不能使用的。这也显示处在官、民之间的士人，确实拥有一种法定身份，朝廷要专门安排其服饰。不要以为衣带事小。贾谊《新书·服疑》特别指出："高下异，……则衣带异。"[2]

先秦有一种"儒服"，但它是逐渐成为"儒服"的，起初不是。《礼记·儒行》："鲁哀公问于孔子曰：'夫子之服，其儒服与？'孔子对曰：'丘少居鲁，衣逢掖之衣；长居宋，冠章甫之冠。丘闻之也：君子之学也博，其服也乡；丘不知儒服。'"[3]。在春秋末，鲁哀公还弄不清什么是"儒服"呢，按孔子之说，那只是"其服也乡"而已。《仪礼·士冠礼》："委貌，周道也。章甫，殷道也。毋追，夏后氏之道也。"[4]胡适先生认为章甫是殷服：孔子"懂得当时所谓'儒服'其实不过是他的民族和他的故国的服制。儒服只是殷服，所以他只承认那是他的'乡'服，而不是什么特别的儒服"[5]。

《墨子·公孟》也记载有"儒服"："公孟子戴章甫，搢忽，儒服，而以见子墨子"，自称"君子必古言服，然后仁"。墨子回答说："然则不在古服与古言矣。且子法周而未法夏也，子之古非古也。"[6]冯友兰先生因而提出："则公孟子之古言服，乃是周言周服，墨子时所

---

[1] 参看郭沫若、闻一多、许维遹：《管子集校》，科学出版社1956年版，第61页；收入《郭沫若全集·历史编》，人民出版社1984年版，第5册第126页以下。这段文字中可能有脱讹，诸家有不同解说，引文断句，依赵守正《管子注译》，广西人民出版社1982年版，第29页；赵守正：《管子通解》，北京经济学院出版社1989年版，第43页；钟肇鹏：《管子简释》，齐鲁书社1997年版，第45-46页；周瀚光、朱幼文、戴洪才：《管子直解》，复旦大学出版社2000年版，第66页；黎翔凤：《管子校注》，中华书局2004年版，第76页。
[2] 阎益振、钟夏：《新书校注》，第53页。
[3] 《十三经注疏》，第1668页下栏。
[4] 《十三经注疏》，第958页下栏。
[5] 胡适：《说儒》，《胡适文集》第5集，北京大学出版社1998年版，第8页。
[6] 孙诒让：《墨子间诂》，第451-542页；吴毓江：《墨子校注》，中华书局1993年版，第703页。

谓'古'不必即'指被征服的殷朝'。"[1]钱穆先生干脆说孔子之服就是士服[2]。不过我们看到,"章甫,搢忽,儒服"是被看成一种特殊服装的,所以公孟子才会用穿"儒服"来自我标榜,所以鲁哀公才为"夫子之服"疑窦丛生。至于墨子称其是"法周",我想那只是就"周代"而言,却不是就"周制"而言的。墨子意谓:这章甫,在我们周朝仍有人戴,并没有消亡,不能算是"古服"。然而墨子指其不算"古服",不等于儒者不把它看成"古服"。好比今天有人穿中式褂子,以示热爱传统文化;有人就出来说,"汉服"才是华夏正宗呢,褂子不是。冯、钱二先生的批评,不算有力。

杨宽先生认为,委貌、章甫、毋追都是玄冠的别名,而玄冠是贵族的通用礼帽。"孔子少居鲁,还未成年,因穿逢掖之衣;长居宋,已过成年,因戴章甫之冠。……也可能西周、春秋时宋人所戴礼帽,通用章甫的名称,其式样也还保存着殷人的遗风";"后来儒家讲治周礼,沿用古服,章甫又成为儒服。"[3]杨先生的推测相当合理,孔子的章甫必定有些特别之处,保留着殷人遗风,跟鲁国的章甫不一样,才引发了鲁哀公的疑问,以及孔子"其服也乡"的回答。同理,公孟子拿"章甫"来显示特立独行,则其章甫式样也不同凡响。周人的通用礼服是"端委","端"即礼服玄端,"委"即礼帽委貌。清人江永推测说,"似章甫与委貌亦有微异",又怀疑"当时章甫与委貌亦通行,可通称"[4]。既"微异"而又"通称",在于风俗名物是因时因地而变化着的。兼用"微异"与"通称"两点,我想就可以较好地解释章甫与委貌的关系。

《庄子·田子方》:"庄子曰:'鲁少儒。'哀公曰:'举鲁国而儒服,何谓少乎?'庄子曰:'周闻之,儒者冠圜冠者知天时,履句履者

---

[1] 冯友兰:《原儒墨》,收入《三松堂学术文集》,北京大学1984年版,第308页。
[2] 钱穆:《驳胡适之说儒》,收入《中国学术思想史论丛》,东大图书有限公司1976年版,第2册第377页以下。
[3] 杨宽:《古史新探》,第248—249页;《西周史》,第783页。
[4] 江永:《乡党图考》卷五《冠考》,《清经解》卷二六五,上海书店1988年版,第2册第309页中栏。

知地形,缓佩玦者事至而断。君子有其道者,未必为其服也;为其服者,未必知其道也。'"[1]"举鲁国而儒服"是极言鲁国儒服者之多,那套儒服包括圜冠、句履、缓佩玦等。再看《荀子·哀公》:"孔子对曰:'生今之世,志古之道;居今之俗,服古之服;舍此而为非者,不亦鲜乎!'哀公曰:'然则夫章甫、絇屦,绅带而搢笏者,此贤乎?'孔子对曰:'不必然,夫端衣、玄裳、絻而乘路者,志不在于食荤;斩衰、菅屦,杖而啜粥者,志不在于酒肉。生今之世,志古之道;居今之俗,服古之服;舍此而为非者,虽有,不亦鲜乎!'"[2]可见"章甫、絇屦,绅带而搢笏",确实就是古服、儒服;鲁国朝廷另有礼服,即"端衣、玄裳、絻(冕)"。二者是不同的。

总之,由于孔子及其门徒的原因,逢掖之衣、章甫之冠,后来真就成了儒服、儒冠了。子路早年喜欢打架,装束上"冠雄鸡,佩豭豚",后来在孔子引诱之下,居然"儒服委质"了[3]。《孔丛子·儒服》:"子高衣长裾、振褒袖、方屐麤翣,见平原君。君曰:'吾子亦儒服乎?'"[4]刘邦不好儒,来了戴儒冠的客人,"沛公辄解其冠,溲溺其中";郦生"衣儒衣"而见刘邦,通报者云其"状貌类大儒"[5];"叔孙通儒服,汉王憎之;乃变其服,服短衣,楚制,汉王喜。"[6]

---

[1] 郭庆藩:《庄子集释》,中华书局1961年版,第717-718页;王先谦:《庄子集解》,中华书局1987年版,第180页。"缓"或释为穿玉玦以饰佩之"绶",或释为"轻裘缓带"之"缓",近于"褒衣博带"之"博"。
[2] 王先谦:《荀子集解》,中华书局1988年版,第538页。对"章甫、絇屦,绅带而搢笏者",杨倞即以孔子"逢掖之衣"、"章甫之冠"释之,见董治安、郑杰文:《荀子汇校汇注》,齐鲁书社1997年版,第970页。这段史料又见《大戴礼记·哀公问五义》,见王聘珍:《大戴礼记解诂》,中华书局1983年版,第8-9页。对端衣、玄裳、冕,孔广森、王先谦、王聘珍等释为斋服和祭服,参看黄怀信:《大戴礼记汇校集注》,三秦出版社2004年版,上册第50-51页。又见《孔子家语·五仪解》,上海古籍出版社2000年版,第13页。《盐铁论·刺议》:"文学曰:……衣儒衣,冠儒冠,而不能行其道,非其儒也。"王利器:《盐铁论校注》,中华书局1992年版,第317页。即用其意。
[3] 《史记》卷六七《仲尼弟子列传》。
[4] 《孔丛子》,上海古籍出版社1990年版,第39页。
[5] 《史记》卷九七《郦生陆贾列传》。
[6] 《史记》卷九九《刘敬叔孙通列传》。

可见人们习惯认为，读儒之书就必须服儒之服，服儒之服者必定是读儒之书者。《淮南子·泛论》有"丰衣博带而道儒墨者"[1]云云；《法言·孝至》："假儒衣、书，服而读之，三月不归，孰曰非儒也？"[2]可见战国秦汉间确有一种社会公认且样式特定的"儒服"，被认为是儒生、学子之服。它是孔夫子及其学生留下来的，不是政府规定的。顺便说，战国秦汉间有一种侧注冠，周锡保先生把它说成"儒冠"，恐非[3]。

秦朝的儒者大概仍穿儒服，皇帝的脑袋还没想到为学士另行制服。汉帝国尊儒兴学，当局开始根据官僚行政需要规划师生服饰了。《续汉书·舆服志》："进贤冠，古缁布冠也，文儒者之服也。前高七寸，后高三寸，长八寸。公侯三梁，中二千石以下至博士两梁，自博士以下至小史、私学弟子，皆一梁。"进贤冠既不是来自古缁布冠的，也不是文儒者之服。这一点本书已辨之于前了。我们的看法恰与《续汉志》相反：汉初儒者另有儒服，王朝是在文吏普遍使用进贤冠后，复令儒官改服进贤冠的。"进贤"那名字给人以"礼贤下士"的感受，不过我想那名字是后起的，进贤冠其实是文吏之冠。你们儒生来我朝当官，那么就该改服易容，不能是先前的那种打扮了吧？

儒生做官即改服，是从什么时候开始的呢？叔孙通投汉之前服儒服，他在秦朝以文学征，为待诏博士。推测秦博士依然沿用先秦旧

---

[1] 张双棣：《淮南子校释》，第1381页。
[2] 汪荣宝：《法言义疏》，中华书局1987年版，第530页；韩敬：《法言注》，中华书局1992年版，第337页。
[3] 周锡保先生云："郦食其以儒衣而冠侧注见高帝，注解云：'儒冠，侧注也。'故亦为儒者所服。"《中国古代服饰史》，中国戏剧出版社1984年版，第83页。但周先生没给"注解"的出处。按《史记》卷九七《郦生列传》："状貌类大儒，衣儒衣，冠侧注。"《集解》引徐广："侧注冠一名高山冠，齐王所服，以赐谒者。"没说是儒冠。《汉书》卷二七《五行志》提到："昭帝时，昌邑王贺遣中大夫之长安，多治仄注冠，以赐大臣，又以冠奴。刘向以为近服妖也。""仄注冠"即"侧注冠"，也没说是儒冠。查谢肇淛《五杂组》卷十二《物部四》："儒冠，侧注也。"中华书局1959年版，第357页。但谢氏所云，恐系臆说。

习,是儒生就服儒服。《汉仪》又记:"文帝博士七十余人为待诏。博士朝服:玄端、章甫冠。"[1]若这条记载可信,则汉初博士承先秦遗风及秦制,仍穿玄端、章甫,不用吏员制服。秦博士七十多人,汉文帝博士也是七十余人,系承秦制,冠服也一脉相承。

  博士最初服儒冠,说明那时候政府只把他们看作民间延请而来的顾问,不算吏员。汉武帝时情况有了变化。武帝末年有个隽不疑,"治春秋,为郡文学,进退必以礼,名闻州郡",绣衣直指使者暴胜之约见他,"不疑冠进贤冠,带櫑具剑,佩环玦,褒衣博带,盛服至门上谒"[2]。"褒衣博带"虽系儒服,但"进贤冠"却是官服,而非儒服。隽不疑虽然只是一位郡文学,"芝麻官"毕竟也是官儿了,换上官帽子了。文学既已如此,博士似可类推。推想汉武帝在尊儒兴学同时,给了博士、文学们戴"进贤冠"的待遇。那是皇帝的一项荣宠呢,等于给予"国家干部"身份了。不知博士摘掉了先师的章甫,换上皂色朝服和进贤冠时,是什么心情。本来,二千石以上官才可以戴两梁冠的[3],博士秩比四百石,只有二千石的1/5,却获得了两梁殊恩。《晋书》卷二五《舆服志》:"博士两梁,崇儒也。"博士、文学的进贤冠表明,"崇儒"的同时,儒生本身也"官僚化"了。

  进而我们看到,朝廷允许私学弟子也戴"进贤冠"。这显示朝廷承认学士应有特殊服装,进而认定他们是一个特殊人群,是"学以居位"者。由此,私学弟子也有了一顶进贤冠扣在脑袋上,等于有了干部待遇。那顶官帽子标志出他们的"官僚预备役"身份,应"时刻准备着"步入仕途为帝国献身。我们看汉代画像上的儒生形象,不少都戴进贤冠。像成都青杠坡《讲经图》画像砖,儒师与若干弟子

---

[1] 《唐六典》卷二一《国子监》引,第559页(标点略有变动)。又见《太平御览》卷二三六《职官部·博士》引《汉旧仪》,原文"玄端"误作"立端"。第2册第1118页。
[2] 《汉书》卷七一《隽不疑传》。
[3] 《后汉书》卷二《孝明帝纪》注引《汉官仪》曰:"三公、诸侯冠进贤三梁,卿、大夫、尚书、二千石、博士冠两梁,千石已下至小吏冠一梁。"又蔡邕《独断》卷下:"进贤冠,公、王三梁,卿、大夫、尚书、博士、二千石冠两梁,千石六百石以下至小吏冠一梁。"上海古籍出版社1990年版,第18页。

戴进贤冠[1]；南阳沙岗店《投壶图》画像石中的三位投壶者应系儒生，也戴进贤冠[2]。这帽子的事还牵连到了孔子及其弟子，甚至老子：在汉代画像中，他们都被扣上了进贤冠[3]。作画者似乎不记得孔子是"长居宋，冠章甫之冠"的，把孔子弄得跟汉朝的官儿一个样了，说其"数典忘祖"不冤枉吧。

顺便说，汉代佩玉制度："佩双印，长寸二分，方六分。乘舆、诸侯王、公、列侯以白玉，中二千石以下至四百石皆以黑犀，二百石以至私学弟子皆以象牙。"[4]"双印"即"刚卯"与"严卯"两种成双佩戴的玉印。在佩双印上，二百石以下吏员与"私学弟子"，也是被安排在同一层次的。私学弟子如此，则官学弟子可知。

概而言之，汉朝的士人冠服，其"亮点"就是给了博士及其弟子以文吏之冠，即进贤冠。士人的服装由此向王朝官僚靠近了。进而私学弟子也用官僚制服——严格说是官僚"制帽"，等于是赋予了学子以某种特殊身份，"四民之首"的特殊地位。

同时另一些史料暗示人们，儒服依然是可选项，有人穿。比如，河间王刘德"好儒学，被服造次必于儒者。山东诸儒多从之游"[5]。汉昭帝元凤年间有个太史令唤作张寿王，服儒衣[6]。宣元之时王式被征，"衣博士衣而不冠，曰：刑余之人，何宜复充礼官？"[7]东汉

---

[1] 参重庆市博物馆编：《重庆博物馆藏四川汉代画像砖选集》，文物出版社1957年版，第21页；或龚廷万、龚玉等编：《巴蜀汉代画像集》，文物出版社1998年版，图61—62。但图中下方背面二人之冠，被说成是"委貌冠"。又刘志远等先生云经师所服为"高冠长服"，见其《四川汉代画家砖与汉代社会》，文物出版社1983年版，第100页。按经师所戴，实即进贤冠。

[2] 可参看王建中、闪修山编：《南阳两汉画像石》，文物出版社1990年版，图34；或闪修山、陈继海、王儒林：《南阳汉代画像石刻》，上海人民美术出版社1981年版，图12。

[3] 以武氏祠画像石为例，所见孔子戴的就是进贤冠，孔子弟子大多也是进贤冠。可参看朱锡禄：《武氏祠汉画像石》，山东美术出版社1986年版，第19页孔门弟子，第69页孔子见老子（老子亦戴进贤冠），第71页孔子和何馈。一说孔子所戴为高山冠，高山冠与进贤冠形制相近，画像中不好区分。汉人尊孔子为"素王"，给他戴上高山冠也是有可能的。

[4] 《续汉书·舆服志下》。

[5] 《史记》卷五九《五宗世家》。《索隐述赞》："河间儒服。"

[6] 《汉书》卷二一上《律历志上》："劾寿王吏八百石，古之大夫，服儒衣，诵不详之辞。"

[7] 《汉书》卷八八《儒林王式传》。瞿兑之先生因云："博士服盖有特制，而史不详。"见其《汉代风俗制度史》，上海文艺出版社1991年版，第285页。但我们认为，这"博士服"就是传统的儒服，并非另有特制。

桓荣:"车驾幸大学,会诸博士论难于前,荣被服儒衣,温恭有蕴籍,辩明经义。"[1]《盐铁论·利议》:"大夫曰:……文学襃衣博带,窃周公之服;鞠躬蹴踏,窃仲尼之容。"[2]东汉初光武崇儒,"其服儒衣,称先王,游庠序,聚横塾者,盖布之于邦域矣!"[3]"儒衣"说明什么呢?上述居官者或在学者,可能已戴上进贤冠(河间王应是远游冠)了,但衣服还是"儒衣",装束"半儒半吏"。西汉后期,还有"孔光、平当、马宫及当子晏咸以儒宗居宰相位,服儒衣冠"的事情[4]。他们大约连头带身都是儒生扮相了。这些人在什么场合"服儒衣冠"呢?也许只是日常活动,而非朝堂典礼。晋宋博士服皂朝服、进贤两梁冠[5],其冠其服全为官僚制服,推测汉魏也是如此。在官方场合,恐不准许博士随心所欲地儒冠儒服,皇帝未必答应。总归仍有若干儒者,若有机会就弃官服着儒服。对儒服的留恋情结,是士人文化独立性的一种表现。不错,我如今身在官场了,然而我"生活在别处",另有精神家园,在那家园中我是儒服。

　　魏晋以下,博士照旧皂朝服、进贤两梁冠。但学子之服有变。晋朝国子生葛巾、单衣,南朝国子生单衣、白纱角巾[6]。汉代民间学子是用进贤冠的,晋南朝的学子却改用巾了。那是为什么呢?是受了汉末名士流行"幅巾"的影响。巾帻本是卑贱执事者的服饰。蔡

---

[1]《后汉书》卷三七《桓荣传》。
[2] 王利器:《盐铁论校注》,中华书局1992年版,第323页。
[3]《后汉书》卷七九下《儒林传序》。
[4]《汉书》卷八一《匡张孔马传·赞》。孟康注:"方领逢掖之衣。"
[5]《唐六典》卷二一《国子博士》:"晋官品第六,介帻、两梁冠,服、佩同祭酒。宋、齐无所改作。"国子博士"服、佩同祭酒",那么国子祭酒之服是什么呢? 同书同卷《国子监祭酒》引《晋百官志》:"祭酒,皂朝服,介帻、进贤两梁冠,佩水苍玉。"第557、559页。又《宋书》卷十八《礼志五》:"诸博士,给皂朝服,进贤两梁冠。佩水苍玉。"
[6]《太平御览》卷二三六引《齐职仪》:"《晋令》:博士祭酒,掌国子学,而国子生师事祭酒,执经,葛巾,单衣,终身致敬。"第1116页下栏。《后汉书》卷六八《郭林宗传》注引周迁《舆服杂事》曰:"巾以葛为之,形如帢,……本居士野人所服。魏武造帢,其巾乃废。今国子学生服焉。以白纱为之。"《隋书》卷十一《礼仪志六》:"巾,国子生服,白纱为之。晋太元中,国子生见祭酒博士,单衣,角巾,执经一卷,以代手版。宋末,阙其制。齐立学,太尉王俭更造。今形如之。"

邕《独断》："帻者，古之卑贱执事不冠者之所服也。"帻是一种包头之巾。庶人的帻是黑色或青色的，耐脏。所以秦国称人民为"黔首"，韩国称人民为"苍头"。然而汉末士人偏偏以幅巾为雅，成了一道亮丽的风景线[1]。名士的巾式，经常为士林所效法[2]。《傅子》："汉末王公，多委王服，以幅巾为雅，是以袁绍、崔钧之徒，虽为将帅，皆着缣巾。魏太祖以天下凶荒，资财乏匮，拟古皮弁，裁缣帛以为帢。"[3]魏晋以下，幅巾备受青睐而大行其道。南朝出土了若干砖印画《竹林七贤图》，画中的名士所戴大抵都是巾[4]。"委王服"而"以幅巾为雅"，反映了中国士大夫"士贵耳，王者不贵"的传统理念，以及对士人文化独立性的一意寻求。又，汉末士人官僚中流行牛车，其实也有相近的意义[5]。在后代文人那里，"葛巾"成了淡泊高逸、远于官场的象征。陶渊明戴葛巾，曾"取头上葛巾漉酒"[6]。唐朝王维《酬贺四赠葛巾之作》有句："野巾传惠好，兹贶重兼金。

---

[1] 《后汉书》卷三五《郑玄传》："玄不受朝服，而以幅巾见。"卷六八《符融传》："融幅巾奋袖，谈辞如云。"卷八三《逸民法真传》："性恬静寡欲，不交人间事。太守请见之，真乃幅巾诣太守。"

[2] 《后汉书》卷六八《郭林宗传》："尝于陈梁间行，遇雨，巾一角垫，时人乃故折巾一角，以为'林宗巾'。"《宋书》卷十八《礼志五》："徐爰曰：俗说帢本未有歧。荀文若巾之，行触树枝成歧，谓之为善，因而弗改。"

[3] 《三国志》卷一《武帝纪》注引。

[4] 南京西善桥南朝墓《竹林七贤图》，参看南京博物院：《南京西善桥南朝墓及其砖刻壁画》，《文物》1960年第8、9期合刊。随后多处墓葬中发现的《竹林七贤图》，可参看罗宗真：《六朝考古》，南京大学出版社1994年版，第129页以下。

[5] 牛车本是拉货的，或卑贱者之所乘。但在汉末，牛车却在士人和官僚中流行开来了。刘增贵先生指出，牛车流行的原因之一，在于士人对"清"的崇尚："名誉以'清'为最高标准，'赢车败马'本是其特征"，"士人在入仕之后，仍保留了清俭之风，其标榜民间常乘之柴车苇毂（大多是牛车）是很自然的，车驾的变化因此而生"，"牛车的发展，是民间原以普遍使用的交通工具，以汉末清流士风为媒介，而逐渐普及于上层社会。汉末清流是魏晋士族的前身，牛车之进入车驾制度，与士族的发展恰相一致。"参看其《汉隋之间的车驾制度》，收入《台湾学者中国史研究论丛·生活与文化卷》，中国大百科出版社2005年版，第214–216页。车与服的问题是相关的。《三国志》卷三二《魏书·和洽传》："今朝廷之议，吏有著新衣、乘好车者，谓之不清……形容不饰，衣裳敝坏者，谓之廉洁。至令士大夫故污辱其衣，藏其舆服。"又同书卷《徐邈传》："往者毛孝先、崔季珪等用事，贵清素之士，于时皆变易车服以求名高。"

[6] 《宋书》卷九三《陶潜传》。

嘉此幽栖物，能齐隐吏心。"[1]《红楼梦》中之《簪菊诗》："短鬓冷沾三径露，葛巾香染九秋霜。"[2]晋朝之学子改用葛巾了，我想就是源于魏晋间的那个文化风俗的变动吧。

北朝情况则不相同。北魏北齐的国子学生是有品级的，推测其冠服就是同品官僚的品服。隋制上承北朝而有所变化。隋文帝规定："委貌冠，未冠则双童髻，空顶黑介帻，皆深衣，青领，乌皮履。国子太学四门生服之。"[3]那么隋朝学生，改用委貌冠和黑介帻了。查北齐服制，"进贤冠，文官二品已上，并三梁，四品已上，并两梁，五品已下，流外九品已上，皆一梁。致事者，通著委貌冠。"[4]那么北齐在职官僚用进贤冠，退休官僚用委貌冠，委貌冠被赋予了"准官僚"的意思，既非现任，又非布衣。则隋文帝令学子用委貌冠，目的就是让他们与品官有所区别。已冠学生的委貌冠是如此，未冠的用黑介帻，也有类似意义。现任文官用进贤冠加黑介帻，学生则去掉了进贤冠，只用黑介帻，目的也是要使之区别于品官。隋炀帝废其委貌冠而不用，学生就通用黑介帻了。

总之，**魏齐学子直接用品官冠服，隋文帝时学生或用致事官之冠、或用品官冠帻的一部分，隋炀帝让学子用黑介帻**，这些做法的"官僚化"意味都很浓重，都是参照官僚等级而定学子冠服的。比之晋南朝国子生戴巾，用意大不相同了，戴巾所体现的是士人精神。晋南朝政权中，士人占据主导——当然是士族化了的士人。中古士阶层由于发生了"士族化"，因而获得了较大的政治文化自主性。而北朝隋唐间存在着一个强大的"官僚化"趋势。魏晋以来陷于衰败的官僚政治，在北朝明显振兴。所以北朝的学校制度与官僚政治高度整合，这一情况，随即就体现在学子冠服制度上了。

唐朝的学生服饰，上承北朝。国子、大学、四门生、俊士以"黑

---

[1] 赵殿成：《王右丞集笺注》卷七，上海古籍出版社1992年版，第93页。
[2] 曹雪芹：《红楼梦》，人民文学出版社2005年版，第511页。
[3] 《隋书》卷十二《礼仪志七》。
[4] 《隋书》卷十一《礼仪志六》。

介帻"和"簪导,白纱单衣,青襟、褾、领,革带,乌皮履"为"参见之服";州县学生朝参,则着乌纱帽,白裙襦,青领[1]。按,上承汉末魏晋的崇尚幅巾之风,南朝流行纱帽,皇帝戴白纱帽,士庶戴乌纱帽[2]。那么,唐朝州县学生所戴"乌纱帽",是南朝传统吗?《隋书·礼仪志七》记云:"后周之时,咸著突骑帽,如今胡帽,垂裙覆带,盖索发之遗象也。又文帝项有瘤疾,不欲人见,每常著焉。相魏之时,著而谒帝,故后周一代,将为雅服,小朝公宴,咸许戴之。开皇初,高祖常著乌纱帽,自朝贵已下,至于冗吏,通著入朝。"北朝乌纱帽的来历,被说得非常清楚了,它来自鲜卑突骑帽,而不是魏晋幅巾。这种突骑帽,在北朝陶俑上历历可见[3],而且是隋唐"幞头"的来源[4]。可以看到,乌纱帽是非正式的服装。周隋受鲜卑文化影响,帝王将相们不怎么在意礼制的约束,在朝廷上也戴乌纱帽,反而把它弄成了"雅服"了,算是"半正式"的服装吧。到了唐朝,因乌纱帽的"半正式"性质,就让州县学生服用它了。也就是说,唐朝州县学生用乌纱帽朝参,显示其身份在官、民之间。

唐太宗时,"士服短褐,庶人以白。中书令马周上议:礼无服衫之文,三代之制有深衣。请加襕、袖、褾、襈,为士人上服。开骻者名曰缺骻衫,庶人服之。……诏皆从之"。由此把士子与平民区分开来。其衣服虽有"青襟"之名,但与周代"青青子襟"的全黑不同,是白纱单衣加饰黑色的襟、褾、领。这是一种特殊的白纱或

---

[1]《新唐书》卷二四《车服志》。
[2]《隋书》卷十二《礼仪志七》:"案宋、齐之间,天子宴私,著白高帽,士庶以乌。"皇帝戴白纱帽之事,还可参看周一良:《魏晋南北朝史札记》"白纱帽"条,第181页。南朝《竹林七贤图》中的名士所戴幅巾或纱帽,因是砖印画,颜色难以判断。唐朝画家孙位的作品《高逸图》,来自《竹林七贤图》;而今残《高逸图》中的四位主角,三人的幅巾或纱帽是黑色的。参看徐邦达编:《中国绘画史图录》,上海人民美术出版社1981年版,第48-50页;韩清华、邱科平编:《中国名画全集》,光明日报出版社2002年版,第46-49页;樊文龙主编:《中国美术全集·绘画卷》,光明日报出版社2003年版,第6页;《中国传世人物画》(晋-元卷),北京出版社2004年版,第24-25页;等等。
[3] 可参看赵学峰主编:《北朝墓群皇陵陶俑》,重庆出版社2004年版,第13页(I式)及第15页(II式)。
[4] 参看孙机:《从幞头到头巾》,《中国古舆服论丛》(增订本),第205页以下。

白麻之衣。所以唐人描述举子省试,有"麻衣如雪,纷然满于九衢"[1]之言;叙及第进士,有"袍似烂银文似锦,相将百日上青天"之句[2]。都是就其白衣而言的。庶人穿白衣,举子的白衣却加饰了黑色的襕、襟、褾、领,也是令士、民有别的意思。北朝魏齐的学生有品级、用官服,身份就是官人;隋唐间其服装变化表明,士子重新被定位在官、民之间了。

宋代学生服襕衫。"襕衫,以白细布为之,圆领大袖,下施横襕为裳,腰间有辟积。进士及国子生、州县生服之。"[3]这种学生装"接近于官定服制,它同大袖常服形式相似,不过其色白且其下前后裾加缀一横幅,具有下裳制含义。"[4]就是说宋朝襕衫,其颜色近于平民之服,其式样近于官僚之服。读书人照例是要穿儒服的,不然就显得很个别[5]。穿"儒衣冠"并无严格法律限制,所以会有这种情况:"嘉兴富家儿冒儒衣冠,郡邑间施施无忌惮。"[6]中举之后就可以脱掉白袍麻衣了,故宋人吟咏及第之诗,有"集英唱第麻衣脱"、"白袍来,麻衣脱"等句[7]。"淳熙中,朱熹又定祭祀、冠婚之服,特颁行之。凡士大夫家祭祀、冠婚,则具盛服。有官者幞头、带、靴、笏,进士则幞头、襕衫、带,处士则幞头、皂衫、带,无官者通用帽子、衫、带。"[8]朱熹的等级观念十分清晰,品官、进士、

---

[1] 牛希济:《荐士论》,《全唐文》卷八四六,中华书局1983年版,第8890页。
[2] 王定保:《唐摭言》卷七《好放孤寒》,《丛书集成新编》,新文丰出版公司1985年版,第83册第313页下栏。
[3] 《宋史》卷一五三《舆服志五》。
[4] 周锡保:《中国古代服饰史》,第263页。
[5] 宋朝陈岩夫"幼喜读书,为进士,力学,甚有志,然亦未尝儒其衣冠以谒县门,出入闾阎必乡其服。乡人莫知其所为也。"见欧阳修:《陈氏荣乡亭记》,《欧阳修全集》,中国书店1986年版,上册第451页。陶晋生先生因云:"换言之,读书应举的士人应当换穿儒服。"《北宋士族:家族·婚姻·生活》,台湾乐学书局2001年版,第25页。
[6] 赵鼎臣:《竹隐畸士集》卷一八,第1—2页,《景印文渊阁四库全书》,台湾商务印书馆1986年版,第1124册。
[7] 分见梅尧臣《杂言送王无咎及第后》、赵抃《次前人越州鹿鸣宴》,《全宋诗》卷二五八、卷三四二,北京大学出版社1991年版,第3237、4302页。
[8] 《宋史》卷一五三《舆服志五》。

处士、无官者四等,被他弄得井然有序。

明初儒士、生员、监生戴四方平定巾,后来统治者觉得"士子巾服,无异吏胥,宜甄别之,命工部制式以进"。生员的襕衫用玉色布绢,宽袖皁缘,皁绦软巾垂带;贡举人监者,不变所服[1]。行礼时状元冠二梁,绯罗圆领;进士巾如乌纱帽,深蓝罗袍。虽然礼毕常服如故,但也预示了他们的美好前程。胥吏另为青色盘领,吏巾。

在清朝,"顶戴"是区分官位的重要标志,进士、举人素金顶,同七品官;贡生阴文镂花金顶,同八品官;监生、生员素银顶。从顶戴看,官、士、民三者等级分明,森然不紊:

	朝 冠	吉 服
一品	红宝石	珊瑚
二品	珊瑚	镂花珊瑚
三品	珊瑚(武蓝宝石)	蓝宝石
四品	青金石	青金石
五品	水晶	水晶
六品	砗磲	砗磲
七品	素金	素金
八品	阴文镂花金顶	阴文镂花金顶
九品	阳文镂花金顶	阳文镂花金顶
未入流	同九品	同九品
进士状元	顶金三枝九叶	素金
举人	金雀	素金
贡生	金雀	同文八品
监生	金雀	素银
生员	银雀	素银

在清朝礼制之中,"庶士"是一个身份明确的流品,有别于官亦有别于民。婚丧祭祀等各种礼仪等级,也明确以品官、庶士、庶人三等为

---

[1]《明史》卷六七《舆服志三》;《明太祖实录》卷二一三洪武二十四年(1391年)十月庚申,中研院历史语言研究所1962年校印本,第3147页。明朝儒巾有垂带,是上承元代风俗的。"元式唐巾与唐宋巾的不同处是后垂二带,向外分张。"见沈从文:《中国古代服饰研究》,第371-372页。

差〔1〕。什么是清人概念中的"士"或"庶士"呢？"凡举、贡、生、监谓之士，其他杂项者谓之庶"〔2〕；"庶士，贡、监、生员有顶带者"〔3〕。这就是清人的等级观念。

由此就能看到，两千多年中的大多数时代，士子都有其特殊冠服，或者王朝对其冠服有刻意的安排。同时在各个时代，士子冠服也经历了种种变化。有时候士子的冠服比较"官僚化"，有时候就比较"士人化"。那些变化，都是当时士阶层特性的反映，是当时士阶层与王朝关系的反映。

以上我们对士人选举资格、士子免役资格和士子冠服进行了叙述。我们的目的，就是从"中国国家的制度性设置"出发，面向"官—民"层面，探讨中国社会中"士阶层"的结构性地位。中国古文明在周代就已展示了一种倾向，以拥有高度文化教养者承担政治。这在战国时代催生了一个"士阶层"。在两千年中，这个阶层与王朝政治历经磨合调适，与政治体制一体化了，在帝国品位结构中占据了一个稳定而明确的地位。

---

〔1〕 如婚丧之礼3等，品官即七品及七品以上官，庶士即八品以下官及生员、监生。祭祀之礼3等，品官为一等，即官员，进士、举人（礼同七品官），拔贡、岁贡、副贡生（礼同八品官）；庶士，即例贡生、监生、生员；余为庶人。参看《大清通礼》卷十七、卷二六、卷五二，《景印文渊阁四库全书》，台湾商务印书馆1986年版，第655册；吴荣光：《吾学录初编》"凡例"，《续修四库全书》，第815册第6页以下，及卷十四至卷十九。又家庙，品官立庙于居室之东，一品至三品5间，四品至七品3间，八九品庙亦3间但较狭；其下为庶士，家祭于寝室之北，以龛为板别为四室，奉高曾祖祢，如品官之仪；庶人设龛正寝北，比照庶士而简化。见《清朝通典》卷五十《大清通礼·家庙》，商务印书馆1936年版，第2335页以下；《清史稿》卷八七《礼志六》"品官士庶家祭"。

〔2〕 徐珂：《清稗类抄·服饰类·士庶服饰》，第13册第6136页。

〔3〕 《清朝通典》卷五十《大清通礼·家庙》，商务印书馆1936年版，第2335页下栏。

第六章　从爵—秩体制到官品体制：官本位与一元化

秦汉官阶用禄秩，魏晋以下用官品。九品官品是在曹魏末年出现的。在中国官阶史上，九品官品的出现，意味着什么？从秦汉禄秩到魏晋官品，是否只是级差级名发生了变化，以前分十八九级，现在分九品；以前叫"若干石"，现在叫"第几品"，如此而已呢？

以往学者对魏晋官品做过不少探讨，探讨涉及了官品的诞生时间，各种官职的具体品级，官品与九品中正制的关系，等等；至于九品官品的结构性和功能性的意义，则还有很大的考量推敲余地。本章将从"品位结构"视角，即各个序列的结构与功能，它们之间的组合、链接与搭配的样式，来考察九品官品的意义，以此显示秦汉品位结构的变迁方向和演化归宿，就是"官本位"和"一元化"。

一　"一元化"与"官本位"的推进

我们认为，九品官品体制的最大意义，就在于它是一种"一元化"的、"官本位"的官僚等级秩序。这是相对于秦汉"爵—秩"二元体制而言的；再往前说，也是相对于周代的"爵本位"而言的。

所谓"一元化"，是说九品官品表现为一个整体性框架和综合性尺度，把各种品位笼括其中，可称为"一元化多序列的复式品位体制"。秦汉等级秩序在一段时间里，各种位阶堆砌错杂，还没那么一个充分一元化了的综合性尺度，或说其发展并不充分。

所谓"官本位",就是以行政级别为本位。进一步说,就是权势、地位和声望的获得,以官位占有和职能履行为准。你有官儿、有事儿、为朝廷干活,才有名位俸禄。官大、权责大、贡献大,就位重禄厚;官小、权责小、贡献小,就位卑禄薄;而若无官守、无权责,朝廷一般不白养你。周朝的"爵本位"就不是如此,贵族的权势,来自对土地人民的直接占有、来自家族传统和世卿传统,不是行政性的。"爵"就是这种权势的一种"外化"形式。

从"爵—秩体制"到官品体制,帝国品位结构发生了若干显著进化。这种进化,体现在哪些具体方面呢?首先体现在对各职类的等级管理手段的"行政化"上,进而体现在品秩要素配置的"行政化"上。各职类等级管理上的"行政化",是指那些行政化水平较低的职类,例如具有依附、私属性质的"宦皇帝"职类,逐渐也用行政级别的手段加以管理了;若干非行政性职类,在管理上与吏职一体化了,例如军职。品秩要素配置的"行政化",是指特权、礼遇等等品秩要素,逐渐向行政级别转移,更多地被配置在行政级别之上,而不是身份等级之上,例如爵级之上。

制度变迁是个"长时段"的问题。我们先从回顾周王朝的品位结构开始。周代官员品位结构的特点是"爵本位",其主干是公、卿、大夫、士爵列,它以贵族官员的身份地位为本。贵族之下还有一个无爵的胥吏层次,他们以"稍食"为生,承担各种事务杂役,宛如主建筑之下的础石。那么周代品位结构,可以进一步表述为"爵—食体制"。这个体制是"一元性"的,因为"爵—食体制"的结构是一个纵向单列,"爵"叠压在"食"上。与爵级相关的等级礼制虽很繁琐,爵级本身却很简单,它是贵族时代社会分层的体现。

战国秦汉间的品位结构变迁,其要点可以概括为三:第一,周代贵族官员的身份尺度——公、卿、大夫、士的爵列在不断衰微、变质;第二,源于稍食、作为"吏"之定酬定等之法的禄秩,在不断伸展扩张,变成了官职的级别;第三,功绩制性质的二十等军功爵,变成了官员身份以至社会身份的主要尺度。这三个变迁催生了"爵—

秩体制",其主体结构,就是禄秩与军爵两个序列的双峰并峙。在一段时间里,各种品位安排都搭置于这两根支柱之上。这个体制呈现了某种"二元性",其特征就是"爵、秩疏离",进而是各种品位间的"疏离"。对这种"疏离",可从"要素配置"、"等级关联"等方面加以观察。

"品秩五要素"即权责、资格、薪俸、特权和礼遇。"爵"上没有配置"权责"要素,历代大抵如斯;但"爵"上是否配置了"资格"要素,历代就不相同了。汉代的二十等爵上没有配置"资格"要素,不能凭爵级起家,这样一点,就既与周爵不同,也跟南北朝隋唐不同。南北朝隋唐时各级爵位的起家资格,有明确规定。与前后时代相比,汉爵不能凭之起家居官、进而占有政治权势,这就显示了此期品位结构的特殊性。军爵用于军中褒功,列侯与关内侯爵也用来褒赏官僚功绩,但官僚的例行赐爵,却引人注目地采用了"赐满"的形式。而这就意味着,二十等爵在更大程度上被用作身份尺度,官员达到某秩级以上就被认为属于某个身份层次。配置于二十等爵上的经济待遇、特权和礼遇,其优厚程度明显高于后世。再从"等级关联"方面看,爵与秩之间的"比视"比较杂乱,也说明二者还没有精巧地整合在一起。

总之,汉代的爵级与秩级间显示了某种"疏离";这种"疏离"与周王朝"爵—食体制"的历史影响相关。汉"秩"源于周"食",而周代的"食"居周爵之下,是卑微胥吏的酬报定等方式。秦汉"以吏治天下"造成了"秩"的伸展和扩张,但爵级和秩级间的紧密整合与对应,却是需要一段时间来调适的。"爵"与"秩"疏离,意味着帝国等级制中身份制因素和官僚制因素,是以一种特殊的样式两存并立的。

进而与魏晋以下相比,汉王朝各种品位安排间的关系,也显杂乱松散,很有点儿"各行其是"的意思,尤其在汉朝前期。比如"宦皇帝者"职类,其赏赐、晋升和管理自成一系;比如"将军"、"校尉"等军职已有了一定的品位意义,但还没演化为军阶,并与秩级形成级级对应的关系；比如秩级只到中二千石为止，中二千石之上另用"上公"、"公"来区分地位；上公、公、上卿、卿、大夫、士既是礼制等级概念，同时又以职位和秩级定公、卿，二法并不完全相互吻合。汉朝的禄秩中有"比秩"，"比秩"的区分职类功能，也可以看成那种松散性的表现。"比秩"表明：文学之职、军吏和"宦皇帝者"最初无俸无秩，其等级管理各是各，与吏员不同；在有了"比秩"之后，这些职类也属"另类"。秦汉品位结构相对松散，是因为刚刚经历了社会政治结构的剧变。剧变中新兴阶层、新兴人群、新兴官职、新兴名号大批崛起，相当一段时间里，新旧阶层、新旧群体、新旧官职、新旧名号之间，呈现出了位置不定、参互错杂的情况。

"吏"是一个新兴群体，来自周代的府史胥徒层次。由于他们富有专业性、又容易驾驭，所以得到了统治者青睐，带着他们的身份标志"禄秩"，在战国逐渐崛起。但府史胥徒本是个无爵的卑微阶层，被压在有爵的贵族的大山下面，"爵"是传统的高贵身份标志。在传统观念之中，若以"爵"为吏，等于是让贵族去当厮役。汉代"爵、秩疏离"，爵级上不配置资格要素，不实行依爵起家的制度，就是很好理解的了。

文学之士盛于战国而衰于秦。在统治者一意寻求富国强兵时，"文学"一度被认为可有可无，是外在于富国强兵的东西。当然统治者也有爱好文学、奖崇学术的，也需要博古知书的顾问。齐有稷下学宫，学人在其中可得到"比大夫"的待遇。士人还可以去做大夫、郎官，或做大臣的舍人、门客，但它们既非吏职，也不是专门的文学之位。秦朝的博士和博士弟子体制，专门化程度高了一些。汉朝的博士、掌故、文学、诸生，已是专门的文学之职了。然而王朝又以侍从之位安排士人。总之，士人之被帝国接纳是一个曲折的过程；帝国体制中文学之官的职类、等级和资格安排，当然也是需要若干时间，才能严密、精致起来的。

"宦皇帝者"有其古老的来源，源于周朝的士庶子体制。战国秦汉间"宦"、"仕"有别的积习还很浓厚，所以"宦皇帝者"一度跟新兴吏职分成两系。"宦皇帝者"的等级相当散漫：自身级别既不清晰，与吏员的级别对应也不清晰。战国郎官的官称是很简单的，通称"郎中"而已，看不出"花色品种"来。秦汉郎官之名就复杂化了，有了车郎、户郎、骑郎、陛楯郎、执戟郎、中郎、郎中、外郎等名目。细审其命名，其法有二：车郎、户郎、骑郎、陛楯、执戟等，是以职事为别的；中郎（或侍郎）、郎中、外郎，则是以服役地点来区别的。中郎大概服役于内省，"中郎"之"中"显示其与皇帝更为亲近，郎中稍远，外郎大约不在禁中。学者认为中郎、郎中、外郎是3个级别[1]，其实最初不过是与君主的亲近程度之别，有如内寝中的贴身丫头与外堂杂活丫头之别，既不是升迁阶梯，也不好看成行政级别。先秦到汉初郎官无秩，其时中郎、郎中、外郎之别，与后来中郎比六百石、侍郎比四百石、郎中比三百石，严格以秩级为别、而且构成晋升阶梯的情况，很不相同。汉初的郎名显示他们当时偏重职事分类，级别分等尚不发达。侍从们依靠传统的供养方式为生：没有固定俸禄，以廪食和赏赐为生。因无秩级，所以他们进入行政体制的渠道和层次也不确定。"宦皇帝者"若得到皇帝赏识，就可能被认定为"宦皇帝而知名者"，给他们与爵级五大夫、秩级六百石相近的待遇。但可想而知，得此待遇的随意性是很大的，不过是看皇帝脸子罢了。总之，"宦皇帝者"之所以在品位结构中地位模糊，在于他们作为侍从的"私人性"。

战国文武分途，由此军队、军官、军人自成系统。将校、军吏的等级管理，使用军职与军爵。秦国军功爵制之下，"动作者归之于功，为勇者尽之于军"，"使天下之民，所以要利于上者，非斗无由也。"[2]授爵基本以"军功"为依据。"从军当以劳论及赐，未拜而死"、"隶臣斩首为公士"、"工隶臣斩首及人为斩首以免者"之类秦

---

[1] 陈勇：《郎中骑考》，《文史》2005年第3辑，总第72辑，中华书局。
[2] 《韩非子·五蠹》，《荀子·议兵》。

律律条[1]，都显示了军爵与"从军"、与"斩首"密切相关。是为"武爵武任"。所以一段时间里，军爵，主要是军人或从军立功者的品位，而非王朝吏员的品位。看到某吏员有爵，若无其他特殊情况，则以推测那位吏员曾经从军立功更好一些，就是说其爵位与其吏职无大关涉。

战国秦汉间的历史剧变中，新旧阶层、群体、官职、位号波荡起伏。用汉人的话说："古今异制，汉自天下之号下至佐史，皆不同于古。"[2]帝国大厦的骨架业已经筑就，但局部修建和内部"精装修"还没完成。云其松散粗疏，并不意味着先入为主、预设标准，而是在历史比较中看到的。通观两千年的等级制度进化，只能说是"前修未密、后出转精"。好比一伙人刚凑在一块儿共同创业，虽采用了什么经理、部长、主任之类职衔，但亲朋旧友、同学战友关系又搀杂其中，谁大谁小、谁该拿多少钱、什么事谁说了算，往往因人因时而异，尚不确定；不能像历史悠久的大公司那样，等级清晰而秩序井然。

但随"帝国公司"不断发展完善，"爵—秩二元体制"及各种位阶间的散漫关系，就一点点地得到了调整改进。在汉代官僚政治发展中，我们看到了王朝人员的同质化和等级管理的一体化，以及二十等爵的边缘化与禄秩的中心化。

先说王朝人员的一体化与等级秩序的一体化。"宦皇帝者"最初无秩，在等级管理上跟"吏"是分成两块的。后来"宦皇帝者"采用了"比秩"，这就是把他们纳入行政等级管理体制的努力。"比秩"有如纽带，将之与吏职联系起来了；在级别、薪俸、地位、资格上，"宦皇帝者"与吏职有了明确可比性。这个变化，是以"宦"与"吏"的界限淡化，大夫、郎官与"吏"的异质性下降为条件的。

汉初郎官是没有秩级的，郎官的命名主要以职事为别。但后来情

---

[1] 秦律《军爵律》，见《睡虎地秦墓竹简》，文物出版社1990年版，第55页。
[2] 《汉书》卷八三《朱博传》。

况变了，郎官不但通过"比"而拥有了秩级，而且还分成比六百石的中郎、比四百石的侍郎、比三百石及比二百石的郎中。这时的中郎、侍郎、郎中，已是郎官的等级之称了。"中郎"本来相对于"外郎"而言，是郎官的一类，后来则是郎官的一级了。本书上编第四章曾指出，汉朝冠服体制的特点是"自然分类"与"职事分类"两点，其分类功能强于前朝后世，分等功能弱于前朝后世；但后来，冠服的"级别分等"的分量就逐渐加重了。而这与汉代郎官的分等分类变化相映成趣：汉初郎官恰好以"职事分类"为主，后来"级别分等"的分量重起来了。

文武分途造成了军职、吏职间的一度疏离，但因"比秩"的使用，文武职类间的常规性迁转，变得便利了。文学之官也是如此。如掌故有比二百石、比百石两种，文学为比百石之官，他们可以迁为二百石、百石卒史，由文学而吏职，其迁转层次一目了然。西汉中期规定"博士选三科"："高为尚书，次为刺史，其不通政事，以久次补诸侯太傅。"[1]这就为博士开拓了由经师而吏职的通道，由此博士之官不再是行政体制的"外在"部分了，这时"比秩"就为之搭建了秩级的桥梁：博士比六百石，而尚书六百石，刺史六百石，诸侯太傅二千石。汉武帝兴儒学，贤良、明经、秀才、孝廉等科目，发展为面向士人的品位。而这个变化，又是以"儒"与"吏"的融合或趋同为前提的。

由此，这样一个进程就呈现在人们的视野中了：转型期波荡不定的各种人群和官职，通过各种分等和分类措施，在相关职类和级别上逐渐各得其所，彼此的对应、链接与配合关系日益精致起来了。供职于王朝的各色人物，其一体化和同质性提高了，他们都作为王朝吏员而活动着。《汉书·百官公卿表》云："吏员自佐史至丞相，十二万二百八十五人。"这"十二万二百八十五人"都是"吏员"，同样用行政手段管理，同样以秩级确定其级别待遇，按同样的规则在不同职

---

[1]《汉书》卷八一《孔光传》。

类间对流和升降。

再来看二十等爵的边缘化和禄秩的中心化。在秦与汉初一段时间中，爵、秩比肩并立。那时还能看到"爵重于官"的情况，臣吏若有几种头衔，习惯上先列爵位、后列官职。周朝"爵本位"依然显示着强大影响："爵"是人在社会上的立身之本，"秩"只是给君主当差时领的工钱。不过随光阴流逝，爵级、禄秩就不再比肩并立了，二十等爵逐渐变成旁枝，"秩"成了等级秩序的主干。

究其原因，第一个是政治性的：在新兴帝国之中，官吏才是大政承担者和权势操持者，行政级别逐渐主导了社会身份，与权责、资格无干的"爵"不可能抗衡"官本位"。封侯者还算位望较高，一般的有爵无官者虽比平头百姓尊贵，但其权势就没法儿跟在职官吏比了。第二个是社会性的。周朝"爵本位"的基础是身份的凝固不变，战国秦汉却是一个流动的社会，财富、权势全都变动不居，对官僚实行选贤任能，奖黜分明。汉初依爵而授田宅，爵位较高则占有的土地额度较大；但在土地频繁转移与爵位频繁升降的情况下，依爵占田之制必将成为一纸空文。二十等爵同时用于维系身份和行政激励，可这二者又是矛盾的：袭爵制度造成了特权的凝滞，而与官职、秩级相关的特权却是频繁转移的。二十等爵维持身份体系的能力，在官僚制时代是打了折扣的。

"爵"越来越轻、"官"越来越重，经常性的赐爵卖爵使爵级越来越滥，除列侯、关内侯保持了较大含金量外，十八级以下爵级一天天缩水贬值。从"品秩要素"看，虽然特权从"爵"转移到"秩"的情况在汉代似不明显，但"任子"权依秩级而定，"先请"权依秩级而定，二者不依爵级；先秦车舆依爵级[1]，汉代车舆等级依秩级[2]，

---

[1]《韩非子·外储说左下》："故晋国之法，上大夫二舆二乘，中大夫二舆一乘，下大夫专乘，此明等级也。"从《二年律令·秩律》看，百六十石以上吏即有乘车。但没有关于二十等爵乘车等级的规定。无秩而有爵者，大概只是在履行公务时可以使用传车、享受传食而已。

[2] 如《续汉书·舆服志上》所记："中二千石、二千石皆皂盖，朱两轓。其千石、六百石，朱左轓。……中二千石以上右騑，三百石以上皂布盖，千石以上皂缯覆盖，二百石以下白布盖，皆有四维杠衣。"等等。

服饰也依秩级而定。到东汉末就落到了这个境地:"爵事废矣,民不知爵者何也。夺之民亦不惧,赐之民亦不喜。"[1]禄秩越长越高、越长越粗,成了帝国等级制的粗壮主干;"爵"相形见绌,看上去只是主干上的旁枝了。

两汉几百年中,各职类的整合程度不断提高,其等级关系日益精致化了;帝国各色人员日益同质化,共同构成了一个官僚阶级。"爵、秩两立"的状况也将发生变化,以新的方式整合起来。于是,一个新事物——九品官品呱呱堕地,在魏晋间问世了。

二 从"爵—秩体制"到"官品体制"

制度的变迁是有节奏的。秦始皇、汉武帝及王莽之时,都出现过创制的高峰;东汉一朝制度则明显稳定下来了,君臣不肯轻易言变。汉末魏晋政治动荡,制度变迁又骤然加速。九品官品便是这时候出现的。

九品官品的产生意义,就在于它上承汉代等级管理的发展趋势,把"一元化"和"官本位"提高到一个全新的水准。从结构上看,综合性与一元性是九品官品的最大特色之一。它把职事官、散官、将军号、封爵等等全都容纳在内,爵级与行政级别的整合程度也大大提高,结束了此前二者之间的"二元性"和疏离状态。官品与禄秩至少在这一点上相当不同:禄秩在诞生之初只面向下层吏员,而官品自初就是一个无所不包的架构。

今见《魏官品》、《晋官品》,收录于《通典》之中[2]。九品官品诞生于曹魏之末,没两年就改朝换代进入西晋了。《魏官品》属初创,《晋官品》有所调整,此后大约一直使用到南齐而无大变化。下以《晋官品》为例,把官品制度的结构性特征,表示如下。《晋官

---

[1] 《艺文类聚》卷五一《封爵部》,上海古籍出版社1965年版,第916页。
[2] 两份官品,分见《通典》卷三六《职官十八》及卷三七《职官十九》,第205–210页。

品》中职事官、散官、将军号、封爵，我们将之分栏排列：

	职事官	散官	将军号	封爵
一品	公	诸位从公		开国郡公县公
二品	诸持节都督	特进	骠骑车骑卫将军 诸大将军	开国县侯伯子男
三品	侍中 中常侍 尚书令 仆射 尚书 中书监令 秘书监 诸卿尹……	散骑常侍 光禄大夫	诸征镇安平将军 镇军抚军将军 前后左右将军 征虏辅国龙骧将军	县侯
四品	武卫等将军 五营校尉 城门校尉 护军监军 州刺史领兵者……		宁朔建威等将军 东西南北中郎将	乡侯
五品	中书侍郎 谒者仆射 虎贲中郎将 冗从仆射 羽林监……	给事中 散骑侍郎 黄门侍郎 太子中庶子 太子庶子	鹰扬折冲等将军	亭侯
六品	尚书左右丞 尚书郎 治书侍御史……	太子中舍人		关内侯 名号侯
七品	殿中监 诸卿尹丞 符节御史……	太子洗马 太中大夫 中散大夫 谏议大夫 议郎		关外侯
八品	门下中书通事主事 散骑等省令史……	中郎 郎中		
九品	兰台谒者 都水黄沙令史……	舍人		

由此就可以看到，文武职事官、散官、将军号、五等爵与封爵，全都森然不紊地罗列于九品架构之内，它们都有了品级，由此一体化了。这就是九品官品的最突出特征之一。当然也有个别例外。如州郡县中正等构成的中正系统，因其职能与性质的特殊性，即，作为朝官之兼职、代表社会与民间"清论"，朝廷没有将之列入官品。

魏晋散官的渊源是汉代的侍从、郎官与大夫，那么也可以说是来自"宦皇帝者"。魏晋以下是个官阶"品位化"的时代，散官队伍大为扩张了。散骑常侍、散骑侍郎各有正员、通直、员外三种，合计"六散骑"。太子侍从中的庶子、洗马、舍人，在汉朝是被比拟于皇帝的郎官的，但秩级稍低；到了魏晋，其品级反居于中郎、郎中之上了，成了重要的起家之官。无论如何，这些散官都有明确的品级，迁转吏职时是升是降一目了然。

汉代的将军有两种。一种是临时性的杂号将军，打仗时随机命将、并给予军号，事讫则罢，打完仗就不再是"将军"了。还有一种是常设将军，即大将军、骠骑将军、车骑将军、卫将军和前后左右将军，共八号。这八号将军组成了一个名号序列，经常用作辅政者的加衔，所以它们还发挥着品位功能。将军号的级别，约略在中二千石、二千石之上[1]。就是说汉代将军的序列，尚不在秩级管理范围之内。魏晋时代杂号将军变成常设的了，而且充分品位化、序列化了，由军职演变为军阶，分布在官品的一品至五品之上，在官品中占据了明确的地位。将军号自成序列，沿自身的排序升迁，但同时也受官品支配。在涉及待遇、礼制时，有"二品将军"、"三品将军"、"四品将军"、"五品将军"提法[2]，就是明证。

还有，汉代的太傅、三公无秩名，而在魏晋官品中，诸公与诸位从公都高居一品，其品级与其下诸官形成了连续的序列。

秦汉帝国品位结构的特点是"爵、秩疏离"，二十等爵始终没跟

---

[1]《续汉书》卷二四《百官志一》注引蔡质《汉仪》："汉兴，置大将军、骠骑，位次丞相；车骑、卫将军、左右前后（将军），皆金紫，位次上卿。"又居延汉简西汉永始三年（前14年）诏书："七月庚午丞相方进下小府、卫将军、将军、（中）二千石、二千石、部刺史、郡太守、诸□。"见薛英群等：《居延新简释粹》，兰州大学出版社1988年版，第103页，简号74.E.J.F16∶1。将军之位，在"上卿"即御史大夫之下，中二千石、二千石之前。

[2] 如《晋书》卷二四《职官志》："加兵之制，诸所供给依三品将军。其余自如旧制"；"四征镇安平加大将军不开府、持节都督者，品秩第二，置参佐吏卒、幕府兵骑如常都督制，唯朝会禄赐从二品将军之例"；"三品将军秩中二千石者，著武冠，平上黑帻，五时朝服，佩水苍玉。"同书卷二五《舆服志》："轺车……三品将军以上、尚书令轺车黑耳有后户，仆射但有后户无耳，并皂轮；尚书及四品将军则无后户，漆毂轮。"同书卷五八《周处附周玘传》："陈敏反于扬州，以玘为安丰太守，加四品将军。"同书卷七三《庾翼传》："将兵都尉钱顾陈事合旨，翼拔为五品将军。"同书卷八一《桓宣传》："平雅遣军主簿随宣诣丞相府受节度，帝皆加四品将军。"同书卷九八《王敦传》："南康人何钦所居崄固，聚党数千人，敦就加四品将军。"

秩级形成严格的等级对应关系。而魏晋官品，引人注目地把封爵纳入其中。魏末西晋爵制复古，恢复了五等爵的封授，但汉爵不废。在《晋官品》中，五等爵与汉爵两种爵号分布在一至七品：公爵在第一品，侯伯子男爵在第二品，县侯第三品，乡侯第四品，亭侯第五品，关内名号侯第六品，关外侯在第七品，严谨有序。其后列朝，爵都在官品之内。唐朝王爵及五等爵，整齐有致地分布在一品至五品。下面再把曹魏、晋、陈及北魏、北齐和唐的封爵在官品上的分布变化，简示如下：

	曹魏	晋	陈	北魏	北齐	唐
一品	国王 公侯伯子男	开国郡公 县公	郡王	王、郡公 开国县公 散公	王 开国郡公	王 国公
二品		开国县侯伯 子男	开国郡公 开国县公	开国县侯 散侯	散郡公 开国郡公 散县公 开国县侯	开国郡公 开国县公
三品	县侯	县侯	开国县侯	开国县伯 散伯	散县侯 开国县伯 散县伯	开国侯
四品	乡侯	乡侯	开国县伯	开国县子 散子	开国县子 散县子	开国伯
五品	亭侯	亭侯	开国县子	开国县男 散男	开国县男 开国乡男 散县男	开国子 开国男
六品	关内侯 名号侯	关内侯 名号侯	开国县男			
七品		关外侯	沐食侯			
八品			乡侯 亭侯			
九品			关中侯 关外侯			

五等爵逐渐取代汉爵的过程，较然可见。魏晋南朝的爵列，大致是五等爵与汉爵的组合，具有过渡色彩；北朝则弃汉爵不用，唯用王爵与

五等爵了。北朝爵制，下启隋唐。这些变化，都是在官品框架之内发生的。

再从品秩要素"特权"与"资格"二者的配置观察，可以看到"特权"向官品转移，以及爵级开始承载"资格"的明显变化。

特权倾向于围绕官品配置，这里举"官当"和"占田"两点为例。秦汉二十等爵可以抵罪，秩级却不能抵罪。可见这个法律特权，重在保障身份而非优待吏员。魏晋以下逐渐出现了"官当"制度，即用官品抵罪当刑的制度。唐制："诸犯私罪，以官当徒者，五品以上，一官当徒二年；九品以上，一官当徒一年。若犯公罪者，各加一年当。"[1]官当所用官，为职事、散官、卫官及勋官四官，计算官阶时职事、散官、卫官为一官，勋官为一官。若系执行公务而犯罪，则"五品以上，一官当徒三年；九品以上，一官当徒二年"。可见"官当"之制，倾向于向有官守、有权责者提供更多法律保障。重官而不重爵，这一点从请减权利也看得出来。唐律又规定："诸七品以上之官及官爵得请者之祖父母、父母、兄弟、姊妹、妻、子孙，犯流罪已下，各从减一等之例。"疏议："七品以上，谓六品、七品文武职事、散官、卫官、勋官等身；官爵得请者，谓五品以上官爵，荫及祖父母、父母、兄弟、姊妹、妻、子孙，犯流罪以下，各得减一等。"[2]封爵的请减特权，是按其官品来衡量的。

秦汉根据二十等爵授田宅，而晋朝根据官品确定占田额度。西晋占田制下，"其官品第一至于第九，各以贵贱占田"。进而荫庇佃客和衣食客，也依官品[3]。唐朝均田制下，官僚占有永业田的特权都依官品而定，封爵的永业田与其所对应的官品不过略有参差，参看下表[4]：

---

[1]《唐律疏议》卷二《名例》，中华书局1983年版，第44页。
[2]《唐律疏议》卷二《名例》，第34页。
[3]《晋书》卷二六《食货志》。
[4]《通典》卷二《食货典二》，第15页下栏。

官品	永业田	封爵	永业田
正一品	60	亲王	100
从一品	50	郡王、国公	50、40
正二品	40	郡公	35
从二品	35	县公	25
正三品	25		
从三品	20	侯	14
正四品	14	伯	10
从四品	10		
正五品	8	子	8
从五品	5	男	5

大致说，亲王百顷属超品；国公至侯伯之永业田低于其官品，子男之永业田同于其官品。所以说"略有参差"。而且"兼有官、爵及勋俱应给者，唯从多，不并给"，授田时爵与官不并给，只能取其多者，二者其实是一元化的。汉代依爵而享有的若干权益，逐渐向行政级别转移，或依官品也能享有了。

秦汉爵级不构成资格，魏晋南北朝则出现了"依爵起家"的制度。两相疏离的"爵"与"秩"的因素，通过官品体制一体化了；而且以"资格"为纽带，"爵"与行政级别更密切地整合起来了。

依爵起家在晋朝还是比较简单的，只采取了"晋世名家身有国封者，起家多拜员外散骑侍郎"[1]的形式。顾江龙君指出：两晋南朝因爵起家的制度不发达，"爵位对于士族在官界的活动影响较小，其重要意义大概主要局限'衣食租税'"；但"食封者分割国家租调，对王朝的财政是巨大负担"[2]。就是说两晋南朝之爵，禄养较丰，但依爵起家之制较简，这与汉爵是比较相似的。而北朝的依爵叙阶之制，则发达周密起来了。北魏宣武帝制定了《五等诸侯选式》，公爵由正六品下起家，侯爵由从六品上起家，伯爵由从六品下起家，子爵由正七

---

[1]《宋书》卷五八《谢弘微传》。
[2] 顾江龙：《汉唐间的爵位、勋官与散官——品位结构与等级特权视角的研究》，北京大学2007年博士论文，第96–97页。

品上起家，男爵由正七品下起家[1]。同时北朝封爵在日益虚散化，大量"虚封"。唐朝据爵叙阶[2]，其制度更为整齐了。由"爵"而"阶"，由"阶"而"官"，"阶"构成了爵级与官职的中介。封爵有实封、虚封之别，获得实封的人很少；唐德宗以后，封爵的经济利益又由"衣食租税"向俸给形式转变。虚封之爵，除依功绩获得外，还可以通过"泛爵"获得。唐太宗即位，令五品以上官进爵一级。高宗以后泛爵，通常是三品以上进爵一级、二级。在这时候，"我们可以说，封爵官僚化在唐代已然基本宣告完成"[3]。

当然必须说明，我们认为魏晋以下的依爵起家之制强化了爵、品合一，促进了品位结构的一元化；但这时又要强调，不能反过来说，只要不能依爵起家，就意味着那种一元化程度下降了。从宋以后的趋势看，依爵起家的制度，后来又淡化、低落下去了。那么就有必要，对爵列与资格的关系，做进一步的讨论。

依爵起家的做法，既推动了品位结构的一元化，但看上去似乎又向周朝传统回归了。日人越智重明认为，魏晋以来"封爵是保证政治特权的第一位因素"[4]。这说法有些过分。研究显示，士族的门第权势，主要还是通过世代居官来实现的，袭爵是次要因素。尤其是清官起家制度。如由王国常侍还是由著作佐郎起家之类，就关系到士族是否"始免寒士"[5]。但越智重明之言也不是全无道理。依爵起家的制度保障了身份世袭，确与中古官僚的"贵族化"现象相关，与门阀阶层的权势相关。游彪先生在分析宋朝荫补与爵级的关系之时，

---

[1]《魏书》卷八《世宗宣武帝纪》永平二年（509年）："五等诸侯，比无选式。其同姓者出身：公正六下，侯从六下，伯从六下，子正七上，男正七下；异族出身：公从七上，侯从七下，伯正八上，子正八下，男从八上。清修出身：公从八下，侯正九上，伯正九下，子从九上，男从九下。可依此叙之。"
[2]《唐六典》卷二《吏部郎中员外郎》："凡叙阶之法，有以封爵。"第31页。
[3] 顾江龙：《汉唐间的爵位、勋官与散官——品位结构与等级特权视角的研究》，北京大学2007年博士论文，第134－135页。
[4] 越智重明：《晋爵与宋爵》，《史渊》第85期。
[5]《南史》卷二三《王奂传》："奂诸兄出身诸王国常侍，而奂起家著作佐郎。琅邪颜延之与（王）球情款稍异，常抚奂背曰：'阿奴始免寒士。'"

曾回顾说："唐官员荫补除爵位、官品而外，甚至散官、勋官亦可依据其品级荫补子弟为官，这些大概也与魏晋隋唐以来的门阀制度紧密相关。"[1]我们也相信，南北朝隋唐的依爵起家，即令不能全用士族门阀——以及北朝的部落贵族——来解释，至少是密切相关的。西晋初的"五等之封，皆录旧勋"[2]，封授对象都是开国功臣或其子孙后嗣，公侯伯子男五百余国构成了一个庞大而封闭的既得利益集团[3]。正如范文澜先生所说：大封国王和五等爵的目的，是造成一个皇族势力和一个士族势力"合力来拥戴帝室"[4]。

宋代官贵子弟的荫补，就不再依照爵级了。宋真宗时孙何、杨亿曾向朝廷呼吁，给五等爵拥有者的子弟以荫补资格[5]，但宋真宗并不采纳，仍依照官员所任职、差遣等来决定其子孙的荫补[6]。明朝官贵荫叙主要依据官品，爵级主要用来封授将领之有功者，文臣是很难得到封爵的。因功而封公、侯、伯的将领，有望充任京营总督、五军都督府掌佥书、南京守备或镇守总兵官，年幼嗣爵者可以入国子监读书，如此而已[7]。清朝乾隆制度，公、侯、伯依一品，子依二品，男依三品予荫，所谓"予荫"是许其入国子监为荫生、监生，再经考试而试用[8]。爵级要比照品级予荫，也反映了爵级与官品是一体化了的。清朝封爵不滥，获得爵号也不容易。而且，明清的宗室封爵与官僚封爵，已分化为两个不同序列了[9]。这个趋势其实从唐朝

---

[1] 亦见游彪：《宋代荫补制度研究》，中国社会科学出版社2001年版，第23页。
[2] 《晋书》卷三《武帝纪》泰始二年（266年）二月诏。
[3] 可参看杨光辉：《汉唐封爵制度》，学苑出版社1999年版，有关部分。
[4] 范文澜、蔡美彪：《中国通史》第2册，人民出版社1994年版，第366页。
[5] 孙何奏云："翼子贻孙，亦足征于旧典。臣欲乞内外官封至伯子男者，许荫子，至公侯者许荫孙，别封国公者许嫡子嫡孙一人袭封，并令有司考求前制，所冀国朝无虚授之宠，臣下知延赏之恩。"见黄淮、杨士奇编：《历代名臣奏议》卷一五九《建官》，上海古籍出版社1989年版，第3册第2082页。又杨亿的《次对奏状》中，也有类似的呼声，见其《武夷新集》卷十六；《全宋文》卷二八八杨亿七，巴蜀书社1988年版，第7册第618页，或上海辞书出版社、安徽教育出版社2006年版，第14册第268页。
[6] 参看游彪：《宋代荫补制度研究》，第23页。
[7] 《明史》卷七六《职官五》。
[8] 《清史稿》卷一一〇《选举五》"荫叙之制"。
[9] 明朝宗室之封，使用王、将军、中尉之号；异姓之封，使用公、侯、伯三号。清朝宗室之封，使用王、贝勒、贝子、国公、将军等号；民爵之封，使用五等爵及都尉、骑尉之号。

就开始了，唐朝宗室诸王、公主食实封的人数和户数，远远多于功臣封爵者[1]。而对官僚来说，这就进一步淡化了"爵"的身份意义，使之在更大程度上表现为一种激励手段了。总的说来，宋明清不存在官贵子弟大量由爵而荫的情况。

那么从"资格"的配置看，从"爵—秩体制"到一元化的"官本位"体制，其实也经历过一个从"爵、秩疏离"到"爵、资相关"，又从"爵、资相关"到"爵、资疏离"的曲折进程。具体说，"爵"与"资"的关系经历了如下四个阶段的变化：

  1. 周王朝："爵本位"，以爵为身份之本，"爵"是任官的凭据；

  2. 秦及汉前期："爵—秩体制"，爵、秩疏离，爵级不构成资格，不能依爵入仕；

  3. 魏晋南北朝隋唐："官本位"，爵级被整合于官品框架中，实行依爵入仕；

  4. 宋明清时，授爵范围日益狭窄，依爵荫补也被限制在很小范围之中。

这样一个历程，看上去很有些"否定之否定"的意味。如何认识上述第3期与第4期的变迁呢？魏晋以下官僚等级制的发展，同时承受两个影响。第一个，是官僚体制固有的由粗而精的进化趋势，即等级秩序的一元化趋势；第二个，则是官僚阶级的一度"贵族化"趋势，表现为士族门阀政治和北朝的部落贵族政治。这两个趋势，一条是一道上升的直线，另一条却是一段曲线，二者发生了"叠加"，同时"叠加"于中古品位结构的变迁之上了。

毕竟，"爵"是一种富有贵族色彩的制度：在"以爵入仕"制度下，官贵子弟通过袭爵而分享、延续了父祖身份，降低了政治流动，增加了身份的凝滞性。当"官本位"发展到更高程度，尤其是科举制

---

[1] 参看马俊民：《唐朝的"实封家"与"封户"》，《天津师范大学学报》1986年第4期。

繁荣之后，官僚流动性进一步增大，"依爵荫补"就衰落下去了。这时候的"爵"，与其说是一种安排社会身份的手段，不如说是一种官僚激励手段了。

宗室封爵不论，官僚的封爵主要是一种激励手段，"爵"是"官本位"秩序的从属物，却不足以安排社会身份，所以与"官"无关的赐民爵制度，东汉以后就逐渐低落、消沉了。赐民爵的做法，至唐宋偶尔仍有其事，明初朱元璋也一度赐民爵。这些民爵主要面向耆老乡贤，当然也含有调节社会身份、提高乡里耆老地位的作用。不过此时民爵价值微末，社会影响很小，若干史家都不知其事了，与秦汉平民大量拥有爵级，以至有人怀疑"民尽赐爵……几无百姓矣"的情况相比，还是很不相同的。唐朝赐民爵，称之为"古爵"；宋朝赐民爵，通用"公士"一级[1]；朱元璋赐民爵，索性弃古爵不用，而是另创里士、社士、乡士之号[2]；清廷优待耆老不用爵号，改赐七八九品的官服顶戴了[3]，也算是向"官本位"倾斜的又一个表征吧。

三　一元化多序列的复式品位结构

回到汉晋间的官阶变迁上来。无论如何，九品官品对各种位阶的整合，可以看做一个里程碑式的事件。"依爵起家"固然增加了"爵"的分量，但也使"爵"与"官"更紧密地整合在一起了。从"涵盖度"看，汉代禄秩最初只用于"吏"，对"宦"未能覆盖，跟爵级也只达到了"比"的关系。而九品官品，自初就是一个总体性

---

[1] 唐宋赐民爵，方以智有论，可参看《通雅》二二，第11页，清光绪刻本。
[2] 朱元璋洪武十九年（1386年）诏："应天、凤阳二府富民，年八十以上赐爵社士，九十以上赐爵乡士，天下富民年八十以上赐爵里士，九十以上赐爵社士。咸许冠带，与县官平礼，免杂泛差徭。"田艺蘅：《留青日札》卷十五《养老》，上海古籍出版社1985年版，第516页。又见《明史》卷三《太祖本纪三》。
[3] 清朝优遇"耆老"之法，是八十岁以上的布衣老人，赐九品官服顶戴；九十岁以上，赐八品官服顶戴；一百岁以上，赐七品官服顶戴。嘉庆二年（1797年）受赐者为8479人，道光五年（1825年）受赐为37345人。参看张仲礼：《中国绅士》，上海社会科学院出版社1991年版，第16－18页；常建华：《社会生活的历史学：中国社会史研究新探》，北京师范大学出版社2004年版，第346页。

的架构，它把各种官职、名位、衔号都收容在内了。秦汉"爵—秩体制"由此告终，其品位结构的"二元性"由此消失。唐朝九品十八级三十阶下，职事官、文阶官、武阶官、勋官、封爵森罗其中而井然不紊。"一元化多序列的复式品位结构"，历代沿用不废。

所谓"复式结构"，是就官品的总括性而言的。它构成了各色位阶的公共尺度。官品与禄秩在性质上是很不相同的，后者主要是官职的等级；官品也不同于现代的——如美国的——共同职等。美国的共同职等 GS18 级跨越了几百个职类，把各个系列的各种职级涵盖其中，但它依然只是单纯的职位等级，不含品位意义。而九品官品既是职位的尺度，也是品位的尺度，把品位、职位都涵盖在内了。所以，很难说九品官品只是品位等级或只是职位等级，二者都是。

对这一点，近现代之交的论者已有强烈感受。1914 年 5 月袁世凯颁布的《厘定新官制纲要》云：

> 官之有职，所以别职掌之崇卑、定权限之大小。至于官吏升转由卑而崇、由小而大，俸给额数亦为是为差，固易明也。然有处同一之职，而年资有久暂，则俸给亦有多寡，是非别立官等，不足以明之。查官以等分，实为周制；礼失求野，今乃于日本官制见之。我国不然，以品为等，设正从九品之制，而以一切之职配之。凡设一职，必定其品于是。品、职合并，混而不明。
>
> 夫品也者，所以别个人之身份与其待遇者也。冠珠补服之异，车帷坐褥之异，甚至上封三代，旁及尊亲，皆视其本身之品以为标准，则其性质，乃国家对于个人之荣施，其理至浅而无可疑。若其不然，子孙任何官职，即以何种官职封其先人，有是理乎？以此言之，则所谓以品为等者，非真以品为等也，乃无官等之名，不得已借品以明等耳[1]。

---

[1] 陈瑞芳、王会娟编辑：《北洋军阀史料袁世凯》第 2 卷，天津古籍出版社 1996 年版，第 216–217 页。

其实唐宋有阶官制度，实即"官等"。资格、特权与礼遇用阶官来维系，阶官尊卑与职位高下可以不一致。明清阶官制度大大衰落了，九品官品既用作官职等级、又用作官僚个人的资格、特权与礼遇等级，发挥着《纲要》所谓"官等"的功能。官僚要先行获得官职，然后再依此官职的品级，确定其相应的资格和待遇。这样，较之唐宋，各种待遇相对向官职倾斜了。所以明清构成了中国官阶史的又一个阶段。此时职等与官等看上去混淆了，故《纲要》作者觉得有辨析必要，对官品不仅是职等，同时也是官等一点，后文还提供了很充分的说明，文繁不备录。然而作者忘记了，中国历史上有过"官等"，唐宋阶官即是。

无论如何我们看到，近现代之交国门打开、视野扩展，与世界各国的行政制度——例如日本官等之制[1]——的比较，给了观察官品的人们以更深入的眼光。而其所论，反过来印证了我们的论断：九品官品是一个"复式结构"，它把各种位阶，包括职等和官等，以及各种显性和隐性的位阶，都涵盖在内了。所以它不但与美国"职位分类"的文官等级不同，甚至与若干西方国家曾使用过的"品位分等"也不相同，因为它是一个兼容了品位、职位的更大框架；在有些时候（如明清）还有"品、职合并，混而不明"、"借品以明等"的现象，"官等"并不总是一目了然的。

为了理解九品官品是一个"复式结构"，还须从"间架"的角度来观察。唐代的品、阶、勋、爵的间架，"品"就是官品，"阶"就是本阶，"勋"就是勋官，"爵"就是封爵。它们不是简单的级级对应关系，而是以一种复杂的方式组合在一起的。

---

[1] 所谓"官等"即位阶制。日本明治二年的位阶官名表，可参看秦郁彦：《日本官僚制研究》，三联书店1991年版，第91页，表3-1。这套位阶，政府后来感到过于繁琐，加以简化，如奏任官三阶（从四位、正五位、从五位）统一为书记官，判任官（正六位到从八位）统一为属官。日本战后进行文官制度改革，制定了"职位分类"的职阶制。《职阶制法》第六条规定："官职分类的基础，自始至终是官职的职务和责任，而不是职员应有的资格成绩及能力。"引自佐藤达夫：《国家公务员制度》，中国人事出版社1992年版，第24页。当然，日本的职阶制是否被充分执行了，有不同看法。参看傅肃良：《各国人事制度》，台湾三民书局1988年版，第282页以下。

首先，勋官和封爵被纳入了官品，各有其所比品阶[1]；进而依照王朝叙阶之法，"有以勋庸"，即"谓上柱国，正六品上叙；柱国已下，每降一等，至骑都尉，从七品下；骁骑尉、飞骑尉，正九品上；云骑尉、武骑尉，从九品上"。此外唐朝叙阶又"有以封爵"："嗣王、郡王初出身，从四品下叙；亲王诸子封郡王者，从五品上，国公，正六品上；郡公，正六品下；县公，从六品上；侯及伯、子、男并递降一等。若两应叙者，从高叙也。"[2]列表如下。

勋官比官品	散阶29级	封爵叙阶	封爵比官品
	从一品		亲王
上柱国	正二品		嗣王 郡王 国公
柱国	从二品		开国郡公
上护军	正三品		开国县公
护军	从三品		开国侯
上轻车都尉	正四品上		开国伯
	正四品下		
轻车都尉	从四品上		
	从四品下	嗣王 郡王	
上骑都尉	正五品上		开国子
	正五品下		
骑都尉	从五品上	亲王子封郡王者	开国男
	从五品下		
骁骑尉	正六品上（上柱国）	国公	
	正六品下（柱国）	开国郡公	
飞骑尉	正六品上（上护军）	开国县公	
	从六品下（护军）	开国侯	
云骑尉	正七品上（上轻车都尉）	开国伯	
	正七品下（轻车都尉）	开国子	
武骑尉	从七品上（上骑都尉）	开国男	
	从七品下（骑都尉）		
	正九品上（骁骑尉）		
	正九品下（飞骑尉）		
	从九品上（云骑尉）		
	从九品上（武骑尉）		

---

[1]《旧唐书》卷四二《职官志一》。
[2]《唐六典》卷二《吏部尚书》。

能够看到，勋官各官号、封爵各爵号本身有其所比的官品。但在叙阶时，它们与官品的关系另有一种安排。勋官从上柱国到武骑尉共十二转，比于正二品至从七品上；但叙阶时，却只从正六品上叙起，下至从九品上。就是说勋官与官品有"比官品"与"叙阶"两种关联方式，后者在官品的纵轴上是大大降低了的。若有位武人立了军功，荣获一转"武骑尉"，则官场中拿他当从七品的官看待；但若那位"武骑尉"到吏部谋求职事官，就只能按从九品上叙阶了，就是说他个人的任职资格只有从九品上，只能做很低的官。封爵还要复杂一点。封爵9级，比正一品至从五品上。嗣王、郡王和国公同居从一品，所以比官品只有8级，正一品至从五品上；而叙阶却是从四品下到从七品上，也低下了一个段落。可见，官品体制确实是一个"复式"结构，其内部间架也是复杂化了的。除了资格一点，若把其他特权、礼遇如授田、朝位等等都考虑在内，还能排列出更复杂的关联间架。

由叙阶即资格问题我们看到，"复式"的意义，还可以从"品秩五要素"来观察。前引袁世凯《厘定新官制纲要》指出："夫品也者，所以别个人之身份与其待遇者也。冠珠补服之异，车帷坐褥之异，甚至上封三代，旁及尊亲。"由此反映了九品体制的复杂性。现代文官等级是很简洁的，附丽在品级之上的要素，一般只有权责、资格与薪俸；中国传统官阶就不同了。首先其"资格"的结构就非常复杂，还有浓厚的身份意义；进而附丽在品级上的要素还有繁多特权与礼遇，那也大大增加了品位的复杂性。

官品体制的很多特点，由于历史的惯性，一直影响到现代中国。1956年6月16日，国务院通过《关于工资改革的决定》，并颁布了公务人员30级"职务等级工资制"。这是一个典型的"品位分类"制度。这个制度在1985年终结，此年实行了结构工资制的改革，改革方向是向"职位分类"转型，因而工资也大幅度向职位倾斜了[1]。

---

[1] 1985年的结构工资表，可参看陈少平：《国家机关和事业单位工资制度变革》，中国人事出版社1992年版，第139页。

但因 1993 年 8 月 14 日颁布《国家公务员暂行条例》，公务员等级制再度变化，恢复了级别设置，在职务工资 12 级之外，另设级别工资 15 级[1]。品位的因素，由此再度强化[2]。但即令如此，级别的力度被认为依然不够，"公务员依然热衷于对领导职务的追求，几乎感觉不到级别的作用"。在新《公务员法》公布前后，有关方面曾打算继续强化级别因素，以期"为 500 余万公务员另辟职级晋升之途"[3]。可见建国至今的行政等级管理体制的变化，在相当程度上也是围绕"品位"与"职位"的关系而展开的。

然而问题还有另一方面。"品位—职位"间的几次摇摆动荡，在若干公务员看来，不过是工资计算方法的花样翻新而已，对实际待遇影响不大。笔者就听到过这类说法。为什么会有这种感受呢？其原因有二。第一，各地公务员工资另有地方性或部门性的津贴，且其额度颇高；第二，所变动的只是"品秩五要素"中的"薪俸"一项而已，

---

[1] 1999 年与 2001 年的职级工资表，参看刘俊生：《公共人事制度》，河南人民出版社 2003 年版，第 186–187 页。

[2] 《国家公务员暂行条例》第三章"职位分类"。参看人事部组织编写、徐颂陶主编：《国家公务员暂行条例释义》，人民出版社 1993 年版，第 279 页。《条例》的制订者完全清楚级别工资的设置强化了品位因素。"本条例所规定的分级制度，既考虑了公务员的自身条件，又考虑了公务员所在职位的情况，同时也参考了我国历史上实行过的行政级别制度和军队实行的衔级制度。"前书，第 57 页。又王武岭先生认为，它实际"是在国家干部等级制度基础上，吸取了职位分类和品位分类的部分内容而构筑的一种过渡性模式"。见其《国家公务员制度概论》，中国人民公安大学出版社 2000 年版，第 87 页。又李如海先生认为："我国多年的干部人事管理，带有浓厚的品位分类色彩。……如不考虑人的因素是不现实的。因此，要兼顾人的因素，就是在进行职位评价的同时，就职位上的任职人员的品位因素也进行评价。"见其主编：《中国公务员管理概论》，中共中央党校出版社 2001 年版，第 33–34 页。又李和中先生认为，这是一个"以职位分类原理为基础、兼顾品位分类因素的职位分类制度"，"我国是一个品位等级制度历史悠久的国家，直到今天，人事管理中仍以品位分类占主导地位，品位观念在人们头脑中根深蒂固。……我们必须结合这些实际情况，……实行公务员职位分类必须兼顾品位因素。"见其《21 世纪国家公务员制度》，武汉大学出版社 2006 年版，第 216 页以下。

[3] 参看报道：《干部人事制度酝酿改革 职务不升也有望提高待遇》，新浪网，http://news.sina.com.cn/c/2004-12-04/20344433843s.shtml；及报道《我国干部人事制度改革撬动官本位沉重积习》，新浪网，http://news.sina.com.cn/c/2004-12-05/17155130860.shtml。有关专家宣称，强化职级因素可以"撬动官本位"。但这种说法似是而非，改云"撬动职本位"更好一些。

其他要素未变。从"资格"要素说,"公务员"依然保持着身份刚性,"干部队伍"几乎只进不出。至于相当于传统官阶之"特权"、"礼遇"要素的那些制度安排,总体上并无大变,亦即,"官本位"依然未变,现行等级管理体制本质上仍是品位性的、身份性的。所谓"从身份管理到岗位管理"的改革收效甚微。甚至职务等级也表现出了浓厚的品位色彩,如"部级"、"局级"、"处级"之类概念在生活中的效用所显示的那样。中国现行等级管理,也是"一元化多序列的复式结构"。那么,在那个由众多品秩要素以复杂方式构成的"复式结构"中,仅仅"薪俸"一个要素在品位、职位之间摇摆,自然就不会引起其在另一些体制下可能引发的那么大的变动了。

一般认为,中国干部级别制度源于苏联。李毅先生则特别强调,现代中国分层与传统中国相近,二者构成了一个连续性的发展;上世纪50年代初建立的干部级别制度显示,"尽管此时苏联对中国的影响不能忽略,中国的社会分层并没有采用苏联模式。很明显,新中国的社会分层模式更接近清朝和中华民国模式。"[1]无论如何,下游的水是由上游流下来的,两千年官僚等级管理制度的巨大历史惯性不能忽略。反过来说,现实观察又给了人们认识历史的灵感。

---

[1] 李毅:《中国社会分层的结构与演变》,美国大学出版社2005年版,中译本电子版,第3章第10页。

第七章　若干礼制与王朝品位结构的一元化

中国制度与文化的发展是富有连续性的，一脉相承的情况非常明显。官阶制也是如此。先秦的五等爵号，在清朝仍被使用着。"大夫"、"将军"之名，也被沿用二十多个世纪，尽管它们有时是爵，有时是官，有时是阶。

战国秦汉的"天地变局"造成了巨大历史断裂，但制度文化的连续性，在其间依然存在着。"连续性"体现在两个方面，一部分是周代真实政治制度的继续变异，另一部分是战国秦汉儒者的"托古"建构。这二者也不是截然两分的。前者要依靠文献记述而流传下去，记述时难免发生润饰损益；后者"托古"也利用了真实的历史素材，在此基础上踵事增华。那么中国史的制度连续性问题，在相当程度上也是个"文化"问题。在连续演化着的文化系统中，不但保留着古老的制度信息，而且还以"化腐朽为神奇"的方式"深加工"那些信息，再反馈于现实政治。作为"典范"影响后世的周朝政治传统，一定程度上又是战国秦汉儒生"建构"出来的。

两千多年来，士人在维系中国文化制度的连续性上，居功至伟。战国秦汉间虽"礼崩乐坏"，仍有士人在其间继往开来，传承"古礼"。随这个阶层在汉朝再度崛起，中国制度史上，逐渐出现了一场"古礼复兴运动"[1]，并在新莽时形成了一个高潮。魏晋间的制度

---

[1]　我对"古礼复兴运动"的认识，参看拙作：《宗经、复古与尊君、实用：中古〈周礼〉六冕制度的兴衰变异》，《北京大学学报》2005年第6期，2006年第1、2期连载。

动荡，再度引发了人们对"周礼"的向往，据说是源于"周礼"的三年丧、五等爵、国子学之类制度得以出台。南北朝"复礼"之事不断升温，对"古礼"、"古制"的热情延续到了唐代中期。汉唐间行政等级与礼制等级的不少变动，跟那场"古礼复兴运动"相关。

周代品位结构的特点就是"一元化"，繁复的古礼既是其体现者和承载者，也是在"一元化"观念下被编排出来的。早期中华文明对社会等级秩序的基本想象，就蕴含在古礼之中。秦汉帝国等级制的缓慢"一元化"进程，虽是专制官僚体制自身发展的结果，但儒家礼制的推动之功也不能忽视。包括了繁多生活细节的古礼等级，充分体现了"品级、等级和阶级的高度一致性"，在结构上是"立体"的或"复式"的，并且是以"数字化"的形式表现出来的，即充分运用数列手段，是为"礼数"。打比方说，如果说帝国的行政等级是骨架的话，那么等级礼制就使之有血有肉、羽翼丰满了。

来自周代的等级礼制，或说由儒家踵事增华而整齐化了的等级礼制，在"周礼"的名义下，参与了官阶制的进化历程。本章打算讨论的公卿大夫士爵、周礼九命和朝位三者，即是。这几种位阶以往我们已曾论及[1]；今补充若干史料，继续申说，以此显示古代礼制对"品位结构一元化"的推动作用。

一 公卿大夫士爵与品位结构一元化

公、卿、大夫、士那些渊源久远的古老爵号，在帝制时代，还没有因为时过境迁而完全变成制度史的化石。至少它们把官贵大致分为4个层次，这一点仍有很大利用价值，并因其源远流长而为人"喜闻乐见"。战国以后，公、卿、大夫、士概念，主要在两方面被人利用着。

第一，二十等爵制参用了卿、大夫、士概念，把爵级分为4个段

---

[1] 参看拙作：《品位与职位：秦汉魏晋南北朝官阶制度研究》，第5章第2、3节。

落,一是列侯与关内侯之"侯爵",二是大庶长至左庶长之"卿爵",三是五大夫之"大夫爵",四是公乘以下的"士爵"。

《续汉书·百官志五》注引刘劭《爵制》:"自一爵以上至不更四等,皆士也。大夫以上至五大夫五等,比大夫也。九等,依九命之义也。自左庶长以上至大庶长,九卿之义也。关内侯者,依古圻内子男之义也。秦都山西,以关内为王畿,故曰关内侯也。列侯者,依古列国诸侯之义也。"张金光先生把二十等爵划分为侯、卿、大夫、比大夫、士、徒六大等级,是一种更细致的处理[1]。李均明先生根据《二年律令·户律》,又做出了一种推定,即以五大夫、公乘为"大夫",以公大夫以下属"士"[2]。参看下表:

		附籍年龄	受田	受宅	刘劭	李均明
20	彻侯			105 宅	诸侯	侯
19	关内侯		95 顷	95 宅	圻内子男	
18	大庶长		90 顷	90 宅	卿	卿
17	驷车庶长		88 顷	88 宅		
16	大上造	廿四岁	86 顷	86 宅		
15	少上造		84 顷	84 宅		
14	右更		82 顷	82 宅		
13	中更		80 顷	80 宅		
12	左更		78 顷	78 宅		
11	右庶长		76 顷	76 宅		
10	左庶长		74 顷	74 宅		
9	五大夫		25 顷	25 宅	大夫	大夫
8	公乘	廿二岁	20 顷	20 宅		
7	公大夫		9 顷	9 宅		士
6	官大夫		7 顷	7 宅		
5	大夫		5 顷	5 宅		
4	不更		4 顷	4 宅	士	
3	簪袅	廿岁	3 顷	3 宅		
2	上造		2 顷	2 宅		
1	公士		1.5 顷	1.5 宅		

---

[1] 张金光:《秦制研究》,上海人民出版社 2004 年版,第 750 页以下。
[2] 李均明:《张家山汉简所反映的二十等爵制》,《中国史研究》2002 年第 2 期。

刘、李两种划分各有所得。若从爵名看，大夫、官大夫、公大夫、五大夫等爵，都以大夫为称，在形成爵级的初期，它们显然是被视为大夫的。"五大夫"之所以名之为"五"，最初可能也是"第五级大夫"之意。所以刘劭之说应有根据。《二年律令·傅律》中的附籍年龄，不更以下子年廿岁，大夫以上至五大夫子廿二岁，卿以上子廿四岁，这里"大夫以上至五大夫子"就共同构成了一个段落，当是较早时候"大夫爵"概念的残留。同样根据《二年律令》，朱绍侯先生就认为刘劭的五等大夫之说可信[1]。但授田宅的数量，则成为李均明先生的有力证据：卿以上为一段落，五大夫与公乘为一段落，公大夫以下为又一段落。

问题在于，汉以来存在着一个"大夫"界限上移的变化，而这变化在不同事项上表现不一。汉高帝五年诏有"不满大夫者，皆赐爵为大夫，故大夫以上赐爵各一级"，这"大夫"应是第五级爵；"其七大夫以上皆令食邑，七大夫以下皆复其身及户，勿事"，这"七大夫以下"包括七大夫（即公大夫）、官大夫、大夫，但不含不更以下[2]。看来"事"与"勿事"曾以"七大夫"为界，后来移到了五大夫以上。"公乘"一级逐渐下滑，平民赐爵和士兵得爵以"公乘"为限。在这时候，"公乘"大约就不被看成"大夫"之爵了。

第二，是官职系统中以公、卿、大夫、士指称秩级层次。西汉俗称丞相、太尉、御史大夫为"三公"。丞相、太尉地地道道地属"公"，御史大夫秩级只是中二千石，其实只位于"上卿"。中二千石称"卿"或称"九卿"，虽然其官不止九位。中二千石以下职官，也与周爵"大夫"、"士"比附。六百石以上吏员，属于"大夫"

---

[1] 朱绍侯：《西汉初年军功爵制的等级划分——〈二年律令〉与军功爵制研究之一》，《河南大学学报》2002年第5期。
[2] "七大夫以下皆复其身及户"原作"非七大夫以下皆复其身及户"，"非"字据刘敏先生说删。见刘敏：《重释"高帝五年诏"中的爵制问题》，《史学月刊》2005年第11期。

段落，拥有"有罪先请"的特权[1]。六百石秩级的官，被视为"下大夫"[2]，二千石官则被视为"上大夫"[3]。"士"的概念，也以某种方式被使用着。比四百石至百石的掾属，被比之于"元士"。《续汉书·百官志一》："《汉旧注》东西曹掾比四百石，余掾比三百石，属比二百石，故曰公府掾，比古元士三命者也。或曰，汉初掾史辟，皆上言之，故有秩比命士。"

在中国官制史上，古官名的承袭、改造和利用，是很常见的现象。公卿大夫士爵，在双峰鼎峙的爵级和秩级之间，无可否认地会起到一定的沟通整合作用，它使侯爵与"公"，即丞相、太尉、御史大夫对应起来，"卿爵"与中二千石的对应起来，五大夫与六百石的对应起来，公乘以下与六百石以下官吏对应起来了。上公、公、上卿、卿的概念，确实也为高级官僚的管理提供了便利。因为"若干石"的禄秩至中二千石而止，中二千石之上的重臣，主要就是靠上公、公、上卿、卿的概念区分资位的。西汉以御史大夫为"上卿"，由此御史大夫高于列卿；东汉以太傅为"上公"，由此太傅高于三公。传统的制度元素，还是很有旧物利用价值，可以被纳入现行体制的。

西汉后期"古礼复兴运动"开始高涨，因"奉天法古"思潮的影响，"三公九卿"概念开始影响现实官制了。在儒生的复古呼吁下，朝廷开始考虑依古礼而落实"三公九卿"的问题。"三公"变成了大

---

[1]《汉书》卷八《宣帝纪》黄龙元年（前49年）夏四月诏："举廉吏，诚欲得其真也。吏六百石位大夫，有罪先请，秩禄上通，足以效其贤材，自今以来毋得举。"按，有些法制史的著作，据此而称黄龙元年开始实行吏六百石有罪先请制度。如程树德：《九朝律考》，中华书局1963年版，第96页。其实，汉宣帝诏中所云"有罪先请"，是追述成制。《宣帝纪》注引韦昭曰："吏六百石者不得复举为廉吏也。"诏书的意思，是说吏六百石既已位在大夫，且有罪先请，就不必再举廉吏了。可见"吏六百石有罪先请"的制度，此前已有。
[2]《汉书》卷六二《司马迁传》："仆亦尝厕下大夫之列，陪外廷末议。"韦昭注："《周官》太史位下大夫也。"臣瓒注："汉太史令千石，故比下大夫。"按东汉太史令秩六百石，西汉太史令的秩级不详。《汉书》卷八三《朱博传》："刺史位下大夫，而临二千石。"
[3]《史记》卷一三〇《太史公自序》有"上大夫壶遂曰"一句，司马贞《索隐》释云："遂为詹事，秩二千石，故为上大夫也。"又如《史记》卷十四《十二诸侯年表》有"上大夫董仲舒"云云，这应该是就董仲舒曾为江都相而言的，国相秩二千石。

司马、大司徒、大司空。大司马一度被视为"上公"[1]，但不过是大司马居大司徒、大司空之上的意思。西汉末年，又把太师、太保、太傅列为"上公"。这个做法糅合了今古文经的经说。因为古文家以太师、太保、太傅为三公，今文家以司马、司徒、司空为三公。中二千石诸官比于"九卿"。但西汉之"卿"不止9位，因为最初的做法是把进入中二千石之官都视之为卿，即"以中二千石为卿"。西汉末开始比附"九卿"古义，才有了"中二千石九卿"的正式提法[2]。

新莽改制，正式实行"九卿"制，"九卿"被确定为大司马司允、大司徒司直、大司空司若、纳言、作士、秩宗、典乐、共工、予虞[3]。这个九卿制，又是与古文经《周官》中的"六卿"糅在一块堆儿的。"九卿"是今文经典《王制》的说法[4]。西汉后期公卿制度的变迁，显然深受儒家经学影响，而且与今文经、古文经的分歧搅在一起了。

东汉初"古礼"余波不息，建武之初依然采用"九卿"制度[5]。《续汉书·舆服志下》注引《东观书》曰："建武元年（25年），复设诸侯王金玺綟绶，公、侯金印紫绶。九卿、执金吾、河南尹秩皆中二千石。"请注意"九卿、执金吾"这个提法把"执金吾"排除在"九卿"之外了，以使"九卿"之数正好为"九"。汉初的"九卿"是泛称，《汉书·百官公卿表》的提法是"自太常至执金

---

[1]《汉书》卷二七下之上《五行志下之上》："侍中董贤年二十二为大司马，居上公之位。"
[2] 敦煌汉简1108A："元始五年（公元5年）十二月辛酉朔戊寅大司徒晏、大司空少薄（傅）丰下小府，大师、大保、票骑将军、少傅、轻车将军、步兵□□、宗伯、监御史、使主兵主帅主客护酒都尉、中二千石九卿、□□□□州牧关二郡大守、诸侯、相关都尉。"甘肃文物考古研究所：《敦煌汉简》，中华书局1981年版，第261页；吴礽骧、李永良、马建华释校：《敦煌汉简释文》，甘肃人民出版社1991年版，第114页。
[3]《汉书》卷九九中《王莽传中》。
[4] 参看拙作：《王莽保灾令所见十二卿及州、部关系辨疑》，《中国史研究》2004年第4期。杨天宇先生称，新莽的三公九卿之制来自《礼记·王制》，所用为今文经说。见其《论王莽与今古文经学》，《文史》第53期，中华书局2000年版。其实新莽九卿又可以分为三孤卿和六卿，兼顾了《王制》、《周礼》，也有古文经的影响。
[5]《续汉书·舆服志下》注引《东观书》："建武元年，复设诸侯王金玺綟绶，公、侯金印紫绶。九卿、执金吾、河南尹，秩皆中二千石。"执金吾原名中尉，系汉武帝所改。其官在中二千石，本来属于列卿，但两汉间为凑合"九卿"之数，将其排除在"九卿"之外，单列一官了。

吾，秩皆中二千石"，以秩级为准而不以"九"为限；新莽与东汉的"九卿"则就是九位，《续汉书·百官志》叙中二千石诸卿的提法是"卿一人，中二千石"，唯至执金吾例外，只记为"执金吾一人，中二千石"，没有"卿一人"三字了。可见建武元年上承新莽，确定了新的九卿制。卜宪群说："九卿制度在东汉全面形成。但东汉之九卿是否是王莽所确定的九卿就不得而知了。"[1]其实王莽九卿与东汉九卿具见史书，其上承下效斑斑可考。东汉还有"三公部九卿"的花样[2]。那"三公部九卿"并不是严格意义上的分工统辖，事涉"天人感应"，迹近比附[3]。上述"三公九卿"主要是职位概念，是就三个宰相之职和九个大臣之职而言的，并非位阶概念。二者不该混淆。

此外，东汉的郡县长官经常被比于古诸侯，进而其丞、尉便被视为诸侯之"卿"、"大夫"。东汉乐府诗《陌上桑》的女主角罗敷，有段机智幽默的"夸夫"之辞，有云"十五府小史，二十朝大夫"，那"朝大夫"就是郡府大吏的一种尊称[4]。《续汉书·百官志五》注引应劭《汉官》："大县丞、左右尉，所谓命卿三人。小县一尉一丞，命卿二人。"县丞、县尉被认为是县官的"命卿"，"丞"被称为"丞卿"，"尉"被称为"尉卿"。山东苍山元嘉元年画像石题记："右柱□□请丞卿"[5]；山东嘉祥县武氏祠前石室画像石第三幅第三层：

---

[1] 卜宪群：《秦汉官僚制度》，社会科学文献出版社2002年版，第127页。
[2] 《续汉书·百官志二》注引《汉官目录》，称太常、光禄勋、卫尉"右三卿，太尉所部"，太仆、廷尉、大鸿胪"右三官，司徒所部"，宗正、大司农、少府"右三卿，司空所部"。
[3] 《通典》卷二十《职官二》："太尉分主天，部太常、卫尉、光禄勋；司徒主人，部太仆、大鸿胪、廷尉，司空主地，部宗正、少府、司农。"中华书局1984年版，第113页下栏。太尉、司徒、司空分主天、地、人，明有"天人感应"、"官制象天"的色彩。类似说法又见于《韩诗外传》的"司马主天，司空主土，司徒主人"，《白虎通义》的"司马主兵，司徒主人，司空主地"，以及《尚书大传》的天公、地公、人公之说（《论衡》引），此不具述。
[4] 参看拙作：《汉代乐府〈陌上桑〉中的官制问题》，《北京大学学报》2004年第2期。
[5] 山东省博物馆等：《山东苍山元嘉元年画像石墓》，《考古》1975年2期，方鹏钧、张勋燎：《山东苍山元嘉元年画像石题记的时代有关问题的讨论》，《考古》1980年3期；山东省博物馆、山东省文物考古研究所编：《山东汉画像石选集》，齐鲁书社1982年版，第42页；永田英正编：《汉代石刻集成》图版、释文篇，同朋舍1994年版，第111页；赵超：《中国古代石刻概论》，文物出版社1997年版，第61页；赵超：《古代石刻》，文物出版社2003年版，第184页，图版二〇。

"此丞卿□（车）"[1]；前石室第六石榜题："尉卿车"[2]；嘉祥县武氏祠保管所藏甸子村画像石第三层："尉卿车马"[3]；山东东平县后魏雪画像石："□尉卿"[4]。对"尉卿"这个称谓，李发林先生认为仅仅是"爱称"[5]，似未达一间。劳榦先生推测"则此尉卿当即执金吾"，而叶又新、蒋英炬先生指出"丞卿"和"尉卿""当是次于县令下的县丞和县尉。"[6]叶、蒋先生所说是。称县丞、县尉为"卿"，是受了周爵的传统影响，把郡县长官比于古之诸侯了。这种"大夫"和"卿"，仍属于职位的别称。

吴荣曾先生认为，所谓郡县"命卿三人"的"三卿说必定来自王莽"[7]。王莽时诸县设有"马丞"、"徒丞"和"空丞"。王朝有大司马、大司徒、大司空三公以分主天、地、人，则县里面也要设置类似三官。这三官，大概就是"命卿三人"。而王莽制度，多出于西汉儒生一贯呼吁。吕思勉言："新莽之所行，盖先秦以来志士仁人之公意"[8]；蒙文通亦谓："自儒者不得竟其用于汉，而王莽依之以改革，凡莽政之可言者，皆今文家之师说也。"[9]比如汉初公羊学大师董仲舒，在其《春秋繁露·爵国》中，就提出了诸侯国"三卿"的设想，而且还把其秩级都列出来了。

《春秋繁露·爵国》筹划天子及诸侯国的官制，不惮其烦。天子除了三公、九卿、二十七大夫、八十一元士、二百四十三下士外，还另配上了七上卿、二十一下卿、六十三元士、百二十九下士，是

---

[1] 蒋英炬、吴文祺：《汉代武氏墓群石刻研究》，山东美术出版社1995年版，第63页。朱锡禄《武氏祠汉画像石》误作"此丞相车"，山东美术出版社1986年版，第109页。
[2] 朱锡禄：《武氏祠汉画像石》，第110页。
[3] 朱锡禄：《嘉祥汉画像石》，山东美术出版社1992年版，第132页。
[4] 山东省博物馆、山东省文物考古研究所编：《山东汉画像石选集》，齐鲁书社1982年版，第48－49页。
[5] 李发林：《山东汉画像石研究》，齐鲁书社1982年版，第99页。
[6] 叶又新、蒋英炬：《武氏祠"水陆攻战"图新释》，《文史哲》1986年第3期。
[7] 吴荣曾：《新莽郡县官印考略》，《北京大学学报》1987年第2期；收入《先秦两汉史研究》，第322页以下。
[8] 吕思勉：《秦汉史》，上海古籍出版社1983年版，第197页。
[9] 蒙文通：《论经学三篇·乙篇》，《中国文化》，三联书店1991年第4期，第60页。

为"通佐"[1]；而且连天子和国君的老婆该有多少，跟孩子（"世子"）和保姆（"母"）的问题，都精心考虑到了。我们只把其中跟秩级相关的部分列出：

天　子	公　侯	伯	子　男	附　庸
三公				
九卿				
二十七大夫				
八十一元士	三卿，上卿比天子元士，今八百石；下卿六百石	三卿，上卿比大国下卿，今六百石		
二百四十三下士	九大夫			
	二十七上士，四百石	下卿四百石	三卿，上卿比次国下卿，今四百石	
	八十一下士，三百石	上士三百石	下卿三百石	宰，视子男下卿，今三百石
		下士二百石	上士二百石	
			下士百石	世子宰，二百石，百石

董仲舒规划的美好蓝图，把周朝的公卿大夫士爵、公侯伯子男爵，跟汉朝的现行官阶禄秩糅在一起了。他的高谈阔论，汉初君臣可能觉得虚无缥缈、不屑一顾。然而他把现行秩级与周爵糅在一块儿的意思，后来居然就被王莽兑现了。

除了用以指称官爵层次和指称特定职位之外，级别或位阶意义的公卿大夫士概念，在新莽变法时出现了：

更名秩百石曰庶士，三百石曰下士，四百石曰中士，五百

---

[1] 苏舆：《春秋繁露义证》，中华书局1992年版，第238页。"通佐"之制，他书所无。

石曰命士，六百石曰元士，千石曰下大夫，比二千石曰中大夫，二千石曰上大夫，中二千石曰卿。车服黻冕，各有差品[1]。

这做法，把秩级整体地转换为周爵，卿、大夫、士爵，与秩级完全合一了。可见古礼对现实政治的影响，有时还真不可低估。在董仲舒的规划中，天子元士被比定为八百石，这是很高的，高于当时朝廷以六百石官为大夫的做法。西汉后期八百石秩被并入了六百石秩，王莽复古时便以六百石秩为元士。董氏还为公侯、伯、子男安排有"三卿"，而新莽诸县恰好也有"三卿"，是否也与董氏的规划有些关系呢。

疏勒河汉简中有名唤作王参的，简文记其官儿是"有秩候长"，同时"秩庶士"[2]。"有秩"通指百石之官，而依新莽制度，百石之官的爵级正是"庶士"[3]。今见新莽玺印之中，还有若干称"大夫"的、称"士"的，例如"尚书大夫章"、"纳言右命士中"（"中"为人名）、"奋武中士印"、"偏将军中士印"等。其中"尚书大夫"可能是官名，后三例中的命士、中士，则分别为纳言、奋武、偏将军的属官[4]。命士、中士，分别表示他们是五百石吏员、四百石吏员。那么这种改革在形式上复了古，实际却不过是以爵名代秩名。王莽很多措施都是如此，其所追求的形式意义大于实用意义。

然而比附周爵还不是全没有实用意义。"车服黻冕，各有差品"八字提示人们，周爵爵称的使用与礼遇相关，例如"车服黻冕"。随西汉儒学复苏，众多的儒生们尝试用古礼去影响、甚至改造现实官制。王朝的"制礼作乐"工作当然包括等级礼制了，而儒家礼书中的等级礼制，是以公侯伯子男及公卿大夫士为尺度的。所以在复古定礼

---

[1]《汉书》卷九九中《王莽传中》。
[2] 疏勒河流域出土汉简317："敦德步广尉曲平望塞有秩候长敦德亭间田东里五士王参秩庶士新始建国地皇上戊元年十月乙未……"见林梅村、李均明编：《疏勒河流域出土汉简》，文物出版社1984年版，第51页。
[3] 参看王国维：《观堂集林》卷十九《史林·敦煌汉简跋九》，河北教育出版社2003年版，第421–422页；或《王国维先生全集初编》，台湾大通书局1976年版，第3辑第848页。
[4] 参看王人聪：《古玺印与古文字论集》，香港中文大学出版社2000年版，第149页以下。

制时，得先把现行秩级转换为周朝爵级，再到礼书中查找这个爵级的相应礼遇。这时候的周爵，就成了把现行秩级与古礼等级联系起来的中介了。如果说，此前汉王朝使用的公、卿、大夫、士概念主要是一种"借用"，即借以指称二十等爵和官秩的不同层次，那么随帝国礼制由粗趋密，这些概念开始具有新的意义了，即礼制意义。就"品秩诸要素"而言，周爵在配置"礼遇"这个要素上，开始发挥较大功能了。

首先看一个贽见礼的例子。《续汉书·礼仪志中》："及贽，公、侯璧，中二千石、二千石羔，千石、六百石雁，四百石以下雉。"查《周礼·夏官·射人》："三公执璧，孤执皮帛，卿执羔，大夫雁"；《仪礼·士相见礼》："下大夫相见以雁，……上大夫相见以羔。"两相比照，则东汉中二千石、二千石用卿、上大夫之礼，千石、六百石用大夫礼，四百石以下用士礼。经书上的等级礼遇，就如此这般地转移到秩级上来了。

当然在比附古礼时，也必须根据现行等级和政治需要加以调整。例如先秦大夫以上都可以服冕，但汉朝皇帝不想让太多官僚分享冕服的荣华，只准公侯、九卿服冕。不过博士是一个例外。东汉安帝建光年间（121年）尚书陈忠有言："又博士秩卑，以其传先王之训，故尊而异令，令服大夫之冕"[1]。博士秩比六百石，顶多只能算是"下大夫"。陈忠说皇帝让博士服冕，遵循的是周朝"大夫服冕"的古礼；其实东汉冕制，只有王侯及三公九卿才能服冕，连比拟"上大夫"的二千石官都不能服冕。

进贤冠乃古礼所无，但也有人用周爵及命数阐释之。阮谌《三礼图》叙进贤冠："一梁，下大夫一命所服；两梁，再命大夫二千石所服；三梁，三命上大夫、公侯之服。"[2]阮谌称"大夫"分3等，"下大夫"大概是六百石官，二千石为"再命大夫"，进而"上大夫"自是指九卿了。然而上大夫三梁这个说法是有问题的。如前所述，汉朝

---

[1]《续汉书·舆服志下》注引荀绰《晋百官表注》。
[2]《太平御览》卷六八五《服章二》，中华书局1984年版，第3册第3056页上栏。

是以二千石为上大夫的。《续汉书·舆服志》所叙与阮谌不同："公侯三梁,中二千石以下至博士两梁,自博士以下至小史私学弟子,皆一梁。"又《汉官仪》："三公、诸侯冠进贤三梁,卿、大夫、尚书、二千石、博士冠两梁,千石已下至小吏冠一梁。"[1]蔡邕《独断》卷下略同："公侯三梁,卿、大夫、博士、尚书两梁,千石、六百石以下一梁。"则中二千石九卿所服,不是阮谌说的三梁冠,而是两梁冠。直到南朝,诸卿仍是进贤两梁冠[2]。则阮谌所言,只是其一己私见罢了。三梁冠的资格,限于公侯以上。

"卿、大夫、尚书、二千石、博士冠两梁"的规定,与秩级并不全合。六百石博士用两梁冠应系特许,乃尊儒之意,参看前述博士服冕事。曹魏博士高堂隆有言："博士儒官,历代礼服从大夫。"[3]至于六百石的尚书能用两梁冠,也应释为皇帝特许。尚书地近天子,位卑权重,所以要用两梁冠提高其地位。散官"大夫"也是两梁冠。这类大夫在东汉有中散大夫、谏议大夫,六百石;太中大夫,千石;光禄大夫,比二千石。前三种大夫都在千石、六百石段落,他们得以用两梁冠,我推测仍出特许,出自对"大夫"这个职类的特殊性质的考虑。《续汉书·百官志二》引胡广曰："此四等于古皆为天子之下大夫,视列国之上卿。"下将阮谌、《续汉志》所记进贤冠制,胡广所称"下大夫"及东汉贽礼等级列为下表:

秩级	东汉瑞贽礼	进贤冠礼		阮谌	胡广
公侯	执璧	三梁		公侯、上大夫三梁	
中二千石	卿执羔	两梁		再命大夫两梁	
二千石	上大夫执羔				
千石	大夫执雁	一梁	大夫尚书博士	一命大夫一梁	诸大夫为下大夫
六百石					
四百石	士执雉				

---

[1]《后汉书》卷二《明帝纪》李贤注引。
[2] 参看《宋书》卷十八《礼志五》及《隋书》卷十一《礼仪志六》。
[3]《通典》卷七五《礼三五》,第409页。

阮谌上大夫用三梁冠的看法，看来只是其一己私见，其余诸说则有相当一致性，即中二千石、二千石官用卿、上大夫礼，千石至六百石用下大夫礼。唯低于二千石的大夫及博士、尚书为例外。看来帝国安排等级礼制之时，不仅仅以秩级为准，而且还考虑职类。光禄大夫虽然比二千石，但仍被视为"下大夫"，是其散官性质所决定的；中散大夫、谏议大夫和太中大夫在六百石、千石，诸署令和县令也在六百石、千石，从秩级说都是"下大夫"，然而前者两梁冠，后者一梁冠，也是"大夫"的特殊性质所决定的。

从汉代总体情况看，来自周爵的公卿大夫士概念，在整合位阶上所发挥的作用还是比较有限的。王朝更多考虑的是实用需要，例如上述大夫、尚书和博士的礼遇，就超出了爵号与秩级的对应关系。各色位阶之间的松弛散漫，仍是秦汉品位结构的重要特点。但是，公卿大夫士爵在促成帝国品位结构一体化上，毕竟是发挥了整合之功的，首先是令二十等爵与秩级在层次上可以约略相比；其次是在中二千石秩级之上，用"上公"、"公"、"上卿"、"卿"等概念来区分地位高低；进而在礼制安排上，得以把各色人员——或更准确地说，是各种官职名号的拥有者，如拥有王侯之号者、拥有秩级者以至无秩级者，整合在同一礼制等级之中。最后一点尤其重要，礼制是一种总体化的安排。高级权贵可以没有秩级，但礼遇上不能把他们漏了。

这样一点，在魏晋之间就更清楚了。此期的礼制讨论对"九命"的利用，更清晰地体现了品位结构一体化的趋势。详下。

二　周礼九命与品位结构一元化

汉人重《礼记》、重《王制》，魏晋以下重《周礼》[1]。从魏晋直

---

[1] 皮锡瑞等学者指出，汉儒重《仪礼》而魏晋以下重《周礼》。近年梁满仓先生的研究，又推进深化了这一认识，见其《论魏晋南北朝时期五礼制度化》，《中国史研究》2001年第4期。这是就整个礼学来说的。如果专论政治制度，则汉儒重《礼记》主要是重《王制》。魏晋以下，《周礼》的政治影响大大升温了。当然，新莽兼用《王制》、《周官》，是一个例外。

到盛唐,"周礼"一直是王朝改制的参照物。《周礼》"九命"的一个重要特点,就是诸侯与诸臣做交错排列。即:把公、侯伯、子男的命数确定为奇数,为九命、七命、五命;把公、卿、大夫的命数确定为偶数,为八命、六命、四命。而《礼记》中的等级礼制,对诸侯、诸臣通常是这样排列的:天子、诸侯、卿大夫、士。就是说,《礼记》令诸侯整体居诸臣之上,二者不交错。这么做当然也有理由,毕竟诸侯是一国君主,卿大夫只是臣僚。但进入帝制时代,诸侯其实也是"臣",不能算"君主"了。随专制集权强化,封爵拥有者的"君主"身份不久就丧失殆尽。在这时候,《周礼》九命之诸侯与诸臣做交错排列的等级结构,就更接近帝制时代的政治现实。

魏晋间官僚等级制发生重大调整,这时人们看到了古礼古制中的等级元素的利用价值。有人用公卿大夫士爵推算官员等级礼遇,也有人用九命来推算官员等级礼遇。这里以曹魏博士高堂隆的《瑞贽议》为例,来看这个问题。

瑞与贽,是朝会上诸侯、诸臣奉献给天子的礼物。礼书从"天地"的高度阐述君臣贽礼的重要性:"天先乎地,君先乎臣,其义一也。执挚以相见,敬章别也。"[1]据《周礼·春官·大宗伯》,瑞、贽各有六等:"以玉作六瑞,以等邦国:王执镇圭,公执桓圭,侯执信圭,伯执躬圭,子执谷璧,男执蒲璧。以禽作六挚,以等诸臣:孤执皮帛,卿执羔,大夫执雁,士执雉,庶人执鹜,工商执鸡。"又《夏官·射人》:"三公执璧。"高堂隆规划臣子瑞贽,便以此为理论根据,进一步运用《周礼》九命,对王朝品位结构提出了总体构想。请看下文(文中有订补):

> 魏明帝青龙二年(234年)诏下司空:征南将军见金紫督使,位高任重。近者正朝,乃与卿、校同执羔,非也。自今以后,从特进应奉璧者,如故事。

―――――――――――――
[1]《礼记·郊特牲》,《十三经注疏》,第1456页。

博士高堂隆议曰：按《周礼》"公执桓珪"。公谓上公九命，分陕而理，及二王后也。今大司马公、大将军实分征东西，可谓上公矣。山阳公、卫国公，则二王后也。"侯执信珪"谓地方四百里，"伯执躬珪"谓地方三百里，皆七命也。今郡王户数，多者可如侯，少者可如伯。"子执谷璧"，谓地方二百里，"男执蒲璧"谓地方百里，皆五命也。今县主（王）户数[1]，多者可如子，少者可如男。上公，礼，其率诸侯以朝则执桓珪；自非朝宗（正），则如八命之公，与王论道，有事而进，则执璧。今二王后、诸王，若入朝觐，二公率以进退，则执桓珪；其[非]朝王（正），则与群公执璧。按《周礼》，王官唯公执璧。汉大将军、骠骑、车骑、卫将军，开府辟召掾属，与公同仪，则执璧可也。

"孤皮帛，卿羔"，"孤"谓天子七（六）命之孤，及大国四命之孤。[天子六命之孤]副公与王论道，尊于六卿，其执贽，以虎皮表束帛。今九卿之列，太常、光禄勋、卫尉，尊于六卿，其执贽如孤也。其朝王（正），执皮帛可也。三府长史，亦公之副，虽有似于孤，实卑于卿，中大夫之礼可也。公之孤，頫聘于天子及见于其君，其贽以豹皮表束帛。今未有其官，意谓山阳公之上卿，可以当之。"卿"谓六官六命之卿，及诸侯三命再命之卿也。今六卿及永寿、永安、长秋、城门五校（原注：左校、右校、前校、后校、中校），皆执羔可也。诸侯之卿，自于其君亦如之。天子卿大夫饰羔雁以缋，诸侯卿大夫饰羔雁以布。州牧、郡守以功德赐劳，秩比中二千石者，其入朝觐，宜依卿执羔。金紫将军秩中二千石，与卿同。

"大夫执雁"，谓天子中下大夫四命，及诸侯再命一命之大夫也，其位卑于卿。今三府长史，及五命二千石之著者也，博士儒

---

[1] "县主"当作"县王"。魏晋及萧梁有县王，参看杨光辉：《汉唐封爵制度》，学苑出版社2002年版，第22、24页。

官,历代礼服从大夫;如前执雁可也。州牧、郡守未赐劳者,宜依大夫执雁,皆饰以缋。诸县千石、六百石,今古[下]大夫,若或会觐,宜执雁,饰以布。

"士执雉",谓天子三命之士,及诸侯一命再命之士也。府史以下至于比长,庶人在官,亦谓之士。诸县四百石、三百石长,从士礼执雉可也。(《通典》卷七五《礼三五》,中华书局1984年版,第409页。篇题从严可均《全三国文》卷三一,见《全上古三代秦汉三国六朝文》,中华书局1958年版,第1229页。)

贽礼是官僚地位的表征之一,所以对征南将军的贽礼,魏明帝要计较一下。汉代也有利用贽礼调整官职位望的类似事情。《献帝起居注》:"旧典,市长执雁,建安八年始令执雉。"[1]"执雁"是用大夫礼,"执雉"就是改用士礼了,那么市长的地位降一个层次。但魏明帝本来只关心某位征南将军的礼遇,高堂隆却举一反三,就整个王朝品位结构大加发挥了。他那么做是有道理的。

据《决疑要注》:"古者朝会皆执贽,侯、伯执圭,子、男执璧,孤执皮帛,卿执羔,大夫执雁,士执雉。汉、魏粗依其制,正旦大会,诸侯执玉璧,荐以鹿皮,公卿已下所执如古礼。"[2]这个说法跟《周礼》比较相近。汉魏对《周礼》只是"粗依其制":汉朝没有孤,没有伯,也没有子男;侯之所执为璧,非圭;具体规定是公侯执璧,中二千石、二千石执羔,千石、六百石执雁,四百石以下执雉。汉代贽礼,其实更接近《礼记》。《礼记·曲礼下》:"凡挚,天子鬯,诸侯圭,卿羔,大夫雁,士雉。"诸侯只一等,无皮帛;只不过汉礼以璧、羔、雁、雉为差,而《礼记》以圭、羔、雁、雉为差而已。

曹魏初年仍用汉礼,而高堂隆则希望改弦更张用《周礼》。《周礼》的瑞贽礼比《礼记》复杂多了。征南将军是"执羔"还是"奉

---

[1]《通典》卷七十《礼三十》引,第386页中栏。
[2]《续汉书·礼仪志中》注引《决疑要注》。

璧",要跟其他官爵取得平衡;而相关的官爵或系新出、此前未有;或系旧制,但其位望已发生变化。像大司马、大将军,他们在汉朝位"公"而非"上公";但曹魏的大司马、大将军,分别承担防备东吴西蜀的"分陕"之责[1],位在太尉、司徒、司空之上,理应加以崇隆。又如山阳公、卫国公的问题是汉朝没遇到的,在行政级别中没他们的位置,但作为"二王后"[2],在礼制上他们应有一席之地。

高堂隆《瑞贽议》的细节,今不详考以免繁秽,下面只把它的整体结构简列如下:

	五等爵	公卿大夫士爵	比拟曹魏官爵
九命	上公九命 公执桓圭		大司马、大将军,朝正,执桓圭 山阳公、卫国公,朝正,执桓圭
八命		三公八命,执璧	大司马、大将军,非朝正,执璧 山阳公、卫国公,非朝正,执璧 群公、骠骑、车骑、卫将军,执璧
七命	侯伯七命 侯执信圭 伯执躬圭		郡王,执信珪、躬珪

---

[1] 大司马,曹魏黄初二年(221年)始置,位在三司上;大将军,建安二十五年(220年)魏国初置,位为上公。洪饴孙谓:"案魏制,大司马或屯合肥,见《曹仁传》;或屯皖,见《明纪》,以备吴。曹植《求自试表》:'若东属大司马,统偏师之任。'即指此";"曹魏制度,大将军每屯长安以备蜀。曹植《求自试表》所谓'西属大将军'是也。"《三国职官表》,中华书局1984年版,第1289、1293页。曹植《求自试表》见《三国志》卷十九《魏书·陈思王曹植传》:"若使陛下出不世之诏,效臣锥刀之用,使得西属大将军,当一校之队,若东属大司马,统偏舟之任,必乘危蹈险,骋舟奋骊,突刃触锋,为士卒先,虽未能禽权馘亮,庶将虏其雄率,歼其丑类!"也反映了当时的大将军和大司马,是设以备蜀备吴的。曹仁于黄初二年由车骑将军迁大将军,屯临颍,是年转大司马;曹真在黄初七年由中军大将军迁大将军,假节钺,太和四年转大司马。可见曹魏大司马在大将军之上,是防吴之任重于防蜀也。

[2] "二王后"就是山阳公和卫国公。山阳公即汉献帝刘协,是汉朝之后。卫国公被用作周朝之后,其人应即姬署,或其父祖。《宋书》卷六十《荀伯子传》:"晋泰始元年(265年),诏赐山阳公刘康子弟一人爵关内侯,卫公姬署、宋侯孔绍子一人驸马都尉。又泰始三年,太常上博士刘憙一议,称卫公署于大晋在三恪之数,应降称侯。"此"卫公姬署",即高堂隆《瑞贽议》所云"卫国公"。姬署死于西晋泰始七年,见《通典》卷七四《礼三四》,第405页下栏。

续表

	五等爵	公卿大夫士爵	比拟曹魏官爵
六命		孤执皮帛 卿六命，执羔	太常、光禄勋、卫尉三卿，虎皮表束帛六卿，执羔 永寿、永安、长秋、城门五校，执羔 中二千石之州牧、郡守，执羔 中二千石金紫将军，执羔
五命	子男五命 子执谷璧 男执蒲璧		县王，执谷璧、执蒲璧
四命		中下大夫四命，执雁 公之孤四命，执皮帛	三府长史、博士，执雁，饰以缋 二千石之州牧、郡守，执雁，饰以缋 千石、六百县令，执雁，饰以布 山阳公之上卿，豹皮表束帛
三命 二命 一命		士执雉 小国之卿三命 小国之大夫再命 子男之卿再命 子男之大夫一命	四百石、三百石县长，执雉

能够看到，高堂隆在瑞贽礼、九命和现行官制之间，做了很精心的排比。一番推演之余，金印紫绶的征南将军还得照旧执羔，而没按魏明帝的意思执璧，因为这样才能保证诸官间的礼节平衡。当然山阳公之上卿，作为"公之孤"仅四命，却得以执皮帛，跟六命之孤相近，是不怎么协调的，但那是政治需要；而且其皮帛是"豹皮表束帛"，毕竟与皇帝三卿的"虎皮表束帛"有所不同，谁都知道豹的体形比虎小，其毛皮在礼制上也低一等。又如二千石州牧、郡守是地方官，经常被比做古诸侯，所以被高堂隆拟为五命；但在现实政治体制下他们是王官，所以又让他们按四命的中大夫之礼，执雁。

尤其值得关注的是，封爵、将军、职官、禄秩等，被高堂隆错落有致地安排在"九命"框架之中了，从而令各种位阶呈现出了"一元化"之态。那虽然只是高堂隆一己私议，但也是时代的要求与趋势。

再举一个魏明帝和高堂隆讨论礼制的例子，事涉人死了怎么说：

> 魏明帝诏亭侯以上称薨:"夫爵命等级,贵贱之序,非徒偏制,盖礼关存亡。故诸侯、大夫既终之称,以薨、卒为别。今县乡亭侯不幸称卒,非也。礼,大夫虽食采,不加爵。即县亭侯既受符策茅土,名曰列侯,非徒食采之比也,于通存亡之制,岂得同称卒耶?其亭侯以上,当改卒称薨。"
> 三府上事博士张敷等追议:诸王公、大将军、县亭侯以上有爵土者,依诸侯礼皆称薨。关外侯无土、铜印,当古称卒。千石、六百石下至二百石,皆诣台受拜,与古士受命同,依礼称不禄。
> 高堂崇(隆)议:诸侯曰薨,亦取陨坠之声也。礼,王者之后、公及王之上公九命为二伯者,侯伯皆执珪,子男及王之公皆执璧,其卒皆曰薨。今可使二王后、公及诸国王执珪、大将军、县[乡]亭侯有爵土者,车骑、卫将军辟召掾属与三公俱执璧者,卒皆称薨。礼,大夫曰卒者,言陈力展志,功成事卒,无遗恨也。今太中大夫秩千石,谏议、中散大夫秩皆六百石,此正天子之大夫也;而使下与二百石同列称不禄,生为大夫,死贬从士,殆非先圣制礼之意也。云士不禄者,言士业未卒,不终其禄也。(《通典》卷八三《礼四三·丧制一》,第447页)

依礼,诸侯死应称"薨",大夫死称"卒",士称"不禄"。但当时所沿用的汉代礼制,是王公死了才称"薨",列侯死了只称"卒"而不称"薨"的。魏明帝尊礼慕古,觉得这法子不合古礼,诏改,臣子得以各抒己见。博士张敷给三府上书,认为千石、六百石到二百石官,都应该称"不禄"。高堂隆支持魏明帝的意见,并将其具体化了;由他的话我们还知道,县侯、乡侯、亭侯也是执璧的,可以补入上表。他反对张敷意见,认为太中大夫及谏议、中散大夫从秩级说应算大夫,不能用士礼称"不禄"。由此我们又知道高堂隆也是尊礼慕古的,他论述太中大夫及谏议、中散大夫应从"大夫"之礼,不是从秩级出发,而是从"大夫"之名出发;大夫之外的千石、六百石之官是否用大夫礼,就不管了。

这时候人们再次看到，五等爵、公卿大夫士爵、现行爵制、命数、秩级与古礼等级，又是被君臣综合考虑的。类似的礼制讨论，在当时还有若干。就在这类讨论中，一种一元化的品位秩序呼之欲出。九品官品不久就问世了，有如十月怀胎，一朝分娩；人们随即就拿公卿大夫士爵去比官品，例如《通典》卷四八《礼八》所载贺循之议：

晋贺循云：古者六卿，天子上大夫也，今之九卿、光禄大夫、诸秩中二千石者当之。古之大夫亚于六卿，今之五营校尉、郡守、诸秩二千石者当之。上士亚于大夫，今之尚书丞郎、御史及秩千石、县令在官六品者当之。古之中士亚于上士，今之东宫洗马、舍人、六百石、县令在官七品者当之。古之下士亚于中士，今之诸县长丞尉在官八品九品者当之。（第276页中栏）

南北朝时，在宇文氏的北周，再度出现了周礼复古之举，满朝文武官职被改头换面，整个塞进了"六官"、"九命"框架，与新莽改制相映生辉。北周官阶，诸侯部分是诸公九命，诸侯八命，诸伯七命，诸子六命，诸男五命；诸臣部分是三公九命，三孤八命，六卿七命，上大夫六命，中大夫五命，下大夫四命，上士三命，中士再命，下士一命。官贵们的车服礼数，都依此排序；能用多少种冠，能用多少种车，都以命数为准。下以冕服为例，列表如下：

命数	诸侯冠冕之数	诸臣冠冕之数
九命	诸公服九	三公服九
八命	诸侯服八	三孤服八
七命	诸伯服七	六卿服七
六命	诸子服六	上大夫服六
五命	诸男服五	中大夫服五
四命		下大夫服四
三命		士之服三
二命		士之服三
一命		庶士服一

261

北周九命，其实不过是官品的变体。在其中官品、爵级、命数和礼数是一体化了的，毋庸赘言。

三 朝位与品位结构一元化

社会分层中的地位既是抽象的，也是具象的，体现在有形有象的礼物、礼数和礼节之中，甚至还包括空间上的占位。在最后一点上，"朝位"就是一个体现。我们觉得，朝位之礼与九品官品的产生，有相当密切的联系。

先秦已形成"朝位"古礼了。古人席地而坐。所谓"朝位"，就是各种官贵，包括诸侯与诸臣在朝堂上的席位。又称"朝班"、"班位"等等。《周礼·秋官·朝士》："三槐，三公位焉"；"左九棘：孤、卿、大夫位焉，群士在其后；右九棘：公侯伯子男位焉，群吏在其后。"所谓"三槐"、"九棘"，都相当于朝位。从"三槐"、"九棘"的安排可以看到，朝位可以直接反映当朝官贵的分等分类。

一般性的地位等级由此抽象而来，也被称为"位"了。《左传》成公三年称晋国的中行伯"其位第三"，这是说他作为执政大臣的位序，在中军帅及中军佐之后。同书成公十六年又谓，郤至"位在七人之下"。当时郤至是新军之佐，所以其位序，就只能列在上中下三军将佐及新军将等七人之下了。同书襄公二十六年，子产自称"臣之位在四"。其时子展为郑国上卿，次为子西，次为良霄，再次就是子产了，位居第四。又同书襄公三十一年说，郑国的大夫公孙挥，以善辨列国大夫之"族姓、班位、贵贱、能否"而知名。看来列国大夫的"班位"，还是外交家的专门知识呢。进而推知，列国大夫都有"班位"。看来朝位被用作等级手段，其渊源是很古老的。

对九品官品的来源，学者有不同说法。一种认为它来自九品官人法，还有一种认为来自朝位。两种说法虽各有所得，后一说法我们认为更具解释力。

为什么不把中正品看成官品的来源呢？因为二者在性质上有很大

不同。对此可以从"要素"和"结构"两方面予以说明。首先，九品官品上配置着权责、薪俸、资格、特权和礼遇多种要素；而九品官人法的中正品，只承载着"资格"一项，不涉权责、薪俸，相关的特权、礼遇也是有限的（所谓"二品清官"有一定特权和礼遇优待）。

再从结构看，九品官品自初就是把职事官、散官、军号、封爵整合在内的，但中正品显然不是那样，它只是一个资格等级。对此，还不妨再看一看南朝萧梁的十八班。萧梁新创十八班，但九品官品不废。表面上看，班、品二者叠床架屋了，十八班看上去只是九品官品的一分为二。但实际不是这样。细审列在十八班的官号，可以看到三点：第一、爵级、军号不见于十八班，但却列在官品之中；此外州郡县的长官另有其班：二十三州各有高下，郡守及丞各为十班，县制七班，也不在十八班中。第二、班、品并不一致。例如十二卿[1]都在第三品，但其班数各异，最高的是太常卿，十四班；最低的是鸿胪卿、大舟卿，只有九班[2]。第三、十八班之下还有七班，属于"位不登二品"者，被确定为"是寒微士人为之"的官位[3]。可见十八班深受中正品的影响，其实是中正二品以上官之官资的进一步细化，流外七班则用于中正三品以下官的官资。这就再次提示我们，十八班主要是用来确定官资的。

再回到中正品与官品的关系上来。中正品最初只是士人德才的高下等级，所以它不是官品的来源。有人是这样推理的，中正二品意味着这人的德才适合做二品官，中正三品就意味着这人的德才适合做三品官；为了配合"人品"的等级，就把相关的官职也分出"品"来，从而形成了官品。但这说法，不能解释官品中为什么列有多种位阶与

---

[1] 梁武帝把汉代的九卿增加到了十二卿，即太常卿、宗正卿、太府卿、卫尉卿、司农卿、少府卿、廷尉卿、光禄卿、大匠卿、太仆卿、鸿胪卿、大舟卿。
[2] 而且，梁朝的宗正卿"位视列曹尚书"，司农卿"位视散骑常侍"，太府卿"位视宗正"，少府卿"位视尚书左丞"，太仆卿"位视黄门侍郎"，卫尉卿"位视侍中"，大匠卿"位视太仆"，光禄卿"位视太子中庶子"，鸿胪卿"位视尚书左丞"，太舟卿"位视中书郎"。诸官的"位视"并不相同，同样反映了它们品级相同但官资不同，所以"班"也不同。
[3] 以上所叙梁制，参看《隋书》卷二六《百官志上》及《通典》卷二七《职官十九》。

职类，例如列有爵级、军号，还列有宦官，也不能解释官品上所配置的薪俸、特权和礼遇。当然，"九品"的名目倒可能成为一种启发，被官品借用了。官品与中正品都采用"九品"形式，仅此而已。

安作璋、熊铁基先生认为，官品来自朝班，两汉以后的官品之制，即由朝位制度发展而来[1]。我们认为，这是一个值得深化的重要思路，因为这对理解九品官品的"综合性"、"总体性"，具有重大帮助。在朝位被用作等级手段时，它具有综合性和一元化的特征：朝会时形形色色的人员"欢聚一堂"了，即令此前他们各有各的位阶，在同一个朝堂上总得排出尊卑贵贱来，不能随便就坐。正因为朝堂的座次就是王朝各色人员尊卑贵贱的综合体现，所以朝位才会对官品有催生之功，好比作物的化肥或动物的激素。

汉朝的皇帝已把朝位用作等级手段了。刘邦和吕后都曾着手排定功臣位序，由此有140多位诸侯被确定了朝位，像"梁山泊英雄排座次"一样。叔孙通为刘邦定朝仪，其时朝位，功臣、列侯、诸将军、军吏列在西侧，丞相以下的文官列在东侧。东列的丞相以下，是以禄秩为官阶的"吏"；而西列的列侯、将军、军吏，则不以禄秩为官阶。无秩者身在朝堂，便有朝位；因朝位互异，其尊卑高下便有了可比性。东列的列侯、诸将军与西列文官，在"位次"的意义上是统一排序的。东汉诸侯中具有"特进"身份的，位在三公、车骑将军之下；具有"朝侯"身份的，位在九卿、五校尉之下；还有一种"侍祠侯"，位在大夫之下。由此可见，文官、将军、列侯的朝位虽然东西有别，但又有统一排序。太傅、三公、将军在中二千石之上，不能用"若干石"定其尊卑；但在他们与百官同朝共席之时，其间高下一目了然。

总之，"朝位"以"各色官贵欢聚一堂"为基础，其涵盖度大于禄秩，容纳了各种位阶的拥有者。朝位既是具体席位，但因其特殊等级功能，也被抽象运用了。地方官平时肯定不在京师呆着，没机会参

---

[1] 安作璋、熊铁基：《秦汉官制史稿》，齐鲁书社1985年版，下册第462页。

与朝会；可在典章之中，刺史、郡守、国相也规定有位次。汉元帝定制：诸侯相位在郡守下。郡守、国相都是二千石官，从禄秩看他们平起平坐，谁也不比谁矮一截儿，从位次看则高下立判。位次如何确定呢？首先当然要看秩级高下了，但也有各种微调。东汉有段时间里，博士在朝会时被安排在洛阳市长后面。市长是管市场的官儿。李郃为此上书邓太后，说这么做对儒者不够尊重，邓太后就把博士之位调整到公府长史之前了。我们的结构分析显示，汉朝的品位结构还存在很多错杂疏离之处，吏员、封爵、散官、军官等的位阶彼此整合不够；而这时候，"朝位"却展示了"一体化"的功能。

　　魏晋官品的主要来源之一，就是汉代朝位。作为等级手段的"朝位"有两大特点："涵盖性"和"大排队"。所谓"涵盖性"，是说其容纳了齐聚朝堂的各色人等，进而也就等于容纳了各种位阶；所谓"大排队"，就是说在朝位这种礼制之下，各色官爵不但要排出高下，而且要排成一个纵向单列，某官位在某官上、某官位在某官下，有如雁行鱼贯，有条不紊。再来看魏晋官品吧，恰好就显示了这两个特点。从"涵盖性"看，官品把文官、武官、散官、军号、爵级都熔铸一炉；从"大排队"看，在一品之内，官品继续以"居前"、"居后"来排比官职位次。例如诸公和"诸位从公"同在第一品，然而诸公在前，"诸位从公"在后，则前者高于后者。又如三省长官都在第三品，然而门下省的长官侍中在前，次为尚书令，次为中书监令，这就表明了它们位次有异。这种同品官职以位次定高下的做法，显然从朝位而来，却是禄秩所不具备，同秩的官职并无高下之分。所以我们认为，九品官品的诞生，与朝位有密切关系。九品官品通过"涵盖"与"排队"，令事实上已形成的、在朝位中体现出来的一元化等级秩序，正式化和制度化了。

　　当然，说魏晋官品提升了品位结构的一元化程度，也只是相对而言的。在官品初生期，列于其中的各种位阶仍存在着若干疏离参差。比如，魏晋南朝的禄秩与官品并行，但禄秩与官品并没有完全一致化，存在着品高秩低、秩高品低，以及同一品级列有不同秩级的情况。又如军号，它与官品在一定程度上整合起来了，出现了"某品将军"概念；但一定程度上军号仍是自成序列的，有自己的迁升次序；某些品级上军号寥寥，某些品级上却堆砌着众多军号。又如，散官有一定的起家迁升规则，但其在品级上的分布却不匀称。有很多散官是"清官"，而"清浊"高下与官品也不完全一致。直到南朝，还存在着"多更互迁官，未必即进班秩。其官唯论清浊，从浊官得微清，则胜于转"的情况[1]，就是说，会有某些清官品阶低而清望高，某些浊官品阶高而清望低。前述梁十八班与官品的不对应，也是官资与官品不完全一致造成的。

虽然如此，"一元化"毕竟是位阶制的发展趋势。魏晋南朝的官品与其他位阶的疏离参差，在北朝明显改进了：北朝放弃禄秩而专用官品，军号、散官逐渐依品级而做整齐排列；所谓"清浊"也明显向官品靠拢，"清官"看上去成了官品的一种微调，即：某些官职因其"清要"，可以享受稍高级别的礼遇。也就是说，帝国品位结构的"一体化"程度，在北朝又上了一个台阶。

到了隋唐，我们就看到朝位与官品展示的高度一致性。据《唐六典》卷二《吏部郎中》：

> 凡文武百僚之班序，官同者先爵，爵同者先齿。谓文武朝参行立：二王后位在诸王侯上，余各以官品为序。致仕官各居本色之上。若职事与散官、勋官合班，则文散官在当阶职事者之下，武散次之，勋官又次之。官同者，异姓为后。若以爵为班者。亦准此。其男已上任文、武官者，从文、武班。若亲王、嗣王任卑官职事者，仍依王品。郡王任三品已下职事者，在同阶品上。自外无文、武官者，嗣王在太子太保下，郡王次之，国公在正三品下，郡公在从三品下，县公在正四品下，侯在从四品下，伯在正五品下，子在从五品上，男在从五品下。（中华书局1992

---

[1] 见《隋书》卷二六《百官志上》所叙陈制。

年版，第33页）

其"二王后位在诸王侯上，余各以官品为序"一句，唐《公式令》说得更清楚一些："二王后位在诸王侯上，余各依职事官品为叙。"[1]"职事官"是权力、事务和责任之所系，乃是帝国命脉之所在，因而"职事官品"被规定为朝位的最基本依据。文散官、武散官、勋官，均列在同品阶的职事官之下。

"官同者先爵"，意味着"官"高于"爵"。"其男已上任文、武官者，从文、武班"，封爵者若有官，则不依爵而依官定朝位；在职务相同的时候，再以爵排序。只有亲王、嗣王例外，"若亲王、嗣王任卑官职事者，仍依王品"。"郡王任三品已下职事者，在同阶品上"，也算是一种优待。若无职事官，又该怎么办呢？那就按"嗣王在太子太保下，郡王次之，国公在正三品下，郡公在从三品下，县公在正四品下……"的规定，来确定其朝位；而这时其朝位，就明显低于爵号的自身品级了。例如，国公自身是从一品，但其朝位在正三品下；郡公自身是正二品，但其朝位在从三品下。

我们把封爵、朝位及其授田额度、叙阶待遇综合起来，列出下表：

	封爵	封爵之朝位	封爵之授田	封爵之叙阶	对比：品官之子叙阶
正一品	亲王				
从一品	嗣王郡王国公	嗣王郡王在太子太保下	郡王同从一品		
正二品	开国郡公		国公同正二品		
从二品	开国县公		郡公同从二品		
正三品		国公在正三品下			
从三品	开国侯	郡公在从三品下	县公同正三品		
正四品	开国伯	县公在正四品下	侯同正四品		

---

[1]《通典》卷七五《礼三五》引，第408页中栏。

续表

	封爵	封爵之朝位	封爵之授田	封爵之叙阶	对比： 品官之子叙阶
从四品		侯在从四品下	伯同从四品	嗣王郡王 从四品下	
正五品	开国子	伯在正五品下	子同正五品		
从五品	开国男	子在从五品上 男在从五品下	男同从五品		
正六品				国公正六品上 郡公正六品下	
从六品				县公从六品上 侯从六品下	
正七品				伯正七品上 子正七品下	一品子正七品上 二品子正七品下
从七品				男从七品上	三品子从七品上 从三品子从七品下
正八品					正四品子正八品上 从四品子正八品下
从八品				国公子从八品下	正五品子从八品上 从五品子从八品下

那么就从"一元化"和"官本位"角度，来解读此表。爵级纳入了官品框架，是为"一元化"；朝会时爵号的分量比职事官小，又显示了"爵"从属于"官"（暂不考虑宗室，只论官僚封爵者），这是"官本位"的。再从品秩要素中的资格和特权两点观察。从授田额度看，高爵略低于其品级，低爵略高于其品级，参看上表。从"资格"要素看，有爵者本人叙阶时待遇不低，一品国公本人由正六品上叙，二品郡公本人从正六品下叙阶。但有爵者的儿子就不能同品官的儿子比了，"国公子，亦从八品下"[1]，一品国公的未袭爵的儿子，叙阶只与从五品官的儿子相当，参看上表相关部分。在延续身份和传承特权上，"爵"不如"官"了，再次表明"官"重于"爵"。

总之，唐代朝位，同样把文武职事官、文武散官、勋官、爵级涵盖在内；其结构及其与职、散、勋、爵的关系，几乎等同于官品与

---

[1]《唐六典》卷二《吏部郎中》，第32页。《新唐书》卷四五《选举志下》。

职、散、勋、爵的关系。可见朝位具有很大的涵盖力，相当敏感地反映了帝国品位结构的特性及变迁，所以它能够成为官品的温床；甚至在官品诞生之后，它仍以某种方式发挥着等级尺度功能。这一点，在北宋看就更清楚了。这是就宋朝的"合班"、"杂压"而言的。

唐后期到北宋初，中国官阶史上发生了一场大波荡。因职事官被大量滥用为品位，职事官所承担的职事另由使职差遣承担，造成了行政级别的重大混乱，官品失效。至北宋前期，索性直用省、部、寺、监的职事官做"寄禄官"，让它们发挥"本官"（即阶官）功能；而那些职事官的昔日职能，转用"差遣"承载。马端临概括说："至于官人授受之别，则有官、有职、有差遣。官以寓禄秩、叙位著，职以待文学之选，而差遣以治内外之事。其次又有阶、有勋、有爵。"[1]司马光把这现象视为大弊："今之所谓官者，古之爵也；所谓差遣者，古之官也。官所以任能，爵所以酬功。今官爵混淆，品秩紊乱，名实不副"，建议"于旧官九品之外，别分职任差遣，为十二等之制，以进退群臣。"[2]司马光之所以建议"别为十二等"，是因为其时官品的效力大大低落，其所承载的品秩要素几乎只剩服色，与本官的官序和差遣的资序无大关系了。这场大波荡的发生，是唐后期"职事官的品位化"造成的。其原因本文不拟深论，而只就论题所及，观察其时的官品与朝位的动向：在官品效力大降，已不能反映各种官号的实际地位时，王朝曾转而乞灵于朝位，让朝位发挥更大的等级功能，具体的表现就是实行"杂压"、"合班"之法。

利用朝位或班位来安排官号位望，称"杂压"或"合班"。所谓"杂"或"合"，就是不论文官、武官、内侍官、宗室官，亦不分职事官、寄禄官、职名、伎术官，都按照位之高下混同排定先后次序；所谓"压"，就是某官"压"在某官之上的意思，如"宰相压亲王、亲王压使相"之类。没列入杂压的官名、职名等，不能进入班位

---

[1] 马端临：《文献通考》卷四七《职官考一》，中华书局1986年版，第438页上栏。
[2] 《司马光奏议》，山西大学出版社1986年版，第34页。

序列。朝廷经常下令某官入杂压、某官不入杂压，某官杂压在某官上或某官下，以为调整。宋太祖建隆三年（962年）有司进呈《合班仪》，其班序从太师、太傅一直排到司天五官正；而宋太祖认为，应提高尚书中台、节度使、检校师傅三公者的班序，"给事、谏议、舍人宜降于六曹侍郎之下，补阙次郎中，拾遗、监察次员外郎，节度使升于六曹侍郎之上、中书侍郎之下"[1]。与"杂压"、"合班"相关的法令，有建隆三年《合班仪》[2]，景祐五年《合班杂压仪》，《元丰以后合班之制》、《庆元杂压》等。

龚延明先生认为："定杂压仪制，其意义在于，确定各色官品秩之高下、排定朝班列位之次序。"[3]薛梅卿、赵晓耕先生说："宋朝将各种官职……都大体按照品级高低排定上朝时的班序，称为官品杂压，也称合班。这种品位分类制度，是宋朝独有的职官制度，是将唐朝散官、勋官、爵位制度与宋朝差遣制度糅合而成。"[4]"杂压"或"合班"，首先表现为一种"上朝的班序"，即朝位。进而"杂压"的最大特点，仍是前述朝位的两大特点："涵盖性"与"大排队"。从"涵盖性"说，它把文官、武官、内侍官、宗室官，把寄禄官、职名，把伎术官、环卫官，把散官、勋官、爵位，甚至把贴职、检校等因素，都包含在内了。从"大排队"说，它依然采用某官压某官的单向纵列；调整"杂压"，也就是调整诸官地位。

把"杂压"用作等级尺度，只是"宋朝独有的职官制度"吗？不全是。汉帝国的各种品位缺乏一体性，那时就如此那般地利用过朝位了，即利用"位"给官职排队。魏晋南朝各种位阶的一体化仍不够高，其时"位比"、"位视"概念，仍用作调节官职资望的重要手段。北朝的"位比"、"位视"作法大大减少。因为北朝及唐官品的一体化程度大

---

[1] 《宋史》卷一一八《礼志二一》，卷一六八《职官志八》。
[2] 按，《宋史》卷一六八《职官志八》所列"建隆以后合班之制"，龚延明先生认为"实为仁宗庆历以后之制，见其《宋史职官志补正》，浙江古籍出版社1991年版，第494页。
[3] 可参看龚延明：《宋代官制辞典》，中华书局1997年版，第618页。
[4] 薛梅卿、赵晓耕：《两宋法制通论》，法律出版社2002年版，第71页。

大提高了，朝位与品级充分一体化了，"位"的意义就黯淡下去了。用"比"、"视"安排诸官位次的做法，在魏晋南朝特别突出，而那做法在北宋又再度"时尚"起来了[1]，难道是偶然的么？当然不是。

北宋一度官品效力大减，于是朝位的等级功能再度凸显，我们将之视为官品失效的一种弥缝之方。官品之黯淡与朝位之凸显，正反映了官品与朝位具有同构性和功能对等性，也就是"涵盖性"和"一元化"的性质。而且宋廷"大体按照品级高低排定上朝时的班序"的说法，恐怕只适合元丰新官制以后的情况，这时候职、散、勋、爵恢复了唐式的样子，官品复活。而在此之前，很多职名或差遣连品级也没有，遑论"按照品级高低排定上朝时的班序"呢。

"杂压"的排序原则，是先论"职事"后论其余，以差遣在阶官之前[2]。也许有人会说，"杂压"既以差遣在前，那就是"以职事为重"的。但我们不那么看。那种观察方法并不正确。古往今来，任何政权安排等级，都不可能把"职事"置之度外；所相区别的，只在于除"职位"之外，是否还兼顾、以及在多大程度上兼顾"品位"问题。"杂压"排序把"职事"放在第一，并不能证明它"以职事为重"。因为还要考虑，此时职事之外的品位性安排有多大分量。君臣不惮其烦地推敲每一个官职的位序，其时是把职事、贴职、服色、资序、封爵、勋官、转官、出身、年齿等，把差遣和本官等，综合考虑在内的。所以我们认为，"杂压"的基本精神并不是"以职事为重"，而是"以地位为重"，它所要处理的是各色人等的相对地位，或说是职、阶、勋、爵等位阶衔号的相对地位。打比方说，今天若把全国处

---

[1] 如《宋史》卷一六八《职官志八》所叙："内客省使视七寺大卿，景福殿使、客省使视将作监，引进使视庶子。宣庆使、四方馆使视少卿，宣政、昭宣、阁门使视少监。客省等副使视员外郎。皇城使以下诸司使视郎中，副使视太常博士。内殿承制视殿中丞，崇班及阁门祗候视赞善大夫，供奉官视诸卫率，侍禁视副率。殿直视著作佐郎……"

[2]《庆元条法事类》卷四《职制一·官品杂压》："诸序位以职事杂压，从一高，同者，异姓为后（谓非国者）。次以贴职，贴职同，以服色；服色同，以资序；资序同，以封爵；封爵同，以勋；勋同，以转官；先后转官同，以出身；出身同，以齿。……诸杂压高下相妨者，先以差遣；差遣同或高者，序官。"《续修四库全书》，第861册第86-87页。

以上或厅局以上职务做一个纵向单列大排队，行政上肯定毫无必要，而且人们会觉得是笑话，但宋朝真就是那么做的。

明清时朝位制度再度简化，或说淡化了。这是就其等级功能下降而言的。洪武二十四年（1391年）定侍班官，百官侍朝之位与所属职类和机构有关，但最基本的排序规则则是官品："令礼部置百官朝牌，大书品级，列丹墀左右木栅上，依序立。"[1]据《奉天殿丹墀班位图》，文官以西属上，武官以东属上，各由正一品到从九品东西两行对立。又据《奉天殿常朝侍立图》，御座之前首先是诸王；诸王之下，文官武官分东西两行，分别依官品排成队列[2]。由清史相关记载及《朝贺图》[3]之类，可以知道清制与明类同。明清朝位大体上依官品分班，既不具备超越官品的特殊涵盖性，也不是百官资望的纵向单列大排队，只是以官品为本的一种等级礼制而已。所以我们认为，比起宋朝的"杂压"、"合班"之制，明清的朝位制度简化或淡化了。

那么回过头来，再看魏晋官品与朝位的关系问题，就清晰得多了。因魏晋南朝官品的涵盖度和一体化程度还不够高，"位"就显出了特殊意义；赵宋官品效力下降之时，朝位就挺身而出承当"替补"，发挥综汇各种位阶、确定百官资望的功能；唐与明清的官品能正常发挥作用，朝位就退居为一种等级礼制了。这些情况有力说明，官品与朝位间存在密切的关系，二者密切配合，特定意义上二者还会"此消彼长"。

九品官品是一个"一元化"和"官本位"的体制，而"朝位"是九品官品的温床，这很发人深思。秦汉禄秩发源于"职"，而官品发源于"位"，二者的来源相当不同。禄秩来源于职事的报酬，也就等于来源于职事，体现的是官职的权责大小与贡献大小。而官品的来源是朝位，是王朝之上各色官贵的综合地位，哪怕你没职事，但只要有

---

[1]《明史》卷五三《礼志七》。
[2] 申时行：《万历大明会典》卷四四《礼部二·朝仪》；徐一夔：《明集礼》卷十七，《文渊阁四库全书》，台湾商务印书馆1986年版，第649册。
[3] 可参看《光绪大清会典图典》卷二六。

爵号、有位阶，你就有"位"，就能在朝堂上占据一席之地。朝位是最重要的等级礼制之一，而中国等级礼制的基本精神，就是依身份、名位——而不是依职能，来安排人的尊卑贵贱，而那也正是中国官僚组织的基本特点。如此，我们对禄秩到官品的转变，就会有更深入的认识。

四　一元化和连续性

中国号称"礼乐之邦"，"礼乐"成了中华文明的象征。从文化角度看，"礼乐"寄托着先民的生活方式、文化心理，其中蕴藏着他们数千年来的精神追求。同时中国的文化与政治，从古至今都不是截然两分的。而从政治角度看，那些繁密入微的等级礼制，意味着什么呢？如《白虎通义·礼乐》所说："所以尊天地，傧鬼神，序上下，正人道也"，"朝廷之礼，贵不让贱，所以有尊卑也；乡党之礼，长不让幼，所以明有年也；宗庙之礼，亲不让疏，所以有亲也。此三者行，然后王道得。"[1]"礼"是社会性的，对各种尊卑贵贱关系予以综合安排，是一种总体性的、一元化的等级秩序。正是为此，"礼"成了中国文化的独特概念。柳诒徵谓："故中国古代所谓'礼'者，实无所不包，而未易以一语说明其定义也。"[2]也正是由于其"无所不包"的性质，帝制时代的"古礼复兴运动"，得以在品秩位阶的一元化上，做出了历史性的重大贡献。

人们看到，先秦礼制遍及生活的各个细节。甚至连吃瓜都有等级之礼。《礼记·曲礼》："为天子削瓜者副之，巾以絺。为国君者华之，巾以绤。为大夫累之，士疐之，庶人龁之。"[3]贾谊《新书·服

---

[1] 陈立：《白虎通疏证》，中华书局1994年版，第95、126页。
[2] 柳诒徵：《中国文化史》，中国大百科全书出版社1988年版，第173页。
[3] 据郑玄注和孔颖达疏，其大意是天子吃的瓜要削皮，四析再横断，形成八块，再蒙上一块细葛巾；诸侯的瓜只切成两半再横断，形成四块，蒙上一块粗葛巾；大夫的瓜也切成四块，但不蒙巾；士吃的瓜只切掉瓜蒂，再横断，形成两块；庶人吃的瓜，只削掉瓜蒂而已。《十三经注疏》，第1243页下栏。

疑》:"奇服文章,以等上下而差贵贱。是以高下异,则名号异,则权力异,则事势异,则旗章异,则符瑞异,则礼宠异,则秩禄异,则冠履异,则衣带异,则环佩异,则车马异,则妻妾异,则泽厚异,则宫室异,则床席异,则器皿异,则饮食异,则祭祀异,则死丧异。"使用什么交通工具,穿着什么服饰,在现代社会只是个人偏好和消费能力问题;但在传统中国古代,某种样式的车马、服饰只能为某等级所用。《管子·立政》:"虽有贤身贵体,毋其爵,不敢服其服。虽有富家多资,毋其禄,不敢用其财。"

某些社会的结构是"林立式"的,各个领域中林立着各种等级,其间缺少制度化的高低贵贱之别;一个领域的地位和成就的尺度,并不用作另一领域的尺度。而中国传统社会则是"金字塔式"的,政治等级一家独大,行政管理的级别,或说王朝官爵决定社会分层。而王朝官爵,被儒生认为是更大的社会秩序的主干;那个更大的社会秩序的理想状态,就是"礼"。传统中国礼制中蕴含着中国社会的一个最基本特性,那就是"品级、等级、阶级的高度一致性"。周朝的礼制与后世相比,其实还是比较粗略的,但已显示出那种倾向了,显示出以国家行政品级塑造社会、通过王朝制礼来安排生活的强烈意图。

从某个角度看,战国秦汉之际是一个"断裂"的时代,但二者间又存在着相当的"连续"。周朝的某些制度元素、某些结构性特征,在帝国时代延续下去了。这种延续,一方面来自制度本身一环扣一环的进化,同时儒生所传承的"古礼"反作用于现行政治制度,也是一种承载连续性的因素。古代礼制的"一元化"特征和"数字化"特征,被传递到了帝国品位结构之中。这个"塑身"作用就体现了传统的力量。在一段时间里面,古礼传统与帝国体制也曾彼此疏离,呈现出了"二元性";但经汉唐间的"古礼复兴运动",礼制文化与帝国体制再度完美整合。

说到了"连续性",因已是本编的最后部分,可以把话题扯远一点儿。中国文明的连续性,很早给了外部观察者以强烈印象。18世纪的欧洲人阅读中国历史,其感觉就是"中国的历史本身没有什么发展,因此我们不必再与闻该历史的各个细节方面"了。亚当·斯密、黑格尔都有"中国停滞"的看法。"停滞论"在20世纪衰落了,原因之一是其西方中心论色彩太浓厚了;但更重要的,则因为20世纪的中国史研究主导是"传统—现代"视角,服务于进化与变革的时代需要。这时人们把最多努力,投入到最能体现进化与变革的"阶段论"、"分期论"上了。各种分期模式异彩纷呈。宫崎市定有言,对历史最好的理解,往往产生于历史分期问题讨论的开始和终结[1]。这一番话,可谓对20世纪"分期论"、"变革论"的一个精彩评价。

不过"中国停滞论"虽含曲解,但不全是平地生风。中国王朝在崩溃与重建中仍能维持着某些基本特点。那也被表述为"循环"。美国教科书就通行着一种对中国史基本认识:即大一统的连贯性和周而复始性[2]。费正清观察中国现代史,以"王朝循环"为出发点[3]。当然西方学者的"循环"概念,还不意味着没有进化。伊佩霞的《剑桥插图中国史》宣称:"试图着重勾画一两个有关中国的最紧要的问题:它的巨大和历史连续性。……在其他文化注意非连续性的地方注意连续性的趋势。"[4]"连续性"的提法不含贬义,还可以容纳"进化"而不同于"停滞论",所以被人们广泛使用着。作为一般史观而言的"中国历史文化连续性"的提法,恐怕是大多数人所认同的。张光直先生曾把从野蛮到文明的演进,划分为西方"突破性的"和非西

---

[1] 转引自胡志宏:《西方中国古代史研究导论》,大象出版社2002年版,第77页。又宫崎市定《古代帝国的成立·总论》:"即使说历史的理解是始于时代区分且终于时代区分也并不过分。……参考欧洲史的研究方法,我们想把东亚史的时代区分为第一期古代帝国的成立、第二期贵族社会、第三期独裁政治时代、第四期东亚近代化进行时代这样4期进行考察。"京大东洋史1,创元社1952年版,《宫崎市定全集》第17卷,岩波书店1993年版,第11页。转引自礪波護:《中国历史研究入门》,名古屋大学出版会,2006年版,第18页。

[2] 李毅:《美国教科书里的中国》,广东教育出版社2006年版,第37页。

[3] 麦克法夸尔、费正清:《剑桥中华人民共和国史》,中国社会科学出版社1990年版,第10页。这个论点遭到了若干大陆学者批评,他们认为,新中国"宣告了'王朝循环论'的历史终结,开创了中国历史的新篇章。"金春明主编:《评剑桥中华人民共和国史》,湖北人民出版社2001年版,第10页。

[4] 伊佩霞:《剑桥插图中国史》,山东画报出版社2001年版,中文版序言。

方的"连续性的"两种类型,后者的代表者是中国[1]。余英时先生指出:"中国文化的延续性是很高的。我们可从商周,下溯至明清,以至今日,在中国的土地上,一直存在着一个独特的政治传统。这个传统在秦以后便表现为大一统的政府。"余先生赞同"传统之内的变迁"的提法,除了秦与近代,中国历史上缺乏里程碑式的事件。为此他还忠告:"我希望大家多研究中国的政治史,不要存一种现代的偏见,以为经济史或思想史更为重要。"[2]

在今天,关注"连续性"有什么意义呢?历史学的主题,往往根植于时代主题之中。随"中国的崛起","中国特色"问题逐渐成了新的时代主题。拥有世界1/5人口、巨大幅员和数千年文明的中国,其在近代的"历史断裂",多大程度上是一般现代化进程的一部分,多大程度上又将依其自身的历史逻辑前行呢?尽管经历了巨大"断裂",但数千年的独特政治传统,是否仍不动声色地发挥着同样巨大的历史惯性呢?其发展的结果,将在多大程度上以西式的现代法治国家为归宿,又将在多大程度上维持着"中国特色"呢?世界在看,中国似乎也没全想好。

社会的进程也如人生。少年人的视野中充满了自由与机会,沧桑岁月则将不断消去生活的可选项,让人习惯于"路径依赖"。回顾20世纪初的中国,曾面对着那么多的可能性,而今远不是那样的了。罗素有句名言:"但是中国总是一切规律的例外。"[3]真会如此吗?我们不能确知。但占世界1/5的中国人,今天仍然生活在一种与众不同的体制之下,这是事实;至少在可以预见的未来若干年中,它看上去不会有根本性改变,将在保持着其鲜明"特色"的情况下强大起来。

---

[1] 张光直:《考古学专题六讲》,文物出版社1986年版,第17—18页。虽然法国的沙义德不同意这一说法,说是欧洲历史也有连续性(引自李零:《传统为什么这样红——20年目睹之怪现状》,互联网,http://www.tianyablog.com/blogger/post_show.asp?BlogID=660634&PostID=9581630)。但西方历史的连续性,终究不能跟中国相比。

[2] 余英时:《关于中国历史特质的一些看法》,收入《文史传统与文化重建》,三联书店2004年版,第139页,第146—147页。

[3] 罗素:《权力论:新社会分析》,商务印书馆1991年版,第129页。

余英时先生说:"史学虽不能预言,但史学家却无法不时时刻刻以未来为念。多一分对过去的了解,终可以使我们在判断将来的发展方面,多一分根据。"[1]而我们是反过来看这个问题的:多一分对现实和未来的关怀,可以使我们在反观历史发展之时,多一些观察与思考之点。无论如何,在"中国特色"论题前面,"传统—现代"模式已暴露出了某种局限性。

田余庆先生的《东晋门阀政治》有一个基本论点,就是把中古门阀政治视为"皇权政治的变态",它只存在于东晋一朝;它来自皇权政治,也必将回归于皇权政治。这个"变态"与"回归"的思路,我认为在方法论上具有重大价值,可以引申出一种与"六朝贵族论"、"魏晋封建论"等不尽相同的中古史解释,并将之扩大到制度与文化层面[2]。中古时期的贵族政治、玄学思潮、宗教异端、异族政权和分裂局面等使人看到,中国历史本来是存在着其他可能性的;然而它们最终被消解,"回归"了。在"分期论"努力凸显"时代特殊性"的地方,"变态—回归"模式在衡量"变态"幅度和寻找"回归"动力。比如,在玄学思潮、宗教异端和儒学衰落构成了"特殊性"的地方,可以看到在君主诏书、臣工奏议中依然通行着"选贤任能"论调,它维系着秦汉以来的政治传统;比如,在士族凭藉门第而赢得了选官特权的时候,又可以看到考试制度、考课制度等依旧在缓慢进化。"变态—回归"可以包容时代特殊性,不过是用不同视角观察它们的。即,在汉唐间,是什么力量导致了那些"变态"或时代特殊性,又是什么力量促使其回到历史的轴线上来的呢?

"连续性"是就一个变迁主体而言的。中国历史的主体是什么?在我看来,除了种族发展与生存空间的连续性外,就是它的独特制度和独特文化了。在某种意义上可以说,中国的历史,就是秦始皇和孔夫子的历史:秦始皇奠定了帝国体制的基石,孔夫子奠定了中国文化

---

[1] 余英时:《十字路口的中国史学》,上海古籍出版社2004年版,第91页。
[2] 参看拙作:《中国古代官僚政治制度研究》(吴宗国主编)第三章《变态与融合》,北京大学出版社2004年版。

的主调。经过秦汉,中国的制度与文化高度整合了,形成为一个综合性的"政治文化体制";在我们的视角中,它就是中国历史连续性的主体。生产工具在变,经济关系在变,哲学思想在变,社会阶层在变,民族成分在变,风俗习惯在变,但诸变动都只有在与那个体制的关系中,才能得到完整理解。它们都承受那个体制的强大制约,被以某种方式纳入体制;当其发展具有了反体制的性质之时,就会遇到限制与抑制。数千年来连续发展着的,就是中国独特的政治文化体制。所谓"政治文化"研究,因而就有了特殊意义[1]。有人会觉得"常态"、"变态"的提法是非历史的、先验的,预定了一个"常态"就据以衡量历史。不过我们的看法相反。"常态"、"变态"视角恰好是"历史的",是在对数千年的历史观察中得到的。确实,像统一王朝、皇帝专制、中央集权、官僚政治、儒学正统、士大夫政治和"官本位"等级制,都表现了重大连续性。

所谓"政治文化体制"是"制度",是"结构"。王朝可以更替,政权可能垮台,但"制度"本身依然存在着。一个王朝垮台了,另一王朝又以相似的样式建立起来,构成它的"部件"可能发生更新,但其整体结构却可以保持着基本特征。好比翻新一座古建筑,改用新式建筑材料了,但它仍是原先的风貌。也就是说,"常态"的提法不否定两千年的帝制中国有进化、有阶段;但不认为其间曾发生过"转型"或"变革",因为其"部件"的更新没有导致结构的改变,而是同一结构的精致化。进一步说,所谓的"政治文化体制"是一块"模板",或者说是长时段的起伏摇摆所趋向的"轴线",而不一定就是某个王朝的具体制度。在帝国前期,制度与文化的起伏幅度更大一些,然而人们仍能看到一种"向心力"。各个时期都经常演化出若干游离于体制之外的、甚至反体制的因素,反体制因素也会由外而来,从而

---

[1] 西方人的"政治文化"概念指政治态度、信仰和情感。我所使用的"政治文化",则指中国古代处于政治与文化交界面上的各种事项。"士大夫政治"则被定义为一种政治文化体制和模式,它同时体现在政治、制度和文化方面。参看拙作:《士大夫政治演生史稿》,北京大学出版社1996年版,第2、23页。

导致了或大或小的各种"变态";但它们的结局,是被逐渐体制化了,被"常态"吸收了,或者停留在对体制无害的状态下而不能扩张。

除了"变态",中国历史也发生过"断裂"。这样的"断裂",可以认定为三次:夏朝进入王国时代,战国进入帝国时代,以及近代废除帝制。在这时候,确实就存在着"变革"或"转型"了。但"连续性"论点在此依然有效。因为它有如同一个人的长大成人,或软件的升级换代。"升级",就表明它是同一产品的连续发展。如果把夏商周看成中国国家的1.0版,帝制中国就是它的2.0版。再以建筑打个比方,从商周的早期宗庙到秦朝的咸阳宫、阿房宫,可以说发生了"质变"或"飞跃"了,其规模、结构和复杂性远非昔比,然其样式和风格上仍有一脉相承之处,我们不会把它与古希腊、古埃及、古印度或其他什么地方的建筑混淆起来。

"变态—回归"容纳了"变态"和"进化",它立足一个"中轴线",而把中国史理解为一个"螺旋形上升"的历程,从而既不同于"分期论",又不同于"停滞论"。20世纪与"连续性"相关的研究,远不如"分期论"研究的成就之大。因为只讲某些特点的一以贯之,那么这"连续性"简单了一些。但若把"变态"与"断裂"纳入思考,则"连续性"的研究,就可能寻找到新的可耕地,并大大增加了可操作性。

回到本章论题上来,从"爵本位"到"爵—秩体制"、再到"官本位"的演进,就是被我们处理为一个"断裂—升级"进程的。我们在"品位结构"这个层面,通过若干线索,具体勾勒出了断裂的表现及原因,进而是断裂的弥合、新体制的完善,还有那些促成"升级"、维系"连续"的因素和机制。刚刚讨论过的等级古礼,正是这个话题的一部分。在这里,我们既看到了古礼传统的"断裂",也看到了它的"连续",还看到了它与王朝官阶制是怎么逐渐整合起来的。它由"古礼"变成了帝国礼制,升级换代了。

下编

《张家山汉墓竹简〔二四七号墓〕》[1]一书出版伊始，就引起了广泛注意。竹简所见各种文书，大约形成于汉高祖五年（前202年）至汉吕后二年（前186年）；而墓主大约是位低级官吏，去世在汉吕后二年或其后不久。其中的《二年律令》里面，包括二十七八种"律"[2]和一种"令"。这些法律文献，为研讨汉初制度提供了宝贵材料，给了学者"美不胜收"之感。秦汉传世文献的数量跟研究者的数量不成正比，所以每当有地下文献新出，人们总是应声而至、接踵而来。

　　《二年律令》中有一种《秩律》。书写《秩律》的竹简约有34枚，录文约1700多字，残缺不算太多；内容是中央王朝对各种官吏秩级的法律规定，从而展示了汉初官员的禄秩序列原貌。《秩律》看上去未免单调乏味，不过是些官名和秩级的排列而已，通篇都由"某官，某官……若干石"这样的语句构成。这1700多字能够告诉人们什么呢？

　　首先，《秩律》提供了汉初禄秩的基本结构，显示了禄秩序列是由哪些秩级构成的。本来先秦的秩级记载就很稀少，汉初的秩级情况非常暧昧；而《秩律》补上了汉初秩级这一缺环，并显示这时的秩级比后来为简，并由此可以推知早期禄秩的重心，相对于官职等级架构来说是比较偏下的。那么由先秦秩级进化到汉初秩级，再进化到西汉中后期和东汉秩级，禄秩在结构上的由简而繁、其重心上升的变迁历

---

[1] 文物出版社2001年版。
[2] 根据原书为27种"律"。李均明先生认为，现《二年律令》中的《具律》应分出《囚律》。见其《〈二年律令·具律〉中应分出〈囚律〉条款》，《郑州大学学报》2002年第3期。若是加上《囚律》，那么今见《二年律令》中，就应该包含28种"律"了。

程，就更清晰一些地呈现出来了。

其次，观察《秩律》可以看到，汉初的某些官职没有列在其中。例如，在《二年律令》中多次提到一种"宦皇帝者"，他们大致就是后世的"郎、从官"，这类官职就没列在《秩律》之中。没被列在《秩律》之中的官职，我们认为没有秩级。还有文学之官，也不在《秩律》之中，由此我们推测，这类官职当时也无秩级。而这就告诉人们，当时采用禄秩手段所管理的职类是有限的，并不是所有职类都用禄秩做官阶，最初主要是"吏"，即行政人员职类使用禄秩。而这就有力强化了我以往的禄秩是"吏禄"的论点。

进一步考察还能看到，因不载于《秩律》而被我们判断为无秩的那些官职，后来逐渐有秩级了，但大抵分布在"比秩"之中。所谓"比秩"，就是冠以"比"字的秩级，如"比二千石"、"比千石"、"比六百石"之类。根据种种迹象我们判断，"比秩"是由原先无秩的官职，通过"比"于某个秩级，而形成的。这主要发生在"宦皇帝者"职类，以及"文学"职类。此外，军职在后来也列于"比秩"。那么禄秩序列的发展，还经历了一个"横向扩张"，即向更多职类扩张的过程。更多职类被纳入禄秩，就意味着更多职类被用针对"吏"的方式管理了。那是汉代官僚等级管理的重要进化。

汉代禄秩的秩级中有"比秩"，这是一个非常显眼的结构性特征；然而两千年来，几乎无人对"比秩"问个究竟。秦汉官制被梳理了两千年，没被研讨过的制度寥若晨星，而"比秩"就是其中的一个。不过现在，我们可以对它提出一个初步解释了。看似单调枯燥的《二年律令·秩律》中，其实潜藏着若干有价值的信息，可以丰富人们对秦汉官僚品位结构的认识。

第一章　战国秦汉间禄秩序列的变迁

对汉代禄秩在序列结构上的变迁，以往学者有所讨论。但因汉代前期的相关材料过于暧昧零碎，所以讨论大多限于禄秩的成熟期，主要是西汉中期以后。《二年律令·秩律》的问世，提供了西汉初年到吕后二年为止的禄秩原貌，这就构成了一个新的坐标点，由此把前后各点连成一条线，勾勒一条更完整的禄秩发展轨迹，就有了可能。下面我们来尝试这个工作。

本章打算先做一个总叙，在第一节中，把禄秩变迁各个阶段的秩级罗列出来，细节的相关考辨则置于其后各节。这样的话，第一节将是"战国秦汉的禄秩序列变迁"，随后将讨论今见《秩律》"中二千石"秩级的阙如问题，中二千石如何形成的问题，真二千石的问题，以及丞相和御史大夫的秩级问题，最后附论将军的秩级与位次。

一　战国秦汉的禄秩序列变迁

《二年律令·秩律》提供了汉初到吕后二年为止的官名及禄秩，由此可以得到一个序列，它包括如下秩级：二千石、千石、八百石、六百石、五百石、四百石、三百石、二百五十石、二百石、一百六十石、一百二十石。这个情况是前所未知的。谢桂华先生最先对此做出了评述："关于汉代的秩等，据《汉书·百官公卿表》师古注，分为万石、中二千石、二千石、比二千石、千石、比千石、六百石、比六百石、四百石、比四百石、三百石、比三百石、二百石、比二百石、一百石，计 15 等。……而据现存《秩律》有明确秩禄石数记载者，则……共 11 等，显然与前者有较大的差别。"[1]就是说，《秩律》中的秩级结构与《汉书·百官公卿表》及颜师古注所见不同，《汉表》所见秩级是后出的，不能反映汉初。以往还有用《汉表》所见秩级论述秦官的[2]，现在看就更不可取了。

《秩律》中的禄秩是 11 等，《汉书百官表》则是 15 等。这是为什么呢？观察更多史料还能看到，《秩律》到《汉表》之间，禄秩还有过多次变化；还须将《秩律》之前的先秦禄秩也纳入视野，然后把几次变化综合起来考虑，《秩律》这个新坐标点的意义，才能充分显示出来。下面就可资利用的材料，对《秩律》前后各时期的禄秩序列情况，予以辨析。

清代学者王鸣盛认为《汉表》颜师古注所记 15 等，并不足以反映西汉禄秩。他说：颜注"直取《续汉志》以注《百官表》，以后汉制当前汉制也"。[3]在王鸣盛看来，《汉百官表》颜注所列禄秩，其实是东汉禄秩。学者大都接受这个看法。当然不同意见也有，杨天宇先生就力辨颜注所列禄秩"就是西汉的官俸制度"[4]。这个意见不是没有道理，不过西汉长达两个世纪，就算颜注所列禄秩是西汉官俸，它是西汉哪个时期的官俸，还是要弄清楚一些才好。《秩律》所见秩级，就不是颜注中的那个样子。《汉表》明记："成帝阳朔二年（前 23 年）除八百石、五百石秩。"那么在这一年之前，还存在着八百石、比八百石、五百石三秩呢。颜注所列禄秩中既然看不到这 3 个秩级，那么它最早也只能是汉成帝阳朔二年之后的制度。这样汉成帝阳朔二年，可视为禄秩变迁的又一座标点。

而且颜注云："汉制，三公号称万石，其俸月各三百五十斛

---

[1] 谢桂华：《二年律令所见汉初政治制度》，《郑州大学学报》2002 年第 3 期。
[2] 例如马非百先生谓，秦议郎、中郎秩比六百石，侍郎比四百石，郎中比三百石，中郎将比千石，廷尉正、监千石，卫率千石，郡尉比二千石，等等。参其《秦集史》，中华书局 1982 年版，下册"职官志"。
[3] 王鸣盛：《十七史商榷》卷三四《官奉》，台湾大化书局 1984 年版，第 292 页。
[4] 杨天宇：《汉代官俸考略》，《河南大学学报》1994 年第 1 期。

谷。"既云三公俸350斛，那就只能是实行了三公制度后的事情。西汉把丞相制度改为三公制度，在汉成帝绥和元年（前8年），那一年"夏四月，以大司马票骑将军为大司马，罢将军官。御史大夫为大司空，封为列侯。益大司马、大司空奉如丞相"[1]。那么颜注所记俸禄，至少又在汉成帝绥和元年之后了。

西汉丞相的月钱是60000钱，御史大夫40000钱，列卿约为24000钱。看上去是成比例的。按这个比例，东汉三公的月谷应为450斛，才能与西汉丞相持平。但西汉后期实行三公制时御史大夫被废罢，三公与诸卿间减少了一级，东汉诸卿的俸额是180斛。那么从诸卿的180斛直接跳到三公的450斛，差距过大了。所以在实行三公制后，王朝适当下调了三公的俸禄，将之调到350斛，跟诸卿月俸180斛的差距减小，以维持级差的合理性。详见本章第4节。所以在实行三公制后，禄秩序列的上端又有变化。

但西汉后期的三公制，在汉成帝和汉哀帝时曾有反复。三公的350斛这个俸额不知何时所定，可能在汉成帝、在汉哀帝时，也可能在东汉之初。最早的可能则是汉成帝绥和元年。这样说来，我们觉得颜注所记俸禄，多少可以反映西汉后期禄秩，杨天宇先生所说是有道理的。西汉实行三公制后的禄秩，很可能已是颜注所记的那个样子，或相当接近了。但这不等于说颜注直抄西汉法令，也可以推想颜注所记仍是东汉禄秩，不过可以"折射"出西汉后期禄秩。就是说，西汉末的禄秩序列已近于东汉了，若不考虑新莽禄秩改革的话。新莽对官秩有较大改动，暂不论。

还有，对"万石"之秩，《汉书百官表》颜注的提法是"三公号称万石"；既云"号称"，就无法认定"万石"确为法定秩名[2]。当然，就算三公——及西汉丞相——不以"若干石"为秩名，三公的级别和俸额，仍然可以看成一个特殊秩级。因为从西汉丞相的俸额

---

[1]《汉书》卷十《成帝纪》。
[2] 参看周国林：《汉史杂考》，《华中师范大学学报》1995年第1期，"三公不宜称万石"。

看，它跟中二千石以下各级的俸额，是连续的、成比例的，而秩级本来就是从俸额来的。当然若把丞相看成一个秩级，那么就得一视同仁，把位在"上卿"、居于中二千石之上的御史大夫，也看成一个秩级才好。

在西汉中后期，还存在着"真二千石"一秩，它是由二千石一秩的分化而来的。汉初《秩律》中的二千石只是一秩，但后来由之分化出了中二千石、真二千石、二千石、比二千石四秩。然而最终，真二千石又合并于二千石了。何时合并的难以确定，姑且推定在汉成帝左右。所以后面的列表中，在成帝阳朔二年列入了真二千石，在绥和二年则不列。这样做也有理由：绥和年间废除了真二千石的大郡、万骑太守，郡国守相都是二千石了，那么"真二千石"一秩至少是大为淡化了，很可能自此就没了。

又，《汉书》卷八八《儒林传序》记有公孙弘的一份上奏，其中有"比百石以下补郡太守卒史"一句，官蔚蓝、何德章先生因云，西汉秩级中还有"比百石"一秩的存在[1]。复查《续汉书·百官志三》："中黄门，比百石。"[2]直到东汉，"比百石"之秩仍没有销声匿迹，虽然相关史料所见极少。那么对西汉秩级，还得加上真二千石和比百石二秩。

又，在汉成帝阳朔二年前的秩级中，各级正秩都有相应的比秩，只有五百石一级没有，看不到"比五百石"。聂崇岐先生说："没有比五百石的记载，但就二千石下至二百石之间都有'比'秩来推测，恐怕会有这一秩的。"[3]聂先生的推测有很大可能，但毕竟无直接材料，暂时存疑。

在百石的秩级之下，还有斗食、佐史两级。《汉书·百官公卿

---

[1] 参看官蔚蓝：《西汉的俸禄制度及其政治》，《中央日报》1946年8月3日；何德章：《中国俸禄制度史》（黄惠贤、陈锋主编）第二章，武汉大学出版社1996年版，第29页。

[2] 《续汉书·百官志四》还有"诸侯、公主家丞，秩皆比百石"的记载，但这个"比百石"应作"三百石"，"比"应系"三"字之讹。

[3] 聂崇岐：《汉代官俸质疑》，《宋史丛考》，中华书局1979年版，上册第236页。

表》:"百石以下有斗食、佐史之秩,是为少吏。"颜师古注曰:"《汉官名秩簿》云斗食月奉十一斛,佐史月奉八斛也。一说,斗食者,岁奉不满百石,计日而食一斗二升,故云斗食也。"又《二年律令》也显示有低于百石之秩的斗食、佐史的存在,例如:

> 赐不为吏及宦皇帝者……不更比有秩,簪袅比斗食,上造、公士比佐史。(《张家山汉墓竹简》,《赐律》,第31页第292简,第173页释文)
>
> 赐吏酒食,率秩百石而肉十二斤、酒一斗;斗食令史肉十斤,佐史八斤,酒七升。(《赐律》,第31页第297简,第174页释文[1])

可见汉初在百石以下,也存在着斗食、佐史两个级别。百石之下的斗食、佐史两秩,与同样在百石之下的"比百石"一秩有多大区别呢?目前不容易说清楚。但我们对"比秩"有一个新认识:它不光区分俸额,也区分职类。所以"比百石"与斗食、佐史,可能在职类上有区别,比如,斗食、佐史属"吏",是吏职之秩,而"比百石"不属于"吏"。又《战国策·秦策三》有"其令邑中自斗食以上至尉、内史及王左右"之文,《睡虎地秦墓竹简·秦律杂抄》有"县司空、司空佐史、士吏将者弗得"之文,可见汉代的"斗食"、"佐史"秩级,先秦都已存在了。由于斗食、佐史在各期变化不大,为简化叙述,在排比秩级时,我们将只限于以"若干石"为称者,而把斗食、佐史两级略

---

[1] "斗食令史",即秩级不到百石的令史,"斗食"是秩级。参看日本三国时代出土文字资料研究班:《江陵张家山汉墓出土二年律令》,《东方学报》第78册,2004年3月;转引自彭浩、陈伟、工藤元男主编《二年律令与奏谳书》,上海古籍出版社2007年版,第213页。《二年律令·户律》:"恒以八月令乡部啬夫、吏、令史相杂案户籍,副藏其廷。"(第32页第328简,第177页释文)这里"吏"是跟"令史"分开叙述的。《户律》又记:"即有当治为者,令史、吏主者完封奏令若丞印,啬夫发,即杂治为。"(第32页第332简,第178页释文)那么前文中"吏、令史相杂案户籍"的"吏",实指"吏主者",即事务的负责人,令史则是事务的具体承担者。

289

去不谈。

那么就可以总结一下汉代的秩等了。若把斗食、佐史二秩暂时旁置,到汉成帝阳朔二年之前的西汉禄秩,应是:中二千石、真二千石、二千石、比二千石、千石、比千石、八百石、比八百石、六百石、比六百石、五百石、四百石、比四百石、三百石、比三百石、二百石、比二百石、百石、比百石,共 19 个秩等。再把丞相和御史大夫看成两个无秩名的秩级,合计就是 21 等了。汉成帝阳朔二年裁并了八百石、比八百石、五百石三秩,变为 18 等。汉成帝绥和年间御史大夫改大司空,此后真二千石逐渐不存。再减去御史大夫和真二千石两秩,计有 16 等。

那么《秩律》之前的情况呢?制度发展一般是由疏而密的,秦朝禄秩的密度,不会超越《秩律》而发展到《汉表》那个样子。"若干石"的秩级在战国就已出现了,到秦统一之前史料所见秩级,情况大略如下:

> 千石之令,短兵百人;八百之令,短兵八十人;七百之令,短兵七十人;六百之令,短兵六十人。(《商君书·境内》)
>
> 商君之法曰:斩一首者爵一级,欲为官者为五十石之官;斩二首者爵二级,欲为官者为百石之官。(《韩非子·定法》)
>
> (燕)王因收印自三百石吏而效之子之。(《战国策·燕策一》。又见《史记》卷三四《燕世家》及《韩非子·外储说右下》)
>
> 不欲受赐而欲为吏者,许之二百石之吏。……其不欲受赏,而欲为吏者,许之三百石之吏。(《墨子·号令》)
>
> 官及知于王,及六百石吏以上,皆为显大夫。(《睡虎地秦墓竹简·法律答问》,文物出版社 1978 年版,第 233-234 页。)
>
> (秦王嬴政十二年,前 235 年)文信侯(吕)不韦死,窃葬。其舍人临者,晋人也,逐出之。秦人,六百石以上夺爵,迁;五百石以下不临,迁,勿夺爵。(《史记》卷六《秦始皇本纪》)

这些史料，表明了先秦有千石、八百石、七百石、六百石、五百石、三百石、二百石、百石、五十石共9个秩级的存在。先秦是否只这9个秩级呢？当然不能那么说。完全可能还有其他秩级，而史料未见。《秩律》有二百五十石、一百六十石、一百二十石那样带零头儿的细小秩级，在后来就看不到了；从情理推测，先秦秩级大概也是很细碎的。如上引《韩非子》所见，秦秩还有"五十石"那么低下的。先秦秩级如果多于9个，大概也是在禄秩低端多出来的，而非高端。眼下暂把先秦的秩级计为9级，不至于影响后面的分析。

上面对各时期的禄秩变化做了一番初步考察，那么来总结一下：在西汉之末、新莽之前，禄秩变化的坐标点目前可以确定五个，它们是：一、先秦秩级，可知者9秩；二、《秩律》所见11等；三、汉成帝阳朔二年之前的21等；四、汉成帝阳朔二年之后的18等；五、汉成帝绥和年间的16等。列表显示：

先秦之秦、燕 9级	《二年律令·秩律》 11级	汉阳朔二年前 21级	汉阳朔二年后 18级	汉绥和二年后 16级
		丞相	丞相	三公
		御史大夫	御史大夫	
		中二千石	中二千石	中二千石
	二千石	真二千石	真二千石	二千石
		二千石	二千石	
		比二千石	比二千石	比二千石
千石	千石	千石	千石	千石
		比千石	比千石	比千石
八百石	八百石	八百石	六百石	六百石
		比八百石		
七百石	六百石	六百石		
六百石		比六百石	比六百石	比六百石
五百石	五百石	五百石	四百石	四百石
		（比五百石?）		
三百石	四百石	四百石		
		比四百石	比四百石	比四百石
	三百石	三百石	三百石	三百石
		比三百石	比三百石	比三百石

续表

先秦之秦、燕 9级	《二年律令·秩律》 11级	汉阳朔二年前 21级	汉阳朔二年后 18级	汉绥和二年后 16级
二百石	二百五十石	二百石	二百石	二百石
	二百石	比二百石	比二百石	比二百石
百石	一百六十石	百石	百石	百石
	一百廿石	比百石	比百石	比百石
五十石				

分析这份表格，首先可以得到如下认识：

第一，战国秦汉间禄秩变化的大趋势，首先体现于高端秩级的陆续增加之上。例如先秦所见最高为千石，在《秩律》中最高秩已是二千石了，后来又出现了中二千石，丞相、御史大夫也变成了没有秩名的秩级。

第二，禄秩的早期结构明显上疏下密，下端存在着不少细小的秩级，如五十石、比百石、一百廿石、一百六十石、二百五十石等；但在后来其结构变得上下均匀了，那些带零头儿的秩级逐渐被淘汰。

第三，汉成帝阳朔二年之前禄秩是由简而繁，发展到了21级；在此之后是由繁而简，变成18级，继而是16级。

第四，在《秩律》之后的禄秩由简而繁，"比秩"的出现，即比二千石、比千石、比八百石之类秩级的出现，是一个重要原因。而在《秩律》之中，人们还看不到"比秩"呢。

这样几个认识，展示了新的研讨线索。从第一点、第二点中看到的秩级增加、高端延伸，就可以提出这样一个论题："战国秦汉间禄秩序列的纵向伸展"。第三点所示汉成帝阳朔二年之后的秩级趋减，应属发现秩级过繁之后的再度调整。最后第四点涉及了"比秩"问题。"比秩"与正秩的交错配合，是汉代禄秩的一个重要的结构性特点；而在揭示"比秩"的起源之时，还可以提出另一论题："战国秦汉间禄秩序列的横向扩张"，即禄秩从最初只面向于"吏"之职类，进而向更多职类不断扩展。

这些论题，将在此后各章陆续讨论；本章的随后诸节，用于澄清战国秦汉秩级变迁的若干具体疑点。因为上文只是对战国秩级变化的一般概括，其间还留下了若干问题，需要提供具体的辨析论证。

二　今见《秩律》的中二千石秩级阙如问题

《二年律令·秩律》中所见秩级共 11 等，其最高一秩是二千石，列在篇首。原文如下：

> 御史大夫，廷尉，内史，典客，中尉，车骑尉，大仆，长信詹事，少府令，备塞都尉，郡守、尉，卫将军，卫尉，汉中大夫令，汉郎中【令】、奉常，秩各二千石。（第 43 页第 440、441 简，第 192 页释文）

从二千石一秩所罗列的 17 种官职中，能看到什么呢？首先，丞相一官不见于《秩律》，而在后来丞相、以至三公一直没有秩名，这是前后一致的。其次，汉朝大多数时候诸卿都是中二千石，然而在《秩律》中止二千石而已，同于郡守、郡尉；诸卿中的"中大夫令"和"郎中令"二官之前还特标"汉"字，也显得有点儿特别。第三、《秩律》中的御史大夫与诸卿都是二千石，比肩同列；而御史大夫后来位在"上卿"，在中二千石诸卿之上。第四、汉代后来形成了八号常设将军，没有"若干石"的秩级；而《秩律》只能看见"卫将军"一号，秩二千石，跟后来将军无秩名的情况也不一样。

这些问题，在本章以及随后各章陆续讨论。下面先看"中二千石"问题。

对《二年律令·秩律》看不到"中二千石"一点，应如何认识呢？在上一节的列表中，我们认定"二千石"就是《秩律》的最高一级。然而也有同人提出了这样的看法：《秩律》的开篇处存在着缺简，所缺少的就是"中二千石"诸官；《秩律》现在所能看见的二千石诸卿，其实都是王国官员；只有"汉中大夫令"和"汉郎中令"这两个明标"汉"字的官职，才是中央王朝之卿。也就是说，为什么中大夫令和郎中令二官要特标"汉"字呢？是因为其余诸卿都是王国之卿，非汉官。

这个说法的优点，是它能同时消解两个疑难：第一、御史大夫和诸卿只被记作二千石；第二、中大夫令和郎中令特标"汉"字。沿这个思路推测，到吕后二年（前186年）为止的西汉禄秩，其序列高端应是如下样子：

1. 朝官：御史大夫、廷尉、内史、典客、中尉、大仆、少府令、卫尉、奉常，秩中二千石；
2. 王国官：御史大夫、廷尉、内史、典客、中尉、大仆、少府令、卫尉、奉常，秩二千石；
3. 朝官：汉中大夫令、汉郎中令，秩二千石。

第1条的内容，被认为在《秩律》的缺简之中；第2、3条，则见于现存《秩律》。若是这样的话，汉初诸卿的秩级就并不平等：汉中大夫令、汉郎中令在二千石，低于其余的中二千石诸卿；同时王国诸卿二千石，也低于中央朝廷的中二千石诸卿。

在史料不怎么充分的时候，问题就可能变成一个不定方程，存在不止一组答案。就目前情况斟酌推敲，我还是倾向于"二千石就是《秩律》的最高秩级"这个看法，而不拟采用上述"缺简"之说。《秩律》开篇并无缺简，之所以不见"中二千石"，是因为当时并无"中二千石"一秩。详下。

史料显示，直到《秩律》的时代，也就是吕后初年，王国官的秩级同于中央官，当时不存在"王国诸卿低朝廷诸卿一级"的情况。请看：

汉兴之初……而藩国大者夸州兼郡，连城数十，宫室百官同制京师，可谓挢枉过其正矣。（《汉书》卷十四《诸侯王表》）

> 诸侯王，高帝初置，金玺盭绶，掌治其国。有太傅辅王，内史治国民，中尉掌武职，丞相统众官，群卿大夫都官如汉朝。(《汉书》卷十九《百官公卿表》)
>
> 汉初立诸王……又其官职，傅为太傅，相为丞相；又有御史大夫及诸卿，皆秩二千石；百官皆如朝廷。(《续汉书·百官志五》)

汉文帝以后，中央朝廷面对王国的潜在威胁，萌生了"削藩"意图；此后在与王国的角力中，中央赢得了决定性优势。其间汉景帝曾裁撤王国之官，汉武帝又压低了王国官秩级。但文、景之前，王国官地位还没遭裁抑，存在着《汉表》所云王国"宫室百官同制京师"、"群卿大夫都官如汉朝"的情况。《续汉志》说得更清楚，"百官皆如朝廷"不光指王国百官皆备，还包括"御史大夫及诸卿，皆秩二千石"，即王国官的官秩同于中央同名官职。按，御史大夫的秩级，至少在汉景帝时已变成了中二千石；再往后御史大夫又变成"上卿"，超越了中二千石诸卿，月钱也高出列卿一大截。那么《续汉志》所云"御史大夫及诸卿，皆秩二千石"，恰与《秩律》的记载一致；在成为"上卿"之后，就不会再有御史大夫与诸卿"皆秩若干石"的情况了。

《续汉志》说汉初"诸卿皆秩二千石"，不是单文孤证，请看贾谊《新书·等齐》：

> 天子之相，号为丞相，黄金之印；诸侯之相，号为丞相，黄金之印，而尊无异等，秩加二千石之上。天子诸卿秩二千石，诸侯诸卿秩二千石，则臣已同矣。人主登臣而尊，今臣既同，则法恶得不齐？天子卫御，号为大仆，银印，秩二千石；诸侯之御，号曰大仆，银印，秩二千石，则御已齐矣。御既已齐，则车饰具恶得不齐？

王国维先生云：考之封泥，"始知贾生'等齐'之篇，孟坚'同制'之说，信而有征。"[1] 王国维认为《新书》对汉初官制的叙述信而有征。由《新书·等齐》推知：第一、丞相"秩加二千石之上"，其下就是诸卿；诸卿——如大仆——秩二千石，其间并无"中二千石"一级，而这恰与《秩律》相合；第二、贾谊明指"天子诸卿秩二千石，诸侯诸卿秩二千石"，反复强调王国与中央"尊无异等"、"恶得不齐"，正反映了当时王国官和中央官比肩同列，并无轩轾。贾谊死于汉文帝十二年（前168年），他这番话是打算说给汉文帝听的，其所论"天子诸卿秩二千石"，应是文帝初年的情况；稍前的《秩律》时代，诸卿秩级也应如此。

再来看《汉书》卷二《惠帝纪》汉惠帝诏（前195年）：

> 赐给丧事者，二千石钱二万，六百石以上万，五百石、二百石以下至佐史五千。视作斥上者，将军四十金，二千石二十金，六百石以上六金，五百石以下至佐史二金。
> ……又曰：吏所以治民也，能尽其治则民赖之，故重其禄，所以为民也。今吏六百石以上父母妻子与同居，及故吏尝佩将军都尉印将兵及佩二千石官印者，家唯给军赋，他无有所与。

这份诏书，距离吕后二年（前186年）不过九年而已。在第一段诏文中出现了二千石、六百石、五百石、二百石诸秩，二千石就是诸秩中的最高一秩，在二千石之上看不到"中二千石"。第二段诏文在向"故吏"授予"家唯给军赋"的待遇时，最高的受惠者是"佩二千石官印者"。若存在更高秩级的"佩中二千石官印者"，汉惠帝怎么会漏掉呢？顺便说，《秩律》二千石诸官中所列车骑尉、备塞都尉、郡尉和卫将军，应即惠帝诏中"尝佩将军、都尉印将兵"的那些将军、

---

[1] 王国维：《观堂集林》卷十八《齐鲁封泥集存序》，收入《王国维遗书》，上海古籍出版社1983年版，第3册。

都尉。可见惠帝诏中的官制细节也与《秩律》相合。

汉惠帝只向二千石赐钱，不及中二千石。后来的赐爵赐金之事就不同了，明标"中二千石"。举例如下：

> 汉武帝元狩元年（前122年）：立皇太子，赐中二千石爵右庶长，民为父后者一级。（《汉书》卷六《武帝纪》）
>
> 汉昭帝始元四年（前83年）：赐长公主、丞相、将军、列侯、中二千石以下及郎吏、宗室钱帛各有差。（《汉书》卷七《昭帝纪》）
>
> 汉昭帝始元五年：赐中二千石以下至吏民爵各有差。（《汉书》卷七《昭帝纪》）
>
> 汉昭帝元凤四年（前77年）：赐中二千石以下及天下民爵。（《汉书》卷七《昭帝纪》）

在出现"中二千石"这个秩级后，行赏赐爵时便都以"中二千石"为始了，漏了谁也不能漏了他们。反过来说，汉惠帝不赐中二千石，因为那时候还没这个秩级呢。

《秩律》还没有"中二千石"，这一点还可以通过长官的副手"丞"来判断。紧接着二千石诸官之后，《秩律》随后有如下内容：

> （二千石诸官，略）御史，丞相、相国长史，秩各千石。
> □君，长信□卿，□傅，长信谒者令，□大仆，秩各千石。
> 栎阳、长安、频阳、临晋、成都、□雒、雒阳、鄨、云中、□□□□□、新丰、槐里、雎、好畤、沛、合阳，郎中司马，卫尉司马，秩各千石，丞四百石。丞相长史、正、监，卫将军长史，秩各八百石。二千石□丞六百石。（第43—44页第443—444简，第193页释文）

上面的引述，主要是为了"二千石□丞六百石"一句；但把御史长史以下也列在上面，是为了显示《秩律》的秩级排列大致由高而降，同时兼顾官职类别。《汉书·百官公卿表》："自太常至执金吾，秩皆中二千石，丞皆千石。"而《秩律》中最高的"丞"就是六百石，却看不到"中二千石丞若干石"的记载。由于《秩律》中"二千石□丞六百石"一句的位置并不紧接其二千石长官之后，那么，若《秩律》有中二千石长官，则其丞秩级也不会紧接其后。按《秩律》排列规律，它应出现在二千石诸官之后、"二千石□丞六百石"之前；然而那一部分看不到中二千石之丞，整个《秩律》都看不到中二千石之丞，这只因为当时还没中二千石呢，遑论其丞了。

还有，《秩律》所列诸卿中没有"宗正"一官，这也值得注意。汉高祖七年二月"置宗正以序九族"，诸侯国也有宗正[1]。又查《汉书·百官公卿表》："景帝中五年令诸侯王不得复治国，天子为置吏，改丞相曰相，省御史大夫、廷尉、少府、宗正、博士官。"可见汉景帝中元五年（前145年）罢宗正前，王国是有宗正的。可《秩律》中看不到宗正，那么要把今见《秩律》的二千石诸卿视为王国官的话，就会遇到这样的困难：怎么当时众多王国全没宗正呢？太凑巧了吧？而依我见，把《秩律》二千石诸卿视为朝官的话，那现象就比较好解释了，比如当时朝廷的宗正有职无人，所以《秩律》不列；甚至可以猜测，那是吕后的刻意压抑宗室之举。这样说来，《秩律》二千石一级所列诸卿，反倒只能是朝官了；王国的官职设置比于中央，《秩律》中并不另列。（而且王国设官比之中央，并不包括所有官职，例如《秩律》所见车骑尉、备塞都尉、卫将军，就是王国所没有的。）

进而，就是为什么中大夫令、郎中令要特标"汉"字的问题了。前面我们已经判定，《秩律》所列诸卿都是朝官而非王国官，然而这跟两个"汉"字似有牴牾。不过这现象我们能解释。下面看《二年律令·津关令》中的4条令文，前两条涉及了中央的中大夫、谒者、郎中、执盾、执戟和郎骑的买马问题，后两条涉及了鲁国的中大夫、谒

---

[1] 参看沈刚：《汉代宗正考述》，《社会科学战线》2002年第1期。

者、郎中的买马问题：

> 相国上中大夫书，请中大夫、谒者、郎中、执盾、执戟家在关外者，得私买马关中。有县官致上中大夫、郎中，中大夫、郎中为书告津关，来，复传，出，它如律令……（第49页第504、508简，第207－208页释文。按，以508简接504简，采用的是陈伟先生意见[1]）

> 相国、御史请郎骑家在关外，骑马即死，得买马关中，人一匹以补。郎中为致告买所县道，县道官听，为致告居县，受数而籍书马识物、齿、高，上郎中……（第49页第513、514、515简，第208－209页释文）

> 丞相上鲁御史书，请鲁中大夫、谒者得私买马关中，鲁御史为书告津关，它如令。丞相、御史以闻。制曰：可。（第50页第521简，第210页释文）

> 丞相上鲁御史书，请鲁郎中自给马骑，得买马关中，鲁御史为传，它如令。丞相、御史以闻。制曰：可。（第50页第522简，第210页释文）

彭浩先生认为，这些条文是汉惠帝时形成的，最晚也晚不过高后元年（前187年）[2]。

《津关令》这些令文，跟眼下的讨论有什么关系呢？请注意其中有个容易被忽略、却很有意思的地方。中央的中大夫、谒者、郎中、执盾、执戟买马，由中大夫令上书；中央的郎骑买马，虽由"相国、御史请"，但郎中令也有责任——"郎中为致告买所县道"、"上郎中"、"郎中为传出津关"、"自言郎中，郎中案视"的"郎中"，都是郎中令。但鲁国就不同了，中大夫、谒者和郎中买马，都是"丞相上

---

[1] 陈伟：《张家山汉简〈津关令〉涉马诸令研究》，《考古学报》2003年第1期。
[2] 彭浩：《〈津关令〉的颁行年代与文书格式》，《郑州大学学报》2002年第3期。

鲁御史书",即由御史大夫出头奏请。那么,鲁国的中大夫令和郎中令哪儿去了?他们怎么就不管一管下属买马的事呢?就跟鲁国没有中大夫令和郎中令似的。由此我认为,当时王国中大夫令和郎中令的设置,存在着某种未知隐情。

《秩律》对中大夫令和郎中令二卿特别标"汉"字,记作"汉中大夫令,汉郎中[令]";而其他卿,以至其他官,却没那种情况。难道是偶然的巧合么?汉初的王国百官同于朝廷,也设中大夫令、郎中令。但我猜王国与朝廷还是有所区别的:王国的中大夫令和郎中令可能没秩级,或其秩级因国而异,不作统一规定。不管怎样,其他各卿秩级,王国同于朝廷,只有属于"内官"或"从官"的中大夫令和郎中令是例外。对《津关令》的令文,除了猜测鲁国没设中大夫令和郎中令外,还可以猜测他们秩级较低,没资格上奏。

在《二年律令》中,王国和中央的制度不全一样。如《置吏律》所记内官妃嫔之制:"诸侯王得置姬八子、孺子、良人";"彻侯得置孺子、良人";"诸侯王女毋得称公主。"(第25页第211—233简,第163页释文)由这些规定,皇帝的妃嫔和公主地位,就高于诸侯王和彻侯的妻妾和女儿了,但汉初还不是如此。嫔妃属"内官",中大夫、郎中也属"内官"(参看本书上编第三章相关部分)。刘邦死于高帝十二年,此后软弱的汉惠帝大概没胆子贬抑诸侯王的内官,那也许是吕后之所为。若吕后曾贬抑诸侯王的"内官"妃嫔,那么她也可能同时降低了王国"内官"中大夫令、郎中令的秩级。《二年律令·秩律》出自吕后,其中吕后的长信詹事居然与诸卿并列,就是明证。然则《秩律》中的"汉中大夫令、汉郎中"的两个"汉"字,只能反映王国中大夫令、郎中令的禄秩另有隐情,却不足以证明《秩律》其余诸卿是王国官,当然也就不足以证明朝廷诸卿秩在中二千石了。

综上所述,今见《秩律》的二千石之前没有缺简,尽可以心安理得地把二千石,视作当时官阶的最高一秩。

三 "中二千石"秩级的形成

陈梦家先生认为:"二千石秩,后来增中、真、比为四等。"[1]据此论断,中二千石、真二千石和比二千石三秩,都是后来的事情,在禄秩进化的初期还不是如此。现从《秩律》看,陈先生的论断是正确的,因为《秩律》中确实只有二千石一秩,诸卿全是二千石;中、真、比二千石,是从"二千石"一秩衍生出来的。

先看中二千石。最早一例"中二千石",见于汉景帝元年(前156年)诏。这诏书先叙孝文帝功德,随即下令:"其与丞相、列侯、中二千石、礼官具为礼仪奏。"[2]直到汉景帝时,史料中才出现"中二千石",就是说"中二千石"的形成晚于《秩律》。

那么"中二千石"的"中"是什么意思呢?一种说法是释"中"为"满"。《汉书》卷八《宣帝纪》神爵四年(前58年)注:

> 如淳:太守虽号二千石,有千石、八百石居者,有功德茂异乃得满秩,(黄)霸得中二千石,九卿秩也。
>
> 颜师古云:汉秩二千石者,一岁得一千四百四十石,实不满二千石也。其云中二千石者,一岁得二千一百六十石,举成数言之,故曰中二千石,中者满也。

以"满秩"释"中"之说,为若干学者所采用。

然而劳榦先生不那么看。他认为颜师古所引月谷之数已是东汉之事,所以释"中"为"满"之说难以尽信;"鄙意中二千石之中,亦如中尉之中,犹言京师。京师之二千石乃对郡国之二千石而言。秦时九卿而外,于京师更无其他二千石,故居中之二千石皆九卿,九卿在

---

[1] 陈梦家:《汉简所见奉例》,《文物》1963年第5期。
[2] 《史记》卷十《孝文本纪》。

皇帝之左右，故亦略尊于郡守。此当为中二千石之秩高于二千石之秩之由来也。汉世以后，在京师别置比卿之官，而其秩减于中二千石，于是京师原有中二千石以外又有二千石，于是论者不得其说，而辄以满二千石释中二千石。"[1]

释"中"为京师，"中"相对于"郡国"而言，我觉得这个意见很对。若逢中央与郡国的同级官职同名，则中央特加"中"字，其例甚多。例如同是二千石之"尉"，中央的尉称为"中尉"，列郡的尉称"郡尉"。中尉跟郡尉职掌相近，而以"中"、"郡"别之。请看如下史料：

> 1. 郡尉，秦官，掌佐守典武职甲卒。(《汉书·百官公卿表》)
>
> 2. 中尉，秦官，掌徼循京师，有两丞、候、司马、千人。武帝太初元年更名执金吾。属官有中垒、寺互、武库、都船四令丞。都船、武库有三丞，中垒两尉。又式道左右中候、候丞及左右京辅都尉、尉丞兵卒皆属焉。(《汉书·百官公卿表》)
>
> 3. 诸侯王，高帝初置，金玺盭绶，掌治其国。有太傅辅王，内史治国民，中尉掌武职，丞相统众官，群卿大夫都官如汉朝。(《汉书·百官公卿表》)
>
> 4. 汉文帝时薄昭与淮南厉王书：今诸侯子为吏者，御史主；为军吏者，中尉主。(《汉书》卷四四《淮南王刘长传》)

先看第1条，它说明郡尉的职掌是"典武职"和"典甲卒"。"典武职"可能跟军吏选任有关。第2条只叙述了朝廷的中尉的属官兵卒，没说它"典武职"；但那可由第3、4条王国的情况间接推知：第3条记王国中尉"掌武职"，第4条记王国中尉主"军吏"；而西汉前期"群卿大夫都官如汉朝"，若王国中尉掌武职、主军吏，汉朝中尉

---

[1] 劳榦：《秦汉九卿考》，《劳榦学术论文集》甲编上册，艺文印书馆1976年版，第866页。

应同。那么郡尉、中尉职掌相似，区别只是一"郡"一"中"而已，"中"指京师。

同类官职有"中"、"郡"之别的类似例子，又见《秩律》。如：

> 1. 中发弩、枸指发弩，中司空、轻车，郡发弩、司空、轻车，秩各八百石。
> 2. 中候，郡候，骑千人，卫将军候，卫尉候，秩各六百石。（第44页第445、446简，第194页释文）

同居八百石之秩，在朝则有中发弩、中枸指发弩、中司空、中轻车；在列郡则有郡发弩、郡司空、郡轻车。同为六百石之"候"，因朝、郡之别，也有中候、郡候之别。根据《汉表》，中尉的属官有候，"式道左右中候"就是隶属于中尉的，此外还有"北军中候"。这些中候，大概都由《秩律》中的中候分化而来，所以其"中"也是对"郡"而言的。

此外，《二年律令·置吏律》中也能看到同样的"中"、"郡"之别：

> 郡守二千石官、县道官言边变事急者，及吏迁徙、新为官、属尉、佐以上毋乘马者，皆得为驾传。县道官之计，各关属所二千石官。其受恒秩饩禀，及求财用年输，郡关其守，中关内史。（第24页第213、214简，第161页释文）

"郡关其守，中关内史"一句话中，"郡"、"中"仍为对称。县道官在会计时应该"各关属所二千石官"，而这些二千石约有两类："郡关其守"的"守"是郡守二千石，"中关内史"的"内史"是汉初的京师长官，"中"也指京师，内史后来是中二千石。

所以应如劳榦先生所论，"中二千石乃对郡国之二千石而言"。当然劳榦说"中二千石"形成于秦，现在看不准确了，因为《二年律

303

令·秩律》中还没有"中二千石"呢。《史记》孝景帝元年"其与丞相、列侯、中二千石、礼官具为礼仪奏"的"中二千石",也可能只是"中央的二千石"的意思,还不等于"中二千石"已是一个秩级。但据《汉表》,汉景帝中五年(前145年)"令诸侯王不得复治国,天子为置吏,改丞相曰相,省御史大夫、廷尉、少府、宗正、博士官,大夫、谒者、郎、诸官长丞皆损其员"。联系到那些裁抑王国官之举,则如下推测不在情理之外:其时汉景帝曾调高中央二千石俸额,或压低王国二千石俸额,从而使"中二千石"变成一个新秩。

《汉书》卷四四《淮南衡山济北王传》叙述汉武帝元狩初年(前122年—)淮南王刘安谋反及失败,其时刘安"令官奴入宫中,作皇帝玺,丞相、御史大夫、将军、吏中二千石、都官令丞印,及旁近郡太守、都尉印,汉使节法冠"。文中"丞相、御史大夫、将军、吏中二千石、都官令丞",都是淮南王刘安按朝官规格僭设的,其"吏中二千石"一定是秩级。同《传》还提到了淮南王国的相、二千石,比如"恐相、二千石不听"、"相、二千石救火"、"与太子谋召相、二千石,欲杀而发兵。召相,相至;内史以出为解。中尉曰:'臣受诏使,不得见王。'"这里秩在二千石的内史、中尉等官,就是王国原先的官儿了。那么汉武帝元狩初年,中央诸卿已是"中二千石"了,王国诸卿依然留在二千石的秩级之上。

总之,《秩律》中的二千石官,御史大夫、廷尉、内史、典客、中尉、车骑尉、大仆、长信詹事、少府令、卫将军、卫尉、汉中大夫令、汉郎中令、奉常,应属"京师二千石";而备塞都尉、郡守、郡尉,是为"郡二千石"。它们本来都是二千石,但随中央集权强化,君主提高了中央官的地位,有意压低地方、尤其是诸侯王官的秩级,于是朝廷令诸卿在王国诸卿之上,俸钱亦高于郡国二千石。在这过程中,"中二千石"逐渐变成了一个秩级。这是汉景帝时发生的变化。

《汉书·百官公卿表》叙毕"秩皆中二千石"的官职,又叙"皆秩二千石"官,它们是太子太傅、太子少傅、将作少府、詹事、长信詹事、将行、典属国、水衡都尉、内史、主爵中尉等。当诸卿升为"中二千石"后，另一些官职便依次递升，可以被安排在"二千石"秩级上了。当然也有些官儿原即二千石，此时秩级没动。如内史，此官掌京师，被视同郡国守相。长信詹事在《秩律》中已是二千石了，此时也没跟着水涨船高。看来吕氏失势之后，王朝不打算给此官特殊地位了。

四 "真二千石"问题

陈梦家先生认为"二千石秩，后来增中、真、比为四等"，聂崇岐先生也把中、真、比与二千石看成并列的四等[1]。周国林先生则有不同看法，认为"真二千石就是二千石"，二千石诸秩只有中二千石、二千石、比二千石三级[2]。"四等说"与"三等说"各有其据，都可以与部分史实相印证，同时也跟另一些史实抵牾，只用"四等"或"三等"来概括，可能简单化了。

材料不足，就只能期望一个矛盾较小的答案。根据种种迹象，我觉得在某一时期，"真二千石"确曾用作一个单独秩级，但其他时候不是。随后逐次讨论如下几点：首先从月俸的排比，显示真二千石确曾是一个独立秩级；其次对若干矛盾的材料予以辨析；再次，讨论真二千石一秩的形成时间，及其与二千石逐渐合一的问题。

首先排比相关月俸数据，以显示真二千石确为独立秩级。周国林先生为"真二千石就是二千石"所举例子，其一是太子詹事及州牧二官，史料有称其"二千石"的，又有称其"真二千石"的；其二是《续汉书·百官志五》注引荀绰《晋百官表注》记"真二千石月钱六千五百，米三十六斛"，若依粟一斗得米六升、粟一斛平价百钱计算，这数字与东汉二千石的月谷120斛"数额是极为相近的"。

由俸额来推算二千石所涉诸秩，我们也觉得其法可行。请看：

---

[1] 聂崇岐：《汉代官俸质疑》，收入《宋史丛考》，中华书局1980年版，上册第236页。
[2] 周国林：《汉史杂考》，《华中师范大学学报》1995年第1期，"一、真二千石与诸二千石差次"。后同。

1. 诸侯王相在郡守上，秩真二千石。律，真二千石俸月二万，二千石月万六千。(《史记》卷一百二十《汲郑列传》"令黯以诸侯相秩居淮阳"句《史记集解》引如淳曰)

2. 诸侯王相在郡守上，秩真二千石。律，真二千石月得百五十斛，岁凡得千八百石耳。二千石月得百二十斛，岁凡得一千四百四十石耳。(《汉书》卷五十《汲黯传》"令黯以诸侯相秩居淮阳"句颜师古注引如淳曰)

汲黯担任淮阳守，大约在汉武帝元狩（前122—前117年）、元鼎（前116—前111年）年间。因为汲黯曾"为主爵都尉，列于九卿"，资历很高，汉武帝不想委屈了他，便给了他"诸侯相秩"即真二千石待遇。《史记集解》所引、如淳所云"真二千石俸月二万，二千石月万六千"，应是西汉俸例，因为学者公认西汉俸禄发的是月钱；《汉书》颜师古注所引、如淳所云"真二千石月得百五十斛，二千石月得百二十斛"以粟为俸，符合东汉月谷之制。月俸也好，月谷也好，两种记载都应出自汉律。

根据《续汉书·百官志》和《后汉书·光武帝纪》李贤注所载"百官受俸例"，大将军、三公月谷350斛，中二千石180斛，二千石120斛、比二千石100斛。那么如淳所云"二千石月得百二十斛"，与"百官受俸例"相合；而"真二千石月得百五十斛"，则是"百官受俸例"所没有的。那么应如何看待"真二千石月得百五十斛"这个记载呢？

周国林先生回避了真二千石月谷150斛记载，只就西汉"真二千石俸月二万"进行推导："西汉月俸为二万钱的是中二千石。《汉旧仪》云：'建始三年，益三河及大郡太守秩'，即增至中二千石；又云：'元朔三年，以上郡、西河为万骑太守，月俸二万。'故如淳这段话中的'真二千石'，实应为'中二千石。'"这说法得到了何德章先生的响应："二千石之上应为中二千石，真二千石的月俸钱疑即中二千石的月俸钱。"[1]

不过问题在于,《汉旧仪》只说建始三年（前30年）益大郡太守秩、万骑太守月俸二万,可并没说大郡太守、万骑太守是"中二千石",这二者间存在着一个空档。万骑太守的月俸二万,依我看是真二千石的俸钱,而不是中二千石的俸钱。与本题相涉的西汉月钱,还有如下史料：

> 律,丞相、大司马大将军奉钱月六万,御史大夫奉月四万也。（《汉书》卷十《成帝纪》绥和元年颜师古注引如淳）
>
> 臣禹……拜为谏大夫,秩八百石,奉钱月九千二百。……又拜为光禄大夫,秩二千石,奉钱月万二千。（《汉书》卷七二《贡禹传》）

贡禹所拜的谏大夫,实是比八百石秩；所拜光禄大夫,实是比二千石秩。综合各个记载,遂知西汉丞相、大司马大将军月钱60000钱,御史大夫40000钱,真二千石20000钱,二千石16000钱,比二千石12000钱,比八百石9200钱。这些都是汉成帝绥和元年（前8年）之前的俸额,此年御史大夫改大司空,其官不存了。

细审汉代的月钱级差和月谷级差,我觉得其比例是有规律可循的。若把二千石俸确定为指数"1",则二千石以上及比二千石诸秩,其月钱指数呈3.75、2.5、1.25、1、0.75排列,井然有序。再看东汉月谷。东汉建武俸例,大将军、三公月谷350斛,中二千石180斛,二千石120斛、比二千石100斛,其中没有真二千石。但如前所述,《汉书·汲黯传》注引如淳另记"律,真二千石月得百五十斛",那么再把真二千石150斛纳入其中,则月谷指数呈2.9、1.5、1.25、1排列。为明快起见,列出下表：

---

[1] 何德章：《中国俸禄制度史》（黄惠贤、陈锋主编）先秦两汉魏晋南北朝部分,武汉大学出版社1996年版,第42页,又参29页。

	月　钱			月　谷	
丞相 大司马大将军	60000 钱	3.75	大将军、三公	(450 斛) 350 斛	(3.75) 2.9
御史大夫	40000 钱	2.5		(300 斛)	(2.5)
中二千石	(24000 钱)	(1.5)	中二千石	180 斛	1.5
真二千石	20000 钱	1.25	真二千石	150 斛	1.25
二千石	16000 钱	1	二千石	120 斛	1
光禄大夫比二千石	12000 钱	0.75	比二千石	100 斛	0.83
千石			千石	90 斛	
八百石			比千石	80 斛	
谏大夫比八百石	9200 钱	0.575	六百石	70 斛	

注：括号中的数字为笔者所推定

汉代俸额级差的规律性，由此显露出来了。二千石俸额，在月钱和月谷两方面都是指数 1，真二千石都是 1.25；若综合两汉，就可得到这样一个级差：3.75∶2.5∶1.5∶1.25∶1∶0.75。由此我们认为，两汉二千石以上诸秩级差，遵循同一规律。表中有几个数字被置于括号之中，它们出自我的推算。下面加以阐释：

第一，月钱部分的中二千石一级。若以中二千石月谷指数 1.5 的反推，西汉中二千石的月钱应是 24000 钱。

第二，西汉御史大夫若依指数 2.5，在东汉应折算为月谷 300 斛；同时西汉丞相（及大司马大将军）依指数 3.75，在东汉应折算为三公（及大将军）的月谷 450 斛。那么，为什么东汉大将军和三公月谷实为 350 斛，处 300 斛和 450 斛之间呢？因为汉成帝改御史大夫为大司空，其官不存了，这一级出现了空缺。若三公仍为 450 斛，则跟中二千石的 180 斛差距过大。（而且丞相一人之事现由三公分担，也不好照拿丞相俸禄吧。）所以，朝廷将三公俸额降到 350 斛。东汉三公的俸额指数，由此变成了 2.9。位比三公的大将军，与三公相同。

第三，东汉建武俸例以下，无真二千石之秩。但月谷之制中却曾有过真二千石之俸，即月谷 150 斛。那么二千石诸秩曾有 180 斛、150 斛、120 斛、100 斛 4 等，似无可怀疑。真二千石的月谷 150 斛，正与西汉真二千石月钱20000钱一级对应。同理，用月谷180斛反推，西汉中二千石的月钱应为24000。那么在月钱之制下，二千石诸秩也是4等。

第四，西汉后期废除了八百石、比八百石及五百石秩，朝廷须重新安排比二千石以下诸秩俸额，以使级差保持匀称。东汉比二千石一秩的指数变成了0.83，而非西汉的0.75，应该就是这个原因。

下面继续辨析存在疑问的相关史料。首先是《汉书》卷九七上《外戚传》：

> 而元帝加昭仪之号，凡十四等云。昭仪位视丞相，爵比诸侯王。婕妤视上卿，比列侯。娙娥视中二千石，比关内侯。容华视真二千石，比大上造。美人视二千石，比少上造。八子视千石，比中更。充依视千石，比左更。七子视八百石，比右庶长。良人视八百石，比左庶长。长使视六百石，比五大夫。少使视四百石，比公乘。五官视三百石。顺常视二百石。无涓、共和、娱灵、保林、良使、夜者皆视百石。上家人子、中家人子视有秩斗食云。

在这段史料中，中二千石、真二千石、二千石各为一秩。周国林先生认为其中"美人视二千石"一句，脱漏了一个"比"字，应作"美人视比二千石"，证据是《三国志》卷五《魏志·后妃传》有"婕伃视中二千石，容华视真二千石，美人视比二千石，良人视千石"之语。但那证据不算强硬，因为曹魏、西汉相去已远。而且还不能否定另一种可能性：反倒是《魏志》"美人视比二千石"一句误衍"比"字。必须指出，上引《汉书·外戚传》中并无"比秩"。之所以不惮其烦征引全文，正是为了显示其中没一个"比秩"；妃嫔们所"视"所"比"的，全是正秩。"视"、"比"同义。"视"、"比"于正秩的做法，还是"比秩"形成的途径，详见本书下编第六章。考虑到这一点，《汉书·外戚传》中的"美人视二千石"一语中，不可能有

"比"字。那么"婭娥视中二千石，比关内侯。俗华视真二千石，比大上造。美人视二千石"的记载，就可以证明中二千石、二千石之间，确实有过"真二千石"一秩。

真二千石一秩是什么时候出现的呢？请看：

1. 汉武帝时，郑当时：至九卿为右内史，以武安、魏其时议，贬秩为詹事。(《汉书》卷五十《郑当时传》)
2. 《茂陵中书》：詹事秩真二千石。(《汉书·百官公卿表》注引臣瓒)

第1条材料显示，郑当时由右内史左迁为詹事，是为"贬秩"。按，右内史居三辅，秩中二千石，号称九卿；而詹事秩真二千石，参第2条《茂陵中书》。那么由中二千石而真二千石，便是"贬秩"的意思。詹事属皇后、太后宫官，视之如卿，可以认为此官高于郡守二千石；郑当时贬秩在汉武帝之时，"茂陵"也是汉武帝的陵号；可见汉武帝时，中二千石、真二千石二秩，都已从二千石中分化出来了。

当然我们也注意到，"真二千石"一秩在汉武帝到汉成帝时比较显眼；而在此后，特别是在东汉，真二千石与二千石的区别，就暧昧黯淡了。下面讨论这个问题。

《后汉书·光武帝纪》李贤注、《续汉志》及《汉书·百官公卿表》颜注所列禄秩，只见中二千石、二千石、比二千石；荀绰《晋百官表注》、《三国志·魏书·后妃传》只列中二千石、真二千石、比二千石。真二千石与二千石的区分开始淡化了。这是什么原因呢？我想这跟西汉后期的秩级化简趋势有关。如下事件透露了一些迹象：

1. 汉元帝初元三年（前46年）春：令诸侯相位在郡守下。(《汉书》卷九《元帝纪》)
2. 汉成帝阳朔二年（前23年）：除八百石、五百石秩。(《汉书》卷十九《百官公卿表》)

3. 汉成帝绥和元年（前8年）：省大郡、万骑员秩，以二千石居。（《汉旧仪》）

4. 汉成帝绥和元年：以大司马票骑将军为大司马，罢将军官。御史大夫为大司空，封为列侯。益大司马、大司空奉如丞相。（《汉书》卷十《成帝纪》）

先看第1条。本来"诸侯王相在郡守上，秩真二千石"，汉元帝让诸侯相位在郡守之下，则其秩级也应降到了二千石，由此真二千石的官儿就少了一大批。第2条云，汉成帝阳朔二年除八百石、五百石秩，表明当时朝廷有简化秩级的意向。进而看第3条，据我们所考，大郡、万骑太守秩真二千石；而汉成帝绥和元年对大郡、万骑太守减其员、降其秩，则地方郡国不存在"真二千石"了。随诸侯相、大郡太守、万骑太守变成了二千石，那么秩在"真二千石"的官儿大为减少，寥寥可数了。由汉成帝"除八百石、五百石秩"，我们知道当时的禄秩规划转了方向，改以"简化"为原则了。那么顺此趋势，在此后的什么时候，真二千石一秩就合并于二千石了。京师三辅仍为中二千石，余郡通为二千石。由此月俸16000钱或月谷120斛，就成了二千石的正秩。

周国林先生利用《续汉书·百官志五》注引荀绰《晋百官表注》的半钱半谷材料，来论证东汉殇帝延平中（106年）的真二千石月俸，很近于建武"百官受俸例"中的120斛，即二千石之俸。下面讨论这个问题。按《晋百官表注》原文如下：

汉延平中，中二千石奉钱九千，米七十二斛；
真二千石月钱六千五百，米三十六斛；
比二千石月钱五千，米三十四斛；
一千石月钱四千，米三十斛；
六百石月钱三千五百，米二十一斛；
四百石月钱二千五百，米十五斛；

三百石月钱二千,米十二斛;

二百石月钱一千,米九斛;

百石月钱八百,米四斛八斗。

陈梦家先生认为,《晋百官表注》之俸例,"实为建武俸例的具体说明"。它展示了半钱半谷俸制的原始面貌,不过又存在很多错讹,劳榦先生做过一些推订[1],但并没使问题更加清晰。

《晋百官表注》中的"二百石月钱一千",陈梦家先生认为应是"二百石月钱千五百"。但即使如此,也只有六百石以下诸秩,经"半钱半谷"的折算后可以合于建武俸例,其他则往往不合。依粟一斗得米六升、粟一斛平价百钱的比例,中二千石月米72斛折粟120斛,而依建武俸例之"半谷"应为90斛;真二千石月钱6500钱,而依建武俸例之"半钱"应为6000钱;比二千石34斛折米56.7斛,而依建武俸例之"半谷"应为50斛;千石月钱4000钱,而依建武俸例之"半钱"应为4500钱[2]。那么,中二千石、真二千石、比二千石和千石4级,都没法由"半钱半谷"的推算办法来印证建武俸例。然而真二千石的月米为36斛,这个数字可以折算为粟谷60斛;那么

---

[1] 劳榦:《关于汉代官俸的几个推测》,收入《劳榦学术论文集》甲编下册,台湾艺文印书馆1976年版,第1037页以下。

[2] 兹据《晋百官表注》列出下表,以供参考:

秩级	建武受俸例	东汉延平中俸例			
		月钱	折粟	月米	折粟
中二千石	180斛	9000钱	90斛	72斛	120斛
真二千石	120斛	6500钱	65斛	36斛	60斛
比二千石	100斛	5000钱	50斛	34斛	56.7斛
一千石	90斛	4000钱	40斛	30斛	50斛
六百石	80斛	3500钱	35斛	21斛	35斛
四百石	70斛	2500钱	25斛	15斛	25斛
三百石	40斛	2000钱	20斛	12斛	20斛
二百石	30斛	1000钱(1500钱?)	10斛(15斛?)	9斛	15斛
百石	16斛	800钱	8斛	4.8斛	8斛

对真二千石"月钱六千五百"一句，可以认为那"五百"二字是错讹，弄窜了；由此把真二千石的月钱认作 6000 钱，按每斛 100 钱的谷价折算，恰好是 60 斛；加上"半谷"部分的 60 斛，正是二千石的俸禄 120 斛。这就合于周国林先生的判断了，就是说，这里真二千石一秩月谷 120 斛，其实就是先前二千石秩的月谷之数。

由此我们看到，真二千石的月谷之数，原为 150 斛，后来变成了 120 斛。杨天宇先生说《汉表》颜师古注所叙禄秩是西汉禄秩，那看法确有可取之处。东汉建武俸例可能不全是新创，而是由汉成帝绥和以后的俸例损益而来的。真二千石与二千石一秩的合一，就发生在汉成帝到东汉建武之间。在真二千石跟二千石合一，"四级说"就不再适用了，进入周国林先生"三级说"的有效期了。三公、中二千石、二千石的级差分别是 350 斛、180 斛、120 斛，化为指数则为 2.9：1.5：1，看上去还算匀称。

以上是我们对"真二千石"的理解。面对史料的凌乱歧异，这理解也许是矛盾较少的一种。按我们看法，在西汉秩级最繁密时，有过"真二千石"一秩。

五　丞相与御史大夫的秩级

这一节把目光投至官僚等级的最高端，观察丞相与御史大夫的秩级。

陈梦家先生认为："汉初最高秩为二千石，此上三公、大将军和御史大夫没有秩名。"[1]陈先生所云，是后来的情况，因为汉初《秩律》中无丞相，御史大夫只是二千石，有秩名，与后来"无秩名"的情况不同。在丞相（或三公）、御史大夫已无秩名时，如何看待其等级呢？我们觉得，不妨认为二官构成了两个特殊秩级。

周国林先生对三公无秩提出两个解释：一是居其职者人数少，

---

[1]　陈梦家：《汉简所见奉例》，《文物》1963 年第 5 期。

二是三公俸额离万石相差太远[1]。此外我想还有一些历史原因。汉初丞相无秩级，秦、战国也应如此。苏轼论历代仕进，称"战国至秦出于客"[2]。秦国的丞相就经常任用客，学人因有"秦用他国人"、"喜用别国人"、"秦固以客兴"之说[3]。自秦惠文王以张仪为相始，直到秦始皇时，秦国的22位为相者，至少有18位有"客"的身份[4]。"相"的流动性颇大，与后世的丞相来自依次迁转，相当不同。晁福林先生又认为，"强国能派重臣到其他国家为相，弱国为了某种原因也能派臣到强国为相"，这种"相""实际上是一些高级别的外交官"[5]。张创新先生亦云：秦国"最初的'相'并不是'百官之长'，而是负责外交事务的职官"，有时还要带兵打仗，官属也很有限[6]。可想而知，"相"的待遇应是因时因人而定的，并无定准；估计主要以爵定，无固定秩级。秦统一后情况一时没变，故丞相无秩。

随时间推移，相国、丞相的权责日益稳定，"文官化"了：不再来自列国游士，而是来自正常迁任；不再权责不定，而是最高行政首长了。《汉书·百官公卿表》："吏员自佐史至丞相，十二万二百八十五人。"丞相也在"吏员"之列，跟秦时观念不相同了。当丞相在俸禄与迁转上，跟其下官职形成连续阶次时，丞相之位就具有了秩级意义，虽然囿于旧例仍无秩名[7]。

《秩律》中御史大夫列在二千石诸官之首，那是秦国重法精神的鲜明体现。御史大夫有秩一点，意味着其身份是"吏"。不过此官是

---

[1] 周国林：《汉史杂考》，"三公不宜称万石"。
[2] 《东坡续集》卷八《论养士》，《苏东坡全集》，北京市中国书店1986年版，下册第250页。
[3] 分见洪迈：《容斋随笔》卷二《秦用他国人》，上海古籍出版社1978年版，上册第23页；洪亮吉：《更生斋文甲集》卷二《春秋十论·春秋惟秦不用同姓而喜用别国人论》，《续修四库全书》，上海古籍出版社，第1468册第16页上栏；罗大经：《鹤林玉露》甲编卷三《齐秦客》，中华书局1983年版，第43页。
[4] 黄留珠：《秦汉仕进制度》，第40-43页。
[5] 晁福林：《论战国相权》，《中国社会科学》1998年第5期。
[6] 张创新：《秦汉时期独相制论纲》，《吉林大学社会科学学报》1997年第2期。
[7] 附带说，丞相秩级还可以跟太尉综合考虑，二官都在"公"位，但都不见于《秩律》。秦实无太尉，汉初虽有太尉但时设时废，并不稳定。可参安作璋、熊铁基：《秦汉官制史稿》，第74页以下。

较晚才获得"副丞相"的特殊地位的。在秦国的称"史"之官中，本来内史重于御史[1]。《战国策·秦策三》云："其令邑中自斗食以上至尉、内史及王左右，有非相国之人者乎？"这话的背景约在秦昭襄王三十六年（前271年），当时排在相国之下的是廷尉、内史，还没御史大夫呢。嬴政二十六年（前221年）"秦王初并天下，令丞相、御史曰……"，以及随后"丞相绾、御史大夫劫、廷尉斯等"之类记载[2]，则显示秦统一前后设有御史大夫，其官"副丞相"了。

陈梦家先生说御史大夫无秩名，又有工具书说御史大夫"西汉沿置，仍为丞相副贰，秩中二千石"[3]。按，御史大夫的秩级曾多次变化。首先《秩律》中御史大夫秩二千石，并非"没有秩名"。这是第一阶段。第二阶段约为汉景帝到汉武帝时，中央诸卿由二千石上升为中二千石，御史大夫仍在诸卿之首，应系中二千石。证以《汉书·百官公卿表》注引臣瓒曰："《茂陵书》，御史大夫中二千石。""茂陵"是汉武帝的陵号。随后这个机要监察之职继续上升，超越九卿而自成一级，进入第三阶段。《汉表》："御史大夫，秦官，位上卿，银印青绶。"《汉书·外戚传》："昭仪位视丞相，爵比诸侯王。婕妤视上卿，比列侯。娙娥视中二千石，比关内侯。"昭仪、婕妤、娙娥三者所"视"各为一级，知"上卿"自成一级，在丞相、中二千石之间。

还可以通过御史大夫与中二千石的不同赐爵，证明前者高于后者：

> 汉宣帝地节三年（前67年）：立皇太子，大赦天下。赐御史大夫爵关内侯，中二千石爵右庶长，天下当为父后者爵一级。（《汉书》卷八《宣帝纪》）

> 汉元帝初元二年（前47年）：立皇太子。赐御史大夫爵关内侯，中二千石右庶长，天下当为父后者爵一级。（《汉书》卷

---

[1] 参看拙作：《史官主书主法之责与官僚政治之演生》，收入《乐师与史官》，三联书店2001年版。
[2] 《史记》卷六《秦始皇本纪》。
[3] 吕宗力主编：《中国历代官制大辞典》，北京出版社1994年版，第795页。

九 《元帝纪》)

御史大夫所赐关内侯，是十九级爵；中二千石所赐右庶长，是十一级爵。二者相差达八级之多，则御史大夫与列卿已不再比肩同列，进入了陈梦家先生所说的"御史大夫无秩名"阶段了。

进而，俸额与迁转是否跟百官形成连续的阶次，也是判断丞相和御史大夫是否构成秩级的依据。先说俸额。据本章第四节，西汉丞相、御史大夫的俸钱，与其下各秩已成比例。再看迁转。西汉通例，郡国守相迁九卿、九卿迁御史大夫、御史大夫迁丞相。朱博云："故事，选郡国守相高第为中二千石，选中二千石为御史大夫，任职者为丞相，位次有序，所以尊圣德，重国相也。今中二千石未更御史大夫而为丞相，权轻，非所以重国政也。"[1]可见丞相和御史大夫作为迁转阶梯的最高两级，已"位次有序"了。

还有若干礼制也表明丞相、御史大夫各成一级，如君臣相见礼、拜官授印礼和后妃相见礼：

> 1. 皇帝见丞相起，谒者赞称曰："皇帝为丞相起。"立乃坐。太常赞称："敬谢行礼。"宴见，侍中、常侍赞。御史大夫见皇帝称"谨谢"，将军见皇帝称"谢"，中二千石见皇帝称"谢"，二千石见皇帝称"制曰可"，太守见皇帝称"谢"。
>
> 2. 拜御史大夫为丞相，左、右、前、后将军赞，五官中郎将授印绶；拜左右前后将军为御史大夫，中二千石赞，左右中郎将授印绶；拜中二千石，中郎将赞，御史中丞授印绶；拜千石、六百石，御史中丞赞，侍御史授印绶[2]。
>
> 3. 婕妤见，大长秋称"皇后为婕妤下舆"，坐称"起"，礼

---

[1] 《汉书》卷八三《朱博传》。
[2] 纪昀等辑：《汉官旧仪》，引自周天游校注：《汉官六种》，中华书局1990年版，第35页。孙星衍辑《汉旧仪》无"拜千石、六百石，御史中丞赞，侍御史授印绶"一句，参看同书第66页。

比丞相。娙娥见,女御长称"谢",礼比将军、御史大夫。昭仪见,称"谢",比中二千石。贵人见(按贵人当做美人),称"皇后诏曰可",礼比二千石。(卫宏《汉旧仪》卷上)

4. 元帝加昭仪之号,凡十四等云。昭仪位视丞相,爵比诸侯王。婕妤视上卿,比列侯。娙娥视中二千石,比关内侯。傛华视真二千石,比大上造。美人视二千石,比少上造……(《汉书》卷九七上《外戚传》)

前3条约是汉武帝到汉元帝时的礼制。其中丞相、左右前后将军、御史大夫、中二千石各有其礼,有条不紊。第4条为汉元帝之制,其中"上卿"即御史大夫。

	《汉旧仪》		《汉书·外戚传》
朝见礼	拜官礼	内官见皇后礼	内官比视
丞相见皇帝	拜丞相	婕妤礼比丞相	昭仪视丞相
将军见皇帝	拜将军	娙娥礼比将军、御史大夫	婕妤视上卿
御史大夫见皇帝	拜御史大夫		
中二千石见皇帝	拜中二千石	昭仪礼比中二千石	娙娥视中二千石
			傛华视真二千石
二千石见皇帝	(缺)	美人礼比二千石	美人视二千石
	拜千石六百石		八子视千石 充依视千石 七子视八百石 良人视八百石 长使视六百石

丞相、御史大夫与中二千石、二千石、千石、六百石依序而降的情况,再度一目了然。丞相和"上卿"御史大夫之秩的形成,标志着禄秩不断向上伸展过程的最后完成。丞相最终被纳入了"吏"的队伍。

六 略谈将军的秩级与位次

前节讨论丞相和御史大夫的秩次,在列表中涉及了将军,所以这里附带对将军的秩级和位次，再做一些推测。在《二年律令·秩律》中，二千石一秩列有"卫将军"，其排序比较靠后。可知这时卫将军的地位，在诸卿中约居中等，低于郡守、郡尉。但无论如何，卫将军是有秩次的。以往我曾有"汉代将军无秩"的说法[1]，认为汉代将军不以"若干石"为秩级。但这一论点，现与《秩律》中卫将军有秩的情况相矛盾，需要做修订了。

我所说的"汉代将军无秩"的将军，指"常设将军"，即如下八号：大将军、骠骑将军、车骑将军、卫将军、前后左右将军。这些军号不仅用于出征的将领，也用来确定"内朝"辅政者的身份。八号将军不必人选齐备，但名号本身已成序列。卫将军在八号之中，《秩律》记其秩二千石，那么"将军"并不是在所有时候全没有秩级的。

然而《秩律》时代的卫将军，似有特殊性质；西汉将军制度，是发生过变化的。日人大庭修把西汉的将军发展，划分为景帝以前、武帝时代和昭帝以后三个阶段。景帝之前将军号很少[2]。汉武帝时军号纷陈杂出，除大将军、车骑将军和卫将军外，骠骑及前后左右将军也出现了。但"将军"的形态依然摇摆不定。可以在命将出征之际即时授予军号，也可能把某军号比较固定地授给某人，诸将军的高下统属关系往往相机而定。第3阶段即汉昭帝或宣、元以后，八号常设将军的制度清晰起来了。

汉初能看到另一些将军，它们不在《秩律》之中。例如：汉高祖五年（前200年），使灌婴出击臧荼，为车骑将军；汉高祖七年击匈奴，使灌婴为车骑将军；汉高祖十一年为陈豨叛乱，置郭蒙、柴武等将军；为平英布叛乱，命灌婴为车骑将军；汉惠帝六年，樊哙任上将军；吕后七年，赵王吕禄任上将军，刘泽任大将军；八年吕后崩，吕氏任灌婴为大将军；等等。车骑将军和大将军，后来在八号将军之列；上将军则否。它们都不见于《秩律》，应无秩级。汉高帝六年

---

[1] 阎步克：《品位与职位——秦汉魏晋南北朝官阶制度研究》，第243页。
[2] 大庭修：《秦汉法制史研究》，上海人民出版社1991年版，第308页。

诏："诸王、通侯、将军、群卿、大夫已尊朕为皇帝……"[1]这份诏书中的将军列在通侯之后、群卿大夫之前，地位相当崇高。汉高帝七年叔孙通制朝仪："功臣、列侯、诸将军、军吏以次陈西方，东乡；文官丞相以下陈东方，西乡。"[2]既称"诸将军"，则不止一人或不止一号。

《秩律》所见卫将军，与上述驰骋疆场的大将军、上将军、车骑将军等，看来并不相同。它冠以"卫"字，似是常设卫戍之职。汉文帝甫即位，就把心腹宋昌任命为卫将军，领南北军。其时的卫将军职能与中尉、卫尉等类似，所以有确定的秩级；其余诸将军不见秩律，应无秩级。那么汉初将军实有两种，一是诸将军，位在群卿之前，无秩级，也就是高帝六年诏中"通侯、将军、群卿"中的将军；一是卫将军，秩级二千石，与列卿相当。我甚至猜想：这时的卫将军，没准儿就是一个"卿"。

景、武之间，诸卿秩级升至中二千石，卫将军如果继续比卿，秩级应水涨船高。随后八号将军的体制逐渐成形：

1. 前后左右将军，皆周末官，秦因之。位上卿，金印紫绶。汉不常置，或有前后，或有左右，皆掌兵及四夷。有长史，秩千石。(《汉书》卷十九《百官公卿表》)

2. 前后左右将军，宣、元以后，虽不出征，犹有其官，位在诸卿上。(《北堂书钞》六四注引《汉官解诂》)

3. 汉兴，置大将军、骠骑，位次丞相；车骑、卫将军、左右前后，皆金紫，位次上卿。典京师兵卫，四夷屯警。(《续汉书·百官志一》注引蔡质《汉仪》)

4. 比公者四：第一大将军，次骠骑将军，次车骑将军，次卫将军。又有前后左右将军。(《续汉书·百官志一》)

---

[1]《汉书》卷一《高帝纪》。
[2]《汉书》卷四三《叔孙通传》。

前后左右将军在汉武帝时才齐备，但将军本身在汉初就是"位上卿"，在卿大夫之上的。第1、2条材料说明前后左右将军四号将军仍在卿上，第3条进一步反映八号将军分两等，大将军及骠骑将军两号位在丞相之下，其余六号将军位在御史大夫之下。再往后，常设将军仍分两等，但改为四四分组，而不是二六分组了：由第4条可知，原与前后左右将军同属"上卿"的车骑将军、卫将军，也进入了"比公"行列。

按汉武帝元狩四年（前119年），大将军卫青、骠骑将军霍去病同加"大司马"之号，确定了这两号将军的"位次丞相"地位。武帝临终前，又让霍光做了大司马大将军。宣、元之际，又出现了车骑将军、卫将军加"大司马"的情况[1]。我猜想将军四四分组的、前四号"比公"的制度，就形成于这一时期，而且跟它们加号"大司马"有关。

顺便说，大将军若加"大司马"，则位同丞相。上节叙及：西汉丞相、大司马大将军都是月钱六万。《续汉书·百官志一》："初，武帝以卫青数征伐有功，以为大将军，欲尊宠之。以古尊官唯有三公，皆将军始自秦、晋，以为卿号，故置大司马官号以冠之。其后霍光、王凤等皆然。"（"皆将军"当作"诸将军"）。按，春秋晋国六卿，都是三军统帅[2]。《续汉志》认为，依秦晋传统，将军就是卿。而给大将军加"大司马"，目的是令其"比公"，进一步获得三公之尊。

西汉末年实行三公制，御史大夫改大司空，"上卿"不存

---

[1] 如汉宣帝地节三年（前67年），张安世为大司马车骑将军，旋为大司马卫将军；神爵元年（前61年），韩增为大司马车骑将军；五凤二年（前56年），许延寿为大司马车骑将军；黄龙元年（前49年），史高为大司马车骑将军；汉元帝永光元年（前43年），王接为大司马车骑将军；永光三年，许嘉为大司马车骑将军；汉成帝阳朔三年（前22年），王音为大司马车骑将军；永始二年（前15年），王商为大司马卫将军；汉哀帝建平二年（前5年），阳安侯丁明为大司马车骑将军；元寿元年（前2年），傅晏为大司马卫将军；元寿二年，韦赏为大司马车骑将军，董贤为大司马卫将军。均见《汉书》卷十九下《百官公卿表下》。

[2] 春秋之时，晋国的三军将佐位在"六卿"；晋成公三年作"六军"，更有十二位将军之卿。参看童书业：《春秋左传研究》，上海人民出版社1980年版，第175页。

了。《续汉书·百官志一》叙毕四号比公的将军后，又叙前后左右将军，但没说他们"位上卿"，因为东汉已无"上卿"位次。前后左右将军，大致在"比公"的将军之下，如此而已。

《秩律》中的卫将军与列将军不同，是专职卫戍之官，甚至可能是卿，有秩级；但在西汉中后期其性质逐渐变了，变成八号常设将军之一，无秩级了。当然卫将军曾是卫戍之官的特殊性，在汉成帝时似乎还有残余影响。居延汉简所见汉成帝永始三年（前14年）诏："七月庚午丞相方进下小府、卫将军、将军、（中）二千石、二千石、部刺史、郡太守、诸☐。"[1] 这里"卫将军"与"将军"分列，似乎就是其反映。

总之，将军的位次变迁有四：第一，汉初卫将军与二千石诸卿同列，秩级为二千石，其他将军在群卿上；第二，约景、武之交，诸卿上升为中二千石，卫将军似应同时上升，其他将军仍在群卿上；第三，八号常设将军体制逐渐成形，前两号比公，后六号比上卿；第四，车骑将军和卫将军上升为"比公"，前后左右将军低其一等。列表如下：

将军相对地位	一	二	三	四
次丞相或比公			大将军 骠骑将军	大将军 骠骑将军 车骑将军 卫将军
比上卿， 次御史大夫	诸将军 在群卿上	诸将军 在群卿上	车骑将军 卫将军 前将军 后将军 左将军 右将军	前将军 后将军 左将军 右将军
比中二千石诸卿		卫将军		
同二千石诸卿（汉初）	卫将军			

---

[1] 薛英群等：《居延新简释粹》，第103页，简号74. E. J. F16:1。

将军有无秩级的问题，应以八号常设将军为界而分两段。前一段，卫将军有秩级，诸将军无秩级；后一段八号将军自成序列，并通过"公"、"上卿"概念，维系其与丞相、御史大夫的地位关系。在迁升上，将军并不与诸卿以下的官职构成迁升阶梯，倒经常出现以诸卿兼将军、由此赋予其内朝辅政资格的做法——将军辅政也算是于古有据的[1]。所以八号将军自成一系，其特殊功能与中枢权力结构的变迁相关。皇帝以将军为"爪牙官"，任以外戚或重臣，参与最高决策，所谓"先帝建列将之官，近戚主内，异姓距外"[2]。

---

[1] 战国后期的魏国将军仍有行政职能。湖北云梦睡虎地秦简所见魏安厘王二十五年（前252年）《户律》："廿五年闰再十二月丙午朔辛亥，告相邦。"又《奔命律》："廿五年闰再十二月丙午朔辛亥，告将军。"按，《户律》涉及经商、旅店、入赘等几种人立户籍、授田宅的条文，由相邦执行；《奔命律》涉及经商、旅店、入赘等几种人从军的条文，由将军执行。可见魏国的相邦掌民政而将军掌军政。

[2] 《汉书》卷六九《辛庆忌传》。

第二章　禄秩的伸展与"吏"群体之上升

上一章第一节提供了一幅战国秦汉禄秩序列"纵向伸展"的图景，它对认识此期的政治行政演进，有何意义呢？本章对此提供进一步的阐述。

禄秩序列的高端不断向上延展，其背景就是战国秦汉间"吏"群体的扶摇直上。前人叙述战国官僚制发展，往往只把"士"看成新式官僚的来源；而我们则特别强调，此期作为新兴专业吏员的"吏"的崛起，具有同等的重要意义。禄秩的性质可以确定为"吏禄"，也就是说，它是面向"吏"的，是针对专业吏员的等级管理手段。

具体说，禄秩的纵向伸展，包括着一个高端由简而繁、低端由繁而简的变迁趋势，这样禄秩序列的重心，就由此上移了。禄秩序列的重心上移，意味着禄秩管理手段所针对的官员层次在向上伸展。论定禄秩是"吏禄"，又在于禄秩所针对的是"吏职"。早期采用禄秩的官职是哪一些呢？虽在史料中只能看到"官"、"吏"、"令"等等泛称，但分析可以显示，那些官职大抵都属"吏职"。（在一段时间中，大量非"吏职"的官职不用禄秩。这个现象，将置于本编第四章以后专门叙述。）在这里，战国秦汉间"卿"概念的变迁，可以提供某种启示。秦汉诸卿，不少是由较低的吏职上升为"卿"的；而且它们是先升至二千石之秩，然后才有"卿"之名。这种"以若干石为卿"的做法，意味着职能重要性是"卿"的标准，从而与周爵公卿大夫士中的"卿"，意义大不相同了。

一 禄秩的伸展与"吏"群体之上升

由第一章第一节所提供"禄秩序列变迁表"可以看到，从战国到汉初，较细密的段落是禄秩序列的低端。在这个段落中，除了后世仍在沿用的以"百"为差的秩级，如二百石、三百石、四百石、五百石、六百石等等之外，还存在过五十石、一百廿石、一百六十石、二百五十石那样带零头儿的秩级。这些细碎的秩级，后来销声匿迹了，序列的低端遂由繁而简。

战国秦汉禄秩序列的变化，在汉成帝前是由简而繁、秩级越来越多，而且主要体现在高端秩级的增加之上，如二千石一秩繁衍为四秩，御史大夫、丞相变成了独立的秩级。当然，秩级增加还有一个重要因素："比秩"出现了，它使秩级翻番。但在目前，我们可以把"比秩"暂时排出视野，请比较《秩律》和汉成帝时的禄秩序列：

> 汉初吕后时期《秩律》所见秩级：二千石、千石、八百石、六百石、五百石、四百石、三百石、二百五十石、一百六十石、一百二十石。
>
> 西汉成帝阳朔二年之前，21个秩级中的非比秩的秩级：中二千石、真二千石、二千石、千石、八百石、六百石、五百石、四百石、三百石、二百石、一百石。

《秩律》有11个秩级，而西汉中期的禄秩序列，若排除比秩，也是11级。可见经历了高端趋繁和低端趋简之后，秩级没多没少，所增所减互相抵消了。

如何解释这一现象呢？在禄秩发展早期，其高端的秩级阙如或较简，而低端相对细密，这就使序列密度呈"重心偏下"之势。在先秦我们只找到9个由"若干石"构成的秩级，最高秩是千石。尽管事实上可能存在更多秩级而史料未见，但《商君书》中的"千石之令"，在商鞅变法后的一段时间中，大概就是最高秩级了。可见在这时秩级的序列更短、重心更低。由此可以推断，先秦禄秩主要面向中下级官吏，在管理高级官职上作用有限。

一般说来，级别越高、薪俸的级差就越大，这是官阶安排之通例。这里有个人力资源管理法则：级别越高、则官职数量越少，升迁可能性也就越小，所以就得拉大薪俸的级差以构成激励，不然断了升迁的指望又多挣不了钱，就会影响士气[1]。九品官品的一二三品只有"正、从"而无"上、下"，四至九品的段落则既有"正、从"又有"上、下"，后六品的密度是前三品的一倍，也呈上疏下密之势。那么，禄秩萌生期其低端较密，是否可以用这个规律来解释呢？我的看法是：有一定关系，但不那么简单。因为仅此解释不了此后禄秩的高端趋繁，低端趋简，所以还得继续找原因。我们提供这样一个认识：在禄秩萌生期，其序列的哪一段落相对细密，就说明禄秩主要是针对哪个官吏层次的。

秦汉禄秩以"若干石"的俸额定等，这跟周爵、跟九品官品都不一样。这因为禄秩源于周代的胥吏"稍食"。"稍食"以食定等，是一种干得多吃得多、干得少吃得少的等级。战国来临后，世道变了，官僚制化运动在迅猛推进，"吏"的地位开始上升，其时的等级管理体制，显示了新旧过渡的性质。《荀子·荣辱》中有一段阐述，先论"士大夫之所以取田邑"，又论"官人百吏之所以取禄秩"；《荀子·强国》又云："士大夫益爵，官人益秩。"简言之：等级高端是"士大夫之所以取田邑"，是"士大夫益爵"；等级低端是"官人百吏之所以取禄秩"，是"官人益秩"。上端以"爵"，保留了更多周代等级传统；下端以"秩"，则是新兴吏员的等级段落。由此就能知道为什么战国禄秩的序列偏低了，那是因为"爵"依然压在它的上头。低级吏员的等级管理早早就"官僚化"了，高官的等级管理则还保留着贵族色彩。

---

[1] 参看张维迎：《产权·激励与公司治理》，经济科学出版社2005年版，第305页。

五十石、一百廿石、一百六十石、二百五十石那些带零头儿的秩级，仍保留了禄秩成长历程中的早年风貌，反映了靠"秩"为生的"吏"们，尚属报酬微薄的低收入群体。睡虎地秦简中还能看到隶臣妾的"月禾"或"月禀"额度，不妨拿来做个参照。隶臣月禾2石，年廪24石；隶妾月禾一石半，年廪18石。隶臣若去耕田，则在二至九月的农忙季节每月加半石，年廪28石。此外小城旦、小隶臣作者、小隶臣未能作者、小妾、小舂作者、小舂未能作者及婴儿等，各有相应月禾额度[1]，由此能看到28石、24石、18石、15石、12石、6石这样的年度廪食的级差。这样的细碎数额，跟后来的二千石、中二千石相比，若隔云泥。与相参照，低级吏员之五十石、一百廿石、一百六十石、二百五十石秩级，也是因其微薄，所以秩级细碎。

小吏俸钱微薄而级差细碎的事情，一直都有。学者的考察显示，西汉后期，百石之吏俸钱720钱，斗食、佐史600钱，其下还有570钱、500钱、480钱、360钱、300钱、200钱、100钱的细小等级[2]。但在汉代，那些细微差异既不构成官阶、也不用为秩名。那又是为什么呢？是因为禄秩序列不断向上伸展，已由重心偏下、面向中下级吏员，逐渐变成了整个官吏队伍的等级尺度。这时候最剧烈的秩级繁衍，发生在高端。商鞅变法时最高秩不过千石，约在秦统一前后出现了二千石之秩；汉景帝、汉武帝时二千石分化为中二千石、真二千石、二千石、比二千石四秩，御史大夫、丞相也逐渐变成了独立的秩级。可见这段时间中，用禄秩来精细区分高官地位，是官阶规划者最主要的考虑；高官的地位安排，就是高端秩级繁衍的最大推动力。

较细密的官阶将增加管理的复杂程度，从而耗费更多行政成本。而王朝宁愿把禄秩某一段落安排得比较细密，是因为把那一段落看成禄秩的重心所在。高端的秩级繁衍、序列的重心上升、上下段的密度

---

[1] 拙作：《品位与职位——秦汉魏晋南北朝官阶制度研究》，第90页注、第144页注。
[2] 陈梦家：《汉简所见奉例》，《文物》1963年第5期；陈直：《居延汉简研究》，天津古籍出版社1986年版，第20页以下，"四、俸钱与口粮"。

趋于匀称,说明禄秩已面向整个官僚队伍,这时其下端的零碎秩级便显得过分细密了,已无必要。"吏"中的很多人成了高收入官员,王朝给他们发钱时,不用带零头了。若我们对"吏禄"的定性尚属可取,那么禄秩的向上伸展,其高端趋繁和低端趋简,就意味着更高等级的官僚,也被朝廷以"吏"的形象定性定位了。

从《汉书·百官公卿表》看来,西汉末到东汉初禄秩又变成了16级,比汉成帝阳朔二年之前的21级又有减少。所减少的是五百石、比八百石、八百石、真二千石和御史大夫5秩。御史大夫一秩的消失,是由于丞相制向三公制演变造成的。那其余4秩呢?制度的发展会有"矫枉过正"的情况。战国秦汉的一个时期中,王朝的倾向是增加秩级,以细致区分高官资位。这做法的"惯性",使汉初《秩律》11级一直繁衍到21级,其中还包括"比秩"造成的秩级倍增。然而随后,朝廷又觉得21级过密过繁了,与当时的官僚体制并不匹配,便转而着手删减裁并。如此而已。

二 早期采用禄秩的官、吏、令试析

战国秦汉间禄秩序列的纵向伸展的背后,是新式官僚——"吏"的崛起,这里所说的"崛起",并不是说政府中一批卑微者对一批权贵来了个大换班;"崛起"也意味着对较高地位者采取新式管理,令其身份发生转变。这些手段,包括强化职位管理——依能录用,依功晋升,按劳付酬,按酬定等,以及采用"职位分等"的禄秩做官阶,等等。制度塑造人。对同一批人,用"吏"的手段来管理,他们就是"吏"了。所以对"吏阶层的崛起"我们还有另一表述:王朝用"吏"的形象为百官定性定位。这"定性定位"是从"人"的角度说的,但也可以另从"职"的角度看。禄秩也是一种新式的职位管理手段,其"吏禄"的性质可以从"吏职"方面得到印证。

在战国秦汉时,并不是所有拥有国家禄位名号者都可以视之为"吏",也不是说国家所有的禄位名号都属"吏职"的。比如,第四章以下就将揭示一个"宦皇帝者"职类的存在,《二年律令》的很多材料显示,这个职类与"吏"有别,在较早时候这些官职不以禄秩定等级。而且曾经不以禄秩为官阶的职类,还不止"宦皇帝者"呢。什么是"吏"或"吏职"呢?就是直接承担行政职能的官员或官职。"吏禄"的提法,包含着"吏禄针对吏职"的意义。那么我们来对早期用禄秩定等的那些官职,再做一些观察,看看它们是否具有"吏职"的性格。

如前所述,先秦能看到9个秩级。这9个秩级应用于哪些官职呢?史料没说具体职称。但就相关史料看,它们大致可分三类:

1. 称"吏"者:二百石之吏、三百石之吏、六百石之吏;
2. 称"官"者:五十石之官、百石之官;
3. 称"令"者:千石之令、八百之令、七百之令、六百之令。

先看第一类,即"若干石之吏"的提法。汉史中"若干石吏"的提法屡见不鲜,战国燕、秦,率先出现这种表述。这显示"若干石"与"吏"有内在联系。我们认定禄秩的性质是"吏禄",战国"若干石吏"的提法,强化了这一论断。

尤可注意,《战国策·燕策一》有"(燕)王因收印自三百石吏而效之子之"一句。汉制,有行政职掌的官职有印,散官大夫、谒者、郎官,文学之官博士,均无印绶。所以"有无印绶,乃是否治事之官的一个重要标志"[1]。(封爵及军官有印,兹不论。)战国也应如此。"收印自三百石吏",就暗示那些"三百石"是有印的任事之吏。汉制,二百石以下吏也有印,用"铜印黄绶";甚至乡三老、官啬夫也有印。战国也已如此了。战国的官名玺中,有很多都邑司寇、司空、司马、啬夫、丞的官名印章;同时战国的官署玺中,也有很多

---

[1] 参看安作璋:《秦汉官制史稿》,下册第467页。

只称某地、某门、某关等低级官署的印章[1]。比照《秩律》，官名玺中应有不少秩级在三百石以下的官。因为在《秩律》中，司空有百六十石的、二百石的、二百五十石的，司马有百六十石的，丞有二百石的[2]。至于官署玺，叶其峰先生已指出：在战国，"它仅使用于低级地方建制机构及中央、地方的职能部门。"[3]所以燕国"收印自三百石吏"，三百石以下吏用不着把印"效之予之"，只因为他们秩级低而已，却不是无印可效。

第二类"某石之官"为称，出韩非之口，他没说是哪些官职。在先秦"官"是什么意思呢？是不是有禄位者就可称"官"呢？我觉得不是。只拥有封君称号，或卿大夫位号、二十等爵号，那么还不是"官"。"官"是治事者。《韩非子·难一》："一人不兼官，一官不兼事"；《难三》："治不逾官，虽知不言。"可见有"官"则有"事"、有所"治"。"官"可以言"治"，"爵"不能"治"，因为"官"是职事，"爵"是品位。《商君书·去强》："农、商、官三者，国之常官也。"农、商、官各有所职，所以都可以称"官"。"五十石之官"、"百石之官"有"官"可治，都有职事，与第一类"若干石之吏"义同。

第三类以"令"为称者，据学者看法应是县令[4]。商鞅变法时，"并诸小乡聚，集为大县，县一令"，"集小都乡邑聚为县，置令、丞"[5]。按《商君书·境内》所述，千石之令、八百石之令、七百石之令、六百石之令，分别统辖着短兵百人、八十人、七十人、六

---

[1] 吴幼潜编：《封泥汇编》，上海古籍出版社1964年版，古玺部分；罗福颐编：《古玺汇编》，文物出版社1981年版，官印部分；罗福颐编：《故宫博物院藏古玺印选》，文物出版社1982年版，战国古玺部分；来一石编：《古印集萃》战国卷，荣宝斋出版社2000年版，有关部分；庄新兴编：《战国鉨印分域编》上海书店2001年版，各国玺印官名部分；戴山青编：《古玺汉印集萃》，广西美术出版社2001年版，古玺部分。
[2] 《张家山汉墓竹简247号墓》（释文修订本），文物出版社2006年版，第72、74、79、80页。
[3] 叶其峰：《战国官署玺——兼谈古玺印的定义》，收入《中国古玺印学国际研讨会论文集》，香港中文大学文物馆2000年，第22页。
[4] 如朱师辙引《汉书·百官公卿表》"县令长皆秦官，掌治万户以上为令，秩千石至六百石"以注"若干石之令"。蒋礼鸿：《商君书锥指》卷五，中华书局1986年版，第115页。
[5] 《史记》卷五《秦本纪》；卷六八《商君列传》。

十人。高亨先生云："令，行政长官的通称，如县长古称县令……秦国制度，行政官吏也参加战争。"[1]战国称"令"之官中，"县令"特别显眼。在韩国、赵国、魏国、齐国、楚国和卫国，都有很多县令。战国地方行政管理的中央集权化，县制的推广是决定性的，有学者还把县制视为"中国官僚政治的开端"[2]。由此君主通过一批行政官吏，而不是贵族或封君，控制了帝国疆域和千万民众。统治者率先以千石、八百石、七百石、六百石的禄秩为县令分级定等，是禄秩之为"吏禄"的又一佐证。

县令之外，还有很多其他称"令"之官。秦王政九年（前238年）有中大夫令，赵高做过中车府令，秦二世时还有郎中令、卫令[3]；赵国有宦者令，韩国有车令[4]。这些称"令"者比县令的出现要晚；也许长官称"令"，是从地方官开始的。汉朝诸卿之下有大量的其长官称"令"（秩级稍低者称"长"）的官署；那些官署之名，在秦朝的印章封泥中也很常见。有的印省略了"令"字，有的只见到其"丞"之印，但"丞"是"令"的副手，有其丞则有其令。下面选择若干秦封泥所见令丞，以供了解称"令"（或称"长"）之官的职掌与特征：

祝印　泰医丞印　都水丞印　左乐　外乐　谒者之印
公车司马　卫士丞印　中车府丞　骑马丞印　宫司空印
泰仓　泰内丞印　铁市丞　干厬都丞　少府工丞　少府工室

---

[1] 高亨：《商君书注译》，中华书局1974年版，第147-148页。
[2] H. G. Creel: "The Beginning of Bureaucracy in China: The Origin of Hsien", Journal of Asian Studies, XXXII, 1964.
[3] 《史记》卷六《秦始皇本纪》。
[4] 《史记》卷八一《廉颇蔺相如列传》："蔺相如者，赵人也，为赵宦者令缪贤舍人。"《吕氏春秋·处方》："（韩）昭厘侯至，诘车令。"又《史记》卷六三《老子韩非列传》有"关令尹喜"，学者或说其官为"关令"。《汉书》卷三十《艺文志》则称"关吏"。在疑似之间。又《史记》卷一一九《循吏列传》记楚庄王时事，有"市令言之相曰……"按楚无相，称相应属比附。吴永章《楚官考》认为春秋无"市令"，这个"市令"是司马迁用战国制度比附的。引自《七国考订补》，上海古籍出版社1987年版，第84页。

尚书　大官丞印　乐府　佐弋丞印　居室丞印　左司空丞
右司空丞　御府丞印　永巷　永巷丞印　内者　左织缦丞
宦者丞印　郡左邸印　郡右邸印　内官丞印　乐府钟官
御羞丞印　中羞丞印　上林丞印　寺工之印　寺从丞印
寺车丞印　武库丞印　私府丞印　中府丞印　中官丞印
私官丞印　祠祀　食官丞印　属邦工室　属邦工丞
诸厩　泰厩丞印　章厩　宫厩丞印　中厩丞印　左厩丞印
右厩丞印　小厩丞印　御厩丞印　官厩丞印　下厩丞印
家马　下家马丞　驺丞　走士丞[1]

上述这些"令"，或由"丞"而反映出的"令"，从《秩律》及《汉表》中的类似官职看，其秩级在五百石、六百石、八百石、千石之间。他们全部都是职能性官职。其数量如此众多，一定有一个发展过程，西周春秋的职官中还看不到多少"令"呢。"令，发号也。"[2]"令"是发号施令的权力。还有人说"令"是以"口"命"众"的意思[3]。甲骨文有"王大令众人曰协田"，金文中"令"又通"命"，例如"册命"。君主在册命礼上向官员赋予职责，后者由此"受命"。"令"不是品位，而是职名，其职名结构就是"职事+令"。这种命名方式是"以事为中心"的，简直就是对"若干石之吏"、对"若干石之官"的具体诠释。

中央的诸署令是诸卿属官，诸卿各管若干"令"，相当更高一级的"令"，而且有的就叫"令"，如郎中令、少府令、中大夫令、大行令。这是一个"大令管小令"的格局，一个由"令"来维系统属关系和职责分配的体制。皇帝则是最大的"令"——秦始皇定制"命为制，令为诏"，制、诏就是皇帝的"命"与"令"。一大批称"令"之官的崛起，或者以前不称"令"者逐渐被冠以"令"名，这是权力集

---

[1] 据周晓陆、路东之：《秦封泥集》，三秦出版社2000年版，第110—198页。
[2] 许慎：《说文解字》卷九上，中华书局1963年版，第187页。
[3] 王慎行：《古文字与殷周文明》，陕西人民教育出版社1992年版，第69页以下。

中化、职责规范化和等级科层化进程的一个侧面。就是这些官职，再加上他们的属吏，构成了战国秦汉"吏"的主体，并以"若干石"禄秩为其等级尺度。

三 "以吏职为公卿大夫士"与"以秩级为公卿大夫士"

《秩律》中的二千石诸官，相当一部分是诸卿。我们说，禄秩的伸展意味着"更高级的官僚也用'吏'的形象定性定位了"，那么就含有这一意思：此前同一层次的权要地位还不是以"禄秩"来认定的。后来诸卿变成了二千石。那么秦汉诸卿是如何成为"卿"的？这个旧日爵称是怎么跟"二千石"挂钩的？对这个问题，我们揭举"以吏职为卿"与"以秩级为卿"之义。"以吏职为卿"，是说各种官职的沉浮之中"吏职"不断上升，由此涌现出一支新的"卿"的队伍；"以秩级为卿"，是说这个新兴的"卿"的队伍，是以二千石、后来是中二千石来确认的。

周制，王廷有"卿士"，系执政大臣之称。有学者说"卿士"是一种爵位[1]。但晁福林先生认为，"卿之执事者成为卿士，反过来也可以说卿士是卿之有官职者"；周朝"不使卿位与官位相结合，在许多情况下它只是级别、荣誉的标志，既无固定职守，也没有俸禄。"[2]"卿士"之名，由表示爵级的"卿"和表示职事的"士"合成。"士者事也"。如此说来，任事者称"卿士"，有位而不任事的单称"卿"。但这种区分不一定很严格，而且"卿士"之名不反映分工与职掌，也只是类称而已。彭林先生又指出："从文献看，王室卿士的日常事务有代王锡命，与盟、聘诸侯、赙襚、会葬、迎聘、征讨等，彼此之间并无严格分工，他们不专一职，随机而出。"[3]在分工

---

[1] 王玉哲先生说："我们认为'卿士'的性质属于后来的爵位，某贵族有这种爵位品级，才有权做某种官吏。"见其《中华远古史》，上海人民出版社2000年版，第598页。
[2] 晁福林：《先秦社会形态研究》，北京师范大学出版社2003年版，第189、199页。
[3] 彭林：《〈周礼〉主体思想与成书年代研究》，中国社会科学出版社1991年版，第207页。

严格和职掌明确一点上,"卿士"还不能跟秦汉列卿同日而语。总之,周廷有一批显贵,其位为"卿",可能任事也可能不任事;"卿"称是品位性的,它是官、是爵还是位,不大能说清楚,兼而有之吧。与秦汉丞相、御史大夫、廷尉、内史……那样的专职卿相比,还相去甚远。越传统的社会,其官阶越"重人"而不是"重事"。重"人"就是重身份,贵族们即便没有职事,也需要用卿、大夫之类爵号使之"不失旧位"。

春秋列国的执政大臣亦称"卿"[1]。晋有六卿,然而是三军将佐之称,不是按兵刑钱谷来分工任职的。鲁国的三卿倒是分任"三司"的,即司徒、司马、司空;郑国六卿既有分工、又有位次之别,依当国、为政、司马、司空、司徒、少正为序;宋国六卿,则是右师、左师、司马、司徒、司城、司寇[2]。则郑、宋的六卿,行政首长(当国、为政或右师、左师)之下,若干卿各有所司,存在着职能分工。这时的卿是"世卿",鲁之三桓,郑之七穆,宋之三族之类,是先有了卿大夫的家族权势,进而在瓜分事权时各领一司的[3]。梁启超云:"世卿之俗,必分人为数等,……故其等永不相乱,而其事权永不相越。……不过如鲁之三桓,晋之六卿,郑之七穆,楚之屈、景,故其权恒不在君而在得政之人。"[4] "权在得政之人"即是"世卿"之义,官职的占有其实是"以人为本"的。无论三卿也好、六卿也好,

---

[1] 列国似乎也有"卿士"之称。《左传》哀公十六年:"楚王与二卿士皆五百人当之。""二卿士"指楚令尹子西、司马子期,都是执政大臣;又《史记》卷三五《管蔡世家》:"周公闻之,而举胡以为鲁卿士,鲁国治。"
[2] 参看顾栋高:《春秋列国官制表》,见《春秋大事表》,中华书局1993年版,第2册第1033页以下;又顾德融、朱顺龙:《春秋史》,上海人民出版社2001年版,第291页以下。
[3] 如鲁国以"三卿"任三官。《左传》昭公四年:"使三官书之。吾子为司徒,实书名;夫子(叔孙氏)为司马,与工正书服;孟孙为司空以书勋。"可见季孙氏为司徒,叔孙氏为司马,孟孙氏司空。三家卿大夫各领一司。《左传》襄公二年:"子罕当国,子驷为政,子国为司马";又二十六年:"叔向曰:郑七穆,罕氏其后亡者也,子展俭而壹。""七穆"中的子良、子罕、子驷、子西、子展、子皮、子产等都曾当政。("七穆",可参骆宾基《郑之"七穆"考》,《文献》第21辑,第40页以下。)又《左传》哀公二十六年:"皇缓为右师,皇非我为大司马,皇怀为司徒,灵不缓为左师,乐筏为司城,乐朱鉏为大司寇,六卿三族降听政,因大尹以达。"六卿分属戴氏的乐、皇两族,及文公后裔灵族。
[4] 梁启超:《与严幼陵先生书》,《饮冰室合集》,中华书局1989,第1册第109页;又《饮冰室文集》,云南教育出版社2001年版,第1册第178页。

这"卿"仍不纯粹,有贵族品位和行政职位的双重色彩,不同秦汉。

战国卿、大夫、士等爵号,仍在发挥品位功能。"战国时代三晋、齐燕的爵秩等级,大别为卿和大夫两级"[1];"战国时各国的爵制大致有卿、大夫两个级别","卿有上卿、亚卿、客卿之别,皆为一国的高爵"[2]。孟子曾是齐国的三卿之一,蔺相如、虞卿曾为赵国之上卿,燕昭王曾以苏代为上卿,以乐毅为亚卿。秦国也有上卿、卿、客卿,上卿如姚贾、甘罗,客卿如"客卿胡阳"、"客卿灶"、"客卿通"。战国"大夫",有上大夫、中大夫、国大夫、五大夫、长大夫、大夫等等名目,比春秋复杂多了,反映了卿、大夫体制正处在蜕变之中。所谓"卿"、"大夫",有的执政任事,有的却是闲人。荆轲不过是一介刺客,燕太子丹想利用他,给予上卿之位,先养起来。据说齐威王让淳于髡做了上卿,又说他做的官是"诸侯主客"[3],推测他共有二衔,一爵一职。稷下学宫把学士七十余人安排为"列大夫","不治而论议";三晋设有"中大夫",用以安置贤人[4]。"某某令"之类职能性官称,一眼就能看出那人干什么;而"卿"、"大夫"只表示那人已在"人才队伍"或"干部队伍"之中了,表示他是高干还是中级干部;至于他们具体干什么,官号上看不出来,实际也完全可能有位无职。这种"卿"、"大夫",显然是品位概念。

等级变革的规律之一,就是越往等级上端变革越慢,传统色彩越浓。战国等级体制的下端已广泛使用"若干石"秩级了,"若干石"取代了传统的上士、中士、下士等爵称,清晰标出了与权责相称的报酬高下,从而表明这个段落的人员是"吏";等级的上端则依然保留

---

[1] 杨宽:《战国史》,上海人民出版社1980年版,第234页;1998年版,第252页。
[2] 王宇信、杨升南:《中国政治制度通史》(白钢主编)第2册,人民出版社1996年版,第599页。
[3] 《说苑·复恩》:"齐王患之,使人召淳于髡……赐之千金,革车百乘,立为上卿。"《史记》卷一二六《滑稽列传》,齐威王使淳于髡为"诸侯主客"。
[4] 《韩非子·外储说左上》:"王登为中牟令,上言于襄主曰:'中牟有士曰中章、胥己者,其身甚修,其学甚博,君何不举之?'主曰:'子见之,我将为中大夫。'……王登一日而见二中大夫,予之田宅……"秦及汉初都有中大夫令,其制看来是上承三晋的。还可参看下编第四章第四节。

着"卿"、"大夫"爵号的浓厚影响。然而变革毕竟在不断推进。位阶管理上越来越重"事",各官职的地位随政治发展而起伏波荡着,其间那些显示了行政重要性的官职不断脱颖而出,并因权责大小和统属关系,"自然而然地"形成了新的等级关系。所谓"自然而然",意思是在政治实践中自然形成的,而不是用非行政性的品位"外加"的。汉初《二年律令·秩律》中列在二千石的诸卿,其中有一些在较早时候不是显官,并不拥有"卿"的荣耀,它们是"自然而然"地升上来的。

《秩律》之中,中大夫令和郎中令是二千石,但劳榦先生推测,这两官既然以"令"为称,那么它们在秦应是千石之官:"又秦官凡九卿之职,皆不称'令',而'令'、'长'之职,乃九卿及二千石之属官,其中大夫令及郎中令之称令,亦故为千石以下官,非九卿;亦犹尚书令故属少府,自汉以后其名未改、其职渐尊,寖假而驾乎九卿之上,成为辅相,然故为少府属官,犹斑斑可考也。"[1]劳榦通过称"令"一点,论证秦之中大夫令和郎中令,原先不在"九卿"之列,秩级也在千石以下,这看法发人深思。"令"是战国的新兴官职,在较早时候,称"令"之官确实地位不高。

劳榦先生云"尚书令故属少府"。今查《秩律》,"少府"记作"少府令",那么少府本身也曾称"令",汉初亦然。汉朝少府下属的称"令"之官多达16个,这个机构也是大令管小令的。依劳先生思路,较早时候少府也应是千石之官,跟中大夫令、郎中令一样,并没有"卿"之尊位。又据《百官公卿表》,典客在汉景帝中元六年(前144年)更名大行令,那么此前典客的职称,是否可以理解为"典客令"呢?多少暗示了那官职是近乎于"令"的。

《秩律》所见诸卿还有以"尉"为称的,如廷尉、中尉、车骑尉、卫尉等等。"尉,从上案下也。"[2]"尉"的意思是"安"[3],

---

[1] 劳榦:《秦汉九卿考》,《劳榦学术论文集》甲编,上册第865页。
[2] 《说文解字》卷十上,第208页。
[3] 《汉书》卷五二《韩安国传》:"以尉士大夫心。"颜师古曰:"古尉安之字正如此,其后流俗乃加心耳。"

"安"不妨理解为让人各得其所、各安其位、各从其令、各用其命，即管理、统辖。称"尉"之官在春秋就出现了。晋国中、上、下三军以将佐为首长，将、佐属卿，卿之下有军尉，可见"尉"在卿下。此外晋国还有舆尉[1]。《左传》襄公十九年："公享晋六卿于蒲圃，赐以三命之服，军尉、司马、司空、舆尉、候奄皆受一命之服。"相对于三命之卿，军尉、舆尉只是一命之官，低两等。"军尉"似为中级军官，相当"大夫"；"舆尉"只排在"候奄"之前，就更低下了。

战国的"尉"就更多了。三晋有不少"尉"：赵有中尉、国尉、都尉；魏有都尉、持节尉。秦制近于三晋，有国尉、廷尉、都尉、中尉、军尉、卫尉等，此外各郡设有郡尉，各县设有县尉[2]。杨宽先生根据白起的仕历，判断秦昭王时的国尉在大良造之下[3]。大良造即大上造，是第16级爵；在白起担任国尉之前，他爵为左更，是第12级爵。安作璋、熊铁基先生说："若从《商君书·境内篇》看，秦国尉的地位可以说是中级军官。"[4]传世有"邦尉"之印，或说就是战国的国尉[5]。又缪文远先生云："秦中级军官有都尉、郡尉。"[6]然而在汉初《秩律》中，昔日的中级军官都尉、郡尉，都升至二千石了。推测《秩律》中的廷尉、中尉、车骑尉、卫尉，在早先也都是中级军职，在秦汉间才跻身于"卿"。学者还认为，"国尉"可能是太尉的前身，而汉初太尉已进入"公"的层次了。

奉常一官，一般认为来自《周礼》六卿中的大宗伯。从传统说，此官倒是高居"卿"位的。然而《秩律》中奉常却很可怜，列在诸卿之末。在战国这个"霸政"时代，礼仪之官有些潦倒，汉初也没马上

---

[1]《左传》成公十八年（前574年）："使魏相、士鲂、魏颉、赵武为卿。……卿无共御，立军尉以摄之。祁奚为中军尉，羊舌职佐之；魏绛为司马，张老为候奄，铎遏寇为上军尉，籍偃为之司马，使训卒乘，亲以听命。"
[2] 参看董说《七国考》卷一，缪文远《七国考订补》卷一，上海古籍出版社1987年版；缪文远：《战国制度通考》卷一《职官考》，巴蜀书社1998年版。
[3] 杨宽：《战国史》，上海人民出版社1980年版，第206页。
[4] 安作璋、熊铁基：《秦汉官制史稿》，上册第73页。
[5] 陈直：《读金日札》，西北大学出版社2000年版，第278页，"邦尉印"条。
[6] 缪文远：《战国制度通考》卷一《职官考》，巴蜀书社1998年版，第8页。

显赫起来。

内史一官，在秦国主管财政、法制，兼主京师，地位颇高。而在《周礼》之中，内史中大夫一人、下大夫二人，只是大夫而不是卿。赵国也有内史，可见秦国与三晋官制相类。春秋时晋国的六卿行列中无内史，内史是后升上来的。

太仆在《周礼》中为"下大夫"，似是诸仆之长。《吕氏春秋·季秋纪》："天子乃命仆及七驺咸驾，载旌旐，舆受车以级整设于屏外。"此"仆"当即太仆。

御史大夫也是如此，本非显职。在《周礼》五史即大史、小史、内史、外史、御史之中，御史的爵级只是"中士"而已，所以学者说战国的御史只是微官末僚[1]。秦统一前后设"御史大夫"。既名为"大夫"，那么就不是"卿"。

叙毕列卿的沉浮，再看一眼丞相。汉代丞相居"三公"之首。在周朝官制中，"公"却是元老重臣之号。从西周金文看，"公"被用作执政大臣太保、太师、太史的爵称；成康之际，公、卿的官爵制度当已确立了[2]。这太保、太师、太傅之类，看似有职事之别，其实是同类的荣号。"保"、"傅"、"师"三字义近，并无实际意义的分工差别。"相"也不是从"保"、"傅"、"师"直接发源的。战国"相"之职掌的不确定性，前文已讨论过了。有学者认为，战国的"相邦"（即汉以后的相国），来自三晋卿大夫的家臣"相室"。在三家分晋、卿大夫化家为国后，"相室"摇身一变，成了国君之"相邦"了，出于习惯，有时仍以"相室"称之[3]。看来，家臣"相室"也是"相

---

[1] 安作璋说："战国时的御史属于末僚这话也是不错的，他们不过是国君身边记事和掌文书的人，甚至是受大臣召唤的人，……可见在王左右的御史还管接受文书，地位不会很高。"《秦汉官制史稿》，上册第48页。

[2] 杨宽：《西周史》，第338页以下。

[3] 李玉福：《秦汉制度史论》，山东大学出版社2002年版，第102-103页。作为家臣的相室，如《韩非子·外储说左上》中的"相室谏曰"，《战国策·秦策三》中的"其相室曰"。称相室而实指相邦之例，如《管子·地图》："论功劳，行赏罚，不敢蔽贤有私行，用货财供给军之求索，使百吏肃敬，不敢解怠行邪，以待君之令，相室之任也"；《韩非子·孤愤》："故主失势而臣得国，主更称蕃臣，而相室剖符"，同书《内储说下》："国君好内则太子危，好外则相室危。"均见李书所引。

邦"的一个来源。家臣制的演进，是战国官僚制的来源之一[1]。从宏观上说，丞相来自周朝的执政大臣之制，但官僚政治下的丞相制度，不完全是周朝的执政大臣线性发展的结果，其另一来源——家臣制，赋予丞相以更纯粹的官僚色彩与"百吏之长"的性质。秦汉三公丞相、太尉、御史大夫，都是新兴吏职。汉人就是这么看的。像"吏员自佐史至丞相十二万二百八十五人"、"张汤、杜周并起文墨小吏，致位三公，列于酷吏"、"吏中二千石以下"等提法，都意味着公卿皆"吏"。

秦始皇二十八年（前219年）《琅邪刻石》所列大臣具衔，先列侯，次伦侯，次丞相，次卿，次五大夫[2]。此处列在丞相与五大夫之间的"卿"，学者认为是爵而不是官。汉高帝六年（前201年）诏："诸王、通侯、将军、群卿、大夫已尊朕为皇帝……"[3]这里的"卿"和"大夫"，必指二千石诸卿及诸署令，而非卿爵与五大夫爵了。汉高帝七年叔孙通制朝仪："功臣、列侯、诸将军、军吏以次陈西方，东乡；文官丞相以下陈东方，西乡。"[4]"文臣丞相"以下，应即"群卿、大夫"[5]。汉文帝以降的君主诏书、臣工言议中，经常出现"三公九卿朝士大夫"、"诸侯王、三公、九卿及主郡吏"的提法。史料显示，主爵都尉、执金吾、郎中令、太仆、大司农、廷尉、少府、京兆尹及三辅、大鸿胪，在西汉明确称为"九卿"[6]，拥有正式的"卿"位。

战国时秦律规定："宦及知于王，及六百石吏以上，皆为显大夫"[7]，可知当时的"六百石"秩级，就是认定"大夫"的标准之

---

[1] 王宇信、杨升南：《中国政治制度通史》第一卷（先秦卷），第436—437页。"……家臣就成为国家官吏，家臣与主人间的这种主从关系，就成了新国家官制制度的基础。这样，旧的等级制、世官制，就为一种新的、适合中央集权的官制所替代。"

[2] 《史记》卷六《秦始皇本纪》。《索隐》：伦侯"爵卑于列侯，无封邑者。伦，类也，亦列侯之类。"

[3] 《汉书》卷一《高帝纪》。

[4] 《汉书》卷四三《叔孙通传》。

[5] 《汉书·百官公卿表》叙王国官制："丞相统众官，群卿、大夫都官如汉朝。"丞相、群卿、大夫构成了文职系统。

[6] 安作璋、熊铁基：《秦汉官制史稿》，第80页以下；陈仲安、王素：《汉唐职官制度研究》，中华书局1993年版，第11页以下。

[7] 《法律答问》，《睡虎地秦墓竹简》，文物出版社1978年版，第235页。

一。这是一个前所未有的标准。即以"六百石"来定"大夫"。"大夫"之上为"卿"。劳榦先生认为:"秦之三公为丞相、太尉、御史大夫,而九卿则为中二千石";"是在西汉时,凡'中二千石'皆卿也。"[1]我很赞成劳先生的意见。有人反对"凡中二千石皆卿"之说,但其说不足据[2]。西汉"三公"、"九卿"中的"三"、"九"只是泛称。御史大夫位"上卿",但也列于"三公";"九卿"也不限于"九",而指二千石,后来是中二千石的中央官[3]。

周爵留下的公、卿、大夫、士概念,在汉代仍被使用着。但汉廷不是以公、卿、大夫、士的概念为架构,来确定官职等级的。"六百石"就是"大夫"的尺度,"中二千石"则是"卿"的尺度,是秩级左右了"大夫"、"卿"的认定,而不是相反。从品位结构角度看,这是一个非常深刻的变动。它意味着周朝的公卿大夫士这种品位性官阶,被新兴的禄秩官阶全面取代了;在其之间,新兴吏职的崛起,是决定性的变迁动力。

上文对诸卿与丞相的考察显示,它们都是新兴吏职,早先的地位并不很高。战国官职体系开始发生整体性更新,涌现出了大量新兴吏职。统治者随时根据政治行政需要,依其权责大小、统属关系为其定俸禄、定秩级。权责轻、统属于他官者,其俸额就较小,其秩级就定得较低;其权责重、统辖他官者,其俸额就较厚,其秩级就定得较高。由此,官职就自然呈现出几个大的层次,中级官吏如诸署令、诸县令,其秩级如五百石、六百石、八百石、千石;高级长官秩级定为二千石,

---

[1] 劳榦:《秦汉九卿考》,《劳榦学术论文集》甲编,上册第861、864页。高敏:《从〈二年律令〉看西汉前期的赐爵制度》,《文物》2002年第9期。
[2] 卜宪群说:"很多人认为中二千石官皆是九卿,或者九卿都是中二千石,不确。应当说九卿秩为中二千石是王莽和东汉的制度,西汉未必如此。"见其《秦汉官僚制度》,第128页以下。他举证说,被刘熙称为卿的将作大匠,在《汉表》中就是二千石。然而刘熙《释名》中的十二卿之说,只是一家之言,非王朝制度。《秩律》中的中央二千石官,就是卿。卜氏又云太守黄霸以治行尤异而秩中二千石,王延世、张汤以光禄大夫秩中二千石,这些官都不是九卿。然而那都属"增秩"之例,不能与官职的定秩混为一谈。
[3] 后汉有个别二千石官仍视为卿的。《续汉书·百官志四》:"太长秋一人,二千石。"张晏曰:"皇后卿。"皇后的宫官被视为卿,属特例,也属泛称。

后来是中二千石。然后，再用传统的公、卿、大夫、士概念，去指称那几个层次。二千石、后来是中二千石的中央官为"卿"，低一层次千石、六百石的诸署令则称"大夫"。公、卿、大夫、士在周是贵族品位概念，在秦汉却不是。此"卿"已非彼"卿"，此"大夫"已非彼"大夫"。它们由"人"而"职"，变成了官职层次概念了。

总之，战国秦汉间存在着一个"以吏职为公卿大夫士"和"以秩级为公卿大夫士"的转变过程。周爵公卿大夫士体制，由此被彻底突破。秦汉不是按公卿大夫士体制来安排新兴等级秩序的，那些品位概念本身，并没有构建新兴等级秩序的能力。那只是一种"借用"，借用为秩级层次的"标签"，名同实异。从逻辑关系上说，首先出现的是新兴吏职的科层架构，然后是管理新兴吏职的秩级架构，随后才是对公、卿、大夫、士概念的借用，或说"贴标签"。

在借用公、卿、大夫、士概念来"贴标签"时，汉廷的态度也相当实用主义。按，所谓卿、大夫、士，先秦列国各行其是，礼书也莫衷一是。例如在一些国家，上大夫在卿之下，二者非一事[1]。而在《周官》中，"上大夫"就是卿，另有中大夫、下大夫。《孟子·万章》中卿与大夫只两级，《礼记·王制》说天子有三公、九卿、二十七大夫、八十一元士，诸侯有上卿、中卿、下卿、上大夫、下大夫[2]。

---

[1] 俞正燮指出："《左传·成三年》臧宣伯语，则上大夫在卿之外。郑子产数游楚曰，驷黑上大夫。及驷黑与六卿盟，称七子，则曰于君之位。是上大夫非卿，而下大夫中又有上大夫也。"见其《癸巳存稿》，辽宁教育出版社2003年版，第29-30页。
[2] 《礼记·王制》云"诸侯之上大夫卿，下大夫，上士中士下士，凡五等"，似乎上大夫就是卿了；但接着又说"次国之上卿，位当大国之中，中当其下，下当其上大夫。小国之上卿，位当大国之下卿，中当其上大夫，下当其下大夫"，这里是有"上大夫"的；随后《王制》又云："天子：三公，九卿，二十七大夫，八十一元士。大国：三卿，皆命于天子；下大夫五人，上士二十七人。次国：三卿；二卿命于天子，一卿命于其君；下大夫五人，上士二十七人。小国：二卿，皆命于其君；下大夫五人，上士二十七人。"这里头又没有"上大夫"，小国变成了"二卿"而不是三卿。编写《王制》的儒生似乎头脑冬烘，转眼就忘记自己前头说什么了。这就给注家添了麻烦。郑玄云："小国亦三卿，一卿命于天子，二卿命于其君。此文似误脱耳，或者欲见畿内之国二卿与？"孔颖达疏云："按郑注言'小国亦三卿'，差次而言，应一卿命于天子，二卿命于其君。此惟言二卿，则似误也。郑何以得知应三卿？按前云小国又有上中下三卿，位当大国之下大夫，若无三卿，何上中下之有乎？故知有三卿也。"参看《十三经注疏》，第1325页下栏。

那汉代呢？西汉把千石、六百石视为"下大夫"，把二千石官视为"上大夫"。卿、大夫共三级，但没用《周官》概念；"上大夫"、"下大夫"之名称同于《王制》，但《王制》所云乃诸侯之制，没说天子之大夫也分上、下。那么西汉之"上大夫"概念，既非《周官》，也非《王制》。可见汉廷是从实际出发运用卿、上大夫、下大夫概念的，并不寻求与经书的一致性。

有人把公卿大夫士体制，说成汉代等级秩序的主干。我们不那么看。什么是品位结构的主干？配置了最多"品秩要素"的位阶，就是主干。"品秩要素"即权责、资格、报酬、特权和礼遇。权责、资格、报酬是配置于秩级上的，而非配置于公、卿、大夫、士上。特权也有很多配置于秩级之上。六百石以上吏的先请权，二千石以上吏的任子权，还有舆服等级，都依秩级而定。二十等爵分侯爵、卿爵、大夫爵、士爵四大段落，也是政治等级和社会分层决定的，不是由卿、大夫、士概念创造出来的。颁授田宅的额度因爵级而定，其他多种特权也因爵级而定。在这个角度中，来自周朝的公卿大夫士名号，其分量和价值远不能跟秩级、爵级相比。

爵级与秩级才是帝国等级秩序的主干，"以吏职为公卿大夫士"和"以秩级为公卿大夫士"，宣告了周朝公卿大夫士体制的终结。

第三章　西汉郡国官的秩级相对下降

《二年律令·秩律》提供了新的坐标点，使我们得以更清晰地描述战国秦汉间的禄秩伸展过程。这个"伸展"主要是就中央朝官而言的。与此同时，还能看到另一个平行现象：与中央朝官的秩级上升相比，郡国官的秩级却相形下降了。于是，又一条变迁线索浮现出来，我们又有事情可做了。

秦始皇废分封、立郡县，开创了大一统官僚帝国。不过中央集权不会一蹴而就，它在秦汉间经历了一个曲折历程。项籍封十八王，汉初封异姓王、封同姓王，都是那曲折性的表现。藩国与中央的矛盾一度尖锐化，并发展到了对抗的程度。最终中央政府平定了"七国之乱"，显示了中央集权仍是中国历史的"常态"。汉景帝和汉武帝的"削藩"努力中，都包含着削减王国官额、降低王国官秩的举措，就是说，波及到了品位安排之上。

除王国之外，在郡县等级方面，也存在着中央官地位提升，而郡县相对下降的情况。结果之一，就是若干同类或同名官职，在中央的就秩级较高，在郡县的就秩级较低。这种中央官级别较高的"重内轻外"做法，现代中国也是如此。1956年实行的30级行政级别制度中，中央政府的科员为17—21级，县属科员则是20—24级；中央政府的办事员是22—25级，县属办事员则是24—27级[1]。统一前秦

---

[1] 中国社会科学院、中央档案馆编：《中华人民共和国经济档案资料选编·劳动工资和职工保险福利卷（1953—1957）》，中国物价出版社1998年版，第488页以下。

国领土较小，郡县地位也相对较高；统一后帝国疆域大大拓展了，经济发展、人口增殖推动了郡县的增设，这时郡县官吏的地位相对下降，其秩级出现调整，也在情理之中。但从根本上说，中央同一层次的官职高于地方，所体现的是中央集权原则。

品位秩序中存在着一个"比例效力"规则，即，拥有同类级别或名号的人增多，则其价值相对下降。打比方说，一个万人大学，过去有100名教授，现增至300名教授，则不妨认为"教授"在这个校园里相对贬值。在改变官职相对地位时，一般有"升"、"降"两种选择：或提升某些官职的秩次，以令另一些官职实际地位下降，这时地位实际下降的官职，表面上其秩级和位遇依然故我，所以这是一种借助"增量"的温和做法；而若直接降低某类官职的秩级，就属强硬措施了，要有强大的中央集权才做得到。

《秩律》新提供的秩级参考点，还可供比较王国与郡县的官秩变化。下面先讨论王国秩级问题，再讨论郡县秩级问题。

一 王国官的秩级下降

汉初的王国官制既略如朝廷，秩级也应如此。《续汉书·百官志五》："汉初立诸王……又其官职，傅为太傅，相为丞相。又有御史大夫及诸卿，皆秩二千石；百官皆如朝廷。"这"御史大夫及诸卿，皆秩二千石"的说法，可由张家山汉简《秩律》予以证明。中央诸卿上升到中二千石、御史大夫上升为"上卿"，都是后来的事情；在《秩律》时代，朝廷御史大夫及诸卿与王国御史大夫及诸卿，在当时都只"二千石"而已，是所谓"百官皆如朝廷"。中央之官有中尉、中候，其官职在诸郡是称郡尉、郡候的，而王国仍称中尉、中候。王国中尉见《汉书·百官公卿表》，又徐州狮子山西汉楚王陵出土了"楚中尉印"封泥和"楚中候印"铜印[1]。王国不但"百官皆如朝廷"，礼制亦如朝

---

[1] 韦正等：《江苏徐州狮子山西汉墓的发掘与收获》，《考古》1998年第8期。

廷。例如天子驾六，王国亦可驾六[1]。王国还可以使用九鼎[2]。

但汉文帝开始着手"众建诸侯而少其力"，齐分为六而淮南为三。汉景帝继踵而来实行"削藩策"，平定了爆发的"七国之乱"，随后就开始削弱王国官的建制。汉武帝继续打击王国，"作左官之律，设附益之法"。其间压抑王国官的努力，一浪接着一浪，直到汉成帝时：

  1. 汉景帝中三年（前147年）冬：罢诸侯御史中丞；中五年六月：更命诸侯丞相曰相。（《史记》卷十一《孝景本纪》）
  2. 汉景帝中三年冬十一月：罢诸侯御史大夫官；景帝中五年秋八月：更名诸侯丞相为相。（《汉书》卷五《景帝纪》）
  3. 汉景帝中五年：令诸侯王不得复治国，天子为置吏，改丞相曰相，省御史大夫、廷尉、少府、宗正、博士官，大夫、谒者、郎、诸官长丞皆损其员。武帝改汉内史为京兆尹，中尉为执金吾，郎中令为光禄勋，故王国如故。损其郎中令，秩千石；改太仆曰仆，秩亦千石。成帝绥和元年省内史，更令相治民，如郡太守，中尉如郡都尉。（《汉书》卷十九上《百官公卿表》）

由此可见，汉景帝削夺王国选官权，又把丞相改名为"相"以贬抑之，并大幅度裁撤了王国官额。汉武帝进而压低王国官秩级，把王国的郎中令和仆（原名太仆）由二千石降到了千石。中央的内史、中尉、郎中令改了新名儿，王国的同名官职却不给改，也等于把王国官打入另册了。

降低王国郎中令秩级的做法，还不止《汉表》所纪录的汉武帝那

---

[1] 长沙马王堆三号汉墓出土遣策，记有安车一乘、大车一乘、辎车二乘、𫐓车二乘，是"驾六马"的，见何介钧主编：《长沙马王堆二三号汉墓》第一卷《田野考古发掘报告》，文物出版社2004年版，第51–52页。
[2] 马王堆一号汉墓遣策，记有"酎羹九鼎"一套，参看俞伟超先生的讨论，《马王堆一号汉墓用鼎制度考》，收入湖南省博物馆编：《马王堆汉墓研究》，湖南人民出版社1981年版，第365页。

一次：

> 帝子为王。王国置太傅、相、中尉各一人，秩二千石，以辅王。仆一人，秩千石。郎中令，秩六百石，置官如汉官官吏。郎、大夫、四百石以下自调除。国中汉置内史一人，秩二千石，……成帝时，大司空何武奏罢内史，相如太守，中尉如都尉，参职。（《汉旧仪》《汉官六种》，中华书局1990年版，第48页）

从"郎中令，秩六百石"看，王国郎中令被汉武帝降到千石后，又一度降到六百石，连千石之官都不是了[1]，到了东汉才恢复为千石[2]。上文又云"内史一人，秩二千石"，那么这事应在汉成帝绥和元年（前8年）之前，因为这一年"省内史，更令相治民"了[3]。

这期间，何武还奏请王国"内史如都尉"，事见《汉书》卷八六《何武传》：

> 及为御史大夫、司空，与丞相方进共奏言："往者诸侯王断狱治政，内史典狱事，相总纲纪辅王，中尉备盗贼。今王不断狱与政，中尉官罢，职并内史，郡国守相委任，所以壹统信，安百姓也。今内史位卑而权重，威职相逾，不统尊者，难以为治。臣请相如太守，内史如都尉，以顺尊卑之序，平轻重之权。"制曰："可。"以内史为中尉。

何武因王国内史位卑，希望给此官类似郡都尉的职权。郡都尉比二千石。严耕望先生因云："据此，则绥和改制以前，中尉之职已省，内

---

[1] 按陈直先生怀疑王国"郎中令秩六百石"的记载，认为"郎中令秩二千石，在王国则秩千石，不应为六百石，故知原文有脱落"。见其《汉书新证》，天津人民出版社1979年版，第126页。我想郎中令的秩级不妨有变，若无确证，还是不能断为脱落的。
[2] 《续汉书·百官志五》："郎中令一人，仆一人，皆千石。"则东汉郎中令复为千石了。
[3] 《汉书》卷十九上《百官公卿表》。

史专总军民之权，为一国之真正统治者。至此始罢内史，移其职权于国相；复置中尉官，佐国相典武职甲卒，如郡都尉之佐郡太守者。"[1] 王国中尉在绥和元年前曾被废罢，职并内史；绥和元年恢复王国中尉，内史又不存在了。此时的王国中尉既然"如都尉"，则秩级应是比二千石。东汉就是如此。《续汉书·百官志五》："（王国）中尉一人，比二千石。"

我还怀疑，在中尉取代内史之前，内史已非二千石，已被降为比二千石了，低于二千石的国相。所以何武才会有"位卑而权重，威职相踰，不统尊者，难以为治"之言，意思是说，比二千石内史的秩级低于二千石国相，可职权却凌驾其上。据《续汉书·舆服志下》注引《东观书》："建武元年（25年）……校尉、中郎将、诸郡都尉、诸国行相、中尉、内史、中护军、司直，秩皆二千石。"文中"秩皆二千石"应作"秩皆比二千石"。内史已被汉成帝废罢，建武元年重设其官，但只允许个别王国特置内史。详见下编第六章第三节。建武元年内史比二千石，是上承西汉之旧。

我们推测在何武上奏前，王国中尉和内史都是比二千石；何武的意思只是让中尉职权如郡尉而已，而不是秩级如郡尉。综上所述，王国中尉与内史经历了如下秩级变迁：最初与中央诸卿同列二千石；此后，中央诸卿升至中二千石，而王国中尉、内史如故，仍是二千石，从而相形失色；再后，王国中尉、内史又降到了比二千石，连二千石也没保住。

这段时间中，秩级曾遭贬抑的，还有其他官职。《续汉书·百官志五》记王国官制，在叙毕汉武帝对郎中令和仆"又皆减其秩"后，又记：

治书，比六百石。本注曰：治书本尚书更名。

---

[1] 严耕望：《中国地方行政制度史——秦汉地方行政制度》，中研院历史语言研究所专刊之四十五A，1997年版，第100页。

大夫，比六百石。本注曰：无员。掌奉王使至京都，奉璧贺正月，及使诸国。本皆持节，后去节。

谒者，比四百石。本注曰：掌冠长冠。本员十六人，后减。

礼乐长。本注曰：主乐人。

卫士长。本注曰：主卫士。

医工长。本注曰：主医药。

永巷长。本注曰：宦者，主宫中婢使。

祠祀长。本注曰：主祠祀。皆比四百石。

郎中，二百石。本注曰：无员。

首先来看治书，此官原即尚书，后更其名。《续汉书·百官志三》："尚书六人，六百石。"中央的尚书六百石，而王国另称治书，比六百石，低下一等。

再来看中大夫。上引《续汉志》中的"大夫"应脱"中"字，其官职全名应为"中大夫"[1]。汉初的中大夫秩级不明。《秩律》只记中大夫令为二千石，不记中大夫。《汉书·百官公卿表》云："太初元年更名中大夫为光禄大夫，秩比二千石。"也没说此前中大夫的禄秩，但又记同年"太中大夫秩比千石如故"。"太中大夫"既冠以"太"字，就应高于中大夫。汉初陆贾为中大夫，因出使南越、降服尉佗之功，返朝后加"太"，做了"太中大夫"。那么中大夫应低于"比千石"。附带说，萧亢达先生认为，太初元年之前，中大夫"地位低于太中大夫而高于谏大夫，也就是介于比千石和比八百石之间。"[2]比千石以下、比八百石以上是正秩八百石，那么照萧先生的推断，中大夫只能是正秩八百石。我却认为，大夫之官都是"比秩"，而非正

---

[1]《后汉书》卷五《安帝纪》注引《续汉书》、卷十四《宗室四王三侯传》注引《续汉志》等，均称中大夫秩比六百石。又《后汉书》卷五五《章帝八王传》注引《续汉志》作"中大夫，秩六百石"，不脱"中"字而脱"比"字。

[2] 萧亢达：《从南越国"景巷令印"、"南越中大夫"印考释蠡测南越国的官僚政体》，《广东社会科学》1994年第5期。

秩。中央的中大夫，应高于王国中大夫的比六百石。那么比千石以下、比六百石以上的比八百石，就是中央中大夫的最初比秩。我们推测，在汉景帝形成"比秩"时，中央和王国的中大夫都是比八百石。汉武帝改中大夫为光禄大夫，升至比二千石；王国中大夫官名依旧，且其秩级在这时或此后什么时候，由比八百石降到比六百石了。

其次再看谒者。《汉书·百官公卿表》："谒者掌宾赞受事，员七十人，秩比六百石。"中央的谒者比六百石，而王国谒者比四百石，低下两等。

再看礼乐长、卫士长、医工长、永巷长、祠祀长，他们都是比四百石。查《汉表》：太常之下有太乐令、祠祀令、太医令，卫尉之下有卫士令，少府之下有永巷令。据《续汉志》，它们都是六百石。又《秩律》，大祝令、长信祠祀令、长信永巷令，秩各六百石。那么同类官职，置于中央者称令、秩六百石，置于王国者称长、秩比四百石，也是高下有别的。赵平安先生的研究进而显示，西汉王国群卿属官只称长，不称令，如长水祝长、御府长、靖园长、菑川厩长、齐宦者长、齐祠祀长、齐工长印、齐哀庙长、信都食官长等等。这与《史记》、《汉书》所见王国诸署官称"长"的情况是一致的[1]。《汉表》说汉景帝中元五年裁抑王国官制时，"诸官长丞皆损其员"，称"长丞"而不称"令丞"，那么汉景帝已把王国的诸署令改为诸署长了。

最后是郎中。中央的三署郎中秩比三百石，王国郎二百石，也矮一头。

二 王国丞相的秩级下降

本节专门讨论王国丞相的地位变化。

汉高帝时的王国丞相，也有称"相国"的，曹参就是齐王刘肥的相国。但"孝惠帝元年（前194年）除诸侯相国法，更以参为齐丞

---

[1] 赵平安：《秦西汉官印论要》，《考古与文物》2001年第3期。

相"[1]。称"相国"比称"丞相"高一等，这从掾史等级上也反映出来了。《汉旧仪》："汉初置相国史，秩五百石。后罢，并为丞相史"；"丞相、太尉、大将军史，秩四百石。"相国之史五百石，而丞相之史四百石，恰低一级。吕后之时的《二年律令·津关令》中，既有"相国上内史书"、"相国上中大夫书"等语，又有"相国上长沙丞相书"之辞，反映了中央设"相国"，而长沙国的相只称"丞相"而已。王国不得称"相国"，这对王国官之地位，是个稍予降抑之举。

《二年律令·秩律》并无丞相，因为其时丞相无秩。史书既称汉初王国"百官皆如朝廷"，那么王国丞相也应无秩。丞相无秩名，也可以表示此官尊贵，在一人之下、万人之上，不用秩级。那么，王国丞相在什么时候纡尊降贵，跟百官一样有了"若干石"秩级呢？汉景帝中元五年（前145年）六月"更命诸侯丞相曰相"，我想那时其秩级就有了变化。首先从所佩印章看：

> 太史公曰：高祖时诸侯皆赋，得自除内史以下，汉独为置丞相，黄金印。诸侯自除御史、廷尉正、博士，拟于天子。自吴楚反后，五宗王世，汉为置二千石，去"丞相"曰"相"，银印。（《史记》卷五九《五宗世家》）

查《汉书·百官公卿表》："凡吏秩比二千石以上，皆银印青绶。"使用银印的官职中，最高的是御史大夫。御史大夫在汉初为二千石，汉景帝时大约已是中二千石了。王国相由黄金印改用银印时，我猜其秩级大概是中二千石。

由官吏赐爵时的同等待遇，也可以得出类似结论。有一段时间，中二千石的赐爵与诸侯相的赐爵相同。《史记》卷十一《孝景本纪》

---

[1] 《史记》卷五四《曹相国世家》。勾承益先生认为此事在惠帝元年之后。见其《西汉前期刘氏诸侯王的"相"》，《四川师范大学学报》2002年第5期。

349

后元元年（前143年）："赦天下，赐爵一级，中二千石、诸侯相爵右庶长。"这时中二千石和诸侯相同赐"右庶长"之爵，我想就是二者地位相当，诸侯相秩中二千石之证。此后汉武帝元狩元年（前122年）曾赐中二千石爵右庶长，汉宣帝地节三年（前67年）、汉元帝初元二年（前47年）曾赐御史大夫爵关内侯、中二千石爵右庶长。遂知中二千石赐爵右庶长，乃是通例。换言之，汉景帝在把王国丞相改名为"相"时，还将其秩级定为中二千石。由此，王国相不再跟天子之相"尊无异等"了，而是降到了诸卿的同列[1]，不是升，而是降了。

史料又显示，汉武帝、汉宣帝时诸侯王的丞相降至秩真二千石，汉元帝时又再度下降：

> 1. 汲黯：居数年，会更五铢钱，民多盗铸钱，楚地尤甚。上（汉武帝）以为淮阳楚地之郊，乃召拜（汲）黯为淮阳太守……令黯以诸侯相秩居淮阳。七岁而卒。（《史记》卷一百二十《汲郑列传》）
>
> 2. 《史记集解》如淳曰：诸侯王相在郡守上，秩真二千石。律，真二千石俸月二万，二千石月万六千。（《汲郑列传》引）
>
> 3. 汉武帝论征匈奴之功：唯西河太守常惠、云中太守遂成受赏，遂成秩诸侯相，赐食邑二百户，黄金百斤，惠爵关内侯。（《汉书》卷五五《霍去病传》）
>
> 4. 孔霸：宣帝时为太中大夫，以选授皇太子经，迁詹事，高密相。是时，诸侯王相在郡守上。（《汉书》卷八一《孔光

---

[1] 当然也要看到，王国"丞相"虽降为王国"相"，实权反倒增大了。马雍先生指出："自从景帝改'丞相'为'相'以后，诸侯王的直接统治权完全被剥夺，王国朝廷的高级官吏统统由中央任命，似乎级位稍降，而权力却大为提高，实际上已成为王国最高的统治者。"见其《轪侯和长沙国相国——谈长沙马王堆一号汉墓主人身份和墓葬年代的有关问题》，收入湖南省博物馆：《马王堆汉墓研究》，湖南人民出版社1981年版，第14页。改名"相"、给其秩级，是为了强化中央集权；增大王国相的实权，也是为了强化中央集权。两个措施的目的是一致的。

传》)

5. 汉元帝初元三年（前46年）春：令诸侯相位在郡守下。（《汉书》卷九《元帝纪》）

先看第1条。汲黯任淮阳太守约在汉武帝元狩、元鼎（前122—前111年）年间，因为"罢半两钱，行五铢钱"是元狩五年的事情[1]。由于汲黯曾"为主爵都尉，列于九卿"，所以任命他做太守时，汉武帝不想委屈了昔日的爱卿，给了他"诸侯相秩"待遇。如第2条如淳之言："诸侯王相在郡守上，秩真二千石。"真二千石高于普通郡守二千石，但比中二千石低一级。汉宣帝五凤（前57—前54年）年间，张敞对丞相黄霸重提汲黯之事："后汤诛败，上闻黯与息语，乃抵息罪而秩黯诸侯相，取其思竭忠也。"[2]可见以诸侯相的秩级居郡守之位是一种荣耀。第3条记，汉武帝让云中太守遂成"秩诸侯相"以为褒奖，也说明"诸侯相"的秩级高于郡守。再从第4条看，汉宣帝时诸侯王相仍"在郡守上"。但随王国势力由盛而衰，国相的地位继续下滑，在第5条中，汉元帝令"诸侯相位在郡守下"，诸侯相不但降为二千石，还被排在了郡守的后面。

这样说来，诸侯王相的秩级，就经历了如下若干变化：最初，天子之相与诸侯之相都可称"相国"；惠帝之时，就只有天子之相能叫"相国"了，诸侯国只称丞相，当然王国丞相仍与天子丞相"尊无异等"，且均无秩级；进而约在汉景帝时，诸侯相下降到九卿之列，秩中二千石；进而汉武帝一朝，诸侯相降为真二千石；进而元帝一朝，诸侯相降至二千石、与郡守同秩，位在郡守之后。

综合前面两节所述，从汉初到汉成帝为止，王朝官和王国官的秩级相对变迁，可以列如下表：

---

[1] 参看《汉书》卷六《武帝纪》。
[2] 《汉书》卷八九《循吏黄霸传》。

《秩律》时代		汉景帝		汉武帝、汉宣帝		汉元帝初元三年	汉成帝绥和元年
朝廷	王国	朝廷	王国	朝廷	王国	王国	王国
相国丞相无秩	丞相无秩	丞相		丞相			
		诸卿中二千石	相中二千石	诸卿中二千石			
					相真二千石		
						傅、相二千石	傅、相二千石
诸卿二千石	诸卿二千石		诸卿二千石				
						内史、中尉比二千石	中尉比二千石
						郎中令、仆千石	仆千石
		中大夫比八百石	中大夫比八百石				
诸署令六百石		诸署令尚书六百石	诸署令尚书六百石				郎中令六百石（东汉复千石）
		谒者比六百石	谒者比六百石				中大夫治书比六百石
							谒者诸署长比四百石
		郎中比三百石	郎中比三百石				郎中二百石

注：王国官的具体降秩时间有些难以详考，只能大致定于某个时段，最右一列表示最终结果

三 王国内官的秩级下降

这里的"内官"指诸侯王的妃嫔与公主的等级。中央"削藩"殃及池鱼，王国内官也曾遭到中央的贬抑。下据《二年律令》，结合有关文献，略加考述。

首先请看：

1. 高帝十二年（前195年）诏：其有功者上致之王，次为

列侯，下乃食邑。而重臣之亲，或为列侯，皆令自置吏，得赋敛，女子公主。(《汉书》卷一下《高帝纪下》)

2. 诸侯王女毋得称公主。(《二年律令·置吏律》，第25页第233简，第163页释文)

3. 帝姊妹曰长公主，诸王女曰翁主。(《汉书·高帝纪下》注引如淳)

4. 赐公主比二千石。(《二年律令·赐律》，第31页第295简，第173页释文)

第1条高帝诏书中，他对自己称王称帝十二年来"于天下贤士功臣，可谓亡负"的恩惠做了回顾。从中能够看到，直到高帝十二年为止，列侯都是"女子公主"的，那么比列侯高一等的诸侯王之女，当然更有资格称"公主"。然据第2条，到了《置吏律》这一条文问世时就不同了，"诸侯王女毋得称公主"，可以推知彻侯之女也不能称公主了。不称"公主"称什么呢？据第3条，诸王之女称"翁主"。汉惠帝之初曾下令诸侯王的相国不得再叫相国，而《置吏律》关于公主的规定，也许就是同时颁布的。汉代文物中有一件《丙长翁主壶》[1]，那只能是惠帝、吕后之后的壶了。第4条《赐律》规定"赐公主比二千石"，而"翁主"受赐当比公主低下一等，大概是"比千石"吧。由此，皇帝的公主与王侯公主的地位之差，就在所比秩级上反映出来了。

《置吏律》中还能看到王侯内官姬妾之制：

诸侯王得置姬八子、孺子、良人。

彻侯得置孺子、良人。(第25页第211、222简，第163页释文)

---

[1] 孙慰祖、徐谷富编：《秦汉金文汇编》，上海书店出版社1997年版，第162页。

353

王侯内官与皇帝有什么不同呢?"汉兴,因秦之称号,帝母称皇太后,祖母称太皇太后,嫡称皇后,妾皆称夫人。又有美人、良人、八子、七子、长使、少使之号焉。"[1]草莽英雄刘邦当了皇帝后,就有了一大堆妃嫔,其名号异彩纷呈;他的起义战友封了王,想来是有福同享的,其姬妾也能用夫人、美人等号。但是不久,诸侯王就只能置八子、孺子、良人,不能置夫人、美人什么的,不能与皇帝比肩了。女人还是那些,改变的只是名号;可古人看重的就是"名",名不正则言不顺,名器不可假人。《置吏律》中的"诸侯王得置姬八子、孺子、良人"、"彻侯得置孺子、良人"之条文,推测也出自惠帝、吕后。

夫人、美人等号,诸侯王已不能用了,但其可用的八子、孺子、良人,与皇帝的八子、孺子、良人所比拟的秩级,一段时间中大概仍然相同。不过,这一点后来也变了。请看:

> 1. 汉宣帝五凤(前57—前54年)中:青州刺史奏终古使所爱奴与八子及诸御婢奸……事下丞相、御史,奏:终古位诸侯王,以《令》置八子,秩比六百石,所以广嗣重祖也。而终古禽兽行,乱君臣夫妇之别,悖逆人伦,请逮捕。(《汉书》卷三八《高五王传》)
>
> 2. 《汉秩禄令》及《茂陵书》,姬,内官也,秩比二千石,位次婕妤下,在七子、八子之上。(《史记》卷九《吕太后本纪》注引臣瓒,又见《汉书》卷四《文帝纪》注引)
>
> 3. 元帝加昭仪之号,凡十四等云。……八子视千石,比中更。充依视千石,比左更。七子视八百石,比右庶长。良人视八百石,比左庶长……(《汉书》卷九七上《外戚传上》)

从第1条看,齐思王刘终古之"八子"是"以《令》置"的,这

---

[1] 《汉书》卷九七上《外戚传上》。

个《令》应是第2条臣瓒所云《秩禄令》。可见对内官所比秩级，王朝是用《秩禄令》来规定的。那么《二年律令》的整理者，把诸王姬妾公主诸简放在《置吏律》部分，不知是否妥当[1]。进而根据第3条，皇帝的八子"视千石"，而诸侯王刘终古的八子"秩比六百石"：名号同是"八子"，王国比皇帝低好几级。

四 列郡秩级的相对下降附论郡县秩级简繁

叙毕王国，我们再看郡县。同名或同类官职，在中央的就级别较高，在地方的就级别较低，这做法在中国源远流长。据《左传》、《周礼》的记载，周朝大国、次国、小国的上卿、中卿、下卿和大夫、士，就是官名相同而地位各异的。汉帝国的中央官秩级上升，同时造成了郡县官秩级的相对下降。

首先来看郡守。在秦统一前后，郡守已是二千石了。《二年律令·秩律》中，郡守高居第一级二千石。如钱穆先生所云："汉代郡长官叫太守，地位和九卿平等，也是二千石。不过九卿称为中二千石，郡太守是地方上的二千石。郡太守调到中央可以做九卿，再进一级就可当三公，九卿放出来也做郡太守。……九卿放出来当太守，并不是降级。地方二千石来做中二千石，也不是升级，名义上还是差不多。当时全国一百多个郡，太守的名位，都和九卿相去不远。"[2]这论断尤其适合秦与汉初。在《秩律》中，郡守、郡尉皆二千石，与御史大夫和诸卿平起平坐。

随后则因禄秩上端不断伸展，王朝官的阶次拾级而上。在诸卿升到了中二千石、御史大夫进居"上卿"之时，郡守、郡尉就相形失色了。当然这是从总体上说的，具体说则还有曲折，也有一些大郡曾一度被王朝调高秩级。

---

[1] 文物出版社2006年版的《张家山汉墓竹简247号墓》（释文修订本），仍把这些条文放在《置吏律》部分。第38-39页。
[2] 钱穆：《中国历代政治得失》，三联书店2001年版，第10-11页。

《汉书》卷八《宣帝纪》神爵四年（前58年）注引如淳："太守虽号二千石，有千石、八百石居者，有功德茂异乃得满秩，（黄）霸得中二千石，九卿秩也。"黄霸在汉宣帝时任颍川太守，秩比二千石；治为天下第一，征守京兆尹，秩二千石；因罪过连贬秩，诏归颍川太守官，以八百石居；郡中愈治，赐爵关内侯，黄金百斤，秩中二千石[1]。杨鸿年先生指出："所谓郡守秩二千石乃是原则，实际上因为功过增贬以及任职者资格深浅不同，以致太守官秩差别颇大，上自中二千石，下至八百石，凡有六级之别。"[2] 所谓"六级之别"，其实还应加上"真二千石"，是为七级之别。郡守秩位的七级之别，有增秩贬秩造成的，也有郡本身的分等造成的。郡守黄霸的中二千石和八百石属前者，那不是郡本身的秩级，而是其个人级别。而如淳"太守虽号二千石，有千石、八百石居者"的说法呢？可能首先是就个人资格而言的，即资深任大郡、资浅任小郡；不过真是那样的话，也等于郡本身有等级了。

关于郡本身的分等情况，我们来看几条材料：

1. 汉元帝建昭二年（前37年）：益三河大郡太守秩。户十二万为大郡。（《汉书》卷九《元帝纪》）

2. 汉元帝建昭二年：益三河郡太守秩中二千石。（《汉纪》元帝纪下，中华书局2002年版，上册第398页）

3. （汉元帝）建昭二年，益三河及大郡太守秩。本注曰：十二万户以上为大郡太守，小郡守迁补大郡。（汉武帝）元朔三年（前126年），以上郡、西河为万骑太守，月奉二万。（汉成帝）绥和元年（前8年），省大郡、万骑员秩，以二千石居。（纪昀等辑：《汉旧仪》卷下，《汉官六种》，中华书局1990年版，第49页）

---

[1]《汉书》卷八《宣帝纪》、卷八九《循吏黄霸传》。
[2] 杨鸿年：《汉魏制度丛考》，武汉大学出版社1985年版，《郡太守不尽二千石》条及《郡有美恶守有高低》条，第281页以下。

4. 诸侯王相在郡守上，秩真二千石。(《史记》卷一百二十《汲郑列传》"令黯以诸侯相秩居淮阳"《集解》引如淳)

由第 1、2、3 条可知，西汉有大郡、小郡概念，大小郡的等级是有区别。元帝以"十二万户"为条件，达标的为中二千石。这样，大郡就得以保持与列卿同等的地位。此外还有一种"万骑"郡，也高于常郡，其秩级未见记载，只知道其月俸是二万。

严耕望、谢桂华先生对这些材料有考述。严先生认为，汉元帝建昭二年诏应作"益三河大郡太守秩中二千石"，谢先生赞成这个看法[1]。然而周天游先生所整理的《汉官旧仪》中"益三河及大郡太守秩"多一"及"字，文意更为清晰，表明不止是三河郡一郡，而是有一批 12 万户以上的郡，都被确定为"大郡"，秩中二千石了。又严、谢先生未论"万骑"郡的秩级。按，由本书下编第一章第四节所考，西汉中二千石月俸 24000 钱，真二千石 20000 钱，二千石 16000 钱，比二千石 12000 钱。就是说，大郡太守略高于万骑太守，薪俸相差 4000 钱，那么万骑太守的秩级，应推定为"真二千石"。再看上引第 4 条材料，诸侯王相也是真二千石，其俸钱也应是月俸 20000 钱。可见地方守相确实用过"真二千石"秩级。

尹湾汉墓简牍所见《东海郡吏员簿》，东海郡尉被明记为"一人，秩真二千石"[2]。证明西汉后期确实存在"真二千石"一秩。但东海郡太守秩级不明。谢桂华先生云："故推测太守的秩次不会低于二千石。"[3] "不会低于二千石"的判断是很谨慎的。杨际平先生则云："都尉秩'真二千石'，太守秩亦应为真二千石，或更高的中二千石。凡此都与《汉书·百官公卿表》所记不同，说明元延前后太守与

---

[1] 参看严耕望：《秦汉地方行政制度》，第 39 页；谢桂华：《尹湾汉墓所见东海郡行政文书考述（上）》，收入连云港市博物馆、中国文物研究所编：《尹湾汉墓简牍综论》，科学出版社 1999 年版，第 31 页。

[2] 连云港市博物馆等：《尹湾汉墓简牍》，中华书局 1997 年版，第 79 页。

[3] 谢桂华：《尹湾汉墓所见东海郡行政文书考述（上）》，《尹湾汉墓简牍综论》，第 31 页。

都尉的秩次有所提高。"[1]东海郡有户26万之多，无疑属于大郡；依例太守应略高于郡尉，那么东海太守很可能是中二千石。大郡太守的秩级提高在汉元帝时，而不是汉成帝元延之年（前12—前9年）。

至于小郡的级别，必在真二千石之下。不妨推测常郡为二千石，小郡可能还要低一些。因为从东汉看，大小郡户口相差可达10倍以上，大郡有达120万人的，小郡有不到10万人的[2]。此种大郡、小郡人口相差悬殊的情况，西汉肯定也存在着。对此现象，两汉处理有异。西汉中期对列郡的等级管理，是用秩级把大小郡区分开来，东汉则一律二千石。那么如淳"太守虽号二千石，有千石、八百石居者"的话，可能意味着西汉确有长官为千石、八百石的小郡存在。且如《汉旧仪》所言，"小郡守迁补大郡"。

总之，在西汉中后期，一度出现了用秩级区分大小郡的做法。汉武帝时对外战争等一度令海内虚耗、户口减半，"昭宣中兴"则带来了复苏与繁荣。在汉元帝时，"减半"的户口已经恢复[3]。这过程中，王朝对户口非常在意。面临那些户口充实的郡，汉元帝大概就萌生了提高其秩级的念头，同时对户口少的郡降秩，以收激励之效：人丁兴旺的大郡长官增加了自豪感，小郡的郡守也被触动了，赶紧增殖户口以提高本郡资位。不过这制度实行了一段时间，造成某种新的不便，即地方官等级的复杂化；故如《汉旧仪》所记，汉成帝绥和元年"省大郡、万骑员秩，以二千石居"。郡守秩级再度简化。

那么元、成之际郡守秩级一度复杂化，若干郡守升至中二千石、

---

[1] 杨际平：《汉代内郡的吏员构成和乡亭里关系》，《厦门大学学报》1998年第4期。
[2] 《后汉书》卷三七《丁鸿传》："时大郡口五六十万举孝廉二人，小郡口二十万并有蛮夷者亦举二人，帝以为不均，下公卿会议。鸿与司空刘方上言：'凡口率之科，宜有阶品，蛮夷错杂，不得为数。自今郡国率二十万口岁举孝廉一人，四十万二人，六十万三人，八十万四人，百万五人，百二十万六人。不满二十万二岁一人，不满十万三岁一人。'"
[3] 据葛剑雄先生研究，汉武帝时人口负增长的年份居多，其人口的最低点是3200万。按正常的年平均增长率计，汉武帝时期损失人口1558万。当然人口不等于户口。汉昭帝初年核定户口，可能只有2000多万。是所谓"户口减半"。汉宣帝地节元年（前69年），户口上限已达约4700万左右。见其《中国人口史》第1卷，复旦大学出版社2002年版，第375页以下。

真二千石，乃是另有原因，并不妨碍"郡国秩级相对下降"的论点。而且那只是一时之制。在此之后，郡守秩级通为二千石，"真二千石"也跟"二千石"合一了。千石、八百石的小郡虽然由此而提高了地位，但总体趋势，仍是"郡国秩级相对下降"。从俸额级差可知，比起中二千石诸卿来，二千石郡守表面上只低一级，实际上低两级。因为在中二千石月钱24000钱（或月谷180斛）和二千石月钱16000钱（或月谷120斛）之间，还隔着真二千石的月钱20000钱（或月谷150斛）一级呢。兹将上述中央官与列郡秩级变动列表如下：

《秩律》时代		汉成帝—汉元帝		汉成帝之后
朝廷	列郡	朝廷	列郡	列郡
相国、丞相 无秩		丞相		
		御史大夫		
御史大夫 诸卿 二千石	郡守 二千石	诸卿、三辅郡 中二千石	大郡 中二千石	东汉河南尹 中二千石
			万骑太守 真二千石	
			常郡 二千石	常郡、三辅郡 二千石
			小郡 千石 八百石	

西汉列郡之中，三辅郡高出一头，秩在中二千石。这因为京畿是个特殊地区[1]。《续汉书·百官志四》："京兆尹、左冯翊、右扶风三人，汉初都长安，皆秩中二千石，谓之三辅。"又《汉书》卷七六《王尊传》如淳注："三辅皆秩中二千石，号为卿也。"京兆尹、左冯翊来自左右内史。汉武帝太初元年（前104年），右内史改京兆尹，左内史改左冯翊，又令主爵中尉改右扶风。《秩律》中内史是二千石，汉景帝时出现了"中二千石"概念，三辅长官应在这时候，跟

---

[1] 可参看崔在容：《西汉京畿制度的特征》，《历史研究》1996年第4期。但此文没有涉及京畿官职的秩级问题。

着列卿一块儿变成中二千石了。

京畿的特殊地位，反而强化了"中央同类官职高于地方官"的政治意图。正如严耕望先生所云："大抵畿辅长官，兼有地方行政长官与朝官两重身份，故得参议朝政；而《张敞传》且称之为'诸卿'也。《王尊传》，尊为京兆尹，'御史大夫中奏尊暴虐不改，不宜备位九卿，尊坐免。'则直称为九卿矣。"[1]三辅长官是被视为中央官的，地位与诸卿相仿，甚至就被说成"九卿"。例如汉武帝时郑当时做了右内史，此官是京兆尹的前身，史书就说他"至九卿，为右内史"[2]。三辅称九卿的例子还有一些，学者已有很多讨论，不备举。

元、成之间王朝一度设"大郡"、"万骑"，此后又取消了。那么三辅郡的秩级，是否也发生变化了呢？下面的记载中略有矛盾。请看：

1. 中二千石（月百八十斛）：太常，光禄勋，卫尉，太仆，廷尉，大鸿胪，宗正，大司农，少府，执金吾（注云比二千石），太子太傅，河南尹，京兆尹，左冯翊，右扶风。（《通典》卷三六《职官十八·后汉官秩差次》）

2. 河南尹一人，主京都，特奉朝请。其京兆尹、左冯翊、右扶风三人，汉初都长安，皆秩中二千石，谓之三辅。中兴都雒阳，更以河南郡为尹；以三辅陵庙所在，不改其号，但减其秩。（《续汉书·百官志四》）

3. 凡州所监都为京都，置尹一人，二千石，丞一人。每郡置太守一人，二千石，丞一人。郡当边戍者，丞为长史。（《续汉书·百官志五》）

4. 建武元年，复设诸侯王金玺绶绶，公、侯金印紫绶。九卿、执金吾、河南尹秩皆中二千石。（《续汉书·舆服志下》注

---

[1] 严耕望：《中国地方行政制度史》甲部，中研院历史语言研究所专刊之四十五A，1990年版，第98页。
[2] 《汉书》卷五十《郑当时传》。

引《东观书》)

5. 自太子太傅至右扶风，皆秩二千石，丞六百石。(《汉书·百官公卿表》)

先看第1条。杜佑编定的《后汉官秩差次》认为，东汉河南尹及三辅，仍是中二千石。然而看第2条《续汉志》，疑惑就发生了。因为《续汉志》言之凿凿，京兆、左冯翊、右扶风三郡只因"陵庙所在"才保住了"三辅"旧名，但东汉朝廷还是"减其秩"了。既然减了秩，则非中二千石。

再看第3条的"凡州所监都为京都，置尹一人"，杨鸿年先生讨论郡守秩级时引用了这条材料，但未加辨析而迳用之[1]。然据钱大昕意见，原文应是"凡州所监曰部。京都置尹一人，二千石"[2]。那么东汉河南尹也只是二千石了，跟三辅一块减秩了。但这与第4条《东观书》不合，这一条明记河南尹为中二千石，却没提三辅，想来其时三辅刚被减秩。那么第3条《续汉志·百官志五》中，还有个钱大昕没看出来的错讹："二千石"前面丢了一个"中"字，正确的记述应是"置尹一人，中二千石"。

第5条《汉表》的材料最麻烦，它说从太子太傅到右扶风，都是二千石。而西汉三辅是中二千石，直到东汉初才发生了变化，所以《汉表》所叙，不大像是西汉中后期的制度。那么是东汉初的制度吗？那么看也有问题，因为太子太傅在东汉是中二千石，而非二千石，见《续汉书·百官志四》。

无论如何，东汉初河南尹秩中二千石，三辅秩二千石，应无大误。三辅只因为已非京畿，就丧失了"中二千石"的地位，同于列郡了。

从《二年律令》看，秦与汉初，县因大小而有不同秩级，而郡只

---

[1] 杨鸿年：《汉魏制度丛考》，第329页。
[2] 王先谦：《后汉书集解》志二八引，中华书局1984年版，第1334页下栏。

二千石一秩。汉元帝前后，大小郡一度秩级有异，诸郡的等级管理一度趋繁。到了东汉，除了河南尹外，诸郡再次统一为二千石，简化了。当然这不等于东汉列郡就没高下之别了。曹魏"明帝即位，下诏书使郡县条为剧、中、平者"[1]，则曹魏郡、县各有剧、中、平三等，我想那三等之法上承东汉，东汉在选任州郡县长官时，使用"剧"的概念；进而西汉郡县，已有剧、平之别了[2]。就是说，西汉列郡既有秩级之别，又有剧、平之别。而东汉诸郡秩级无别，但仍有剧、平之别。据严耕望先生研究，《后汉书》列传所见东汉137名守相，迁河南尹者5人，此外守相换迁者49人[3]。所谓"换迁"，即如苏章以冀州刺史"换为并州刺史"，第五种以高密侯相"以能换为卫相"之类[4]。东汉守相的换迁频繁，大约以剧、中、平为依据的。即，以"平"迁"中"，以"中"迁"剧"。

一般来说，各郡县的户口、幅员、地理位置及经济条件，都有很大差异，所以地方官的等级管理，比中央官要复杂一些。对这问题，历代王朝的处理不一。梁武帝在十八班外另行制定郡守十班、县七班，而州有六等，是一种做法。北齐刺史、太守、县令都各有上上到下下九等，其俸禄、白直及所配置的属官，均有细密的规定[5]。参看下表：

---

[1] 《三国志》卷二四《王观传》。
[2] 《续汉书·百官志一》注引应劭《汉官仪》录世祖光武帝诏："丞相故事，四科取士……四曰刚毅多略，遭事不惑，明足以决，才任三辅令。"这"四科取士"中的"才任三辅令"，就是西汉的"治剧"。卫宏《汉旧仪》记西汉制度："刺史举民有茂材，移名丞相，丞相考召，取明经一科，明律令一科，能治剧一科，各一人。……选能治剧长安三辅令，取治剧。"又《后汉书》卷三一《王堂传》："初举光禄茂才，迁谷城令……三府举堂治剧，拜巴郡太守。"王堂举"治剧"而任巴郡太守，则巴郡时为"剧郡"。又《续汉书·百官志二》注引蔡质《汉仪》："（侍御史）公府掾属高第补之。初称守，满岁拜真，出治剧为刺史、二千石，平迁补令。"是州郡县都用"治剧"，那么州郡县都有剧、平之别。
[3] 严耕望：《秦汉地方行政制度》，第327页以下。
[4] 《后汉书》卷三一《苏章传》、卷四一《第五伦传》。
[5] 《隋书》卷二七《百官志中》。属官之差，如"上上州府，州属官佐史，合三百九十三人。上中州减上上州十人。上下州减上中州十人。中上州减上下州五十一人。中中州减中上州十人。中下州减中中州十人。下上州减中下州五十人。下中州减下上州十人。下下州减下中州十人"。

北齐州郡县等级			
品级	州刺史及其岁秩	郡太守及其岁秩	县令及其岁秩
从二品	司州牧，800 匹		
正三品	上上州刺史，800 匹 上中州刺史，750 匹 上下州刺史，700 匹	清都尹，550 匹	
从三品	中上州刺史，600 匹 中中州刺史，550 匹 中下州刺史，500 匹	上上郡太守，500 匹 上中郡太守，450 匹 上下郡太守，400 匹	
正四品下	下上州刺史，400 匹 下中州刺史，350 匹 下下州刺史，300 匹		
从四品上		中上郡太守，460 匹 中中郡太守，430 匹 中下郡太守，400 匹	
从五品下		下上郡太守，360 匹 下中郡太守，340 匹 下下郡太守，320 匹	邺、临漳、成安 三县令，150 匹
正六品下			上上县县令，150 匹 上中县县令，140 匹 上下县县令，130 匹
正七品下			中上县县令，100 匹 中中县县令，95 匹 中下县县令，90 匹
正八品下			下上县县令，70 匹 下中县县令，60 匹 下下县县令，50 匹

明朝府县的品级安排，同于汉郡而不同于汉县。即，在官品上府县长官无别，但府县本身有等级。府设知府1员，正四品；同知1员，正五品，通判1员，正六品；同时府有三等：上府税粮额在20万石以上，中府税粮额在10—20万石之间，下府税粮额在10万石以下。县与此类似，知县1人，正七品；然而县有上中下之分，上县税粮额在6—10万石之间，中县税粮额在3—6万石之间，下县税粮额在3万石以下[1]。清朝

---

[1] 杜婉言、方志远：《中国政治制度通史》第9卷（明代卷），人民出版社1996年版，第216页。《明史》卷七一《选举三》："其繁简之例，在外粮以田粮十五万石以上，州以七万石以上，县以三万石以上，或亲临王府都、布政、按察三司，并有军马守御，路当驿道，边方冲要供给处，俱为事繁。府粮不及十五万石，州不及七万石，县不及三万石，及僻静处，俱为事简。在京诸司，俱从繁例。"等级与前书所述有异，这是不同时期制度变化造成的。

363

的府州县，以"冲、繁、疲、难"4项标准区分简繁，进而将之分为最要缺、要缺、中缺、简缺4等。新选知县一般只授"简缺"或"中缺"，然后再转"要缺"和"最要缺"[1]。清朝的省事实上也有简繁之别，比方有可能山东为"繁"，安徽为"简"。《官场现形记》第四十八回："原来此时做安徽巡抚的，姓蒋，号愚斋，本贯四川人氏。先做过一任山东巡抚，上年春天才调过来的。由山东调安徽，乃是以繁调简，蒋中丞心上本来不甚高兴……"

汉元帝时过于复杂的诸郡分等之法，汉成帝之后就逐渐废止了，应是出自简化等级的原因。那样可以使大郡守、小郡守在报酬、特权、礼遇上享受同等待遇。而汉县始终有秩级之别，也可能造成待遇上的不平衡。例如汉代六百石官员犯罪有"先请"制度，这被认为是一项法律特权。但同为县级长官，六百石以上的县令、国相有此特权，四百石、三百石的县长、国相就没有，似乎就有一定的不平衡。所以后来光武帝诏："吏不满六百石，下至墨绶长、相，有罪先请。"[2]特别给予四百石、三百石长、相以"先请"权，好让县令与县长的法律待遇平衡一些。这已超出了本章论题，兹不详论。总之，汉元帝时大郡守地位一度上升，在总体上不影响"列郡秩级相对下降"的判断。

五 郡县诸官属和诸县的秩级下降

郡县其他官职和县级长官，也经历过上述变化，即在级别上与中央同类官职的差距，由较小到拉大。详下。

《二年律令·秩律》中，郡守与御史大夫、诸卿同秩二千石，那么

---

[1]《清世宗实录》卷一一三，雍正九年（1731年）十二月戊申，中华书局1985年版，第510页下栏。
[2]《后汉书》卷一《光武帝纪》建武三年（27年）七月庚辰诏。这个制度其实来自新莽。《汉旧仪》卷下："哀帝时长相皆黑绶。亡新吏黑绶，有罪先请，与廉吏同。"《汉官六种》，中华书局1990年版，第82页。

这时列郡的官属与中央同类官职的秩级，大概相去不远。《秩律》：

> 1. 都官之稗官及马苑有乘车者，秩各百六十石，有秩毋乘车者，各百廿石。县、道传马、候、厩有乘车者，秩各百六十石；毋乘车者，及仓、库、少内、校长、髳长、发弩、卫将军、卫尉士吏，都市亭厨有秩及毋乘车之乡部，秩各百廿石。
> 2. 中发弩、枸指发弩，中司空、轻车，郡发弩、司空、轻车，秩各八百石。
> 3. 中候，郡候，骑千人，卫将军候，卫尉候，秩各六百石。（《张家山汉墓竹简二四七号墓》，第202-203页，第470、472简）

第1条中的"都官之稗官"指什么，骤难详知[1]；但这里的"都官"既对"县道"而言，则应包含中央和地方的区别。那么，都官和县道配了专车的官都是百六十石，没配专车的官都是百廿石；京师、都官、县道同类吏员的秩级略无大异。同样的情况又见于第2、第3条：中发弩、中司空、中轻车，与郡发弩、郡司空、郡轻车，同秩八百石；中候与郡候，同秩六百石。"中"指中央官，对"郡"而言。由上述情况我们推测，中央与地方的同类官吏，在汉初一度等级区别不大，至少不如后来之大。

不过此后，"中"、"郡"的距离开始拉大了。首先来看郡尉。郡

---

[1]《汉书》卷三十《艺文志》："小说家者流，盖出于稗官。"颜师古注云："稗官，小官。《汉名臣奏》唐林请省置吏，公卿大夫至都官稗官各减什三，是也。"而潘建国先生认为，"稗官"相当于《周官》中的土训、诵训、训方氏，在汉代则是待诏、侍郎之类。见其《"稗官"说》，《文学评论》1999年第2期。按睡虎地秦简《秦律十八种·金布律》："官啬夫免，效其官而有不备者，令与其稗官分，如其事。"《注释》谓："稗官，属下的小官。"《睡虎地秦墓竹简》，文物出版社1978年版，第63页。又云梦龙岗秦简第一〇号简："取传书乡部稗官。"《云梦龙岗秦简》，中华书局2001年版，第74页。刘信芳、梁柱等取《汉书·百官公卿表》"乡有三老、有秩、啬夫、游徼"以释之，见其编著：《云梦龙岗秦简》，科学出版社1997年版，第28页。结合睡虎地简、龙岗简，加之《秩律》所见"稗官"，潘先生的说法恐难成立，颜师古所云应是正确的。

尉与朝廷的中尉、卫尉,都以"尉"名官,职事相类,所以在《秩律》中郡尉秩在二千石,不但同于郡守,而且同于中尉、卫尉。后来呢?《汉书·百官公卿表》:"郡尉,秦官。掌佐守典武职甲卒,秩比二千石。有丞,秩皆六百石。景帝中二年更名都尉。"汉景帝时中尉、卫尉弹冠相庆,升至中二千石;地方的郡都尉却坐叹云霓,在什么时候降到比二千石了。《汉表》的"秩比二千石"并非"秦官"之秩,也不是汉景帝中二年的事情。郡尉降秩,最迟不会晚于汉元帝。汉元帝建昭三年(前36年):"令三辅都尉、大郡都尉秩皆二千石。"〔1〕除了三辅和大郡,这时的郡都尉显然已是比二千石了。尹湾汉简《东海郡吏员簿》:"都尉一人,秩真二千石。"〔2〕但东海郡是大郡,前面说过了。元帝时列郡等级较繁,都尉可能有真二千石的,有二千石的,也有比二千石的。

再看郡丞。《秩律》规定"二千石□丞,六百石",并未区分中外。只要是秩二千石的长官,其"丞"都是六百石,并无轩轾,御史大夫、诸卿、郡守皆然。郡丞秩六百石,此后一直没变;中央长官的丞,秩级却变了。《汉书·百官公卿表》:御史大夫"有两丞,秩千石","太常至执金吾,秩皆中二千石,丞皆千石。"不用问,在某个时候,比如说景、武之时,王朝把御史大夫和诸卿之丞,由六百石提高到千石了。

前面说,在《秩律》中,都官和县道的乘车吏都是百六十石,无乘车吏都是百廿石,略无大异。但随时光流移,这个层次的吏员,也发生了中、外之别,呈现出了中高外低。例如"卒史",郡县的卒史是百石之吏,中央的卒史却是二百石〔3〕。还有"掾属"。《续汉书·

---

〔1〕《汉书》卷九《元帝纪》。
〔2〕《尹湾汉墓简牍》,第79页。东海郡的郡尉秩真二千石,朱绍侯先生认为是战争时期的特殊安排,见其《〈尹湾汉墓简牍〉是东海郡非常时期的档案材料》,《史学月刊》1999年第3期;谢桂华先生则以东海郡是"大郡"释之,见其《尹湾汉墓所见东海郡行政文书考述》,第31页。
〔3〕《汉书》卷八八《儒林传》:"以治礼掌故以文学礼义为官,迁留滞,请选择其秩比二百石以上及吏百石通一艺以上补左右内史、大行卒史,比百石以下补郡太守卒史,皆各二人,边郡一人。先用诵多者。"可知左右内史、大行的卒史是二百石卒史,郡卒史是百石。另参本书下编第五章第二节。

百官志一》引《汉旧注》:"汉初掾史辟,皆上言之,故有秩比命士。其所不言,则为百石属。其后皆自辟除,故通为百石云。""通为百石"只是就郡县掾属而言的。郡县的"掾"是百石,"属"也是百石左右[1]。中央则不然了。《汉旧注》叙述西汉丞相掾属:"东西曹掾比四百石,余掾比三百石,属比二百石。"丞相掾属的秩级比郡县高出一大块。御史大夫寺的属吏结构与丞相府略同,大将军也与丞相府略同,都比郡县高。中二千石列卿,有比二百石的"属"[2]。总之,中央高官的掾属有比四百石、比三百石的、比二百石的和百石左右的,总体地位无疑高于郡县掾属。

京畿是一个特殊地区,属吏级别较高。如淳有言:"三辅郡得仕用它郡人,而卒史独二百石,所谓尤异者也。"[3]左右内史的卒史秩二百石,而左右内史是三辅前身。东汉洛阳令的掾属,有秩四百石的;河南尹的掾属,可能也有四百石的[4]。

---

[1] 严耕望先生说:"掾史秩一百石,则守属书佐盖斗食之奉矣";"功曹虽秩仅百石,然于守相自辟之属吏中地位最高,且职统诸曹,故特为守相所任委。"见其《中国地方行政制度史》甲部,第116页、第119页。又尹湾汉简有"属",《集簿》记东海郡太守府有"卒史九人,属五人,书佐十人,啬夫一人",都尉府有"卒史二人,属三人,书佐五人";《东海郡吏员簿》谓太守府有"卒史九人,属五人,书佐九人,用算佐一人,小府啬夫一人",都尉府有"卒史二人,属三人,书佐四人,用算佐一人"。见《尹湾汉墓简牍》,第77、79页。这所反映的是汉成帝前期的情况。谢桂华先生说,汉初所见郡属吏主要是卒史和书佐,"属"乃后来新增之一级:"在卒史和书佐这两个等级之间,增设了属这个等级。"见其《尹湾汉墓所见东海郡行政文书考述》,第26页。杨际平先生则认为,"属"亦百石吏,与卒史同级,见其《汉代内郡的吏员构成与乡、亭、里关系——东海郡尹湾汉简研究》,《厦门大学学报》1998年第4期。
[2] 《汉书》卷八八《儒林传》又云:"不足,择掌故以补中二千石属,文学掌故补郡属。"这句话的意思是,若官阙不足,则以比二百石治礼掌故,补中二千石之比二百石属;以比百石文学掌故,补百石(或比百石)的郡属。
[3] 《汉书》卷八九《循吏黄霸传》注引。
[4] 《续汉书·百官志五》注引《汉官》:"洛阳令秩千石……员吏七百九十六人,十三人四百石。"又云:"河南尹员吏九百二十七人,十二人百石。"严耕望参照洛阳令的例子,指出河南尹府中"十二人百石"的"百石"前应有一数字。《中国地方行政制度史》甲部,第111页。邹水杰君认为"十二人百石"的"百石"前夺"四"字。又《续汉志》"百官奉"条注引《古今注》曰:"永和三年,初与河南尹及洛阳县吏四百二十七人奉,月四十五斛。"臣昭曰:"此言岂其妄乎? 若人人奉四十五斛,则四百秩为太优而无品,若共进奉者人不过一斗,亦非义理。"邹水杰君认为,"四百二十七人奉"一句中夺"石"字,当为"四百石二十七人奉",因为比四百石俸月四十五斛,正好说通。"由此可见,京师之制,与常制异。"见其《简牍所见秦汉县属吏设置及演变》,《中国史研究》2007年第3期。其说可取。

下面再看县级长官,他们的秩级在西汉也呈下降之势。秦县似无大县小县之分,陈乃华先生认为汉县的分级制度来自齐国[1]。李昭君结合《二年律令·秩律》与文献,对秦汉令长及其秩级做了细密考察[2],这里利用其结论做一阐述。《秩律》之中,令、长分千石、八百石、六百石、五百石和三百石5等。不过《秩律》所见中央直辖地的二百五六十个县级长官中,六百石、八百石和千石之令有244个之多,五百石长只有阴平道等4道,三百石者只有一个广乡长(和一个万年邑长)。李昭君认为,当时道、乡、邑有长而县无长。可见《秩律》时代,至少中央直辖地的县级长官,全部为令,全部在六百石以上。

而这以后,五百石以下县长就频繁出现了。《汉书·百官公卿表》:"成帝阳朔二年(前23年)除八百石、五百石秩。"八百石、五百石被合并于六百石、四百石,则八百石县令、五百石县长,又遭遇了一次秩级下降。合并后的令长,为千石令、六百石令、四百石长、三百石长。据李昭君统计,东汉县级长官中"令"约500个左右,约占县、邑、道数1180个的42%。千石令大概很少。东汉的洛阳令也不过千石。西汉长安令大概也是千石。"令"的绝大部分应是六百石,其余为"长"。总的说来,《秩律》时代,县级长官全部处在千石至六百石段落;而至东汉,半数以上的县级长官在四百石以下。那么县级长官的平均秩级逐步下降的趋势,是确实存在的。

汉代郡县长官秩级下降或相对下降,当然也跟国土拓展、经济繁荣、人口增殖造成的郡县普设、同级行政单位大大增加有关;不过王朝本来也有另一种选择,即增设郡县而不降其秩。但王朝没那么做,非压低其秩级不可,那就不是没有意义的了。

总之,我们看到了这样一个变化线索:中央官秩级扶摇直上,王国郡县同类官职的秩级却相形失色,二者成反比。史载:"孝文

---

[1] 陈乃华:《论齐国法制对汉制的影响》,《中国史研究》1997年第2期。
[2] 李昭君:《两汉县令、县长制度探微》,《中国史研究》2004年第1期。

时……其二千石长吏亦安官乐职，然后上下相望，莫有苟且之意。其后稍稍变易，公卿以下传相促急，又数改更政事，司隶、部刺史察过悉劾，发扬阴私，吏或居官数月而退，送故迎新，交错道路。中材苟容求全，下材怀危内顾，壹切营私者多。二千石益轻贱，吏民慢易之。或持其微过，增加成罪，言于刺史、司隶，或至上书章下；众庶知其易危，小失意则有离畔之心。"[1]随司隶校尉和十三州部刺史的设置，中央对郡守二千石控御与监管的大为强化，二千石长官"益轻贱"，战战兢兢，临渊履薄。王国官也逐渐沦为"左官"，员额惨遭削减、秩级不断下降。由此，中央朝廷对地方的政治强势，全面确立。

---

[1]《汉书》卷八六《王嘉传》。

第四章 《二年律令》中的"宦皇帝者"

《汉书·惠帝纪》记录了汉惠帝即位后的一份诏书,其中提到了一种"宦皇帝而知名者"。那"宦皇帝"是指什么,旧说各异。后来在睡虎地秦简中,也发现了"宦及知于王"的提法。张家山汉简《二年律令》发表后,学者看到所谓"宦皇帝"多次出现在律文之中,便引发了进一步研讨的兴趣。《二年律令》的新材料,使"宦皇帝"的谜底有望揭开。我们认为,"宦皇帝者"包括中大夫、中郎、外郎、谒者、执楯、执戟、武士、驺、太子御骖乘、太子舍人等等,他们构成了一个从官系统,从而与行政吏员即"吏"区分开来了;他们与"吏"相区别的一个重要特点,就是在一段时间里,"吏"有秩级而"宦皇帝者"无秩级。

这个与"吏"有别的"宦皇帝者"系统,以特殊形式存在于王朝官制之中。它造成了"宦"、"吏"两分的格局,并体现了一种特别的职位分类观念,即把从官和侍臣视为一个特殊职类,而且不用秩级手段加以管理。然则对"宦皇帝者"的考察,可以给战国秦汉的官僚品位制度研究,提供前所未知的新鲜线索。例如汉代禄秩中存在着"比秩",即如"比六百石"、"比二千石"之类,可那"比秩"是怎么来的,两千年来无人问津置喙。而如今,就可以通过考察"宦皇帝",揭开其中隐情了。

一 "宦皇帝者"所涉官职

人们最初是从汉惠帝即位后的一份诏令中,看到"宦皇帝"字样的，那么我们就从这份诏书开始吧。《汉书》卷二《惠帝纪》：

> 太子即皇帝位，尊皇后曰皇太后。赐民爵一级。中郎、郎中满六岁爵三级，四岁二级。外郎满六岁二级。中郎不满一岁一级。外郎不满二岁赐钱万。宦官尚食比郎中。谒者、执楯、执戟、武士、驺比外郎。太子御骖乘赐爵五大夫，舍人满五岁二级。赐给丧事者，二千石钱二万，六百石以上万，五百石、二百石以下至佐史五千。视作斥上者，将军四十金，二千石二十金，六百石以上六金，五百石以下至佐史二金。减田租，复十五税一。爵五大夫、吏六百石以上及宦皇帝而知名者有罪当盗械者，皆颂系。

对诏令"爵五大夫、吏六百石以上及宦皇帝而知名者有罪当盗械者，皆颂系"一句中的"宦皇帝而知名者"，《汉书》注里可以看到四种解释：

1. 文颖曰：言皇帝者，以别仕诸王国也。
2. 张晏曰：时诸侯治民，新承六国之后，咸慕乡邑，或贪逸豫，乐仕诸侯，今特为京师作优裕法也。
3. 如淳曰：知名，谓宦人教帝书学，亦可表异者也。
4. 师古曰：诸家之说皆非也。宦皇帝而知名者，谓虽非五大夫爵、六百石吏，而早事惠帝，特为所知，故亦优之，所以云及耳，非谓凡在京师异于诸王国，亦不必在于宦人教书学也。左官之律起自武帝，此时未有。礼记曰"宦学事师"，谓凡仕宦，非阉寺也。

在文颖和张晏看来，"宦皇帝者"是跟"仕王国"或"仕诸侯"相对而言的；在如淳看来，"宦"是宦官的意思。文颖、张晏、如淳都是汉魏间人，连他们都各执一词，则"宦皇帝"的本义必定湮没已久。

颜师古只把"宦皇帝"看成汉惠帝的旧人,他作为唐人来解释七八百年前的事,更是难免臆测了。

贾谊《新书》也曾提到"官皇帝"。《新书·等齐》:"诸侯王所在之宫卫,织履蹲夷,以皇帝在所宫法论之。郎中、谒者受谒取告,以官皇帝之法予之。事诸侯王或不廉洁平端,以事皇帝之法罪之。曰一用汉法,事诸侯王乃事皇帝也。"[1]裘锡圭先生在一篇几百字的札记中,对《新书》的"官皇帝"加以辨析,认为其为"宦皇帝"之讹,指的就是上文的"郎官、谒者"。"'宦'本是为人臣仆的意思。郎官、谒者之流本是门廊近侍,有类家臣,故以'宦'称。"[2]

睡虎地秦简有个与"宦皇帝而知名者"类似的概念,即"宦及知于王"。《法律答问》:"何谓'宦者显大夫?'宦及知于王,及六百石吏以上,皆为'显大夫'。"注释小组引述了《汉书·惠帝纪》有关文字,指出"宦及知于王"与"宦皇帝而知名者"义近,但只把它解释为"做官达到为王所知"[3]而已。

对张家山汉简中出现的宦皇帝,整理者最初提供的是一个很简单的注释。《二年律令·杂律》:"吏六百石以上及宦皇帝,而敢字贷钱财者,免之。"这是一条惩办官员非法牟取高额利息的条文。整理小组的《注释》云:"宦皇帝,在朝中为官。"[4]但这解释显然过于粗放了。"在朝中为官"的人太多了,其中既有六百以上的,也有六百石以下的;但从原文看,这些"宦皇帝者"是与"六百石吏"并列的,它们之间应有区别。

王子今先生指出了"所谓'吏六百石以上及宦皇帝',当时是程

---

[1] 贾谊:《新书》,上海古籍出版社1989年版,第13-14页;阎益振、钟夏《新书校注》,第46-47页。
[2] 裘锡圭:《说"宦皇帝"》,《文史》第6辑,1979年;收入《古代文史研究新探》,第152页。
[3] 《睡虎地秦墓竹简》,文物出版社1978年版,第233-234页。
[4] 《张家山汉墓竹简》,文物出版社2001年版,第22页第184简,第157-158页释文及注释。在《张家山汉墓竹简247号墓》(释文修订本)中,这个解释没有变化。文物出版社2006年版,第33页。

序化文字",与《汉书·惠帝纪》中的"宦皇帝而知名者"可以对照理解;明人邱濬《大学衍义补》卷一〇七释"宦皇帝而知名者",谓"仕宦而皇帝知其名",由张家山汉简《二年律令》只说"宦皇帝"而未言"而知名者",可知邱说不确[1]。王先生没有明言"宦皇帝者"为何人等。邢义田先生在解读《二年律令》时开始向文颖和张晏回归,突出"宦皇帝"有别于"宦诸侯"一点;虽然也参考了裘先生的意见,推测这两种人分别是皇帝或诸侯王的近侍,但却没有明指其为郎官、谒者,等于是从裘先生的论断向后倒退了;并且把"宦"、"知于王"和"吏六百石"看成是三种人,也属不妥[2]。

下面就来谈谈个人看法。我以为,裘锡圭先生把"宦皇帝者"推断为郎官、谒者,是一个非常敏锐的判断,尽管那是仅就《新书·等齐》而做出的。若进一步把文献跟新出《二年律令》等资料结合起来,还可以找到更多的"宦皇帝者",由此更清晰地勾画出他们的面貌。

以往学者在论"宦皇帝者"时,对前引《汉书·惠帝纪》的那份诏书,大抵只引用其最后一句,却没把它跟前文的爵赏内容联系起来。然而我想,揭开"宦皇帝者"谜底的线索,其实就隐藏在这段文字之中。

汉惠帝诏中的爵赏部分,"赐民爵一级"可置不论,其余内容则涉及三点:一、中郎等官的晋爵和赏钱;二、"给丧事者"的赏钱;三、"视作斥土者"的赏钱。后两项针对的是葬礼上承担了不同任务的同一类人,虽有赐钱、赐金之别,实不妨等量齐观。从本文角度,这三项恩遇实际只面向两类人:一、中郎、郎中、外郎、宦官尚食、

---

[1] 王子今:《汉初查处官员非法收入的制度——张家山汉简〈二年律令〉研读札记》,《政法论坛》2002年第5期。
[2] 参看邢义田:《张家山汉简〈二年律令〉读记》,《燕京学报》新15期,2003年。"可见'宦皇帝者'是当时一个有特定意义的常用辞。在概念上,既有所谓的宦皇帝者,也就可能有宦其他者。在汉初,较可能和'宦皇帝'相对应的,似乎只可能有'宦诸侯'……宦皇帝者与宦诸侯者相对乃笼统言之,细绎则非指全体为皇帝或诸侯服务的内外官吏,而似特指在皇帝或诸侯王身旁工作的近侍。"

谒者、执楯、执戟、武士、驺、太子御骖乘、太子舍人；二、二千石至佐史等官吏，及将军。

我以为，第一类人中的中郎、郎中、外郎、谒者、执楯、执戟、武士、驺、太子御骖乘、太子舍人，再加上中大夫和郎骑，就是所谓的"宦皇帝者"。其共同特点，就在于他们都是皇帝个人的从官、侍从，并由此而与文官、与军官区分开来了。

下面把他们的爵赏等级列表显示：

	满六岁	满五岁	满四岁	满二岁	满一岁	不满一岁
中郎	爵三级	爵二级				爵一级
郎中 宦官尚食	爵三级	爵二级				
外郎、谒者、执楯、执戟、武士、驺	爵二级				赐钱万	
太子御骖乘	五大夫（第九级爵）					
太子舍人		爵二级				

这表格中存在着若干空缺，表明《汉书·惠帝纪》所录诏令，已非完璧，只是节略而已。

郎中和谒者属于"宦皇帝者"，裘锡圭先生有论在先。"中大夫"之为"宦皇帝者"，将在本章第五节集中讨论。至于执楯、执戟、武士与驺，在汉惠帝诏中他们明明是"比外郎"的。若郎官是"宦皇帝者"，那么他们也是。《续汉书·百官志二》："凡郎官皆主更直执戟。"执戟也是皇帝左右的卫官[1]，与郎官身份相近，其实就是郎官。韩信有言："臣事项王，官不过郎中，位不过执戟"；东方朔有言："官不过侍郎，位不过执戟。"[2]"执戟"看上去简直就是郎官的一

---

[1] 对这一点，还可以参看《史记》卷九《吕太后本纪》："东牟侯兴居曰：'诛吕氏吾无功，请得除宫。'乃与太仆汝阴侯滕公入宫，前谓少帝曰：'足下非刘氏，不当立。'乃顾麾左右执戟者掊兵罢去。"可见执戟在皇帝左右。
[2] 《史记》卷九二《淮阴侯列传》、卷一二六《滑稽列传》。

个"位"。"执楯"亦然。此官大约是秦官,而为汉朝所承袭[1]。在秦始皇的陛前就有一些"陛楯者",他们又叫"陛楯郎"[2]。按,"执戟"又可称"陛戟"[3],"陛楯"与"执楯"也是一回事。"陛楯者"可称"陛楯郎",可见其身份与郎官相似,所以可以"比外郎"。至于谒者,他们与郎官的身份很接近,职事稍异罢了。谒者在先秦也称"典谒",是由庶子来承担的贱役。江陵凤凰山出土的汉代谒者木俑,就是执戟的。《墨子·号令》:"守必谨微察视谒者、执盾、中涓及妇人侍前者。"岑仲勉先生云:"谒者、执盾、中涓,均侍从名称。"[4]岑先生把谒者、执盾定性为"侍从",是非常准确的。汉印文和盘铭中都出现过"宦谒"[5],此官应是谒者的长官,是否已由宦官担任,情况不明。总之,所谓"宦皇帝者",其实就是一个侍从系统。

再看武士和驺。《汉书·惠帝纪》注引应劭曰:"武士,力士也,高祖使武士缚韩信是也。驺,驺骑也。"春秋有"六驺",战国有"七驺",他们的职责都是驾车[6]。睡虎地秦简《秦律杂抄》:"驾驺除四岁,不能驾驭,赀教者一盾。"[7]不过颜师古说得好:"驺,本厩之御驺也,后人以为骑,谓之驺骑。"[8]就是说"驺"有"驾

---

[1] 如蓼侯孔聚"以执盾前元年从起砀",故市侯阎泽赤"以执盾初起,入汉为河上守",祁侯缯贺"以执盾汉王三年初起从晋阳",棘丘侯襄"以执盾队史前元年从起砀",均见《史记》卷十八《高祖功臣侯者年表》。
[2] 《史记》卷一二六《滑稽列传》:"秦始皇时,置酒而天雨,陛楯者皆沾寒。优旃见而哀之,谓之曰:'汝欲休乎?'陛楯者皆曰:'幸甚。'优旃曰:'我即呼汝,汝疾应曰诺。'居有顷,殿上上寿呼万岁。优旃临槛大呼曰:'陛楯郎!'郎曰:'诺!'"
[3] 《后汉书》卷四十上《班彪传》:"陛戟百重,各有攸司。"注:"陛戟,执戟于陛也。"
[4] 岑仲勉:《墨子城守各篇简注》,中华书局1959年版,第105页。
[5] "广陵宦谒"印,见安徽省文物考古研究所、天长县文物管理所:《安徽天长县三角圩战国西汉墓出土文物》,《文物》1993年第9期;"菑川宦谒右般北宫豆"铭文,见潍坊市博物馆、昌乐县文管所:《山东昌乐县东圈汉墓》,《考古》1993年第6期。
[6] 《左传》成公十八年:"程郑为乘马御,六驺属焉,使训群驺知礼。"疏:"驺,为主驾之官,驾车以共御者。"《吕氏春秋·季秋纪》:天子"乃命仆及七驺咸驾,载旍旐,舆受车以级整设于屏外。"
[7] 《睡虎地秦墓竹简》,文物出版社1978年版,第128页。
[8] 《汉书》卷五六《东方朔传》"朔绐驺朱儒"句颜注。

驺"、"驺骑"两种,前者是驾车的,后者是骑马的。汉惠帝诏书中的"驺"应系驺骑,驾车的人另称为"御"。汉晋皇帝都有驺骑[1]。《汉书·百官公卿表》"郎中令"条提到了驺:"仆射,秦官,自侍中、尚书、博士、郎皆有。古者重武官,有主射以督课之,军屯吏、驺、宰、永巷宫人皆有,取其领事之号。"那么驺骑属郎中令系统,其顶头上司称驺仆射[2]。武士和驺并不是卑微的兵卒,而是天子仪仗中的侍从者,所以在汉惠帝开恩行赏时,把他们比于外郎。

颜师古注曰:"武士、驺以上,皆旧侍从天子之人也。舍人以上,太子之官属。"汉惠帝这次赏赐,包含着两种侍从:天子的侍从和太子的侍从。太子的侍从,汉惠帝诏书中能看到的是太子御骖乘和太子舍人。他们替皇帝奉侍儿子,广义上说也算"宦皇帝者"。

"太子御骖乘"包含了"太子御"和"太子骖乘"两种官职,分别是驾车的和陪乘的[3]。太子的御、骖乘"赐爵五大夫",五大夫是第9级爵。这种直赐某级之爵的做法,与其他"爵三级"、"爵二级"、"爵一级"的依次晋爵之例相比,稍有区别。从后来汉代赐爵通例看,五大夫以上一般特赐某爵,如赐五大夫、赐右庶长、赐关内侯等;公乘以下爵,则采用"赐爵若干级"的办法。汉武帝元狩六年(前117年):"冬十月,赐丞相以下至吏二千石金,千石以下至乘从者帛,蛮夷锦各有差。"[4]对文中"乘从者",晋灼曰:"乘骑诸从者也。"又《二年律令·置吏律》中,有条律文提到了"吏及宦皇帝者中从骑","中从骑"属于内官,他们得到了假日多于其他内官的特殊待遇。这"中从骑",也是"驺"、"御"、"骖乘"、"乘从者"之类。

在前引惠帝诏中,太子舍人"满五岁二级"。"舍人"是个古老的官名,具有私人侍从性质。汉武帝时的《柏梁台诗》中郭舍人有

---

[1] 《后汉书》卷六六《陈蕃传》提到了"黄门从官驺",《晋书》卷二五《舆服志》提到了"大使车……驺骑导从"。
[2] 秦汉封泥都有"驺令之印"、"驺丞之印"及"驺之右尉",然而这个"驺"也可能指山东驺县。参看周晓陆、路东之编:《秦封泥集》,三秦出版社2000年版,第198页。
[3] 参看西嶋定生对"太子御骖乘"的解释。《二十等爵制》,第71页。
[4] 《汉书》卷六《武帝纪》。

句:"啮妃女唇甘如饴。"[1]因舍人奉侍宫中,所以才能钻空子跟妃女亲昵。除太子外,大臣也畜养着众多舍人。秦与汉初简牍告诉我们,基层令长往往拥有很多舍人,他们相当于长官的私吏,但也协助长官处理公务[2]。战国秦汉间,王朝有时就从舍人中选拔郎官。将军幕府中也有随军的舍人,学者把这种舍人比作"入幕之宾"[3]。汉代的太子舍人职比郎中,往往与郎中并称[4]。大夫、郎中要承担各种临时差使,而舍人也是如此[5]。魏晋以下,国家还为王公、将军们设定了舍人的员额。比如,诸王府、大将军府可置舍人10人,诸公及开府位从公加兵者可置舍人4人[6]。至如中书省的中书舍人之类,已是国家正式吏员了。到了唐朝,中书舍人居然变成清官要职了。而在先秦与汉初,舍人只是私属,正如郎官是君主的私属一样。日本的大和国也有"舍人"、"大舍人"、"左右舍人",是大王和贵族的亲近,这个官名是从中国学去的[7]。

---

[1]《古文苑》卷八《诗·柏梁诗》,墨海金壶本。又《艺文类聚》卷五六《杂文部·诗》,上海古籍出版社1965年版,第1003页。

[2] 邹水杰:《简牍所见秦汉县属吏设置及演变》,《中国史研究》2007年第3期,"三、县公私僚属的并存及演变"。

[3] 石云涛:《古代幕府制度溯源》,收入《民族史研究》第4辑,民族出版社2003年版,第49页以下。

[4]《续汉书·百官志四》太子舍人条:"无员,更直宿卫,如三署郎中。"《后汉书》卷五《安帝纪》:"以公、卿、校尉、尚书子弟一人为郎、舍人。"同书卷六《顺帝纪》:"除郡国耆儒九十人补郎、舍人","除京师耆儒年六十以上四十八人补郎、舍人及诸王国郎。"

[5] 例如《上林宣曲宫鼎铭》:"上林宣曲宫初元二年(前47年),受东郡白马宣房观鼎,容五斗,重十九斤六两。神爵三年(前59)卒史、舍人、工光造,第十五、第五百一十一。"孙慰祖、徐谷富编:《秦汉金文汇编》,上海书店出版社1997年版,第50页。可见有"舍人"承担了监管器物铸造的事务。

[6]《晋书》卷二四《职官志》。舍人之有员额,东汉已然,梁冀为大将军时,舍人增至10人。《续汉书·百官志一》注引《梁冀别传》:"元嘉二年(152年),又加(梁)冀礼仪。大将军朝,到端门若龙门,谒者将引。增掾属、舍人、令史、官骑、鼓吹各十人。"

[7] 参看王金林:《汉唐文化与古代日本文化》,天津人民出版社1996年版,第167–168页。但王先生追述周制时个别说法有问题:"中国早在周代时就有舍人官职。据《周礼·地官》载:'舍人,掌平宫中之政,分其财,守以法,掌其出入。'"查《周礼·地官·舍人》:"掌平宫中之政,分其财守,以法掌其出入。凡祭祀,共簠簋,实之,陈之。宾客,亦如之,共其礼:车米、筥米、刍米。丧纪,共饭米、熬谷。以岁时县穜稑之种,以共王后之春献种。掌米粟之出入,辨其物。岁终,则会计其政。"《周礼》中的舍人是管仓库的官儿,职事非常具体确定,与战国以下王公大臣豢养的侍从舍人,并非一事。

太子宫官系统中，还有太子先马、太子庶子，他们也应属于"宦皇帝者"。《国语·越语下》："越王令大夫种守于国，与范蠡入宦于吴。"韦昭注："宦，为臣隶也。"《韩非子·喻老》："句践入宦于吴，身执干戈为吴王洗马。"这两个"宦"字都系先秦古义，属于这个字的典型用法。勾践、文种和范蠡，不是到吴国当官，而是到吴国当臣隶，侍候人去了。那么"洗马"属"宦"。"洗马"即"先马"，即在车驾前护卫开路，又称"前马"、"马洗"[1]。汉朝太子官属中有"先马"。《续汉书·百官志四》："太子洗马，比六百石。本注曰：《旧注》云员十六人，职如谒者。太子出，则当直者在前导威仪。"

"庶子"之名的起源也很悠久，来自周代的士庶子。他们是贵族子弟，被编制起来，为君主承担近卫、侍从及其他差使，管理他们的有宫伯、公族、余子、公行等官。战国仍有这种官，秦国的中庶子蒙嘉，就是秦王的宠臣。刘向《新序》提到齐王的一位中庶子，"尚衣冠御郎十三年矣"[2]。"郎"读为"廊"，这位中庶子在廊内掌衣冠，可见此官是左右侍臣，与郎中之官相近。而且大臣也养活庶子。如卫鞅给公叔痤做庶子，甘罗给吕不韦做庶子。吴师道云："中庶子者，侍御左右之臣，而当时家臣亦有此名，非复周制矣。"[3]周朝大概也是如此，"非复周制矣"的判断恐怕不确。

以上我们认定，汉惠帝诏书中所列的中郎、郎中、外郎、宦官尚食、谒者、执楯、执戟、武士、驺、太子御骖乘、太子舍人、太子先马、太子庶子等，都属于"宦皇帝者"。这些官职，人们原先就知道；但当时他们被划归同一职类，一个以"宦"为称的特殊职类，这事实是刚刚鲜明起来的。

---

[1] "前马"见《庄子·徐无鬼》："黄帝将见大隗乎具茨之山，方明为御，昌寓骖乘，张若、谓朋前马。"郭庆藩：《庄子集释》，中华书局1961年版，第830页。"马洗"见《六韬·龙韬·将威》："赏及牛竖、马洗、厩养之徒，是赏下通也。"中华书局1991年版，第16页。徐培根先生释"马洗"为"洗马"，见其《太公六韬今注今译》，台湾商务印书馆1976年版，第121页。
[2] 石光瑛：《新序校释》，中华书局2001年版，第275页。
[3] 引自诸祖耿：《战国策集注会考》，江苏古籍出版社1985年版，第1434页。

依文颖、张晏，"宦皇帝者"相对"宦王国者"而言；然而我们强调，"宦皇帝者"还有另外一义，是相对于"吏"而言的。在《新书·等齐》中可以看到，"宦皇帝者"与"事皇帝者"构成对称。吏者事也，吏、事原为一字，"事皇帝者"指的是"吏"，也就是惠帝诏中的二千石、六百石、五百石、二百石下至佐史那一批人，他们承担国家行政，其身份具有"公"的性质。而"宦皇帝"之"宦"是臣仆之义，作为皇帝近侍而显示了浓厚的"私"的色彩。在汉惠帝诏令中，"有罪当盗械者，皆颂系"特权，除五大夫以上爵的拥有者外，仅仅授给了"吏"中的六百石以上者和"宦皇帝"中的"知名者"，但那不能掩盖"吏"、"宦"分为两大职类的事实。

进而，还可以通过一个等级管理上的差异，把两类人区分开来，这就是"宦皇帝者"不以禄秩为官阶，或说没有秩级；"吏"却以禄秩作为等级，秩级构成了"吏"的身份标志。这就是下节将要讨论的内容。

二 论"宦皇帝者"之无秩级

上一节中提出一个推断："吏"有秩级而"宦皇帝者"无秩级。下面就来论证这个推断。

讨论之前还得说明两点。首先，汉惠帝诏所见"宦皇帝者"中有"宦官尚食"一官。诚如裘锡圭先生所说，"宦"是为人臣仆的意思，"宦者"又可以是宦官之称。然而汉初有"五尚"或"六尚"[1]，汉

---

[1]《汉书·惠帝纪》"宦官尚食"应劭曰："旧有五尚，尚冠、尚帐、尚衣、尚席亦是。"又《宋书》卷三九《百官志上》："汉初有尚冠、尚衣、尚食、尚浴、尚席、尚书，谓之六尚。"陈直先生谓："尚食疑即尚席之初名。"见其《汉书新证》，第14页。从《宋书》看，尚食、尚席各为一官，陈直先生所言非是。按《二年律令·秩律》中有"长信掌衣"（掌通尚）、"长信尚浴"，秩六百石。又陕西茂陵无名冢出土的一件铜温酒樽有铭"阳信尚卧郎从"（"阳信"即汉武帝姊阳信长公主），一件熏炉有铭"内者未央尚卧"。见《陕西茂陵一号无名冢一号丛葬坑的发掘》，《文物》1982年第9期。是汉初以"尚"为称的宦官，种类颇多，还有尚卧、尚从等等。也许"五尚"、"六尚"，是专就皇帝而言的。

惠帝的赏赐却独独给予尚食者而不及其余，这是基于一个古老传统，就是在历史早期掌饮食者与君主特别亲近的传统[1]。因而向"宦官尚食"赐钱乃是特例，不在我们考虑之内。再者宦官也有职事，算是一种特殊的"吏"吧，因而他们是有禄秩的。《二年律令·秩律》中列有宦官，也是证明。所以下面对宦官旁置不论。其次汉惠帝诏的赏赐对象还有"将军"。《二年律令·秩律》所见将军只有一号"卫将军"，秩二千石。但军官、军吏的问题比较特殊。将军的位号与秩级，参看本书下编第一章第六节，及第五章第七节。兹亦不论。

禄秩是面向于"吏"的，"吏"是行政事务的承担者；"宦皇帝者"是近臣侍从，所承担的不是国家行政，所以就没有禄秩。必须说

---

[1] 例如商初的伊尹，"身执鼎俎为庖宰，昵近习亲，而汤乃仅知其贤而用之。"（《韩非子·难言》）周代膳夫也拥有特殊地位。《诗经·小雅·节南山》："皇父卿士，番维司徒，家伯维宰，仲允膳夫。"这位膳夫不但得以弄权，而且齿列于诸卿士、司徒等高官之后。西周有四位膳夫，即克、梁其、此、山，作为诸多青铜器主而在铭文中留下了名字，如著名的《克鼎》、《梁其簋》、《此簋》、《善夫山鼎》等。从列鼎制度推断，克使用着大牢七鼎，此使用着大牢九鼎，其显赫可见一斑。参看俞伟超：《周代用鼎制度研究》，《先秦两汉考古学论文集》，文物出版社1985年，第86—87页。春秋齐桓公时有位"以调味事公"的易牙（《管子·小称》），把儿子蒸了给齐桓公吃，或云其就是《左传》中的雍巫；裘锡圭先生云"雍通饔"（《杀首子解》，《中国文化》第九期），饔人也就是膳夫了。或谓"雍巫即食医之类，乃官名"。这位易牙也是以"尚食"身份兴风作浪的。《墨子·号令》："三老、守闾令属缮夫为荅。"（"属"原作"厉"，用岑仲勉改。）岑仲勉解释说，三老、守闾各有职守，不宜召出，故欲见之者可由三老等属托膳夫代荅。膳夫是他们家中的守者，这是氏族社会的习俗。据《南齐书》卷五七《魏虏传》，北魏鲜卑族称"贵人、作食人为附真"。又《元史》卷九九《兵志》云，怯薛中"亲烹饪以奉上饮食者，曰博尔赤"，"博尔赤"即厨夫，圣旨颁下必须经过他们的署名。白鸟库吉谓拓跋之附真即蒙古之博尔赤。可见膳夫实氏族社会之要官。见其《墨子城守各篇简注》，中华书局1959年版，第117页。汉代皇后的食官又称"私官"（参看朱德熙、裘锡圭：《战国铜器铭文中的食官》，《文物》1973年第12期，收入《朱德熙古文字论集》，中华书局1995年版，第83页以下），也显示了掌膳者与主人有私亲，存在着特殊的"昵近习亲"关系。《史记》卷一百二《张释之传》："文帝曰：吾居代时，吾尚食监高祛数为我言赵将李齐之贤，战于钜鹿下。今吾每饭，意未尝不在钜鹿也。父知之乎？"代国尚食监高祛跟汉文帝边吃边聊，昵态可掬。秦汉太官"掌御饮食"。《续汉书·舆服志下》引荀绰《晋百官表注》：提到有"令史质堪上言，太官宜著两梁"，而尚书孟布认为"太官职在鼎俎，不列陛位，堪欲令比大夫两梁冠，不宜许"。陈忠于安帝建光年间上言："太官令以供养言之，为最亲近，以职事言之，为最烦多，令又高选，又执法比太医令，科同服等，而冠二人殊，名实不副。"主张太官令应该给予两梁冠的服饰。陈忠说太官"为最亲近"，犹存古官之义。

明,"没有禄秩"不等于说没有禄廪。这里所说的"禄秩"是指官阶,它以"若干石"的俸禄额度为级差,但这和禄廪俸养并不是同一个概念。读者对"宦皇帝者无秩级"的论断,大概已滋生了很大疑惑了,那么下文提供八点论证。

第一个证据,就是在《二年律令·秩律》里,上述被确定为"宦皇帝者"的诸官,都没有列身其中。没列在《秩律》里的官职,我认为就没有禄秩。虽《秩律》略有残缺,可那些官职若有禄秩,不至于一个也看不到吧。我就是因为发现了《秩律》中竟无"宦皇帝者"诸官,才决意揭举"宦皇帝者无秩级"这个论题的。

当然,对"谒者"一官可能引发疑问,因为《二年律令·秩律》中能看到中谒者、长秋中谒者、长信谒者,在六百石之列:

> 大行走士,未央走士,大卜,大史,大祝,宦者,中谒者,大官,寺工,右工室,都水,武库,御府,御府监,私府监,诏事,长信掌衣,长安市,云梦,长信詹事丞,家马,长信祠祀,长信仓,大匠官司空,长秋中谒者,长信尚浴,长信谒者,祠祀,大宰,居室,西织,东织,长信私官,内者,长信永巷,永巷詹事丞,詹事将行,长秋谒者令,右厩,灵州,乐府,寺,车府,内官,圂阴,东园主章,上林骑,秩各六百石。有丞、尉者半之。(第45页第460—464简,第197页释文)

不过对"中谒者"一官,《注释》已说明其实那是中谒者令,是中谒者的长官而不是作为其部属的中谒者。连类而及,长秋中谒者与长信谒者,也应该是长秋中谒者的长官与长信谒者的长官。上列诸官大多数是"令"级长官,例如大卜其实是大卜令,都水其实是都水令,长信祠祀其实是长信祠祀令。后文的"有丞、尉者半之"一句,也反映了它们是可以配备丞、尉的长官。只有"令"才有丞有尉呢。秦汉印章中,官称省略"令"字的有两种情况,一种是只出地名不出官名,这主要是县令的官署印,往往只有县名而无"令"字;另一种,就是在不至造成混淆和发生疑问时,迳省"令"字。《秩律》上文的省略"令"字,就是后一情况。

当然这会遇到一个矛盾:《秩律》的千石一级中还能看到一个"长信谒者令"(第 442 简)了,那么认定六百石的"长信谒者"也是长信谒者的长官,岂不就弄出两个长官了吗?然而发生官名重叠现象的,还不止于这一官。《秩律》上文所列六百石官中,还有"长信祠祀"、"长信私官",但第 467 简又另见"长信詹事、私官长,詹事祠祀长,詹事厩长"。因其简残缺,它们禄秩不明。准以下文"詹事祠祀长,詹事厩长",前文"长信詹事、私官长"似乎应作"长信詹事私官长"。查《汉书·百官公卿表》:"长信詹事掌皇太后宫。"长信詹事是长信宫的总管。由此我们看到,同名官署存在两个长官的情况,还不止长信谒者呢。第 464 简还有一条"詹事、私府长,秩各五百石。"若把这里的"詹事"看成是跟私府长并列之官的话,这位詹事只有五百石;同时《秩律》二千石中所列的长信詹事,却是与诸卿比肩的官职。《秩律》六百石中还有"宦者"和"长信永巷",同时第 466 简中又有"未央宦者,宦者监仆射,未央永巷,永巷监;长信宦者中监,长信永巷"。这里再度出现了"宦者"和"长信永巷"。由于此简下文阙如,也弄不清其禄秩为何。下面我们把长信诸官的官名重叠情况,列如下表:

440 简 二千石	442 简 千石	461—463 简 六百石	第 464 简 五百石	第 466 简 禄秩不明	第 467 简 禄秩不明
长信詹事			詹事		
		宦者		未央宦者 长信宦者中监	
		长信祠祀			长信詹事祠祀长
	长信谒者令	长信谒者			
		长信私官			长信詹事私官长
		长信永巷		长信永巷	

在上表中,若同一行出现了两个官名,就表示官名重叠。由于《秩

律》的有关部分恰好存在残缺，暂时无法弄清全部真相。但有一点却很明显：官名重叠的矛盾在长信宫诸官中特别突出，这不会是偶然的吧？《秩律》肯定抄录于吕后当政之时，长信诸官叠床架屋，应与吕后的特殊权势有关，属特例。

由于存在着称"令"者秩六百石，称"长"者秩五百石、三百石的通例，我们认定六百石的"长信祠祀"、"长信私官"是"令"；第467简又有长信詹事私官长、长信詹事祠祀长，就该是五百石官了。那么人们就看到了同名官职令、长并置的情况。"长信永巷"在《秩律》中出现了两次，大概也是令、长有别、一令一长的缘故。类似现象，又如《秩律》中六百石有"太祝"，同时三百石的部分又有"祝长"。此外"监"和"长"也是有区别的。在《秩律》中，六百石有"私府监"，同时"詹事、私府长，秩各五百石。"可见"监"高于"长"，私府监是六百石官，私府长是五百石官。

由此我推测，六百石的"长信谒者"是长信谒者长，千石的"长信谒者"是长信谒者令。一般情况是称"令"者六百石，称"长"者五百、三百石，但由于长信系统的特殊地位，长信宫的令、长比一般的令、长秩级高一头。总之，《秩律》中虽有同名官职，但它们秩级不同，应系一令一长，或一监一长。无论如何，《秩律》中六百石的中谒者、长秋中谒者，长信谒者，都是谒者的长官，长官有秩而其部属谒者无秩，正如中大夫令、郎中令有秩，而中大夫、郎中无秩一样。

认为"宦皇帝者"没有禄秩的第二个证据，是其爵赏的样式。对参与刘邦丧事的"吏"，汉惠帝按禄秩高下给赏钱；而对"宦皇帝者"，则是晋爵加赐钱。这个差别不能忽略了。为什么对后者要采用晋爵方式呢？是因为这些人没禄秩，"爵"是其身份标尺，晋爵是其提高位阶的方式。好並隆司曾把惠帝诏中的中郎、郎中依据服务年限而晋升爵级的规定，理解为"代替了依军功而授爵的文官的年功序列方式"[1]。这说法并不妥当：这些人并不属于文职官吏序列，或说并

---

[1] 好並隆司：《秦汉帝国史研究》，未来社1978年版，第250页。

不是"吏",而是"宦皇帝者"。

随后是第三个证据,就是睡虎地秦简《法律答问》:"宦及知于王,及六百石吏以上,皆为显大夫。"有先生认为这一条文"指涉'宦'、'知于王'和'六百石吏以上'三类人。'宦'之原意如裘先生指出乃臣仆之属;'知于王者'虽不排除外官,似以与王较接近的近臣较有机会。'六百石吏以上'则应是指'宦'和'知于王'之外,也就是内廷之外,其他六百石以上的官吏了。"[1]在这解释之中,"宦"与"知于王"是两回事。但这个意见,与《汉书·惠帝纪》的"吏六百石以上及宦皇帝而知名者"的提法不兼容;《惠帝纪》"宦皇帝而知名者"一语,是很难断为"宦者"和"皇帝知名者"两项的。我想,"宦及知于王"或"宦皇帝而知名",就是做侍从赢得了帝王欢心、从而给予"显大夫"待遇的意思。明人邱濬把它释为"仕宦而皇帝知其名"[2]。邱濬这话,若把"仕"字去掉则其言无误。也就是说,对《法律答问》与汉惠帝诏所涉爵、吏、宦三种身份的高下,我们是这样理解的:

爵	吏	宦
五大夫以上爵	六百石以上吏	宦皇帝而知名者
五大夫以下爵	六百石以下吏	宦皇帝而尚未知名者

而这说明什么呢?不就说明"宦皇帝"最初无秩级吗?若其有秩级,就该像"吏"那样,使用"若干石以上(或以下)宦皇帝者"来区分高下了;但他们是君主私属,没有秩级,其与王或皇帝的关系是很个人化的,所以另用王或皇帝是否"知其名"来区分高下。

认为"宦皇帝者无秩"的第四个证据,涉及了"比秩"问题。《二年律令·秩律》中没有带"比"字的秩级,这一点引起了我

---

[1] 邢义田:《张家山汉简〈二年律令〉读记》,《燕京学报》新15期,2003年。
[2] 邱濬:《大学衍义补》卷一〇七,《摛藻堂四库全书荟要》,台湾世界书局1990年版,第67册第313页;又京华出版社1999年版,第916—917页。

的高度关注。我认为，这就意味着"比秩"是较晚时候，即《秩律》之后才形成的，此前还没"比秩"呢。汉代的官阶为什么有"比秩"，这事一直没人留意。现在转机来了，"宦皇帝"的考察，令"比秩"问题凸显出来。请注意这一重要事实：属于"宦皇帝者"的中大夫、中郎、郎中、谒者、舍人等官，在后来都是"比秩"。请看：

中大夫：更名光禄大夫后，秩比二千石；
谒者：秩比六百石；
中郎：秩比六百石；
侍郎：秩比四百石；
郎中：秩比三百石[1]、比二百石[2]；
太子洗马：比六百石；
太子庶子：比四百石；
太子舍人：秩比二百石[3]。

大夫、郎官、洗马、舍人等官既不见于《二年律令·秩律》，后来恰好又都被安排在"比秩"，这难道是偶然的吗？我想不是，这两个事实之间必有内在联系，交互印证了"宦皇帝者"曾经无秩的事实。

---

[1] 以上见《汉书》卷十九上《百官公卿表上》。
[2] 《史记·儒林传》索隐引如淳："《汉仪》弟子射策，甲科百人补郎中，乙科二百人补太子舍人，皆秩比二百石"。又尹湾汉简中有郎中盛咸"以功迁"为二百石建陵丞的实例。由此可以推断郎中后来有比二百石者。参看李解民：《〈东海郡下辖长吏名籍〉研究》，《尹湾汉墓简牍综述》，科学出版社1999年版，第68页；拙作：《品位与职位——秦汉魏晋南北朝官阶制度研究》，第198页。
[3] 《续汉书·百官志四》记载，太子庶子四百石，如三署中郎，太子舍人二百石，如三署郎中。这都是后汉制度。至于西汉时的太子庶子与太子舍人禄秩，应取卫宏《汉旧仪》："庶子舍人，四百人，如郎中，秩比二百石，无员，多至四百人，亡新改名为翼子"；"庶子，秩比四百石，如中郎，无员，亡新改为中翼子"。见周天游点校：《汉官六种》，中华书局1990年版，第78页。不过《汉旧仪》"庶子舍人"一条，文有舛误，其"庶子舍人"4字或者作"太子舍人"，或都删去"庶子"二字仅作"舍人"。前一个"四百人"，疑为"四百石"之讹，乃庶子的"比四百石"之文误入者；后一个"四百人"，前人已提出质疑，指出《续汉志》引《汉官》作"十三人"，而非四百人。质言之，"庶子舍人"这一条，应据"庶子"条校作"（太子）舍人，如郎中，秩比二百石，无员，亡新改为翼子"为妥。

中郎、侍郎、郎中三郎并列，是较后的制度。汉初的"三郎"不是中郎、侍郎、郎中，而是中郎、郎中和外郎，秦代的"三郎"大约也是这三郎[1]。尽管"三郎"所指前后有变，但它们毕竟一脉相承，中郎、侍郎、郎中在后来都是"比秩"[2]，仍可以用来证明中郎、郎中和外郎最初无秩。与之同理，中大夫、太子舍人后来是"比秩"，我们推测其最初没有秩级。执楯、执戟、武士与驺，因其身份与郎相近，也应在无秩之列。按，郎官通过宿卫皇帝而出仕，这个制度的来源相当古老，源于周代贵族子弟"士庶子"宿卫制度，这是他们做官的必经环节。宿卫的士庶子们并不是官儿，君主只为他们提供"稍食"形式的廪食[3]。基于这个传统我们推测，战国、秦和汉初的君主没给宿卫者俸禄，他们当然就不能用"禄秩"标志等级了。

"宦皇帝者无秩说"的第五个证据，仍与"比秩"相关。上述那些官员后来变成了"比秩"，其间可能经历了一个"比吏食俸"的环节。东汉残存着一种卫官"比吏食俸"的做法。《续汉书·百官志四》执金吾条："缇骑二百人。本注曰：无秩，比吏食奉。"这种"无秩，比吏食俸"的官，在较早时候应该普遍得多，秦汉间的"宦皇帝者"应即如此，他们也是"无秩，比吏食俸"的。《续汉志》执金吾条注引《汉官》又言："执金吾缇骑二百人，持戟五百二十人，舆服导从，光满道路，群僚之中，斯最壮矣。""执戟"既跟缇骑的身份相似，则待遇也应相似；缇骑既然"无秩，比吏食俸"，那么"执戟"也该"无秩，比吏食俸"了。汉初"宦皇帝者"中恰有一种"执

---

[1] 《史记》卷六《秦始皇本纪》："二世曰：'善。'乃行诛大臣及诸公子，以罪过连逮少近官三郎。"《索隐》："三郎谓中郎、外郎、散郎。"按《索隐》之说不确。《史记会注考证》引中井积德说："沈家本曰：'《汉书·惠帝纪》，中郎、郎中，满六岁爵三级，四岁二级；外郎，满六岁二级。'苏林云：'外郎，散郎也。'然则三郎者，中郎、郎中、外郎，旧注皆非。"台湾文史哲出版社1997年版，第123页。

[2] 李孔怀先生谓"武帝时增设'比郎'，秩比千石"，他还把"比郎"算成郎官之一。见其《汉代郎官述论》，收入中国秦汉史学会编《秦汉史论丛》（第二辑），陕西人民出版社1983年版，第165页。不过李先生误解了史料。《汉书·百官公卿表》说的是期门军士比郎，期门仆射比千石。

[3] 参看拙作：《从稍食到月俸——战国秦汉俸禄等级制新探》，《学术界》2000年第2期。

戟"。虽然后来"执戟"变为执金吾下的卫官之称了，然而草蛇灰线，千里犹见。这就意味着，"宦皇帝者"最初"无秩"，后来逐渐通过"比吏食俸"，即与吏的某个秩级相比，从而形成了"比秩"。即如：由"比三百石吏食俸"，形成"比三百石"；由"比四百石吏食俸"，形成"比四百石"；余类推。这样，揭开"比秩"面纱、弄清其真面目的机遇降临了。

"宦皇帝者无秩说"的第六个证据，是汉武帝时的一个实例。此例显示：其时"宦皇帝者"的俸钱数额，就是拿来与此后的"比秩"相比，也不相称。在前引汉惠帝的赏赐诏中，赏赐对象有"驸"。请看汉武帝时东方朔的一个历史小花絮：

> 朔绐驸朱儒，曰："上以若曹无益于县官……今欲尽杀若曹。"……上知朔多端，召问朔："何恐朱儒为？"对曰："臣朔生亦言，死亦言。朱儒长三尺余，奉一囊粟，钱二百四十。臣朔长九尺余，亦奉一囊粟，钱二百四十。朱儒饱欲死，臣朔饥欲死……"（《汉书》卷六五《东方朔传》）

"驸朱儒"那官名很怪，后人想编也编不出来，所以那故事一定是真的。"驸朱儒"是干什么的呢？文颖："朱儒之为驸者也。"师古："朱儒，短人也。驸本厩之御驸也，后人以为骑，谓之驸骑。""驸朱儒"应是驸骑的一种，由矮人侏儒任之，以诙谐的形体和动作来愉悦帝王耳目。陶俑中也能看到这类形象。汉武帝给"驸朱儒"的待遇是"奉一囊粟，钱二百四十"，这已让他们"饱欲死"了；而东方朔抱怨钱粮微薄，让"长九尺余"的汉子"饥欲死"。我想当局规定的钱粮自有合理性，不会微薄到点燃饥火的程度；东方朔啧有烦言，那只是因为他"长九尺余"，身高、饭量同时超标。他说的就是这个：当局没因为他身材高就给他加钱，照旧"奉一囊粟，钱二百四十"。所以我推测，高个子的驸骑跟小矮人"驸侏儒"一视同仁，也是"奉一囊粟,钱二百四十"。当时东方朔的身份约是郎官[1],则"奉一囊粟,钱二百四十",就可以看成郎官的禄养。也有人认为东方朔逗弄"驺朱儒"之时是"待诏",不是郎官[2]。那可能性是有的。不过汉惠帝的行赏诏书有"驺比外郎"规定。赏赐上"驺比外郎",禄养上也应"驺比外郎"吧,至少不会差太远。"外郎"禄养仍应与驺相近,在"奉一囊粟,钱二百四十"左右。

对东方朔这段逸事,陈梦家先生说:"是汉武帝时之郎,月奉钱240;粟一囊为常人所食的廪食,当为大石二石。"[3]但若把"二百四十钱"视为"月奉",问题就来了。"律,百石奉月六百。"[4]又据陈先生自己对汉俸的勾稽,在汉武帝至汉宣帝神爵三年(前59年)之前,相关吏员的月俸略如下表:

比六百石	3000 钱	
二百石	2000 钱	
百石吏	720 钱	
百石吏	700 钱	
斗食、佐史	600 钱	
属令史	500 钱	
令史	480 钱	
书佐	360 钱	
	300 钱	驺、郎中 (比三百石) 240 钱
	200 钱	
	100 钱	

---

[1] 据《史记》卷一二六《滑稽列传》,东方朔上书求仕,随后"诏拜以为郎";《传》又记载,东方朔自称"官不过侍郎,位不过执戟"。《汉书·东方朔传》叙述东方朔做过"常侍郎",还曾做过"太中大夫给事中"以及"中郎",曾"陛戟殿下"。太中大夫、给事中也许禄廪较高,东方朔装模作样地吓唬"驺朱儒"之事,应是他初做郎中时的事情吧。正如陈直先生所说:"侍郎、郎中,为古代武士之通称,并无严格限制。"《汉书新证》,第89页。当时的侍郎、中郎,其实就是郎中之中的有幸"侍中"者。
[2] 这个意见,是秦汉史博士生邹水杰同学,在我的"中国古代官僚等级制度研究"课上提出来的。特此致谢。
[3] 陈梦家:《汉简所见奉例》,《文物》1963年第5期。
[4] 《汉书》卷八《宣帝纪》如淳注。

驺、郎的俸钱，怎么那么低呢？郎中是比三百石，可每月才给240钱，连百石吏都不如（700钱或720钱），甚至还不如书佐（360钱）[1]。我想俸钱奇低，并不说明郎官地位低。郎官后来的比秩达到了比三百石，只略低于县长，郎官外补也是当令长。又，汉惠帝那份爵赏诏书中，官吏们的赏格是"六百石以上万"；同时"外郎不满二岁赐钱万"，"谒者、执楯、执戟、武士、驺比外郎"。外郎及谒者、执楯、执戟、武士、驺因侍从皇帝，其赏钱竟然可与六百石吏相比，达到了万钱之多，可见他们并不卑贱。地位不低而俸钱低，该怎么解释呢？解释只有一个："宦皇帝者"是特殊职类，无俸禄，无秩级。朝廷不给他们俸钱，"奉一囊粟，钱二百四十"是另一种禄养，而非官吏月俸。

前面说过了，汉代郎官制度源于周代的士庶子制度。士庶子宿卫只吃稍食，秦汉郎官也用廪食供养着，再发一点零花钱，如此而已。《国语·越语上》记载勾践谋求复国时有这样一个措施："令孤子、寡妇、疾疹、贫病者，纳宦其子。"注云："宦，仕也，仕其子而教，以廪食之也。"这是用士庶子的待遇来优待孤寡贫病者的子弟，士庶子就是用廪食来养活的。附带说，《礼记·月令》有言："季秋之月……收禄秩之不当，供养之不宜者。"对后一句话，古注往往不得其正[2]；而我认为，这正反映了拿禄秩的是一批人，靠廪食供养的又是一批人。总之，"比吏食俸"是较晚才产生的。

就"禄养无多"一点，就可以补充第七个证据了，这就是做"宦

---

[1] 陈直先生利用居延汉简考察汉代官俸，亦云："各属吏身份中以书佐为最低。"《居延汉简研究》，天津古籍出版社1986年版，第22页。
[2] 例如郑玄注谓："禄秩之不当，恩所增加也；供养之不宜，欲所贪耆熊膰之属，非常食。"王梦鸥先生的解释是："禄秩不当，是不依靠薪级的开支；供养不宜，是无功而受的俸禄。"见其《礼记今注今译》，台湾商务印书馆1992年版，第232页。按，供养不是俸禄，王说不确。杨天宇先生释云："对于不当加给的禄位，以及不当提供的给养，都要收回。"《礼记译注》，上海古籍出版社2004年版，上册第206页。杨先生把禄秩、供养区分开来，可以说相当精慎。又，《周礼·天官·外饔》："飨士庶子亦如之。"郑玄注："士庶子，卫王宫者。若今时之飨卫士矣。"《十三经注疏》，中华书局1980年版，第66页下栏。郑玄以"卫士"释"士庶子"，不如以郎官释之为好。

皇帝者"的个人花费和"赀选"制度。

　　就史料看，做郎官花费很大。首先他们上任时，得自备很多昂贵的东东，如鞍马、绛衣、玉具剑什么的，所以阮囊羞涩者是不该问津的[1]。其次当了郎官后，还得掏钱供给官府文书等费用："郎官故事，令郎出钱市财用、给文书，名曰山郎。"[2]又，汉初选拔郎官有"訾选"一法。如董仲舒所说："夫长吏多出于郎中、中郎，吏二千石子弟选郎吏，又以富訾，未必贤也。"[3]又卫宏《汉旧仪》卷上："谒者、常侍、侍郎，以赀进。"起初郎吏的"富赀"条件是家资十万，汉景帝开恩降为四万。《汉仪注》："訾五百万得为常侍郎。"[4]五百万更不是个小数目。家资不足者，做郎是久难为继的。张释之做骑郎，就是靠哥哥的家产支持着，结果生生把哥哥弄穷了[5]。"宦皇帝"得家资雄厚才成，这很耐人寻味，我想那也说明"宦皇帝"无禄吧。"山郎"是要"出钱市财用、给文书"的，想象一下吧，若"山郎"有俸，则郎官得向官署交钱，官署又得向郎官发钱，双方你来我往地交换着钱，岂不是个很费解的事情么？那么只能认为，当时郎官无俸，进而就是无秩。

　　《续汉书·舆服志下》注引《东观书》，用很长一篇文字记载了东汉建武元年（25年）的百官禄秩，我们推测它出自《禄秩令》一类

――――――――――――――

[1]《史记》卷一百四《田叔列传》："其后有诏募择卫将军舍人以为郎，将军取舍人中富给者，令具鞍马、绛衣、玉具剑，欲入奏之。……于是赵禹悉召卫将军舍人百余人，以次问之，得田仁、任安，曰：'独此两人可耳，余无可用者。'卫将军见此两人贫，意不平。赵禹去，谓两人曰：'各自具鞍马新绛衣。'两人对曰：'家贫无用具也。'将军怒曰：'今两君家自为贫，何为出此言？鞅鞅如有移德于我者，何也？'"卫青在择其舍人为郎时只考虑有钱的，是因为做郎官得自备鞍马、绛衣、玉具剑，而汉代马匹价在万钱以上，刀剑亦值数千钱，囊中如洗者就只好靠后了。卫青对田仁、任安恼怒不已，也是嫌他们既然没钱还瞎凑什么热闹。

[2]《汉书》卷六六《杨恽传》。

[3]《汉书》卷五六《董仲舒传》。

[4]《史记》卷一〇二《张释之列传》集解引如淳。

[5]《史记》卷一百二《张释之列传》："有兄仲同居。以訾为骑郎，事孝文帝，十岁不得调，无所知名。释之曰：'久宦减仲之产，不遂。'欲自免归。"赀选，还可参看安作璋、熊铁基：《秦汉官制史稿》，上册第352页以下。

文件。为与《二年律令·秩律》比较，我们不避冗赘征引如下：

> 建武元年，复设诸侯王金玺绶绶，公侯金印紫绶。九卿、执金吾、河南尹秩皆中二千石。大长秋、将作大匠、度辽诸将军、郡太守、国傅相皆秩二千石。校尉、中郎将、诸郡都尉、诸国行相、中尉、内史、中护军、司直秩皆[按此处脱一"比"字，详见下编第六章第三节]二千石，以上皆银印青绶。中外官尚书令、御史中丞、治书侍御史、公将军长史、中二千石丞、正、平、诸司马、中宫王家仆、雒阳令秩皆千石。尚书、中谒者、谒者、黄门冗从、四仆射、诸都监、中外诸都官令、都候、司农部丞、郡国长史、丞、候、司马、千人秩皆六百石，家令、侍、仆秩皆六百石，雒阳市长秩四百石，主家长秩皆四百石，以上皆铜印黑绶。诸署长楫棹丞，秩三百石。诸秩千石者，其丞、尉皆秩四百石；秩六百石者，丞、尉秩三百石；四百石者，其丞、尉秩二百石。县国丞、尉亦如之。县、国三百石长相，丞、尉亦二百石。明堂、灵台丞、诸陵校长秩二百石。丞、尉、校长以上皆铜印黄绶。县国守宫令、相或千石或六百石，长相或四百石或三百石，长相皆以铜印黄绶。
>
> 而有秩者侍中、中常侍、光禄大夫秩皆二千石，太中大夫秩皆比二千石，尚书、谏议大夫、侍御史、博士皆六百石，议郎、中谒者秩皆比六百石，小黄门、黄门侍郎、中黄门秩皆比四百石，郎中秩皆比三百石，太子舍人秩二百石。

上文第一大段，其格式与《二年律令·秩律》非常相似，应系律令性质的文件。我们暂时推断为建武《禄秩令》[1]。这一段所记的主要是

---

[1] 西汉有《禄秩令》，见《史记》卷九《吕太后本纪》注引臣瓒。《汉书》卷四《文帝纪》注引臣瓒作《秩禄令》。程树德《九朝律考》据此在汉令中列入了《禄秩令》，中华书局1963年版，第24页。

王侯、文官与军吏的秩级。第二段更引人注目。"而有秩者侍中、中常侍、光禄大夫皆二千石……"一句以下所列的官职,显然是被王朝看作王侯、文官与军吏之外的特殊职类的。而这些职类,恰好不见于《二年律令·秩律》。这些职类大多是"比秩",即令在《东观书》中已非"比秩"了,往往也能找到其他证据,证明其曾为"比秩",详见本编第五、六章的考证。尤其是段首有"而有秩者"四字,那提法很不寻常。为什么要特标"而有秩者"呢?我认为,那就反映了它们曾经无秩、是在后来才获得秩级的。其最初所获之秩,应即"比秩"。在《二年律令·秩律》中恰好就没有这部分官职,就是证据;在吕后二年之时,上述职类还没有秩级呢。也许有人又会猜想,是否《二年律令·秩律》中也有类似一段,但出土竹简中未见呢?当然不能绝对排除这个可能性,不过若结合前面七个证据综合评断,那种可能性就非常之小。

以上八个理由若单举其一,或许还难以服人;但当那八点构成了一个证据链,具有了刑侦学所谓的"证据的连锁性"、全都指向同一目标的时候,我们便可锁定如下事实:中郎、郎中、外郎、谒者、执楯、执戟、武士、驺、太子御、太子骖乘、太子舍人及中大夫、郎骑等,最初都无禄秩。后来在某个时候,他们开始"比吏食俸";再后,这"比"的方法逐渐凝固为秩级,变成"比秩"了。由此看来,"宦皇帝者"就是滋生"比秩"的温床。

三 《二年律令》中的"吏"与"宦":两大职类

我们判断,"宦皇帝者"就是中大夫、郎官、舍人等侍从之官,他们构成了一个特殊职类,并因此而与作为"事皇帝者"的"吏"两分;并以八个证据,论证了"宦皇帝者"与"吏"的一个重要区分,就是"吏"有禄秩而"宦皇帝者"无禄秩。下面围绕《二年律令》,继续论证秦汉的这种特殊职类管理制度,即"宦、吏两分"制度的存在。

《秩律》中虽没有"比秩",但其他律文中,却能看到出于某种必要而与禄秩相比的办法。比方说《赐律》：

> 赐不为吏及宦皇帝者,关内侯以上比二千石,卿比千石,五大夫比八百石,公乘比六百石,公大夫、官大夫比五百石,大夫比三百石,不更比有秩,簪袅比斗食,上造、公士比佐史。(第31页第291、292、293简,第173页释文)

赏赐等级是按禄秩级差确定的,那么赏赐无秩者怎么办呢？用"比"的办法。在上文中,"不为吏及宦皇帝者"的赏赐以爵为比。"不为吏者"无秩,让他们以爵为比是很好理解的；而"宦皇帝者"也是官儿,为什么也依爵不依秩呢？这就回到前边的论点上去了："宦皇帝者"无秩,照例应依他们的爵位高低行赏。赏赐时"宦皇帝者"跟"不为吏"者同案处理,可见"宦皇帝者"被认为跟"不为吏"相近,不被朝廷视之为"吏"。

《赐律》还有这么一条：

> 吏官卑而爵高,以宦皇帝者爵比赐之。(第31页第294简,第173页释文)

这条材料上文不明,弄不清楚是赐什么的规定；但总归能够看到,在"吏官卑而爵高"的情况下,朝廷允许"吏"以己之爵,比于"宦皇帝者"之爵,却不是比于"宦皇帝者"之秩。这再度说明"宦皇帝者"有爵无秩,所以想比其秩也没法儿比。我想这是一种"秩—爵—秩"的绕弯子"比"法：先由"吏"之爵比于"宦皇帝者"之爵；再用爵、秩相比,"比"于某级之秩。比方说有一位三百石之"吏",他拥有五大夫之爵,那么在确定其受赐数量时,应先比于"宦皇帝者"的五大夫,再遵循《赐律》"赐不为吏及宦皇帝者……五大夫比八百石"的条文,按八百石受赐——又"比"回到"秩"这边儿来了。这样,这位三百石吏就可以得到相当于八百石吏的赏赐了。这是就高不就低的意思,免得高爵吃亏。

以上是"比秩赏赐"的例子。此外又如《二年律令·传食律》中的"比秩传食":

> 食从者,二千石毋过十人,千石到六百石毋过五人,五百石以下到二百石毋过二人,二百石以下一人。使非吏,食从者,卿以上比千石,五大夫以下到官大夫比五百石,大夫以下比二百石;吏皆以实从者食之。诸吏乘车以上及宦皇帝者,归休若罢官而有传者,县舍食人马如令。(第26页第235、236、237简,第164—165页释文)

这律文涉及两项传食规定,第一是针对承担公务的使者的;第二是针对休假和罢官者的。第一种即使者的传食,吏依其秩,非吏者用他的爵位比于秩级。可见"吏"与"非吏"两分,待遇有异。第二种即归休或罢官的情况下,"诸吏乘车以上及宦皇帝者"的提法,又表明"诸吏"与"宦皇帝者"两分,身份有异。两相比较,"宦皇帝者"其实就在"非吏"范畴之内。后一种情况所谓"如令",自然也是吏依其秩、而宦皇帝者以爵比秩的。

《二年律令·户律》:

> 欲益买宅,不比其宅者,勿许。为吏及宦皇帝,得买舍室。(第33页第320简,第177页释文)

买宅时只能买邻宅,否则法律不答应;但"为吏"者和"宦皇帝者"不受限制。这时"吏"和"宦皇帝"又成了同类,而与"不为吏"区别开来了。这道理却也简单:"宦皇帝"有名位、有勤务,这一点跟"吏"一样,跟平民就不同了。

再看《二年律令·置吏律》这条律文:

吏及宦皇帝者、中从骑，岁予告六十日；它内官，卅日；吏官去家二千里以上者，二岁一归，予告八十日。（第25页第217简，第162页释文）

《注释》云："中从骑，疑指骑郎。《汉书·百官公卿表》：'郎，掌守门户，出充车骑'"；"内官，宫中职官。"这解释虽不无可取，但仍相当含糊。所以有的学者感到：在这段文字里，吏、宦皇帝者、中从骑和其他内官四者并列，到底是为什么呢？"吏"是什么人？中从骑为何被特别提出来？都十分难解[1]。

因为以往对"宦皇帝者"众说纷纭，这里又跟吏、中从骑、内官搅在一块了，故一时难以索解。不过本文讨论至此，这难题已不再困难。关键在于，上文中的"吏"、"宦皇帝者"、"中从骑"和"它内官"四者，并不是并立关系。正确的解读，应先把它们分为"吏"与"宦皇帝者"两类；进而再把"宦皇帝者"分为两类，即分为"中从骑"及"它内官"。即如下表：

吏	吏官去家二千里以上	二岁一归，予告八十日
	吏官非去家二千里以上者	？
宦皇帝者	中从骑	一岁一归，予告六十日
	它内官	一岁一归，予告四十日

"内官"之"内"意思是"中"，中郎、郎中的"中"也是这个意思。郎官就是"内官"。照上表那样理解，原文一清如水。原录文在"宦皇帝者"后点断，作"吏及宦皇帝者、中从骑"，结果弄成了并列关系；其实删掉顿号更好一些——"宦皇帝者"就是"内官"，包括"中从骑"在内；正确的标点应为"吏及宦皇帝者中从骑"。

《二年律令》在以禄秩定待遇时，在"若干石"的前后往往特加"吏"字。如《赐律》：

---

[1] 邢义田：《张家山汉简〈二年律令〉读记》，《燕京学报》新15期，2003年。

> 二千石吏不起病者,赐衣襦、棺及官衣常(裳)。郡尉,赐衣、棺及官常。千石至六百石吏死官者,居县赐棺及官衣。五百石以下至丞、尉死官者,居县赐棺。(第30页第283、284简,第172页释文)
>
> 赐吏酒食,率秩百石而肉十二斤、酒一斗;斗食、令史肉十斤,佐史八斤,酒七升。(第31页第297简,第174页释文)
>
> 二千石吏食䊋、粲、糯各一盛,醯、酱各二升,介一升。千石吏至六百石,食二盛,醯、酱各一升。五百石以下,食一盛,酱半升。食一盛用米九升。(第31-32页第298-301简,第174页释文)
>
> 赐吏六百石以上以上尊,五百石以下以下尊,毋尊以和酒。(第32页第302简,第174页释文)

这些条文为什么特标"吏"字呢?是因为在"吏"之外,还另有"宦皇帝"者呢。《史记》、《汉书》中也经常出现"吏若干石"的提法,例如高帝十二年"赐其吏六百石以上爵一级"、"吏二千石徙之长安"[1]之类。这"吏"字大概不像以前想得那么简单,只是通指官员;现在看来,特标"吏"字是因为还有一种"非吏"的"宦"存在着。

若仔细辨析,则《二年律令》中很多"宦"字都是特指。如《置吏律》:

> 有任人以为吏,其所任不廉、不胜任以免,亦免任者。其非吏及宦也,罚金四两,戍边二岁。(第24页第210简,第161页释文)

"非吏及宦"四字,原书无注。不过这"宦"字显系"宦皇帝者"省

---

[1]《汉书》卷一下《高帝纪》。

称。这条律文说，对任人"不廉不胜任"、即所保荐者贪污或不称职时，除本人罢免外，其"任者"即保荐人也要免官；那保荐人如果"非吏"，或者是"宦皇帝者"，则其惩罚还得加上罚金和戍边两项。"非吏"无官，其惩罚只有罚金、戍边；"宦皇帝者"有官，其惩罚将有免任、罚金、戍边三项。那么这里所涉及的保任者，就有"吏"、"非吏"和"宦"3种，相关的惩罚也有3等。即如：

吏	免任		
宦皇帝者	免任	罚金	戍边
非吏		罚金	戍边

从表格中能看到，在任人不善时，对"宦"者的惩罚比"吏"多了两项，不仅免官，还得罚金和戍边。那道理很简单：人们之所以肯去"宦皇帝"，只是为了由此获得做官资格；至于做郎官本身就不好说了：执戟宿卫、出充车骑的辛苦不谈，其待遇不过"奉一囊粟，钱二百四十"而已，能否赶上皇帝赏钱加爵、能否获得"知名"的宠遇，都是没准儿的事。这样看来，对任人不善的"宦皇帝者"若只罢免，反倒免除了他们勤务的辛苦，太便宜他们了；一定得加上罚金和戍边二岁，让他们进一步破财受累，才能构成与"吏"之"免任"同等力度的惩罚呢。

在任人不善的惩处上，"宦"的待遇近于"非吏"；但"宦"在"吏"与"非吏"之间，其待遇也有近于"吏"的时候。《二年律令·徭律》：

> 发传送，县官车牛不足，令大夫以下有赀（赀）者，以赀共出车牛及益，令其毋赀（赀）者与共出牛食、约、载具。吏及宦皇帝者不与给传送。（第41页第411、412简，第188页释文）

官家运输"车牛不足"时，爵在大夫以下的有钱人要出车出牛，没钱的要出牛饲料和用具。但"吏及宦皇帝者"却不在其例。我推测，《徭律》下文涉及的各种徭戍，如"事委输"、"载粟"、"补缮邑□，除道桥，穿陂池，治沟渠，堑奴苑"、"春秋射"等等，"吏及宦皇帝者"都可以"不与"，因为二者另有公务。

这样，"吏"、"宦"和"非吏"就呈"三足鼎立"之势。再请看：

1. 相国、御史请关外人宦为吏若徭使，有事关中，[不][幸][死]，县道若属所官谨视收敛，毋禁物，以令若丞印封椟楗，以印章告关，关完封出，勿索。（《二年律令·津关令》，第48页第500、501简，第207页释文）

2. 宦者、都官吏、都官人有事上为将，令县贷之，辄移其稟县，稟县以减其稟。已稟者，移居县责。（《秦律十八种·仓律》，《睡虎地秦墓竹简》，文物出版社1990年版，第30页）

第1条材料的原文标点可商，"宦"字之后应加顿号，"徭使"后的逗号应移置于"有事关中"之后，即作："相国、御史请关外人宦、为吏若徭使有事关中，不幸死……"这样，"关外人宦于关中"、"关外人为吏关中"和"关外人有事徭使关中"，就各为一事了，而不必把"宦为吏"作一读了[1]。第2条简文，可以证明这个意见正确无误：秦朝恰好也有"宦者"、"都官吏"、"都官人有事"者的三分法[2]。这

---

[1] 文物出版社2006年版的《张家山汉墓竹简247号墓》（释文修订本）中，没有订正这个错误，见第85页。

[2] 原注释者把"宦者"释为"阉人"，把"宦者、都官吏、都官人有事上"解释为"宦者、都官的吏或都官的一般人员为朝廷办事"，把"为将"的"将"释为"督送"。见《睡虎地秦墓竹简》，文物出版社1978年版，第46页。据汉简《二年律令·捕律》，"将"应是统领的意思。《二年律令·捕律》："与盗贼遇而去北，及力足以追逮捕之而官□□□□逗留畏耎弗敢就，夺其将爵一级，免之，毋将者戍边二岁；而罚其所将吏、徒以卒戍边各一岁。"（第142、143简）律文中"夺其将爵一级"的"将"，应指统领之人；"而罚其所将吏徒"的"将"，则是所统领者。又如云梦龙岗秦简第一六简："皇帝过，将者令徒□。"见《云梦龙岗秦简》，中华书局2001年版，第77页。这里的"将者"也是统领者。按《汉书》卷五《景帝纪》："吏及诸有秩受其官属所监、所治、所行、所将，其与饮食计偿费，勿论。"监、治、行、将，是4种不同的统属关系。

跟《津关令》中的"关外人宦、为吏若徭使有事关中",是非常相似的,仅"都官"与"关外"有异而已。此外秦简中还有"吏、徒"并称的情况,"徒"就是"徭使"[1]。

那么秦律《仓律》中的"宦者",是否如原书所注只是阉人,恐怕还要再行考虑——很可能它跟《津关令》中"宦、为吏若徭使"的"宦",以及跟《置吏律》中"非吏及宦也"的"宦",是同一个意思。又《秦律十八种·传食律》中:"不更以下到谋人,粺米一斗,酱半升,菜羹,刍稾各半石。宦奄如不更。"[2]文中的"宦奄"是否连读呢?若是,则特指阉人。不过以《二年律令》律之,"宦皇帝者"不止是阉人。若"汉承秦制",则秦简《传食律》中的"宦、奄"应予点断,令"宦皇帝者"和"阉官"为二事;或"宦皇帝者"包括、但不等于阉人,"宦奄"虽为一辞,但兼二者而言。又云梦龙冈秦简第199简:"宦者其有言迁及有罪者□"。又第258简:"□□宦者□。"[3]原书注释:"宦者,太监。……一说指为官者。"但现在就要考虑了,这"宦者"也许不同于后世"太监",也不是"为官者"的通称。

进而汉代文献、尤其是汉初文献所见"宦"字,人们也得留神,先弄清楚它指的是"宦皇帝者",还是阉人为好。《史记》卷一一八《淮南衡山列传》,汉武帝治淮南王之狱,胶西王议云:"而论国吏二百石以上及比者,宗室近幸臣不在法中者,不能相教,当皆免官削爵为士伍,毋得宦为吏;其非吏,他赎死金二斤八两。"这"毋得宦为吏",我认为应作"毋得宦、为吏"。"国吏二百石以上",是"吏";"及比者"的"比者"应是"比秩"之官,包括"宦皇帝者";"其非吏,他赎死金二斤八两"的"非吏",则构成了第三种人。就是说胶西王之议,事涉吏、宦、非吏三种人的处置办法。又《汉书》卷八《宣帝纪》本始元年(前73年)诏:"赐吏二千石、诸侯相、下至中

---

[1] 如龙岗秦简第196、197简:"黔首□□不幸死,未葬者棺葬具,吏及徒去办。"《云梦龙岗秦简》,中华书局2001年版,第130页。
[2] 《睡虎地秦墓竹简》,文物出版社1990年版,第60页。
[3] 《云梦龙冈秦简》,第132、140页。

都官、宦吏、六百石爵，各有差，自左更至五大夫。"标点从中华书局本。朱绍侯先生释云："这也是一次以赐高级官吏及宦官为重点对象的赐爵令。"[1]原文标点和朱先生的解释有无问题呢？"赐……中都官、宦吏、六百石爵"一句，我认为应改作"赐……中都官宦、吏六百石爵"。即向"中都官"中"宦皇帝者"与"吏六百石"两种人赐爵，并没有向宦官赐爵。

四 《津关令》所见中大夫及相关问题

本章第一节曾提出，中大夫应该属于"宦皇帝者"，第二节又提供了中大夫是"比秩"的情况，算是理由之一。那么在本章最后，我们再对中大夫与"宦皇帝"的问题，做一补充讨论，因为现在有新证据了。《二年律令·津关令》：

> 1. 相国上中大夫书，请中大夫谒者、郎中、执盾、执戟家在关外者，得私买马关中。有县官致上中大夫、郎中，中大夫、郎中为书告津关，来，复传，出，它如律令。御史以闻，请许，及诸乘私马出，马当复入而死亡，自言在县官，县官诊及狱讯审死亡，皆津关，制曰：可。（第49页第504、508简，第207－208页释文。按，以508简接504简，采用陈伟先生意见[2]。)
>
> 2. 相国、御史请郎骑家在关外，骑马即死，得买马关中，人一匹以补。郎中为致告买所县道，县道官听，为致告居县，受数而籍书马识物、齿、高，上郎中。即归休、徭使，郎中为传出津关，马死，死所县道官诊上。其诈贸易马及伪诊，皆以诈伪出马令论。其不得□及马老病不可用，自言郎中，郎中案视，为致告关中县道官，卖更买。制曰：可。（第49页第513、514、515

---

[1] 朱绍侯：《军功爵制研究》，上海人民出版社1990年版，第212页。
[2] 陈伟：《张家山汉简〈津关令〉涉马诸令研究》，《考古学报》2003年第1期。

简，第208－209页释文）

这两条律文，对中大夫、谒者、郎中、执盾、执戟以及"郎骑"的买马问题，做出了规定。其中的"谒者、郎中、执盾、执戟"，恰好也是《汉书·惠帝纪》里晋爵赏钱的同一批官儿。"郎骑"，《注释》说是"充任军骑的郎"。而"中大夫"与谒者、郎中、执盾、执戟"并列，就证明了此官也是"宦皇帝者"。中大夫是皇帝的侍从散官，与"吏"相远而与谒者、郎中相近。《汉书·百官公卿表》"郎中令"条："武帝太初元年（前104年）更名光禄勋。属官有大夫、郎、谒者"；"大夫掌论议，有太中大夫、中大夫、谏大夫，皆无员，多至数十人。武帝元狩五年（前118年）初置谏大夫，秩比八百石，太初元年更名中大夫为光禄大夫，秩比二千石，太中大夫秩比千石如故。"大夫与谒者、郎官等后来同属郎中令了，也说明它们性质相类。

秦朝有中大夫，又有中大夫令。春秋末年的赵简子誓辞有"上大夫受县，下大夫受郡，士田十万"[1]之语，没提"中大夫"。但《韩非子》显示赵国有中大夫，而且"中大夫，晋重列也"，这还被说成是"晋国之章"或"晋国之故"[2]。又《韩非子》记"晋国之法"："上大夫二舆二乘，中大夫二舆一乘，下大夫专乘"。若以"卿"视上大夫，则中大夫确属"重列"，是因为它仅次于上大夫卿[3]。

---

[1] 《左传》哀公二年。
[2] 《韩非子·外储说左上》："王登为中牟令，上言于襄主曰：'中牟有士曰中章、胥己者，其身甚修，其学甚博，君何不举之？'主曰：'子见之，我将为中大夫。'相室谏曰：'中大夫，晋重列也，今无功而受，非晋臣之意。君其耳而未之目邪？'襄主曰：'我取登既耳而目之矣，登之所取又耳而目之，是耳目人绝无已也。'王登一日而见二中大夫，予之田宅，中牟之人弃其田耘、卖宅圃，而随文学者，邑之半。"王先慎注："卢文弨曰：吕作'非晋国之故'。顾广圻曰：'臣'当作'国'，'意'当作'章'。"见《韩非子集解》，中华书局1998年版，第280页。
[3] 《韩非子·外储说左下》："晋孟献伯拜上卿，叔向往贺，门有御，马不食禾，向曰：'子无二马二舆何也？'献伯曰：'吾观国人尚有饥色，是以不秣马。班白者多徒行，故不二舆。'向曰：'吾始贺子之拜卿，今贺子之俭也。'向出，语苗贲皇曰：'助吾贺献伯之俭也。'苗子曰：'何贺焉！夫爵禄旂章，所以异功伐别贤不肖也。故晋国之法，上大夫二舆二乘，中大夫二舆一乘，下大夫专乘，此明等级也。且夫卿必有军事，是故循车马，比卒乘，以备戎事。'……"孟献伯所拜为"卿"，叔向便奇怪他为什么不备二马二舆，那么"卿"应备二马二舆的，而下文又称"上大夫二舆二乘"，是上大夫即卿。

但由此也能看到，晋国的"中大夫"，乃是就上大夫、下大夫而言的。米田健志说秦汉中大夫之"中"，同于中郎、郎中之"中"，而有异于上大夫、中大夫、下大夫之"中"[1]。我想应该采纳这个意见。虽然秦制往往来自三晋，但"中大夫"则否。第一、就《二年律令》看，秦及汉初唯中大夫有"令"，而上大夫、下大夫无"令"，那么秦汉"中大夫"之"中"，应非上中下之"中"。第二、汉有"太中大夫"，高于中大夫一等。若中大夫之"中"是上中下之"中"，那么中大夫之上就该是上大夫，而非太中大夫了。"中"即宫中、省中、中朝。大夫"掌论议"，这一点可与稷下学士相比。《史记》谓稷下学士"为上大夫，不治而议论"，又云其"皆命曰列大夫"。但秦汉的中大夫居"中"，专门在省中侍从皇帝，属高级散官，既为皇帝担任顾问、提供咨询，也算是暂无职务的高级人材的安置储备之位。所以，尽管大夫是散官，但官僚队伍和人事管理上还真少不了那一块。汉朝大夫种类繁多，有太中大夫、谏大夫、光禄大夫、中散大夫等，他们都由秦官中大夫衍生而来。

金少英先生云，秦代已有太中大夫及谏议大夫了[2]。其说似非。最早的一位太中大夫，大概是汉初的陆贾。《史记》卷九七《陆贾列传》说得很具体："陆生卒拜尉他为南越王，令称臣奉汉约。归报，高祖大悦，拜贾为太中大夫。"这太中大夫是陆贾出使返国后才拜的。不妨推断陆贾原为中大夫，因降服尉他之功而加"太"，"太中大夫"遂为中大夫资深位高者之称了。又《史记》卷十八《高祖功臣侯者年表》吕后元年（前187年）五月："封（吕）则弟大中大夫吕禄。"吕后当权，吕家的人当然得另眼相看，给予"太中大夫"以示尊崇了。汉武帝太初元年改中大夫为光禄大夫，又升其秩，大概就是考虑到中大夫原先的重要地位。

上引《二年律令·津关令》第一条史料中的"相国上中大夫书，

---

[1] 米田健志：《汉代の光禄勋——特に大夫を中心として》，《东洋史研究》第57卷第2号。
[2] 金氏所据，乃是《通典》及《文献通考》。参看其《秦官考》，《秦会要订补》，中华书局1959年版，第477页。此文多以千百年后之文献论说秦制，这一点殊不可取。

请中大夫谒者、郎中、执盾、执戟家在关外者"一句，原书标点和注释存在一些可酌之处。首先，"相国上中大夫书"一句中的"中大夫"，原书无注，但陈伟先生已指出这一"中大夫"应该是"中大夫令"，其说甚是。其次，《注释》云"中大夫谒者、郎中、执盾、执戟，均属郎中令"，这"均属郎中令"的说法也有问题。《二年律令·秩律》二千石一秩列有"汉中大夫令、汉郎中【令】"。可见当时中大夫有一令、郎中有一令，中大夫们与郎中们各有各的长官。《汉书·百官公卿表》："景帝初更名中大夫令，后元年（前143年）复为卫尉。"[1] 此事源委不明。"更名中大夫令"，似是把卫尉和中大夫令两官合并为一；在"复为卫尉"即恢复"卫尉"之名后，"中大夫令"一官就不见了，大概从这时起，中大夫才归于郎中令——后来是光禄勋管了。

其三，《津关令》原文中的"中大夫谒者"一句，应在"中大夫"和"谒者"之间加顿号，以示其为二官。中大夫是中大夫，谒者是谒者，二者是并列关系，各为一职。请看《津关令》的另一条文：

> 丞相上鲁御史书，请鲁中大夫、谒者得私买马关中，鲁御史为书告津关，它如令。丞相、御史以闻。制曰：可。（第50页第521简，第210页释文）

> 丞相上鲁御史书，请鲁郎中自给马骑，得买马关中，鲁御史为传，它如令。丞相、御史以闻。制曰：可。（第50页第522简，第210页释文）

据彭浩先生意见，这些条文的形成时间约在惠帝，至迟不过高后元年

---

[1] 其事又见《史记》卷十一《孝景本纪》："后元元年（前143年）冬，更名中大夫令为卫尉"；《汉书》卷十九下《百官公卿表下》景帝中元六年（前144年）："中大夫令直不疑更为卫尉。"对直不疑仕历，夏燮《校汉书八表》有考，《二十五史补编》，中华书局1955年版，第193—194页，可参看。夏燮所说"盖郎及中大夫皆郎中令之属"，不适合汉初的情况。

(前187年)[1]。对"鲁中大夫、谒者",《注释》将之断为二官,这就合情合理了。中大夫侍从皇帝,难免有"骑从"的时候,谒者也是如此,所以他们都可能有买马的需要[2]。

对《注释》"中大夫谒者、郎中、执盾、执戟,均属郎中令"的说法,陈伟先生也表示了反对:"据令文的表述,中大夫谒者当属中大夫令。"不过这意见我只能部分赞同,因为"谒者"应该另为一官,不当上连"中大夫"三字,谒者也不属中大夫令。对《津关令》中的"鲁中大夫、谒者"一句,陈先生也取消了其间顿号,引为"中大夫谒者"。

我没采取陈伟先生的看法。因为首先,在各种史料中都看不到汉代有"中大夫谒者"这一提法,也没有史料反映谒者属于中大夫令。谒者是属于谒者仆射的。《汉书·百官公卿表》:"谒者掌宾赞受事,员七十人,秩比六百石,有仆射,秩比千石。"汉初的谒者也应属于谒者令。《秩律》有不少谒者令,千石之官中有长信谒者令,六百石之官中有长秋谒者令,此外六百石还有中谒者、长秋中谒者、长信谒者,它们都是谒者的长官。对中谒者,《注释》谓:"即中谒者令。少府令属官。《汉书·高后纪》注引如淳曰'灌婴为中谒者,后常以阉人为之。诸官加中者,多阉人也。'""后常以阉人为之"和"多阉人也",也反映了中谒者并不完全是阉人,也任用没阉的人。

又,《津关令》原标点"相国上中大夫书,请中大夫谒者、郎中、执盾、执戟家在关外者……"陈伟先生对其"郎中、执盾、执戟"一项,也提出了新的意见。他认为应该删掉"郎中"之后的顿号,作"郎中执盾、执戟","'中大夫'和'郎中'显然是前述'中

---

[1] 彭浩:《〈津关令〉的颁行年代与文书格式》,《郑州大学学报》2002年第3期。
[2] 《汉书·百官公卿表》:"侍中、左右曹、诸吏、散骑、中常侍,皆加官,所加或列侯、将军、卿、大夫、将、都尉、尚书、太医、太官令至郎中,亡员,多至数十人。……散骑并乘舆车。""大夫"可加"散骑"之号,可以推断大夫也有"骑并乘舆车"的资格或机会。谒者也是要随从车驾的。《汉书》卷八四《翟方进传》师古注引《汉旧仪》:"皇帝在道,丞相迎谒,谒者赞称曰'皇帝为丞相下舆'。立乃升车。"可见谒者是跟随皇帝车驾的,这时候他不会两条腿走路吧。

大夫谒者、郎中执盾、执戟'的上司……对照前后文，显然'中大夫谒者'为中大夫令部属，'执盾'、'执戟'为郎中令部属。"那么照陈先生理解，"中大夫、谒者、郎中、执盾、执戟"五官，成了谒者、执戟、执盾三官了。

我觉得原先的顿号还是保留为好，以使"中大夫、谒者、郎中、执盾、执戟"成为并列五官。查前引《汉书·惠帝纪》："中郎、郎中满六岁爵三级，四岁二级。外郎满六岁二级。中郎不满一岁一级。外郎不满二岁赐钱万。宦官尚食比郎中。谒者、执楯、执戟、武士、驺比外郎。"可见在汉惠帝的时候，执楯、执戟明明是与中郎、郎中、外郎并列的不同官称，正合于《津关令》"郎中、执盾、执戟"的并列情况。我们还可以举出一个旁证。《续汉书·百官志四》：

> 太子庶子，四百石。本注曰：无员，如三署中郎。
> 太子舍人，二百石。本注曰：无员，更直宿卫，如三署郎中。
> 太子洗马，比六百石。本注曰：《旧注》云员十六人，职如谒者。
> 太子中盾一人，四百石。本注曰：主周卫徼循。

众所周知，太子的庶子、舍人和洗马，都是比于天子郎卫的。太子洗马比谒者，太子庶子比中郎，太子舍人比郎中；至于"太子中盾"之所比，原文无说，照我看来就是比于"执盾、执戟"的。当然，太子之官的员额秩级上都须减于父皇，父皇执盾、执戟两职齐备，太子就只设中盾一职了。虽然《续汉志》所述为东汉制度，但这制度本身是上承西汉的。卫宏的《汉旧仪》是"以载西京旧事"的，其中记述庶子、舍人、洗马、中盾的文字，也与《续汉书·百官志四》相类，而且还补述了太子舍人"亡新改名为翼子"、太子庶子"亡新改为中翼子"的情况[1]，可见王莽之前就是如此了。既然中盾与太子庶子、

---

[1] 周天游点校：《汉官六种》，第78—79页。

太子舍人是并列的官职，这就暗示着执盾、执戟与郎中也曾是并列的官职。所以《津关令》对"郎中、执盾、执戟"的标点无可挑剔，陈伟先生的改动不妨再作斟酌。连类相及，"郎中"既然不便冠于"执盾、执戟"之前，"中大夫"也不便冠于"谒者"之前。"中大夫、谒者、郎中、执盾、执戟"仍为五职，而非三官。

附带说，劳榦先生曾认为，汉无中大夫令，而秦时的中大夫令及郎中令既然以"令"为称，那么就应是千石以下官，并且都是卫尉属官[1]。日人米田健志对中大夫令改名卫尉一事有考，他同时承袭了劳榦的中大夫令及郎中令曾是卫尉属官的说法[2]。可现在看来，这说法至少不合于《二年律令·秩律》。《秩律》里的中大夫令、郎中令和卫尉三官，都是二千石，并无轩轾。也许秦史上的某个时候，中大夫令、郎中令这些称"令"之官曾是千石以下官，却无证据显示中大夫令、郎中令曾是卫尉属官。

上海博物馆藏有一枚"南越中大夫"印，有人认为，它可能是汉朝出使南越国的使臣之印[3]，也有人视为南越国的中大夫之印[4]，或说那印系汉朝所赐[5]。但《汉书·百官公卿表》明明说大夫无印："凡吏秩比二千石以上，皆银印青绶，光禄大夫无。秩比六百石以上，皆铜印黑绶。大夫、博士、御史、谒者、郎无。"南越国官制既与汉朝相近[6]，则其大夫应该无印。参照《秩律》中"中大夫"

---

[1] 见其《秦汉九卿考》，《劳榦学术论文集》甲编上册，第865页。
[2] 米田健志的《汉代の光禄勋——特に大夫を中心として》，《东洋史研究》第57卷第2号。
[3] 罗福颐：《秦汉南北朝官印征存》，文物出版社1987年版，第34页，编号186。按罗先生云："此为出使南越国之使臣印，或南越国之官印。"不过我觉得前一可能性并不大。汉朝大夫通常无印，出使则以节为信，汉中大夫不当称"南越中大夫"。所以断为南越国官印为好。
[4] 萧亢达：《从南越国"景巷令印"、"南越中大夫"印考释蠡测南越国的官僚政体》，《广东社会科学》1994年第5期。
[5] 王人聪：《西汉越族官印试释》，《东南文化》1991年第1期。
[6] 张荣芳先生指出，"南越国官制与汉廷一样，见其《略论汉初的"南越国"》，收入中国秦汉史研究会编《秦汉史研究》第1辑，陕西人民出版社1981年版，第163页。那么南越国官制应有中大夫令，同于汉廷。又见张荣芳、黄森章：《南越国史》，广东人民出版社1995年版，第116—117页。

实为"中大夫令"的情况，我怀疑它实际是南越国的中大夫长官之印，即中大夫令印。此外，上海博物馆另外藏有一枚"中大夫丞"封泥[1]。有丞必有其令，有中大夫丞必有中大夫令。"中大夫令"可以省称为"中大夫"，即只出官署之名；但"中大夫丞"则不能省称[2]。此丞之秩应是六百石。《秩律》："二千石□丞，六百石。"

对"宦皇帝者"考察至此，我们感到，只依《新书·等齐》的记载，裘锡圭先生就判断其为谒者、郎中，并揭示"仕"、"宦"有异，其眼光可称锐利独到。如今再结合《二年律令》和更多文献，就可以更清晰地描述"宦皇帝者"的面貌了。"宦皇帝者"特指侍臣内官，包括中大夫、中郎、郎中、外郎、郎骑、谒者、执楯、执戟、武士、驺、太子御、太子骖乘、太子舍人等。这些官职主要有四类：中大夫、郎官、谒者和太子舍人等，其长官则分别是中大夫令、郎中令、谒者令，及太子詹事或率更令。他们职能各异，"大夫掌论议"，"郎掌守门户，出充车骑"，"谒者掌宾赞受事"[3]；太子宫中的洗马、庶子、舍人、中盾等，则分别比谒者，比郎官，比执戟、执盾。这些官职此前大家都知道，但它们被称为"宦皇帝"，最初没有禄秩、后来列在"比秩"，构成了一个特殊职类，用特殊等级手段来管理，从而与"吏"有异，这些情况，我们此前所知无多。而且由"宦皇帝者"的"比秩"问题，还可以连类而及，进而去观察其他列在"比秩"的官职。"比秩"是汉代禄秩的重大结构性特点，在探讨秦汉官僚品位结构之时，对"比秩"做进一步发掘，势在必行。让我们转入下章。

---

[1] 孙慰祖：《古封泥集成》，上海书店出版社1994年版，第13页，编号61。
[2] 官名省称问题，可参赵平安：《秦西汉官印论要》，《考古与文物》2001年第3期；萧亢达：《从汉代文物考古资料所见"宫官"集释谈〈汉书·百官公卿表〉中的一处句读问题》，《考古与文物》1996年第4期；李学勤：《〈奏谳书〉与秦汉铭文中的职官省称》，收入《重写学术史》，河北教育出版社2002年版，第297页以下。
[3]《汉书》卷十九上《百官公卿表上》。

第五章 若干"比秩"官职考述

正秩之外，还存在着由"比若干石"构成的"比秩"，这是汉代官阶的基本结构特点。一正一"比"，分外显眼。秦汉官制被人推敲了两千年，几乎没什么细节没被研究过了；但"比秩"是例外之一，几乎无人问津。《秩律》之中无"比秩"，而"宦皇帝"诸官曾列在"比秩"，我们把两个现象综合分析，问题就浮现出来了。我们得到了一个机会，可以顺藤摸瓜，全面发掘"比秩"的真相，及其在帝国等级管理上的特殊意义了。

这"顺藤摸瓜"的工作至少要包括两部分。第一步是把"瓜"挖出来。除"宦皇帝者"外，还有更多的"瓜"，即，还能看到更多官职列在"比秩"。那些"瓜"都是什么样子？显有必要一一考察。第二步，就是在此基础之上，对"瓜"的形态和特点进行综合分析了。

前一章第二节中，引证了《续汉书·舆服志下》注引《东观书》所载建武元年秩级，那些内容我们认为出自建武《禄秩令》。其末段云："而有秩者侍中、中常侍、光禄大夫秩皆二千石，太中大夫秩皆比二千石，尚书、谏议大夫、侍御史、博士皆六百石，议郎、中谒者秩皆比六百石，小黄门、黄门、侍郎、中黄门秩皆比四百石，郎中秩皆比三百石，太子舍人秩二百石。"这段文字中所记官职，我们认为大抵都有最初无秩、后来才变成"比秩"的嫌疑，尽管有些在建武时又变成正秩了。通过检索还能进一步看到，除"宦皇帝者"外，汉代的"比秩"官职有期林、羽林诸官，博士与掌故、御史、掾属、国官、军吏，等等。总的说来，"比秩"诸官面貌各异，职能、职类各自不同，秩级往往因时而异；史料中它们的秩级记载，也常常有牴牾含糊之处，有本来是"比秩"但却省去了"比"字的简化记法。还有这种情况：某官最初无秩，其后是"比秩"，再后又变成正秩了；以及这种情况：曾是正秩，但后来被置于"比秩"。我们只能尽力而为，将之梳理得尽量清楚一些。

下面，就对期门羽林郎、博士掌故、御史、中央官署中的掾属及国官的"比秩"情况进行考察，再用第六章通盘分析之。关于军吏的"比秩"问题，为行文方便，置于第六章第三节，本章不论。

一 期门郎、羽林郎

期门和羽林，是皇帝的两支禁军。期门军中有期门郎，羽林军中有羽林郎。《汉书·百官公卿表》："期门掌执兵送从，武帝建元三年（前138年）初置，比郎，无员，多至千人。……平帝元始元年（公元1年）更名虎贲郎。……羽林掌送从，次期门，武帝太初元年（前104年）初置，名曰建章营骑，后更名羽林骑。"期门郎"比郎"，而羽林郎"次期门"，那么二者都跟郎官相去不远。

从某种意义上说，这两支禁军是从郎官衍生出来的。从事宿卫的郎官，本来也是一支武力，曾组成为一支专门的"郎中骑"。刘邦麾下的郎中骑战斗力极强，是汉军主力[1]。刘项相争而项氏惨败，获得了项羽尸首的人有五："王翳取其头"，"郎中骑杨喜，骑司马吕马童，郎中吕胜、杨武各得其一体"[2]。五人中一位是郎中骑，两位是郎中，占了五分之三。可见郎官的战力不容小觑，抢尸首胜人一筹。入汉以来"郎选益杂"，郎官来源多样化了，来自士人者与日俱增；其"禁军"的性质开始淡化，"文官预备役"的色彩浓厚起来。这也是需要另创期门、羽林的原因之一，王朝以此来维持一支既有士官身

---

[1] 参看陈苏镇：《汉代政治与春秋学》，中国广播电视出版社2001年版，第52-55页。
[2] 《史记》卷七《项羽本纪》。又《汉书》卷三一《项籍传》。

份,又具有武装性质的"郎"军的继续存在[1]。

期门郎后来改称虎贲郎。《续汉书·百官志二》:"虎贲中郎比六百石,虎贲侍郎比四百石,虎贲郎中比三百石,节从虎贲比二百石";"羽林郎,比三百石。"可见虎贲郎、羽林郎跟郎官一样,都是"比秩"。而且东汉虎贲郎,有比六百石、比四百石、比三百石、比二百石4等,那么在等级结构上,虎贲诸郎也与三署诸郎同构。

东汉的虎贲郎、羽林郎仍保持了强烈的"武"性质,承担宿卫、逮捕、出征等事。对已不胜军事的虎贲郎、羽林郎,朝廷有时只发半俸,不发服装[2]。同时三署郎却已"文"起来了,成了文职官员的主要来源,其资位也高于虎贲郎、羽林郎,尽管两类郎官秩级相同。这一点还可以从赏赐制度看出来。东汉腊赐制度:"郎官、兰台令史三千;中黄门、羽林、虎贲士二人共三千。"[3]三署郎官每人赏三千钱,羽林郎、虎贲郎每人只赏一千五,差一半。"二人共三千"的表述也很奇怪,为什么不直说"人一千五百"呢?好像故意让俩人分钱、或一起花钱似的。猜想那也许跟羽林、虎贲的编制方式有关。

但虎贲郎、羽林郎还不只是单纯的禁军士官而已,在东汉,他们似乎也有选举资格。东汉的虎贲郎、羽林郎是可以买卖的:

1. 汉安帝永初三年(109年):三公以国用不足,奏令吏人入钱谷,得为关内侯、虎贲羽林郎、五大夫、官府吏、缇骑、营士各有差。(《后汉书》卷五《安帝纪》)

2. 汉桓帝延熹四年(161年):减公卿以下奉,贷王侯半

---

[1] 黄今言先生先有类似看法了:秦至汉初,郎卫及谒者、大夫等"基本上还属文官性质,并未成为真正意义上的警卫部队。……为改变这种现状,……在光禄勋属下增设期门、羽林军。"《汉代期门羽林考释》,《历史研究》1996年第2期。李玉福先生也指出,由于"军功为郎者毕竟数量很少,更多的是书生为郎",所以文帝、景帝开始设置期门、羽林。《秦汉制度史论》,山东大学出版社2002年版,第274页以下。

[2] 《后汉书》卷七《桓帝纪》延熹五年(162年):"诏减虎贲、羽林住寺不任事者半奉,勿与冬衣。"李贤注:"《东观记》曰以京师水旱疫病,帑藏空虚,虎贲、羽林不任事者住寺,减半奉。"

[3] 《续汉书·礼仪志中》注引《汉官名秩》。

租。占卖关内侯、虎贲、羽林、缇骑营士、五大夫钱各有差。(《后汉书》卷七《桓帝纪》)

3. 汉灵帝光和元年 (178年)：初开西邸卖官，自关内侯、虎贲、羽林，入钱各有差。(《后汉书》卷八《灵帝纪》)

那么，从汉安帝、汉桓帝卖官，直到汉灵帝著名的西园卖官，虎贲郎、羽林郎都在商品目录之中，有卖有买。而且，虎贲郎、羽林郎还被列在五大夫前面，似其售价比五大夫更贵一些。人们花钱买虎贲郎、羽林郎，消费目的是什么呢？首先可能是为了它们的优厚待遇，但更可能的，是为了由此获得选举资格。请看：

1. 羽林郎出补三百石丞、尉，自占。丞、尉小县三百石，其次四百石，比秩为真，皆所以优之。(《后汉书》卷四《和帝纪》注引《汉官仪》)

2. 期门骑者，陇西工射猎人及能用五兵材力三百人，行出会期门下，从射猎，无员，秩比郎从官，名曰期门骑。……王莽更名虎贲郎。迁补吏署。(卫宏：《汉旧仪》卷上，《汉官六种》，中华书局1990年版，第34页)

由第1条知，羽林郎有补任县丞、县尉的资格。"比秩为真"，即依其比三百石、比四百石之秩级，分别真除为三百石丞、尉和四百石丞、尉，但不给正秩。由第2条知，期门郎或虎贲郎同样"迁补吏署"。正因为虎贲郎、羽林郎都有升迁资格，所以很有市场前景，想当官的肯买。三署郎不卖而虎贲郎、羽林郎卖，则可能是因为前者大多来自孝廉，资望高而升迁优，朝廷一时不想败坏了三署郎选，就先从对干部整体素质影响较小的虎贲郎、羽林郎卖起。

期门郎、羽林郎与郎官同属于光禄勋，光禄勋就是汉初的郎中令。这个系统，"宦皇帝者"构成了其基本阵容。就连其中的各种长官，也有很多被安排在"比秩"之上。据《汉书·百官公卿表》：五

411

官中郎将、左中郎将、右中郎将三将，秩比二千石；郎中车将、郎中户将、郎中骑将，秩比千石；谒者仆射，比千石；期门仆射，比千石；虎贲中郎将、羽林监，秩比二千石。又据《续汉书·百官志二》：东汉五官中郎将、左中郎将、右中郎将、虎贲中郎将、羽林中郎将，皆比二千石。属于这一系统的军职还有奉车都尉、驸马都尉和骑都尉，它们也都是比二千石。他们之为"比秩"的原因，应与"宦皇帝者"系统的地位一并考虑。光禄勋系统——原先的"宦皇帝者"系统——之中，堆积着大量"比秩"官职，相当显眼。

总之我们认为，期门郎、羽林郎或虎贲郎、羽林郎之所以被安排在"比秩"，是从郎官制度中衍生出来的，他们也属"从官"，可与三署郎同样看待。

二 文学之官：博士与掌故

第二类要讨论的"比秩"官职，是博士和掌故。

《续汉书·百官志二》："博士祭酒一人，六百石。本仆射，中兴转为祭酒。博士十四人，比六百石。本注曰：……本四百石，宣帝增秩。"汉宣帝黄龙元年（前49年）把五经博士增为12人，"增秩"大约就在这个时候。我以为博士"本四百石"乃是笼统而言的。史书记秩级，对"比若干石"经常省略"比"字，其到底是正秩还是"比秩"，往往要进一步辨析。参照后来博士祭酒六百石、博士比六百石的情况，推测汉宣帝以前，应是博士仆射四百石、博士比四百石。即，汉宣帝以前的博士，也属"比秩"。

秦朝已有博士之官了，叔孙通就是秦博士。后来叔孙通又当了汉博士，而且号曰"稷嗣君"。"稷嗣君"之号，是标榜继承战国稷下学官的，而稷下列大夫"不治而议论"，既无行政职事，当无秩级。秦与汉初有博士，《二年律令·秩律》中却看不到博士。凡此种种，都说明博士汉初无秩，后来的"四百石"之秩，应系"比秩"。

此外还有一个旁证，可以强化对博士曾为"比秩"的判断。这就是《续汉书·舆服志》注引《东观书》所载东汉建武《禄秩令》，其最后一段，即"而有秩者……"以下的一段中所列官职，我们认为，大抵都属曾经无秩、后来成为"比秩"的官职，再后又有被调至正秩的。而"博士"一官，恰好就列在建武《禄秩令》的这一部分，秩六百石。那么我们推测，博士最初无秩，随后比四百石，再后六百石。参看下表：

时间	秩级	材料
秦、汉初	无秩	《二年律令·秩律》无
约汉武帝建太学时	比四百石	《续汉书·百官志》
东汉建武元年	六百石	《东观书》所见建武《禄秩令》
建武之后	比六百石	《续汉书·百官志》

若从建武《禄秩令》看，东汉初博士似乎一度是正秩六百石。那么《续汉书·百官志三》"博士十四人，比六百石"的"比六百石"，应是建武之后的博士秩级。"博士十四人"即今文十四博士体制，王国维认为始于东汉之初[1]，也有人认为始于西汉成帝之时[2]。这问题无关宏旨，就不多纠缠了。

下面再来看掌故。博士、掌故都是文学之官，都为君主提供"通古今、备顾问"的服务。文学掌故有从博士弟子中任用的，也有因文学射策而任用的。掌故之官也不见于《秩律》，由此可以判断此官最初无秩。至于掌故在后来的秩级，据应劭的说法，"掌故，六百石吏，主故事"[3]。这说法肯定错了，掌故不可能是六百石。王先谦认为"六字衍"，亦未得其真[4]。"六"应作"比"，即作"掌故，比百

---

[1] 王国维：《观堂集林》卷四《汉魏博士考》，河北教育出版社2003年版，第90页。张汉东先生说同，见其《论秦汉博士制度》，收入安作璋、熊铁基：《秦汉官制史稿》齐鲁书社1984年版，上册第418页。
[2] 如黄开国主编：《经学辞典》，四川人民出版社1993年版，第5页。
[3] 《汉书》卷四九《晁错传》"以文学为太常掌故"句注引。
[4] 王先谦：《汉书补注》，中华书局1983年版，第1072页上栏。

石吏"。详下。

《汉书》卷八八《儒林传序》所载公孙弘《兴学奏》中,有让博士弟子补掌故的建议:

> 一岁皆辄课,能通一艺以上,补文学掌故缺;其高第可以为郎中,……以治礼掌故以文学礼义为官,迁留滞,请选择其秩比二百石以上及吏百石通一艺以上补左右内史、大行卒史,比百石以下补郡太守卒史,皆各二人,边郡一人。先用诵多者。不足,择掌故以补中二千石属,文学掌故补郡属。

上文所叙"掌故",有比二百石和比百石两种,却无六百石者。由此可证"掌故,六百石吏"的说法必误。

但是,上文有"掌故"、"治礼掌故"和"文学掌故"三种提法,三者间的关系并不大清楚。《汉书》"以治礼掌故以文学礼义为官"一句[1],《史记》作"治礼次治掌故,以文学礼义为官",《集解》引徐广曰:"一云'次治礼学掌故'。"《汉书》、《史记》和徐广三说有异,注家历来都认为其间必有讹误,须先澄清。

李慈铭云:"此段文字,晦窒难详。'以治礼掌故以文学礼义为官迁留滞'十五字,尤不可解。"他一番考察的结果,是把治礼、掌故、文学视为三官,把原文复原为"臣以治礼、掌故、文学,以礼义为官,迁留滞","三官者,诸卿掾属之名"[2]。泷川龟太郎也深感《史记》"治礼以下十六字,文义晦窒",并提出己见。对《史记》所言"治礼掌故",他认为"治礼"是一种官,比如有位叫平当的,就做过大行治礼丞;"掌故"又是一种官,兒宽担任的掌故即是[3]。泷

---

[1] 《汉书》"以治礼掌故以文学礼义为官"一句,刘敞以为下一个"以"字衍,而王先谦以为上一个"以"衍。参看《汉书补注》,中华书局1983年版,下册第1515页。其实二"以"可以并存无妨。详下。
[2] 李慈铭:《越缦堂读书记》,上海书店2000年版,第214页。
[3] 泷川龟太郎:《史记会注考证》,台湾文史哲出版社1997年版,第1255页。

川这个见解，还是很敏锐的。这里帮他补充一些"治礼"的例子：萧望之做过"大行治礼丞"，公宾就做过"大行治礼"[1]。照他的意思，相关文字就应理解为"以治礼、掌故以文学礼义为官"。

李慈铭和泷川的意见各有所得，但也各有弱点。首先，从总体上审视公孙弘奏，它包括两个部分：第一，先对博士弟子的出路加以规划，让考试及格的补文学掌故，成绩高的补郎中；第二，再对掌故的出路加以规划，让他们补卒史，但补卒史后还剩下一些掌故没官做，那么再让他们补掾属；"迁留滞"是说对迁徙太慢、处于留滞状态的掌故，应为其打通仕途。

第二、"治礼掌故"应为一官，而非"治礼、掌故"两官。《急就篇》："治礼掌故砥砺身，智能通达多见闻。"[2]但徐广所见本作"次治礼学掌故"，多了一个"学"字，我想那"学"字也不是凭空冒出来的，应予充分重视。那"学"应与"文学掌故"有瓜葛，我判断就是"文学"二字之残。若把"文学"二字补入《史记》"治礼次治掌故"一句，那话就将变成"治礼次、治文学掌故"，包括治礼次掌故、治文学掌故两种官了。《史记》那句话若作"以治礼次、治文学掌故以文学、礼义为官"，则两官正好一个"以文学为官"，一个"以礼义为官"。后来在传写中，"治礼次、治文学掌故"那句话残讹了。在徐广所见本中，"文"不见了，"治礼次"的"次"被抄到"治"之前，变成了"次治礼学掌故"。在另一种《史记》抄本中，则讹为"治礼次治掌故"，"次"字没错儿，但"文学"两字阙如，"治掌故"三字遂莫名其妙、无从索解。再到《汉书》，就只剩下了"治礼掌故"四字了。

第三、我们来看掌故的分等与秩级。从"请选择其秩比二百石以上……比百石以下"与"择掌故以补中二千石属，文学掌故补郡属"两句看来，掌故是分为两等的，一等秩比二百石，一等秩比百石。同

---

[1] 分见《汉书》卷七八《萧望之传》、卷九九下《王莽传下》。
[2] 《急就篇》，岳麓书社1989年版，第23页。

时其所补官也有两种，一是卒史，一是属。下面把我的一己之见列为下表：

掌故	卒史	属
比二百石掌故	补左右内史、大行卒史 （二百石）	择掌故以补中二千石属 （二百石，比二百石）
比百石掌故	补郡太守卒史 （百石）	文学掌故补郡属 （百石，比百石）

就是说，我们认为治礼、掌故、文学都是一事。李慈铭将之分为三官，以及泷川把治礼、掌故分为二官，皆非。文学掌故是比百石，所以博士弟子首先要"补文学掌故缺"，从秩级低的"补"起。《史记》卷一二一《儒林列传》："学官弟子行虽不备，而至于大夫、郎中、掌故以百数。"那"掌故"就是文学掌故。

第四、再从"择掌故以补中二千石属，文学掌故补郡属"一句看，比百石的"文学掌故"之上是"掌故"，其秩应为比二百石，我们推测就是"治礼次掌故"。为什么只称"掌故"，不冠类别呢？我想，是因为比二百石掌故大多数分布在中二千石官署中，又往往以官署为名。如前面谈到的大行治礼掌故。太常之下有"太常掌故"，晁错、匡衡曾为其官[1]。太史令下有太史掌故，房凤曾为其官[2]。在"以治礼次、治文学掌故以文学礼义为官"那句话中，为了与前文"文学、礼仪"二词呼应，所以特揭治礼次掌故、治文学掌故，就是说出自修辞需要。但在具体规划其升迁时，不便对各种比二百石掌故一一罗列，奏文为求行文简捷，就只说"择掌故以补中二千石属"

---

[1]《史记》一〇一《晁错列传》："与雒阳宋孟及刘礼同师，以文学为太常掌故"；《汉书》卷八一《匡衡传》："衡射策甲科，以不应令除为太常掌故。"

[2]《史记》卷一一七《司马相如列传》集解引《汉书音义》："掌故，太史官属，主故事也。"《汉书》卷八八《儒林传》："房凤……以射策乙科为太史掌故。"《续汉书·礼仪志下》："太史令自车南，北面读哀策，掌故在后。"《太平御览》卷二三五《职官部·太史令》引应劭："太史令秩六百石，望郎三十人，掌故三十人。"中华书局1984年版，第2册第1114页上栏。

了。中二千石属的秩级，是二百石及比二百石；能补中二千石属的掌故，只能是比二百石掌故，不会是比百石掌故。这一点当时的君臣都知道，不会弄错的。西汉掾属任用，遵循"皆从同秩补"的原则（详见下节）。以比二百石的治礼掌故补二百石属，也算符合"从同秩补"的原则；若补比二百石属，从秩级上看虽是平迁，但已从文学职类转入行政职类，升迁的可能性大得多了。

反过来再看李慈铭的意见。李慈铭把文学视为一官、掌故视为一官，所以"择掌故以补中二千石属，文学掌故补郡属"这句话，在他看来是"择掌故以补中二千石属，文学、掌故补郡属"。可前半句已说了掌故，后半句又说掌故，不怎么合理吧。即便照他的意思，原文也应作"择掌故以补中二千石属、郡属，文学补郡属"才对。

又，汉廷另有一种官叫"文学卒史"，它不应与"文学掌故"混为一谈。掌故在比秩，卒史在正秩。有位叫兒宽的："以郡国选诣博士，受业孔安国。……以射策为掌故，功次补廷尉文学卒史。"[1]兒宽的经历恰好合乎"掌故补卒史"制度，而且反映了"文学卒史"与"文学掌故"是两种官。不光廷尉有文学卒史，郡国也有。如西汉匡衡"射策甲科，以不应令除为太常掌故，调补平原文学。"[2]这"平原文学"，就是平原郡的文学卒史。还有，东汉诸卿的官署中也设有"文学"一官，如卫尉有"文学三人百石"，太仆有"文学八人百石"，廷尉有"文学十六人百石"，大鸿胪有"文学六人百石"，等等[3]。这些"文学"，都相当于西汉的文学卒史。就此而言，公孙弘奏中"文学掌故"，也不可以按李慈铭的看法点断为二的，因为单言"文学"，文学掌故就跟文学卒史分不开了。读者不信可以试试：若把公孙弘奏文中的"文学"单看成一官、理解为"文学卒史"的话，整个升迁安排就一塌糊涂了。而依本书之解，则次序井然。汉廷

---

[1]《汉书》卷五八《兒宽传》。
[2]《汉书》卷八一《匡衡传》。
[3]《续汉书·百官志二》注引《汉官》。

考试制度，有"丙科补文学掌故"规定[1]，也说明"文学掌故"是一种官，不是"文学"与"掌故"两种官。

综合以上分析，《史》《汉》原文文意应当如下：

> 以治礼次、治文学掌故以文学礼义为官，迁留滞，
> 请选择其比二百石以上（礼次掌故）及吏百石通一艺者，补左右内史、大行二百石卒史；
> 比百石以下（文学掌故），补郡太守百石卒史；
> （若官缺）不足，择（比二百石礼次）掌故以补中二千石（之二百石或比二百石）属，
> （比百石以下）文学掌故补百石郡属。

总之，西汉前期的掌故有两等，一种秩比百石，一种秩比二百石，都是比秩。两种掌故都低于比三百石的郎官，所以东方朔有言："曾不得掌故，安敢望常侍郎乎！"[2]

三 御史之比秩

《东观书》所载东汉建武元年《禄秩令》，其最后一段，即"而有秩者……"以下一段，其中所列官职大抵都曾无秩、后来成为"比秩"；而这些官职中有"侍御史"，秩六百石，由此我们推断，这六百石的侍御史，曾经无秩而后为"比秩"。

《二年律令》为了解西汉初期的御史秩级，提供了清晰的线索。请看：

---

[1] 汉平帝制度："岁课甲科四十人为郎中，乙科二十人为太子舍人，丙科四十人补文学掌故云。"参看《汉书》卷八八《儒林传序》。按郎中比三百石，太子舍人比二百石，那么顺次而降，文学掌故应是比百石。
[2] 《汉书》卷六五《东方朔传》。

1. 御史比六百石，相（下残）。(《赐律》，第31页第296简，第174页释文)

2. 御史、丞相、相国长史，秩各千石。(《秩律》，第43页第441简，第192页释文)

由第1条《赐律》所见，在行赏的时候"御史比六百石"。这就是《二年律令》时代，六百石左右的御史没有秩级的强证。

然而再看第2条《秩律》，似乎是说"御史……秩千石"，这与第1条是否矛盾呢？有的学者认为它们是矛盾的：《赐律》既云"御史比六百石"，则御史不就可能是千石了；学者进一步猜测，《秩律》"御史、丞相、相国长史，秩各千石"一句中，"丞相"的"丞"字可能脱落了一个重文符号，"丞"应有两个，"御史"应作"御史丞"[1]。

不过我认为，两条材料并不矛盾，第2条的"丞"字也没脱落什么重文符号。比六百石的御史其实是"御史少史"，而千石者是御史长史。"御史、丞相、相国长史，秩各千石"中的"御史"二字，指御史大夫或御史寺，它跟"丞相、相国"，共同构成后面"长史"二字的定语，即应理解为"御史长史、丞相长史、相国长史，秩各千石"。

能够找到材料证明这一点。西汉确实有过千石的御史长史。首先，据《汉书·百官公卿表》，西汉哀帝元寿二年（前1年）时，千石的御史中丞一度改名"御史长史"，那么千石御史长史的存在，确有其事。

其次在景帝、武帝之时，御史寺中确实设有"少史"之官，其秩比六百石。请看《汉旧仪》卷上：

御史少史行事如御史。少史有所为，即少史属得守御

---

[1] 彭浩、陈伟、工藤元男主编：《二年律令与奏谳书——张家山二四七号汉墓出土法律文献释读》，第258—259页。

史（指御史少史），行事如少史。少史秩比六百石。御史少史物故，以功次征丞相史守御史少史。（《汉官六种》，中华书局1990年版，第40、72页）

上文至少涉及了御史机构中的3种吏员：御史，御史少史，御属。相对于"少史"，"如御史"的"御史"就是"长史"吧。而"少史秩比六百石"一句，与《二年律令·赐律》的"御史比六百石"一句，可谓合若符契。《赐律》中那个比六百石御史，就是《汉旧仪》里比六百石的御史少史。由此可以论定，西汉前期的御史少史，秩比六百石。那么《秩律》时代有两种御史：一种有秩级，千石，是作为"众史之长"的长史；另一种无秩级，但赏赐时比六百石，那就是御史少史。御史少史后来的秩级，就是"比六百石"。

于是我们推测，御史长史有秩，千石；而六百石左右的御史最初无秩，后来秩比六百石，再后又变成了正秩六百石。其秩级的变化，反映了御史之官最初是被看成君主私属的，身份近乎侍从，后来才逐渐"公职化"了。

与侍御史相近的还有尚书。在《东观书》所载建武《禄秩令》中，尚书也在"而有秩者……"那一段中，六百石。而《二年律令·秩律》中，又恰好没有尚书一官。《汉书·百官公卿表》也没记尚书秩级。《续汉书·百官志三》："尚书六人，六百石。"与建武《禄秩令》一致。按，尚书本是秦官，属少府，最初只是宫中为君王传发书奏的小吏，有"刀笔"之责[1]。若以阉宦任其事则称"中书"，可见尚书与"宦者"比较接近，所以赵翼说"尚书与中书职事多相连"[2]。我们推测，尚书本来也无秩级，是在尚书发展为机要秘书机构之后，此官才逐渐获得了秩级的；那么在某个时候，尚书之官可能也是"比秩"。

---

[1]《战国策·秦策五》记，司空马在秦"为尚书，习秦事"，"少为秦刀笔"。第286页。
[2] 赵翼：《陔余丛考》卷二六《尚书》，商务印书馆1957年版，第535页；河北人民出版社1990年版，第442页。

四 中央官署掾属的"比秩"问题

掾属普置于各种官署。丞相、将军和诸卿的官署有掾属,地方郡府、县府也有掾属。这些掾属承担着各种行政事务,没他们的工作,长官就成了光杆司令了。掾属既然承担行政事务,其身份就应是"吏"了;然而我们又看到,即便不是全体,至少在某些时间中,某一部分官府掾属,是"比秩"。

先把视线投向丞相府和三公府。东汉的公府组织:

> 1. (太尉)长史一人,千石。掾史、属二十四人。本注曰:《汉旧注》东西曹掾比四百石,余掾比三百石,属比二百石。(《续汉书·百官志一》太尉条)
>
> 2. 东西曹掾比四百石,余掾比三百石。(《后汉书》卷二十《铫期传》注引《汉官仪》)
>
> 3. 三公东西曹掾四百石,余掾比二百石。(《后汉书》卷三七《桓荣传》注引《续汉书》)
>
> 4. 太尉、司徒、司空长史,秩比千石,号为毗佐三台,助和鼎味。(《太平御览》卷二〇九《职官部·三公府掾属》引应劭《汉官仪》。)

综合4条材料,东汉三公府的长史千石,掾属则有比四百石、比三百石和比二百石3等。但在第3条材料中,东西曹掾是四百石,而非比四百石。这有两种可能。

第一种可能,此文省略或误夺"比"字。记述秩级时省略"比"字的情况,在史书中是经常出现的。误衍"比"字的概率,从情理上说,总比省略"比"字的概率小得多;所以对同一官职,若某材料叙为正秩、另一材料叙为比秩,我总觉得"比秩"的可能性大得多。但还有第二种可能:同级的掾属本身有两种,一种比秩、一种正秩。仅就这一组材料看，前一种可能性很大，因为第1条《汉旧注》叙掾属"比秩"时连出三"比"，误衍的可能性基本为零。然而在后面还会遇到类似情况，即某种掾属有时记作"比秩"、有时记作正秩的情况，在这时候，是否都能绝对排除第二种可能性呢？真不好说了。

又第4条应劭《汉官仪》说三公长史"比千石"，而不是《续汉志》所说的千石。那么我们再度遭遇麻烦，即同一官职的同一秩级，有的无"比"字，有的有"比"字。查《北堂书钞》引《汉旧仪》，又作"太尉、司徒长史，秩比二千石，号为毗佐三台，助鼎和味，其迁也多据卿校。"[1] "秩比二千石"就很高了，但也不是不可信。汉武帝时，丞相长史一度有加至二千石者[2]。东汉窦宪做大将军时，其长史高达中二千石，可以与皇帝的九卿相比了[3]。那么对丞相或三公长史的秩级，就有了比千石、千石、比二千石、二千石、中二千石5种说法。看来长史的秩级，是因人（因府主）而异、因时而异的。

无论如何，东汉三公掾属有比四百石、比三百石和比二百石3等，这样一点，大致是可以确认的。比较麻烦的，是西汉的掾属。

西汉丞相府中，有东西曹掾、掾史、少史、属等吏员。请看其秩级的情况：

1. 丞相初置，吏员十五人，皆六百石，分为东西曹。东曹

---

[1]《北堂书钞》卷六八《设官部·长史》引，学苑出版社1998年版。
[2] 按，《史记》卷一〇四《田叔附田仁传》，汉武帝时田仁"为二千石丞相长史"，当是一时之事。祝总斌先生云："则长史原来秩二千石，似乎与万石之丞相的主要辅佐身份更相当，比稍后设立秩比二千石的司直地位略高，也较合适，不知后来因为什么缘故降为千石。"见其《两汉魏晋南北朝宰相制度研究》，中国社会科学出版社1990年版，第41页。又安作璋先生根据《汉旧仪》"汉初置相国史，秩五百石"记载，判断说："开始丞相或相国只有史，而没有长史……这'秩千石'是文帝以后的事。"《秦汉官制史稿》，齐鲁书社1984年版，上册第35页。今由《秩律》，知吕后时丞相、相国已有长史，而且已有千石长史。二先生之说可以稍作修订了。
[3]《后汉书》卷二三《窦宪传》："旧大将军位在三公下，置官属依太尉。（窦）宪威权震朝庭，公卿希旨，奏宪位次太傅下，三公上；长史、司马秩中二千石，从事中郎二人六百石，自下各有增。"

九人，出督州为刺史。西曹六人，其五人往来白事东厢为侍中，一人留府曰西曹，领百官奏事。

2. 丞相、太尉、大将军史，秩四百石。

3. 丞相司置谏大夫，秩六百石。丞相少史，秩四百石，次三百石、百石。……武帝元狩六年（前117年），丞相吏员三百八十二人（应作三百六十二人）：史二十人，秩四百石；少史八十人，秩三百石；属百人，秩二百石；属史百六十二人，秩百石。皆从同秩补。（以上见卫宏《汉旧仪》卷上，《汉官六种》，中华书局1990年版，第36－37页）

4. 丞相、太尉、大将军史秩四百石。武帝又置丞相少史，秩四百石。（《汉书》卷七《昭帝纪》如淳注引《汉仪注》）

从第1条看，丞相府有六百石吏15人。第2条，六百石之下有四百石史。在第3条中，又看到了少史三百、属二百、属史百石[1]。第4条《汉仪注》印证了四百石史的存在。这一来矛盾就降临了：东汉三公府的各级掾属，通记为"比秩"；但西汉丞相府及太尉、大将军府的各级掾属，却通记为正秩。解释这个现象，是一个很大的麻烦。

再把视线转向更早时候。汉初《二年律令·秩律》记有两种长史：

1. 御史、丞相、相国长史，秩各千石。（《秩律》，第43页第441简，第192页释文）

2. 丞相长史正、监，卫将军长史，秩各八百石。（《秩律》，第44页第444简，第193页释文）

综合第1、2条，吕后时存在着两种长史，一种秩千石，一种秩八百

---

[1] 据《汉旧仪》卷上，汉初一度还有五百石的相国史："汉初置相国史，秩五百石。后罢，并为丞相史。"《汉官六种》，第36、67页。这是一时之事。

石。但第2条中的"丞相长史正、监",官名看着很是奇怪。原书注释［18］谓:"丞相长史正、监,丞相长史的下属。"[1]不过各种史料中都看不到丞相府有"正、监",廷尉寺中倒有正、监。《汉书·百官公卿表》:"廷尉,秦官,掌刑辟,有正、左右监,秩皆千石。"又《史记》卷五九《五宗世家》:"高祖时诸侯皆赋,得自除内史以下,汉独为置丞相,黄金印。诸侯自除御史、廷尉正、博士,拟于天子。"遂知汉初王国也有廷尉正。"正、监"既是廷尉下属,而非丞相长史的下属,那么原文应如是标点:"丞相长史,(廷尉)正、监,卫将军长史,秩各八百石。"若然,则丞相府中还有一种八百石长史。

丞相府中既有秩千石的长史,又有八百石长史,可能吗?我说是可能的。首先丞相长史不止一个。《汉书·百官公卿表》:"相国、丞相,……有两长史,秩千石。"汉武帝时一度还有三长史,出现过"丞相患之,三长史皆害(张)汤"的事件[2]。再看《汉旧仪》卷上:"丞相门无塾……署曰丞相府。东门、西门长史物故,廷尉正、监守。"[3]丞相府东门、西门各由一位长史负责,或说有两位这样的长史,一位由东门命名,一位由西门命名;若这两位长史死了,就调用廷尉寺的正、监来"守","守"就是代摄其事的意思。那东门、西门不会是"东曹、西曹"之讹,因为前文说的就是丞相府的门如何如何。我们看到,廷尉正、监,跟丞相府的长史还真有密切关系呢。

西汉中央官的官属若出员缺,习惯采用"皆从同秩补"的办法,即从其他官署的同秩官员中调人去"守",参后。根据《秩律》,正、监为八百石,则死去的东门长史和西门长史也应八百石,才称得上

---

[1] 在《张家山汉墓竹简247号墓》(释文修订本)中,这段释文没有修改。彭浩、陈伟、工藤元男主编的《二年律令与奏谳书——张家山二四七号汉墓出土法律文献释读》,沿用了这个解释。第260页。

[2] 参看《史记》卷一二二《酷吏列传》;《汉书》卷五九《张汤传》。颜师古曰:"《百官表》丞相有两长史,今此云三者,盖以守者,非正员也。"但这过于拘泥了,不同时期长史员数有变,是完全可能的。《宋书》卷三九《百官志上》云:"丞相置三长史。……魏武为丞相以来,置左右二长史而已。"按《宋志》叙制度往往综述汉晋,所云"丞相置三长史",也符合西汉某些时候的情况。

[3] 《汉官六种》,第36页。

是"同秩"呢。然则某个时候丞相府有三名长史，一名千石的；两名八百石的，即东门长史与西门长史。汉武帝时，丞相长史一度加至二千石，参前。《汉表》所记丞相"两长史"，只是西汉后期的制度。

上一节讨论御史秩级，曾引证《二年律令·赐律》："御史比六百石，相（下残）。"简文的"御史比六百石"之后，还残留着一个"相"字。这"相"是什么官名的残缺呢？《秩律》中有"御史，丞相、相国长史，秩各千石"一句。那么《赐律》的这个"相"，应是相国、丞相吧。前称御史在赏赐时比六百石，那么后文是否是说，相国、丞相的什么"史"，在赏赐时比若干石呢？若然，则随后所叙相国、丞相之史，应与比六百石的御史相去不远，其所比秩级应在六百石左右。简言之，我认为在《秩律》时代，相国、丞相之下有一种史，比六百石。考诸文献，这推断不是一丁点根据都没有。

上一节讨论御史秩级，已看到《汉旧仪》卷上有"少史秩比六百石"的明确记载，则御史少史比六百石已无可质疑；而《汉旧仪》卷上又谓："少史有所为，即少史属得守御史（少史），行事如少史"，"御史少史物故，以功次征丞相史守御史少史。"那么当时有这样的制度：如果御史少史另有公务，则由少史下面的"属"暂摄其事；如果御史少史死了，就要从丞相府中选一位丞相史来"守御史少史"，即暂摄其事。根据"皆从同秩补"的制度，暂摄御史之事的那位丞相史，应为比六百石之史。

现在对"皆从同秩补"的制度，已必须做一阐述了。《汉旧仪》有"武帝元狩六年，丞相吏员三百八十二人……皆从同秩补"一句。所涉及的丞相府吏员的这种迁调制度，《汉旧仪》中还有更多的相关记载：

1. 元封元年（前110年），御史止不复监。后御史职与丞相参增吏员，凡三百四十一人，分为吏（？）、少史、属，亦从同秩补，率取文法吏。

2. 丞相史物故，调御史少史守丞相史。若御史少史监祠寝园庙，调御史少史属守，不足，丞相少史属为倅，事已罢。（以上见《汉官六种》，第40、72页。第2条对原书标点有修正。）

3. 御史少史……所代到官视事，得留罢中二千石、詹事、水衡都尉。（《汉官六种》，第40、72页，标点有修正）

4. （丞相）书令史斗食缺，试中二十书佐高第补，因为骑史。

5. 选中二十书佐试补令史，令史皆斗食，迁补御史令史。其欲以秩留者，许之。（以上见《汉官六种》，第37－38、68－69页）

在第1条中，御史府和丞相府的"吏（史？）、少史、属"，都"从同秩补"。再看第2条，若丞相少史死了，也可以调用御史少史去"守"丞相史的。那么"皆从同秩补"的所谓"补"，当指"互补"，即御史可补丞相史，而丞相史也可以补御史。第2条还说，御史少史们临时去"监祠寝园庙"，则其职事由少史属暂摄；若少史属人数不足，"守"不过来，就可以把丞相少史属弄过来帮忙，协助御史少史属。

这种"从同秩补"的做法，还通用于御史府与中二千石的官属之间。第3条告诉我们，御史少史到中二千石及詹事、水衡都尉的官署去摄事，事毕可以留任。那么御史府与中二千石的吏员，同样互通有无。

这种从其他官署调人的做法，还适用于斗食、佐史级的小吏，参看第4、5条。这两条中的两处"中二十书佐"不可解，而周天游先生标点的《汉官六种》于此无校。我想这两个"中二十"，都应作"中二千石"。就第4条看，丞相府中书令史缺了，就从"中二千石书佐"中选拔高第者为之。书令史是斗食秩级的，书佐是佐史秩级的[1]。选举

---

[1] 谢桂华先生认为，郡府书佐"秩与佐史同"。见其《尹湾汉墓简牍和西汉地方行政制度》，《文物》1997年第1期。严耕望先生则认为书佐"盖斗食之奉"，《秦汉地方行政制度史》，中研院历史语言研究所专刊之四十五A，1990年版，第116页、第119页。廖伯源先生认为斗食的啬夫被排在书佐之后，所以书佐最少应为斗食。见其《简牍与制度——尹湾汉墓简牍官文书考证》，台湾文津出版社1998年版，第24页注[33]。

时凡言"高第",则升级任用;若非高第,则属"同秩补"。第5条显示,"中二千石书佐"可以迁至斗食级的御史令史。"其欲以秩留者,许之"的"留"有两种可能:"留"在原单位,或"留"在新单位。前者是说这书佐接到调令但不想去御史台,则允许他以斗食之秩留在原单位;后者是说那书佐去了御史台后乐不思蜀了,那么就尊重他的意愿,允许他以斗食之秩留在御史台。参考御史少史"得留罢中二千石、詹事、水衡都尉"的令文,应以后者为是。可见吏员愿在哪个部门工作,是有一定选择余地的。第4、5条所叙斗食、佐史级吏员的转任,属于"迁补",因秩级有升迁,就不是"同秩补"了。又,《汉旧仪》叙毕丞相吏员"皆从同秩补",又云:"官事至重,古法虽圣犹试,故令丞相设四科之辟,以博选异德名士,称才量能,不宜者还故官。"那么"宜"者就不必"还故官",而是"以秩留"了。

中央官署在人力资源上互通有无,实行"皆从同秩补"制度,应以各官署的吏员结构和吏员秩级相近为前提;进而,我们就可以通过"同秩补"来推断各官署的掾属秩级了。例如,前文判定汉初御史少史秩比六百石,则可以由此推断,被委派去"守"御史少史之职的丞相少史,应与御史少史"同秩",也是比六百石。《秩律》中只有千石、八百石之史,而没有六百石以下的少史、属。御史机构的吏员分史、少史、属3级,千石御史有秩,御史少史、御史属无秩。若各官署的吏员结构和秩级差不多少,则丞相、太尉及中二千石的吏员应与之相类,存在着相同的秩级安排。赘言之,《秩律》中看不到六百石以下的少史、属,说明当时少史、属无秩。御史少史比六百石,"皆从同秩补"的丞相少史也应该是比六百石。

那么,《汉旧仪》所叙汉武帝时丞相府的六百石东西曹掾、四百石掾史、三百石少史、二百石属、百石属史,其实都是"比秩",而《汉旧仪》省略了"比"字吗?

同一官职的秩级,有时记为"比秩"、有时记为正秩的情况,是很常见的。下面举几个例子。如《汉书》卷七二《贡禹传》:"臣

427

禹……拜为谏大夫,秩八百石,奉钱月九千二百。……又拜为光禄大夫,秩二千石,奉钱月万二千。"照贡禹原话,谏大夫八百石,光禄大夫二千石,都是正秩。然而《汉书·百官公卿表》说得明明白白:"武帝元狩五年(前118年)初置谏大夫,秩比八百石;太初元年(前104年)更名中大夫为光禄大夫,秩比二千石。"可见贡禹的话中省略了"比"字。在汉人看来,"比秩"是从属于正秩的,省略"比"字并无大碍。

又如东汉九卿寺中的丞,《续汉书·百官志》通记为"丞一人,比千石",但大司农另有一丞,记为"丞一人,比千石。部丞一人,六百石。本注曰:部丞主帑藏"。梁人刘昭注:"《古今注》曰'建初七年(82年)七月,为大司农置丞一人,秩千石,别主帑藏',则部丞应是而秩不同(此句疑有误)。应劭《汉官秩》亦云二千石。"主帑藏的部丞,《续汉志》说是六百石,崔豹《古今注》说是千石,都是正秩。但一丞为正秩,一丞为"比秩",很不好理解。"应劭《汉官秩》亦云二千石"一句,我怀疑"二"为"比"字之讹,应作"应劭《汉官秩》亦云比千石"。就是说,大司农部丞的秩级一度是比千石,跟大司农丞是一样的,《续汉志》所记应是较晚的情况,后来这个部丞降到六百石(或比六百石了)。

又如《后汉书》卷四《孝和帝纪》注引《十三州志》:"博士,秦官。博通古今,秩皆六百石。……议郎、郎官,皆秦官也。冗无所掌,秩六百石或四百石。"博士、议郎、郎官都是比秩,但《十三州志》都省略了"比"字。

《汉旧仪》所记西汉丞相府掾属秩级,是否有省略"比"字的可能性呢?有可能的。请看前引《汉旧仪》中的这一段:"丞相司置谏大夫,秩六百石。丞相少史,秩四百石,次三百石、百石。"周天游先生注云:"按《汉书·百官公卿表》曰:'武帝元狩五年初置谏大夫,秩比八百石。'至东汉改称谏议大夫,秩为六百石,事见《续汉志》。胡广注曰:'武帝元狩五年置谏大夫,为光禄大夫。世祖中兴,以为谏议大夫。'《汉旧仪》既言西京旧制,而曰秩六百石，误也。"[1]前文也已指出，西汉的谏大夫实际是"比八百石"。无论是六百石还是八百石，总之谏大夫本为"比秩"，《汉旧仪》却把"比"字省略了。而叙谏大夫省略了"比"字，紧接其后的"丞相少史，秩四百石，次三百石、百石"一句，为什么就不能推断它们省略了"比"字呢？

就目前而言，在《二年律令·秩律》中只能看到千石、八百石的"史"，看不到六百石以下的"史"，我认为这说明八百石以上的长史比较"公职化"了，由皇帝任命的；但地位在六百石以下、没见于《秩律》的掾史，当在"自辟除"之列。到了汉武帝时，若干六百石左右的"史"也"公职化"了，源于丞相史的"刺史"就是六百石，在正秩；但四百石史、三百石少史、二百石属、百石属史，其中由丞相"自辟除"的部分，有可能在"比秩"之中。毕竟，此前的《秩律》中看不见六百石以下掾史，它们应当无秩；此后东汉的三公掾属，明明都是"比秩"。当然，我们还没武断到如下程度：完全否定汉武帝时存在正秩的掾、史、属；因史料所限，只能推测掾、史、属中"自辟除"的那部分，有可能是"比秩"。这个问题，第六章第二节还要继续讨论。

五 国官之"比秩"

在王国、侯国官中也存在着较多的"比秩"之官。

《汉书》卷三五《荆燕吴传》汉景帝三年（前154年）二月诏："斩首捕虏比三百石以上皆杀，无有所置。"这是针对作乱的吴王刘濞之国的，由此可见王国官有比三百石者。《汉书》卷四四《淮南衡山济北王传》记淮南王案件中的胶西王之议，也提到了"国吏二百石以上及比者"。颜师古曰："谓真二百石及秩比二百石以上。"汉初王国官职的设置同于中央，所以与正秩相"比"的那些王国官职，大概

---

[1]《汉官六种》，第43页。

也跟中央相近。

在尹湾汉简中，能看到"侯家丞"一官，其秩比三百石，从而填补了西汉史籍中此官秩级的记载空白。史云贵谓侯家丞"西汉中后期秩降为比三百石"[1]，他用了"降"字，似乎认为西汉前期此官在三百石之上。其所举证据尚不充分，因为《后汉书》卷四三《朱晖传》注引《续汉志》所记"诸侯家丞秩三百石"，是东汉制度。然而从《二年律令》间接推测，汉初家丞为正秩三百石，倒是有可能的[2]。

侯家丞是有印的，长沙马王堆一号汉墓发现了数十块"轪侯家丞"封泥[3]。有印则有日常职事，那么侯家丞为什么又是"比秩"呢？此官虽系朝廷命官，但又是列侯的大管家，管理着一群家臣。《续汉书·百官志五》："每国……其家臣，置家丞、庶子各一人。本注曰：主侍侯，使理家事。列侯旧有行人、洗马、门大夫，凡五官。"汤其领先生认为，王子侯国的吏员大致可分两类，一为行政系统，一为家政系统；后者由侯家丞、右仆、行人、门大夫、先马、中庶子构成，侯家丞不分国之大小，都是比三百石[4]。廖伯源先生分析说："又据《东海郡吏员簿》之体例，凡二百石以上之朝廷命官皆书其秩，百石以下之属吏则不书其秩。仆、行人、门大夫、先马、中庶子不书秩，盖属吏，乃侯国相所辟，派到侯家给事，为侯家臣。如霍中孺以县吏给事侯家。"还可提到廖先生对尹湾汉简所见16位侯家丞籍贯的考察，那考察显示："本郡人得在本郡为侯家丞，此为

---

[1] 史云贵：《西汉侯国官制考述》，《中国矿业大学学报》2002年第1期。
[2] 按，《续汉书·百官志四》又云："诸侯、公主家丞，秩皆比百石。"与上引不同。不过《续汉书·百官志三》："诸公主，每主家令一人，六百石。丞一人，三百石。"若诸侯家丞和公主家丞秩级相等的话，那么公主家丞既比三百石，诸侯家丞也应三百石。若此，《百官志四》"诸侯、公主家丞，秩皆比百石"的"比"字，有可能是"三"字之讹。《二年律令·秩律》："李公主、申徒公主、荣公主、傅公〔主〕家丞，秩各三百石。"《张家山汉墓竹简》，第46页472简，第203页释文。
[3] 湖南省博物馆、中国科学院考古研究所、文物编辑委员会：《长沙马王堆一号汉墓发掘简报》，文物出版社1972年版，第10页。
[4] 汤其领：《〈尹湾汉墓简牍〉中有关郡县侯国吏制的几个问题》，《史学月刊》2005年第11期。

地方长吏籍贯限制之例外。……侯家丞之职掌既无关地方行政，可不必有籍贯之限制。"[1]"长吏"必须回避本籍，侯家丞却不必，那么此官是不被算做"长吏"的。这对我们理解侯家丞之为"比秩"，很有帮助。侯家丞所统领的是家臣，本身也有家臣意味，跟"宦皇帝者"类似。

此外还有一些官职，在中央为正秩，在王国却是比秩。据《续汉志》所示，中央的中尉中二千石，而王国中尉比二千石；中央的尚书秩六百石，王国的治书（原称尚书，后改）比六百石；中央的太乐令、卫士令、太医令、永巷令、太祝令六百石，而王国的礼乐长、卫士长、医工长、永巷长、祠祀长秩比四百石。

还有一种情况，某些官在中央和王国都是比秩，但王国秩级较低。比如，中央的谒者比六百石，而王国谒者比四百石；又如，中央的中尉、内史在正秩，而西汉后期，王国的中尉和内史秩比二千石。

总之，王国及侯国中的那些"比秩"官职，应与国官的"左官"地位有关。汉廷基于传统的"削藩"政策，有意压低国官秩级，并将国官中的同类职务置于"比秩"之上，以强化其"另类"形象。

附带说，"国吏二百石以上及比者"的提法，还向我们提示了这样一点："吏"与"宦"在概念上存在着参互性。因为在这句话里，"比者"也是"吏"。这一点并不奇怪。因场合而发生的语义参互错综，是生活中的常见现象。在马王堆汉墓遣策第42简所记的"男子明童"[2]中，有"其十五人吏，九人宦者"。此处的"吏"、"宦"概念，就得从"国吏"的特殊性来理解了。所谓"十五人吏"，即第2、3、4简所记"家丞一人，家吏十人，谒者四人"；所谓"九人宦者"，即第5、6简所记"宦者九人，其四人服牛车"，"牛车，宦者四

---

[1] 廖伯源：《简牍与制度——尹湾汉墓简牍官文书考证》，第107、108、111页。
[2] "明童"通释为俑，郑曙斌先生释为参加葬仪的家童，见其《马王堆三号汉墓遣策之明童问题研究》，《考古与文物》2005年第1期。

人服"[1]。这里的"宦者"应是仆役,傅举有先生释之为家奴[2];家丞、家吏、谒者称"吏",应是因为他们是职官、有职事。从汉王朝的整个职类体制看,侯国的家丞、家吏、谒者都有家臣性质,都近于"宦",所以他们使用"比秩";然而在侯国内部他们又可称"吏",与无职事的侍从、与低级仆役不同。

正像"仕"、"宦"二字有时可以参互活用一样,"吏"与"宦"有时也可以参互活用。再举一个例子。睡虎地秦简《封诊式》中,能看到"甲,尉某私吏";"某里五大夫乙家吏甲"[3]。那位尉的"私吏"、那位五大夫的"家吏",由于在家中任事,所以称"吏";然而对官府来说,他们不是国家在编吏员,只是"宦"而不是"吏"。这也很像今天的"干部"一词,其含义也会随场合而发生变动。学校里有"学生干部"、"班干部",乡村中有"村干部"。可谁都知道,按国家人事制度,学生并不是国家干部;村主任、村会计什么的,也不在国家干部编制之中。总之,马王堆汉墓遣策中的"其十五人吏,九人宦者",不足以否定秦汉官制中的"宦"特指从官。

---

[1] 何介钧主编:《长沙马王堆二三号汉墓》第一卷《田野考古发掘报告》,文物出版社2004年版,第48、50页,及书末图版。"牛车",王贵元先生释"羊车",见其《马王堆三号汉墓竹简字词考释》,《中国语文》2007年第3期。
[2] 傅举有:《汉代列侯的家吏——兼谈马王堆三号墓墓主》,《文物》1999年第1期。
[3] 《睡虎地秦墓竹简》,文物出版社1990年版,释文第153、155页。

第六章 "比秩"的性格、功能与意义

经上章考述,"宦皇帝者"之外的更多"比秩"官职,又摆到了我们面前。从"分等分类"角度观察它们,能看到什么呢?能看到那些在"分等"上被置于"比秩"的官职,在"分类"上确实存在特殊性。它们的某些特点与"宦皇帝者"相类,但也不尽相同;它们之所以被置于"比秩",还有其他原因和考虑。反过来说,"宦皇帝者"虽是滋生"比秩"的温床,但"比秩"并不仅仅用于"宦皇帝者",其管理范围大于"宦皇帝者"。

相关官职为什么被置于"比秩",王朝运用"比秩"手段要达到什么目的,就是本章的讨论内容。首先有几类"比秩"之官具有一个共性:它们不是行政吏员。如"宦皇帝者"和儒学之官,按汉朝的官职分类概念就不属"吏职"。但也有一些"比秩"之官是承担行政事务的,例如掾属,他们就不能说"非吏职"了;相反,他们恰好就是吏职。掾属之所以列在"比秩",推测是因为他们由长官自辟。国官之多在"比秩",多少也有这个原因。那么,"比秩"又跟任命方式有关了。再就是"军吏"之为"比秩"了。军吏与文职双峰并峙,是王朝又一个不可或缺的职官系统;军职之在"比秩",有可能是为了表示其自成系统,并通过"由比秩而正秩"的等级变化关系,来安排其与文官的职类转换。阐明以上几种情况之后,人们就能看到,汉代的"比秩",是一种具有特殊分等分类功能的等级手段。兹分节详述之。

一 "比秩"诸官的性格——非吏职

对"宦皇帝者"的考察显示,这是一个行政吏员之外的职类,由于历史的原因而最初无秩、后来在"比秩",所以"比秩"是"非吏职"的标志。

"宦皇帝者"是一个从官或侍臣系统。而且还不只是"侍从",还有军事功能。它是一支武装力量,除了宿卫之外也经常投入战争。还有政治功能。环侍于皇帝身边,就有可能由此参与国政。而以"侍从"身份参政,表明当时政治仍有较大的个人性、随意性和非程序性。还有行政功能。"宦皇帝者"经常被委派各种随机事务[1]。以吏职承担日常行政,以散官承担随机事务,这是早期帝国行政的一个重要特点,魏晋南北朝犹然,唐朝的散官番上服役也是它的残留。还有选官功能。"郎从官"又是行政官员的重要来源,"夫长吏多出于郎中、中郎"[2]。"由宦而仕"、"先宦后仕"的制度,把"比秩"与正秩联系起来了,把"非吏"与"吏"联系起来了。西汉中期以后,郎官的选拔日益制度化了,郎署成了汉廷选官的枢纽。东汉的三署郎官和公府掾属两大仕途,构成了帝国选官的最重要渠道。同时散官大夫与职事官的互迁,也更为正规了。

"宦皇帝者"是历史早期管理吏员的一种方式,安排军政的一种方式,君臣结合的一种方式。它曾带有浓厚的君主"私属"性质,其管理不如"吏"那么严密,选拔、晋升和等级都比较粗糙。

"宦皇帝者"的选拔,曾有任子、赀选,以及从大臣的舍人之中选拔等方式。还有其他很多途径,如以上书、进言而为之,以特殊技能而为之,等等。这方面学者的考察颇多,不赘述。"宦皇帝者"在本系统内的晋升,在早期也比较粗糙简单。晋爵是其提升品位的一种

---

[1] 参看拙作:《品位与职位——秦汉魏晋南北朝官阶制度研究》,第199页以下。
[2] 《汉书》卷五六《董仲舒传》。

方式。这时候爵级与年资、功绩有一定关系，但就目前所知，那并不是充分制度化了的，比如，是不定期的。

还可注意的是，汉初郎官有车郎、户郎、骑郎、陛楯郎、执戟郎、中郎、外郎等众多名目。细审其命名之规律，主要以职事为别。比起后来的中郎、侍郎、郎中的分级制和晋升制，最初郎官显然重分类而不重分等，重职位而不重品位。那就是当时"宦皇帝者"尚未充分等级化的一个表现，是组织发展早期的常见现象。那一点也体现在"宦皇帝而知名者"制度上。宦皇帝者是否能成为"显大夫"，只取决于帝王的欢心；而帝王的欢心如何赢得，"知名"的身份如何确定，我们不得而知，推测也是以意为之，大有"说你行你就行，不行也行；说你不行你就不行，行也不行"的味道。有个叫张释之的给孝文皇帝当了十年骑郎，"不得调，无所知名"。后来中郎将袁盎替他说话，才迁了一个谒者[1]。这算一个好例子吧。"吏"的选拔升迁则有规矩绳墨了，而"宦皇帝而知名"那个提法，本身就给人散漫之感。

然而作为皇帝侍从，"宦皇帝者"又有特殊荣耀、特殊待遇。汲黯做过九卿、郡守，老病之时又申请去当中郎[2]，希望能在皇帝身边呆着。东汉邓禹家族"自中兴后，累世宠贵，凡侯者二十九人，公二人，大将军以下十三人，中二千石十四人，列校二十二人，州牧、郡守四十八人，其余侍中、将、大夫、郎、谒者不可胜数，东京莫与为比"[3]。家族中有多少人曾经"宦皇帝"、当过大夫、郎、谒者，在罗列官爵时被特别揭举，是门第显赫的标志之一。

"宦皇帝者"有若干法律特权。高帝七年（前200年）诏："令郎中有罪耐以上，请之。"[4]而"吏"至六百石以上，方有"先请"特权；公与列侯的嗣子，犯耐以上罪方有"先请特权"[5]。可见皇帝

---

[1]《史记》卷一百二《张释之列传》："以訾为骑郎，事孝文帝，十岁不得调，无所知名……欲自免归。中郎将袁盎知其贤，惜其去，乃请徙释之补谒者。"
[2]《汉书》卷五十《汲黯传》。
[3]《后汉书》卷十六《邓禹传》。
[4]《汉书》卷一下《高帝纪下》。
[5]《汉书》卷十二《平帝纪》："公、列侯嗣子有罪，耐以上先请。"

对"宦皇帝者"很优惠。在汉惠帝诏书中还能看到,"宦皇帝"中的"知名者"在逮捕羁押时可以"颂系",即不加械具。

在管理"宦皇帝者"上,汉初能看到专门的法令。贾谊《新书·等齐》:"诸侯王所在之宫卫,织履蹲夷,以'皇帝在所宫法'论之。郎中、谒者受谒取告,以'宦皇帝之法'予之。事诸侯王或不廉洁平端,以'事皇帝之法'罪之。"这里提到了三种"法",第一种"皇帝在所宫法",涉及宫卫,大概是针对卫士的[1];第二种"宦皇帝之法",就是专门针对"宦者"的[2];第三种"事皇帝之法",针对"吏"。

"宦皇帝"后来逐渐被称为"郎从官"了,但依然自成系统。请看汉朝行赏的若干材料:

1. 汉昭帝元凤二年(前79年)夏四月:上自建章宫徙未央宫,大置酒。赐郎、从官帛,及宗室子钱,人二十万。(《汉书》卷七《昭帝纪》)

2. 汉宣帝本始四年(前70年)三月乙卯:立皇后霍氏。赐丞相以下至郎吏、从官金钱帛各有差;

3. 汉宣帝元康二年(前64年)二月乙丑:立皇后王氏。赐

---

[1] "皇帝在所宫法"所针对的是"宫卫","宫卫"应指卫尉所辖卫士系统。据《汉书·百官公卿表》,卫尉掌"宫门卫屯兵",属官有公车司马、卫士、旅贲三令丞,诸屯卫候、司马等。卫尉所辖兵士,是来自全国各郡国的服役番上者,即所谓"一岁为卫士"。东汉的情况见《续汉书·百官志二》:卫尉"掌宫门卫士,宫中徼循事",下辖公车司马令、南北宫卫士令、左右都候及诸宫门司马等。

[2] 《汉书》卷六六《杨恽传》:"恽为中郎将,罢山郎,移长度大司农,以给财用。其疾病休谒洗沐,皆以法令从事。郎、谒者有罪过,辄奏免,荐举其高弟有行能者,至郡守九卿。郎官化之,莫不自厉。"文中"其疾病休谒洗沐,皆以法令从事"的"法令",应即《新书》所云"郎中、谒者受谒取告"的"宦皇帝之法"。先秦已有"谒告而归"的休假制度,参看杨鸿年:《汉魏制度丛考》,武汉大学出版社1985年版,第203页"休假制度先秦已有"条。汉代郎官休假,可参廖伯源:《汉官休假杂考》,收入《秦汉史论丛》,台湾五南图书出版公司2003年版,第312页。"有罪过辄奏免,荐举其高弟有行能者"的奖惩拔擢制度,也应属于"宦皇帝之法"。《汉书》卷九《元帝纪》永光元年二月:"诏丞相、御史举质朴敦厚逊让有行者,光禄岁以此科第郎、从官。"师古曰:"始令丞相、御史举此四科人以擢用之。而见在郎及从官,又令光禄每岁依此科考校,定其第高下,用知其人贤否也。"以"四行"考校郎从官的制度,亦在"宦皇帝之法"之范畴。

丞相以下至郎、从官钱帛各有差；

4. 汉宣帝元康三年春：以神爵数集泰山，赐诸侯王、丞相、将军、列侯、二千石金，郎、从官帛，各有差。(《汉书》卷八《宣帝纪》)

5. 汉成帝元延二年（前11年）冬：行幸长杨宫，从胡客大校猎，宿萯阳宫，赐从官。(《汉书》卷十《成帝纪》)

6. 汉明帝永平十五年（72年）三月：赐……郎从官[视事]二十岁已上帛百匹，十岁已上二十匹，十岁已下十匹，官府吏五匹，书佐、小史三匹。

7. 汉明帝永平十七年：郎从官视事十岁以上者，帛十匹；中二千石、二千石下至黄绶，贬秩奉赎，在去年以来皆还赎。(《后汉书》卷二《明帝纪》)

8. 汉和帝永元三年（91年）正月：皇帝加元服，赐诸侯王、公、将军、特进、中二千石、列侯、宗室子孙在京师奉朝请者黄金，将、大夫、郎吏、从官帛。(《后汉书》卷四《和帝纪》)

9. 汉桓帝（建和）二年（148年）春正月：皇帝加元服……赐河间、勃海二王黄金各百斤，彭城诸国王各五十斤；公主、大将军、三公、特进侯、中二千石、二千石、将、大夫、郎吏、从官、四姓及梁邓小侯、诸夫人以下帛，各有差。(《后汉书》卷七《桓帝纪》)

"郎"其实也是"从官"，但因其身份的特殊重要性，所以特标"郎"字，变成了"郎从官"。若点断为"郎、从官"，也无伤大雅。上引文字中还有"郎吏"的提法，这个"郎吏"之"吏"，其意义比较特别，指的不是行政吏员，而是承担了某种职事的从官，即如"诸吏"之类[1]。在这些事例中，有时只赏赐郎从官（或将、大夫、郎从

---

[1] "诸吏"问题，可参看严耕望：《秦汉郎吏制度考》，《中研院历史语言研究所集刊》第23本，收入《严耕望史学论文选集》，台湾联经出版事业公司1991年版。

官),有时百官与郎从官同赐,但都反映了二者各成系统。

东汉有定期的春赐和腊赐,其腊赐标准见下:

> 1. 腊赐大将军、三公钱各二十万,牛肉二百斤,粳米二百斛,特进侯十五万,卿十万,校尉五万,尚书三万,侍中、将、大夫各二万,千石、六百石各七千,虎贲、羽林郎二人共三千,以为祀门户直。(《后汉书》卷四三《何敞传》注引《汉官仪》)
>
> 2. 大将军、三公,腊赐钱各三十万,牛肉二百斤,粳米二百斛;特侯十五万;卿十万;校尉五万;尚书丞郎各万五千;千石、六百石各七千;侍御史、谒者、议郎、尚书令各五千;郎官、兰台令史三千;中黄门、羽林、虎贲士二人共三千:以为当祠门户直,各随多少受也。(《续汉书·礼仪志中》注引《汉官名秩》)
>
> 3. 尚书丞昧死以闻。制曰:可。赐校尉钱人五万,校尉丞、司马、千人候,人三万;校尉史、司马、候丞人二万;书佐、令史人万。(胡平生、张德芳:《敦煌悬泉汉简释粹》,上海古籍出版社2001年版,第1页,简号87-89C:1。)

前两段材料互有详略,可互相补充。由第2条《汉官名秩》的"尚书丞郎各万五千"以及后文"郎官、兰台令史三千"可以判断,后文"侍御史、谒者、议郎、尚书令各五千"中的"尚书令","令"字后面必定缺少了一个"史"字,原文当作"尚书令史";连类及之,第1条《汉官仪》中的"尚书三万",当作"尚书令仆、尚书三万"。中黄门、虎贲郎、羽林郎"二人共三千",或与某种两两成组的编制方式有关。第3条见于敦煌汉简,虽不能肯定那赏赐之钱就是腊赐之钱,但"校尉五万"却与腊赐全合。此外,第2条的"特侯十五万"一句当作"特进侯十五万",参第1条。由此可以列出下表:

	将军列侯	行政系统	机要系统	郎从官系统
200000（300000）	大将军	三公		
150000	特进侯			
100000		卿（中二千石）		
50000	校尉（比二千石）			
30000	校尉丞 司马 千人候（比六百石）		尚书令（千石）仆射（六百石）尚书（六百石）	
20000	校尉史 司马、候丞			侍中、郎将（比二千石）大夫（比二千石至六百石）
15000			尚书丞郎（四百石）	
10000	书佐、令史			
7000		千石、六百石官		
5000		侍御史（六百石）	尚书令史（二百石）	谒者、议郎（比六百石）
3000		兰台令史（百石[1]）		郎官（比三百石）
1500				中黄门（比三百石）虎贲郎（比三百石）羽林郎（比三百石）

首先能看到军官待遇颇优，校尉比二千石，但腊赐达5万钱，体现了"武官倍于文官"[2]的原则。还能看到尚书诸官的待遇也不错，比同级普通官吏高好几等。最后，也是这里最关注的，就是大夫、将、

---

[1] 按，兰台令史或云六百石，或云百石。吕宗力主编《中国历代官制大辞典》（北京出版社1994年版，第295页）、安作璋主编《中国历史大辞典·秦汉史卷》（上海辞书出版社1990年版）、牛润珍《汉至唐初史官制度的演变》（河北教育出版社1999年版，第49页）等均取"六百石"之说。汪桂海君则以百石为是，见其《汉印制度杂考》，《历史研究》1997年第3期。应以汪说为是。《后汉书》卷八十上《文苑傅毅传》："建初中，肃宗博召文学之士，以（傅）毅为兰台令史，拜郎中。"傅毅由兰台令史而迁比三百石郎中，也可以证明兰台令史不可能是六百石官。

[2] 《续汉书·礼仪志中》注引《汉官名秩》记春赐："赐太尉、将军各六十匹，执金吾、诸校尉各三十匹，武官倍于文官。"

郎、从官的赏赐额度总体偏低，显示他们自成系统。自成系统的原因很简单：他们"非吏"。

前章第一二节论述了期门、羽林郎及博士、掌故，他们都在"比秩"。期门郎、羽林郎属"郎从官"，不用多费笔墨了；博士、掌故呢？他们与"宦皇帝者"们有可比之处吗？

博士与大夫就很有可比之处："武帝以中大夫为光禄大夫，与博士俱以儒雅之选，异官通职，《周官》所谓'联'者也。"[1]在朝贺时，博士跟三署中郎将、大夫处于同一队列[2]。受命议政时，博士经常列在大夫、议郎之间[3]。博士还往往跟大夫一块儿受命任事[4]，或加上大夫之衔奉命出使[5]。博士与议郎秩级相同、排序相近，又往往与谒者一同受命出使[6]，议郎、谒者都属"宦皇帝者"。

---

[1] 《艺文类聚》卷四九《职官部·光禄大夫》注引《汉官解诂》，上海古籍出版社1965年版，第888页。

[2] 《艺文类聚》卷四六《职官二·博士》引《李郃别传》记李郃上书邓太后事："博士着两梁冠，朝会随将、大夫例。时贱经学，博士乃在市长下。"第831页。"博士乃在市长下"，不是正常情况。又《太平御览》卷二三六《博士》注引《汉旧仪》："武帝初置博士，取学通行修、博识多艺、晓古文、《尔雅》能属文章者为之。朝贺，位次中都官。"中华书局1960年版，第2册第1117页。"位次中都官"，似乎反映了当时博士在中央各色官吏之外另行成列，或另其席。按，秦与汉初，博士被看成一种从民间礼聘而来的学者，与官吏有所区别，而且另服儒服（参看本书上编第五章第三节）。大概因朝廷崇儒，便又令其"朝会随将、大夫例"，置于从官系统之中了。

[3] 例如《汉书》卷十《成帝纪》："公卿大夫、博士、议郎其各悉心，惟思变意，明以经对，无有所讳。"卷二五《郊祀志》王莽奏："臣谨与太师孔光、长乐少府平晏、大司农左咸、中垒校尉刘歆、太中大夫朱阳、博士薛顺、议郎国由等六十七人议。"卷六八《霍光传》："(霍光)遂召丞相、御史、将军、列侯、中二千石、大夫、博士会议未央宫。"同卷《金日磾传》："(王)莽白太后，下四辅、公卿、大夫、博士、议郎。"卷七三《韦贤传》："其与将军、列侯、中二千石、二千石、诸大夫、博士、议郎议。"

[4] 《汉书》卷六七《梅福传》："至元帝时，尊周子南君为周承休侯，位次诸侯王。使诸大夫、博士求殷后。"

[5] 《汉书》卷九《元帝纪》建昭四年（前35年）四月："临遣谏大夫博士赏等二十一人循行天下，存问耆老鳏寡孤独乏困失职之人，举茂材特立之士。"《汉书》卷十《成帝纪》河平四年（前26年）三月诏："遣光禄大夫博士嘉等十一人行举濒河之郡水所毁伤困乏不能自存者，财振贷。"阳朔二年（前23年）五月诏："秋，关东大水，流民欲入函谷、天井、壶口、五阮关者，勿苛留。遣谏大夫博士分行视。"

[6] 葛志毅、张惟明：《汉代的博士与议郎》、《汉代博士奉使制度》，收入《先秦两汉的制度与文化》，黑龙江教育出版社1998年版。

西汉博士叔孙通号"稷嗣君",自比稷下先生。钱穆先生谓"盖博士即稷下之先生也",又云:"游稷下者,既得优游禄养,而无政事之劳。"[1]《史记》卷七四《孟子荀卿列传》说稷下学士"皆命曰列大夫。余英时先生把"列大夫"解释为"比爵大夫"的意思,"稷下先生'不治'、'不任职',即不在官僚系统之中。"[2]其说可从。"不在官僚系统之中",也就是我们所说的"非吏"。稷下学士号称"不宦"、"不仕"[3],因为他们有供养却无朝廷正式名位。若博士制度与稷下学士制度有关,则稷下学士的"不宦"、"不仕"特征,颇有助于理解秦与汉初的博士身份,及《秩律》不列博士,博士后为"比秩"的情况。

叔孙通的百余弟子曾跟刘邦的"左右为学者"一块制定朝礼。所谓"左右为学者",颜师古解释说:"左右,谓近臣也。为学,谓素有学术。"那百余弟子后被任命为郎官,而郎官也属"左右近臣"。看来,把"素有学术"者安排为"左右近臣",在皇帝看来顺理成章;在其眼里,博士之类"为学者",与"内官"大夫、郎官、舍人差不多就是一类人。当然博士又属太常,除"御用文人"身份外,"国家教育官员"色彩也逐渐浓厚起来,不全是"左右近臣"了;不过"比秩"的安排,毕竟暗示了他们作为君主顾问,所曾有过的"宦皇帝者"身份。质言之,博士起初无秩、后为"比秩",就在于其官"非吏"。

作为学人之选的掌故,也经常与大夫、郎官相提并论[4]。汉平

---

[1] 钱穆:《先秦诸子系年》,商务印书馆2001年版,第270页。
[2] 余英时:《士与中国文化》,上海人民出版社1987年版,第58页。又刘蔚华、苗润田把稷下学士的"上大夫"、"列大夫"视为"称号",见其《稷下学史》,中国广播电视出版社1992年版,第8页。白奚云其"爵位与大夫并列,这标示他们的政治地位和政治待遇,但毕竟又不同于有具体官职的大夫",见其《稷下学研究:中国古代的思想自由与百家争鸣》,三联书店1998年版,第56页。于孔宝云其"享受上大夫或大夫的政治地位和政治待遇,并领取相当于上大夫的俸禄",见其《稷下学宫与百家争鸣》,山东文艺出版社2001年版,第24页。
[3]《战国策·齐策四》记田骈"设为不宦",《史记·孟子荀卿列传》说淳于髡"终身不仕"。二人均为稷下学士。
[4]《汉书》卷八八《儒林申公传》:"其学官弟子行虽不备,而至于大夫、郎、掌故以百数。"

帝时的太学课试制度是这样的:"岁课甲科四十人为郎中,乙科二十人为太子舍人,丙科四十人补文学掌故云。"[1]这3种官都是博士弟子之所任,显有共性。这样看来,在"宦皇帝者"和"吏"两类人中,博士、掌故更近于"宦皇帝者"。

在前章第三节,我们还考证了汉初御史在"比秩"。御史在"比秩",也因为御史不是朝吏,而是"近臣"。《续汉书·舆服志下》法冠条:"秦灭楚,以其君服赐执法近臣御史服之。"可见御史系近臣。又《史记》卷八七《李斯列传》:"赵高使其客十余辈诈为御史、谒者、侍中,更往覆讯斯。"也反映了御史与谒者、侍中等近臣相近。学者指出御史有"家臣"性质,"御史是由先秦时期国王的亲信发展起来的"[2]。丞相府在宫外,御史大夫寺却在宫中[3]。

"吏"有秩级而"宦皇帝者"无秩级,也如"吏"有印而"宦皇帝者"无印一样。凡吏秩比二千石以上,皆银印青绶;秩比六百石以上,皆铜印黑绶;大夫、博士、御史、谒者、郎官,则无印绶[4]。印章是"吏"行使权力的凭证。治事、有官属,就有印,哪怕那印绶卑微到了"五两之纶,半通之铜"的程度;不治事而无官属,就无印。大夫、博士、谒者、郎官、舍人无印,是因为他们"非吏",不治事;御史无印,是因为御史属近臣。传世有"吴郎中印"、"齐郎中印"封泥,但那是郎中令印,非郎中印[5]。同理,秦之"谒者之印"、"中谒者"封泥,也应是谒者长官之印而非谒者之印[6]。当然,若是郎官承担了随机差使,有责有权了,那就可能有印了,以便

---

[1]《汉书》卷八八《儒林传序》。
[2] 王勇华:《秦汉御史大夫的职能》,《首都师范大学学报》1995年第1期。
[3] 祝总斌:《两汉魏晋南北朝宰相制度研究》,中国社会科学出版社1990年版,第36页。
[4] 参看安作璋:《秦汉官制史稿》,下册第467页。
[5] 陈直先生说:"郎中虽无定员而有印章","其他如中郎、议郎、侍郎等,同为无定员,亦可能有印。"《汉书新证》,天津人民出版社1959年版,第89页。其说不确。
[6]《秦封泥集》,三秦出版社2000年版,第35页列表及第115、222、223页图版。又汉代"齐中谒者"封泥(《齐鲁封泥集存》、《再续封泥考略》)、"中宫谒者"封泥(《封泥考略》),及《二年律令·秩律》中六百石的"中谒者"、"长秋中谒者","长信谒者",其实都应是谒者的长官或谒者官署之印。

履行公务。秦朝有一枚"郎中左田"封泥,那也许是某郎中在承担"左田"事务时的权责凭证[1]。

二 "比秩"诸官的性格——"自辟除"

上节阐述了"比秩"在分等分类上的一个主要功能:区分"吏"、"宦",标示"非吏"职类。但那只是"比秩"的等级功能之一,而非全部,因为还有一些"比秩"官职,不能简单地云其"非吏",例如掾属和军吏。这就提醒我们,对"比秩"的功能还要做更多探索。下面讨论掾属的"比秩"问题。

上一章第三节对中央各官署的掾属秩级做了考述。东汉三公府掾属,史料明确记载其为"比秩",没什么疑问,汉武帝时丞相府的各级掾属,《汉旧仪》均记为正秩而非比秩;从张家山汉简《秩律》透露的某些迹象看,汉初存在着六百石以下的无秩掾史。无论如何,现在至少可以推测,汉代掾属在某些时候是"比秩",或某一部分的掾史是"比秩"的。我们认定禄秩是"吏"的身份标志,尤其是在汉初,"宦"与"非吏"两种人无秩。《秩律》所见秩级,有百六十石的,有百廿石的,还有百石有秩,可见很低级吏员都有秩级,更不必说斗食、佐史了。高级掾史近于六百石,自身却没秩级。那是为什么呢?掾属必有什么特殊之处,才会被列在"比秩"。这时我们的视线落在了掾属的一个重要特点上:他们由长官"自辟除"。由于"自辟除",他们逐渐被视为长官的私人幕友了,还与长官建立了"君臣之谊"。

东汉掾属是"自辟除"的,这并无疑问,但若说秦汉间掾属也

---

[1] 周晓陆、路东之编著:《秦封泥集》,第115页图版。此印倒可能真是郎中之印,因为他承担了"左田"事宜,"左田"被推测为公田。刘瑞先生推测"郎中左田"是郎中令下的田猎之官,见其《"左田"新释》,收入西北大学周秦汉唐研究中心编:《周秦汉唐研究》第1辑,三秦出版社1998年版。若然,"田猎"也是职事。按封印中还能看到南田、都田等官称,如"小厩南田"(《尊古斋印存》)、"都田之印"(《齐鲁封泥集存》),那些以"田"名官者应综合考虑,可能都是管田的。无论如何,郎中有职掌才有印。

有"自辟除"的，这里横卧着一块大石头。先看《续汉书·百官志一》太尉条：

> 掾、史、属二十四人。本注曰：《汉旧注》东西曹掾比四百石，余掾比三百石，属比二百石。故曰：公府掾比古元士三命者也。或曰：汉初掾史辟，皆上言之，故有秩比命士；其所不言，则为百石属。其后皆自辟除，故通为百石云。

东汉三公掾属有比四百石、比三百石、比二百石3等，其为"比秩"，还有《汉官仪》可以印证[1]。他们都是三公自辟。那么，引文中的"本注曰"和"或曰"在讨论什么呢？"本注曰"拿公府掾比附古代元士，但只着眼于秩级，比四百石、比三百石的称"掾"者算命士，比二百石以下的称"属"者不算。"或曰"也认为二者可比，但又考虑到了"上言"与"自辟除"的区别。"命士"之"命"本指受命于朝，则经"上言"即上报朝廷批准，才算命士；长官"自辟除"的未经报批，就不能算朝廷命士。这道理"或曰"也懂，他预料会有人以公府掾"自辟除"为由，质疑"公府掾比命士"之说，便补充了一个情节：汉初百石以上掾史的任命都"上言"，非"自辟除"，所以既"有秩"、又可以"比命士"；百石属史不用"上言"，那就不能"比命士"了。

问题的关键，就在于"汉初掾史辟"是否"皆上言"、皆"有秩"了。本书下编第五章第三节表明：据《二年律令·赐律》，御史少史在受赐时"比六百石"，而只有在御史少史无秩的情况下，才需要"比"。进而《秩律》无六百石以下掾属，暗示这个层次的掾属无秩；"皆从同秩补"时丞相少史与御史少史照例互补，暗示二者地位身份相近，进而丞相少史也无秩。那么"汉初掾史辟，皆上言之"的说法，未必全是史实。

---

[1]《后汉书》卷二十《铫期传》注引《汉官仪》："东西曹掾比四百石，余掾比三百石。"

先秦秦汉间的丞相有自辟除的权力吗？我们认为有。请看以下材料：

1. 范雎谓秦昭王：其令邑中自斗食以上，至尉、内史及王左右，有非相国之人者乎？（《战国策·秦策三》）

2. 曹参为相：择郡国吏木讷于文辞，重厚长者，即召除为丞相史。吏之言文刻深，欲务声名者，辄斥去之。（《史记》卷五四《曹相国世家》）

3. 丞相府……掾史有过，君侯取录，推其录，三日白病去。（卫宏《汉旧仪》卷上，《汉官六种》，中华书局1990年版，第39、71页）

4. 官事至重，古法虽圣犹试，故令丞相设四科之辟，以博选异德名士，称才量能，不宜者还故官。（卫宏《汉旧仪》卷上，《汉官六种》，中华书局1990年版，第37、69页）

第1条显示秦昭王时的相国权力很大，连"尉、内史"都是"相国之人"，推测不会"掾史辟，皆上言之"，应是相国自己说了算，用不着秦王一一点头。再看第2条，相府掾史或除或罢，曹参一言九鼎，其时掾史应是曹参"自辟除"的，即由丞相自行任免。再看第3条，"君侯"是丞相代称，这条也说掾史有过免职由丞相决定，当然形式上是先由丞相取录、推录，再让掾史托病自免，以保全其面子。至于第4条，明言"丞相设四科之辟"，"辟"就是"自辟除"。

当然不同意见还是有的。廖伯源先生说："汉初县廷各职部门之主管官吏，乃至乡、亭之主吏，皆朝廷任命。传统以为县属吏为郡县长吏自行辟除，此实西汉中叶以后形成之制度。"[1] 黄留珠先生也否

---

[1] 廖伯源：《汉初县吏之秩阶及其任命——张家山汉简研究之一》，《社会科学战线》2003年第3期。

定了"秦之公卿守令亦自辟除其掾属"之说:"现从云梦秦简《秦律十八种·置吏律》有关规定来看,秦官员调任,原佐、吏一律不许带至新任官府,因之,其自辟掾属,更是不可能的事。"[1]

这个问题该怎么看呢?不妨从审读《置吏律》开始:

> 1. 除吏、尉,已除之,乃令视事及遣之;所不当除而敢先见事,及相听以遣之,以律论之。啬夫之送见它官者,不得除其故官佐、吏以之新官。
>
> 2. 县、都官、十二郡免除吏及佐、群官属,以十二月朔日免除,尽三月而止之。其有死亡及故有缺者,为补之,毋须时。(《睡虎地秦墓竹简》,文物出版社1978年版,第94-95页)

第1条材料,所叙为吏、尉的派任及职权问题[2]。"尉"被释为"县尉",那么"吏"约是县丞。汉代的丞、尉是由中央任命的。《置吏律》出自秦始皇五年(前242年)之前,其时丞、尉的任命者不像是秦王,因为秦律总不会规定秦王该怎么做、做错了就要"以律论之"。不妨推断丞、尉由丞相任命。

第1条的末句,注释者的译文是:"啬夫被调任其他官府,不准把原任官府的佐、吏任用到新任官府。"这规定很合情理,若啬夫调任时把下属也带走了,就会影响原官府的公务了。但律文说的只是"不得除其故官佐、吏",却不是"不得除其佐、吏",也就是说,只是不能辟其"故官佐、吏"而已,但可以辟除他人。辟除权力啬夫还是有的。要是他压根儿无权自辟,律文岂不无的放矢了么?所以《置

---

[1] 黄留珠:《秦仕进制度考述》,收入《秦汉历史文化论稿》,三秦出版社2002年版,第17页。
[2] 注释者的译文是:"任用吏或尉,在已正式任命以后,才能令他行使职权和派往就任;如有不应任用而敢先行使职权,以及私相谋划而派往就任的,依法论处。"

吏律》反倒证明了啬夫有权自辟佐、吏。"啬夫"可能是县令[1]，那么县令可以自辟掾属。

第2条律文规定，诸县、都官及十二郡任免官属的时间，照例在十二月初一到三月底；若逢死亡或临时出缺，则可即时任命。若县令有权自行辟除，则都官及十二郡的长官也都有权任免官属。

这样说来，秦朝长官"自辟掾属"，还不是"不可能"的。当时人都了解长官可以自辟佐吏，所以不经意就会透露出有关消息。《韩非子·八经》："下约以侵其上，相室约其廷臣，廷臣约其官属，兵士约其军吏[2]，遣使约其行介，县令约其辟吏[3]，郎中约其左右，后姬约其宫媛。"韩非精心规划了各有针对性的层层约束之法。其中"县令约其辟吏"，我们最感兴趣。什么是"辟吏"呢？学者释为"由县令直接任命的小官吏"[4]，释"辟"为"辟除"[5]。

若秦朝长官可以自行任命佐吏，汉初亦然，二者间不该横插一个"皆上言之"阶段。"汉初掾史辟，皆上言之，故有秩比命士"之说简单化了，其本意似乎不是说汉初所有掾史任命都需"上言"，只是说若经"上言"则"有秩"而已。

邹水杰君对秦汉郡县的员吏、私吏，进行了深入考察，此处值得引述。他指出，秦与汉初简牍显示，基层令长往往拥有很多舍人，他们相当于长官的私吏，但也协助长官处理公务。又，尹湾汉简木牍五显示，在西汉中期，东海郡府正式员吏只27人，实际掾史却达103人之多。多出来的不是正式员吏，而是太守自行招聘的宾客或私吏。

---

[1] 裘锡圭：《啬夫初探》，《云梦秦简研究》，中华书局1981年版。
[2] 松皋圆认为"兵士"与"军吏"4字应该互易，是。陈奇猷也赞成松皋圆的看法："上下文皆为上约下，不得此句独为下约其上可证。"参看陈奇猷：《韩非子集释》，上海人民出版社1974年版，第1026页。
[3] "令"本或作"吏"。卢文弨云："令，张本作吏，非。"引自王先慎：《韩非子集解》，中华书局1998年版，第437页。其说是。
[4] 《韩非子》校注组：《韩非子校注》1982年版，第652页。
[5] 陈启天先生云："辟吏，主官自行委任之属员；辟，辟除。"见其《增订韩非子校释》，台湾商务印书馆1969年版，第168页。又张富祥先生云："辟吏：征辟之吏，即属吏。"见其《韩非子解读》，泰山出版社2003年版，第687页。

海西县员吏只22人,县吏若以60人计,则县令自辟的达40人左右,几乎是员吏的两倍。于是邹水杰判断:"当时县廷中存在两部分人,一部分是按制度辟署的主吏掾或令史、尉史等属吏,另一部分是县令长自行招聘的宾客私吏,如客、舍人等由令长私府供养的人。"[1]

邹君的阐述,对眼下的讨论颇有帮助。由此我们首先知道,非员吏的数量大大超过员吏;进而因任用方式之异,属吏有不同身份。对任用方式,邹水杰君只用两分法,分成"按制度辟署"和长官"私人招聘"两种。但实际掾史的任命方式及其身份、秩级,也许更为多样。有的有员额,有的无员额;有的有秩级,有的无秩级;有的由公款支付薪俸,有的由长官自行供养。既令"按制度辟署"的,有的要"上言",有的就不须上言,由太守自己作主;"上言"的也可能有多种情况,既可能是由上峰选任"空降",长官被动接受;也可能由长官自行选任,然后报批或备案。若是"报批",依然是权在上峰;若只是"备案",则权在长官了。

尹湾木牍五:"今掾史见九十三人,其廿五人员,十五(?)人君卿门下,十三人以故事置,廿九人请治所置,吏赢员廿一人。"[2]仅这段文字,就包含了四种情况。第一是"员",即基本编制;第二是"君卿门下",门下近吏15人,应全由郡守自辟除;第三是"以故事置",大概属于邹水杰君所说的"按习惯自设的岗位";第四是"请治所置",其29个掾史岗位,系因行政需要上请而"置",设岗虽须朝廷批准,人选可能仍由太守自辟,其实是又一种"员"。

又据周长山君研究,战国到汉初,很多大臣都有"舍人"、"门下",他们作为私属而承担职役,并有望被主人推荐做官。"诸曹出现以后,秦末汉初的宾客或舍人渐趋消失。他们与诸曹掾史合为一体了呢?还是以另外一种身份存在下来了呢?答案看来是后者。……诸曹出现以后,宾客或舍人以门下吏的形式留存下来,并高居诸曹之

---

[1] 邹水杰:《简牍所见秦汉县属吏设置及演变》,《中国史研究》2007年第3期。
[2] 连云港市博物馆等编:《尹湾汉墓简牍》,中华书局1997年版,第100页。

上,继续发挥着他们的作用,'入则腹心,出则爪牙'。"[1]门下掾属的私属色彩最浓厚,他们源于先秦宾客、舍人或私吏,其身份变迁一脉相承,并没中断。在观察"自辟除"和"比秩"问题时,这一情况也必须考虑在内。

汉武帝时丞相就是有宾客的,那些宾客由丞相供养,参与谋议[2]。汉武帝没认为宾客参政非法。相府中有没有非"员吏"的掾史呢?不是没有可能。《汉旧仪》:"丞相车黑两轓,骑者衣绛;掾史见礼如师弟子,白录不拜朝,示不臣也","掾有事当见者,主簿至曹请,不传召"[3]。既云"丞相车黑两轓",则其事在汉景帝之后[4]。"不臣"、"见礼如师弟子"等记载引起了安作璋先生的注意,他指出,那显示掾属是"丞相幕僚",与丞相的关系"很特殊"[5]。其看法值得重视。"不臣"是说掾属与丞相并不只是"公对公"的关系,而是有如"师弟子"的,散发出了"私"的味道。

东汉后期,那"私"的味道更浓了。王充云:"儒生、文吏,俱

---

[1] 周长山:《汉代地方政治史论——对郡县制度若干问题的考察》,中国社会科学出版社2006年版,第127页以下。
[2] 《汉书》卷五八《公孙弘传》:"于是起客馆,开东阁以延贤人,与参谋议。弘身食一肉,脱粟饭,故人宾客仰衣食,奉禄皆以给之,家无所余。"同书卷六四上《严助传》:"公孙弘起徒步,数年至丞相。开东阁,延贤人,与谋议。""东阁"就是公孙弘安置宾客之处,传说它包括"钦贤馆"、"翘材馆"和"接士馆"三馆。《西京杂记》卷四:"平津侯自以布衣为宰相,乃开东阁,营客馆,以招天下之士。其一曰钦贤馆,以待大贤。次曰翘材馆,以待大才。次曰接士馆,以待国士。其有德任毗赞、佐理阴阳者,处钦贤之馆;其有才堪九列、将军、二千石者,居翘材之馆;其有一介之善、一方之艺,居接士之馆。而躬自菲薄,所得俸禄以奉待之。"(历代小史本。文渊阁四库全书本同。又,多种版本中"九列"作"九烈",误;又有多种标点本以"九烈将军二千石"作一读,亦误。)三馆之说虽未可尽信,但"俸禄以奉待之",与《汉书》"故人宾客仰衣食,奉禄皆以给之"是一致的。据《盐铁论·救匮》:"而葛绎、彭侯之等,驏坏其绪,纰乱其纪,毁其客馆、议堂以为马厩妇舍。"这个客馆中还有议堂,后来都被政敌毁掉。
[3] 《汉官六种》,第36、39页。
[4] 《汉书》卷五《景帝纪》中元六年(前144年)诏:"令长吏二千石车朱两轓,千石至六百石朱左轓。"这里没说丞相车轓,但丞相车轓应定于此时。《续汉书·舆服志上》云公、列侯黑轓,卿朱两轓。"轓"即"车耳",车轮上方的挡泥板。参看孙机:《汉代物质文化资料图说》,文物出版社1991年版,第93页。
[5] 安作璋、熊铁基:《秦汉官制史稿》,上册第38页。

以长吏为主人者。"[1]无论儒生、文吏，做掾吏就得把长官看成主子，视府为朝，自居于"臣"，双方有类"君臣"；双方有私人从属关系，调迁后仍向故主称"故吏"，甚至还得为故主服三年丧[2]。赵翼有见于此，云："盖自汉制，三公得自置吏，刺史得置从事，二千石得辟功曹，掾史不由尚书选授，为所辟置者，即同家臣，故有君臣之谊。"[3]从西汉掾属对府主的"不臣"中，滋生了东汉掾属与府主的形同"君臣"。又祝总斌先生指出："掾属之辟除，黜免，其权皆在诸公及开府府主，二者且有'君臣'关系"，所以三公与掾属关系，不同于尚书令仆与尚书丞郎的关系，尚书诸官都是皇帝任命的[4]。所论虽为晋制，也不妨用以观察汉朝。

汉元帝外戚史高做了大司马、车骑将军，杨兴对他"所举不过私门宾客，乳母子弟"提出劝告，史高以为然，于是辟名人匡衡为议曹史，向士人示好[5]。可见将军自辟掾属时，可任意举用"私门宾客，乳母子弟"。朱博就任琅邪太守，"新视事，右曹掾史皆移病卧。博问其故，对言'惶恐！故事二千石新到，辄遣吏存问致意，乃敢起就职。'"[6]因掾史是府主"自辟除"的，所以新官上任时掾史依例装病，给新官一个任免机会；朱博则应"遣吏存问致意"，示以恩义，令掾史对他再次"委质"。其时他对掾史也可以有所选择，或用或留。

又，丞相征事也在"比秩"。《汉旧仪》本注："征事，比六百石，皆故吏二千石不以赃罪免，降秩为征事。"[7]《汉书》卷七《昭帝纪》文颖注："征事，丞相官属；位差尊，掾属也。"征事是一些做过二千石官的退职人员，被丞相请到府中帮忙，很像今天的"返

---

[1]《论衡·量知》，上海人民出版社1974年版，第192页。
[2]东汉故吏现象，可参看张鹤泉：《东汉故吏问题试探》，《吉林大学社会科学学报》1995年第5期。高凯：《略论两汉时期"门生故吏"制的形成》，收入中国秦汉史学会编：《秦汉史论丛》（第六辑），江西教育出版社1994年版。
[3]赵翼：《廿二史札记》卷三《长官丧服》，中华书局1984年版，第70页。
[4]祝总斌：《两汉魏晋南北朝宰相制度研究》，第182页。
[5]《汉书》卷八一《匡衡传》。
[6]《汉书》卷八三《朱博传》。
[7]《汉官六种》，第38、69页。

聘"。不同的是返聘者无级别，钱多钱少单位看着给；征事则有秩级，当然只是"比秩"，原因则如文颖所说——"掾属也"，是掾属就"位差尊"，低一等，而且只用"比秩"不用正秩，正如征事只穿绛衣，不能穿文官的制式皂服一样。

总之，掾属承担行政，从这点看来他们是"吏"，但从"自辟除"看，他们又有长官私人性质。我们认为，这就是掾属、或部分掾属被安排在"比秩"的原因。由上述掾属、"比秩"、"自辟除"三者关系看，"汉初掾史辟，皆上言之，故有秩比命士"的说法，是太简单了。从目前情况看，汉初掾史无秩和东汉三公掾属"比秩"，其原因都在于"自辟除"。不太好办的是《汉旧仪》的记载，其中汉武帝时丞相府之四百石、三百石、二百石、百石掾属，都是正秩，而非"比秩"。对此我们目前的解释是，从战国到秦汉，掾史身份其实是多种多样的，有"员吏"，也有非"员吏"。《汉旧仪》所记的是正秩"员吏"，但在"员吏"之外，似不能否认另有很多"自辟除"的掾史。"自辟除"的掾史无秩，其待遇通过与正秩相比来确定，亦即，用"比秩"之法确定。简言之，"自辟除"的掾属使用"比秩"。

三 "比秩"诸官的性格——军吏之自成系统

至此我们已讨论了"比秩"的两个功能，标示"非吏"之官，标示"自辟除"之官。但这两点概括，又将在另一个重要职类前碰钉子，这就是军吏。"非吏"与"自辟除"这两点，不适合解释军吏之"比秩"。

所谓"军吏"，指将军以下的各种军职。黎虎先生对秦汉"军吏"的定义，是将军之下、士卒之上的中下层军官[1]。除汉初的卫将军外，汉代将军无秩，将军以下有大量军职使用"比秩"，这一点相当引人注目。顾名思义，"军吏"名之为"吏"，便是"吏"之一

---

[1] 黎虎：《汉唐时期的"军吏"》，《阴山学刊》2006年第6期。

种，不能说是"非吏"；他们也不是"自辟除"的，而是皇帝与上级将领正式任命的。但军政毕竟是一个特殊系统，与行政系统有别，"军吏"之为"比秩"具有特殊意义。本来，我们该在第五章考述"军吏"的，但为行文与结构的便利，移至本章了。

关于"军吏"概念，先看几条材料。

1. 除吏、尉，已除之，乃令视事及遣之；所不当除而敢先见事，及相听以遣之，以律论之。（《秦律十八种·置吏律》，《睡虎地秦墓竹简》，文物出版社1978年版，第94—95页）

2. 凡以风占军吏之事，子午刑德将军，丑未丰隆司空，寅申风伯候，卯酉大音尉，辰戌雷公司马，巳亥雨师冢子，各当其日以□。（马王堆帛书《刑德》乙种，《马王堆汉墓文物》，湖南出版社1992年版。转引自陈松长：《帛书〈刑德〉略说》，《简帛研究》第1辑，法律出版社1993年版，第97页；李学勤：《马王堆帛书〈刑德〉中的军吏》，《简帛研究》第2辑，法律出版社1996年版，第156页）

3. 功臣、列侯、诸将军、军吏以次陈西方，东乡；文官丞相以下陈东方，西乡。（《史记》卷九九《叔孙通传》）

4. 公卿、侍中、尚书衣皂而朝者，曰朝臣；诸营校尉、将、大夫以下，不为朝臣。（《续汉书·舆服志下》注引蔡邕《独断》）

在第1条"除吏、尉"的提法中，"尉"显然在"吏"之外。第2条《刑德》乙种大约写于吕后初年，所列"军吏"有将军、司空、候、尉、司马和冢子，这虽不能认作现实制度，但能看到，广义上"将军"也不妨说是"军吏"。第3条是叔孙通所定朝仪，军吏的朝位朝堂之西、将军之后，与东侧丞相为首的文官对面站立。

第4条又显示，公、卿、侍中、尚书才算"朝臣"，诸营校尉、将（即诸中郎将）不算"朝臣"。不过这条材料史有异文。四库全书本蔡邕《独断》卷上:"朝臣曰'稽首顿首',非朝臣曰'稽首再拜'。公卿、侍中、尚书衣帛而朝,曰'朝臣';诸营校尉、将、大夫以下,亦为'朝臣'。"[1]"亦为朝臣"跟"不为朝臣"的意思是相反的,"亦"、"不"必有一误。哪一个对呢?卢文弨取前者,认为"不"字为"亦"字之讹[2];汪桂海君取后者,认定诸营校尉、将、大夫以下"非朝臣"[3]。我以为汪说可取。"诸营校尉、将"是军吏,按服制他们服赤;而《独断》明言"衣皂而朝者"才算"朝臣",这话的限定性非常之强,那么服赤的不能算"朝臣"吧。除大夫之外,"大夫以下"的各种郎官属于"内官",就"内官"性质而言,可以认为他们不算"朝臣"[4]。

"大夫"属光禄勋。大夫和大夫以下的谒者、郎官、舍人等,都是"比秩"。那诸营校尉和"将"呢?也全是"比秩"。首先来看"将"即光禄勋以下的诸中郎将,及"将"以下的若干军官。

---

[1] 蔡邕:《独断》,上海古籍出版社1990年版,影四库全书,第4-5页。又查四部丛刊三编本、汉魏丛书本、左氏百川学海本、古今逸史本《独断》卷上等,皆同于四库本,作"亦为朝臣"。

[2] 卢文弨辑抱经堂丛书《独断》卷上,于"衣皂而朝"句中的"皂"字下注云"帛讹",于"不为朝臣"句中的"不"字下注云"亦讹",北京直隶书局1923年版。按"皂"字不误,因为公卿、侍中、尚书确实是穿皂服的,而"帛"为白色。段玉裁云:"《糸部》曰:'缯,帛也。'《聘礼》、《大宗伯》注皆云:'帛,今之璧色缯也。'"见其《说文解字注》,上海古籍出版社1981年版,第363页。张舜徽先生云:"帛之言白也。谓其色洁白也。缯以白者为本色,因谓之帛耳。璧本白色,故汉人取之以喻缯之洁白。帛乃素缯之专名,引申为凡缯之通名,故缯、帛互训。"见其《说文解字约注》卷十四,中州书画社1983年版,中册第74页。汉人不以白色为官服之色,卢文弨误,"衣皂而朝"不误。

[3] 汪桂海:《汉代官文书制度》,广西教育出版社1999年版,第93页。汪文没有辨析《独断》的异文。

[4] 但《独断》所谓"朝臣曰'稽首顿首',非朝臣曰'稽首再拜'"一点,还无法得到其他史料的印证。东汉蔡邕的《被收时上书自陈》起首即云:"议郎粪土臣邕顿首再拜上书皇帝陛下。"见严可均辑《全后汉文》卷七二,《全上古三代秦汉三国六朝文》,中华书局1958年版,第866页上栏。议郎在大夫以下,当然不是朝臣。但东汉建宁四年尚书上书:"尚书令臣鲔、仆射臣鼎、尚书臣旭、臣乘、臣滂、臣谟、臣诣稽首言:……臣鲔、臣鼎、臣旭、臣乘、臣滂、臣谟、臣诣愚闇不达大义,诚惶诚恐,顿首死罪,稽首再拜以闻。"照《独断》之说,尚书省官员在"朝臣"之列,但我们看到他们也使用"稽首再拜"。见《续汉书·礼仪志中》注引蔡质《立宋皇后仪》。检索《全后汉文》中"稽首"、"顿首"、"再拜"的各种用法,没有看出蔡邕所说的那种区别。也许那只是一时之制。

据《汉书·百官公卿表上》：

> 五官中郎将、左右中郎将：比二千石；
> 虎贲中郎将、羽林左右监：比二千石；
> 奉车都尉、驸马都尉和骑都尉：比二千石；
> 郎中车将、郎中户将、郎中骑将：比千石；
> 期门仆射：比千石。

再看"诸营校尉"等官。《续汉书·百官志一》：

> 大将军营五部，部校尉一人，比二千石；
> 军司马一人，比千石。
> 部下有曲，曲有军候一人，比六百石；
> 曲下有屯，屯长一人，比二百石。

将军无秩，诸营校尉以下直到屯长的4级军官，又全是"比秩"。除了军司马比千石外，还有宫掖门每门司马一人，也都是比千石，见《续汉书·百官志二》。

居延汉简中有一支简，文曰"右比二千石百一十一人"[1]。陈直先生谓："此为比二千石人数之统计，最为可贵资料。"[2]虽不知道这111位比二千石都是什么官，但考虑到居延乃国防前线，其中应有大量军校。据《汉表》，汉元帝设置戊己校尉，其下有候五人，比六百石；居延简文中有一句"右鄣候一人秩比六百石"[3]，都能跟《续汉志》所记军候比六百石印证。陈梦家先生认为，边塞的"候长"相

---

[1] 谢桂华、李均明、朱国照编：《居延汉简释文合校》，文物出版社1987年版，上册第94页，简号53·20。
[2] 陈直：《汉书新证》，天津人民出版社1979年版，第91页。
[3] 谢桂华、李均明、朱国照编：《居延汉简释文合校》，上册第429页，简号259·2。

当于屯长，秩比二百石，"士吏"也是比二百石[1]。若然，则军吏职类又多了两个"比秩"的实例：候长与士吏[2]。

《汉表》中的"比秩"军官，还有西域副校尉，比二千石；郡都尉，比二千石。郡尉在《二年律令·秩律》跟二千石郡守平起平坐，后来降到了比秩。又，《汉表》说护军都尉"比司直"，司直秩比二千石，那么护军都尉也应是比二千石。

然而《汉表》又云："司隶至虎贲校尉，秩皆二千石。"这句话是对十种校尉的总述，即司隶校尉、城门校尉及"八校尉"——中垒校尉、屯骑校尉、步兵校尉、越骑校尉、长水校尉、胡骑校尉、射声校尉、虎贲校尉。这些校尉为什么就是正秩而非"比秩"呢？我认为是《汉表》出了错，原文应作"司隶至虎贲校尉，秩皆比二千石"，原文脱一"比"字。王先谦对这问题有含蓄提示[3]，日人大庭脩明确指出，这里的"二千石"应为"比二千石"[4]。我觉得大庭脩的论断可以成立，并进一步论证如次。

第一，《汉表》把司隶校尉列在"秩皆二千石"的官职之首，又说司隶校尉"比司直"。查《汉书》卷八四《翟方进传》："故事，司

---

[1] 陈梦家：《汉简所见奉例》，《文物》1963年第5期。
[2] 朱国照先生认为，西汉前期军制应另行依据《通典》卷一四八《兵一》："二队为官（百人，立长），二官为曲（二百人，立候），二曲为部（四百人，立司马），二部为校（八百人，立尉），二校为裨（千六百人，立将军），二裨为军（三千二百人，有将军、副将军也）。"朱先生认为此制与上孙家寨汉简相近。见其《上孙家寨木简初探》，《文物》1981年第2期。但大庭修也指出："这里所见到的校尉、候、司马等军官，从战国时代起就已经存在了。"见其《秦汉法制史研究》，第382页。又徐州狮子山西汉楚王陵出土印章及封泥中，有司马、营司马、候、骑千人等，中司空、营司空等等军职。参看韦正等：《江苏徐州狮子山西汉墓的发掘与收获》，《考古》1998年第8期；宋治民：《狮子山西汉楚王陵的两个问题》，《考古与文物》2000年第1期。
[3] 王先谦指出："《续志》后汉自司隶校尉至各校尉，皆比二千石。"以此暗示此处的"二千石"可能有问题。《汉书补注》，中华书局1983年版，第305页下栏。施之勉先生的《汉书集释》（三民书局2003年版，第3册1246页以下），反而于此无说。
[4] 日人大庭脩指出"上述诸校尉的秩从西汉时期起就可能是比二千石"，其说甚是。不过他是从字形讹误上论证的，先指《百官表》郡丞"秩皆六百石"的"皆"字应是"比"字，进而判断"司隶至虎贲校尉，秩皆二千石"的"皆"字也是"比"字。见其《秦汉法制史研究》，上海人民出版社1991年版，第385页。

隶校尉位在司直下。""比司直",是说与丞相司直的级别职类相近;"位在司直下",是说其朝位比丞相司直低。而司直秩比二千石,那么,司隶校尉怎么可能是二千石,反在司直之上呢?还是定为比二千石好一点[1]。司隶校尉是持节官,有"使命之官"性质,这跟它置于"比秩"也相一致[2]。

第二,《百官公卿表》总述诸官禄秩的格式,是这样的:

> 自太常至执金吾,秩皆中二千石……
> 自太子太傅至右扶风,皆秩二千石……
> 自司隶至虎贲校尉,秩皆二千石。

---

[1] 按,西汉司隶校尉还可能一度秩比六百石。《汉书》卷七七《盖宽饶传》:"家贫,奉钱月数千,半以给吏民为耳目言事者。身为司隶,子常步行自戍北边。"事在汉宣帝。王鸣盛谓:"宽饶为司隶校尉,奉钱月数千,司隶校尉秩二千石,而云月数千,则又与《贡禹传》所言不同,存疑备考。"《十七史商榷》,台湾大化书局1984年版,第293页。陈梦家先生云:"而《百官表》司隶校尉秩二千石,奉当为万二千,是升司隶校尉为二千石当在宣帝以后。"见其《汉简所见奉例》,《文物》1963年第5期。这推测是有道理的。《汉书》卷二《惠帝纪》惠帝诏:"今吏六百石以上父母妻子与同居,及故吏尝佩将军都尉印将兵及佩二千石官印者,家唯给军赋,他无有所与。"按此诏推测,吏六百石及故吏二千石以下,其家除军赋之外,是要承担戍边之徭的。盖宽饶所任司隶校尉,可能秩比六百石,所以其子要承担徭戍。西汉比八百石的谏大夫月俸9200钱,比六百石、六百石月俸约3000—6000钱,说司隶校尉秩比六百石,也符合盖宽饶"奉钱月数千"的情况。刘文瑞先生根据盖宽饶由比千石的太中大夫迁司隶校尉一点,判断其时司隶校尉千石。见其《西汉官俸杂考》,收入《陈直先生纪念文集》,西北大学出版社1992年版,第203页。但这与其子徭戍不合,与其俸额不合。汉代官僚能上能下,秩级可高可低(参拙作《品位与职位——秦汉魏晋南北朝官阶制度研究》,第4章),所以从仕历判断秩级不一定可靠。朱绍侯先生说西汉司隶校尉比二千石,汉哀帝绥和二年变成二千石,但未能提供可信证据。见其《西汉司隶校尉职务及地位的变化》,《史学月刊》1994年第4期。许树安先生径断司隶校尉二千石,也嫌粗略。见其《汉代司隶校尉考》,收入《揖芬集——张政烺先生九十华诞纪念文集》,社会科学文献出版社2002年版。

[2] 朱绍侯先生认为司隶校尉来自绣衣直指使者,见其《浅议司隶校尉设置之谜》,收入中国秦汉史研究会编:《秦汉史研究》第6辑,江西教育出版社1994年版,第178页。司隶校尉称"奉使"。见《汉书》卷八四《翟方进传》。从汉武帝征和四年(前89年)设官到元帝初元四年(前45年)"去节",司隶校尉一直是"持节"之官。参看廖伯源:《使者与官制演变——秦汉皇帝使者考论》,台湾文津出版社2006年版,第276页以下。"持节"的意义,参看大庭侑:《秦汉法制史研究》,上海人民出版社1991年版,第352页以下。

可见《汉表》对二千石官概括了两次。最后一句若作"司隶至虎贲校尉，秩皆比二千石"，则呈中二千石、二千石、比二千石依次而降之势，更显合理。

第三，据《续汉志》，东汉司隶校尉、城门校尉及屯骑校尉、越骑校尉、步兵校尉、长水校尉、射声校尉等五校尉都是比二千石，则西汉司隶校尉、城门校尉与八校尉也应比二千石，因为这些校尉两汉相承。王先谦对此已有暗示。两汉通例，称中郎将、校尉、都尉之官，大抵都是"比秩"。如西汉的郡尉、西域副校尉、护军都尉，东汉的各种中郎将、校尉（如使匈奴中郎将、护乌桓校尉、护羌校尉、属国都尉等），皆为"比秩"。

再来看《续汉书·舆服志下》注引《东观书》，有一段记录建武元年禄秩的文字，与《二年律令·秩律》相类似，应即《秩律》或《禄秩令》之类文献。其文有：

> 建武元年（公元25年）……九卿、执金吾、河南尹秩皆中二千石；
> 大长秋、将作大匠、度辽诸将军、郡太守、国傅相皆秩二千石；
> 校尉、中郎将、诸郡都尉、诸国行相、中尉、内史、中护军、司直秩皆二千石；
> （以下叙千石、六百石、四百石、三百石、二百石诸官，从略）

可以断定，第三行句末的"秩皆二千石"一语，也脱一"比"字。原文第一句叙中二千石，第二句叙二千石，则第三句"校尉、中郎将……"之末的"秩皆二千石"，必为"秩皆比二千石"。

按，建武元年十月光武帝甫定都洛阳，庶事草创。《东观书》所记官秩，除河南尹、洛阳令及内史[1]系东汉新增，其余官职及秩级，最大可能是承用西汉旧制。而西汉中郎将、郡都尉、王国中尉、丞相司直等，都是比二千石，建武制度应承其旧。查《续汉志》，东汉的校尉、中郎将、诸郡都尉、王国中尉确实也是比二千石。"诸国行相"，吴树平先生说"即暂时摄代之相，秩当略低于相，应为比二千石"。吴先生说："上述诸官有明确记载者，皆云秩比二千石，'皆'字下当增补'比'字。聚珍本有'比'字，甚是；姚本亦脱'比'字。"[2]吴先生所言有武英殿聚珍本为证，乃不易之论。以此反推《汉表》之"司隶至虎贲校尉，秩皆二千石"，末句也应是"秩皆比二千石"。

由此，《汉表》、《东观书》两处"秩皆二千石"，就被同时订正为"秩皆比二千石"了。两处皆补"比"字，看起来是"铤而走险"，但我们有充分的信心与证据。若干被记在正秩的军官，从此复原为"比秩"，"军职用比秩"的论点大为强化了。

将、校、尉等等职名，战国秦汉间频见于史书[3]。把《二年律令·秩律》看成一个参考点，则当时军职的等级管理有两块。一块是"宦皇帝者"系统的郎将。汉初统辖车郎的车将、统辖户郎的户将、统辖骑郎的骑将，都不见于《秩律》，应无秩级。此外还有一块，在《秩律》中有秩级记录，如卫将军在二千石，卫将军长史八百石，卫将军候六百石，卫将军士吏一百廿十石；又如车骑尉、备塞都

---

[1] 西汉王国内史，在汉成帝绥和元年（前8年）废罢，事见《汉表》。安作璋、熊铁基先生因云："成帝时罢内史官，以后不见复置。"《秦汉官制史稿》，下册第252页。吴树平先生看到《东观书》上文有内史，推测"可能东汉初年一度恢复，亦未可知。"《东观汉记校注》，中州古籍出版社1987年版，第151页。然东汉有内史，不止于东汉初年。邓太后曾为清河王国特置内史，事见《后汉书》卷五五《章帝八王传》。《续汉书·百官志五》叙王国官不及内史，但刘昭注云："《东观书》曰：其绍封削绌者，中尉、内史官属亦以率减。"又《续汉书·礼仪志下》记诸侯王薨，"诸侯王傅、相、中尉、内史典丧事，大鸿胪奏谥。"可见东汉仍有内史，但系特置。

[2] 吴树平：《东观汉记校注》，第150–151页。

[3] 对秦楚之际形形色色的将、校、尉，可参陈直：《汉书新证》，第147–148页，《附录二·秦楚之际官名》。

尉、郡尉在二千石，郎中司马、卫尉司马在千石。

可是后来情况变了，变动的方向是两块合一。一个变动，是各种郎将有秩级了，然而是"比秩"。如五官中郎将、左右中郎将、虎贲中郎将、羽林中郎将等，都在"比秩"。另一个变动，是军职失去了原先所拥有的秩级，但所失去的只是正秩，现在他们也用"比秩"了。即如：军尉变成了比二千石，军司马变成了比千石，军候变成了比六百石，士吏变成了比二百石。《秩律》时代无秩的军官和有秩的军官，其秩级变化方向相反的，最终结果却"殊途同归"，都归于"比秩"了。

由此我们看到，"比秩"官职有两种相反的来源，一部分最初无秩，后来成为"比秩"，它们是"比秩"发展的真正动力，是"筚路蓝缕者"；另一部分最初在正秩，是较晚时候才变成"比秩"的，对"比秩"的发展它们是"坐享其成者"。若干军吏即属后者。

部分军吏初为正秩而后为"比秩"，"反其道而行之"，这意味着其为"比秩"，乃是一种刻意的安排。把军吏置于"比秩"的目的，在于显示军队组织与行政组织各成系统。郡县的军吏由郡尉主掌[1]，王国的军吏由中尉主掌[2]，在中央则有太尉"掌武事"。若太尉不置，军吏管理者大概是主爵中尉[3]。无论中央还是地方，军吏、文吏都不在同一系统，不是一个职类。甚至还可以考虑钱穆先生的如下论点："军人本为王室私属，今已由军人政府转变为士人政府，故军职不为外朝之丞相而为内朝之辅政"[4]。再参考上文对"不为朝臣"的讨论，在此意义上，也不妨说军吏具有"非吏"性质，但此"吏"特指

---

[1] 《汉书·百官公卿表》："郡尉，秦官，掌佐守典武职甲卒。"
[2] 《汉书》卷十九上《百官公卿表》：王国"内史治国民，中尉掌武职，丞相统众官"；同书卷四四《淮南王刘长传》薄昭与淮南厉王书："今诸侯子为吏者，御史主；为军吏者，中尉主。"徐州狮子山西汉楚王陵曾发现了7枚"中尉"封泥，是为中尉的职权凭证。见韦正等：《江苏徐州狮子山西汉墓的发掘与收获》，《考古》1998年第8期。
[3] 《汉书》卷十九上《百官公卿表上》谓"主爵中尉，秦官，掌列侯"，"掌列侯"似应包括各级军爵。
[4] 钱穆：《国史大纲》，商务印书馆1994年版，上册第161页。

文吏。把军吏置于"比秩",也可说是战国秦汉间"文武分途"的进一步发展,它通过一种特殊的等级管理手段或官阶样式,凸显了文武两分的官制结构。

总之,与"宦皇帝者"的"比秩"、与掾属的"比秩"相比,军吏的"比秩"具有不同意义。而且我还觉得,那与其说是为了凸显"军吏"之为特定职类,不如说更是为了凸显"文吏"之为特定职类。王朝制度规划者很可能有这样一个意图:尽量把行政吏员,特别是其长官置于正秩,而把其他官职——如"宦皇帝者"、掾属、国官、军吏等置于"比秩"。传统中国政府的典型形态是文官政府。日常行政,以及承担行政的文职吏员,一直是帝国大厦的主干。

四 "比秩"的扩张及其与正秩的配合

对汉朝的各种"比秩"官职,现已可做如下小结了:

一、"宦皇帝"诸官、文学之官之列在"比秩",主要因其"非吏"性质;

二、掾属之列在比秩,主要因其任用上"自辟除";

三、军吏之列于"比秩",是由于军吏之自成系统,以与文官系统区分开来;

四、国官之多在"比秩",用以强化国官的"另类"色彩,与朝官拉开距离。

这一点就更明白了:汉代官阶中的"比秩",远不像最初让人感觉的那样简单,它有若干鲜为人知的特殊意义,即特殊的分等分类功能。

《二年律令·秩律》提供的新线索,使我们得以在分等分类两方面,同时勾勒出战国秦汉禄秩的变迁轨迹。在"分等"方面,展示了禄秩覆盖面是如何扩大到等级结构的上端的,可以说是"禄秩的纵向伸展";而最近两章对"比秩"官职的讨论,则从"分类"方面,又展示了一个"禄秩的横向扩张"过程。

所谓"禄秩的横向扩张",也就是禄秩被用来管理更多职类的过程。禄秩是"吏"即行政官员的身份标志,"非吏"职类大多最初无秩。随官僚政治发展,作为新式官阶的禄秩,通过比吏食俸、比吏赏赐、比吏传食、以爵比秩等形式,不断扩张其管理范围:扩张到"宦皇帝者"职类,扩张到文学职类,扩张到掾属职类,扩张到国官职类,扩张到军事职类。那些无秩的职类获得了"比秩",也就被纳入了禄秩手段的管理范畴,其"公"的色彩变浓厚了,向"吏"靠近了。汉帝国的政治精神就是"以吏治天下",而"禄秩的横向扩张"给更多职类赋予了秩级,也是那种政治精神的不断贯彻。秦汉官阶的发展趋势是"官本位"和"一元化"。无秩职类用禄秩管理之后,官阶制的一元化程度也提高了。

"禄秩横向扩张"的途径,是"比",即令无秩者比于某秩。《二年律令》中已能看到若干"比"的办法了。如《赐律》:"赐公主比二千石","御史比六百石"。使无秩者的某项待遇同于某秩,本身虽没构成官阶形式,但显然就是"比秩"的前身。"比吏食俸"、"比吏赏赐"、"比吏传食"、"以爵比秩"那类做法越来越多,就推动了"比秩"向正式官阶演化。

"比秩"正式成为官阶,是在什么时候呢?孝景帝前三年(前154年)诏:"击反虏者,深入多杀为功,斩首捕虏比三百石以上皆杀,无有所置。敢有议诏及不如诏者,皆要斩。'"[1]这是最早的一例"比秩"。汉景帝口气很凶恶,抓到比三百石以上的俘虏一律杀死,非议诏书或不执行命令要腰斩。既然"比三百石以上"是一个砍脑袋的界限,人命关天,那一定也是一条清晰的法定界限,足以判断该砍不该砍。就是说,"比三百石"是可以清晰判定的。汉武帝元朔五年(前124年)兴学,公孙弘为太学生规划出路时,提到了比二百石掌故和比百石掌故;太初元年(前104年)更名中大夫为光禄大

---

[1]《汉书》卷三五《吴王刘濞传》。

夫，秩比二千石。那么汉武帝前期，就是"比秩"形成的下限。"比秩"是在景、武之间形成的。

"比秩"形成后，"比"或"视"的做法，仍被使用着，而且用于多种场合。例如汉朝敬老政策，七十岁以上老人"比六百石"[1]。又县、乡设有"三老"之职。《史记》卷三十《平准书》："非吏比者三老、北边骑士。"《集解》引如淳曰："非吏而得与吏比者，官谓三老、北边骑士也。"三老不是吏，但某些待遇可以"比吏"。尹湾汉墓简牍《集簿》，有"县三老三十八人，乡三老百七十人"[2]。皇帝的妃嫔们也用"比视"定等级。如婕妤、娙娥、昭仪、美人见皇后，其礼节分别"比"于丞相、将军与御史大夫、中二千石列卿、二千石见皇帝之礼[3]。这只是一个具体的见面礼，也有一般性的"比"。例如汉元帝定嫔妃十四等，依次"位视"丞相、上卿、中二千石、真二千石、二千石、千石、八百石、六百石、四百石、三百石、二百石[4]。"比"之用于长老、妃嫔，是禄秩运用的一种特殊延伸。

"比秩"问世后的一段时间里，"比"这种级别有"另类"意味。请看：

  1. 汉武帝治淮南王之狱，胶西王之议：而论国吏二百石以上及比者，宗室近幸臣不在法中者，不能相教，当皆免官削爵为士伍，毋得宦、为吏。其非吏，他赎死金二斤八两。（《史记》卷一一八《淮南衡山列传》）

  2. □自言功劳者与计偕。吏千石以下及比者，自□。（魏坚

---

[1] 武威磨咀子18号汉墓出土的"王杖十简"："制诏御史曰：年七十受王杖者，比六百石。"参看《武威磨咀子汉墓出土王杖十简释文》，《考古》1960年第9期。从尹湾汉简看，似不是所有七十以上老人都能受杖。参看李均明：《读〈尹湾汉墓简牍〉杂记》，《简牍研究二〇〇一》，广西师范大学出版社2001年版，上册第393页以下。

[2] 《尹湾汉墓简牍》，中华书局1997年版，第77页。当时东海郡有"县邑侯国卅八"，是一县一三老；"乡百七十"，是一乡一三老。

[3] 卫宏《汉旧仪》，《汉官六种》，第44、76页。"美人"原作"贵人"，误。

[4] 《汉书》卷九七《外戚传》。

主编:《额济纳汉简》,广西师范大学出版社2005年版,第253页,2000ES9SF4:23A)

3. 诸吏、宦官及比者同秩,而敢詈之殿宫廷中,至其上秩,若以县官事殴詈五大夫以上或一岁吏、比者,有将辨治。(胡平生、张德芳编撰:《敦煌悬泉汉简释粹》,上海古籍出版社2001年版,第12页,Ⅱ0215:76)

第1条"国吏二百石以上"与"比者"的并列,"比者"自成一类;第2条"吏千石以下"与"比者"并列,"比者"不在"吏"中。第3条"诸吏、宦官及比者同秩"三者并列,随后又以"一岁吏、比者"两分。"宦官"或是"宦皇帝者",但他们只是"比者"的一部分,"比者"还包括更多职类,甚至三老、北边骑士和年七十岁比六百石的老人。总之,"比"的提法有特别意义、有具体对象。

因为"比秩"的形成途径是比于正秩,所以当时观念中,"比秩"是从属于正秩的。这从俸禄额度的安排上,也看得出来。请看下表:

单位:斛

	《汉表》颜师古注	《续汉志》	《光武帝纪》李贤注
三公	350	350	350
中二千石	180	180	180
二千石	120	120	120
比二千石	100	100	100
千石	90	80	90
比千石	80		80
六百石	70	70	70
比六百石	60	50	55
四百石	50	45	50
比四百石	45	40	45
三百石	40	40	40
比三百石	37	37	37
二百石	30	30	30
比二百石	27	27	27
百石	16	16	16

东汉俸禄主要见于3种记载:《汉书·百官公卿表》颜师古注,《续汉书·百官志五》,《后汉书·光武帝纪下》李贤注。三种记载略有差异,何德章先生认为"《光武帝纪》李贤注最为准确"[1]。但我认为最准确的是《汉表》颜注。问题的关键是"比六百石"一秩,此秩《光武帝纪》李贤注记为55斛,《汉表》颜注记为60斛。何先生云:"考虑到六百石上下为官与吏的分野,当以差额大的李贤注为是。"而我认为,《汉表》颜注"70、60、50"的级差更匀称。还有,从三百石到比二百石4级,秩级一正一比,级差呈"40、37、30、27"排列。很容易就能看出来,"比秩"37斛、27斛,是从属于正秩40斛、30斛的。那么比六百石到六百石的差距,也不会相去太远,比六百石应为60斛。那么讨论东汉禄秩,当以《汉表》颜注为准;"比秩从属于正秩"的情况,也就昭然若揭了。

"比秩从属于正秩"一点,还可以从印绶制度得到证明。据《汉表》,比二千石以上皆银印青绶,比六百石以上皆铜印黑绶,比二百石以上皆铜印黄绶。则印绶等级的划线,比二千石与二千石以上属同一段落,比六百石与六百石以上属同一段落,比二百石与二百以上属同一段落。为此我们不采纳李解民先生的这一看法:"比某石分别档次时,应归并于下一级而不应归并于上一级。"[2]

"比秩"应归入其上一级,即归入其正秩,这还涉及了汉代官员任用制度的又一个微妙之处。把郎官、掾属、军吏等置于"比秩",还能给选官带来一个特殊便利。

下面以东汉三署郎官、三公掾属为例,来说明这一问题。他们是地方令长丞尉的候选者。东汉令长秩级,是千石、六百石、四百石、三百石4级;丞尉最低二百石。那么请看,三署郎的比二百石、比三百石、比四百石、比六百石,三府掾属的比二百石、比三百石、比四百石,与二百石丞尉、三百石、四百石长相,六百石县令相比,恰低

---

[1] 何德章:《中国俸禄制度史》,武汉大学出版社1996年版,第36页。
[2] 李解民:《〈东海郡下辖长吏名籍〉研究》,收入《尹湾汉墓简牍综论》,科学出版社1999年版,第71页。

一级。请看下表：

三署郎官	三公掾属	迁补长吏	
		试守之秩	即真之秩
比六百石中郎		比六百石	六百石县令
比四百石侍郎	比四百石东西曹掾	比四百石	四百石县长
比三百石郎中	比三百石掾	比三百石	三百石县长
比二百石郎中	比二百石属	比二百石	二百石丞尉

此表涉及了"试守"和"即真"问题，这问题事关"比秩"的一个特别功能。汉代任官，普遍实行"试守"制度[1]。"守"有两类。第一类属"代理"或"摄行"性质[2]，与此处讨论关系不大。第二类的"守"是"试守"，即任命后试用一年，期满才能"即真"，正式任职[3]。"试守一岁乃为真，食其全俸"[4]。在一年的试用期中，不能食全俸。

那么在三署郎、公府属外补地方官时，"比秩"起什么作用呢？"比秩"保证了如下一点：外补时若非超迁，就任者在不食全俸的"试守"期，其秩其俸恰低正官一等；满岁即真后变成正秩，又正好

---

[1] 参看安作璋、熊铁基：《秦汉官制史稿》，下册第362 – 363页。
[2] 地方令长丞尉，常有以"守"居者。参看杨鸿年：《汉魏制度丛考》，第362页"守令、守长"条，第377页"县丞尉有真有守"条。里耶秦简中能看到不少"守丞"，参看《湖南龙山里耶战国——秦代古城一号井发掘简报》，《文物》2003年第1期；《湘西里耶秦代简牍选释》，《中国历史文物》2003年第1期。汉初《二年律令·具律》中有真令、真长、真丞，又有守令、守长、守丞，有对各种守丞职权的具体规定。《张家山汉墓竹简》，文物出版社2001年版，第91页第102 – 106简，第148页释文。大庭脩认为，"守"是以卑官之秩守高官。《秦汉法制史研究》，第434页。
[3] 陶天翼先生有《前汉的试守制度（公元前206年至公元8年）》，收入《劳贞一先生八秩荣庆论文集》，台湾商务印书馆1986年版；高敏先生对"假守、假官"的讨论，见其《从云梦秦简看秦的若干制度》，收入《云梦秦简初探》（增订本），河南人民出版社1981年版，第193页以下。二文对两种"守"的区别不算清晰。
[4] 《后汉书》卷二四《马援列传》注引《前书音义》。有时皇帝会让试守期的官员食全俸，作为一种优待。《汉书·平帝纪》元始元年（公元1年）诏："吏在位二百石以上，一切满秩如真。"注引如淳曰："诸官初除，皆试守一岁乃为真，食全俸。"

官升一级。举例说，比三百石郎中任三百石县长时，在"试守"期他仍用比三百石秩；满岁即真，正式升为三百石。比四百石侍郎任四百石县长时，在试守期他仍用比四百石秩；满岁即真，正式升为四百石。比二百石郎中、比六百石中郎与之同理。换言之，"比秩"被用作郎官补吏试守期的"守秩"。

行政吏职都在正秩，所以在补吏时，守秩与正秩的上述关系，存在于郎官与各种行政职务之间。又如，郎官还经常被选任为尚书郎、谒者。"尚书郎初从三署诣台试，初上台称守尚书郎，中岁满称尚书郎，三年称侍郎。"[1]可以推知：三署郎最初所任，是比三百石的"守尚书郎"；满岁"即真"，升为三百石的尚书郎中；满三岁，升为四百石的尚书侍郎。那么"比三百石"，就是郎中初任尚书郎时的"守秩"。谒者分两种："其给事谒者四百石，其灌谒者比三百石。……初为灌谒者，满岁为给事谒者。"[2]《汉官仪》说得更清楚："谒者三十五人，以郎中秩，满岁称给事，未满岁称灌谒者。"[3]谒者从郎中里选拔。"灌谒者"实际就是试守期的谒者，其时"以郎中秩"，即比三百石。那么，灌谒者也以郎中的比三百石为守秩。

郎官有孝廉郎，来自孝廉察举，待遇最高。三署中还有一批"诏除郎"，大多是二千石子弟靠"任子"制度特诏除拜的，也有其父为国家死难，而被特诏除拜的。"诏除郎"低于孝廉郎，在其外补丞尉时，即令试守期满而成为正官，也必须在"比秩"上呆下去，不能升为正秩，是所谓"比秩为真"。羽林郎补吏也是如此，即令即真也只

---

[1]《续汉书·百官志三》注引蔡质《汉仪》。按，《初学记》卷十一引《汉官》，作"初入台称郎中，满岁称侍郎"，中华书局1962年版，第269页；又《北堂书钞》卷六〇引《汉官仪》，作"初上称郎中，满岁称侍郎"，又云"满岁为侍郎，五岁迁太尉"，学苑出版社1998年版。二书所引皆误，都不可为据。《太平御览》卷二一五引《汉官仪》，亦作"三年称侍郎"，第1026页上栏。是。

[2]《续汉书·百官志二》。按"其灌谒者比三百石"原作"其灌谒者郎中比三百石"。然而"灌谒者"本身已成完整官名，"郎中"二字疑为夹注，而且原文应是"郎中补"三字，后来"补"字脱落，"郎中"二字便被误入正文了。证以《汉旧仪》："谒者缺，选郎中美须眉、大音者以补之。"《汉官六种》，第90页。

[3]《后汉书》卷八一《独行雷义传》注引。

能"比秩为真"[1]。孝廉郎来自士人,而诏除郎靠父祖特权,羽林郎是武人;三郎待遇不一,盖因朝廷优待士人。在这时候,"比"标明了诏除郎、羽林郎的"另类"。

掾属也用"比秩",其补吏时的守秩,以此类推。尹湾汉简行政文书提供了若干中央属吏的迁转实例。据陈勇先生的统计,其中有丞相属2人,分迁容丘相(四百石)、厚丘长(四百石);将军史1人,补建乡长(三百石);太常属1人,迁盐官丞(二百石);大司农属1人,迁厚丘右尉(二百石);廷尉史1人,除费丞(二百石);卫尉属1人,迁昌虑丞(二百石)[2]。这些相、长、丞、尉的前官秩级,最大可能是丞相属比四百石,将军史比三百石,九卿属比二百石。相、长、丞、尉的试守期中,用掾属的"比秩"做其守秩。

郎官、掾属是低中级长吏的来源,"大夫"则是中高级行政官员的来源。在大夫被任命为吏职的时候,其"比秩"发挥着类似的守秩功能。又,军吏中本来有很多正秩之官,后来却都被置于"比秩"了。为什么朝廷要把军吏全部置于"比秩"呢?我想,利用"比秩"调节文武职类的迁转,也是其目的之一。当人员由军吏系统向文吏系统迁转时,"比秩"发挥着同样功能:在试守期,低正官一等;即真时,官升一级而食全俸。

本书上编第一章讨论过"真二千石"的问题,这问题也与"守秩"相关。周国林先生提出:"二千石之所以称为'真二千石',可能是与'比二千石'相对而言时所用(犹如今日正职干部,与副职并列时则加'正'字,单言时则不用),亦可能其中的'真'字是与试署性质的'守'相对而言(《汉书》中,不少太守都是试署一年,'满岁为真')。"[3]又刘文瑞先生认为"真二千石月俸二万,二千石月俸万

---

[1] 《后汉书》卷四《和帝纪》永元元年(89年):"初令郎官诏除者得占丞尉,以比秩为真。"注引《汉官仪》:"羽林郎出补三百石丞尉,自占。丞尉,小县三百石,其次四百石。比秩为真,皆所以优之。""皆所以优之"是说那对羽林郎已算优待了。
[2] 陈勇:《尹湾汉墓简牍与西汉地方官吏任迁》,收入《尹湾汉墓简牍综论》,第81-82页。
[3] 周国林:《汉史杂考》,《华中师范大学学报》1995年第1期,"一、真二千石与诸二千石差次"。后同。

六千，实属试守不食全俸与真除食全俸的差额"[1]。

总之，"比秩"和正秩的交错配合，构成了安排职类转换，调节其间秩级变动的一种手段，带来了特殊的管理便利。依汉代官制，郎官、大夫、掾属、军吏等，与文吏系统中的官职互为迁转；其时"比秩"就以一种精巧的方式，把各个职类链接起来了。

当然，"比秩"也是处于变化之中的。它是从最初无秩的职类中演生的，一旦形成，就成了更精细地区分级别的手段。王朝也可能仅仅为分等使用"比秩"，而不顾职类。《东观书》所载东汉建武禄秩令，光禄大夫秩二千石，尚书、谏议大夫、侍御史、博士秩六百石。这些官过去是"比秩"，但此时不是了。尚书、侍御史、博士变成正秩，也意味着它们的"公职化"；光禄大夫、谏议大夫之为正秩，似仅仅出自分等需要，以使诸大夫的级差较为匀称，与"分类"无关了。这样，"比秩"与职类的对应关系，就不是严明整齐而无例外的。用"比秩"区分职类，有特定的历史原因。从长时段看，它并不是官阶制的发展方向。此后九品官阶的"从品"，就只用于分等，再不承担分类功能了。那么东汉光禄大夫、谏议大夫变成正秩，又暗示了"比秩"在未来的衰退。

无论如何，汉代"比秩"是一种很特别的官阶，它不但有"分等"功能，还有"分类"功能。然而二千年来人们对此茫无所知，或说视而不见。《二年律令》的发现与公布提供了契机，我们在若干片断史料中——主要是在"宦皇帝者"的史料中，察知了问题的存在，由此得以把汉代品位结构的这个重要侧面，揭示如上。

---

[1] 刘文瑞：《西汉官俸杂考》，收入《陈直先生纪念文集》，第202页。

第七章 "品位—编任结构"视角中的散吏与比秩

一 公府掾属的比秩原因

在我的《从爵本位到官本位：秦汉官僚品位结构研究》（三联书店，2009年版）一书中，很多篇幅被用于汉代"比秩"问题的考察。在书中，我对比秩的官职进行了初步分类，进而分别探讨其比秩的形成原因，以及这种等级安排的功能、意义。汉代官署中存在着不少比秩的掾属，构成了一个类别，对其之所以为比秩的原因，书中也提出了初步解释。

近年青年学者张欣有文，对我的相关论点进行商榷，其不同意见，主要集中在"公府掾史"上。首先，他在史料诠释方面提出了不少异议。例如，我从没有被列入《二年律令·秩律》来推测汉初丞相掾史无秩，而张欣认为未列入《秩律》并不是判断掾史秩级的唯一依据与充分条件；我推测西汉前期有比六百石的御史少史、丞相少史，张欣认为这个秩级的少史并不存在，等等。进而，张欣对我的公府掾史之"比秩"与"自辟除"相关之论点，不表赞同："公府部分掾史之比秩，当亦与其由公府自辟除产生没有必然关联"[1]。

前修未密、后出转精，乃学术发展的一般趋势。阅读张欣的举证与判断，感到他的批评确有道理，我原先对公府掾史之比秩原因的解

---

[1] 张欣：《汉代公府掾史秩级问题考辨》，《中国史研究》2015年第1期。

释，确有不惬人意处。是否列入《秩律》可以用为分析秩级的参考，但尚不是判定有无秩级的唯一依据；比六百石的御史少史是否存在，目前看仍有模糊之处[1]。当初写作时我感觉掾属的比秩原因在于其正式化程度低、私人性浓厚，最终把它归结为"长官自辟除"，现在看来，那并不恰当。

原书中我曾说明："我们还没武断到如下程度：完全否定汉武帝时存在正秩的掾、史、属；因史料所限，只能推测掾、史、属中'自辟除'的那部分，有可能是'比秩'。"（第429页）现在我想强调，秦汉的丞相府与列卿诸署系全国政务中枢，在中外各种官署中，相府、卿寺及诸署的科层化、正式化与规范化的程度，可以认为是最高的。进而四百石、三百石、二百石、百石的正秩吏员，在汉武帝之前就是公卿机构的重心所在了。那么问题就在于正秩掾史之外，为何又出现了"比秩"的掾史？其原因若不是"长官自辟除"的话，又是什么？

"比秩"是在汉武帝前后形成的。在汉武帝时，至少列卿官署之中出现了"比秩"的属吏，如比二百石的"治礼次掌故"，比百石的"文学掌故"。又廷尉府有"从史"。结合倪宽的事例，及文书中从史位与曹史、从掾位与曹掾的迁转关系（详见本文第四节），可以判断廷尉府的"从史"比二百石。此后三公掾属的比秩有明确记载：东西曹掾比四百石，余掾比三百石，属比二百石。这个制度，张欣认为始于西汉中晚期，"其原因直接显示应是官制调整、改革的结果，而更深层当为西汉中后期社会制度变革所致"。在此我打算增补一个新解释。

在原书第六章第四节"'比秩'的扩张及其与正秩的配合"一节中，我指出，比秩与正秩间存在着交错互补关系。"宦皇帝者"如大夫、郎官等是一种品位性官职，具有储才、候选性质，他们是正任职事官吏的候补者。把郎官安排为比秩，就能保证其除补职事官后，在"试守"而不领全俸期间低于正秩，在"即真"之后官升一秩、成为

---

[1] 在2016年12月3日的一封邮件中，徐冲也向我指出，根据《宋书·百官志》，对《汉书·百官公卿表》的一条材料可以作不同解释，用这条材料证明"御史长史"的存在，遂有问题。

正任。具体说来：郎官比二百石、比三百石、比四百石、比六百石，其出路是各县丞、尉、长、令与中央的尚书郎、谒者等，这些官职是二百石、三百石、四百石、六百石的正秩之官。郎官在迁任之初的试守期，仍使用原官的比秩；在满岁即真之后，就变成二百石、三百石、四百石、六百石的正秩正任了。由此，比秩与正秩间就建立一种精巧的交错互补关系。与之同理，比秩的大夫、军职跟正秩行政官员之间，也形成了类似的交错互补关系。

由此再来看公府掾属。众所周知：三署郎官与公府掾属，逐渐形成了两大并行仕途。那么公府掾属的比二百石、比三百石、比四百石的等级安排，同样符合这一交错互补原理。在原书中，我曾在尹湾简牍考得若干这一类事例：东海郡的一些相、长、丞、尉，其前官被记录为中央朝官的掾属，于是我判断，"这些相、长、丞、尉的前官秩级，最大可能是丞相属比四百石，将军史比三百石，九卿属比二百石"（原书第467页）。这些属、史在担任了地方相、长、丞、尉之时，就由比秩变成了正秩。具体说来，其试守期间仍沿用前官之比秩，即真之后，遂为正秩。

这意味着什么呢？意味着公府掾史的秩级，被"宦皇帝者"郎官、大夫的比秩"同化"了。公府掾史之为比秩，应如张欣所说"始于西汉中晚期"，但其原因，既不能用我此前所说的"自辟除"来解释，也不能用张欣所说的"西汉中后期社会制度变革"来解释。其原因出自行政等级制自身：战国秦汉"吏"、"宦"两分的品位结构，就是公府掾属的比秩根源。当然"根源"还不等于直接的来源，而是由其"派生"出来的。这个"吏—宦体制"的与时俱进、不断变化，首先引发了"宦皇帝者"起初无秩、随后比秩这一变化，孕育出了一种比秩、正秩交错互补的等级安排，用以协调候补人员与职事官之间的级别变动。而这个安排，随后就波及到公府掾属的秩级安排上来了。所以说，郎官、大夫之比秩是"原生"的，公府掾属的比秩是"派生"的。

三署郎、诸大夫的存在及其储才与仕途功能，若在宏观上一环一环地向前追溯，可以追溯到周代政治体制那里去，追溯到周代的散大夫和士庶子那里去。周代存在着大量无职的散大夫。如康有为所言："凡有公卿、大夫、士之爵位者，不必其尽得职事也，故春秋列国大夫无数，而任职者无几人。"[1]这个时候，也存在着众多的无职之士或士庶子。士庶子如欲出仕，须先给天子、国君当侍从侍卫，这时他们的身份是"宦于王"者，而不是"吏"，不是国家的正式行政官吏。这就成了战国郎官、散大夫的起源。郎官、散大夫是行政官吏的候选者、预备役。与之同时，随官僚体制的强劲发展，作为职业文官的"吏"群体迅速崛起，他们以"禄秩"为其身份标志。战国秦汉间的制度建构，展现了浓厚的功绩制、功利主义精神，只给正任吏员秩级，"宦皇帝者"或散官无秩无俸。随后人事管理上无秩、比秩、正秩的各种变化，都是由这种"吏—宦体制"衍生、派生出来的。

二 "职吏—散吏"结构与"品位—编任"视角

当然，对公府掾史的比秩做出新解，还不是这里所要讨论的问题的全部。在原书第五章第四节和第六章第二节，我主要讨论了公卿掾属的比秩问题。然而公府、列卿掾属只是掾属的一种，中外官署中还有其他各种各样的属吏，其级别安排形形色色。

中央的丞相、三公、列卿、诸署等机构，其科层化程度最高、公共性最强，由此与宫省中的"宦皇帝者"、散官双峰对峙，泾渭两分。郡县官署的科层化、公共性，恐怕就不如中央的丞相、三公、列卿、诸署了，既有正任职吏构成官署主干，也有不少人员，其身份的正式化程度低于正任职吏。

朝廷上的"吏—宦"分立格局、"职官—散官"分立格局，在郡县官署中也存在着，或说以变化了的形式存在着。门下吏系统即其一

---

[1] 康有为：《官制议》卷十三《改官为差 以官为位》。《康有为全集》，中国人民大学出版社2000年版，第7册第323页。

端,学者通常认为,与诸曹职吏比较,门下吏的私人性是比较浓厚的,在较早时候甚至就是长官私吏。严耕望把门下吏视为地方官署中的一个特殊类别。陈直把这个结构比于内廷、外廷:"门下等于吏属中之内廷,诸曹等于吏属中之外廷。"[1]周长山指出,汉初长官曾大量使用宾客、舍人等为私吏,用"私养钱"供养他们,"诸曹出现以后,宾客或舍人以门下吏的形式留存下来,并高居于诸曹之上"[2]。邹水杰虽认为,不存在把门下吏定为亲近吏的惯例,但也强调,汉初县廷中存在着两部分人,一部分是按制度辟署的属吏,另一部分是县令长自行招聘的宾客、私吏,由长官供养[3]。

可见私吏、门下吏与诸曹职吏的关系及变化,颇类似于朝廷上的"吏—宦"之间的关系及变化,也就是私人性与公共性的关系及变化。朝廷上的"吏—宦体制"就是无秩、比秩、正秩问题的根源,"宦皇帝者"最初无秩无俸,后来通过"比吏食俸"而变成了比秩。参考学者意见,郡县门下吏也经历了一个从无俸到有俸的变化,其正式化程度提高了。不过"门下吏"是否直接推动了比秩的滋生呢?我们推测,行政级别变化的最大动力通常来自朝廷,而非郡县。

同时,"宦皇帝者"这个职类有如下特点:1. 相对朝廷上的职事官,他们相对比较闲散,尤其是其中的大夫、散郎。故后人称之"散官"。2. 他们也承担了侍从侍卫、顾问咨询等任务,往往还被委派以临时差使。朝廷上有很多随机事宜,由散官承担。3. 散官是储备人才之所,是正任行政官吏的后备队、候选人。若以这种眼光观察郡县,那么就能看到官署中还存在很多人员,他们具备了以上三个特点,或者具备了其中的一个、两个特点。相对于正任职吏而言,这部分人可以总名为"散吏"。在西晋法令中,"散吏"与"职吏"已明

---

[1] 陈直:《望都汉墓壁画题字》,收入《文史考古论丛》,天津古籍出版社1988年版,第465页。

[2] 周长山:《汉代地方政治史论——对郡县制度若干问题的考察》,中国社会科学出版社2006年版,第138页。

[3] 邹水杰:《简牍所见秦汉县属吏设置及演变》,《中国史研究》2003年第3期。

确分为两类人员了，各有法定员限。

郡县"诸曹—门下"结构之外，视角变换之后，我们又看到一个"职吏—散吏"的结构。它跟朝廷上的"职官—散官"体制亦具可比性。进而，"职官—散官"体制造成的无秩、比秩、正秩之别，就可能以类似或变化了的形式，发生在职吏与非职吏之间。对职吏与各种非职吏间的等级关系，史料尚能提供不少有用的信息，可资研讨。

尽管"比秩"是在职事官与宫省"宦皇帝者"的分立关系中产生的，但各种掾属包括郡县属吏中的"职—散"结构，仍有探讨价值。上承"比秩"这个话题，本章后面的各节，就将用于职吏与非职吏人员的等级关系辨析。此时我们的分析方法，可以表达为"品位—编任"视角。这个提法，是由"品位性官职"和"编任资格"两个概念综合而来的。

"品位性官职"的概念，在《从爵本位到官本位》原书中已有初步阐说；我随后出版的《中国古代官阶制度引论》（北京大学出版社2010年版）一书，又提供了更系统的论述。"品位性官职"居于"品位"、"职位"之间，它看上去是职位，也保留了一定的职位性质，可能承担着侍从侍卫、随机差使等，然而同时发挥着重要的品位功能：用作起家之位、晋升之阶，用以储才尊贤、候选待调，用作职事官的兼职或加号，等等。秦汉"宦皇帝者"大夫、侍中、郎官、舍人等，即是。此后历代王朝，都存在着这类官衔名号。"品位性官职"概念，可供揭示传统官僚组织的一个重要侧面。

"编任资格"概念，是我在《中国古代官阶制度引论》中初次提出的。它用于分析跟编制、员额、待遇及任职的正式化程度相关的身份等级。机构里的员工，存在着正式员工与合同工、临时工、见习生等区别；大学中的正任教师之外，也有代课教师之类。从职能结构看，非正任的人员所承担的也是组织事务；而从品位结构看就不同了，其身份、地位、待遇、权利往往有很大差别，由此呈现出了一个鲜明的身份梯度。这个身份梯度，就是"编任资格"之异。

从"编任资格"看传统人事制度，相关的现象也颇丰富。比如清朝的幕友与长随都帮着长官处理公务，其身份却处于编制之外。隋唐以来发生了官、吏分途，胥吏"既不是政府官员，但又办理政府的事务"[1]。唐以后的品官与流外吏之别无疑也是一种编任资格之别。此外如宋之"添差官"、唐之"员外官"与正员官之别，皆是。北齐隋唐初还有"比视官"、"视品官"，用以安排正式化程度较低的官职，跟秦汉"比秩"功能神似。我的博士生廖基添在考察汉唐舍人之职时，就使用了"编任资格"概念[2]。这是最早的一篇使用这个概念的史学论文。

在"品位—编任"的光束照耀下，各种属吏将呈现出不同的身份梯度，编任资格各异。诸曹职吏构成了官署的主干，其周围又存在着"师而不臣"的礼贤之位，存在着候选备用之位，存在着见习吏、学徒吏。在官署组织的外缘，甚至还存在着一些"非吏非民"的白衣候选人。当然，秦汉政治精神是不养闲人、少养闲人，职吏之外的人员并非坐享天禄，他们中有不少也得承担辅助性工作，以及各种杂务、差遣。在这种身份梯度中，非职吏人员的级别、待遇及其编制安排，往往不同于职吏，多半是低于职吏。那么类似于比秩与正秩的那种关系等级，就会浮现出来。郎官的比秩是从"吏—宦结构"之中"原生"的，公府掾史的比秩是"派生"的，而地方官署掾属间的类似于比秩的等级安排，多半是"原生性"的，直接来自"职—散结构"。

安作璋、熊铁基把"散吏"定义为没有具体职事之吏，并列举了从史、从掾、祭酒、议曹、议生、议史、奏曹等等散吏[3]。郭俊然就碑刻所见，又列举了东阁祭酒、立义行事、门下议史、从掾位、从史位、议掾等等散吏[4]。至少在其中的从掾位、从史位与正秩掾、

---

[1] 李洵：《论明代的官和吏》，收入《下学集》，中国社会科学出版社1995年版，第175页。
[2] 廖基添：《论汉唐间"舍人"的公职化——"编任资格"视角下的考察》，《中国史研究》2012年第3期。
[3] 安作璋、熊铁基：《秦汉官制史稿》，齐鲁书社2007年版，第633页以下。按奏曹主奏议，应非散吏，视为职吏较好。
[4] 郭俊然：《汉官丛考——以实物资料为中心》，华中师范大学历史文化学院2013年博士论文，第158—159页；《出土资料所见的汉代散吏考》，《克拉玛依学刊》2014年第4期。

史之间,就能看到类似于比秩、正秩的等级关系。

议曹在形式上属于诸曹职吏,"议"即其职能,学者为什么视之为"散吏"呢? 因为此职往往用来优礼名儒、名士,没有日常事务,行政性淡薄。文学掾史的行政性也不太强,然而他们若有教学任务,迳称为散吏就不甚妥当。文化性官职的秩级有时会低于职吏,其身份梯度时有差异。文学掌故就在比秩。东汉的"文学守助掾"可能也是如此。

见习吏或学徒吏,东汉的"学事"、"守学事"即是其中的两种。他们的编任资格很低,其秩级、俸钱不会同于正编职吏,从而也构成了"品位—编任"结构的一个梯度。然而他们参与日常行政,尽管是辅助、见习性质的工作。若要严格区分,学徒吏或见习吏又可以划为一类。

官署的外缘还有一些民间官吏候选人,其身份非民非吏。李迎春使用了一个"备吏"概念,指涉"有资格做吏的预备人员",使之与"散吏"区别开来。西汉的"脩行"就是其中一种。又东汉碑铭题名中称"处士"、称"好学"的人,还有吴简中称"私学"或"私学弟子"者,其身份跟西汉脩行相去不远,也可以划归"备吏"。这就是身份梯度的最低一等了。

"职吏—散吏"的两分法,只是一个简化提法。为了便利,这里用"散吏"来总括职吏之外的各种人员。然而同时,散吏、文学吏、学徒吏、备吏等又各有所指,彼此又是交叉重叠的。本文的"散吏"有二义,有时是一个总括性的广义措辞,有时又是一个跟文学吏、学徒吏、备吏等相区别的概念。其间自可灵活把握,不至刻舟求剑。

在分析这些属吏的编任资格与等级安排时,必须牢牢抓住这样一点:秦汉的政治精神是"以吏治天下",制度规划的宗旨是实用主义、功利主义的,故其基本等级原则之一,就是充分保障职吏的地位待遇,尽力使之成为组织重心、官署主干。其散吏的设置,也在较大程度上服务于行政需要。这跟魏晋南北朝以来的品位性官职泛滥成灾,虚衔散号千姿百态,以保障文化士族、部落贵族的政治特权,相当不同。

郡县属吏中，卒史、曹掾秩百石，令史、狱史等秩斗食，尉史、候史、书佐等秩佐史，三级而已。更低微的吏员无秩，当然无秩还不等于无俸。从俸钱看，实际等级就复杂得多了。各级各类岗位有轻重简繁之别，各按其劳取酬，月俸也有720钱、700钱、600钱、570钱、480钱、400钱、360钱、200钱、100钱之别[1]。而且时代、地区不同，俸钱也可能发生变化。一个结论是令史月俸900钱，尉史、候史月俸600钱。然而也有百石月俸720钱或600钱的例子。再加上钱、谷、帛并用等原因，已知俸钱对探讨散吏与职吏的身份关系，用处不大。

形形色色的俸钱只能提示人们，底层吏员的身份层次也很繁复，仅此而已。判断属吏间的等级关系，若无秩级记载，主要方法就是看排序、看迁转。如能确认一批官名是依高下排序的，则可据以推测其中散吏的大致地位；若看到某种散吏晋升为同层次的某种职吏了，或者某种职吏降为同层次的某种散吏了，那么不妨认为这种散吏的级别类似于比秩。在这时候，本文会采用"秩比斗食"、"秩比佐史"之类提法，不是说真有那样的秩名，那只是一种表达方式而已。

总之，塑造"品位—编任"结构的，是"职吏—散吏"、"正秩—比秩—无秩"、"员吏—编外"几个变量。方法、目的和意义业已阐明，随后进入对"散吏"的具体讨论。

三 学徒吏学事、守学事、小史与散吏假佐

我们从观察列卿官署开始，以便由此引发问题、一步步展开。根据《续汉书·百官志二》及《百官志三》注引《汉官》，东汉列卿官属的属吏结构略如下表：

---

[1] 陈梦家：《汉简所见奉例》，《文物》1963年第5期；李天虹：《居延汉简簿籍分类研究》，科学出版社2003年版，第26页。

官署	员吏	四科	二百石	文学百石	百石	斗食	佐	假佐	狱史	骑吏	官医	法家	学事	守学事
太常	85	12			13		15	5		15			9	16
光禄勋	44	10			3	1	2			6	1		8	13
卫尉	41	9	2	3			12	2			1		12	
太仆	70	7	1	8		6	7	3		6			31	
廷尉	140	11	16	16			27	30	13	26	1			
大鸿胪	55	6	2	6		1	14			6	5		15	
宗正	41	6	1		4		3			6	1	2	18	
大司农	164	18	16	20			9	25			1		75	
少府	34	1	1		5	4	3			6		1	13	

"员吏"栏的数字是此后各种吏员之和，那么表中所列都是编内员吏。这一点是有意义的，直接涉及了"编任资格"问题。随后要面对的一个现象，就是一些散吏，包括上表中的若干吏职，曾经处于编制之外，不属员吏；在其纳入员吏之后，其正式化程度提高了，其管理强度上升了。

当然，"员数"与"员限"二者还要略作区分。长官可能个人供养着一批私人宾客协理公务，这种私吏无员无俸，朝廷不管。这是一种情况。如果这种人有了一个较正式的职名了，长官需将现有人数上报、由上司备案，但设多少员由长官自决，这时官簿上有其人数记载，但朝廷尚未规定其员额，这时只有"员数"而无"员限"。"员限"就是法定编制了，原则上不能超编。而且法定员吏通常由公帑付俸，所以对员吏的岗位设置，朝廷有严格的申报审批制度。

上表之中，由左侧向右看，"四科"应是一种拥有辟召资格的吏员，他们可以按"皆从同秩补"的原则，选拔为丞相或三公属吏[1]。

---

[1]《汉旧仪》："故令丞相设四科之辟，以博选异德名士，称才量能，不宜者还故官。"四科即德行科、明经科、明法科、治剧科。《汉官六种》，中华书局1990年版，第69页。

随后二百石、百石、斗食、佐构成了四个秩级。二百石、百石者称"掾"。斗食秩级的称"属",诸曹史就处在这一秩级。列卿有二百石掾,一般郡国就只有百石掾了。"佐"是职名,其秩级是最低一级的佐史。

随后的假佐、狱史、骑吏、官医、法家、学事、守学事是几个职名。再从右栏向左栏看,眼下就已出现了几个可供讨论的问题:

1. 学事、守学事,是几种学徒、见习吏。他们构成了身份梯度的一个等级。

2. "假佐"属于散吏,此佐跟"佐"是什么关系,同"职吏—散吏"的论题直接相关。

3. "文学百石"与"百石"在表格中是互补关系,这个卿有那个卿就没有,故二者实为一事。列卿的诸曹掾二百石而文学掾百石,文学掾低一等。那么文学类的属吏是否会有特殊等级安排,跟行政的职吏不同,也是可以讨论的。

首先来看学事、守学事。"学事史"之名在西汉就出现了[1]。张金光把学事视为一种学徒吏。还指出秦代"学室"中的"史子",汉初由太史考课的"学僮",都是这类学徒吏[2]。还有"小史",也有学徒吏的性质。

汉代官署中往往能看到"小史"的身影。王尊"能史书。年十三,求为狱小吏";翟方进"年十二三,失父孤学,给事太守府为小史。号迟顿不及事,数为掾史所詈辱",杨终"年十三,为郡小吏"[3],可见"小史"往往是年幼任职的,且地位低微。望都汉墓壁画中有"门下小史"[4]。又乐府诗《陌上桑》:"十五府小史,二

---

[1]《汉书》卷九七下《外戚传下》:"皆曰宜即晓子女,前属中宫,为学事史,通《诗》,授皇后。"
[2] 张金光:《论秦汉的学吏制度》,《文史哲》1984年第1期。
[3] 分见《汉书》卷七六《王尊传》、卷八四《翟方进传》、《后汉书》卷四八《杨终传》。
[4] 北京历史博物馆、河北省文物管理委员会:《望都汉墓壁画》,中国古典艺术出版社1955年版,图版一五。

十朝大夫。"[1] 小史是少年学徒吏，"朝大夫"指郡府大吏[2]。小史未来可望补为郡府大吏、右职。碑铭、简牍中也能看到小史。《北海相景君碑》碑阴题名，6 名"故干"之后即是两名"故小史"。小史列在干的后面，是最低微的吏员。

  小史有机会学习律令文书，学成后有望升为掾史。如路温舒，"求为狱小吏，因学律令，转为狱史"；尹翁归，"为狱小吏，晓习文法"，后任市吏；王尊，"求为狱小吏。数岁，给事太守府，问诏书行事，尊无不对。太守奇之，除补书佐"，皆是其例。西汉狱史秩斗食，书佐秩佐史，所以，位在斗食、佐史之下的"小吏"必为小史。又"王欣，家在齐。本小吏、佐史，稍迁至右辅都尉"。此"小吏"也是佐史之下的小史。谷永"少为长安小史，后博学经书。建昭中，御史大夫繁延寿，闻其有茂材，除补属"[3]，御史大夫的属史二百石，这个晋升跨度就比较大了。其间若无中间环节，即属超擢。

  小史低于佐史，在秦与西汉尚不属"员吏"。秦简中有一种《迁陵吏志》，记有"吏员百三人"，包括令史 28 名，官啬夫 10 名，校长 6 名，官佐 53 名，牢监 1 名，长吏 3 名[4]。表明小史不在"吏员"之中，佐史以上才能进入"吏员"范畴。汉律有这么一条："律，郡卒史、书佐各十人也。"[5] 这是西汉中期以前的律文，表明其时卒史、书佐皆有法定员限。汉《甲渠候官竟宁元年（前 33）吏员簿》，吏员百余人，其中包括佐史 56 人，书佐 5 人，亭长 24 人[6]。均在佐史以上，而不及小史。尹湾木牍《集簿》、《东海郡吏员簿》相同，

---

[1]《宋书》卷二一《乐志三》。
[2] 阎步克：《汉代乐府〈陌上桑〉中的官制问题》，《北京大学学报》，2004 年第 2 期。
[3]《汉书》卷五一《路温舒传》，卷七六《尹翁归传》、《王尊传》，卷八五《谷永传》；《史记》卷二〇《建元以来侯者年表》。
[4] 里耶秦简牍校释小组：《新见里耶秦简牍资料选校（一）》，收入武汉大学简帛研究中心编：《简帛》第 10 辑，上海古籍出版社 2015 年版，第 178 页。
[5]《史记》卷五三《萧相国世家》司马贞索隐注引如淳。
[6] 李天虹：《居延汉简簿籍分类研究》，第 22 页。

所述职名、员数，也在佐史以上[1]。拿尹湾文书同《二年律令》相比较，推测在西汉中期，主要是汉武帝前后，低级吏员的秩级发生过较大变化。但以佐史以上为员吏的制度，似乎未变，此后又沿用了很长时间。

东汉的小史就有了员限，纳入正编了。据《续汉书·百官志五》注引《汉官》，在河南尹的员吏中，列有"干、小史二百三十一人"；在洛阳令的员吏中，列有"干、小史二百五十人"。小史与东汉列卿的学事、守学事相去不远，很可能是同职异名，于郡国称小史、于列卿称学事而已。据列卿官属列表，学事、守学事都有员限，都属员吏。西汉皇帝赏赐，通常以佐史为下限。汉初《二年律令·赐律》："赐吏酒食，率秩百石而肉十二斤、酒一斗；斗食令史肉十斤，佐史八斤，酒七升。"[2]小史不在"吏"（即员吏）的范围之内，就算有赐，大约也是跟着徒隶而不是跟"吏"一同赐的。而东汉皇帝赏赐，有时就会惠及小史。汉明帝因封皇子而大赐天下："官府吏五匹，书佐、小史三匹。"[3]此时小史已在"吏"之内，编任资格上升了。

南朝沈约回顾汉代选官："且簨校棋布，传经授业，学优而仕。始自乡邑，本于小吏干佐，方至文学功曹。积以岁月，乃得察举；人才秀异，始为公府所辟。迁为牧守，入作台司。汉之得人，于斯为盛！"[4]沈约对汉代仕途的这个概括，颇为精当。其所说的"小吏"与干佐并列，显应理解为郡县小史，也应包括列卿的学事、守学事之类在内。由小史起步，升为佐史、令史、狱史，进而担任曹掾，随后迎接察举、辟召，就是很多官吏的早期仕历。两汉有不少名人，都是从最底层的小史、小吏起家的。丞相子孙也难免如此。《汉书》

---

[1] 例如《集簿》："令七人，长十五人，相十八人，丞卌四人，尉卌三人，有秩卅人，斗食五百一人，佐使、亭长千一百八十二人，凡千八百卌人。"连云港市博物馆等编：《尹湾汉墓简牍》，中华书局1997年版，第77、79页。
[2] 张家山汉墓竹简整理小组：《张家山汉墓竹简247号墓释文（修订本）》，文物出版社2006年版，第50页。
[3] 《后汉书》卷二《明帝纪》。
[4] 杜佑等：《通典》卷一六《选举四》，中华书局1988年版，第388页。

卷四六《石奋传》：石庆"为丞相时，诸子孙为小吏至二千石者十三人。"万石君石奋就是小史起家："奋年十五，为小吏。"从年龄推测，此小吏应即小史。

秦又有"小佐"。推测小佐与小史相似，称"小"则系少年学徒吏。秦制"除佐必当壮以上"〔1〕。壮即20岁〔2〕。小佐的入职年龄应比佐低，或许17岁"新傅"即可任职。汉初太史试学僮，依《尉律》是"学僮十七已上始试"，依《史律》是"年十七学"，学期三年〔3〕。这个制度或承秦而来。17岁是学吏之始，学徒吏大约在17岁入职。西汉中期以后有了变化，很多人十三五岁就开始了学吏生涯。岳麓秦简《置吏律》："县除小佐毋秩者，各除其县中。"〔4〕是秦之小佐无秩。汉代十三五岁的少年小史，就算能领到些许俸钱，也不可能有秩级。

总之，在"品位—编任"结构中，见习吏或学徒吏如学事、守学事、小史等，在东汉构成了一个有员但无秩的身份梯度。下面再看"假佐"。

一般说来，暂代之官称"假"，试守而尚未即真之官称"假"，假佐却是常设之职，假佐之"假"不是暂任之意。暂代、试守所涉及的，仅仅是某一个人与某一个具体官职，假佐却是成批常设的，还有员额：太常设假佐5员，太仆设假佐3员，廷尉最多，设有30个假佐的岗位。除了列卿之外，司隶校尉、刺史之下也有假佐。据《续汉书·百官志四》，司隶校尉有假佐25人；同书《百官志五》：刺史"皆有从事史、假佐。"本注曰刺史"员职略与司隶同"。那么刺史的假佐也是25人左右。又据《百官志五》注引《汉官》，洛阳令的员吏中有"斗食令史、啬夫、假五十人"。这个"假"我们推定为假佐。居延简牍："凡入假佐十六人。"（《居延汉简释文合校》，290.1）

---

〔1〕《秦律十八种·内史杂》。睡虎地秦墓竹简整理小组：《睡虎地秦墓竹简》，文物出版社1990年版，第62页。

〔2〕周海锋：《秦律令研究》，湖南大学岳麓书院2016年博士论文，第128页。

〔3〕分见许慎：《说文解字》，中华书局1963年版，第315页上栏；《张家山汉墓竹简〔二四七号墓〕（释文修订本）》，第80页。

〔4〕陈松长主编：《岳麓书院藏秦简（四）》，上海辞书出版社2015年版，第137页，1396。

这份"吏出入簿"一类的文书[1]，表明其时有假佐16人一次性集体入职。

东汉的假佐已属员吏，并不是某一正任佐的暂代、试守者。假佐与正任佐是什么关系呢？向前追溯，能看到秦国之佐也有两种：佐与冗佐。秦之佐与冗佐的关系，在此也许能提供启发。

睡虎地秦简《金布律》："都官有秩吏及离官啬夫，养各一人，其佐、史与共养。……都官之佐、史冗者，十人，养一人。"[2]秦之佐、史都分两种。一种是有秩吏、啬夫的助手，他们与有秩吏、啬夫"共养"、一块吃饭，当然也作为那位有秩吏、啬夫的助手，一起工作了[3]。另一种是冗佐、冗史，他们自成一类，十人一"养"，单独就餐。岳麓秦简中，既有令佐、亭佐、内佐、尉佐等，又多次出现"冗佐史"。在里耶秦简中，也能看到两种佐的同时存在：既有乡佐、里佐、仓佐、库佐、厩佐、狱佐、田佐、司空佐、少内佐之类，也有"冗佐"。冗佐、假佐与小佐不同。小佐是少年学徒吏，冗佐、假佐是散吏，从年龄上看也大多了。比如居延简："□□□□置假佐宜旦里孙良年廿八。"(《居延汉简释文合校》，171.7)里耶秦简有一位冗佐王援，已卅七岁了，相当老了。

我们来看这位王援的情况："冗佐上造临汉都里曰援。为无阳众阳乡佐三月十二日。凡为官佐三月十二日。"(《里耶秦简牍校释(一)》，8-1555)冗佐王援，在众阳任乡佐三个月零十二天，功劳进入记录。这个乡佐之职，属于"官佐"。简文显示王援还曾有个职名"冗佐库佐"，这应理解为以冗佐身份暂任库佐之事[4]。冗

---

[1] 李天虹：《居延汉简簿籍分类研究》，第24页。
[2] 《睡虎地秦墓竹简》，第37页。
[3] 如《秦律十八种·效律》："籍之曰：'其廥禾若干石，仓啬夫某、佐某、史某、禀人某。'是县人之，县啬夫若丞及仓、乡相杂以封印之，而遗仓啬夫及离邑仓佐主禀者各一户，以气人。"文中的"佐某"、"仓佐"，就是跟着仓啬夫工作的正任之佐。《睡虎地秦墓竹简》，第73页。
[4] 沈刚认为王援的身份是"库佐之冗"。见其《里耶秦简(壹)中的冗吏》，《湖南省博物馆馆刊》2012年第9辑。我们猜想库佐是冗佐的临时差使。

佐王援或任乡佐、或任库佐，可见冗佐被随机调任、变动不居，并不是某一职务的常任者。又"□迁陵有以令除冗佐日备者为□□（任？）谒为史"（前书，8－2106）。"日备"即工作时日业已满额达标。这条简文被解释为"因日备而职务得到升迁，由冗佐而升为史"[1]。冗佐会被派任各种临时差使，包括做正任"官佐"的替补暂代者，事毕回归备用状态，也可能由此获得升迁机会。

由秦之官佐与冗佐之分，再来看汉代列卿的佐与假佐之分。佐是正任职吏，我们认为相当于秦之官佐。他们给主事掾属做助手，一同工作。汉代官文书的署衔签名，通为三吏，即如"掾某、属某、书佐某"，或"掾某、卒史某、书佐某"，或"掾某、令史某、佐某"。这里的书佐，就是跟着掾属工作的正任曹佐。至于假佐，我们推测类似于秦之"冗佐"。

杨振红对"冗"有一个很好的考察："冗"是官府中的长期服役者；《史晨后碑》"国县员、冗吏无大小"一语，"明确将'员冗'并举。冗、更即适用相对于'吏员'的广义的'冗'的群体，其中也包括各种散官、散吏。"[2] 冗官、冗吏又称散官、散吏。贾公彦《周礼·槀人》疏："冗，散也。外内朝上直诸吏谓之冗吏，亦曰散吏，以上直不归家食，槀人供之，因名冗食者。"[3] 大夫、郎官属散官。阚駰："议郎、郎官，皆秦官也，冗无所掌。"[4]"冗"的本义是"众多"。那些"冗无所掌"的散官散吏单独管理，共同活动，成群结队地共同就餐（"冗食"），显得人数众多，故以"冗"为名。"有所掌"的官吏各归其曹，就不显得"冗"了。好比院系各有本科生、博士生数十人，博士生跟各自导师活动，很难见到，就不显得"冗"；本科生有很多集体活动，就显得很"冗"。

---

[1] 朱红林：《读里耶秦简札记（二）》，《中原文化研究》2014年第5期。
[2] 杨振红：《秦汉简中的"冗"、"更"与供役方式：从〈二年律令·史律〉谈起》，《简帛研究2006》，广西师范大学出版社2008年版，第81页以下。此文揭示："冗"是相对于轮流番上的"更"而言的。
[3] 阮元校刻：《十三经注疏》，中华书局1980年版，第750页中栏。
[4]《后汉书》卷四《孝和帝纪》注引阚駰《十三州志》。

宫省中的郎官侍从侍卫，皇帝管饭、集体就餐，所以既是冗官，也是散官。而冗佐或假佐也是如此。郎官会被委派各种临时差使，而冗佐或假佐与之类似，应当从事辅助、勤杂性质的工作。一旦某种正任佐有阙，可以由其替补暂代，甚至可能升任正任曹佐。但假佐本身是常设之职，不是暂代者，暂代只是假佐的一种临时差使。曹佐、假佐都以"佐"名官，则假佐应与曹佐处于同一层次，当然又是低于曹佐的。假佐的地位应是比视曹佐而定的。不妨说假佐的秩级是"比佐史"——这种比视关系不妨视同于"比秩"。

透过正任曹佐与散吏假佐，我们初步看到了一种类似于大夫、郎官与职事官之间的那种关系。外朝官与宫省官之间，形成了一种"职官—散官"体制，在列卿及郡县的官属之中，存在着一个"职吏—散吏"体制。二者在分等分类上具有类似性，则其间的秩级安排也应具有类似性。随后对从掾位、从史位的考察，将继续强化这样一点。这就是下一节的内容。至于前揭文学类属吏的身份安排问题，我们放在第七节讨论。

四 正任职吏的"预备役"：从掾位、从史位

把"从掾位"、"从史位"视为散吏、备吏，沈钦韩已然。《后汉书》卷四四《胡广传》："随辈入郡为散吏。"沈钦韩曰："《晋书·职官志》：郡国万户以上，职吏六十九人，散吏三十九人。按《隶续》碑阴所谓'从掾位'、'从史位'者是也。"[1]《三国志》卷五二《吴书·步骘传》："窃闻诸县并有备吏，吏多民烦。"沈钦韩曰："所谓散吏也。《隶续》南阳郡吏题名，'从掾位'者南乡王晧等五十六人（按，应作57人）；'从史位顺阳五肃'等十人（按，应作9人）。《容斋随笔·晋南乡太守司马整碑阴》，'从掾位'者九

---

[1] 沈钦韩：《后汉书疏证》卷四，《续修四库全书》，上海古籍出版社2002年版，第271册第87页下栏。

十六人,即《隶续》所载,有不全耳。《隶释·酸枣令刘熊碑阴》故吏题名,'从掾位李奉'等十五人。《费凤碑》、《溧阳校官碑》皆有之。则县有'备吏'久矣。"[1]

欧阳修在《集古录·南乡太守碑阴》跋文中,叙其所见南乡太守将吏350人,其中"有从掾位,有从史位"[2]。《隶续》卷二一载有一份残碑[3],清人已判定它就是泰始四年(468)南乡太守司马整碑。这份残碑中所见吏员题名已经不全,大致可分掾、从掾位、从史位、文学史及军官等5个层次,掾之层次43名,从掾位57名,从史位9名,待事掾及文学史10名。又,宋人洪迈也曾见到司马整碑原文,并传述了其中的更多内容[4]。据其所传述,题名所见官吏共351人,比欧阳修所计多一人;其中从掾位96人、从史位31人,合计127人,大大超过《隶续》残碑所录。在题名者351人中,若除去部曲督将等军职36人,余315人,127名从掾位、从史位,占文职属吏的43.1%。

在汉碑、汉晋简牍中,从掾位、从史位屡屡出现。从掾位见于《学师宋恩等题名碑》、《繁长张禅等题名碑》、《巴郡太守张纳碑》、《酸枣令刘熊碑》、《堂邑令费凤碑》、《溧阳长潘乾校官碑》、《仓颉庙碑》等;从史位见于《汉武都太守李翕天井道碑》、《析里桥郙阁颂》等。楼兰尼雅文书、居延汉简、敦煌汉简、走马楼吴简等出土文献中,也能看到不少的从掾位、从史位。

学者又认为,文献及简牍所见"从掾"、"从史",就是从掾位、从史位。里耶秦简中已能看到从史了[5]。张家山汉简《奏谳书》中

---

[1] 沈钦韩:《三国志补注》训诂二之四,《二十四史订补》,书目文献出版社1996年版,第5册第622页下栏。
[2] 欧阳修:《集古录》卷四《南乡太守碑阴》,《景印文渊阁四库全书》,台湾商务印书馆1986年版,第681册第57页下栏。
[3] 洪适:《隶续》卷二一,中华书局1986年版,第449页以下。
[4] 洪迈:《容斋随笔》,上海古籍出版社1978年版,第145页。
[5] 何有祖、鲁家亮、凡国栋:《里耶秦简牍校释》,武汉大学出版社2012年版,第364、444页,8-1575、8-2196。

有一位"从史石"帮着醴阳县令盗官米[1]，大概是随身亲信，才成了县令违法牟利的帮手吧。长沙东牌楼东汉简中有一枚名刺"长沙太守从掾文显、门下功曹史邵弘"[2]，暗示着这名从掾是门下吏。西汉袁盎为吴相，其"从史盗私盎侍儿"，这位从史似乎活动于长官的左右，才有这样的机会[3]。从史还替长官干私活儿。丞相匡衡派从史前往其封地收田租千余石，河南太守陈遵派从史前往长安送私信数百封[4]。

汉简有一条"遣从史宪归取迎衣用居延"（《肩水金关汉简》，73EJT6:91）。另一位丞从史造昌与之类似，也被长官派去取衣用："遣丞从史造昌归陇西取衣□□用与从，河津关毋苛留止如律令，敢言之"（前书，73EJT10:15）。"居延司马从史鯬得□益昌里冯昌年卅一，轺车一乘马二匹骓"（前书，73EJT8:54），这位从史冯昌应该在外出差，故有车驾之文。"以食御从史"（前书，73EJT10:322）一简所显示的，是驿站为出公差的御从史提供了饭食。从史的差使看来很冗杂，不少是长官的私事。崔寔《政论》说，县官须用月俸来雇佣"从者"："从者取庸，庸客一月千。"[5]这种"从者"是私吏，要由县官自己掏腰包儿付酬，"从史"的衣饭则应出自公帑。

从掾、从史低于正秩职吏，这在西汉倪宽的例子中有迹象：

> 以射策为掌故，功次，补廷尉文学卒史。……时张汤为廷尉，廷尉府尽用文史法律之吏，而宽以儒生在其间，见谓不习事，不署曹，除为从史，之北地视畜数年。还至府……汤大惊，

---

[1] 《张家山汉墓竹简〔二四七号墓〕（释文修订本）》，第98页。
[2] 长沙市文物考古研究所、中国文物研究所：《长沙东牌楼东汉简牍》，文物出版社2006年版，第111页。
[3] 《汉书》卷四九《袁盎传》。
[4] 《汉书》卷八一《匡衡传》："遣从史之僮，收取所还田租谷千余石入衡家"；同书卷九二《陈遵传》："为河南太守。既至官，当遣从史西，召善书吏十人于前，治私书谢京师故人。遵凭几，口占书吏，且省官事，书数百封，亲疏各有意。"
[5] 崔寔：《政论》。《政论注释》，上海人民出版社1976年版，第41页。

>召宽与语，乃奇其材，以为掾。……汤由是乡学，以宽为奏谳掾，以古法义决疑狱，甚重之。（《汉书》卷五八《倪宽传》）

倪宽以射策为掌故，这个掌故，应是比百石的文学掌故。随后，倪宽又被除补为百石的文学卒史，秩升一级。对再后的"不署曹，除为从史"一句，我们是这样理解的：依其功次，倪宽又得到了新的晋升资格，可以升为二百石掾史了；然而张汤认为他"不习事"，只把他任命为"从史"。什么是"从史"呢？ 张晏曰："不署为列曹也。"颜师古曰："从史者，但只随官僚，不主文书。"没有列曹、不主文书，当然就没有日常行政事务了，而这正是散吏的特点。散吏会被委以各种随机的差遣，倪宽便被派到北地"视畜"去了。汉简有一条"遣从史信成视田牧"（《居延汉简释文合校》，11·20），这位信成跟倪宽一样，不主文书而"视田牧"。后来张汤居然发现了倪宽的才干，任其为掾。因列卿掾秩二百石，推测在比百石、百石、比二百石、二百石4个秩级中，倪宽所任从史在比二百石一秩。若然，倪宽由从史而为正秩掾，秩升一级。

从史颇有随从、私吏的意味，及辅助、勤杂人员的意味。如果一定要对从史与从史位、从掾位加以区分的话，那么似乎可以说，从史往往是为某长官私人服务的，从史位、从掾位则已被认定为正任掾、史的候补者了；他们的差使较具行政性，看上去比从史的杂务重要一些；而且是成批设置的。

楼兰尼雅文书："从史位宋政谨条督武诩□物谷食与胡牛贾绫采匹数□"（《楼兰尼雅出土文书》，57）；"出敦煌短绫采十匹给吏宋政籴谷""泰始五年十一月从掾位马厉主者王贞从掾位赵辨付从史位宋政"（前书，291）；"从掾位赵辨谨按文书城南牧宿（苜蓿）以去六月十八日得水天适盛"（前书，329）。在这些简文中，从掾位、从史位都忙于行政事务。走马楼吴简中多次出现"嘉禾六年正月十九日从掾位烝循白"（《长沙走马楼三国吴简·竹简四》，1402、1410、1415、3837），事涉粮食入仓事宜。还有一个"从掾位刘钦叩头死罪白"（前书，3904），所"白"之事为"二年税米禾给贷民为三年种粮"。从周基的事例看，从史位还被给予了举私学的资格（前书，4850）。这些从掾位、从史位之所为，都不是长官个人私务、杂务。

一些事例表明，从史位可以除补正任史。《流沙坠简考释》收有这样三简："泰始五年十二月廿八日……从史位车成岱"；"泰始六年五月七日……兵曹史车成岱"；"四月十一日……兵曹史车成岱"〔1〕。这位车成岱，便是由从史位晋升为正任兵曹史的。而如失职出错儿，正任掾又可能被降到从掾位。胡平生指出，楼兰文书显示，泰始五年一位监藏掾赵辨因弓箭未具，被降为从掾位了，直到泰始七年才官复原职〔2〕。

居延汉简中有这样两条："尉史富盖邑调为尉从史"（《居延汉简甲乙编》，206·20）；"尉史王并二月甲辰调尉从史"（同前，254·3）。陈梦家因云："尉史可升任尉从史。"〔3〕把"调为尉从史"视为"升任"，这同我们"从史地位低于职吏"的论点相左。然而"调，选也"〔4〕，"调"只是变动职务之意，不一定是晋升吧。在我们的理解中，富盖邑、王并二人由正任职吏调任散吏之后，其地位下降了。学者谓"尉史的首要职责即是'给官曹治簿书'"〔5〕。比照倪宽之为廷尉从史、故"不主文书"之例，富盖邑、王并二人在调任散吏之后，就不再"给官曹治簿书"了。

由尉史转任尉从史被称为"调"，这一现象，还给了我们一个新启示：尉史与尉从史处于同一层级。推而广之，前面所讨论的车成岱由从史位升任兵曹史、赵辨由监藏掾降至从掾位，也属于同一层级之内的"调"。若然，则从史位与正任曹史处在同一层级，从掾位与正

---

〔1〕 罗振玉、王国维：《流沙坠简》，屯戍丛残杂事类第65、66、73简，中华书局1993年版，第205、206页。
〔2〕 胡平生：《楼兰木简残纸文书杂考》，《新疆社会科学》1990年第3期；《魏末晋初楼兰文书编年系联（下）》，《西北民族研究》1991年第12期。
〔3〕 陈梦家：《汉简缀述》，中华书局1980年版，第52页。
〔4〕 《后汉书》卷五《安帝纪》李贤注。
〔5〕 李迎春：《汉代的尉史》，简帛网，http://www.bsm.org.cn/show_article.php?id=1085。

任曹掾处在同一层级。

前一节已曾叙及，假佐与正任曹佐也属于同一层级，其间存在着"比视"关系，前者我们拟定为"比佐史秩"。在本书第六章第四节我已提出，由于比秩来自对正秩的"比视"，所以在汉人观念之中，比秩是从属于正秩的。即如，比六百石从属于六百石，比二千石从属于二千石之类。而这里所说的从掾位、从史位与正任掾、史"处在同一层级"，也是说两方存在"比视"关系。进而，正任曹掾秩百石，那么从掾位的秩级约为比百石；正任曹史秩斗食，那么从史位的秩级约为比斗食——否则，上述的升降职就没有意义了。反过来再看倪宽所任之从史，我们推定其为比二百石吏，便非向壁凿空。倪宽应晋升为二百石掾，张汤只给他比二百石的从史，这时候倪宽抱怨的余地并不太大：比二百石与二百石、从史与正掾处于同一层级，张汤名正言顺，符合制度。

"从某位"这个官号相当奇特，其中心词是"位"，强调的是身份、地位，而非职能。"从"应理解为"从品"之"从"，或"位从公"之"从"。官品的"从品"，乃是比视某一品级但又低于某一品级之意；"位从公"，乃是比视诸公之位但又低于诸公之意。王国维："从掾位，谓品秩之视掾者，犹唐之'员外'置。汉魏碑阴题名署'从掾位'者极多，而《隶续》卷二二（按，应为卷二一）所载残碑有从掾位三十九人（按，应为57人），从史位九人，皆谓其位或视掾、或视史也。"[1]王氏所谓"谓其位或视掾、或视史"，一语破的。"从掾位"、"从史位"，就是比视正秩掾史之位但又低于其位的意思。设置这种"位"，目的是给同一层次的正任掾史安排替补者，也被用作了调整名位的手段，比如，可以让失职犯错的正任职吏退居从掾位、从史位，以示惩处。

汉碑所见之从史位，似比从掾位少。不过我怀疑有一些从史位另有其名。《巴郡太守张纳碑》碑阴列有5名从掾位，并无从史位；但

---

[1] 罗振玉、王国维：《流沙坠简》，第115页。

在各种掾、史之后，又有8名"守属"居于题名之末。"守属"是什么吏呢？我们怀疑它就是从史位，或从史位的别名。对"守属"的考察，可以进一步强化对从掾位、从史位之职能、层级的上述判断。

《流沙坠简》有一简"掾安、守属贺、书佐通成"（第109页）。《樊毅复华下民租口算碑》有"掾臣条、属臣准、书佐臣谋"。《汉书》卷七六《王尊传》："太守奇之，除补书佐，署守属监狱。"据此严耕望谓："皆守属位低于掾史而高于书佐之明证。《续百官志》注引《汉书音义》曰：'正曰掾，副曰属。'虽有以掾括史之病，而其说属，固近真矣。"〔1〕

严氏"以掾括史之病"这个批评，略有可议。《汉书音义》似未"以掾括史"——郡国之"史"就是"属"。按，汉武帝时的丞相府属吏，有四百石史、三百石少史、二百石属、百石属史之分。此后三公掾属，又有比四百石东西曹掾、比三百石掾，比二百石属之分。丞相、三公的掾属秩级高、级别多；郡县掾属身份低、级差少，只分掾、史而已，郡县之"史"对应着丞相府的属、属史两等。若视"史"为"属"，则"正曰掾，副曰属"之说并无不妥。进而掾、史、守属之分，也就是掾、属、守属之别。

近年讨论尹湾简牍中的吏员等级之时，仍有人断言"实际上属是曹史之下，书佐之上这一层次的小吏"。其说非。苏林："属亦曹史，今县令文书解言属某甲也。"〔2〕其说是。尹湾简牍叙吏员，通用"卒史若干人，属若干人，书佐若干人"的表述，如"卒史九人，属五人，书佐十人"、"卒史二人，属三人，书佐四人"之类〔3〕。卒史系曹掾一级，"属"即曹史一级。掾、属、书佐，分别在百石、斗食、佐史三秩。汉代官文书后面的三位署衔签名者，便依秩级如此排列："掾某、属某、书佐某"，"掾某、卒史某、书佐某"，或"掾某、令史某、佐某"。

---

〔1〕 严耕望：《秦汉地方行政制度》，中研院历史语言研究所专刊1990年版，第114页。
〔2〕《汉书》卷八八《儒林传》引。
〔3〕《尹湾汉墓简牍》，第77、79页。

"守属"也时不时地出现在官文书的署衔签名之中。兹举数例：

掾阳、守属禹、书佐岑。（《居延新简》，E.P.T17:1D）
掾盛、守属业、书佐宫。（前书，E.P.T20:4B）
掾宣、守属长、书佐并。（前书，E.P.T59:548B）
掾阳、守属恭、书佐况。（前书，E.P.F22:68）
掾阳、守属恭、书佐丰。（前书，E.P.F22:71A）
掾安、守属贺、书佐通成。（《敦煌汉简》，2055）
掾猛□、守属安乐、书佐宗。（《肩水金关汉简》，73EJT9:167）

很容易看到，这是一些属或曹史暂无其人，而由"守属"替补代劳的例子。"守属"低于掾、高于书佐，其所替补的是属或曹史，可见"守属"与属处于同一层次，又低于属。尹湾5号木牍："凡嬴员廿一人。胡君门下十人，曹史一人，守属九人。"[1]"守属"居曹史之下，也就是居"属"之下。这同前述从史位与正任曹史处于同一层次、从掾位与正任曹掾处于同一层次的情况，非常类似。

与"守卒史"、"守令史"、"守少史"、"守尉史"不同，"守属"之"属"指的可以是一个层次，而不一定是一个具体吏职。不妨说"守"有二义：一是某史有阙，空出来一个职位，其暂摄或试守者称"守某史"，这时"守"的是一个具体的"职"；二是为一批后备人员专设了一种"位"，他们"守"的是"位"而不是"职"。"守属"应即这种常设之位，用以安置一群"预备役"。若某史有阙、空出来一个吏职，便可以从"守属"中选拔试守，甚至补为正任。《张纳碑》先列某曹掾，再列某曹史，他们皆有曹名；题名最末的8名"守属"却自成一格，均无曹名，显系正任曹掾、正任曹史之外的又一种吏，常设的无曹散吏。又尹湾5号木牍"胡君门下十人，曹史一

---

[1] 《尹湾汉墓简牍》，第102页。

人，守属九人"一句，也显示了"守属"是成批常设的，常居门下，不在诸曹，并不是临时职务。

由简牍所见，众多守属，包括"御史守属"、"太守守属"之类，承担着各种杂务；若正任曹史有阙，他们还会受任暂代其事，承担官文书的收发签署。不难推断，"守属"就是从史位之异名，或其前身、渊薮。《张纳碑》列有5名从掾位，却没有从史位，其实并非没有：题名之末的8名"守属"，就等于是从史位了。进而"守属"与"属"处于同一层次、是成批设置的常设之位、是正任之替补者这些特征，也就是从史位的特征，进而也是从掾位的特征了。还有，也是冗佐、假佐的特征。

这样一来，百石、斗食、佐史三级正任吏员，就各有其"从位"了：从掾位、从史位、假佐。他们分别比视于又低于同一层次的正秩吏员。而"宦皇帝者"大夫、郎官的比秩，恰好就是这么来的——来自对同一层次的职事官的秩级比视。在这一意义上，"从位"几乎就可以看成一种"比秩"。即如下表所示：

职名	秩级	"从位"	推定的秩级
曹掾	百石	从掾位	比百石
曹属（史）	斗食	守属、从史位	比斗食
书佐	佐史	假佐	比佐史

五 曹魏的司徒从掾位、司徒史从掾、司徒吏、散属

曹魏之时，中央的司徒府中也出现了"从掾位"的身影。山东东阿县曹植墓太和七年（233年）砖铭，上面有"司徒从掾位张顺"字样。顾铁符认为：东汉司徒掾属有31员，这位张顺"不是正式的司徒掾，而是准司徒员"[1]。

晋城曹魏正始五年（244年）的摩崖题记《石门铭》中的"司

---

[1] 东阿文化馆、顾铁符：《山东东阿县鱼山曹植墓发现一铭文砖》，《文物》1979年第5期。

徒从掾位下曲阳吴放"[1]，近年又引起了不少关注。赵杰、赵瑞民认为司徒从掾位是司徒府中的诸曹属员。《三国志》卷一三《魏书·王肃传》注引《魏略》："正始中，有诏议圜丘，普延学士。是时郎官及司徒领吏二万余人，虽复分布，见在京师者尚且万人。"据此，赵杰、赵瑞民遂谓"可见隶属于司徒府的吏员众多，且分布在京师以外者有半数以上"[2]，把司徒从掾位视同"司徒领吏"。郭洪义重申了司徒从掾位是准司徒员的认识，云其"大抵相当于候补人选"[3]，而非诸曹正员。

周鼎又有了新的发现。他在《通典》卷三六《职官一八》所载《魏官品》中，看到第九品列有"司徒史从掾"，于是就把张顺、吴放这两例司徒从掾位，与之联系起来了。他提出"从掾"就是"从掾位"的省称，正如"从史"就是"从史位"的省称一样，由此判断《魏官品》的"司徒史从掾"，原文应是"司徒从史、从掾"。进而跟赵杰、赵瑞民一样，周鼎也认为，司徒从掾位就是《魏略》中的"司徒领吏"。周鼎论述说："及至魏晋，诸公府逐渐脱离日常政务，其掾属职掌愈加闲散，所谓'公府掾属，了无一事'，出于笼络人心的需要，'司徒从掾位'等常规掾属外的公府散吏成批涌现，而在职衔形式上可能是受到了此前地方政府中常见的从掾位、从史位等的影响。"[4]

周鼎的发现颇有意义，其分析有理有据，深化了对"司徒从掾位"的认识。不过我曾提出，"司徒吏"是得到了中正品第而隶名司徒府的候选士人[5]，周鼎则看法不同，他认为"司徒吏"就是

---

[1] 杨焕成、周到主编：《河南文物名胜史迹》，中原农民出版社1994年版，第452—453页。
[2] 赵杰、赵瑞民：《晋城〈栓驴泉石门铭〉的勘查与研究》，《文物》2015年第2期。
[3] 郭洪义：《三国曹魏〈栓驴泉石门铭〉考补》，《文物》2016年第6期。
[4] 周鼎：《曹魏正始五年〈石门铭〉所见职官释证》，《中国国家博物馆馆刊》2016年第4期。
[5] 阎步克：《北魏北齐"职人"初探——附论魏晋的"王官司徒吏"》，《文史》第48辑，中华书局1999年版。附带说，周鼎指出，我的这篇文章对《太平御览》一条史料的标点有错误。其说是，我应改正。

"司徒从掾位"，系公府散吏，"与九品中正制并无关系"。周鼎的这一论点，还是有讨论余地的。

这样一点很关键：在所谓"公府散吏成批涌现"之时，为什么仅仅司徒府增设了从掾位，其他诸公府却没有增设从掾位呢？固然《魏官品》第八品还列有"司马史从掾"，然而我已提出相关文字为衍文，周鼎也赞成这个意见，认为"司马史从掾"系从"司徒史从掾"衍、讹所致。对此这里再补充一点：《魏官品》是魏末咸熙年间的一份官制设想，其第一品除"诸国王公侯伯子男爵"之外，只列"黄钺大将军"、"三公"、"大丞相"三官。三公即太尉、司徒、司空。所以《魏官品》中并无大司马一公，当然也不可能存在"司马史从掾"了（就算设了大司马一公，这个官也不能省略"大"字而简称"司马"）。

汉晋公府不止一个。东汉不仅三公太尉、司徒、司空有辟召掾属之权，太傅、大将军亦然，所以才有"四府并命"、"四府并辟"、"五府连辟"、"五府俱辟"之说。"四府，太尉、司徒、司空、大将军府也"，"五府谓太傅、太尉、司徒、司空、大将军也"。曹魏陆续设置司徒、司空、大将军、大司马、太傅、太保、太尉，七公并置。西晋又增太宰，"八公同辰，攀云附翼者也"。如依周鼎所论，司徒从掾位、司徒吏来自公府掾属的闲散化，那为什么就没有"太尉从掾位"、"太尉吏"，"司空从掾位"、"司空吏"的存在，以及其他诸公的从掾位、"某公吏"存在呢？

砖铭石铭中只有"司徒从掾位"，《魏官品》中只有"司徒史从掾"，史籍中只有"司徒吏"，不涉其他公府。司徒府想必有什么鹤立鸡群之处吧。这个鹤立鸡群之处，早就被揭示出来了：司徒掌选举，组织中正从事士人品评[1]。虽说魏晋时诸公府日趋闲散，可司徒府

---

[1] 综合学者所述：司徒主持中正品评，"兼执九品，铨十六州论议"；中正由司徒选任；中正定品后需经司徒审核确认；若有铨第不当及定品违法行为，由司徒加以纠劾；中正定品的簿册用黄纸誊写，藏于司徒府中；司徒府中的左长史、左西曹掾具体负责定品，号称"执天下清议，宰割百国"；司徒左长史及司徒掾属，甚至直接兼任中正，等等。

不尽相同。《宋书》卷三九上《百官志上》:"司徒若无公,唯省舍人,其府常置,其职僚异于余府。有左右长史、左西曹掾、属各一人,余则同矣。余府有公则置,无则省。"祝总斌先生因云:"余府僚属,仅为尊崇府公而设,实际政务不多,故无公即可撤;而司徒府有日常政务,其僚属有府公固需请示,无府公仍得自行处理";而司徒府所承担的政务,"最主要的便是按照九品中正制度,评定全国人才优劣"[1]。

当然,如胡宝国所指出:"史料中从未发现曹魏时司徒府参预品评工作",主持品评的司徒左长史也是晋初才设置的;曹魏之中正由各郡推举、吏部任命,品评工作原由吏部主持[2]。张旭华支持这个看法,并把西晋司徒府主持中正品评的这个变化,归因为"中正组织的不断发展扩大"[3]。可一个疑问依然遗留着:中正组织不断扩大之时,晋廷为什么让司徒公独任其事,却不劳其他诸公呢?

我们生发了一个新猜想。虽然自曹魏初年,由吏部任命中正、吏部主持组织品评,然而在大量士人获得中正品之后,还必须对这两万多人加以管理,管理其簿册名籍,安排其当差番上等。这些事务若仍由吏部承担,吏部的负担就太沉重了。朝廷打算另觅其官,其视线落在了诸公身上。公府掾属一直是选官之枢纽、仕途中转站,由诸公管理官僚候选人,顺理成章。而当时意见,不打算让诸公分任,而是认为由某一公专任其事,更为简捷高效,不至政出多门。

由哪一公来承担呢? 当时选定了司徒,余公被置之度外了。其原因推测如下:1. 太傅、太保位在上公,荣衔的意味浓厚。而且黄初七年始置太傅,景元四年始置太保,魏初尚无其职。2. 大将军、

---

[1] 祝总斌:《两汉魏晋南北朝宰相制度研究》,中国社会科学出版社1990年版,第174页。
[2] 胡宝国:《魏西晋时代的九品中正制》,《北京大学学报》1987年第1期。
[3] 张旭华:《略论两晋时期的司徒府典选》,收入《九品中正制论稿》,中州古籍出版社2004年版,第125页以下。

大司马是军职，西晋属"武官公"。大将军主征伐，汉末魏初的夏侯惇、曹仁、曹真等，都是由将军迁至其职的；大司马或屯合肥、或屯皖，专以备吴。这二公不适合管理文士。3. 太尉虽居三公之首，但其所主管的也是军政，西晋也属"武官公"。鱼豢曰："太尉掌武事，古者兵狱官皆以尉为称。"〔1〕也不适合管理文士。4. 司空系黄初元年由御史大夫所改，居三公之末，比司徒位阶低；按照传统，司空是负责"营城起邑、浚沟洫、修坟防"的，也不如司徒合适。

司徒虽居太尉之次，但此官向主民政，"四方民事功课，岁尽则奏其殿最而行赏罚"；汉代还曾有个"司徒主人"的说法〔2〕。而且司徒一官，原系西汉末年由丞相所改，曹魏初年之司徒也上承汉丞相或魏相国而来，位尊望重。曹操为丞相时，以丞相府东曹典选。东曹掾何夔建议"自今所用，必先核之乡闾"，曹操称善；东曹掾毛玠"其所举用，皆清正之士"，曹操叹曰"用人如此，使下人自治，吾复何为哉"〔3〕。不妨说，司徒府典选，正与此前的丞相府典选一脉相承。这样看来，管理那些中正品的拥有者，司徒乃不二之选。正始年间的"司徒领吏二万余人"，即由此而来。所以，曹魏司徒府虽未参预中正品评，却已参预了中正事务，管理着中正品获得者的簿册、番役了。西晋索性把中正品评也移交给了司徒府，可以说是顺水推舟。

认定"司徒吏"即获得了中正品而隶名司徒府者，还有另一证据：曹魏的司徒吏跟西晋的获得中正品第者，在数量上极具可比性，都以万数。对此我曾有讨论，这里再做一番分析。西晋刘毅曾说"一国之士，多者千数，……而中正知与不知，其当品状"。唐长孺云："那么在西晋时中正所品的只是千人上下的一国之士。"不过唐先生把刘毅的话引作"今一国之士，多者千余"，而不是

---

〔1〕 徐坚：《初学记》卷一一《太尉司徒司空》，中华书局1962年版，第254页。
〔2〕 《续汉书·百官志一》及注引《韩诗外传》。《韩诗外传》："司马主天，司空主土，司徒主人。"
〔3〕 《三国志》卷一二《魏书·毛玠传》、《何夔传》。

"多者千数"[1]。"千数"可以是千余人，还可以是"数以千计"的意思[2]，若是后者，人数更多。"一国之士"的"国"指的是州。曹魏有州十三，司徒吏2万余，每州平均1500多人。正始年间在籍口数姑以400万计，司徒吏约占0.5%。西晋州有二十，若依曹魏的每州约1500人推算，那么西晋司徒吏约3万人，在太康年间1616万口数中，占0.2%。若依曹魏占总口数0.5%的比例推算，则西晋司徒吏达8万余人，每州约4000人左右，看来是过高了。然如与东晋初年赐司徒吏20余万人相比，倒也不高。无论如何，西晋的中正品获得者数以万计。

把司徒吏释为获得中正品第者，足以化解两个疑点：1. 为什么只存在着司徒从掾位、司徒史从掾、司徒吏，其余公府却没有类似掾、吏；2. 汉晋一公之掾属通例只有数十人，就算膨胀10倍，也只几百人而已，可曹魏的司徒吏竟达2万之多，而且这恰与西晋的中正品第获得者，处于同一数量级。假如一定要说数万司徒吏之外，还另外存在着数万中正品的获得者，那就太迂曲牵强了。

把司徒吏与中正品的获得者视同一事，眼下仍是较好解释，这个认识我们暂不放弃。然而司徒从掾位跟"司徒吏"又是什么关系呢？这一点还得继续讨论。周鼎认为二者即是一事，理由是他们都是候选待用人员，都承担差遣杂务。然因史料并不充分，便也存在着其他的可能性。

"王官司徒吏"在魏晋每每合称，二者都是候选人员。《魏官品》第九品列有"王官、舍人"，"王官"是天子的郎官，"舍人"是府主的私属，"司徒吏"哪里去了呢？同样列在第九品，但在较后位置的"司徒史从掾"，大概就是吧？周鼎给"司徒史从掾"添

---

[1] 唐长孺：《九品中正制度试释》，收入《魏晋南北朝史论丛》，中华书局2011年版，第119页。
[2] 例如，《三国志》卷十三《魏书·王肃传》注引《魏略》："至太和、青龙中，……太学诸生有千数。"而《晋书》卷四九《嵇康传》记："康将刑东市，太学生三千人请以为师。"是"千数"可以是"数千"。西晋太学有七千人，参看《宋书》卷一四《礼志一》。反证曹魏太学生"千数"及"三千人"，是可以取信的。

加了一个字,推测其原文是"司徒从史、从掾"。这个推测有一个白璧微瑕:从掾高于从史,故"史"字应在"从掾"之后而非其前,即作"从掾、从史"才对。这就降低了"司徒从史、从掾"的可能性。而自甲文金文始,史、吏二字就屡屡相混,于是我们又猜想这个"史"字原作"吏"字,原文是"司徒吏从掾"五字。若作"司徒吏从掾"呢,这是一职;若断作"司徒吏、从掾"呢,就是两职了。

那么至少存在3种可能:1. 或如周鼎所说,王朝比照诸郡从掾位,给了所有司徒吏以从掾位的身份,司徒吏与从掾为一事;2. 或在司徒吏中,仅有一部分人是从掾位;3. 或司徒吏为一事,司徒从掾位为另一事。因史料极少,莫知孰是。眼下我倾向于第三个推测:司徒吏、司徒从掾各为一事,同在曹魏官品第九。之所以这么选取,是因为还存在着另一个间接的旁证——"散属"。

魏末司马昭为相国时,府中设有掾属33人,其外还另有"散属九人",合计42人。事见《宋书》卷三九《百官志上》。赵一清认为"骑士曹属"就在相国府的"散属"之列[1],其说非。我们猜想这"散属九人"跟司徒从掾有瓜葛:1. 官名相似。"从"与"散"、"掾"与"属"字义相近,"从掾"与"散属"应是性质类似的官儿。2. 品秩相近。仍据《宋志》,魏晋公府中的东西曹掾四百石,他掾三百石,属二百石。以此推算,"散属"的秩级当为百石。百石之秩约当官品第九,而司徒从掾恰在官品第九。3. 司徒、相国二官相关。曹魏司徒一官原先就来自汉末丞相。甘露三年(255)司马昭进位相国,其府中的"散属",应是比照司徒府的从掾而设置的。查《宋书·百官志》,魏末晋初其余的公府及从公府都未见"散属",当然也都未

---

[1]《三国志》卷四《魏书·三少帝纪·陈留王奂》咸熙元年(264)八月癸巳:"相国左司马夏侯和、骑士曹属朱抚时使在成都。"赵一清《三国志注补》卷四:"骑士曹属亦相国府官,《宋书·百官志》所谓'散属九人'也。"《续修四库全书》,上海古籍出版社2003年版,第274册第80页下栏。查《宋书·百官志》:司马师为大将军,府中有骑兵曹;司马昭为相国,府中也有骑兵曹,掾二人,属一人;晋元帝初镇江东,其丞相府骑兵曹、骑士曹并存。洪饴孙《三国职官表》,即在相国府骑兵掾属的任职者中,列入朱抚。《后汉书三国志补表三十种》,中华书局1984年版,第1283页。无论是骑士曹还是骑兵曹,都非"散属"。

见从掾。目前看来，曹魏只有司徒一府设从掾，同时又只有相国一府设"散属"，故二者应有关联。据此我们认为，"散属"是比照司徒从掾设置的，与司徒从掾异府同官，或同官异名。汉代的郡国"守属"是从史位的别名，曹魏的相府"散属"则是从掾的别名。

若是，则司徒从掾跟"司徒吏"，就应各为一事。在《魏官品》中，司徒从掾在第九品，约当汉秩百石。而正任的公府掾属在第七品。这再次反映了散吏比职吏品秩低下。在《魏官品》中，司徒吏一度也被给予了官品九品的待遇。（附带说，明清给予生员的礼制、舆服待遇，也是九品待遇。北魏国子生第六品下，算生第八品下，相当之高，历代莫比。）《晋官品》就看不到"司徒史从掾"了，看来晋廷改主意了，不打算把司徒吏列入官品了——他们毕竟是未仕无官的士子；对司徒从掾的品级及称呼，也有了新考虑。

六　两种备吏：脩行与私学

在汉代郡县官署组织的外缘，往往还存在着一些"非吏非民"的人员，其身份仍是白衣、民户，但已被确定为吏员候选人了。他们算是"品位—编任"结构的最低梯度。其身份也会发生变化——有的起初是处于吏员队伍之外，后来则被纳入了编制之内。然而又会有新的"非吏非民"人员继踵而来，填补了留下的空缺。

首先来看"脩行"。据《续汉书·百官志五》注引《汉官》，河南尹和洛阳令属吏之中，都有一种"脩行"存在：

> 河南尹员吏九百二十七人，十二人百石[1]。诸县有秩三十五人，官属掾史五人，四部督邮、吏部掾二十六人，案狱仁恕三

---

[1] 按，严耕望指出"百石"前应脱一数字，疑其为"四"，同于洛阳令的"十三人四百石"。见其《秦汉地方行政制度》，第111页。邹水杰也认为所脱为"四"字，见其《简牍所见秦汉县属吏设置及演变》。

人，监津渠漕水掾二十五人，百石卒吏二百五十人，文学守助掾六十人，书佐五十人，脩行二百三十人，干、小史二百三十一人。

雒阳令秩千石，丞三人四百石，孝廉左尉四百石，孝廉右尉四百石。员吏七百九十六人，十三人四百石。乡有秩、狱史五十六人，佐史、乡佐七十七人，斗食、令史、啬夫、假五十人，官掾史、干、小史二百五十人，书佐九十人，脩行二百六十人。

文中两处"脩行"，其原文都是"循行"。"脩行"系中华书局本依惠栋之说改订。汉晋史书中通作"循行"，而同期碑铭中通作"脩行"。循、脩孰是，前人颇有聚讼〔1〕。裘锡圭辨析汉简字形，断定"循行"为非、"脩行"为是，还指出汉代在讲品行时，一般不用"循"字而用"脩"字，通作"脩行"〔2〕。由此"脩行"遂成定谳。

刘飞飞有一个简要论述："脩行，指有品德修养的人，同时也作为任命官员品行考察的专门术语。……常可除为燧长、尉史之类低级官吏。"〔3〕李迎春的考辨更为细致。他征诸各种史料，指出汉初以来，"脩行"就是一个用人标准的习用语；由简文中的"除"字可知，这些"脩行"是由白衣而任吏员的；其所任之职，都是尉史、燧

---

〔1〕赵明诚："岂循、脩字画相类，遂致讹谬耶？"（《金石录》卷一四《汉北海相景君碑阴跋》，中华书局1991年版，第334页）洪适："循、脩二字，隶法只争一画，书碑者好奇，所以从省。"（《隶续》卷一六《北海相景君碑阴》，中华书局1986年版，第428页下栏）二人似以"循"为是。明人都穆意见相反："予谓《景君碑》刻于汉，而《后汉书》旧皆出传录。则以'脩'为'循'者，特传录之误耳。赵氏不信碑本而信《汉书》，且复引《晋书》为证，殊不知《晋书》修于唐，其亦曰'循行'，盖仍《汉书》之误而云然也。"（《金薤琳琅》卷四《北海相景君碑阴》，《景印文渊阁四库全书》，台湾商务印书馆1986年版，第683册第251页上栏）惠栋提供了新的论证："王充《论衡》曰：'一县佐史之材，任郡掾史；一郡脩行之能，堪州从事。然而郡不召佐史、州不取脩行者，巧习无害、文少德高也。'此则'循行'当作'脩行'无疑矣。"（《后汉书补注》卷二四，《二十五史三编》，岳麓书社1994年版，第345页下栏）钱大昕附议惠氏："则'循行'当为'脩行'之讹。"（《三史拾遗》，商务印书馆1958年版，第121页）

〔2〕裘锡圭：《考古发现的秦汉文字资料对于校读古籍的重要性》，《中国社会科学》1980年第5期。收入《古代文史研究新探》，江苏古籍出版社1992年版，第27页以下。

〔3〕刘飞飞：《敦煌汉简1-1217选释》，西南大学2010年硕士论文，第90页。

长等佐史秩级的吏员；在西汉中后期，"脩行"尚未纳入正式员吏，只是一种"备吏"，即有资格做吏的预备人员。进入东汉情况有变。由《续汉志》注引《汉官》所见，东汉的"脩行"已有了编制、定员，成为"员吏"了[1]。凌文超就走马楼吴简所见，推论脩行低于书佐，而高于从掾位、从史位、小史等[2]。

依《续汉志》注引《汉官》计算可知，河南尹的员吏 927 人、洛阳令的员吏 796 人，分别是后列各类吏员数目的总和。则其脩行都属员吏，都在编制之内。二者之脩行 230 人、260 人，分别占到了员吏总数的 25.1%、32.6%，数量颇大。

与东汉相似，晋代郡县员吏中也有"脩行"。《晋书》卷二四《职官志》：

> 郡皆置太守。……又置主簿、主记室、门下贼曹、议生、门下史、记室史、录事史、书佐、脩行、干、小史、五官掾、功曹史、功曹书佐、脩行小史、五官掾等员。……
> 县大者置令，小者置长。有主簿、录事史、主记室史、门下书佐、干、游徼、议生、脩行功曹史、小史、廷掾、功曹史、小史书佐干、户曹掾史干、法曹门干、金仓贼曹掾史、兵曹史、吏曹史、狱小史、狱门亭长、都亭长、贼捕掾等员。

文中"脩行"原作"循行"，本文迳改。文中标点，暂从中华书局点校本。两段叙述之末都有"等员"字样，暗示所列吏名都在员限之内。

欧阳修的《南乡太守碑阴》跋文，叙其所见南乡太守将吏，其中涉及"脩行"的一句作："又有祭酒，有史，有书佐，有脩行，有从

---

[1] 李迎春：《秦汉郡县属吏制度演变考》，北京师范大学 2009 年博士论文，"汉代的备吏"部分；《汉代后备吏制度初探：以对故吏、修行、学事等称谓的考察为中心》，《石家庄学院学报》2011 年第 3 期。

[2] 凌文超：《走马楼吴简举私学簿整理与研究——兼论孙吴的占募》，《文史》2014 年第 2 期。

掾位，有从史位，有史，有小史等。"洪迈所述较为具体："诸曹掾、史、书佐、循行，干百三十人。"然而脩行一职具体有多少名，惜未单独列出。不过线索居然还能找到。宋人娄机《汉隶字源》：

> 1. 司马整碑阴，有"诸曹脩行"二十四人。汉隶"循"、"脩"二字相近，疑是借用。（卷二"十八淳"，《景印文渊阁四库全书》，台湾商务印书馆1986年版，第225册第857页上栏。）
> 2. 司马整碑阴，"诸曹脩行"二十四人，"诸曹干"十三人。在书佐、小史之间。盖是以"脩"为"循"。（卷五"二十八翰"，同上第943页上栏。）

娄机自然也看到了司马整碑阴的题名原文，其"诸曹脩行"、"诸曹干"的提法，必有其据。这24名"诸曹脩行"，在315人的南乡文职郡吏中约占7.6%。又议曹祭酒也被认为是散吏。碑阴所见议曹祭酒11名，再加上127名从掾位、从史位及24名诸曹脩行，合计162人。散吏在文职郡吏的占比达51.4%，超过半数。看来"并有备吏，吏多民烦"的景象，不仅见于"诸县"，郡府亦然。

《晋书·职官志》所述郡吏中，同时出现了"脩行"和"脩行小史"。按汉晋郡县的属吏，可分为"门下吏"与"诸曹吏"两个系统，这一点已成学者共识。《晋志》"主簿、主记室、门下贼曹、议生、门下史、记室史、录事史、书佐、脩行、干、小史"这部分吏员，都属门下近吏。又据《三国志》，汉魏郡府确有"门下脩行"一职：汉末孙策领会稽太守，胡综"年十四，为门下循行"；黄初中，司马芝为河南尹，"门下循行尝疑门干盗簪"[1]。据此，安作璋、熊铁基把循行——实为脩行——归入门下属吏[2]。苏杰据惠栋及中华书局本《后汉书》校勘记，把《三国志》这两处"门下循行"都订正为"门

---

[1]《三国志》卷六二《吴书·胡综传》、卷一二《魏书·司马芝传》。
[2] 安作璋、熊铁基：《秦汉官制史稿》，第610页。

下脩行"[1]。曹魏河南尹的门下脩行，当然来自东汉河南尹了。

再来看《晋志》所叙郡吏中的第二处脩行，即"脩行小史"。《晋志》"五官掾、功曹史、功曹书佐、脩行小史、五官掾等员"这段文字所叙，显然已是诸曹职吏了。其中"五官掾"两见，或有一误。严耕望推测后者为"五曹掾"之讹[2]。"脩行小史"是一个完整官名呢，还是应点断为二呢？中华书局本的标点者一时拿不准，没有贸然点断。而现在，前一脩行既已被推定为门下脩行，娄机又提供了司马整碑中"诸曹脩行"的存在，那么处于职吏部分的这一脩行，便可认定为诸曹脩行。进而，"脩行小史"就应断作"脩行、小史"两官。严耕望把《晋志》的后一循行——实为脩行——列入了"分曹诸职"，算是合理的判断。

随后，《晋志》中县令长的"脩行功曹史"，中华书局本未予点断，现在把它断为"脩行、功曹史"两官，已无疑问。功曹史由此也变成两个了。严耕望把这个循行视为门下循行——实为脩行，判断此处的"功曹史"为衍文[3]。

又《北海相景君碑阴》中，也能看到脩行，共 19 名[4]。而且非常有趣：这 19 名"脩行"并不是集中在一起，而是分两处排列的。其大致次序是：

故小史2人	故干6人	故脩行6人	故书佐4人	故脩行13人	故书佐11人及行义1人	故吏5人	故门下吏及骑吏5人	中部督邮1人

（两处"故脩行"加着重号）

---

[1] 苏杰：《〈三国志〉校诂拾零》，《古籍整理研究学刊》2001 年第 5 期。
[2] 严耕望：《魏晋南北朝地方行政制度》，上海古籍出版社 2007 年版，第 280 页。
[3] 严耕望：《魏晋南北朝地方行政制度》，第 340 页。
[4] 洪适：《隶续》卷一六，第 427 页下栏。

《景君碑》碑阴中书佐、脩行的分两组重复出现，跟前引《晋志》中的书佐、脩行的重复出现，应无二致，一组当为门下书佐、门下脩行，另一组当为诸曹书佐、诸曹脩行的。这样一来，几种记载连环印证，"脩行分两种"的认识再度强化了。至于司马整碑阴中的脩行，想来也以类似方式分组排列着，所以娄机才敢于判断其中一组是诸曹脩行，就是说此碑之中可能也有门下脩行的存在。

《景君碑》碑阴题名中的书佐、脩行、干、小史的排列次序，跟《晋志》、司马整碑及《汉官》河南尹员吏的相关排序，完全一致。而《汉官》洛阳令的"干、小史二百五十人，书佐九十人，脩行二百六十人"，排序与此相反，似应订正为"书佐九十人，脩行二百六十人，干、小史二百六十人"。从脩行的年龄看，最年轻的 14 岁，还能看到 18、21、28、34 岁等情况，最老一位 38 岁。就年龄而言，脩行颇不同于少年小史。

依据李迎春，西汉的脩行尚不在员吏之内，仅是平民中的后备吏员而已。则西汉脩行应当无秩无俸。西汉脩行之除补吏员的情况，可参如下简文：

脩行孤山里公乘范弘，年廿一。今除为甲渠尉史，代王辅（《居延汉简释文合校》，285·3）

☐以脩行除☐（前书，485·43）

脩行……☐☐☐年十八，今除补甲沟终古燧燧长，代张簿（《居延新简》，EPT2·11）

……里大夫苏谊，以脩行除为☐☐☐佐三日神爵三年三月以☐书佐为酒泉大守书佐一岁八月廿六日其十二月（前书，EPT50·155）

脩行居延西道里公乘史承禄，年卅四　今除为甲渠尉史，代杨寿（前书，EPT53·109AS）

脩行居延平明里公乘徐强，年廿三，今除为甲渠☐（前

505

书，EPT56·284）

脩行平里李韭，今甲渠晨南燧长，代成黄头（前书，EPT58·18）

以脩行除为玉门丞☐（《敦煌汉简》，861）

以上8条，裘锡圭引及2例，李迎春引及7例；刘飞飞引及3例，其中新增敦煌汉简1例[1]。看来，西汉脩行所除之官，主要是尉史、燧长、书佐等佐史秩级的吏员。敦煌汉简"脩行除为玉门丞☐"一条，玉门都尉丞秩六百石，脩行当然不可能迳任其官，"丞"字之后有阙文，这位脩行之所任，似是玉门丞下的某种佐史之职。又王充《论衡·程材》感叹当时的长官偏爱"巧习无害"的文吏，冷落了"文少德高"的儒生："然而郡不召佐史、州不取脩行者，巧习无害，文少德高也。"那么东汉脩行也是州吏的来源。

东汉脩行进入了编制，又分门下脩行、诸曹脩行两类，则其身份出现了质的变化：变成公职人员了，应已承担起辅助、勤杂工作了。他们人数众多，则其总工作量已为官署不可或缺。其地位高于干、小史，但低于书佐，则最高也只能比佐史之秩。作为员吏的脩行地位，推测与假佐相似。据《三国志》，汉末胡综14岁任会稽郡门下脩行，建安五年（200）领会稽太守孙权擢其为金曹从事。由脩行迳迁百石曹掾，晋升幅度很大，这是胡综与孙权之特殊关系所致。

走马楼三国吴简中，存在着很多"私学"或"私学弟子"，他们引起了众多学者的浓厚兴趣。凌文超概括说："私学是为国家所承认的，在服役的同时，跟随私人学习知识技能，将来可能被选任为吏的人。"[2]

---

[1] 此外还有若干简文，能看到脩行但未见除官。如"脩行富里公乘霍利亲，年卅八"（《居延汉简释文合校》，174.5）、"脩行居延阳里王汉光☐☐"（《居延新简》，EPT52：599）、"脩行利上里公乘马盖宗，年二十八☐"（《居延新简》，EPT53：15）、"脩行吴赞"（《长沙走马楼三国吴简（四）》，2907、3393、4261）等。

[2] 凌文超：《走马楼吴简举私学簿整理与研究——兼论孙吴的占募》。此前胡平生、王素、侯旭东、王子今、张荣强、于振波、李迎春、邓玮光等学者对"私学"的讨论，参看凌文超此文的概述。

参照学者对"私学"特点的揭示,他们与西汉时作为平民候选人的脩行,有可比之处。

一种簿书记录了临湘侯国选举"私学"的过程。"私学"的初始身份,被记录为"白衣"。其年龄大的有四十多岁的,年轻的十七八岁。"私学"的来源之一是吏员推荐,推荐还要采用书面形式。不同的官吏可以推荐的"私学"之数,有正式规定。推荐书上有"任吏"字样,是其足以任事服役之意。简文中还有"给私学"之文,"给"有供役之意,"私学"须在官府中给事供役。"私学"要交纳"限米",但被免除了普通民户的官役,有入仕为吏的机会。"私学"周基、宗贤后来升至"从史位","私学"谢达则出任了县吏。

孙吴"私学"的这些特点,看上去跟西汉脩行就有了类似之处,即:身份仍是白衣、处于编制之外,但已被官府认定为吏员候选人了。是否可以这么看呢:西汉还处于编外的脩行在东汉成为员吏了,在此之后,民户中又滋生出了一些新的编外白衣候选人,孙吴"私学"即其一种。在"品位—编任"结构中,"私学"填补了东汉脩行留下的空缺,占据了西汉脩行的昔日位置。

七 文学类的属吏与备吏:文学、处士、好学

在本文第三节,我们从《汉官》所述东汉列卿属吏中引出了一个问题:文学类属吏与行政性职吏的相对地位。在二百石曹掾之外,列卿的文学掾低下一等,秩百石。

在《续汉书·百官志》注引《汉官》中,东汉河南尹的员吏共927人,其中有"文学守助掾六十人"。按,"守"可指"试守",官员在"即真"之前的试守期不能享受正秩全俸。"守"也指兼任、摄事。简牍中往往而见的守卒史、守令史、守少史、守尉史之类,若非暂摄,则可能处于试守期,非正任吏。汉桓帝元嘉三年(153),一

位"守文学掾鲁孔龢"得补孔庙百石卒史,掌主礼器[1],此职略同于郡国百石文学掾;此前孔龢所任之"守文学掾",应低于正掾。文学守助掾多达60人,应是常设之位,而非试守、暂摄者。直接用"守"、"助"做官名,显然比较特殊,不像是正秩掾,应是文学散吏。《汉官》把文学守助掾叙于"百石卒史二百五十人"之后、"书佐五十人"之前,其秩级应低于百石卒史;然而作为"掾"又不应低于百石,可以推定在比百石秩,跟汉武帝时比百石的文学掌故相似。汉武帝时,公孙弘规划的文学掌故、治礼次掌故的迁转制度如下:

> 治礼次、治〔文学〕掌故,以文学、礼义为官,迁留滞。请选择其秩比二百石以上,及吏百石通一艺以上,补左右内史、大行卒史;比百石已下,补郡太守卒史。皆各二人,边郡一人。先用诵多者。若不足,乃择〔治礼次〕掌故补中二千石属,〔治〕文学掌故补郡属,备员。(《史记》卷一二一《儒林列传》)

这段文字原文有讹误,我的相关订正,参看本书下编第五章第二节。其时掌故有两等:比二百石的治礼次掌故,比百石的文学掌故。公孙弘建议,前者选补为二百石的内史卒史和大行卒史,后者选补为郡卒史;若官缺有限,则分别选补为二百石的中二千石属,及百石郡属[2]。

---

[1] 洪适:《隶释》卷一《孔庙置守庙百石孔龢碑》,第18页。
[2] 泷川资言云:"备员,蒙上'不足'之文,谓如有不足者,当以文学掌故充之,毋使缺额耳。中二千石属,即谓内史、大行卒史;郡属,即谓郡卒史。泷川资言、水泽利忠:《史记会注考证附校补》,上海古籍出版社1986年版,第1949页上栏。其说误。这里的中二千石属,应是内史、大行卒史之外的中二千石属;这里的郡属,应是郡卒史之外的郡属。
  顺便说,由此可以看到,当时由博士弟子策试而成为文学掌故的人,数量颇多,以至内史、大行和各郡卒史的官缺,都有可能安排不下,要为之另找出路。熊铁基认为,汉武帝"为博士官置弟子五十人",不是总共50人,而是为每位博士都设置了弟子50人,其时五经博士约7人,博士弟子共计350人。见其《秦汉文化志》,上海人民出版社1998年版,第98页。从公孙弘的掌故任用计划来看,此说很有道理。正因为博士弟子多达350人,才需要在各列卿官寺中和七八十个郡中为之广觅官缺。还有一点:50名弟子也无法平分给7位博士。

那么汉武帝时的中外官署中，至少已明确出现了两种"比秩"属吏，皆文学之职。又博士之官秩比六百石。博士的来源之一，被认为战国齐国的稷下学士，国君给了他们"比大夫"的待遇。秦与汉初的博士，仅仅是政府聘请的文化顾问而已，未必就是官儿，至少不是行政官员，虽然被皇帝供养着，但很可能无秩无俸。战国封君、地方官与大臣所罗致、供养的文学之士，想来相去不远。也就是说，君主身边或各个官署中的文学之士，其身份非"吏"，最初就不同于行政官吏。汉武帝时，掌故、博士因比视于职事官而获得比秩，这个比秩，就体现了文学之士的特殊性。

依照汉代太学课试制度，文学掌故一直是太学生的初仕之官。如：

1. 汉武帝：能通一艺以上，补文学掌故缺；其高弟可以为郎中者。

2. 汉平帝：试为甲、乙、丙科分别补为郎中、太子舍人、文学掌故。

3. 汉桓帝：通二经补文学掌故，通三经为太子舍人，通四经为郎中，通五经补吏。

4. 汉灵帝：试太学生除郎中、太子舍人、王家郎、郡国文学吏。[1]

由第1－3条看，整个两汉，太学生都以"文学掌故"为入仕起点。汉桓帝时通五经"补吏"，此"吏"特指行政官吏；反过来说，文学掌故、太子舍人、郎中均不属"吏"。掌故、舍人、郎官皆在比秩，而正秩与比秩之别，也就是"吏"与"非吏"之别。汉武帝之后，"文学史"的官名又频频出现。我们推测，此后在中央官署的仍称"文学掌故"，郡国的文学掌故则参照诸曹史，改称"文学史"了。

---

[1] 分见《史记》卷一二一《儒林列传》、《汉书》卷八八《儒林传》、《通典》卷十三《选举一》、《后汉书》卷八《灵帝纪》。

由第4条所见任官"郡国文学吏",不但特标了"郡国"二字,"吏"字还可能是"史"之讹,原作"郡国文学史"。

欧阳修《集古录·南乡太守碑阴》记有"文学掾",叙在"劝农、五官掾"与"营军掾、军谋掾"之间。而被认为是南乡太守碑的《隶续》卷二一残碑题名,未见文学掾,倒有8名文学史,列在从掾位、从史位、待事掾三种散吏之后。综合判断,此碑题名之中文学掾、文学史并存。文学掾来自文学卒史,秩百石;文学史当为斗食之秩。河南尹地位特殊,其"文学守助掾"应高于郡国文学史,但因其又以"守助"为名,故可推测在比百石一秩。

据上述课试之法,不妨认为,两汉史传中凡遇到诸生初任"郡文学"的,都可视为斗食文学史。文学掾、文学史若执教官学,迳指为散吏自然不妥。不过未必所有文学掾都有教学任务吧,这个官职也可能被用来安置儒生名士,备顾问、候咨询而已。《后汉书》卷二二《马武传》:"(光武)帝后与功臣诸侯燕语,从容言曰:'诸卿不遭际会,自度爵禄何所至乎?'高密侯邓禹先对曰:'臣少尝学问,可郡文学、博士。'帝曰:'何言之谦乎? 卿邓氏子,志行修整,何为不掾、功曹?'"邓禹自幼受业长安,预期自己未来不过"郡文学、博士"而已;而光武帝认为,邓禹的才干足以胜任诸曹掾、功曹,并由此飞黄腾达,何至屈居文学掾史、终老博士呢。东汉前期一度有高文法而轻儒生之风,所以在时人眼中,文学掾史的地位、前途低于诸曹职吏。

又,议曹掾往往被视为散吏,因为议曹往往用来安置儒生名士,只承担顾问咨询而已。《汉书》卷八三《朱博传》:"尤不爱诸生,所至郡辄罢去议曹,曰:'岂可复置谋曹邪!'文学儒吏时有奏记称说云云,博见谓曰:'如太守汉吏,奉三尺律令以从事耳,亡奈生所言圣人道何也! 且持此道归,尧舜君出,为陈说之。'"朱博持法家立场,所以视议曹为赘疣。秦汉政治精神与等级原则,就是把正任职吏用作官署架构的主干,优先保障其权益、身份。"宦"无秩而"吏"有秩,文学掌故、治礼次掌故、博士为比秩,都是这个意思。文学类属吏应有特殊性:若某长官好儒乐贤,他们就可能得到优礼厚待；若否，在官署中就只是配角。

《酸枣令刘熊碑》题名之中，列有一大批"处士"、"好学"和"德行"[1]。"处士"计55人；"好学"计45人；"好学"末段还杂有1名"德行仓子盈□"。因文有阙讹，计数未必准确，仅就这98人而言，在题名者180人中占54.4%。这样一批人，顾名思义，亦属文学之士。

洪适："'处士'之后有'好学'四十余人，必泮宫之后进，以处士为丈人行者。其间有'德行'一人，必是当贡孝察廉者。""处士"若属"丈人行"，即长辈学人，则"好学"就是"弟子行"，也就是青年学子了。以年辈区分"处士"、"好学"，似能成立。查东汉刘宽为南阳太守："每行县，止息亭传，辄引学官祭酒及处士、诸生执经对讲。"[2]在这段叙述中，也存在着处士、诸生的两分法。《论衡·程材》："东海相宗叔庠广召幽隐，春秋会飨，设置三科，以第补吏，一府员吏，儒生什九。"宗叔庠即宗均。我们不知道他设置的是哪"三科"，总之是"以第补吏"的。而《刘熊碑》中的处士、好学、德行，恰好也是三科。刘熊"帅厉后学，致之雍泮"，"式序在位，量能授官"之举，看上去跟宗均也颇相似。

诸生系学官中的学子，"处士"便应是毕业生及民间学人了。也就是说，"处士"并不是"不想做官的士人"。洪适又云："非吏非民则曰处士。"[3]其说法可称妥帖。"处士"、"好学"，应系郡县吏员候选人，且身份已得官府确认。刘敏认为，处士、好学"应该也是当地有头有脸有影响的人物，虽然当时没有为吏，但却是可以为吏之人。"[4]其说可从。汉碑中"处士"并不罕见。《郑季宣碑阴》能看到"处士"10名；《娄寿碑阴》能看到"处士"29名[5]。汉碑中甚至还有"处士功曹"这样的名号，徐冲把它解释为被长官辟为功曹但未

---

[1] 洪适：《隶释》卷五《酸枣令刘熊碑阴》，第66-67页。
[2] 《后汉书》卷二五《刘宽传》。
[3] 洪适：《隶释》卷七《泰山都尉孔宙碑》，第83页下栏。
[4] 刘敏：《秦汉时期"吏民"的一体性和等级特点》，《中国史研究》2008年第3期。
[5] 洪适：《隶释》卷九《娄寿碑阴》，《隶续》卷一九《郑季宣碑阴》，第104、440页。

接受的士人[1]。那么"处士功曹"这个名号，就跟"征士"、"征博士"之类有了可比之处。

《后汉书》卷一八《黄香传》："乡人称其至孝。年十二，太守刘护闻而召之，署门下孝子，甚见爱敬。""孝子"而称"署"，且居长官门下，那么就应是一种特定身份了。《宋书·百官志下》叙郡府属吏："诸郡各有旧俗，诸曹名号，往往不同"；又叙县廷属吏："其余众职，或此县有而彼县无，各有旧俗，无定制也。"对预备吏员如何定名、确认，称"处士"、"好学"，称"德行"、"孝子"还是称"行义"等等，长官既可遵循惯例，也可自行酌定，"无定制也"。

即便不是所有，但可能有很大一批"处士"、"好学"，同西汉脩行相近，都是编外的员吏候选人。时至东汉，脩行被纳入了编制，这时"处士"、"好学"等应声而起，填补了编外候选人员的空缺。本文第二节已提及，孙吴"私学"、"私学弟子"在西汉脩行之后，填补了编外候选人的空缺。现在就可补充一点了："私学"只是填补空缺的"第二梯队"；在其之前，还有一个"第一梯队"呢：东汉的"处士"、"好学"。"私学"之名，跟"第一梯队"的"好学"，似乎也有关系。学者指出，在形式上，私学被认定为学习知识技艺的人。那么，这就跟东汉的"好学"相去不远了。孙吴"私学"可以免役，由此反推，东汉的处士、好学既经官府认定，就可能也得到了免役待遇。若然，处士、好学就不止是一种文化称号，也是一种法定身份了。

学士免役，战国已然。孔孟弟子及百家学者的弟子们，我们没看到他们服役的迹象。一旦成为学士，就可以"弃田圃"、"避农战"，这在当时是一种"习惯法"。当然鱼与熊掌不能兼得，你既已免役，国家就不再向你授田，选择做学士是有代价的。汉代的太学、郡学及私学弟子都可免役。文翁兴学，学官弟子除更徭。汉元帝定制，"通一经者皆复"。

---

[1] 徐冲：《东汉后期的"处士"与"故吏"再论——以〈隶释·繁阳令杨君碑〉所载"处士功曹"题名为线索》，收入《中国中古史研究》（中国中古史青年学者联谊会会刊）第2卷，中华书局2011年版。

东汉私学遍天下，大量学子离乡求学、"事师数十年"。他们长期不在原籍，也不服役，朝廷没拿他们当逃亡人口，没给予什么处罚。关于历代学子免役问题，我在本书下编第五章第二节有专述，可参看。

八　小结："品位—编任"结构与属吏比秩现象

在第三节至七节，我们利用学者成果与相关史料，通过若干散吏、文学吏、备吏、见习吏，对汉晋官署"品位—编任结构"，进行了初步讨论，用以展示其时官僚政治体制的一个侧面：各色人员的身份梯度，职吏与非职吏间的秩级安排。

正任诸曹职吏是整个官署的行政重心，文学类属吏的身份不定、随长官尊儒术或重文法而异。从掾位、从史位（及守属）、假佐等，与正职掾、正任属、正任佐应存在"比视"关系，这种"比视"关系可以视为一种比秩。备吏、学徒吏处于书佐之下，属于无秩层次；还有一些身份"非吏非民"备吏，处在编制之外，属于员外层次，构成了相关身份梯度的最低一级。由"职吏—散吏"、"正秩—比秩—无秩"、"员吏—编外"几个变量所塑造的"品位—编任"梯度，略如下表所示：

正秩	郡县曹掾（百石）	议曹等（百石） 文学掾（百石） 文学掌故（比百石） 文学守助掾（比百石）	从掾位（比百石）	比秩
	郡县曹属（斗食）	门下议史（斗食） 郡国文学史（斗食）	从史位（比斗食）	
	书佐等（佐史）		假佐（比佐史）	
员内	员内备吏：脩行（东汉魏晋）			无秩
	员内学徒吏：学事、守学事（东汉）、小史（东汉魏晋）			
员外	员外学徒吏：小史（西汉） 员外备吏：脩行（西汉） 处士、好学（东汉）、私学弟子（孙吴） 司徒吏（魏晋）			

散吏的占比，前面提供了若干数字。魏晋郡县属吏，职吏、散吏各有法定员限。据《晋书》卷二四《职官志》，职吏、散吏之比例，略如下表[1]：

	户数	职吏	散吏	总数	散吏比例
郡国	万户以上	69	39	108	36.1%
	户五千以上	63	21	84	25.0%
	户不满五千	50	13	63	20.6%
县	三千户以上	88	26	114	22.8%
	千五百户以上	68	18	86	20.9%
	千户以上	53	12	65	18.5%
	五百户以上	40	8	48	16.7%
	三百户以上	28	6	34	17.6%
	不满三百户	18	4	22	18.2%

在郡县员吏总数中，散吏约占1/5到1/3。

与行政性职吏相比，一些文学类属吏处于比秩。即便是正秩文学掾，其地位往往因政治文化氛围而异，弹性也是比较大的。散吏、备吏、见习吏呈现了如下特点：1.是候补、备用人员；2.从事辅助工作或临时差使，不是诸曹行政事务；3.编任资格低，与职吏有明确的等级身份区分。由此而形成的"职吏—散吏"体制，与朝廷宫省之间的"职官—散官"体制，便呈现出了不小的类似性。

中央宫省之中的"宦皇帝者"乃是滋生"比秩"的温床，这个制度来自先秦的"宦于王"之制。郎中、先马、舍人（及中大夫之类），本是国君的侍从侍卫。他们是"宦"不是"吏"，是君主的私人，也是官吏候选人，但不是国家正式行政官吏。所以他们最初无俸无秩，定等之法往往散漫无定，取决于是否"知于王"。至汉帝国走向全盛，制度进化的节奏加快。"宦皇帝者"通过比视而获得了"比秩"，这样一来，其编任资格上升了，其公共性、正式性、规范性提

---

[1] 据《晋书》卷二四《职官志》。

高了。当然"比秩"仍不同于正秩，它作为一个"另类"的标签，把品位性官职和职能性官职区分开来了。

现在看来，汉晋掾属的"比秩"的发生背景和变化规律，与"宦皇帝者"的秩级变化规律及原因，是有一些相近之处的。在生死存亡、弱肉强食的战国时代，等级管理制度的功利主义、功绩制色彩相当强烈：干事儿的、在兵刑钱谷上负最大责任的官吏就有秩有俸，冗散人员便尽量让他们无秩无俸。所以在"若干石"的秩级初生之时，皆为正秩。然而又因去古未远，早期政治传统仍很浓厚，官员大量使用宾客协助行政。国君有侍从、郎官，而官员有宾客、舍人。简牍显示，秦与汉初基层的县令，往往以舍人为私吏，协助公务。张家山汉简《奏谳书》中，醴阳令恢有舍人士伍兴、义、石，"士伍"显示这几名舍人系平民；新郪令信有舍人余、逪及故舍人苍[1]。"舍人，亲近左右之通称也，后遂以为私属官号"[2]。吕不韦、嫪毐等都拥有大量舍人。李斯初为秦相吕不韦舍人，任以为郎；田仁为卫将军卫青舍人，任以为郎。先"宦于主"再"宦皇帝"，还形成了一条前后相承的晋身通道。云中太守魏尚以"私养钱"五日一飨宾客、军吏、舍人；丞相公孙弘养宾客、故人，俸禄皆以给之，家无所余。私吏既由长官个人供养，当然就没有秩级了。

周长山指出，从战国到汉初，很多大臣都有"舍人"、"门下"，他们作为私属而承担职役，有望被主人推荐做官。汉初郡太守属下有卒史等正任吏职，然而在这个阶段，"他们远不如舍人、门下活跃，史书中关于西汉前期卒史、书佐的记载，未见一例"。汉武帝以来诸曹发展起来，此后"宾客或舍人以门下吏的形式留存下来，并高居诸曹之上，继续发挥着他们的作用，'入则腹心，出则爪牙'"。[3] 汉初的舍人、门下一度比正员职吏更活跃，这一点非常有趣。

"门下吏"是战国宾客的一个去向，除此之外，学者认为散吏也

---

[1]《张家山汉墓竹简〔二四七号墓〕（释文修订本）》，第98－99页。
[2]《汉书》卷一《高帝纪》注。
[3] 周长山：《汉代地方政治史论——对郡县制度若干问题的考察》，第127页以下。

是宾客、舍人等的一个去向。安作璋、熊铁基：散吏"大约是从战国养士、养客的风气发展而来的，郡守除了选拔郡内一些人才担任各种职吏、分曹理事之外，对于郡内另一些人，或德行高妙，或志节清白，或才能出众，而又不愿意任具体职吏者，则以散吏的名义养在郡府之中，待以师友之礼"。[1] 邹水杰："当时县廷中存在两部分人，一部分是按制度辟署的主吏掾或令史、尉史等属吏，另一部分是县令长自行招聘的宾客私吏，如客、舍人等由令长私府供养的人。"[2] 王俊梅："散吏的存在是春秋战国时期养士之风的遗存。如前所述，长官门下客并没有随着汉武帝的养士禁令而消失，而是以各种名目继续存在下来。这些辟而不署的散吏实际处在官僚体制之外，是长官的私吏。"[3]

门下吏虽不等于散吏，但二者之间也有很大的交集：很多散吏居于门下，如门下议史、门下小史、门下脩行、门下孝子这类官名所显示的那样。尹湾简牍"胡君门下十人，曹史一人，守属九人"，显示"守属"处于门下。从掾位、从史位在碑铭中的各种排位中，其中有靠前和靠后两种情况。靠后的情况，就是排在各种职吏之后。靠前则是因为被排在了门下吏部分，而门下吏排在职吏之前。不过在后一情况，从掾位、从史位依然排在门下部分的职吏之后。无论如何，至少有一部分从掾位、从史位，是被安排于门下的。

汉代的散吏，一部分是文化人、士人，为长官所尊礼，甚至"师而不臣"，另一部分人最初只是长官的私吏、门客而已。不妨说前者源于战国养士之制，后者源于战国养客之制。"宦皇帝者"由无秩逐渐变成了"比秩"，而各官署的冗散人员也经历了类似变化，尽管其变化迟于"宦皇帝者"。李迎春指出，东汉朝廷"放松了对郡县属吏员额、设置的限制，郡县属吏尤其是低级属吏出现了大幅增长"。他

---

[1] 安作璋、熊铁基：《秦汉官制史稿》，第633页。
[2] 邹水杰：《简牍所见秦汉县属吏设置及演变》。
[3] 王俊梅：《秦汉郡县属吏研究》，中国人民大学2008年博士论文，第37页。

把这个变化称为"吏化","其中以'脩行'、'学事'等'备吏'的'吏化'最为显著"。确实如此。又如干、小史等,在东汉有了员限;又如从掾位、从史位,在西晋也有了员限——西晋散吏应包括从掾位、从史位在内;又如大臣的私吏——舍人,很多也有了员限。

由此便能稍好一点儿地解释一个现象:东汉官吏之数似乎多于西汉。请看:

1. 吏员自佐史至丞相,十二万二百八十五人。(《汉书》卷十九上《百官公卿表上》。《通典》卷三六《职官一八》作"十三万二百八十五人"。王文锦等点校本《通典》,中华书局1988年版,第986页)

2. 东汉:右内外文武官七千五百六十七人(一千五十五人内,六千五百一十二人外)。内外诸色职掌人一十四万五千四百一十九人(一万四千二百二十五人内职掌:令史、御属、从事、书佐、员吏、待诏、卒骑、治礼郎、假佐、官骑及鼓吹、宰者、屠者、士卫、缇骑、导从、领士、乌桓骑等。一十三万一千一百九十四人外职掌:员吏、书佐、假佐、亭长、乡有秩、三老、游徼、家什等)。都计内外官及职掌人十五万二千九百八十六人。其乡有里魁,里数及命数未详。(《通典》卷三六《职官一八》。"诸色职掌人"原作"诸司职掌人",王文锦等依北宋本改"色"。中华书局1988年版,第1001页注六五。)

第1条《汉表》所谓"吏员"意为吏之员数。第2条《通典》所述颇详,看来于汉代文献确有所据——上面对这段文字予以详引,也是要展示这样一点——尽管"诸色职掌人"、"内职掌"、"外职掌"等措辞近乎唐朝概念。西汉末年县道国邑1587个。光武帝精兵简政,"吏职减损,十置其一",裁并了县邑侯国四百余。汉顺帝时县国邑道1180个,比西汉减少了1/3。光武帝末年,口数不过二千多万,桓帝时5648万,仍没达到西汉末5959万之高。户口下降、县数大减,吏员似应大幅度下降，实际不降反增：西汉员吏十二万余，东汉膨胀到了十四五万。

问题在于，《汉表》中的西汉"员吏"与东汉的"内外官及职掌人"，并不是同等概念。前者之"员吏"限于佐史以上。东汉不同了。据前引《通典》所载东汉官数，是连"官骑及鼓吹、宰者、屠者、士卫、缇骑、导从、领士、乌桓骑等"及"三老、游徼、家什等"也统计在内的。他们的员数都被登录在案，所以才可供统计。作为备吏或散吏的小史、干、学事、守学事、脩行等，不但有员数可稽，而且有了法定员限，由此成为"员吏"了。备吏或散吏的正式化——李迎春把它称之为"吏化"——对东汉官数之增加，做出了直接贡献。反过来说，西汉公务人员未必就比东汉少，只是没把无秩吏及增编、超编和编外人员统计在内而已。

由尹湾简牍看，西汉中期的编任结构相当多样化。尹湾5号木牍："今掾史见九十三人，其廿五人员，十五人君卿门下，十三人以故事置，廿九人请治所置，吏赢员廿一人。"〔1〕这里面包含着5种"员"。一是正编的"员"，即基本编制25人；二是"君卿门下"，门下近吏15人，这些人应由郡守自行设员辟除；三是"以故事置"，即按旧例自设的职位；四是"请治所置"，是向上级请准而设置的职位；五是"赢员"，廖伯源说是"超出之吏员"〔2〕。东海郡吏的正编员吏仅25人，而实际的人员多达93人。谢桂华因谓"太守府实际所用属吏数远远超过定员数"〔3〕。正员之外，还有增编、超编、编外等员。这符合我们的推测：西汉吏员总数不会少于东汉。门下吏是否有员限，不得而知，但员数是必须登录上报的。"以故事置"者显然由来已久，虽非法定正员，估计已在历年上计中上报过了，朝廷并无异议，等于认可其存在。"请置"者既已上报获批，就变成了另一

---

〔1〕《尹湾汉墓简牍》，第100页。
〔2〕廖伯源：《简牍与制度——尹湾汉墓简牍官文书考证（增订版）》，广西师范大学出版社2005年版，第50页。
〔3〕谢桂华：《尹湾汉墓简牍和西汉地方行政制度》，《文物》1997年第1期。

种定员了。"赢员"又成一类，似属超编、员外，很可能就是散吏或备吏，一旦职吏有阙，便由其替补。

正编员吏有法定员限，如"律，郡卒史、书佐各十人也"之类记载所显示的那样。正员的增设相当复杂。据《孔庙置守庙百石孔龢碑》，鲁国孔庙要增设一个百石卒史，先由鲁相上书，再由司徒、司空请奏皇帝；皇帝"制曰可"，随后司徒、司空下发诏书于鲁相；鲁相经"杂试"而确定人选之后，再向司空上报任命的过程与结果。可见正式编制的控制力度之大。居延简文："相、二千石以下从史毋过品，刺史禁督，且察毋状□，如律令。"（《居延汉简释文合校》，40·6）郡国守相的从史若超过员限——"过品"了，刺史就必须依法纠矫。

尹湾简牍所见属吏的编任结构，可以视为一个特定阶段；而此前此后的各种变化，似可初步概括如下：

1. 战国秦及汉初，在朝廷认定的职吏之外，还有数量不等的宾客、门下协助长官处理政务，他们无需朝廷认可，无员无秩，纯是长官私人。

2. 西汉的"员吏"范围被确定于佐史一秩以上。由尹湾汉简所见，当时郡县属吏既有法定正员，也有增编、超编之员，也有散吏之员。

3. 东汉以至魏晋，干、小史一级的小吏被纳入"员吏"队伍，多种私吏、散吏、备吏被纳入"员吏"队伍，有了法定员限。当然他们仍被定义为散吏，与职吏两分，双峰并峙。

4. 晋唐之间，若干散吏的编任资格继续提高，变成了正任职吏了。例如员外郎成了六部诸司的职吏，中书舍人成了中书省的职吏。

在这个发展之中，王朝的编制控制范围，沿科层金字塔不断下延，越来越多的低级人员有了员数、有了员限，甚至被纳入了正员。其编任资格上升，其正式化程度提高，管理的力度不断强化。

当然必须指出，正式化、规范化只是发展趋势之一。魏晋以来又出现了另一趋势，一个"品位化"的浪潮。此时新兴的品位性官职如雨后春笋，朝廷上出现了一大批以大夫、郎官、常侍、侍郎、奉朝请、给事中等为名的散官；还有大量掾属、僚佐、侍从与冗散已无大异，充斥于公府、州府、郡府、县廷、勋府及东宫、王国。"司徒吏"虽然仅其一端，但数量最大。这个发展，就成了塑造"品位—编任"结构的又一力量。这个"品位化"的浪潮，跟魏晋南北朝的士族政治、部落贵族政治，息息相关。

秦汉之间尚不相同，其时的政治精神是"以吏治天下"，也就是用对待"吏"的方式来管理百官，百官皆吏。所以"若干石"秩级的"职位分等"性质相当浓厚，原则上"居其职则有其秩，居其职则从其秩"。因故一度离任的官员在再度做官时，王朝完全可以不考虑其故秩，完全可以将之任命到较低职位上去。皇帝倾向于少养闲人，能为政权效力、承担兵刑钱谷者就有秩有俸，事权重、贡献大的就高秩厚俸，散官、散吏则否。散官、散吏的分等分类，总体上遵循着这种政治精神[1]。而且散官也要承担职能，如"宦皇帝者"要侍从侍卫，承担临时差遣；私吏、散吏当然也要承担各种差使、杂务。

"宦皇帝者"大夫、郎官、先马、舍人等位于中央，其编任资格的提高、管理的规范化，显然走在了前面，最先由无秩变成了"比秩"。随后，在这个趋势带动之下，由长官个人供养的门下、宾客之流，其编任资格也在逐渐提高，其管理也逐渐正式化、规范化了。中央"宦皇帝者"的比秩发挥着什么功能、具有什么意义，散职属吏的"比秩"就发挥着类似功能、具有类似意义。根据秦汉政治精神，散吏的秩级、俸禄不会同于正任职吏。故假佐、从史位、从掾位的秩级，分别低于正任佐、正任曹史、正任曹掾。在这种安排中，尽管散吏数量相当之大，但他们并不像魏晋南北朝的散官虚位那样，散发出浓浓的优游闲散、坐享天禄的气息。

---

[1] 必须说明，若历代相比，秦汉的这种政治精神虽然特别浓厚，但也不能绝对化。古人安排等级还有另一原则：人近天子则贵。宫省侍从侍卫属天子近臣、私人，皇帝对他们的宠遇，有时也会高于国家行政官吏。例如汉明帝立皇子，赐"从官视事二十岁以上帛百匹，十岁以上二十匹，官府吏五匹，书佐、小史三匹"，见《后汉书》卷二《明帝纪》。汉代的赏赐，形式上属皇帝私恩。此次因立皇子而赏赐，"从官"之所得，就比"官府吏"高得多。

赘言之，朝廷的"职官—散官"体制，是"宦皇帝者"的比秩来源；郡县的"职吏—散吏"体制，则是散吏之比秩的来源。在最初写作《从爵本位到官本位》一书时，我说掾属之所以为比秩，与其私人性较强、正式化程度较低相关，这有失简单化了。就散吏有一个宾客、舍人、私吏的来源而言，散吏的比秩确实曾与"私人性"相关；不过在其进入了员吏行列、编任资格上升之后，这"私人性"是下降了，而不是上升了。至于把掾属之比秩归结为"自辟除"，并不恰当，改由"品位—编任"视角探讨这一现象，似是一个稍好的处理。期望"职吏—散吏"体制的讨论，能够丰富对秦汉官僚体制的"品位—编任"结构的理论认识。

2016 年 11 月 15 日—12 月 15 日草成

"当代学术" 第一辑

美的历程
李泽厚著

中国古代思想史论
李泽厚著

古代宗教与伦理
陈 来著

从爵本位到官本位（增补本）
阎步克著

天朝的崩溃（修订本）
茅海建著

晚清的士人与世相（增订本）
杨国强著

傅斯年
中国近代历史与政治中的个体生命
王汎森著

法律与文学
以中国传统戏剧为材料
朱苏力著

刺桐城
滨海中国的地方与世界
王铭铭著

第一哲学的支点
赵汀阳著

生活·讀書·新知 三联书店 刊行